大清一統志

第二十三册

四川（二）

上海古籍出版社

四川（二）

目録

寧遠府圖

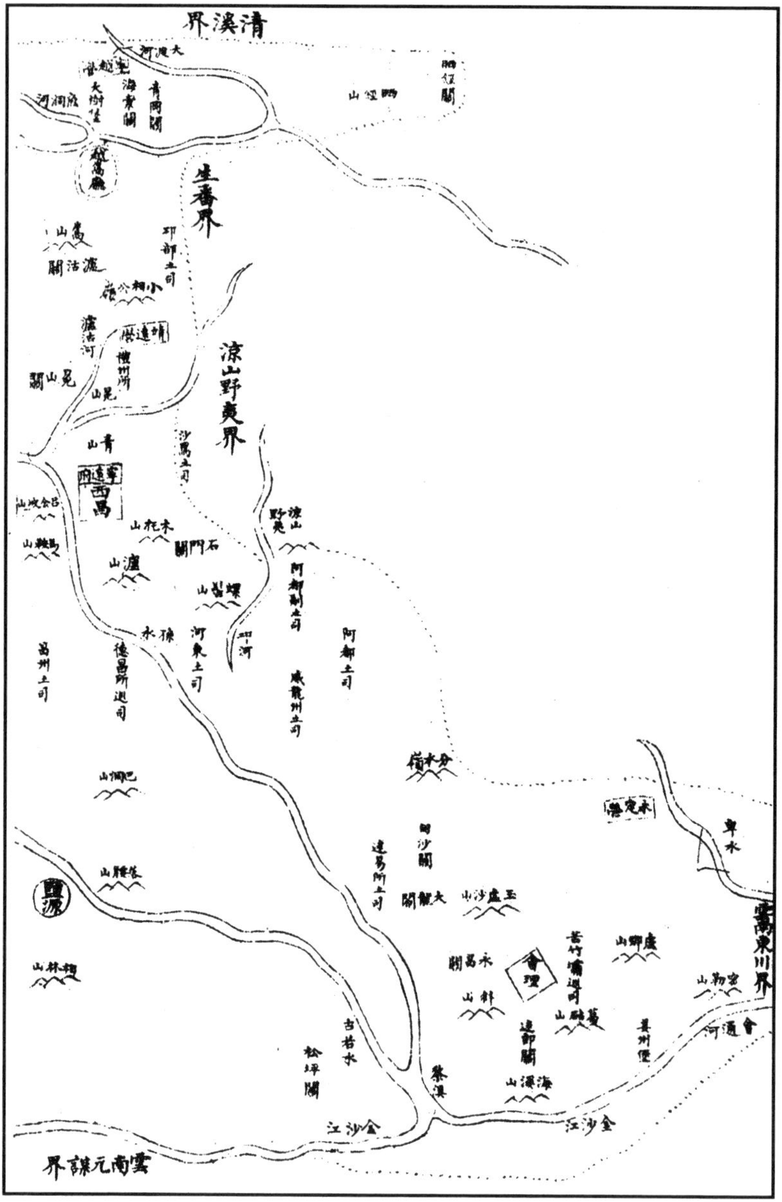
清溪界
生番界
涼山野夷界
雲南東川界
雲南元謀界
寧遠府
西昌
會理
金沙江

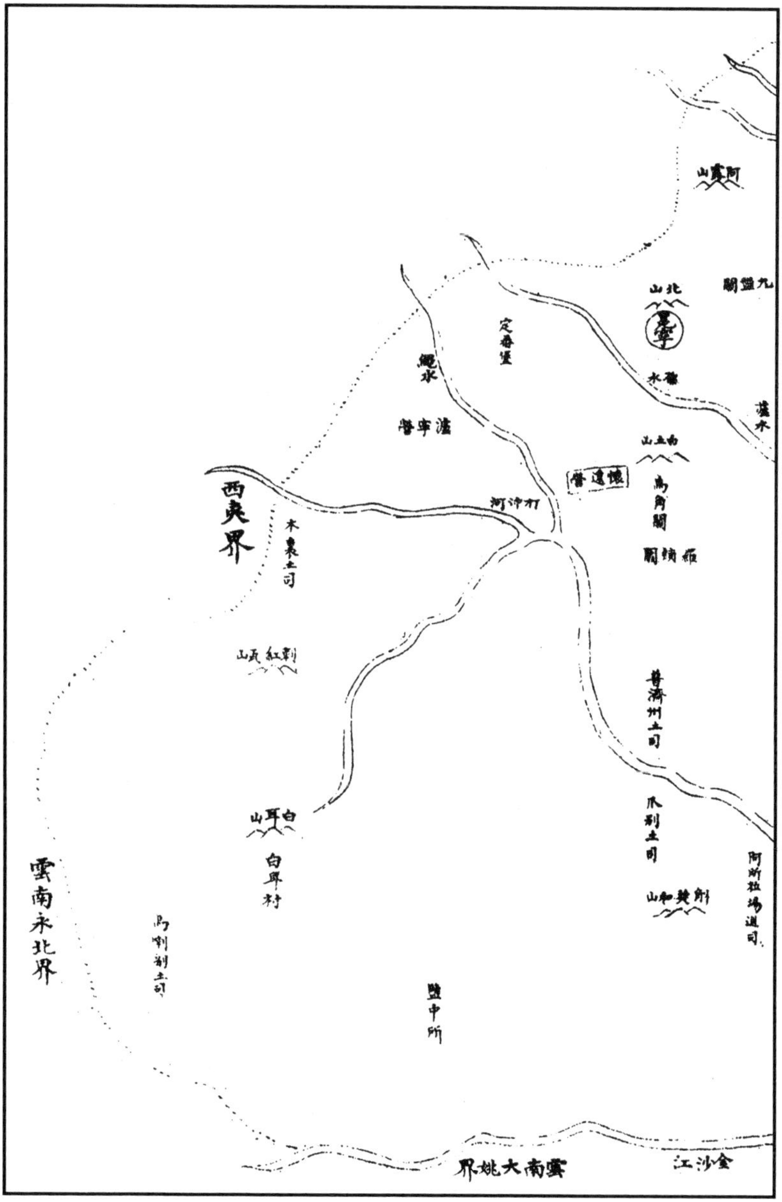
西夷界
雲南永北界
雲南大姚界
金沙江
打沖河
懷遠營
鹽中所
白耳村
普濟州土司

寧遠府表

	寧遠府	西昌縣
秦		
兩漢	越嶲郡 元鼎六年置，屬益州。	邛都縣 元鼎六年置，郡治。
三國	越嶲郡	邛都縣
晉	越嶲郡 徙治會無。太安二年改屬寧州，咸寧八年還屬益州。	邛都縣
南北朝	嚴州 齊改越嶲獠郡，尋没于獠。梁置嶲州，旋廢。周天和五年置西寧州，尋改名。	越嶲縣 周置，州治。 齊省。
隋	越嶲郡 開皇十八年復嶲州，大業初復郡。	越嶲縣 郡治。
唐	嶲州 武德元年復置。太和六年徙治臺登。咸通中置建昌府。	越嶲縣 州治。後廢。
五代		
宋	羈屬大理。	
元	建昌路 至元十二年置。	建安州 至元十六年置，路治。 永寧州
明	洪武十五年置建昌府，屬四川布政使司，又置建昌衛，屬四川都司。後府廢，改衛爲軍民指揮使司。	洪武中州廢，改置建昌衛。

續表

蘇示縣 置屬越嶲郡。				
蘇示縣				
省。				
蘇祁縣 宋復置，改名。齊省。周復置，兼置亮善郡。	可泉縣 周天和二年置，兼置宣化郡。			
蘇祇縣 開皇初郡廢，改名，屬越嶲郡。	可泉縣 開皇初郡廢，屬越嶲郡。			
蘇祁縣 復故名，屬嶲州，後廢。	西瀘縣 武德七年移治。天寶元年改名，屬嶲州，後廢。			
禮州 至元十五年置，屬建昌路。	瀘活縣 屬禮州。	瀘州 至元十五年置，屬建昌路。	里州 至元二十三年置軍民總管府。二十六年降州，屬建昌路。	闊州 至元二十六年改置，屬建昌路。
洪武中改置禮州千户所。	省。	省。	省。	省。

隆州至元十七年改置，屬建昌路。	省。
中縣至元二十二年改置，屬建昌路。	省。
北社縣至元二十二年置，屬建昌路。	初改碧舍，後省。
德昌路軍民府至元二十三年置。	洪武中改府。二十五年廢，置德昌千户所。
昌州至元十二年置，路治。	永樂二年改長官司。
德州至元十二年置，屬德昌路。	廢。

續表

	冕寧縣
	臺登縣置屬越巂郡。
	臺登縣
	臺登縣
	臺登縣齊省。周復置，兼置白沙郡。
	臺登縣開皇初郡廢，仍屬越巂郡。
	臺登縣武德元年屬登州，九年屬巂州，太和六年移州來治，咸通中省。
普濟州至元十五〔年〕置定昌路，二十三年改屬德昌路。威龍州至元十五年置，屬德昌路。	蘇州分置，屬建昌路。
洪武中改長官司。	洪武二十一年置蘇州衛，二十七年改寧番衛軍民指揮使司。

	鹽源縣
大筰縣置屬越巂郡。後漢末省入臺登。	定筰縣置屬越巂郡，都尉治。 遂久縣置屬越巂郡。
	定筰縣 遂久縣
	定筰縣 遂久縣改屬雲南郡，後省。
	齊省，周置定筰鎮。
	昆明縣武德二年改置，屬巂州。後没于南詔，改香城郡。 羈縻靡州武德七年置西豫州，貞觀中改名，領磨豫、七部二縣，後廢。
	金縣至元十五年置金州，後降縣，屬柏興府。
	柏興縣至元十七年置閏鹽州。二十七年降縣，改名，兼置柏興府。 省。
	洪武二十五年改柏興千户所，屬建昌衛，尋改鹽井衛軍民指揮使司。

續表

	會理州
	越嶲郡移來治。
昌明縣屬嶲州。貞觀二十二年開置牢州及松外、尋聲、林開三縣。永徽三年州廢，縣省入。	天寶末置會川都督府，又號清寧郡。 會川縣上元二年改置，屬嶲州。
	屬大理。
	會川路。至元九年置。
	洪武初改府，屬四川布政使司。後降守禦千户所，屬建昌衛。二十七年改會川衛軍民指揮使司，屬四川行都司。

續表

續表

會無縣置屬越巂郡。	三絳縣置屬越巂郡。	卑水縣置屬越巂郡。
會無縣	三絳縣	卑水縣
會無縣郡治。	省。	卑水縣
會無縣仍屬越巂郡。齊没于蠻。		卑水縣齊省。
武安州至元十七年置，路治。	永昌州至元十七年置，屬會川路。	黎溪州至元九年置，屬會川路。
廢。	廢。	廢。

續表

	越巂廳
	闌縣 置，屬越巂郡。
	闌縣
	省。
	邛部縣 周改置，兼置邛部郡。 蘭縣 宋復置，改名，屬沈黎郡。齊省。
	邛部縣 開皇初郡廢，屬越巂郡。
	邛部縣 屬巂州。咸通中没于蠻。
	邛部王國。
麻龍州 至元十七年置，屬會川路。 會理州 至元十五年置，屬會川路。	邛部州 至元二十一年改州，屬建昌路。
廢。	洪武中改邛部軍民州。二十五年置越巂衛軍民指揮使司，屬四川行都司。

大清一統志卷四百

寧遠府一

在四川省治西南一千二百三十里。東西距八百四十里，南北距一千二百九十里。東至木托營涼山蠻界二百里，西至雲南永北廳界六百四十里，南至雲南武定州元謀縣界八百里，北至雅州府清溪縣界四百九十里。東南至雲南東川府界七百三十里，西南至永北廳界六百四十里，東北至涼山蠻界六十里，西北至清溪縣界五百六十里。自府治至京師六千九百四十里。

分野

天文井、鬼分野，鶉首之次。

建置沿革

禹貢梁州南裔。漢初爲邛都國，元鼎六年，開置越嶲郡，屬益州。應劭曰：郡有嶲水，言越此水以章休盛也。後漢因之。三國屬漢。蜀志：建興元年，越嶲夷王高定叛。三年，丞相亮南征平之。延熙三年，使越嶲太守張嶷平定越巂郡。又張嶷傳：郡自丞相亮討高定之後，叟夷數叛，太守不敢之郡，只住安定縣，去郡八百餘里。嶷在官三年，徙還故郡，繕治城郭，夷種莫不致力。晉亦曰越巂郡，徙治會無縣。太安二年，改屬寧州。咸康八年，還屬益州。劉宋還治邛都。齊曰越巂獠郡而縣廢，尋没於獠。梁時嘗開置巂州，南史：大同三年，武陵王紀爲益州刺史。紀在蜀開建寧越巂。尋復陷没。周天和五年，置西寧州，天和五年，遣將平越巂置。尋曰嚴州。隋開皇六年，復曰西寧州，十八年改曰巂州。大業初復曰越巂郡，治越巂縣。唐武德元年復曰巂州，三年置總管府，尋改爲中都督府，督羈縻十六州，屬劍南道。至德二載，没於吐蕃，貞元十三年收復。太和五年，爲蠻寇所破。六年，徙治臺登。咸通中爲蒙詔所據，立城曰建昌府。宋時羈屬大理。元史地理志：唐時蒙詔立建昌府，以烏、白二蠻實之。後諸酋争强，分地爲四，推段興爲長，其裔浸强，遂併諸酋，自爲府主，大理不能制。元憲宗時内附。至元十二年，置建昌路總管府，又設羅羅斯宣慰司統之，屬四川行省，尋改屬雲南行省。明洪武十五年，置建昌府，屬四川布政使司。又置建昌衛，屬四川都司。後廢府，改建昌衛爲軍民指揮使司。二十七年，又置四川行都指揮使司。本朝初亦曰建昌衛，置總兵鎮之。雍正六年罷衛，改置寧遠府，屬四川省。領縣三、州一、廳一、土司十一。

西昌縣。附郭。東西距六十里，南北距二百七十里。東至涼山蠻界二十里，西至鹽中左所界四十里，南至會理州界二百里，北至越巂廳界七十里。東南至會理州界六十里，西南至鹽源縣界五十里，東北至涼山蠻界六十里，西北至冕寧縣界一百二十里。漢初爲邛都國地。元鼎六年，置縣，爲越巂郡治。晉移郡治會無縣。劉宋復還舊治。蕭齊縣廢。周置越巂縣，爲西寧州治。隋大業初爲越巂郡治。唐初因之，爲巂州治，後爲蒙詔所據。元至元十六年，置建安州，爲建昌路治。明洪武中廢州，改置建昌衛。二十七年，又置建昌前衛，皆爲行都司治。萬曆三十年，省前衛入建昌衛。本朝初因之。雍正六年，改衛曰西昌縣，以建昌左所、中前所、禮州守禦所併入爲寧遠府治。

冕寧縣。在府北少西二百三十里。東西距六百九十里，南北距三百七十五里。東至越巂廳界二百里，西至本禮刻嗎界四百九十里，南至西昌縣界一百二十里，北至雅州府明正土司界二百五十里。東南至涼山界一百八十五里，西南至鹽源縣界二百六十里，東北至越巂廳界一百五十里，西北至打箭鑪界二百里。漢置大笮、臺登二縣，屬越巂郡。後漢省大笮入臺登。晉、宋因之。齊省。周武帝復置臺登縣，兼置白沙郡。隋開皇初郡廢，仍屬越巂郡。唐武德元年屬登州，九年州廢，屬巂州。太和六年，移巂州來治。咸通中陷廢，爲烏蠻落蘭部地。元爲禮州地，後分置蘇州，屬建昌路。明洪武二十一年置蘇州衛，二十七年改爲寧番衛，屬四川行都司。本朝初亦曰寧番衛，雍正六年罷衛，改置冕寧縣，屬寧遠府。

鹽源縣。在府西南三百十里。東西距六百里，南北距七百三十里。東至德昌所界三百里，西至馬喇土司界三百里，南至雲南楚雄府大姚縣界五百里，北至冕寧縣界二百三十里。東南至大姚縣界三百里，西南至雲南永北廳界三百五十里，東北至西昌縣界二百五十里，西北至馬喇土司界三百里。漢置定筰縣，屬越巂郡，爲都尉治。後漢、晉、宋因之。齊省。周置定筰鎮。唐武德二年改置昆明縣，屬巂州，後没於南詔，改香城郡。元至元十年内附，十四年立鹽井千户，十七年改爲閏鹽州，隸德平路，二十七年改州爲縣，置柏興府，隸羅羅斯宣尉司。明洪武二十五年，改爲柏興千户所，屬建昌衛，尋改鹽井衛軍民指揮使司。本朝初亦曰鹽井衛，雍正六年罷衛，改置鹽源縣，屬寧遠府。

會理州。在府南四百里。東西距八百里，南北距六百里。東至雲南東川府會澤縣界五百七十里，西至雲南永北廳界二百三十里，南至雲南武定州界三百五十里，北至西昌縣界二百五十里。東南至武定州禄勸縣界二百三十里，西南至雲南楚雄府大姚縣界一百五十里，東北至雲南昭通府界二百七十里，西北至鹽源縣界四百里。漢置會無縣，屬越巂郡。後漢因之。晉移越巂郡來治。劉宋仍爲屬縣。蕭齊時没於蠻獠。唐上元二年改置會川縣，屬巂州。後没於南詔，置會川都督府，又號清寧郡。宋時屬大理，仍曰會川府。元至元九年内附，置會川路。十五年，又置會理州屬之。十七年，於路治置武安州。明洪武初仍曰會川府，屬四川布政使司。後改置守禦千户所，屬建昌衛，廢會理州入之。二十五年，改置會川衛軍民指揮使司，屬四川行都司。本朝初亦曰會川衛。康熙二十九年，復分衛地置會理州。雍正六年省衛，移會理州來治，屬寧遠府。

越嶲廳。在府北少東三百六十里。東西距四百二十里，南北距三百九十里。東至敘州府雷波廳界三百五十里，西至冕寧縣界七十里，南至冕寧縣界九十里，北至雅州府清溪縣界三百里。東南至西昌縣界八十里，西南至雪山界一百里，東北至涼山界一百五十里，西北至清溪縣界二百三十里。漢置蘭縣，屬越嶲郡。後漢因之。晉省。劉宋復置曰蘭縣，改屬沈黎郡。蕭齊復廢。周改置邛部縣，兼置邛部郡。隋開皇初郡廢，仍屬越嶲郡。唐屬嶲州，咸通後陷於蠻。宋時爲邛部王國。元憲宗時内附。中統五年，立邛部州安撫使，隸成都元帥府。至元十年，割屬羅羅斯宣慰司。二十一年，改曰邛部州，屬建昌路。明洪武中，改邛部軍民州。二十五年，置越嶲衛軍民指揮使司，屬四川行都司。永樂元年，改州爲邛部長官司，屬越嶲衛。本朝仍曰越嶲衛。雍正六年，改爲廳，設通判。乾隆二十六年，移駐於此。

威龍州長官司。在西昌縣東南。其地東至會理州界，西至普濟土司界，南至會理州界，北至昌州土司界。元威龍州地。明洪武七年，置長官司，土官張氏世襲。

昌州長官司。在西昌縣南。其地東至安平河，西至鹽源縣界，南至威龍土司界，北至西昌縣界。元昌州地。明洪武九年，以雲南大理府土職調守昌州，土官盧氏世襲。

普濟州長官司。在西昌縣西南。其地東至威龍土司界，西至鹽源縣界，南至會理州界，北至西昌縣界。元普濟州地。明洪武七年，置土知州。本朝康熙四十九年，改長官司，土官吉氏世襲。

河東長官司。在西昌縣。其地東至阿都土司界，西至瓜别土司界，南至阿都副土司界，北至温都脚夷巢。舊爲宣慰司。本朝雍正六年，改長官司，土官安氏世襲。

阿都正長官司。在西昌縣。其地東至沙罵土司界，西至河東土司界，南至會理州界，北至阿都副土司界。本朝順治六年，土酋結固歸附。康熙四十九年，授宣撫司。雍正六年，改土歸流，尋以隨勦涼山夷有功，授長官司。土官都安氏世襲。

阿都副長官司。在西昌縣。其地東至雲南麗江府界，西至舊河西司界，南至正土司界，北至沙罵土司界。本朝雍正六年以土婦賒嘐隨勦涼山夷有功，授長官司。土官都安氏世襲。

沙罵宣撫司。在西昌縣。其地東至雲南永善縣界，西至阿都土司界，南至阿都副土司界，北至雷波廳界。本朝康熙四十九年，土酋安韋威歸附，授宣撫司，土官安氏世襲。

馬喇副長官司。在鹽源縣西南三百里，與雲南永北廳接界。其地東至雲南章土司界，西至雲南章土司界，南至雲南高土司界，北至會鹽營屬中所土千户界。元柏興府地。明置長官司。本朝康熙四十九年歸附，授副長官司，土官阿氏世襲。

瓜别安撫司。在鹽源縣。其地東至小番界，西至喇嘛界，南至古柏樹土千户界，北至木裏土司界。本朝康熙四十九年，土酋玉珠珀歸附，授安撫司，世襲。

木裏安撫司。在鹽源縣西北。其地東至打箭鑪界，西至雲南中甸界，南至古柏樹土千户界，北至裏塘土司界。本朝雍正八年，土酋六藏塗都歸附，授安撫司，世襲。

邛部長官司。在越巂廳北。其地東至雷波廳界，西至冕寧縣界，南至冕寧縣界，北至寧越營白沙溝界。明初置長官司。本朝康熙四十二年，土官嶺安盤歸附，授宣撫司。五十二年，改長官司，世襲。

形勢

東連烏蒙，西距吐蕃，南接中慶，北鄰西蜀。元志。地據西南咽喉衝要之處。同上。山清水秀，田地膏腴。同上。捍蔽三川，咽喉六詔。通志。

風俗

重儒敬佛。相見之禮，長跪不拜。元志。金珠富産，穀粟豐盈，民足衣食。牛、羊、鹽、馬、氈、布，通商殖貨。同上。竹籬板舍，不事修飾。同上。善造堅甲利刃，弩置毒其末，沾血立死。明統志。漢、蠻雜處。蠻類百種，披氈赤足，飲食蟲鼠，出帶弓弩，天性悍戾。通志。

城池

寧遠府城。周九里三分，門四。明洪武中築，宣德二年甃石。本朝乾隆三十一年修，嘉慶十六年重修。西昌縣附郭。

冕寧縣城。周六里一分，門四，池廣三丈。明洪武中築，永樂三年甃石。

鹽源縣城。周四里有奇，門四，池廣二丈五尺。明洪武二十五年修。

會理州城。周七里三分，門四，池廣一丈。明洪武中築，永樂中甃石。本朝乾隆三十二年修，五十一年重修。

越巂廳城。周七里一分，門四，池廣三丈。明洪武初築，永樂初甃石。本朝乾隆三十一年修，五十三年重修。

學校

寧遠府學。在府治西。本朝嘉慶十四年建。入學額數八名。

西昌縣學。在縣治西。舊爲建昌衛學，本朝雍正六年改爲縣學。八年重建。入學額數十二名。舊額十五名，嘉慶十四年減三名。

冕寧縣學。在縣治西。舊爲平番衛學，本朝康熙二十六年建。雍正六年，改爲縣學。入學額數八名。

鹽源縣學。在縣治西。舊爲鹽井衛學，本朝康熙二十三年建。雍正六年修，改爲縣學。入學額數十名。舊額十二名，嘉慶十四年減二名。

會理州學。在州治西北。舊爲會川衛學，明洪武中建。本朝康熙二十九年重建，雍正六年修，改爲州學。嘉慶十六年重修。入學額數十名。舊額十二名，嘉慶十四年減二名。

越嶲廳學。在廳治西南。舊爲越嶲衛學，在治南。本朝康熙二十四年建，三十年遷建東門内。尋燬，復遷今所。雍正六年，改爲廳學。入學額數六名。

瀘峯書院。在府城内。本朝乾隆十八年建。

臺登書院。在冕寧縣南門内。本朝乾隆初建。

香城書院。在鹽源縣城内。本朝乾隆中建。

柏林書院。在鹽源縣白鹽井。本朝乾隆初建。
金馬書院。在越嶲廳城内。本朝嘉慶二年建。
會川義學。在會理州城西。本朝乾隆十七年建。

户口

原額人丁一萬二千五百，今滋生男婦共一百二十六萬六千二百七十三名口，計二十萬六千二百户。

田賦

折色屯秋田及下田、下地二百七十頃三十三畝二分有奇，本色秋田、豆田及山旱地五百二十三頃三分有奇，額徵地丁正、雜及各土司、土目折納銀三千九百二兩八錢五分九釐四毫，米豆一萬一千五百五十七石五斗七升九合四勺。

山川

木托山。在西昌縣東二十里。下有營汛。

鹿角山。在西昌縣東一百一十里。山峯尖削，狀如鹿角。

涼山。在西昌縣東一百二十里。明統志：羣峯嵯峨，四時多寒。按：涼山亘數百里，跨馬湖、建昌界，爲諸蠻所居。

螺髻山。在西昌縣東南四十五里。明統志：其山高聳，頂如螺髻。

瀘山。在西昌縣南十五里。西近古瀘州，故名。

巴洞山。在西昌縣南一百八十里。

落腰山。在西昌縣南二百里。東西高而中凹，蠻人呼爲「落腰」。

馬鞍山。在西昌縣西南二十里。兩峯並聳，形如馬鞍。

呂金坡山。在西昌縣西四里。昔有土酋呂金居此。又天王山，在縣西十五里。

青山。在西昌縣北三十里。上有松林，四時蒼翠。

冕山。在冕寧縣東廢冕山所東三里。其山高聳，狀如冠冕。

東山。在冕寧縣東四里。

鐵石山。在冕寧縣東。華陽國志：臺登縣山有砮石，禹貢所賦。元和志：鐵石山在臺登縣東三十里。山有砮石，火燒成鐵，極鋼利。　按：寰宇記載鐵石山於昆明縣，明統志遂謂在鹽井衛西北七十里，其地距臺登甚遠，與華陽國志、元和志俱不合，恐有誤。

南山。在冕寧縣南五里。名勝志：衛南五里曰南山，山勢屹然南向。　按：漢志邛都縣有南山出銅。明統志以爲即此山，誤。

白土山。在冕寧縣南四十里。上有白土。

北山。在冕寧縣北二里。

柏林山。在鹽源縣南十里。上多松柏，翠色參天。元柏興府以此名。

斛㯑和山。在鹽源縣西。元史地理志：柏興府金縣以縣界斛㯑和山出金，故名。舊志：山在鹽井衛西三十里，産金。

白耳山。在鹽源縣西一百里。下有白耳村。

剌紅瓦山。在鹽源縣西北一百五十里。下有金縣五村。又番羅入瓦山，與雲南麗江府接界，産金成粒。又剌雀瓦山，産碎金。革石瓦山，産銀礦。

盧那山，在會理州東舊州西，延袤百餘里。連雲障天，盛夏常積雪。

密勒山。在會理州東二百里。産銀礦。明宣德五年置銀場，遣官開采，尋罷。

魯葵山。在會理州東南姜州堡。東南相連者有博羅山。

葛砧山。在會理州東南八里。産石青，有四色。又土白山，在州東南三十里。産石緑，有三色。漢書地理志會無縣東山出碧，即此。

海溪山。在會理州南一百二十里，附黎溪站。出白銅。

斜山。在會理州西。唐永徽六年，巂州道行軍總管曹繼叔破胡叢〔一〕、顯養、車魯等蠻於斜山，拔十餘城。

玉虚沙山。在會理州西北四十里。山高聳，中有白沙。

鸞閣山。在會理州東北。連岡疊嶂，四時積雪。

孤山。有二。一在越巂廳南二十里，曰大孤山，高出衆山之表；一在廳西五里，曰小孤山。

巂山。在越巂廳西南。隋書地理志：邛部有巂山。元和志：山在邛部縣西南九里，巂水出其下，州郡得名以此。舊志：今有金馬山，在衛南十里。

阿露山。在越巂廳西五十里。一名大雪山，積雪盛夏不消。

天王山。在越巂廳北五里。舊志：明時總兵劉綎戮夷酋三千埋此，勒碑題曰「鯨鯢封處」，夷人至今畏之。

曬經山。在越巂廳東北一百里。山有廣石，相傳唐僧玄奘曬經於此，因名。其巔即曬經關。明統志又與雅州府榮經縣兩載。

分水嶺。在會理州北一百里。出紅銅礦，内夾銀星。

小相公嶺。在越巂廳南五十里。舊志：形勢高聳，石磴崎嶇，自麓至頂凡十五里。漢諸葛武侯所開。其地即涼山北境，爲野夷出掠之所。今設兵防汛，商旅稱便。

瀘沽峽。在西昌縣北一百里。南北長五里，兩山壁立，峽深百餘丈，闊不盈尋，孫水流其中，淙淙有聲。中有觀音巖。

石巖洞。在越巂廳北三十里。中可容數十人。東北崖畔有石版，叩之有聲，名「瓊鐘」。

金沙江。在會理州南。自雲南武定府流入，會打沖河，又東入東川、昭通二府界，即古繩水也。水經注：繩水至大笮與若水合，自下亦通謂之繩水。又南逕雲南郡之遂久縣，青蛉水入焉。又逕三絳縣，又逕姑復縣北，淹水注之。又與母血水合，又東涂水注之。又逕馬湖縣，謂之馬湖江。元和志：臺登縣有奴諾水，本名繩水，流入瀘水。在縣西北七百里，自羌戎界流入。明統志：金沙江在會川衛西南二百五十里。源出吐蕃，合瀘水至廢黎溪州爲馬湖江。其江昔有嵐瘴，隆冬人過，雖袒裼皆流汗，惟雨中及夜渡無害。夾岸皆石，江中沙土黄色，因名。舊志：金沙江合打沖河，又東南過白馬口，分派入山，伏流至東川府界，又自山中流出。按：金沙江即古繩水，其流最遠，漢志亦云若水入繩。自水經注不能悉其源流，附繩水於若水，舊志遂混繩、若二水爲一，以金沙江下流皆主打沖河言之，非是。

懷遠河。在西昌縣東。源出縣東北山麓，西流經城南，合平遠河入安平河。

平遠河。在西昌縣東。源出青山麓，西南流經城西，合懷遠河。

邛河。在西昌縣東南。漢書地理志：邛都縣有邛池澤。後漢書西南夷傳：「邛都自武帝開爲縣，無幾地陷爲汙澤，因名邛池，南人以爲邛河。」注：「南中志曰，邛河縱廣二十里，深百餘丈。李膺益州記云，土人謂之爲陷河。」元和志：陷河在越嶲縣東南十里。舊志：邛河自瀘山溪箐發源，流至瑶山寺，下合懷遠河。按輿圖，今縣南有熱水塘，即此。

高橋河。在西昌縣東南六十里。其南有落腰河，又南有梁山河，皆發源涼山夷界，西南流入安寧河。

瀘沽河。在冕寧縣東南。明統志：在寧番衛南八十里，源出越嶲衛小相公嶺，流入長河。方輿紀要：瀘沽河在冕山所西，源出小相公嶺，引流而南，經所境，又東南流至會川衛南，合金沙江。又東河，在冕山所東三里〔二〕，源自小相公嶺，南流，會瀘沽河。舊志有太平橋河，一名桐漕河，自建昌涼山發源，流合瀘沽河。按輿圖，自涼山發源者即瀘沽河，有二派合流而西。自小相公嶺發源者，南流入瀘沽，即明統志之東河也。

雙橋河。在鹽源縣。舊志：在鹽井衛西五里，源出涼山堡，繞縣西合龍潭水，北入打沖河，合金沙江。又明統志：龍潭在衛北五里，水從地涌出，方圓四丈，四時清潔。相傳有龍潛其中。按輿圖，此水今名鹽井河，自鹽源縣東發源，會縣西南龍塘之水西北流，又折北注打沖河。其龍塘蓋即明統志之龍潭，但在縣西南三十里許，不在北也。

越溪河。在鹽源縣。明統志：在鹽井衛東二百里。源出涼山，合打沖河。

玉虛河。在會理州城東。源出州北分水嶺，南流經玉虛山，流二百餘里，有東安河，自姜州堡南發源，西南流入焉。又南經白馬口，入金沙江。州境之田，資其灌溉。按水經注：會無縣有駿馬河，水出縣東高山，山有天馬徑，河中有貝子胎銅，以羊祠之則可取。疑即此水。

玉虹河。在會理州東。自州東北發源，南流經苦竹壩，又東南入金沙江。

會通河。在會理州東。有二源，出州東北山箐中，流百餘里，合流經舊州東，至涼山西合一水，東南入金沙江。水可灌溉，中產珠。

東河。在越巂廳東二里。源出涼山夷地，北流繞廳城，合羅羅河。又有涌泉，源出金馬山，亦名魚洞河，流合東河。又有龍泉，在衛西，自山谷流出。又小溪，在衛東南，自五里箐番地流出。皆入魚洞河。

羅羅河。在越巂廳北二十三里。有二源，皆出番界，東北流合魚洞河，入大渡河。亦曰倮玀河。夏秋泛漲，波濤洶湧難渡，冬春消涸，如履平地。

魚洞河。在越巂廳北二十五里。源出番界，東北流會羅羅河，入大渡河。中產大魚，故名。

大渡河。在越巂廳北二百二十里。源出吐蕃，自鐵口野夷流入，與雅州府清溪縣接界。又東經鬼皮落野夷，入峨眉縣界，水勢浩大，烟瘴特甚。詳見雅州府。

孫水。在西昌縣西十五里。自冕寧縣北發源，南經縣西，又南經會理州西，合若水。一名長河，又名安平河。漢書地理志：臺登縣孫水，南至會無入若，行七百五十里。司馬相如傳：橋孫水以通邛、筰。水經注：孫水出臺登縣，一名白沙江。南流經邛都縣，又南至會無入若水。元和志：長江水本名孫水，出臺登縣西北胡浪山下。明統志：長河在寧番衛城東。源出西番界，南流會瀘水，經建昌城西，入金沙江。舊志：長河源出寧番衛北架州窩下，東南流，有蘇州小河，源出架州西番山，流入之。又南流，有南河在衛南二里，源出凹烏西番山箐，流入之。又東流合呷瓜河、太平橋河，總名爲安寧河，入建昌衛界。又南經德昌所東，又經會川衛西，至迷易所西南合打沖河。

温水。在西昌縣北。水經注：邛都縣有温水，冬夏常熱，其源可燖雞豚，浴者能治宿疾。昔李驤敗李流於温水是也。元和志：温水出蘇祁縣東二十一里平地。又温湯水出西瀘縣西十二里山下[三]。明統志：熱水池在都司城北七十里，四時常熱，流入越溪河，合瀘水，接金沙江。舊志：熱水在建昌衛北七十里，源出熱水塘，西流入安寧河。

三渡水。在冕寧縣西南二百里。源出番界，南流至鹽源縣北界，入打沖河。水流湍急，舟楫難施，渡處有三，故名。

若水。在冕寧縣西。源出西番，流入縣西界，折東流經西昌縣西南，又轉南經鹽源縣東，又南至會理州西，合金沙江。亦名瀘水，俗名打沖河。漢書地理志：若水出旄牛徼外，南至大筰入繩。又司馬相如傳：相如略定西南夷，除邊關，西至沫、若水。水經「若水出旄牛徼外，東南至故關爲若水」，注：「山海經曰，南海之内，黑水之間，有木名曰若木，若水出焉。沿流間關蜀土。黄帝子昌意降居此水，娶蜀山氏女，生顓頊於若水之野。若水東南流，鮮水注之。又南經越嶲邛都縣西，又南至會無縣，孫水入之，又南逕大筰縣入繩。」元和志：瀘水在西瀘縣西一百十二里。諸葛亮表曰「五月渡瀘，深入不毛」，謂此水也。水峻急而多石，土人以牛皮作船而渡，一船勝七八人。明統志：打沖河在打沖千户所治西，蠻名黑惠江，又名納夷江，源出吐蕃，下流合金沙江。舊志：打沖河自西番界流入，經鹽井衛東北一百六十里，又東南經會川衛西一百五十里，至三江口合金沙江。其間兩山壁立，水勢洶湧，狼牙相距，舟楫不通，有索橋横亘四十二丈，自舊瀘州一帶馳運入衛，路必經此。邊陲之天險也。按：此水上流，今名鴉龍江。發源西番界巴延喀喇山，西南流千餘里，至鹽源縣西北，有打沖小河，自西流入焉。自下始名打沖河，折東流二百里，又折南流三百餘里，會金沙江。自此以下，今皆謂之金沙江。又按水經注，瀘水在朱提界，武侯渡瀘在其地，蓋即今之金沙江。今打沖河在蜀西南徼，非入滇必經之道。自唐宋以來，始專以若水爲瀘水。然元和志又云，巂州西至東瀘水二百里，南至瀘渡四百五十里，蓋以若水在金沙江東北，故別之爲「東」，瀘渡在二水合流之下，是猶以金沙江爲瀘水之正派也。明通志以孫水爲瀘水，尤誤。

卑水。在會理州東北。華陽國志：卑水、孫水流通馬湖。水經注：水出卑水縣，東流注馬湖江。

海子。有二。一在西昌縣十五里，其水澄澈，浩闊如海，多産嘉魚。一在鹽源縣西一百九十里。

步北澤。在鹽源縣東。漢書地理志：定筰出鹽，步北澤在南。華陽國志：定筰縣有鹽池，北沙河是。元和志：昆明縣有鹽井在城中，凡取鹽先積柴燒之，以水澆灰，即成黑鹽。舊志：鹽井在鹽井衛治東，有黑、白二井。通志：今鹽源縣鹽井二，設竈五十八。

荷花池。在鹽源縣西南一百六十里，黎溪驛北。中有芰荷，盛夏香來，可以避瘴。

温泉。在冕寧縣東一百四十里。四時温暖，可以療疾。又有温泉在越巂廳東二十里，引流可以溉田。

玄泉。在會理州城東。泉色稍黑，灌溉山田，民獲其利，常以仲春祀之。

勝功泉。在會理州西北五里。自石竇中流出，四時不涸。

聖泉。在越巂廳北一百八十里河南站〔四〕。

瀑布井。在西昌縣南三十里。自山頂流下，狀如白練。

校勘記

〔一〕嶲州道行軍總管曹繼叔破胡叢　「叢」，原作「業」，據乾隆志卷三〇五寧遠府山川（下同卷簡稱乾隆志）及資治通鑑卷一九九唐紀十五改。

〔二〕在冕山所東三里　「東」，原脱，據乾隆志補。

〔三〕又温湯水出西瀘縣西十二里山下　下「西」字，原作「四」，據乾隆志及元和郡縣志卷三二劍南道改。

〔四〕在越嶲廳北一百八十里河南站　「站」下，乾隆志有「後山」二字。

大清一統志卷四百一

寧遠府二

古蹟

德昌廢府。在西昌縣。元置，明廢。元史地理志：德昌路軍民府，漢邛都縣地，在建昌府南。所居蠻號屈部〔一〕，至元九年内附。十二年，立定昌路，以本部爲昌州。二十三年，罷定昌路，併入德昌路，治本州葛路城。明統志：洪武中改德昌路爲府。二十五年，廢府，置德昌千户所，屬建昌衛，在衛南百四十里。廢府在所南。

會理故州。在今會理州東南。元史地理志：會川路會理州，在路東南。唐時南詔屬會川節度，地名昔陀。有蠻名阿壇絳，亦仲由蒙之遺種。其裔羅于則得昔陀地居之，取祖名曰絳部，後强盛，盡有四州之地，號蒙歪。元憲宗八年内附，隸閟畔萬户。至元四年，屬落蘭部。十三年，改隸會川路。十五年，置會理州，仍隸會川。二十七年，復屬閟畔部。舊志：在衛東南二百里，明初廢。通志：本朝康熙二十九年，復分會川衛地，置州於會通河西岸苦竹壩之地。雍正六年，移治會川。

廢里州。在西昌縣東。元史地理志：建昌路領里州。唐隸嶲州都督，蒙詔時落蘭部小酋阿都之裔居此，因名阿都部。至元十年效順，隸烏蒙。十八年，設千户所。二十三年，升軍民總管府。二十六年，罷爲州。明統志：州在都司城東三百里。明初因之，後廢。

廢闊州。在西昌縣東南。元史地理志：建昌路領闊州，治密納甸。古無城邑，烏蒙所居。昔仲由蒙之裔孫名科居此，因名爲部號，後訛爲「闊」。至僰羅内附。至元九年設千户，二十六年改爲州。明統志：州在都司城東南四百里。明初因之，後廢。

廢隆州。在西昌縣東南，與會理州接界。元史地理志：建昌路領隆州，在路之西南，與漢邛都縣接境，唐會川之西北。蒙氏改會川爲會同邏，立五瞼，本州爲邊府瞼。其後瞼主揚大蘭於瞼北壋上立城〔二〕，曰大隆城，即今州治也。元至元十三年内附，十四年設千户，十七年改隆州。

威龍廢州。在西昌縣東南。元史地理志：威龍州在德昌路西南，夷名巴翠部，領小部三，一曰沙窩普宗，二曰烏孫泥阻〔三〕，三曰媧諾龍莒蒲，皆玀魯蠻種也。至元十五年，合三部立威龍州，隸德昌。明統志：洪武中改爲長官司，在建昌衛東南四百十里。

廢昌州。在西昌縣南。元史地理志：初，烏蠻阿屈之裔寖强，用祖名爲屈部。其孫烏則，至元九年内附。十二年，改本部爲州，兼領普濟、威龍，隸定昌路。二十三年，罷定昌路，并隸德昌路。明統志：洪武中改屬建昌衛，又改州爲長官司，在衛南二百里。按：明史改長官司，在永樂二年。

廢德州。在西昌縣南。元史地理志：德昌路德州，在路之北。其地今名吾越甸，城曰亦苴龍〔四〕，所居蠻苴郎，以遠祖名部曰禎綖。憲宗時内附。至元十二年，立千户。十三年，改爲德州，隸德平路。二十三年，改隸德昌。舊志：明初亦爲德州，後廢。在德昌所西北境瀘水西十五里〔五〕。明統志謂在都司城西二十五里，漢蘇示縣地，誤。

普濟廢州。在西昌縣西南。元史地理志：普濟州在德昌路西北，夷名玗甸。玀魯蠻世居之，後屬屈部。至元九年，隨屈部内附。十五年，於玗甸立定昌路。二十三年，路革，改隸德昌。明統志：洪武中改爲長官司，在建昌衛西南二百四十里。

廢蘇州。今冕寧縣治。明統志：元置蘇州，屬建昌路。洪武初因之。二十二年，置蘇州衛。二十七年，改寧番衛，屬行都司。在司北一百九十里。名勝志：環而居者皆西番種，故曰寧番。東連越巂，北通烏斯藏，西鄰三渡月落口。按：元志佚此州。

廢姜州。在會理州東南。元史地理志：建昌路領姜州。姜者，蠻名也。烏蠻仲牟由之裔阿壇絳始居閟畔部，其孫阿羅仕大理國主高泰。是時會川有城曰龍納，羅落蠻世居焉。阿羅攻拔之〔六〕，遂以祖名曰絳部。憲宗時隨閟畔内附。至元九年隸會川，後屬建昌。十五年，改爲姜州。二十七年，復屬閟畔部，又屬建昌。舊志：在會川衛東南九十里。今爲姜州堡。

黎溪廢州。在會理州西南。元史地理志：會川路領黎溪州，古無城邑。蠻云黎弫，訛爲今名。初，烏蠻與漢人雜處，及南詔閣羅鳳叛，徙白蠻守之。蒙氏終，羅羅逐去白蠻。段氏興，令羅羅蠻乞夷據其地。至元九年内附，改其部爲黎溪州。明統志：州在會川衛南一百五十里。明初因之，後廢。

永昌廢州。在會理州西北。元史地理志：會川路領永昌州，在路北，治故歸依城，即古會川也。唐天寶末，没於南詔，置會川都督〔七〕。至蒙氏改會同府，置五瞼。元憲宗九年内附。至元十四年，改千户〔八〕。十七年，立永昌州。明統志：州在會川衛西北五里。明初因之，後廢。

麻龍廢州。在會理州北。元史地理志：會川路領麻龍州。麻龍者，城名也，地名棹羅能。至元十二年，屬會川。十四年，立千户，隸會川路。十七年，立爲州。二十七年，割屬閟畔部。舊志：麻龍亦曰麻若，漢語「黄土城」也。今有舊龍州，在會川衛北十里。

越巂廢縣。今西昌縣治。元和志：本漢邛都縣地。周天和五年，平越巂，置西寧州，治越巂縣。元史地理志：唐懿宗時，蒙詔立城曰建昌府，領建安、永寧二州。元至元九年，平建蔕，分建昌府爲萬户二，又置千户一。十五年，割建鄉城十四村及建蔕四村立寶安州〔九〕。十六年，分建昌爲二州，在城曰建安，東郭曰永寧。二十六年，革寶安州，以其鄉村屬建安州。舊志：明洪武二十五年，改置建昌衛。二十七年，又置前衛。萬曆三年，併前衛入之。

廢中縣。在西昌縣東。元史地理志：建昌路領中縣，治在住頭回甸，蓋越嶲之東境也。所居烏蠻，自別爲沙麻部，以酋長所立處爲中州。至元十年内附〔一〇〕，十四年仍爲中州，二十二年降爲縣。明統志：在都司城東四百里。元置，明初因之，後廢。又有廢北社縣，在都司城東三百里。元置，屬建昌路。明改爲碧舍縣，後廢。

邛都廢縣。在西昌縣東南。古西夷邛都國也。史記西南夷傳：自滇以北，君長以什數，邛都最大。漢書司馬相如傳：唐蒙已略通夜郎，時邛、筰之君長請吏，比南夷。帝問相如，相如曰：「邛、筰、冉、駹者近蜀，道易通，異時嘗通爲郡縣矣，至漢興而罷。今誠復通，爲置縣，愈於南夷。」帝乃拜相如爲中郎將，使略定西南夷。邛、筰、冉、駹、斯榆之君，皆請爲臣妾，除邊關，關益斥，西至沬、若水，南至牂柯爲徼，通靈山道，橋孫水通邛、筰。又西南夷傳：相如既往諭，爲置一都尉，十餘縣，屬蜀，數歲罷。元狩元年，又令王然于等間出西南夷，求身毒道。及且蘭君反，乃發兵誅且蘭、邛君，以邛都爲越嶲郡。後漢書西南夷傳：更始二年，邛人長貴攻殺郡守枚根，自立爲邛穀王。又降於公孫述。建武十四年，遣使上計，授越嶲太守。十九年，劉尚擊益州夷，路由越嶲，長貴欲襲擊尚，尚即分兵先據邛都，掩長貴誅之。華陽國志：邛之初有七部，後爲七部營軍，後又有四部斯叟〔一一〕。章懷太子後漢書注：邛都故城，在今越嶲縣東南。

西瀘廢縣。在西昌縣西南。元和志：縣東北至州二十七里。本漢邛都縣地〔一二〕，周天和二年，於此置本可縣，天寶元年改名。有姜磨戍，在縣西南三里。舊唐書地理志：西瀘，梁置可縣。隋治姜磨戍。武德七年，移於今理。後陷於南詔。元史地理志：建昌路領瀘州，在路西。昔名沙城睑，即武侯擒孟獲之地。至段氏時，於熟水甸立城名渼籠，隸建昌。至元十五年，改渼籠爲瀘州。明統志：廢瀘州在都司城西南二十五里。元置，明初因之，後廢。按：瀘州道里與元和志西瀘至州道里正合，即古西瀘也。又按隋志，越嶲郡領可泉縣，舊置宣化郡，開皇初郡廢。元和志作「本可」，舊唐志作「可縣」，蓋即「可泉」之訛。

蘇示廢縣。在西昌縣北。漢置，屬越嶲郡。後漢因之，亦曰蘇祁。西南夷傳：永平末，有蘇祁叟二百餘人，送太守張翕喪。蜀志：蘇祁邑君冬逢叛，張嶷討誅之。皆即此。華陽國志云：晉省，劉宋復置曰蘇祁，蕭齊又省，後周復置。隋曰蘇祇，唐仍曰蘇祁，屬巂州，後陷南詔，遂廢。隋書地理志：越巂郡蘇祇縣，舊置亮善郡，開皇初郡廢。元和志：縣東南至巂州八十里。本漢舊縣，後陷夷獠。周武帝復置，屬嚴州。開皇初改屬巂州。唐書地理志：自臺登城九十里至蘇祁縣，又南八十里至巂州。元史地理志：建昌路領禮州，在路西北，瀘沽水東。所治曰籠麽城。段氏裔孫阿宗内附，復叛，至元九年平之，設千户。十五年，改爲禮州。明統志：禮州本漢蘇示縣，在建昌衛北六十里。洪武中改置禮州千户所。

瀘沽廢縣。在西昌縣北。元史地理志：禮州領瀘沽縣，在州北。昔羅落蠻所居。至蒙氏霸諸部，以烏蠻酋守此城，後漸盛，自號曰落蘭部，或稱羅落。其裔蒲德，遣其姪建蔕内附。建蔕繼叛，自爲酋長，并有諸部。至元九年平之，設千户。十五年，改縣。明統志：在都司城北一百二十里。本漢臺登縣地。元置瀘沽縣。明初因之，後廢。

臺登廢縣。在冕寧縣東。漢置，蕭齊廢，後周復置，唐咸通中没於南詔。漢書地理志「越巂郡臺登」注：「應劭曰：今曰臺高。」蜀志：臺高縣去越巂郡三百餘里。元和志：縣正南微西至巂州一百七十里。周武帝重開越巂於舊理置。唐書：太和六年，李德裕徙巂州治臺登，以奪蠻險。按：明統志謂元瀘沽縣即漢臺登，誤。瀘沽乃臺登縣地耳。

大筰廢縣。在冕寧縣西。漢置，屬越巂郡。乃繩、若二水合流處也。華陽國志云，漢末省。

柏興廢縣。今鹽源縣治。元置。元史地理志：雲南行省有柏興府，昔摩沙夷所居。漢爲定筰縣。唐立昆明縣。天寶末没於吐蕃。後復屬南詔，改香城郡。元至元十年，鹽井摩沙酋羅羅將獲鹿、茹庫内附。十四年，立鹽井千户。十七年，改爲閏鹽州，以獲鹿部爲普樂州，俱隸德平路。二十七年，併普樂、閏鹽二州爲閏鹽縣，置柏興府。閏鹽縣，倚郭，夷名爲賀頭甸，以縣境爲鹽井，故名。明統志：元於黑、白鹽井置閏鹽縣及柏興府。明洪武初因之，後改柏興千户所，又改爲鹽井衛，在都司城西南三百里。

定筰廢縣。在鹽源縣南。漢置。蜀志張嶷傳：定筰、臺登、卑水三縣，去郡三百餘里，舊出鹽鐵及漆，而夷徼久自固食。嶷率所領奪取，到定筰。定筰率豪狼岑，槃木王舅，忿嶷自侵，不自來詣。嶷直往收致，撻殺之。重申恩信，遂獲鹽鐵，器用周贍。

華陽國志：縣在越嶲郡西，渡瀘水。賓剛徼，白摩沙夷〔一三〕。元和志：昆明縣，東北至嶲州三百里。本漢定筰縣，後没蠻夷。周武帝立定筰鎮。武德二年，於鎮置昆明縣。蓋南接昆明之地，因以爲名。凡言「筰」者，夷人於大江水上置籐橋，謂之「筰」；其定筰、大筰，皆是近水置筰橋處。通鑑注：昆明在西爨西北，有鹽池之利。

昌明廢縣。在鹽源縣西南。唐書地理志：嶲州昌明縣，貞觀二十二年，開松外蠻，置牢州及松外、尋聲、林開三縣。永徽三年，州廢，省三縣入昌明。又南蠻傳：貞觀中，嶲州都督劉伯英上疏：「松外諸蠻，率暫附亟叛，請擊之，西洱河天竺道可通也。」居數歲，太宗以梁建方發蜀十二州兵進討，諭降者七十餘部。

遂久廢縣。在鹽源縣西。漢置，屬越嶲郡。後漢因之。晉改屬雲南郡，後廢。後漢書注：遂久故縣，在今靡州界。舊唐書地理志：戎州領羈縻靡州，南接姚州。武德七年，置西豫州。貞觀三年，改爲靡州，領磨豫、七部二縣。名勝志：漢遂久縣，在金沙江之北。古稱爲白門，言入白杲國之門也。

廢金縣。在鹽源縣北。元置，明廢。元史地理志：柏興府領金縣，在府北，夷名利賨揭勒。所居蠻因茹庫〔一四〕，乃漢越嶲郡北境，與吐蕃接。至元十五年，立爲金州，後降爲縣，以縣境斛棟和山出金，故名。

會無廢縣。今會理州治。漢置。華陽國志：會無縣路通寧州，渡瀘得住狼縣〔一五〕。故濮人邑也。元和志：會川縣北至嶲州三百七十里。本漢會無縣，屬越嶲郡。蕭齊没於蠻獠。上元二年，於其地置會川縣。天寶初，又於縣側立會同軍。寰宇記：唐移邛都縣於會川鎮城内安置，以獠寇道路川原，並會於此川，故名。元史地理志：會川路在建昌南。唐天寶末，没於南詔，立會川都督府，又號清寧郡。至段氏仍爲會川府。元至元九年内附，十四年置會川路〔一六〕，治武安州，蠻稱龍泥城。至元十四年，立千户。十七年，改爲州。明統志：明初復立會川府，領武安、永昌、麻龍等州。後改爲會川衛軍民指揮使司，領迷易千户所，廢武安州。本朝因之。雍正六年，裁衛，移州治於此。舊志：州治在衛南十里。

三絳廢縣。在會理州東南。漢置，屬越嶲郡。後漢書郡國志作「三縫」。華陽國志：三絳亦曰小會無，道通寧州，渡瀘即蜻蛉縣。水經注：繩水又逕三絳縣西，又逕復姑縣北，對三絳縣，淹水注之。按：其地蓋在今州東南金沙江東岸。

卑水廢縣。在會理州東北。漢置，屬越巂郡。後漢、晉、宋因之，齊廢。漢書地理志注：「孟康曰：卑音班。」華陽國志：縣去郡三百里。

廢闌縣。在越巂廳北。隋改置邛部縣。華陽國志：闌縣故邛人邑，治邛部城，地接寒關，今省。宋書州郡志：沈黎郡領蘭縣〔一七〕，漢舊縣，作「闌」。晉太康地志無。隋書地理志：越巂郡邛部縣，舊置邛部郡，又有平樂郡，開皇初並廢。元和志：邛部縣，西南至巂州二百六十里。本漢闌縣地，周武帝於邛部置縣，仍以舊城爲名，屬邛部郡。隋開皇三年，改屬巂州。元史地理志：建昌路領邛部州，在路東北，大渡河之南。唐立邛部縣，後没於蠻。至宋時封其酋爲邛部王〔一八〕，今其地夷稱爲邛部川，治烏弄城。昔麽些蠻居之，後仲由蒙之裔奪其地。元憲宗時内附。中統五年，立邛部川安撫招討使〔一九〕。至元二十一年，改爲州。明統志：洪武中改邛部軍民州，尋廢州，改置越巂衛軍民指揮使司，在都司城北二百八十里。永樂初，又分設邛部長官司於衛治東，屬之。舊志：邛部舊州，在衛北二十里。

羅羅斯廢司。在西昌縣東。元史地理志：至元十二年，設羅羅蒙慶等處宣慰司都元帥府。土夷考：其酋長散居大渡河西。明洪武四年，羅羅斯宣慰使安普卜之孫配率衆歸附，授以土指揮使，帶銜建昌衛，不給符印，置院於城東郭外里許，昌州、威龍、普濟三長官司隸之。所屬有四十八馬站，部落爲僰人、猓玀、白夷、西番、麽些、狢⿰犭鹿、韃靼、回子、漁人約九種〔二〇〕，諸種散居山谷間，南及金沙，北至大渡，東抵烏蒙，西迄鹽井，延袤殆千餘里。西夷大酋，此爲稱首。

河西廢司。在西昌縣。本朝康熙五十一年，夷酋安吉茂投誠，授宣慰司，轄番民一千五百三户。所屬有囉慕、芍菓、咱堡、沙溝四土目，部落爲熟夷、猓玀、西番三種。熟夷、西番賦性馴良，惟猓玀刁頑，不通漢語。雍正六年，改土歸流，以宣慰司爲土千總。

武侯城。在西昌縣。明統志：在都司城南三十里瀘水東。蜀漢諸葛武侯所築。所謂「五月渡瀘」，即此處。又孟獲城，在城東二里。孟獲所築。即武侯擒獲之地。又善住城，在城東南二十里。

新安城。在西昌縣南。唐開元中置，後廢。咸通五年，南詔寇嶲州，戍將顏慶復請築新安、遏戎二城，從之。旋陷於南詔。唐書地理志：嶲州有新安、三阜、沙野、蘇祁、保塞、羅山、西瀘、蛇勇、遏戎九城，皆戍守要地。按：唐會要，西川節度使牛藂於蠻界築新安城，以遏戎寇。又有保塞城在縣之西南，亦唐所置。咸通五年，西川奏保塞城使杜守連不從南詔，帥衆詣黎州降，即此。

諸葛城。在冕寧縣東南。元和志：在臺登縣東南三里，武侯南征至此築。

寧遠城。在鹽源縣西。唐書地理志：嶲州西南有昆明軍，其西有寧遠軍。

會同城。在會理州北。元和志：天寶初於會川縣側立會同軍。唐書南詔傳：閣羅鳳取嶲州會同軍，據清溪關。按：名勝志謂即南詔會同府，元永昌州也。

長利苑。在會理州界。後漢書安帝紀：永初六年，詔越嶲置長利、高望、始昌三苑，皆馬苑也。水經注：會無縣東高山有天馬徑，厥迹存焉。馬日行千里，民家馬牧之山。或產駿駒，言是天馬子。

關隘

石門關。在西昌縣東五十里。

羅鎖關。在西昌縣西南六十里。

瀘沽關。在西昌縣北一百里瀘沽峽東。舊有瀘沽巡檢，久裁。其南又有老君關，至爲危險。

太平關。在西昌縣北一百二十里，瀘沽水上，有渡軍守之。又水砦關，在縣西北。

沙沱關。在冕寧縣東七十里。又羅漢關，在縣東一百二十里。亦名猓玀關，本猓玀窟穴。過關五里爲灣村，又八里有巡哨堡，地稍平寬，又十里至冕山關。

九盤關。在冕寧縣東一百六十里，關南接白石、瀘沽、老君等關，皆稱險絶。又有相嶺關，在縣東一百九十里。

冕山關。在冕寧縣東南，冕山所北五里，瀘沽河濱。本朝設縣丞駐此。

烏角關。在冕寧縣南五十里。又北山關，在縣北二十里。

雙橋關。在鹽源縣東八十里。又古得關，在縣西二百八十里。

瀘津關。在會理州東南三十里，爲南蠻要路。唐書地理志：會川縣有瀘津關。

迷郎關。在會理州南六十里。一名迷水鎮。

松坪關。在會理州西南一百八十里，近雲南境，北去金沙江三十里。土夷考：衛西南三十里爲箐山口，又六十里爲火燒腰驛〔二二〕，又十五里爲密郎關〔二三〕，路通紅卜苴夷寨，五十里爲七墩堡，路通黎溪夷砦，又八十里爲搭甲渡，又四十里爲松坪關。

永昌關。在會理州西三十里。或云即故永昌州也。

大龍關。在會理州西北六十里。又甸沙關，在州西北一百二十里，與西昌縣接界。舊志：甸沙一名河沙，自關東南二十里爲麻些塘，舊麽些夷之壘也。又南十里爲虎頭關，又十里爲虎頭堡，俱威隆夷區。又十里爲周官嘴，又十里爲大龍關，又十里爲寒婆營。此二十餘里間，又路通麻龍、仲村、捲卜、法果諸夷，最爲險要。

小相公嶺關。在越巂廳南小相公嶺絶頂。今名小哨。又南十里爲靖邊堡，南通冕山營界三渡水外生番，東通桐槽、那嘪、沈喳等夷。又炒米關，在廳南三十里。

海棠關。在越巂廳北一百二十里。關南十里爲鎮西驛。又十五里爲清水堡，東通戴羅、白石、乾溝〔二三〕，西抵竹麻、洗馬姑等番。又二十里爲簝葉堡，在峽内平地。又十五里爲梅子堡，路通蠟梅、得那補、蝦蟆窩等處夷。又二十里至利濟驛，又十五里即青岡關〔二四〕。

青岡關。在越巂廳東北三十里。北通滓兒姑，南通廣洪、魚洞諸砦〔二五〕。又南十五里爲通濟堡。

曬經關。在越巂廳東北百里。曬經山，峯巒高峻，置關其上。東北七里爲李子坪，又東五里爲火燒營。又五里爲鎮蠻堡，亦名大樹堡，在兩山峽口，北臨大渡河，與河北羊腦山相望，爲大、小沖番往來之所。又東十里曰臨河堡，亦在河南岸。河北有羊肆崖，漢水口與此相對。

德昌所巡司。在西昌縣南一百四十里，即元德昌路。明洪武二十五年，改置千户所，屬建昌衛。本朝雍正初，罷衛，屬西昌縣。乾隆二十六年改置。

阿所拉場巡司。在鹽源縣西。本朝嘉慶二十二年增設。

苦竹壩巡司。在會理州東。本朝雍正七年置。又舊有搭甲渡巡司，在州南三百里，乾隆中裁。

迷易所巡司。在會理州西北八十里，元會川路地。明洪武十五年，分置千户所，屬建昌衛。二十七年，改屬會川衛。本朝雍正初罷衛屬會理州，乾隆二十六年改置。

龍溪鎮。在西昌縣四十里。舊置巡司，今裁。又白水巡司，在縣東南二百里。麻刺巡司，在縣南一百八十里。打沖河巡司，在縣西南一百四十里。瀘沽巡司，在縣北廢瀘沽縣。皆明置，久裁。

清寇鎮。在越巂廳西北。元和志：在邛部縣西北五十八里。

靖遠營。在冕寧縣東，地名乾縣，爲諸夷門户。本朝雍正六年築城，周三里有奇，設遊擊駐防。

冕山營。在冕寧縣東南一百二十五里。明初爲冕山堡，屬寧番衛。正統七年，改置冕山千户所。本朝康熙中移治桐槽隘築城，增設遊擊駐防。雍正十三年，改設都司。

懷遠營。在冕寧縣屬西南沙壩。本朝設都司駐防。

瀘寧營。在冕寧縣屬西南兒斯堡。本朝設守備駐防。

永定營。在會理州東北，地名披沙，爲涼山諸夷出入咽喉。本朝雍正六年，設遊擊駐防。十三年，改設都司。乾隆四十四年，改設守備，築城，周二里有奇。

寧越營。在越嶲廳北一百二十里海棠關。明嘉靖中置鎮西千户所，屬越嶲衛。本朝康熙二十三年，改寧越營，設守備駐此。雍正六年，增設都司，修築土城，周百丈。

木托汛。在西昌縣東木托山下，爲涼山諸夷出入要路，舊設千總戍守。本朝雍正六年，移建昌鎮中營守備駐此，築城周二里有奇。今改爲汛。

熱水汛。在西昌縣西北熱水旁，爲大、小涼山諸夷出入要路。本朝雍正八年築城，周二里餘，移建昌鎮右營遊擊駐此。今改爲汛，設都司分駐。

柏香汛。在越嶲廳北，地名柏香坪，爲普雄諸番出入之路。本朝雍正六年，設都司駐防，築城周二里。今改爲汛。

禮州所。在西昌縣北。縣丞駐此。

鹽中所。在鹽源縣西一百四十里。唐爲沙野地，元爲瀘州地。明洪武中置打沖河中、左千户所，屬鹽井衛。本朝雍正初罷衛，屬寧遠府，有縣丞駐此。

松林土千户。在冕寧縣東南瀘沽河南。本朝康熙四十九年，土酋王德洽歸附，授土千户。又相近有料林坪土百户楊氏、野豬塘土百户張氏、白石村土百户杉氏、前後山土百户羅氏、六翁土百户都氏、老鴉漩土百户汪氏，俱同時歸附，屬寧越營管轄。又有濫田壩沈喳土百户覺氏，亦同時歸附，屬越嶲營。

阿得橋土百户。在冕寧縣東南。本朝康熙四十九年，土酋遮遮歸附，授土百户。又相近有白路土百户申氏、虚郎土百户沈氏、酥州土千户姜氏、苗出土百户熱氏、大村土百户馬氏、糯白瓦土百户李氏、窩卜土百户伍氏、河東大鹽井土百户呷氏、熱即瓦土百户金氏、中村土百户馬氏、架州土百户李氏、三大枝土百户印氏、河西土百户楊氏，俱同時歸附，屬冕山營。

古柏樹土千户。在鹽源縣打沖河旁。本朝康熙四十九年，土酋郎氏歸附，授土千户。又相近有中、左二所土千户喇氏，右所土千户八氏，前所土百户阿氏，後所土百户白氏，俱同時歸附，屬會鹽營。

黎溪舟土千户。在會理州。本朝康熙四十九年，土酋自必仁歸附，授土千户。又相近有迷易土千户安氏、會理村土千户禄氏、者保土百户禄氏、普隆土百户沙氏、紅卜苴土百户刁氏、苦竹壩土百户禄氏、通安州土百户禄氏，俱同時歸附，屬會川營。又披砂土千户禄氏亦同時歸附，屬永定營。

煖帶密土千户。在越嶲廳。本朝康熙四十九年，土酋嶺氏歸附，授土千户。又有煖帶田壩土千户嶺氏同時歸附，俱屬寧越營。

金川堡。在西昌縣東南二百四十里。又紙房堡，在縣西三十五里。自瀘州堡十里爲紙房堡，又西十五里爲鹽源縣之沙平驛，在瀘河西岸。又鎮夷堡，在縣北一百五里。

瑶山堡。在西昌縣南十里。自禮州所行四十里，歷安平、北哨、青山、理經四堡，達府治。

定番堡。在冕寧縣西。明萬曆十五年置。按土夷考，寧遠東南、東北諸夷頗馴，惟西去月落、三渡水、妙竹等一十九寨〔二六〕，恃其險隘，常引水外生番入寇，自堡設而稍斂迹云。

七兒堡。在冕寧縣。舊設土司。本朝康熙四十九年歸附。雍正五年改設土目，所屬夷人户口一百八户，賦性馴良，耕種爲生。

箐口堡。在鹽源縣東十里。又北十里爲高山堡，又十里爲涼山堡，又十里爲鴛鴦堡，又十里爲新添堡，又十里爲馬蝗堡，又十里爲土工堡〔二七〕，又十里即雙橋關也。

杭州堡。在鹽源縣東北雙橋關。又五里爲平川驛，又十里爲紹興堡，又十里爲禄馬堡。又德力堡，在縣東北一百六十里，通禄馬、禄曹諸夷。又東十里爲沙平堡，通麻科、七村、牙礦諸夷〔二八〕。又二十里亦曰高山堡，接西昌縣界，通馬者、馬羅諸夷。

姜州堡。在會理州東南九十里，即廢姜州也。

鎮雄堡。在越嶲廳西南。路通普雄、兩河口等處。又十五里爲通相堡。又十五里爲長老坪，西通羊圈、托烏，東通黑骨頭、普雄諸夷〔二九〕。

大樹堡。在越嶲廳北二百六十里。經歷駐此。

白馬堡。在越嶲廳東北一百九十里。東去曬經十里，爲猝獼、鐵口諸番市易處。西十里至河南驛，又八里至八里堡，路通八柏橋、普馬等寨。又西十里至平夷堡，在高山峽内，路通笋坑、紅水、黑麻等處。又二十里至古隘堡，路通那歷、洗馬姑、乃易集、户水、八柏等寨。

瀘川驛。在西昌縣東南五里。又阿用驛，在縣東南二百里。禄馬驛，在縣南一百里。龍溪驛，在縣北八十里。瀘沽驛，在縣北一百八十里。皆久裁。

蘇州驛。在冕寧縣南。又有龍溪驛，在縣東。舊皆置馬驛，今裁。

鹽井驛。在鹽源縣東。又平川驛，在縣東一百里。河口驛，在縣東一百六十里。沙河驛，在縣東二百二十里，亦曰沙平驛。皆久裁。

會川驛。在會理州治北。又腰驛，在州南七十里。黎溪驛，在州西南一百五十里。大龍驛，在州西北六十里。巴松驛，在州西北一百里。皆久裁。

龍泉驛。在越巂廳南十五里。又利濟驛，在廳北三十里。鎮西驛，在廳北二百二十里。河南驛，在廳北二百八十里。皆久裁。

津梁

大渡河津。在越巂廳北二百五十里。

禄馬橋。在西昌縣東南八十里。

懷遠橋。在西昌縣南三十里。又南門橋，在縣南門外。海門橋，在縣南十里。

安遠橋。在西昌縣西一里。

瀘川橋。在西昌縣西十里。

龍溪橋。在西昌縣北龍溪驛前。又有龍溪索橋，在縣東四百里，爲東出雲南昭通府之道。

冕山橋。在冕寧縣東一百二十里。

崇仁橋。在鹽源縣東五里。

鎮安橋。在會理州北三十里。

梅子嶺橋。在越嶲廳南五十里。又太平橋，在廳北一百七十里。白馬橋，在廳北一百八十里。

陵墓

明

宋儉墓。在西昌縣東二十里。

劉瓚墓。在會理州東五里東山。

高翀墓。在會理州西五里西山。

寺觀

景淨寺。在府治西北。宋咸平中建。

光福寺。在西昌縣南十里。唐天祐中建。舊名瀘山寺，明正統中改名。

圓通寺。在冕寧縣東。

華嚴寺。在鹽源縣治東。明永樂初建。

東山寺。在會理州東山。明建。

聖壽寺。在越嶲廳南門外。明正統十四年建。

三清觀。在府治南門外。元至正中建。

真武觀。在越嶲廳城南。明景泰中建。

名宦

晋

司馬玫。明帝初，李雄將李驤、任回寇臺登，將軍司馬玫死之。

隋

梁毗。烏氏人。開皇中出爲西寧州刺史。先是，蠻夷酋長皆服金冠，以金多者爲豪儁，由此遞相陵奪，每尋干戈，邊境無虛歲，毗患之。後因諸酋長相率以金遺毗，於是置金座側，哭而謂之曰：「此物饑不可食，寒不可衣，汝等以此相滅，不可勝數。今將此來，欲殺我耶？」一無所納。蠻夷感悟，遂不相攻擊。

周法尚。安城人。仁壽中，嶲州烏蠻陷州城，詔法尚討之。軍將至，賊棄州城散走山谷，捕不能得。乃僞班師，軍再舍，潛覘知其首領盡歸栅聚飲相賀，法尚選步騎數千人，襲擊破之，獲其渠帥數十人。

唐

韋仁壽。萬年人。武德初，擢嶲州都督府長史。南寧州納款，朝廷歲遣使撫接，至率貪沓，邊人苦之，多叛去。帝素聞仁壽治理，詔檢校南寧州都督，寄治越嶲，詔歲一按行慰勞。仁壽巡行洱河，開地數千里，置七州十五縣，酋豪皆求賓見，即授以牧宰，威令簡嚴，人人安悅。將還，酋長泣曰：「天子藉公鎮撫，奈何欲去我？」仁壽以池壁未立爲解，諸酋即相率築城起廨，甫旬略具。仁壽乃告以實，夷夏父老悲啼祖行，遣子弟隨貢方物。

裴懷古。壽春人。長壽中，轉監察御史。時姚嶲蠻酋叛，詔懷古往招輯之。懷古申明賞罰，賊徒歸附者日以千數。乃俘其魁首，處其居人而還。蠻立碑頌德。

曹高任。德宗時嶲州刺史。貞元十二年，吐蕃寇州，高任敗之。明年五月，復於劍山、馬嶺三處開路，分軍下營，進逼臺登城。高任率將士並東蠻子弟合勢接戰，自朝至午，大破之，生擒大籠官七人。

元

譚資榮。德興懷來人。世祖時，西南夷羅羅斯内附，帝以資榮文武兼資，可使鎮撫新國，以爲副都元帥，同知宣慰使司事。至境諭之曰：「皇元一視同仁，不間遠近，特置大帥，安集招懷，非利徵求於汝也。」夷人大悅。

明

魯毅。蘄水人。平番衛指揮僉事。洪武中伊嚕特穆爾來攻，毅率精騎出西門擊之。賊衆大集，毅且戰且卻，復入城拒守。賊圍城，毅乘間遣壯士王旱突入賊營斫賊，賊驚遁。

張顯。建昌衛指揮。洪武時，伊嚕特穆爾反，顯與蘇州衛官軍禦寇，有守城功。

詹英。會川衛訓導。王驥三征麓川，老師費財，以一隅騷動天下。英抗疏劾之，言驥等多役民夫，舁綵繒散諸土司以邀利；師行無紀，十五萬人一日起行，互相蹂踐；跋涉山谷，自縊者多；抵金沙江不敢渡，既渡不敢攻，攻而失都指揮路宣等；俟賊解，多捕魚户爲俘，以地分木邦、緬甸，掩敗爲功。奏下，王振左右之，得不問，而命英從驥軍自効，英不出。

張固。新喻人。景泰初，以大理右少卿鎮守建昌，有政績。

周光鎬。潮陽人。副使監軍，駐越巂。制兵恤民，建學造士，人立碑紀績。

賴華祖。長汀人。鹽井司大使。明末張獻忠陷蜀，罵賊不屈死。本朝乾隆四十一年，賜謚烈愍。

本朝

姚開先。淳化人。官鹽井衛經歷。吴三桂入蜀，開先不屈，自縊死。

常珍。榆林衛人。官會州營中軍守備，撫輯有方，漢夷悦服。康熙二十七年，阿所作亂，珍率兵力戰死之。

羅國珠。攸縣人。雍正八年，知會理州。操履刻苦，愛民如子。莅任十六載，卓有治績。

夏詔新。大姚人。雍正間知會理州。精明强幹，教養有方，吏畏民懷，獄衰盜息。州之稱賢牧者，必首推羅、夏云。

林守鹿。閩縣人。乾隆三十三年，官越嶲廳通判。始教民樹桑飼蠶，耕種雜糧之法，漢夷胥利賴焉。

程蔭桂。浙江人。乾隆三十四年，官越嶲廳通判，廉而有恩。時方荒旱，捐俸於鄰邑採糴賑濟，活飢民無算。

人物

明

蔣忠。建昌人。爲衛總旗。正統間，領軍巡視永鎮堡，至白石坎遇番兵起，忠追至牛山，與番對敵，志氣益勵，中流矢死。

胡澄。建昌人。爲衛百户。弘治間，守備普安堡〔三〇〕，番人攻圍，澄督兵出戰，追賊至葫蘆嶮嘴，自午至酉，力戰不屈，中流矢而卒。

宋伯鳳。越嶲人。萬曆中知臨武縣。性介潔，不可干以私。邑之禾倉堡，舊有戍守而盜益滋。伯鳳察其情，立保甲法，嚴斥堠，革徒夫，盜由是戢。

吴紹伯。會川貢生。性友愛，好周卹。天啓間歲大饑，出穀五百石賑之，自處空乏，反寄食於其兄。選南部教職，辭不就。

高明。西昌人。以明經知長沙縣，有治聲。丁艱歸。值流賊入建昌，明督鄉勇拒於集家屯，賊勢張不能支，泣歎曰：「我受朝廷禄，豈可從賊乎？」遂舉室自焚死。本朝乾隆四十一年，賜謚烈愍。

丁運選。建昌人。建昌行都司指揮使。崇禎末，獻賊破成都，奉檄赴援，與馬京等破賊於龍觀山，復雅州。苦戰三載陣亡。本朝乾隆四十一年，賜謚烈愍。　按：「運」，通志作「應」。

本朝

王左。西昌庠生。與弟右甚友愛。嘗爲餓所陷，坐法當死，兄弟爭自承，獄不能具。右曰：「兄列膠庠，身不可辱，且無嗣，右既抱子矣，死亦瞑目。」官乃舍左。左慷慨尚義，設樟木箐義渡，創修安遠大橋，捐穀入常平倉，人至今稱之。

楊澤厚。會理人。康熙丁酉武舉。從征冕山蠻、烏蒙猓，積功至游擊。又平黔苗，升泰寧協副將。隨征瞻對，大帥以土目班滾業經焚死奏捷，澤厚獨以班滾死未確，恐匿他所，不肯附和。後班滾果附金川叛。澤厚少好學，爲諸生多謀略，所至輒有聲。

買國良。西昌人。以守備署普安營參將。乾隆十二年，從征金川，攻克色底碉。明年進攻昔嶺，所向克捷。乘勝攻左溝陣亡，卹廕如例。又同縣守備王呈瑞，於三十二年緬甸陣亡。千總黨繼成，把總陳玉龍、喻萬成，外委鄭九品，於三十七年金川陣亡。守備王興邦、千總魏以賢、把總買國材，於三十八年金川陣亡。守備陳明德，千總劉千，外委任朝聘、楊得榮，於四十年金川陣亡。都司魏玉龍於五十七年廓爾喀陣亡。守備祁麟於六十年黔楚陣亡。卹廕各如例。

馬國漢。冕寧人。官外委。乾隆十三年，從征金川陣亡，卹廕如例。又同縣千總魯清原、把總劉昆龍於三十七年金川陣亡，卹廕各如例。

周元儒。越巂人。官外委。乾隆三十二年，從征緬甸陣亡。同縣外委陳倫於三十九年金川陣亡。卹廕各如例。

劉懷仁。會理人。官維州協副將。乾隆六十年，從勦黔楚苗匪陣亡，卹廕如例。

左俊。西昌人。嘉慶元年，以千總隨征湖北邪匪，積功擢冕山營都司。二年十二月，進攻朱里寨，先登戰殁，加等卹廕。

又同縣外委劉升、汪奉彩、張文倫、胡得貴、劉珩、李紹文、馬志，把總馬得元、屈澄志，俱是年陣亡，卹廕各如例。

王宗佑。西昌人。以廕歷守備。乾隆六十年，從勦黔楚逆苗，洊擢貴州思南營遊擊。嘉慶三年，從勦川省教匪，屢挫賊鋒，破之於鳳凰山蘭芽場、向家坪諸處。賊退守安樂坪，宗佑奮勇奪隘，歿於陣，卹廕如例。又同縣把總邢光周、陳紹先、陳綸、馬漢章、李華、胡朝卿，外委劉殿勳、王祥元、楊連奎，俱從勦教匪陣亡，卹廕各如例。

王相龍。冕寧人。官甘肅大馬營遊擊。嘉慶元年，調征興安府邪匪。定議先除漢江迤北之賊，以殺其勢。遂由小米溪進攻，屢破後河、板橋諸賊卡，奮力追擊，於巴州陣亡，卹廕如例。

張時華。冕寧人。官千總。嘉慶二年，從勦教匪陣亡，卹廕如例。又同縣把總劉朝品、彭國仕，外委沈卓，俱從勦教匪陣亡，卹廕各如例。

陳裕後。鹽源人。嘉慶初，與同縣千總馬定衡從勦教匪陣亡，卹廕各如例。

高守謙。越巂人。官千總。嘉慶八年，從勦教匪，昏夜捕賊，躡險墜崖死，卹廕如例。又同邑千總趙祥是年追賊至劍州江口，落水死。把總張得貴，十三年出師嶲邊，受傷陣亡。卹廕各如例。

流寓

唐

王珪。郿人。爲太子中允。建成與秦王有隙，帝責珪不能輔導，流嶲州。太宗召爲諫議大夫，累遷侍中。

薛元超。汾陰人。高宗時坐與上官儀、文章款密，流嶲州。上元初赦還。

李行芳。紀王慎孫。武后永昌時，與兄行遠黜嶲州。六道使至，行遠先就戮。行芳幼當赦，抱持請代，遂與俱死。西南人稱「冤悌」云。

胡元範。義陽人。介廉有才。武后時，爲鳳閣侍郎。明裴炎不反，流死嶲州。

吴保安。魏州人。睿宗時，姚、嶲蠻叛，拜李蒙姚州都督。宰相郭元振弟子仲翔爲蒙判官。保安時罷方義尉，未得調，仲翔薦之蒙，表掌書記。保安後往，蒙已深入，與蠻戰殁。仲翔被俘，蠻責贖千縑。會元振物故，保安無資，留嶲州十年，得繒七百。妻子客遂州，往求保安，道困不能進。都督楊居安詢知狀，資以行。至，引保安與語曰：「子棄家急朋友之患至是乎！」乃助之贖仲翔以歸。

列女

明

姚敬妻陶氏。建昌人。年十九守節，撫遺腹子成立。同衛程雲妻陶氏、陳奇蘊妻鄧氏、鄧應學妻余氏、貞女王氏，均以節旌。

王自敏妻周氏。湯謂妻唐氏。俱越嶲人。自敏衛指揮，謂庠生，兩家姻婭也。流賊陷城，周與唐相謂曰：「等死耳，不可辱於賊。」闔室自焚。同衛張光裕聘妻王氏、吴獻才聘妻俞氏、唐純智聘妻宋氏、吴鳴皋聘妻唐氏同時赴火死。

本朝

步之俊妾盧氏。冕寧人。之俊早卒，妻陳氏守節以終。順治己丑，流賊攻城，盧與子中行妻周氏避兵於普咱渡村，爲賊所獲，驅至長河間，同赴水死。

張正元聘妻李氏。名玉靖，西昌人。將婚而夫亡，女欲往服喪，父母難之。女斷髮剺面示不奪，乃之張家。事舅姑以孝稱。

劉之琦妻彭氏。會理人。夫亡守節，孝事翁姑。雍正年間旌。

張國紀妻余氏。會理人。夫亡守節。同州節婦張玉妻沈氏、劉之琦妻彭氏，均乾隆年間旌。

彭九疇妻王氏。會理人。幼年許字，及笄，其父以九疇貧，欲悔盟，氏以死自誓，仍歸彭。年二十七而寡，苦節全貞，撫三子成立。

王廷舉女。越嶲人。父早亡，事母至孝。母病，刲股療之，竟瘳。逾年，母乃卒。

單宗秀妻陶氏。西昌人。夫亡守節。同縣節婦熊飛羆妻王氏、謝廷選妻柳氏，均嘉慶年間旌。

步中和妻陸氏。冕寧人。夫亡守節。同縣節婦陸歡妻王氏、莊富妻步氏、鄧余氏、陳王氏、步盧氏、步周氏、步陳氏，均嘉慶年間旌。

李成彩女。會理人，名桂姑。守正捐軀。同州烈婦秦張氏、周李氏，均嘉慶年間旌。

土產

銀。會理州出。明時嘗置銀場。

銅。冕寧縣出。漢書地理志：邛都南山出銅。華陽國志：會無縣天馬河中有銅胎。明統志：平番衛出白銅。

鐵。鹽源縣出。後漢書郡國志：會無縣出。元和志：臺登縣出。明統志：鹽井衛出。

鹽。鹽源縣出。漢書地理志：定筰縣出。明統志：會川衛出。

碧。漢書地理志：會無縣東山出碧。蜀都賦注：碧石生越嶲郡會無縣，可作箭鏃。

空青。越嶲廳山石中出。

不朽木。越嶲廳海棠堡出。土人以爲燈心，既燼不灰。

校勘記

〔一〕所居蠻號屈部　「部」，原作「都」，據乾隆志卷三〇五寧遠府古蹟（下同卷簡稱乾隆志）及元史卷六一地理志四改。

〔二〕其後瞼主揚大藺於瞼北塏上立城　「揚」，乾隆志及元史卷六一地理志四隆州條作「楊」。

〔三〕二曰烏孫泥阻　「孫」，乾隆志同，元史卷六一地理志四威隆州條作「鶏」。

〔四〕城曰亦苴龍　「亦」，原脱，乾隆志同，據元史卷六一地理志四補。

〔五〕在德昌所西北境瀘水西十五里　「西」，原作「司」，據乾隆志改。

〔六〕阿羅攻拔之　「羅」，原作「龍」，據上文、乾隆志及元史卷六一地理志四改。

〔七〕置會川都督　「都」，原作「總」，據乾隆志及元史卷六一地理志四改。

〔八〕至元十四年改千户　「四」，原脱，據乾隆志及元史卷六一地理志四補。

〔九〕割建鄉城十四村及建蔕四村立寶安州　「十」，原脱，乾隆志同，據元史卷六一地理志四補。

〔一〇〕至元十年内附　「十」，原作「九」，據乾隆志及元史卷六一地理志四改。

〔一一〕後又有四部斯叟　「斯叟」，乾隆志同，傳本華陽國志卷三蜀志越巂郡作「斯兒」。按，史記司馬相如傳「斯榆之君皆請爲内臣」，索隱：「張揖云：『斯俞，國也。』案：今斯讀如字，益部耆舊傳謂之『斯臾』。華陽國志邛都縣有四部斯臾，一也。」據此，「斯叟」、「斯兒」皆爲「斯臾」之誤。

〔一二〕本漢邛都縣地　「都」，原作「東」，據乾隆志及元和郡縣志卷三三劍南道改。

〔一三〕白摩沙夷　「白」，乾隆志、傳本華陽國志卷三蜀志越巂郡同。按，據文意，「白」當作「曰」。蜀中廣記卷三四鹽井衛引華陽國志作「曰」是也。任乃强校華陽國志亦改作「曰」。

〔一四〕所居鑾因茹庫　「茹」，原作「茄」，據乾隆志及元史卷六一地理志四改。按，中華書局點校本元史校以爲「因」字當作「曰」，是也。

〔一五〕渡瀘得住狼縣　「住」，乾隆志同，華陽國志卷三蜀志越巂郡亦同。劉琳校華陽國志云：「寧州無此縣，顧(千里)校云『住』當作『堂』，是。堂狼轄今雲南會澤、巧家等縣地。」任乃强校則仍以「住狼」爲是，「此蓋謂會無縣轄境遼闊，曾分瀘水以南地置住狼縣，約當在李雄時」。

〔一六〕十四年置會川路　「十四年」，原脱，據乾隆志及元史卷六一地理志四補。

〔一七〕沈黎郡領蘭縣　「蘭」，原作「闌」，乾隆志同，據宋書卷三八州郡志四改。

〔一八〕至宋時封其酋爲邛部王　「邛部王」，乾隆志同，元史卷六一地理志四作「邛都王」。考宋史卷四九六蠻夷傳屢言「邛部川都蠻王」、「邛部百蠻都王」、「邛部川山前、山後百蠻都首領」，則邛部王、邛都王皆爲省稱，其全稱當爲「邛部川百蠻都王」。

〔一九〕立邛部川安撫招討使　「招討」，原無，乾隆志同，據元史卷六一地理志四補。

〔二〇〕部落爲僰人猓玀白夷西番麽些狢獹韃靼回子漁人約九種　「回子」原作「面子」，乾隆志同，據讀史方輿紀要卷七四四川九改。

〔二一〕又六十里爲火燒腰驛　「六十里」，乾隆志同，蜀中廣記卷三四、讀史方輿紀要卷七四、天下郡國利病書引土夷考均作「八十里」。

〔二二〕又十五里爲密郎關　「密郎關」，乾隆志同，蜀中廣記卷三四、讀史方輿紀要卷七四、天下郡國利病書引土夷考均作「密即關」。

〔二三〕東通戴羅白石乾溝　「羅」，原作「通」，乾隆志作「經」，均誤，據蜀中廣記卷三四、讀史方輿紀要卷七四改。

〔二四〕又十五里即青岡關　「青岡關」，原作「青岡驛」，據乾隆志、讀史方輿紀要卷七四及本志下文青岡關條改。

〔二五〕南通廣洪魚洞諸砦　「魚」，原作「漁」，據乾隆志及蜀中廣記卷三四、讀史方輿紀要卷七四改。

〔二六〕惟西去月落三渡水妙竹等一十九寨　「水」下原衍「水」字，據乾隆志及讀史方輿紀要卷七四、蜀中廣記卷三四删。

〔二七〕又十里爲土工堡　「工」，乾隆志、讀史方輿紀要卷七四作「功」。

〔二八〕通麻科七村牙礦諸夷　「村」原作「材」，據乾隆志及讀史方輿紀要卷七四、蜀中廣記卷三四改。

〔二九〕東通黑骨頭普雄諸夷　「頭」下原衍「骨」字，乾隆志同，據讀史方輿紀要卷七四、蜀中廣記卷三四删。

〔三〇〕守備普安堡　「安」下原衍「普」字，乾隆志同，據雍正四川通志卷一二忠義胡澄傳删。又讀史方輿紀要卷七三新橋堡條云：「新橋堡北爲普安堡。又普安堡旁有葫蘆崄嘴，弘治中番賊攻圍普安，守將胡澄拒戰，追賊至此死之。」亦可爲證。

雅州府圖

大邑界
邛州蒲江界
蒲江界
嘉定府洪雅界
峨眉界
越巂界
雅州府
雅安
名山
蘆山
天全
榮經
清溪
靈關
禁門關
邛崍關

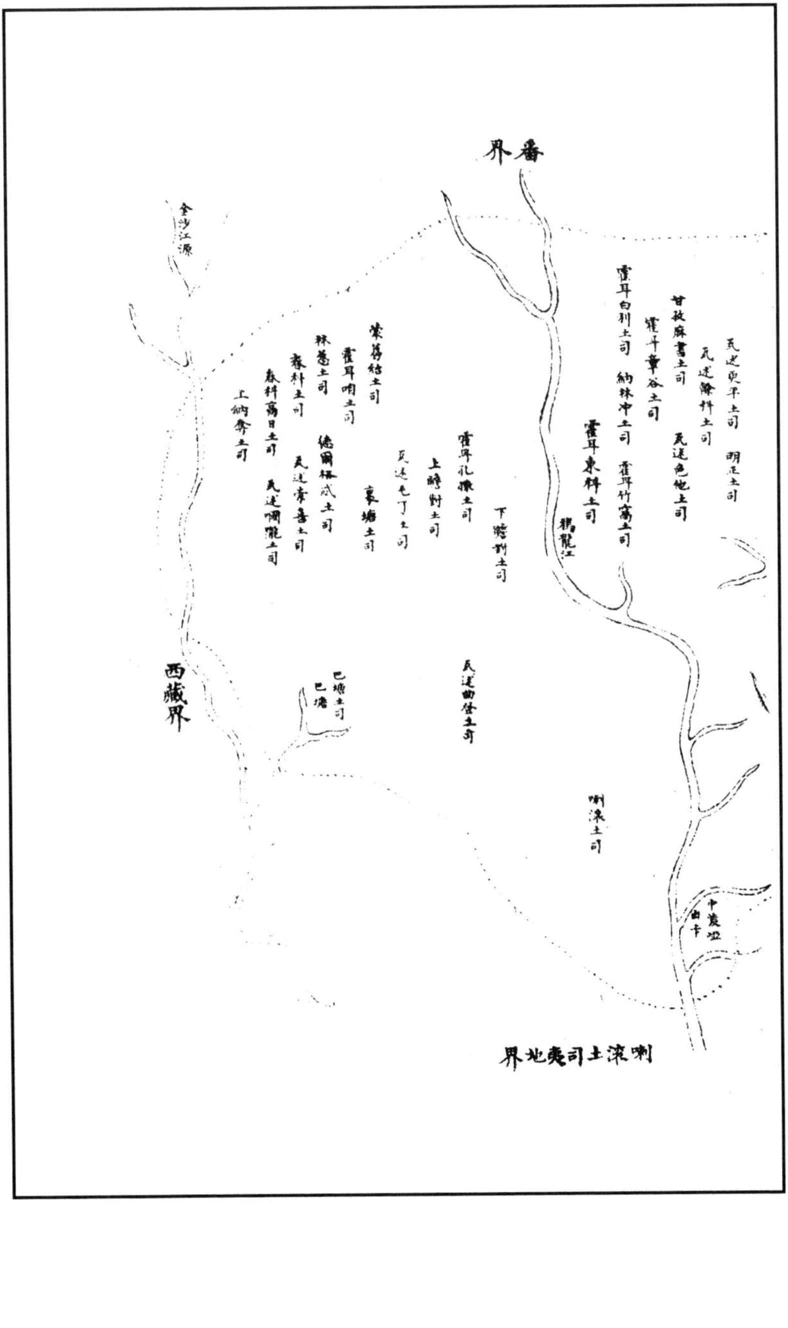
番界
金沙江源
西藏界
蒙葛結土司
霍耳咱土司
林葱土司
春科土司
春科高日土司
上納奪土司
霍耳白利土司
納林冲土司
甘孜麻書土司
霍耳章谷土司
霍耳東科土司
霍耳竹窩土司
德爾格忒土司
霍耳孔撒土司
上瞻對土司
下瞻對土司
瓦述毛丁土司
瓦述曲登土司
巴塘土司
巴塘
喇滾土司
喇滾土司地界

雅州府表

	雅州府	雅安縣
秦	蜀郡地。	
兩漢	犍爲郡地。	青衣縣
三國	漢嘉郡 蜀漢置。	
晉	永嘉後廢。	
南北朝	蒙山郡 西魏置。	始陽縣 西魏置郡治。
隋	臨邛郡 開皇初郡廢，仁壽四年置雅州，大業三年改州爲郡。	嚴道縣 開皇十三年改曰蒙山，大業三年又改。
唐	雅州 武德元年復置，天寶元年改盧山郡。乾元元年復故，屬劍南道。	嚴道縣 州治。
五代	雅州 屬蜀。	嚴道縣
宋	雅州盧山郡 屬成都府路。	嚴道縣 大中祥符中移治。
元	雅州 初屬嘉定路，至元中改屬吐蕃宣慰司。	嚴道縣
明	雅州 直隸四川布政使司。	洪武初省入州。

續表

	名山縣	榮經縣
置屬蜀郡。後漢延光初爲屬國都尉治，陽嘉初改名漢嘉。	青衣縣地。	
郡治。		
	蒙山縣 西魏置，屬蒙山郡。	
	名山縣 開皇十三年改名，屬邛州。仁壽四年屬雅州，尋屬臨邛郡。	嚴道縣地。
	名山縣 屬雅州。 百丈縣 貞觀八年置，屬雅州。	榮經縣 武德三年改置，屬雅州。
	名山縣 百丈縣	榮經縣
	名山縣 百丈縣 熙寧五年省，元祐二年復置。	榮經縣
	名山縣 百丈縣	榮經縣 後省。
	名山縣 洪武十年省，十三年復置。 省。	榮經縣 洪武十三年復置。

	盧山縣	天全州
嚴道縣		
嚴道縣屬蜀郡。後漢屬屬國都尉。	青衣縣地。 靈關道屬越巂郡。	徙縣置屬蜀郡。後漢屬屬國都尉。
嚴道縣屬漢嘉郡。	靈關道	徙縣
永嘉後省。	廢。	徙陽縣改名，屬漢嘉郡。永嘉後省。
	西魏始陽縣地。	
	盧山縣仁壽三年分置，屬臨邛郡。	
	盧山縣屬雅州。 靈關縣武德初置，屬雅州。六年省。	始陽鎮。
	盧山縣	
	盧山縣	
	瀘山縣改名，後省入嚴道。	初置碉門宣撫司，後改六番招討司，又分置天全招討司。
	蘆山縣洪武初復置，改名。	洪武初合爲天全六番招討司，屬四川都司。

續表

清溪縣
漢源縣 大業初分置，屬臨邛郡。 飛越縣 儀鳳三年置。初屬雅州，後屬黎州。天寶初省。 大渡縣 儀鳳四年置，屬雅州。長安初省。
黎州 大足元年置，天寶初改洪源郡，乾元初復故，屬劍南道。 漢源縣 武德元年復置登州，尋廢，屬雅州。後爲黎州治。
黎州 漢源縣
黎州漢源郡 改郡名，屬成都府路。 漢源縣
黎州 屬吐蕃宣慰司。 漢源縣
初改黎州長官司，尋升安撫司，屬四川布政使司。萬曆二十四年改千户所，直隸四川都司。 洪武八年省。

沈黎郡 元鼎六年置，治笮都。天漢四年廢。		旄牛縣 元鼎六年置，屬沈黎郡，後屬蜀郡。後漢屬屬國都尉。	
		旄牛縣 屬漢嘉郡。	
沈黎郡 永嘉末復置，永和中廢。		旄牛縣 永嘉末屬沈黎郡，永和中省。	
沈黎郡 宋復置，治城陽。齊改沈黎獠郡。周置黎州，尋廢。		旄牛縣 宋復置，尋省。	
仁壽末置登州，大業初廢。	沈黎縣 開皇中置，屬臨邛縣，尋省。		
			陽山縣 武德元年置，天寶元年改名通望，屬黎州。
			通望縣
			慶曆六年省入漢源。

續表

	打箭鑪廳
	徙、旄牛二縣徼外地。
葉川州長壽元年置，屬黎州都督府，尋改名米川。	
米川州	雅、黎二州邊外地。
米川州後廢。	置長河西、魚通、安遠三安撫司。
	屬雅州。
	屬吐蕃宣慰司。
	永樂初合爲長河西魚通安遠宣慰司，屬雅州。

大清一統志卷四百二

雅州府一

在四川省治西南三百四十里。東西距二千三百三十五里，南北距三百八十五里。東至嘉定府洪雅縣界四十里，西至西藏二千二百九十五里，南至寧遠府越嶲廳界三百十里，北至邛州蒲江縣界七十五里。東南至嘉定府峨眉縣界一百二十里，西南至喇土司夷地界一千四十里，東北至蒲江縣界一百里，西北至番界一千二百四十五里。自府治至京師六千二十里。

分野

天文井、鬼分野，鶉首之次。

建置沿革

禹貢梁州之域。漢置青衣縣，屬蜀郡。天漢四年，分置蜀郡西部。後漢延光元年，改置屬國都尉。三國漢章武元年，置漢嘉郡。晉初因之，永嘉後廢。元和志：李膺記：「自李雄竊據，蕪廢將二十紀，夷獠居之。」按：宋書州郡志又云，漢嘉郡，江左省爲縣，屬晉原郡。齊志同。蓋僑置於今崇慶州界，非故地也。西魏廢帝二年，置蒙山郡。隋開皇初，郡廢。仁壽四年，置雅州。元和志：以州境雅安山爲名。大業三年，改州爲臨邛郡。唐武德元年，復爲雅州。開元三年，置都督府。初督羈縻十九州，天寶以後多至五十七州，皆生獠生羌，但有州名，而無縣屬。天寶元年，改盧山郡。乾元元年，復曰雅州，屬劍南道。五代屬蜀，置永平軍節度使。王建時置。宋仍曰雅州盧山郡，領羈縻州四十四。屬成都府路。元初曰雅州，屬嘉定路。至元中，改屬吐蕃宣慰司。明洪武初，屬四川布政使司。本朝初因之。雍正七年，升府，屬四川省，領州一、縣五、同知分轄地一、土司三十六。

雅安縣。附郭。東西距九十里，南北距八十里。東至嘉定府洪雅縣界四十里，西至天全州界五十里，南至滎經縣界六十里，北至蘆山縣界二十里。東南至嘉定府峨眉縣界八十里，西南至滎經縣界六十里，東北至名山縣界二十五里，西北至蘆山縣界五十里。漢置青衣縣，屬蜀郡。後漢延光初爲屬國都尉治，陽嘉初更名漢嘉。晉初因之，永嘉後廢。西魏廢帝二年，置始陽縣爲蒙山郡治。隋開皇十三年，改曰蒙山。大業三年，又改曰嚴道，爲臨邛郡治。唐爲雅州治。宋、元因之。明洪武初，省縣入州。本朝雍正七年，置雅安縣，爲雅州府治。

名山縣。在府東北四十里。東西距八十五里，南北距八十里。東至邛州蒲江縣界七十里，西至雅安縣界十五里，南至雅安縣界二十里，北至邛州界六十里。東南至眉州丹稜縣界六十里，西南至雅安縣界十五里，東北至邛州界六十里，西北至蘆山縣界六十里。漢青衣縣地。西魏置蒙山縣，屬蒙山郡。隋開皇十三年，改曰名山，屬邛州。仁壽四年，改屬雅州，尋屬臨邛郡。唐仍屬雅州。宋、元因之。明洪武十年省，十三年復置。本朝因之。

滎經縣。在府南九十里。東西距一百十里，南北距一百里。東至雅安縣界三十里，西至清溪縣界八十里，南至清溪縣界六十里，北至天全州界四十里。東南山箐不通路，西南至清溪縣界三十里，東北至雅安縣界三十里，西北至天全州界四十里。秦置嚴道縣。漢屬蜀郡。後漢屬屬國都尉。三國漢及晉屬漢嘉郡，永嘉後廢。隋爲嚴道縣地。唐武德三年，改置榮經縣，屬雅州。宋及元初因之，後省入嚴道縣。明洪武十三年復置，仍屬雅州。本朝因之。

蘆山縣。在府西北一百里。東西距十二里，南北距七十里。東至名山縣界十里，西至天全州界二里，南至雅安縣界五十里，北至天全州界二十里。東南至雅安縣界五十里，西南至天全州界十里，東北至名山縣界二十里，西北至天全州界二十里。漢青衣縣地。西魏爲始陽縣地。隋仁壽三年，分置盧山縣，屬臨邛郡。唐、宋俱屬雅州。元初因之，後省入嚴道縣。洪武初復置蘆山縣，屬雅州。本朝因之。

天全州。在府西少北一百二十里。東西距三百四十里，南北距一百七十里。東至蘆山縣界二十里，西至打箭鑪明正土司界三百二十里，南至榮經縣界三十里，北至邛州大邑縣界一百四十里。東南至雅安縣界八十里，西南至清溪縣界一百六十里，東北至邛州界一百六十里，西北至韓胡土司界一百十里。古西夷徙都地。漢置徙縣，屬蜀郡。後漢屬屬國都尉。晉曰徙陽，屬漢嘉郡，永嘉後廢。唐置始陽鎮。元置碉門宣撫司，後改六番招討司，又分置天全招討司。明洪武初合爲天全六番招討司，屬四川都司。本朝初因之。雍正八年，改置天全州，治碉門城，屬雅州府。

清溪縣。在府西南一百六十里。東西距一百里，南北距一百六十里。東山路陡峻不通，西至伏龍寺番界一百里，南至寧遠府越嶲廳界七十里，北至榮經縣界九十里。東南至越嶲廳界七十里，西南至番界一百六十里，東北至榮經縣界九十里，西北至番界一百五十里。古西夷筰都侯國。漢武帝元鼎六年定西夷，以筰都爲沈黎郡，兼置旄牛縣。天漢四年省郡，以縣屬蜀郡，爲西部都尉治。後漢屬蜀郡屬國都尉。三國漢屬漢嘉郡。晉初因之。永嘉後李雄據蜀，復置沈黎郡。永和中，蜀平郡廢。劉宋復置沈黎郡。蕭齊曰沈黎獠郡。周天和三年，開越嶲，置黎州，尋廢。隋開皇中置沈黎縣。仁壽末兼置登州。大業初州廢，分置漢源縣，以縣屬臨邛郡，後沈黎縣亦廢。唐武德元年於漢源縣置登州。九年，州廢，還屬雅州。貞觀二年，以縣屬嶲州。永徽五年，還屬雅州。大足元年，以縣置黎州。神龍三年，州廢。開元三年，復置。天寶初，改洪源郡。乾元初，復曰黎州，領羈縻五十五州，屬劍南道。五代屬蜀。宋曰黎州漢源郡，仍領羈縻五十四州，屬成都府路。元曰黎州，屬吐蕃宣慰司。明洪武八年，以州治漢源縣省入，改爲黎州長官司。十一年，升黎州安撫司，屬四川布政使司。萬曆二十四年，降爲千户所，直隸四川都司。本朝改曰黎大所。雍正八年，改置清溪縣，屬雅州府。

打箭鑪廳。在府西五百九十里。東西距六百四十里，南北距八百三十里。東至瀘定橋冷邊界一百二十里，西至瞻對司界五百二十里，南至鴉龍江裏塘界二百八十里，北至懋功屯界五百五十里。東南至寧遠府冕寧縣界五百里，西南至喇滚土司界四百八十里，東北至懋功屯界四百五十里，西北至番界八十里。漢蜀郡旄牛、徙二縣徼外地。唐爲黎、雅二州邊外地。五代孟蜀時，置長河西、魚通、寧遠三安撫司。宋因之，隸雅州。元屬吐蕃等處宣慰司。明永樂初合爲長河西魚通寧遠宣慰司，隸雅州。本朝康熙初歸附。三十九年，以西番昌側集烈等侵擾，討平其地，設官兵戍守，遣監督一員，以榷茶税。雍正七年，移雅州府同知治此，隸雅州府。

董卜韓胡宣慰司。在天全州西北。明置。本朝康熙元年，土酋堅參喃喀歸附，仍授原職。

明正長河西魚通安遠宣慰司。在打箭鑪。明置。本朝康熙五年，土酋丹怎札克巴歸附，仍授原職，轄咱哩土千户及木噶等四十八土百户。

沈邊長官司。在清溪縣西北。明置土千户。本朝順治九年，土酋余期拔歸附。康熙五十一年，授長官司。

冷邊長官司。在天全州西南。本朝順治九年，土酋阿撒亂歸附。康熙六十年授職。

革什咱安撫司。在打箭鑪北。本朝康熙三十九年，土酋魏珠布策淩歸附，授職。

巴底宣慰司。在打箭鑪東北。本朝康熙四十一年，土酋綽布木淩歸附，授安撫司，住牧巴旺。其子旺查爾分防巴底，乾隆三十九年，從征金川有功，授巴底宣慰司。按：巴底，一名布拉克底。

巴旺宣慰司。在打箭鑪東北。其先與巴底分駐，亦乾隆三十九年授宣慰司。

喇滾安撫司。在打箭鑪西。本朝康熙四十年，土酋側汪交及革松結歸附，授職，有正、副二司。

霍耳竹窩安撫司。在打箭鑪西北。本朝雍正六年，土酋索諾木袞卜歸附，授職，轄瓦述窩達土千户及瓦述更平東撒土百户。

霍耳章谷安撫司。在打箭鑪西北。本朝雍正六年，土酋羅卜策旺歸附，授職，轄土百户四。

納林沖長官司。在打箭鑪西北。本朝雍正六年，土酋諾爾布歸附，授職。

瓦述色他長官司。在打箭鑪西。本朝雍正六年，土酋那木卡策淩歸附，授職。

瓦述更平長官司。在打箭鑪西北。本朝雍正六年，土酋噶爾藏策淩歸附，授職。

瓦述餘科安撫司。在打箭鑪北。本朝雍正六年，土酋沙克嘉諾爾布歸附，授職。

霍耳孔撒安撫司。在打箭鑪西北。本朝雍正六年，土酋麻蘇爾特親歸附，授職，轄土百户二。

霍耳甘孜麻書安撫司。在打箭鑪西北。本朝雍正六年，土酋那木卡索諾本歸附，授職，轄土百户三。

德爾格忒宣慰司。在打箭鑪西北。本朝雍正六年，土酋丹巴策淩歸附，授安撫司。十一年，改宣慰司，轄土百户六。

霍耳白利長官司。在打箭鑪西北。本朝雍正六年，土酋隆溥特查什歸附，授職。

霍耳咱安撫司。在打箭鑪西北。本朝雍正六年，土酋阿克旺錯爾恥木歸附，授職，轄土百户二。

霍耳東科長官司。在打箭鑪西北。本朝雍正六年，土酋喇嘛達罕格帑歸附，授職。

春科安撫司。在打箭鑪西北。本朝雍正六年，土酋衮卜旺扎爾歸附，授職。

春科副安撫司。住牧在正土司界内。本朝雍正六年歸附，授職。

春科高日長官司。在打箭鑪西北。住牧在春科土司界内。本朝雍正六年歸附，授職。

上瞻對茹長官司。在打箭鑪西。本朝雍正六年歸附，授職。

蒙葛結長官司。在打箭鑪西北。本朝雍正六年，土酋達木衮布歸附，授職。

林葱安撫司。在打箭鑪西北。本朝雍正六年，土酋衮卜林親歸附，授職。

上納奪安撫司。在打箭鑪西北。本朝雍正六年，土酋索諾木旺扎爾歸附，授職，轄土千百户四。

下瞻對安撫司。在打箭鑪西。本朝雍正六年，土酋策淩衮卜歸附，授職，轄土百户二。

裏塘宣撫司。在打箭鑪西。本朝康熙五十七年，土酋江擺歸附，授職。

裏塘副宣撫司。住牧與正土司同。本朝康熙五十七年，土酋康卻江錯歸附，雍正七年授職。

瓦述毛了長官司。在打箭鑪西。本朝雍正七年，土酋索郎羅布歸附，授職。

瓦述崇喜長官司。在打箭鑪西。本朝雍正七年，土酋杜納台吉歸附，授職。

瓦述曲登長官司。在打箭鑪西。本朝雍正七年，土酋康珠歸附，授職。

瓦述嘓隴長官司。在打箭鑪西。本朝嘉慶十二年，土酋多金工布歸附，授職。以上四長官司均屬裏塘。又有瓦述毛了土百户，雍正七年授職。毛述麻里土百户，嘉慶十二年，土酋烏金七力歸附，授職，亦屬裏塘。

巴塘宣撫司。在打箭鑪西。本朝康熙五十八年，土酋羅布阿旺歸附，授職，轄土百户七。

巴塘副宣撫司。住牧與正土司同。本朝康熙五十八年，土酋札什彭錯歸附，授職。正副土司均以頭人棟補不世襲。

形勢

抵接沈黎，控帶夷落。雅安志序。左據蔡山，右依蒙頂。邛編關記。西通碉門，東出蒲江。道路序。西蜀襟帶，南詔咽喉。舊州志。羌水環其前，濆江繞其後。宋張旦遷城記〔一〕。連山接野，鳥路沿空，通西藏西海之要區。通志。

風俗

山多田少，地瘠耕勞，俗樸訟稀，男勤本業，婦不外飾。舊州志。民不知争，言蹇氣厲。名山志。民質淳厚，知禮節，從教化。榮經志。地處極邊，俗混夷漢。舊黎州志。羌蠻雜居，四方茶貨所聚。通志。

城池

雅州府城。周五里，池深一丈，廣八尺。明洪武中建。舊門四。本朝乾隆二十九年修，西北隅增設一門。嘉慶六年重修。雅安縣附郭。

名山縣城。周四里七分，門四。明正統中築。本朝康熙三年甃石，雍正元年修，乾隆二十九年重修。

滎經縣城。周三里，門四。明成化中建。本朝乾隆五十一年修，嘉慶四年重修。

蘆山縣城。周五里，外環以池。蜀漢姜維築土城，周二里。明成化中拓建。本朝乾隆三十五年修。

天全州城。周三里八分，門五。明洪武中築。本朝乾隆三十三年甃石。

清溪縣城。周九里七分，門四。明初因唐故址甃石。本朝乾隆十一年修，五十一年重修。

打箭鑪城。周一百四十五丈，門五。倚山甃石。本朝雍正八年建。

學校

雅州府學。在府治西。明初建於城北。本朝康熙五年建於城南，尋遷建今所。三十五年修，六十一年重修。入學額數八名。

雅安縣學。在縣治西。本朝嘉慶三年建。入學額數十二名。

名山縣學。在縣治西。明洪武中建。正統中遷縣東門外，嘉靖中復置舊址。本朝康熙四十年修，乾隆元年重修。入學額數八名。

滎經縣學。在縣治西。明洪武初建於縣南，萬曆三十二年改建於小坪山，尋移縣東。本朝康熙七年仍遷小坪山舊址，三十三年復遷今所，乾隆元年修。入學額數八名。

蘆山縣學。在縣治東。明永樂中建。本朝康熙初修。入學額數八名。

天全州學。在州治西。本朝乾隆十八年建。入學額數八名。

清溪縣學。在縣治後。本朝雍正八年建於北門外，嘉慶四年遷建今所。入學額數六名。

雅材書院。在府城内月心山上。本朝乾隆四十一年建，嘉慶十七年修。

仰山書院。在名山縣東門外。本朝嘉慶十一年建，十五年修。

戴匡書院。在榮經縣治東。舊爲啓修書院。本朝乾隆九年建於城西，四十九年遷今所，嘉慶七年改今名。

和川書院。在天全州北門外。本朝乾隆初建於禁門關，五十一年遷今所。

文明書院。在蘆山縣城内。本朝乾隆四十一年建。

崇文書院。在清溪縣東二十五里漢源鎮。本朝乾隆二十七年建。

户口

原額人丁五千二百八十一，今滋生男婦共八十五萬七千四百四十四名口，計十五萬四千六百四十三户。

田賦

田地三千七百九十六頃七十四畝七分有奇。又明正土司雜糧折徵銀二百五十一兩七分，冷邊土司籽糧折徵銀一兩二錢三分五釐，董卜土司籽糧折徵銀五十兩，及打箭鑪徵收各土司雜糧，共額徵地丁正、雜銀一萬七千七百九十四兩六錢一分。又松坪猓夷下地七十六頃七十畝有奇，額徵地丁正雜銀六十九兩三分六釐三毫。

山川

周公山。在雅安縣東。寰宇記：在嚴道縣東南，山勢屹然，上有龍穴，常多陰雲。耆老傳云，昔諸葛亮征南，於此夢見周公，遂爲立廟。因名。按：方輿勝覽引葉少蘊解禹貢「蔡蒙旅平」，謂蔡在嚴道，即此山也。明統志遂書曰「蔡山在州東五里」。又有地名旅平，「在州東十里。夏禹治水功成，旅祭於此。今俗呼爲落平，禹貢『旅平』是也」。古無此説，恐不足據。

嚴道山。在雅安縣南。寰宇記：在嚴道縣南五里。本名鹿角山，唐天寶六年，敕改爲嚴道山。

對崖山。在雅安縣南。俗名對巖。

牛賽山。在雅安縣南。

玉寶山。在雅安縣南十五里。

懸空山。在雅安縣南二十里。有二石，奇峭可愛。

蒙山。在雅安、名山、蘆山三縣界。書禹貢「蔡蒙旅平」，孔安國傳：「蔡、蒙，二山名。」漢書地理志：青衣有禹貢蒙山。南齊書劉悛傳：蒙山近青衣水，南去南安二百里。元和志：山在嚴道縣南十里。每歲貢茶，爲蜀之最。寰宇記：蒙山在名山縣西七十里，北連羅繩山，南接嚴道縣。山頂受全陽氣，其茶芳香。茶譜云，山有五嶺，有茶園，中頂曰上清峯，所謂蒙頂茶也。又始陽山，在蘆山縣東七里。本名蒙山，唐天寶六年敕改爲始陽山。高八里，東道控川，歷嚴道縣，橫亘入邛州火井縣界。明統志：蒙山在名山縣西十五里。又始陽山，在蘆山縣東十里，俗呼爲羅繩山。按：蒙山跨雅安、名山、蘆山及邛州之境，寰宇記雖隨地異名，歷歷可考。明統志以蒙山、始陽截然分見，非是。

雅安山。在雅安縣西。元和志：雅州因州有雅安山爲名。方輿勝覽：州治在山麓。

翠屏山。在雅安縣西二十里。山峯環列如屏。

七盤山。在雅安縣北十里。

鳳凰山。在雅安縣北三十里。一名飛鳳山。峯巒起伏，狀如飛鳳。

金鳳山。在雅安縣北。連亘十里，形類鳳翥。

官帽山。在雅安縣北。上有飛仙關，關以内屬雅安，關以外屬蘆山。

月心山。在名山縣城内北隅，形如半月。范文愷碑記：舊名竹箭坪，以上有羅漢寺，俗呼爲羅漢山。

大幕山。在名山縣東四十里。寰宇記：南接河羅戍，北入邛州。高七十里，上聳天際，靈怪錯雜。

白馬山。在名山縣東。一名白馬寨。

五花山。在名山縣東南三十五里。相傳漢諸葛亮征孟獲，於此立營五壘若蓮花。

韓山。在名山縣東南三十五里。峭石四壁，萬木參差，一線鳥道，通連邛崍。

觀坪山。在名山縣南。縣治之案山。宋時建梓潼觀，故名。有紫府飛霞洞記。

小坪山。在名山縣南十里。

香鑪山。在名山縣南十里。其狀屹峙，樹鎖雲煙，爲縣之勝境。

高峯山。在名山縣南二十里。高二十四盤。

總岡山。在名山縣南四十里。東西延亘數百里，西連雅安，東抵蒲江，南接嘉眉。又有迴龍山，峭壁奇峯，瀑布似飛龍，炎夏山色如秋，爲縣人避暑之所。

佛鼻山。在名山縣南一百里。峯巒秀異，與峩眉、瓦屋接彩聯輝。

看燈山。在名山縣南。巍峩聳秀，峙立空青。唐咸通中鐫像巖石，曰大佛巖。

中峯山。在名山縣南。來龍百里，獨出一峯，左降右伏，前迎後應，乃神之所司。

鐵山。在名山縣南。

雲臺山。在名山縣南。

梨山。在名山縣西三里。遍山野梨，花時極盛。

門坎山。在名山縣西三里。一石數丈似檻，故名。

羅繩山。寰宇記：在名山縣西五里。從蒙山西入蘆山縣，又北接邛州火井縣界。

聖燈山。在名山縣西羅繩山智矩寺前。

横巖山。在名山縣西十里。勢如丹鳳，遍山皆赤。

名山。在名山縣西北十里。元和志：縣因山爲名。寰宇記：雞棟山在縣西南。地志云，蜀有雞鳴山，俗傳云：「金雞鳴，天下太平。」即古之名山。舊志：今有金雞山在州北二十里。俗傳有金雞鳴於此，與名山接界，上有關，即雞棟山也。

蓮花山。在名山縣北十五里。山有五峯，聳立如蓮花。

隴西山。在名山縣北。元和志：在百丈縣西北三十里。

百丈山。在名山縣東北。舊唐書地理志：百丈縣有百丈山。元和志：百丈縣東有百丈穴，故以爲名。方輿勝覽：百丈山去本縣十五里。明統志：百丈山在名山縣東北六十里。上有穴，圓百尺，深百丈，因名。

泉池山。在名山縣東北。寰宇記：在百丈縣東四十里。四面懸絶，上有泉池，因名。

棲霞山。在名山縣東北四十里。上有棲霞寺。

黄龍山。在名山縣西。

化城山。在名山縣西。

石城山。在名山縣北。一名石城寨。四面峭壁，循一石徑而上，如陟雲霄。

長腰山。在名山縣北。一名黄土山。右峙蔡嶺，左開蒙頂，曲江前環，高峯後疊，巍然特出，蔚然深秀。

花溪山。在名山縣北。竹徑茶畦，清溪翠篠，幽境可居。

尖山。在滎經縣東三里。一峯尖秀如筆，特異衆山。

孟山。在滎經縣東十里。方輿勝覽：前臨大江曰七縱渡，即孔明擒孟獲之地。明統志：山在縣東二十里。

自由山。在滎經縣東二十里。寰宇記：高三十里，旁亘黎州，下接嚴道界，歷長墳嶺、雞心山〔二〕，南北相連二百餘里。

瓦屋山。在滎經縣東南。方輿勝覽：在縣東一百二十里。形如瓦屋，上有念佛鳥、婆羅花。舊志：山在縣南九十里。多靈異。上有雷洞，經水出此。

馬耳山。在滎經縣東南五十里。雙峯雄峙。

樓臺山。在滎經縣東南五十里。俗呼樓子崖，壁立頂平，與雅安交界。

下改山。在滎經縣南二十里。下改溪出此。

珍珠山。在滎經縣南。

邛崍山。在滎經縣西。漢書地理志：嚴道縣邛崍山，邛水所出。又王尊傳：先是，王陽爲益州刺史，行部至邛崍九折阪，嘆曰：「奉先人遺體，奈何數乘此險！」後以病去。及尊爲刺史，至其阪，問吏曰：「此非王陽所畏道耶？」叱其馭曰：「驅之。王陽爲孝子，王尊爲忠臣。」後漢書西南夷傳：永平中，白狼唐菆等奉貢，經邛崍大山零高阪，峭危峻險，百倍岐道。華陽國志：邛崍山本名邛筰，故邛人、筰人界也。巖阻迴曲，九折乃至山上。凝冰夏結，冬則劇寒。王陽行部至此而退者也。其道至險，有長嶺、弄棟、八渡之難，楊母閣之峻。昔楊氏所倡造，故名。元和志：邛崍山在縣西五十里。山巖峭峻。又九折阪，在縣西八十里。通志：山半屬滎經，半屬清溪。

中峻山。在滎經縣西五里。一名豆子山。

大關山。在滎經縣西八十里。明統志：山勢極險隘，當西南夷要路。按：此即古之邛崍也。今入清溪縣界，西南去縣五十里。又有小關山，在清溪縣東北六十里。宋何充於邛崍創大、小兩關倉及砦屋百餘間，關破盡節。本朝順治初，舉人劉道貞亦於此破張獻忠賊兵。

雞冠山。在滎經縣西北十里，學宫之面山也。

矖經山。在滎經縣北二十里。

銅山。在滎經縣北。漢書佞幸傳：文帝賜鄧通蜀嚴道銅山，得自鑄錢。鄧氏錢布天下。元和志：山在滎經縣北三里，即帝賜鄧通鑄錢之所。後以山假與卓王孫，歲取千疋。其山今出銅鑛。明統志：銅山在滎經縣東北三十里。按：舊志又有寶子山，在滎經縣北。相傳爲鄧通鑄錢處。

龍遊山。在滎經縣東北四里。接二水，臨碉門峽口之西。

玉鳳山。在滎經縣東北十五里。勢如鳳翥，下有尹伯奇廟。

盧奴山。在蘆山縣東五里。寰宇記：與始陽山相接。按：明統志謂即蘆山，在滎經縣東北三十里。

龍虎山。在蘆山縣東十里。石如龍虎相峙，故名。

廟溪山。在蘆山縣東。

龍頭山。在蘆山縣西南。方輿勝覽：山有前後峽，連亘四十里，繞縣前後，夭矯如龍，連接番部，實爲要害。按：舊志謂在縣東十里。

佛圖山。在蘆山縣西南。天氣暗明或雨後，常有燈光聯絡。

崖鉢山。在蘆山縣西二百里。寰宇記：上聳雲漢，莫測其高。明統志：在蘆山縣西一百里。崖有石鉢，因名。

蘆山。在蘆山縣西北九里。元和志：縣以此名。其山西北連延入夷獠界，正北即邛州火井縣界。

靈山。在蘆山縣西北六十里。元和志：山有峽口似門，闊三丈，長二百步。寰宇記：靈關山在縣北二十里。峯頂嵯峩，高聳十里，旁夾大路，下有山峽。按：舊唐志以此爲蘆山。

馬鞍山。在蘆山縣西北。

七里山。在蘆山縣北七里。每歲上巳，邑人於此作蟠桃會以祈年。

百步山。在蘆山北四十里。明統志：路接蠻界，僅百步，險隘難行。

白虎山。在蘆山縣北。層崖之上，如白虎負嵎。

月光山。在蘆山縣東北五十里。山峯間有光如月，因名。

泥山。在天全州東三里。屹立環拱，四時積雨泥淖。其上多梅，又名梅子嶺。

女城山。在天全州東十五里。地近始陽。相傳宋、元間楊招討家女將守此，壘石爲城。遺址尚存。

卧龍山。在天全州東二十里。地名始陽。上有漢諸葛亮祠像，因名。

龍窩山。在天全州東二十里。

多功山。在天全州東五十里。相傳禹治水鑿此山以通峽水，用功甚多，故名。

六邨山。在天全州東六十里。

旗纛山。在天全州東南二十里。狀若旌旗。相近有象鼻山。

懸空山。在天全州東南六十里。卓立天半，常產芝草。

白巖山。在天全州南一里。高山雄峻，白石矗立如雪，亦名雪山。圖經：自長河西至董卜昝二百餘里，皆繞雪山而行。雪山垂盡，有山曰大鐵圍山。蓋西境高寒，常積雪，故多以雪山爲名。

仙峯山。在天全州南二十五里。爲始陽鎮之面山。

瓊山。在天全州南三十里。産石膏甚白。又南十里有燕子山。

九龍山。在天全州南五十里。又有天馬山在其側，又南十里有太行山。

禁山。在天全州西半里許。兩岸對峙，水經其中。古謂之禁門關。上有飛流，四時不竭。

鳳凰山。在天全州西。

月寶山。在天全州西十五里。

玉堡山。在天全州西。其山積雪如玉，又名玉壘山。

馬鞍山。在天全州西一百八十里。高巒聳列，連亘如垣，上有凹口，狀似馬鞍。山以外即爲三十種、四十八寨諸蠻番界。

龍頭山。在天全州北二里。又雲頂山在州北四里，上多虬松。

九天山。在天全州北八十里。魚喜河出此。

金鳳山。在天全州東北二里。形如翔鳳，日映色黄。

銅頭山。在天全州東北五十里。靈關河至此出口，環繞九曲。其山高聳，圓徑百餘丈，俗號一斗城。

鎮西山。在天全州東北七十里。相傳漢姜維駐師其下。

冲天山。在清溪縣東八十里。險絶無路，僅通樵採。

獅子山。在清溪縣東一百里。以形似名。

寶蓋山。在清溪縣東南二十里。明統志：山形如蓋，俗名涼繖山。山溪中常現光彩。

和尚山。在清溪縣東南。方輿勝覽：在黎州東南百里。與峩嵋、瓦屋爲三乘山，常有五色光現，極爲奇觀。明統志：其峯矗立，紆盤十餘曲方至其巔。

朝陽山。在清溪縣東南。寰宇記：在通望縣南。與衆山連接，至大渡河絶。按：明統志謂山在城北百里，隋、唐於其下嘗置朝陽縣。方位與寰宇記不合，且隋、唐亦並無朝陽縣。唐志通望縣初曰陽山，蓋此山原本在通望之南，今縣東南，統志誤以爲北，又誤以陽山縣爲朝陽也。

盤陀山。在清溪縣南三十里。以山勢盤回而名。

試劒山。在清溪縣南八十里。山高聳，上有三峯，中峯又析爲二，狀如劒削。

避瘴山。在清溪縣南九十里，近大渡河。山側有二洞，一空闊高燥，一有水出，名曰乾濕洞。其中有牀坐竈突之類，崖石自成，不假人爲。每秋夏嵐瘴動時，飛鳶羣集其中，至立冬前後，瘴已乃出。土人每以鳶爲候，相隨移居此山避之。

大田山。在清溪縣西南三十里。下有大井水田。明萬曆二十四年，改立黎州土千户所於司南大田壩，其壩在山之東麓。

通望山。在清溪縣西南八十里。寰宇記：在大渡河南，與衆山連接，入嶲州界。

登高山。在清溪縣。方輿勝覽：在黎州西五里。上有小阜曰望川坡。明統志：峯巒高聳，俯瞰城中，通衢、官舍、民居一一可數。

牛心山。在清溪縣西八十里。上有小阜，形如牛心。

飛越山。在清溪縣西北。元和志：在漢源縣西北一百里。山西、北兩面並接羌夷界。通志：亦名飛越嶺，在化林營東十里。

筍筤山。在清溪縣。方輿勝覽：在黎州西北五十餘里。有前筤山、後筤山，多筍故名。春時州人百十爲羣，入山採筍。紹興間，守臣始立租以贍學，收緡錢八十千。山又多林木，樵蘇者以爲衣食之源。

白崖山。在清溪縣。方輿勝覽：在黎州西北二百五十里。山外皆生番界，險峻不通人跡。其右有風穴，穴巨如井，不知淺深。穴口四圍津津如汗，間有氣出，騰空如白雲，須臾風起怒號如雷。里人或窒其穴，風雖少而民多瘴，開之風如故而瘴衰。明統志：山在黎州司城西北二十里。一名風穴山。山北有仙洞，穴如車輪，欲入者必匍匐方能過。其中空闊，行數步，泉聲琮琤，石髓溜結，幽致萬狀。按：明統志道里與勝覽不合，疑誤指別一山。又有畫崖山，在司城西北二百五十里，山勢險峻，不通人跡。山外即生番界，蓋即勝覽之白崖也。

飛仙山。在清溪縣東北二百五十里，與榮經縣交界，險惡不通人跡。

聖鐘山。在清溪縣東北。方輿勝覽：昔有人聞山中有鐘聲，掘地果得鐘。

大岡山。在打箭鑪東八十里，當往來要道。山高陡，徑路盤折。

南無脊山。在打箭鑪東一百里。高五百餘丈。

大雪山。在打箭鑪南。高峻，四時有雪。

折多山。在打箭鑪西南八十里。爲進藏要道。

阿喇穆公山。在打箭鑪西。高八百餘丈。

蓋雪山。在打箭鑪北八十里。

郭達山。在打箭鑪東北一里。高七百餘丈。相傳漢諸葛亮遣將郭達於此造箭，故山與地皆因是得名。

長墳嶺〔三〕。在雅安縣。元和志：在嚴道縣西南二十七里。道至險惡。

大相公嶺。在滎經縣西一百里。相傳漢諸葛亮南征經此。上有諸葛廟。縣志：嶺有虛閣險崖。明洪武二十四年，景川侯曹震嘗修之以通行旅。

雞冠嶺。在清溪縣南。

雞止崖。在滎經縣西二十五里。明統志：本名棲止。其崖臨大關山之險，至此路方平坦，肩擔背負者皆棲止於此，故名。寰宇記：又名雞心山，蓋傳寫之誤。

萬勝岡。在雅安縣南二十里。又名龍觀山。方輿勝覽：其址曰百丈山。自邛峽或起或伏，環繞州治。

峽口。在天全州南四十里。路通滎經縣，崇巖峭壁，下繞急湍，行者必摳衣而過。

靈應洞。在滎經縣邛崍山。明統志：有巨蛇蟄其中，蜿蜒錦紋。又號爲靈應將軍洞。

老君洞。在天全州東四十里。極深廣幽邃，下有老君溪。

弱棟阪。在名山縣東北八里。元和志：長二里，道至險阻。

彈琴谷。在清溪縣西北十里。水出溪中，聲如鳴琴。又盤龍谷，在漢源鎮東北。

丙穴。在雅安縣南五十里。中有嘉魚。

青衣江。在雅安縣北。自天全州及蘆山縣發源，至縣南合流，又東南經府北，又東南入洪雅縣界。一名平羌江，即古大渡水也。漢書地理志：青衣縣大渡水，東南至南安入溉。水經：「沫水，出廣柔徼外，東南過旄牛縣北，又東至越嶲靈道縣，出蒙山南，東北與青衣水合。」又：「青衣水，出青衣縣西，蒙山東，與沫水合。」注：「沫水，出岷山西，東流過漢嘉郡，南流衝一高山，水逕其間，即蒙山也。二水於青衣縣東合爲一川，自下亦謂之爲青衣水。」又「青衣縣有蒙山，青衣水所發，東逕其縣，與沫水會於靈關道。青衣水又東，邛水注之，又逕平鄉，謂之平鄉江」。元和志：浮圖水，一名車盧水，經蘆山縣西南五里。又羅帶水，經縣東五十步。又平羌水，經嚴道縣東二里。寰宇記：浮圖水從生羌界來，水中有孤崖，狀若浮圖，經嚴道入洪雅縣界，亦曰青衣水。又大渡水從生羌界來，流入浮圖水。明統志：青衣水源出蘆山，東南流至雅州界，合沫水。又大渡水，在蘆山縣北四十里。邛縣、蘆山往來必渡此水，故名大渡。東南流入南安縣界。舊志：今有龍門河，在蘆山縣東北五十里。一自邛州界九子山西流，一自徼外東流，經泠站河，南流過金雞峽口，入八步關，會於蘆山縣之東南，至三江口會和川水爲多功河，下飛仙關至雅州界爲青衣江。舊志：龍門河源出天全北，九天山、大川、泠真三處曰魚喜河，南流七十里至蘆山縣城南，又四十里入雅州界，俗名雅河。又三十五里至州城北轉東，合長濆、周公、小溪三水，又東南四十里，入洪雅縣界。按：輿圖，青衣江上源有東西二派。西派出自天全州北界大坪司地，有四水會流，東南至蘆山縣南，即水經之沫水、元和志之浮圖水、舊志之魚喜河也。東派出自蘆山縣東北邛州西界伏牛山旁，有三水會流而南，經縣東至城南，與西派合，即水經之青衣水，元和志之羅帶水，寰宇記、明統志之大渡水，舊志所謂龍門河一派在邛州之九子山發源者也。二水會於縣城之南，又會西來之和水，又南會滎經縣之滎經水，折而東經府城北，又轉東入洪雅縣界。自蘆山以北曰龍門河，縣以南曰多功河，雅州以下曰青衣江，隨地異名，實即一水也。至漢志「東南至南安入瀸」，「瀸」乃「涐」字之譌。南安，今嘉定府，江水、沫水與青衣水會流處。沫水經峩眉縣，故謂之涐。今考正。

鴉龍江。在打箭鑪西南二百八十里。與裏塘分界，自番界流入，南經瞻對、喇滾二土司境，又南入雲南中甸及寧遠府冕寧縣界，即古若水也。其發源詳見裏塘等處。

百丈河。在名山縣東北。元和志：百丈縣有大池河，經縣東，去縣五十步。舊志：百丈河在縣東北六十里。源出蓮花山，流經百丈廢縣東，下流入蒲江爲鐵溪河。一名千丈潭，以水源遠而深也。

大渡河。在清溪縣南。自茂州西南徼外發源，經打箭鑪界流入，與越巂廳分界，又東入峩眉縣界，即古涐水也。漢書地理志：涐水出汶江縣徼外，南至南安，東入江。過郡三，行三千四十里。水經注：涐水逕汶江道，南至南安入大渡水，又東入江。元和志：大渡水，經通望縣北二百步。寰宇記：大渡河在通望縣南十五里。自吐番經雅州諸部落，至黎州東流入縣界。方輿勝覽：大渡河於黎州爲南邊要害之地。唐時大渡之戍一不守，則黎、雅、邛、嘉、成都皆擾。建隆三年，王全斌平蜀，以圖上，議者欲因兵威復越巂，藝祖以玉斧畫此河曰：「外此我不有也。」於是爲黎之極邊。曩時河道廣平，可通漕舟，自玉斧畫河之後，河之中流忽陷下五六十丈，河流至此澎湃如瀑，從空而落，舂撞怒號，波濤洶湧，船筏不通。名爲噎口。殆天設險以限蠻夷。地理通釋：大渡河一名羊山江，源出鐵豹嶺。其嶺即岷山羊膊嶺之異名也。明統志：大渡河源出吐番，經黎州城南九十里，東注嘉定入於江。舊志：在黎大所西南七十里。東流穿涼山野夷界，出中鎮，入峩眉縣。按：輿圖河源發自茂州西南徼外大、小金川司界，經邛州大邑縣之西北，有數道合流，西南流過上、下魚通砦西，打箭鑪東界，經瀘定橋、沈邊土司界，凡六百餘里，而至清溪縣西，又南百餘里，折而東流，經越巂廳北界，清溪縣南界，又東入峩眉縣界。漢志本以青衣水爲大渡水，水經注則以旄牛徼外之鮮水爲大渡水，唐、宋以後始以涐水爲大渡水。

鑪河。在打箭鑪城南。源出折多山西南，有三池，水從池中流出，合爲一。東北流至城西南，有木鴉河自番界東流入焉。又東至城東南，有東坡河，源出大蓋雪山，東南流百餘里，經城東流合焉。又東三十里經楊柳卡，有水自山谷中發源，南流入焉。又東四十里至大岡，入大渡河。

名山水。在名山縣東。又東南至雅安縣東南，入青衣江。元和志：名山水，在名山縣東二百步。東南入平羌水。舊志：今有百丈溪，源出百丈山，西南流經縣東，入雅州界，亦名小溪河。至州東南二十里入青衣江。

邛水。即滎經水。自滎經縣東南發源，至縣北會流，又北至雅安縣西入青衣。漢書地理志：邛崍山，邛水所出，東入青衣。元和志：邛崍水東流經滎經縣北三里。寰宇記：滎經水，在滎經縣東一里，出嚴道青山下，入縣界。明統志：滎經水在滎經縣，北曰滎水，南曰經水。經出瓦屋山，滎出相公嶺。又長濆江，在州城東二里，一名邛水。其源自邛崍山噴湧流出，繞城東北，入平羌江。又周公水，在州東四里。其源自瓦屋山，流經周公山，因名。舊志：滎水在滎經縣西南，自邛崍山發源，東北流繞縣東，合經水入雅州界，分二派，一名長濆河，一名周公水，皆入青衣江。按：輿圖，滎經縣西南，近清溪縣界有五水并發，至縣西會流，即滎水也。經水源出縣東南瓦屋山，西北流經縣東，至城北與滎水會流。總名滎經水。又正北流至雅安縣西，會西來之一水，折東流入青衣江。蓋滎水即明統志所謂長濆江，經水即周公水，既會之後，未嘗復分，至府西即入青衣，亦不經其東境。舊志名稱紛錯，與今水道多不合。

紫眼水。在滎經縣西北。源自紫眼番界來，繞縣西合滎水，即滎水最西之一派也。

聖水。在蘆山縣東十里。連筒引之，行一里許，伏流二三里復湧出，分爲五，又一里入龍門河。

和川水。在天全州南。東流入蘆山縣界。寰宇記：和川水，在滎經縣北九十里。從羅繩巖古蠻界東流入縣。舊志：水在司治前。源出蠻界，東流入雅州。石壁參天，上有多功壩。亦名多功河。今有始陽河，即和水。有二源，一自馬鞍山，一自巖底關，至禁門關合流，過碉門，至兩河口，爲多功河，出蘆山縣飛仙關。按：兩河口在蘆山縣南，即青衣、沫水會流之處。和水自此合青衣。多功河乃青衣之異名。舊志以和水當之，非是。

漢水。在清溪縣南。元和志：漢源縣因漢川水爲名。寰宇記：漢水在漢源縣西一百二十里。從和姑鎮山谷中出，經縣界，至通望縣入大渡河。不通舟楫，每至春夏有瘴氣生，中人爲瘧疾。明統志：漢水源出飛越山，流經黎州安撫司城南二十里，亦名流沙河。舊志：流沙河，在黎大所南六十里。自飛越山出仙人洞，東南流至試劍山，合兩澗水，又南入大渡河。

兩澗水。在清溪縣南。明統志：黎州司之東西各有澗，至登高山下合爲一。漢源之田，賴以灌溉。舊志：兩澗水在黎大所城南。一源出邛崍山玉淵泉，流經城東，一源出邛崍山二源溪，流經城西，皆至城南合流，又五十里入流沙河。

梵音水。在清溪縣南。明統志：在黎州司城南十五里。俗傳唐三藏至此持梵音而泉湧出，故名。色如米瀋，味極甘。宋政和間，太守宇文侯過而飲之，曰佳泉也，易名粲玉泉。泉南數十步有二巨石，一號袈裟石，五色相間，一號曬經石，皆三藏遺跡。

龍洞溪。在雅安縣東十里。

下改溪。在榮經縣南。源出下改山，北流至城南，入經水。按：明統志又有菩薩溪，在榮經縣南六十里，源出瓦屋山，東注平羌江。旁有石佛像，因名。此即經水之別名，明統志不知而重見也。

高橋溪。在榮經縣東北。自八步石山下發源，流經雅安縣，東入青衣江。按：輿圖作來家溪。

老君溪。在蘆山縣南六十里。自飛仙關南山箐中流出，下流半里，入龍門河。

硫黃溪。在天全州東三十里。南流入和川水。溪水作硫黃氣，浸灌稻田，禾苗特盛。

羅目溪。在清溪縣東南，通望廢縣北，流經山谷中，入峩眉縣界。按：輿圖縣東南有金水河，二派合流入大渡河，即此。

以公溝。在清溪縣西沈邊司界。自野牛山發源，西南流一百里，入大渡河。

龍池。在天全州西四十里。淵廣靈異。又有龍池，在清溪縣東十里，方廣十數丈，上有龍祠。

涌池。在天全州北大井鄉。方廣畝許。

化林池。在清溪縣西，化林營西南。山頂池廣三里，居人皆飲此水，以木槽引取之。

沈村池。在清溪縣西沈邊司界。山上池廣五里，産魚皆紅色，長三寸。俗名沈村海。

海棠池。在清溪縣西北五里。環池皆海棠，舊爲遊宴之地。又舊有渥洼池，在縣界蠻部内，産名馬。

白馬泉。在雅安縣北一百里。山谷中湧泉深不測，一日三潮，風浪如雷。

湧泉。在蘆山縣東北五里。平地湧出，有灌溉之利。

玉龍泉。在天全州南富庶村天王祠旁，水自石中噴出，甃成龍形，故名。

白雲泉。在清溪縣。方輿勝覽：在黎州司東從白塔谷前取水，穴城東以入，始以木槽承之，分爲四大井。明統志：在黎州司城東北五里。

温泉。在打箭鑪西南五十里。水性温煖，四時不竭，浴之能除疾病。

校勘記

〔一〕宋張旦遷城記「城」，原脱，據乾隆志卷三〇六雅州府形勢（下同卷簡稱乾隆志）、方輿勝覽卷五五雅州建置沿革補。

〔二〕歷長墳嶺雞心山「墳」，原作「濆」，據乾隆志、宋本太平寰宇記卷七七改。按，元和郡縣志卷三三劍南道雅州嚴道縣有長墳嶺，亦可爲據。

〔三〕長墳嶺「墳」，原作「濆」，據乾隆志改。參校勘記〔二〕。

大清一統志卷四百三

雅州府二

古蹟

漢嘉故城。在雅安縣北。本漢青衣縣。華陽國志：高后六年，開青衣。天漢四年，罷沈黎郡入蜀郡爲西部，置兩都尉，一治旄牛，主外羌，一治青衣，主漢民。水經注：青衣縣故青衣羌國。竹書紀年梁惠成王十年，瑕陽人自秦道岷山、青衣水來歸。漢武帝分沈黎郡，西部都尉居青衣。公孫述之有蜀也，青衣不服，世祖嘉之。建武十九年以爲郡。安帝延光元年置蜀郡屬國都尉。青衣王子心慕漢制，上書求内附。順帝陽嘉二年，改曰漢嘉，嘉得此良臣也。晉書地理志：蜀章武元年，以蜀郡屬國都尉爲漢嘉郡。舊志：自晉李雄亂後，縣廢。宋、齊志晉原郡領漢嘉縣，乃僑置於崇慶州界，非故地也。

名山故城。即今名山縣治。元和志：縣西南至雅州四十二里，後魏置蒙山縣，隋開皇十三年改爲名山縣，因縣西北名山爲名。按：寰宇記謂唐貞觀初改爲漢源縣，誤。

嚴道故城。在滎經縣治。秦置。華陽國志：始皇滅楚，徙嚴王之族以實此地。漢制，縣有蠻夷曰道。文帝六年，詔徙淮南王於嚴道邛郵，即此。晉李雄亂後廢。隋改置嚴道縣於青衣縣界。唐武德三年，始分置滎經縣，屬雅州。自後因之。括地志：漢嚴道縣，今滎經縣是也。元和志：滎經縣東北至雅州一百二十里。寰宇記：縣東西連接大山，巖巒阻絶，不辨疆界。唐置縣，因界内有滎經水口戍爲名。

盧山故城。在盧山縣治。元和志：縣東南至雅州七十里。仁壽元年，於此置盧山鎮，因山爲名。三年，改爲縣。寰宇記：昔姜維於此置城，隋重開此地，遂於姜維故城置縣。舊志：姜維城在縣治南。　按：此以前皆作盧山，元改瀘山，明初復置，始改「瀘」爲「蘆」。

沈黎故城。在清溪縣東南。故西夷筰都國也。史記西南夷傳：「自巂以東北，君長以十數，徙、筰都最大。及漢誅且蘭，殺筰侯，以筰都爲沈黎郡。」注：「臣瓚曰：茂陵書：沈黎治筰都，去長安三千三百五十里，領縣二十一。」〔一〕華陽國志：天漢四年，罷沈黎郡。晉書地理志：李雄又分漢嘉立沈黎郡。桓温伐蜀，省。宋書州郡志：沈黎郡，永初郡國有，何無，徐云舊郡。治城陽。齊書州郡志：益州有沈黎獠郡。隋書地理志：臨邛郡沈黎縣，周置黎州，尋并縣廢，開皇中置縣，仁壽末置登州，大業初州廢。舊唐書地理志：武德元年，復置登州，九年廢。元和志：隋廢黎州，置沈黎鎮。鎮在漢源縣東南六十一里。　按：隋之沈黎縣，唐、宋諸志俱不一言及，不知何年所廢。元和志謂隋改州爲鎮，當是隋末已廢。明統志亦云大業後省，是也。

旄牛故城。在清溪縣南。周初有髳人從武王伐紂。後爲羌地。漢初置縣於此。後漢書西羌傳：羌無弋爰劍子孫各自爲種，或爲氂牛種，越巂羌是也。又西南夷傳：天漢四年，以沈黎郡并蜀郡爲西部，置兩都尉。一居旄牛，主徼外夷。延光二年，旄牛夷叛攻靈關，益州刺史張喬擊破之。於是分置蜀郡屬國都尉。蜀志張嶷傳：越巂郡舊有道，經旄牛至成都既平且近，自旄牛道絶已百餘年，更由安上，既險且遠。嶷遣左右齎貨幣賜其帥狼路，路率其兄弟妻子詣嶷，嶷與盟誓，開通舊道，千里肅清，復古亭驛。奏封路爲旄牛㽛毗王。華陽國志：旄牛地在邛崍山表。寰宇記：通望縣有故旄牛城，俗呼爲牛頭城，語訛也。

葉川廢州。在打箭鑪界。唐長壽元年，遣張元遇迎吐番降酋曷蘇等於大渡水西，曷蘇事覺，爲吐番所擒，其別部酋昝插率羌蠻内附〔二〕。元遇即其部置葉川州授之，仍於大渡西山勒石紀功。唐書作葉州，尋改米川州。宋廢。

嚴道廢縣。在雅安縣西。漢嚴道城。三國漢及晉初皆因之。永嘉後廢。西魏置始陽縣，取徙陽爲名。隋初改曰蒙山，取州境蒙山爲名，尋置雅州，又改縣曰嚴道。唐、宋因之。明初省縣入州。元和志：雅州西南至黎州二百四十里。寰宇記：東北至邛州二百里。方輿勝覽：州舊治在雅安山上。大中祥符間，州守何昌言以地多嵐瘴，徙山之麓。

百丈廢縣。在名山縣東北。舊唐書地理志：縣在臨邛縣南百二十里。武德中，置百丈鎮。貞觀八年，改鎮爲縣。元和志：縣西南至雅州八十六里。城東有百丈穴，故以爲名。宋史地理志：熙寧五年，省百丈縣爲鎮，入名山。元祐二年復。舊志：廢縣在名山縣東北六十里。明初省，改置百丈驛於此。

利慈廢縣。在蘆山縣西北。華陽國志：靈關道有利慈。水經注：晉泰始元年，黄龍二見於利慈池，縣令董元之率吏民觀之，以白刺史王濬，濬表上之晉朝，改護龍縣也。舊志：唐初雅州領大利縣，疑即利慈故地。

靈關廢縣。在蘆山縣西北。漢書司馬相如傳：相如使蜀通靈山道，橋孫水以通邛、筰。地理志：越巂郡有靈關道。華陽國志：蜀王杜宇以靈關爲後户。宋書符瑞志：晉咸寧二年，黄龍見漢嘉靈關。唐書地理志：唐初析置靈關縣。武德六年省。按：今縣界南去越巂甚遠，且中隔沈黎、旄牛之地，不應越巂所統之縣反出沈黎之北，疑此別一靈關，乃漢後所置。然經注俱指此爲越巂靈關，未詳。又晉志無靈關縣，據宋書符瑞志，則晉時屬漢嘉郡，未嘗廢也。

徙陽廢縣。在天全州東。舊志：本西夷國。史記西南夷傳：自巂以東北，徙、筰都最大。大宛傳：天子發間使出駹，出冉，出徙，出邛、僰。漢書司馬相如傳：西夷邛、筰、冉、駹、斯榆之君，皆請爲臣妾。曰徙曰斯榆皆即此。後置徙縣，屬蜀郡。李奇曰：「徙音斯。」蓋徙、斯聲相近〔三〕，古字通用也。蜀志張嶷傳有斯都耆帥李承殺越巂太守龔禄，亦即此。晉曰徙陽，屬漢嘉郡。李雄亂後廢。宋、齊志晉源郡有徙陽，乃僑置於今崇慶州界，非故地也。其後訛曰始陽。新唐志：雅州有始陽鎮兵。南蠻傳：雅州西通吐番有三道，曰始夏，曰始陽，曰夔松，皆諸蠻錯居。蓋即古徙陽之地。

通望廢縣。在清溪縣東南。元和志：縣北至黎州九十里。本漢旄牛縣地。開皇二十年於此置大渡鎮，大業二年改爲陽山鎮。武德元年，改爲陽山縣，屬巂州。天寶元年，改名通望，割屬黎州。寰宇記：縣在黎州東南九十里。九域志：慶曆六年改爲鎮，屬漢源。　按：新唐志，武德元年析臺登置陽山縣，隸登州，州廢隸雅州。貞觀二年屬嶲州。大足元年隸黎州。神龍二年州廢，還屬嶲州。開元四年復屬黎州。比元和志爲詳悉。

漢源廢縣。在清溪縣南。隋書地理志：臨邛郡漢源縣，大業初置。元和志：本漢旄牛縣地。隋仁壽初，平夷獠於此，置漢源鎮，因漢川水爲名。四年，罷鎮立縣，屬雅州。貞觀三年，割屬嶲州。大足元年，巡察使殷祚奏割漢源縣置黎州〔四〕。神龍三年，嶲州都督元膺奏廢。開元四年，本道使陸象先重奏置。州城東、西、南三面并臨絶澗，惟北面稍平。貞元元年，節度使韋皋鑿北面，隍塹深闊。寰宇記：漢源縣在黎州南三十里。明統志：隋縣在司城南三十里。唐徙治於州郭，改故縣爲鎮。又有舊黎州城在聖鐘山下，古城又在河外。舊志：明洪武初省漢源縣入州，改爲長官司。十一年，升安撫司，土酋馬氏世守其地。十五年，又增置大渡河守禦千户所，治司城西北隅。萬曆十九年，安撫司馬祥卒，祥無後，部族作亂，勦平之。二十四年，改爲蘆州土千户所，仍擇馬氏後世其職。本朝併黎州、大渡河二所爲一，曰黎大所，附屬雅州。

飛越廢縣。在清溪縣西北。唐儀鳳二年，析漢源縣置，屬雅州。後屬黎州。神龍中，復隸雅州。開元四年，還屬黎州。天寶初，廢入漢源。元和志：於飛越山置。明統志：故縣在黎州安撫司西北一百里許。　按：新、舊唐志皆不言廢，今從元和志。

大渡廢縣。在清溪縣西北。唐儀鳳四年，析漢源置，屬雅州。長安二年，省入飛越。乾符二年，高駢復築大渡城〔五〕，列險戍守。九域志漢源縣有大渡鎮，即此。明統志：在司北一百里。　按：新唐志作儀鳳二年置，既見飛越縣下，又見蘆山縣。明統志黎、雅二州「古蹟」内亦兩載之，皆誤。今從舊唐志。蓋近大渡河故名。蘆山之青衣水雖即古之大渡，然唐時古名已晦，且亦無同時並置兩大渡縣之理也。

阜民廢司。在府城南。明洪武九年置，收買番馬。後廢。

大乘廢司。在府城外。明時大乘司徒張氏世襲土職，無管轄地方，番民駐牧宏化寺。又有守善體梵灌頂大國師欒氏亦世襲土職。本朝順治歸附後並廢。

中瞻對茹色廢司。在打箭鑪西。其先衮卜丹於本朝乾隆間歸附。嘉慶十九年，土司洛布七力劫掠鄰番。二十年，勦滅之，析其户口分設土目，隸上、下瞻對司管轄。

古土城。在名山縣東北三十四里，周七十二丈。舊志：相傳諸葛武侯征蠻時所築，遺址尚存。

鄧通城。在榮經縣東三十里。相傳漢鄧通鑄錢於此。按：南齊書劉悛傳，悛行益州府事，啓世祖曰：「南廣郡界蒙山下有城名蒙城〔六〕，可二頃地，有燒鑪四所。從蒙城渡水南百步許，掘土得銅坑，并居宅處猶存〔七〕。漢文帝賜鄧通嚴道銅山鑄錢，今青衣左側並故秦之嚴道地，此必是通所鑄。」其地在蒙山下今雅安境内，蓋通鑄錢非一所也。

禦侮城。在榮經縣西。唐太和中，李德裕帥西川，作禦侮城以控榮經犄角之勢，作柔遠城以扼西山吐番，又於雅州置伐謀、制勝等八城。又有古城在縣西五里，相傳諸葛亮南征時屯兵處，德裕亦增築之，置兵戍守。

静寇城。在榮經縣西。唐書地理志：榮經縣有金湯軍，乾符二年置，並置静寇軍，故延貢地也。

開明城。在蘆山縣西七里。相傳蜀王開明所築。

晏山城。在蘆山縣西。唐書地理志：雅州有晏山、邊臨、通塞〔八〕、集重、伐謀、制勝〔九〕、龍游、尼陽八城，皆置兵以扼蠻部。

要衝城。在清溪縣東南。元和志：要衝城在通望縣東十三里。寰宇記：廢要衝城在縣東一十三里。貞元元年韋臯築城，下有龍泉水。明統志：在黎州按撫司城東南一百里，臨大渡河。俗呼爲炒米寨。

定蕃城。在清溪縣南。唐書地理志：黎州有定蕃、飛越、和孤三鎮兵。元和志：定蕃城在通望軍東一百八十里。明統志：在黎州安撫司城南二百二十里。

大定城。在清溪縣南。元和志：大定城在黎州南一百三十里。乾元三年改和集鎮置。唐書地理志：自清溪關南經大定城一百十里至遠仕城，西南經箐口一百二十里至永安城，當滇筰要衝，又南經水口一百二十里至臺登。

琉璃城。在清溪縣南。寰宇記：在大渡河南。唐太和五年李德裕築。

仗義城。在清溪縣南。唐太和六年，李德裕築仗義城，以制大渡河、清溪關之阻。明統志：在黎州安撫司城南九十里。

廓清城。在清溪縣西。元和志：在黎州西一百八十里。其城西臨大渡河，河西即生羌蠻界。

銅山城。在清溪縣西。唐貞元初韋皋築。元和志：銅山城在黎州西北五十里。按：寰宇記在漢源縣東二百里，不同。

三交城。在清溪縣西北。明統志：在飛越山下，唐時所築。舊名三碉，後訛爲三交。

武侯城。在清溪縣北。唐書地理志：黎州有武侯、廓清、銅山、肅寧〔一〇〕、大定、要衝、潘倉、三碉、仗義、琉璃、和孤十一城。元和志：貞元元年，節度使韋皋於黎州北故武侯城迤邐置堡三所，爲州城之援。明統志：又有武侯戰場，在安靖新塞。

潘倉城。在清溪縣東北。唐太和中築。通鑑：五代梁乾化四年，南詔寇黎州，蜀將王宗範擊之，敗之於潘倉嶂，又敗之於三口城，破其武侯嶺十三砦，又敗之於大渡河。路振九國志：潘倉在邛來關南山口，城又在潘倉之南。

王建城。在清溪縣。明統志：在黎州安撫司城北十五里，地名木瓜園。蜀王建時築。

壠越鎮。在雅安縣。元和志：在嚴道縣西三十六里。又多功鎮在縣西北三十二里，和順鎮在縣西北九十里西山谷口。

和川鎮。今天全州治。尚書禹貢：梁州，和夷底績。唐書地理志：雅州有和川鎮兵。寰宇記：和川路在嚴道縣界，西去土蕃大渡口五日程，從大渡河西郭至土蕃松城四日程。羌番混雜，連山接野，鳥路沿空，不知里數。宋史地理志：嚴道縣有碉門砦。元史地理志：至元二年授雅州碉門安撫司高保四虎符。高保四言：「碉門舊有城邑，中統初爲宋所廢。衆依山爲柵，去碉門半舍，欲復戍故城便於守佃。」敕秦蜀行省相度。三年，諭四川行樞密院，遣人於碉門砦西南沿邊告諭軍民，有願來歸者方便接納，用意存恤。明統志：元置碉門宣撫司，後改六番招討司，又分置天全招討司。碉門寨即滎經縣和川鎮。雅州西通番之路有三，曰靈關，曰碉門，曰始陽，惟碉門最爲要害，兩山壁立，一水中貫，特設禁門以限華夷。舊志：明洪武中，土酋高國英來歸，令爲天全六番招討司，世守其地，治碉門。又置碉門百户所，有石城足以控禦。本朝順治九年，土官高躋泰來歸，仍授前職。後副招討司楊先柱住碉門，而正招討司高一柱住始陽，西去碉門二十里。通志：雍正六年，天全六番土司貪殘不法，撫臣憲德奏請改土歸流，設州，治碉門城。

舊茶場。九域志：在雅州城内。熙寧九年置。又滎經、蘆山皆有茶場。

四經樓。明統志：在雅州治。有宋蘇軾、蘇轍墨蹟。

寒芳樓。明統志：在雅州治。宋黄庭堅訪張誾少卿，因爲題額。

對花樓。在蘆山縣治。

棣華堂。輿地紀勝：在雅州治。爲太守吕由聖、由誠相繼典此郡作，雷簡夫書額。

雙鳳堂。輿地紀勝：在雅州廳後。至和中，蘇洵攜二子謁太守雷簡夫，簡夫以書薦於張文定公。後太守樊汝霖建堂以表其事，名曰雙鳳。

賢範堂。輿地紀勝：在雅州治。太守李良臣建。繪雷簡夫、蘇氏父子像，並刻簡夫薦三蘇書於壁上。

仁智堂。在雅安縣甘泉門外。輿地紀勝：多園池花木之勝。有樂郊堂、跳珠軒、野翁亭、全菴，皆勝處。

景賢堂。輿地紀勝：在雅州東北十五里。政和中，嚴道令李緯以其地有漢高孝廉碑建。

静鎮堂。在清溪縣。明統志：在黎州安撫司治，舊黎州正堂之東偏。後改曰君子堂。堂之左右有藏春、留春二亭及思仙臺。

澄心堂。明統志：在黎州安撫司治小廳東。

三山堂。明統志：在黎州司治静鎮堂東，與試劒山三峯相直，故名。

無絃亭。在雅州府學南。輿地紀勝：長濆江側，隱士王潛所居也。潛好琴，趙清獻爲榜其亭，有軒曰濯纓，文同書。今存者，琴臺而已。

萬壑亭。在雅安縣雅安山上。輿地紀勝：舊有四亭，曰萬壑，曰至喜，曰高寒，曰倚垣，四面各爲一景，並登覽之勝。

碧照亭。在雅安縣西。明統志：一名鳳凰亭。郡守雷簡夫嘗燕客於此。

摇香亭。在清溪縣。輿地紀勝：在黎州兵馬司前。有茶蘼、芙蕖之勝。

唤魚亭。在清溪縣。明統志：在黎州宣撫司治，舊州圃東湖。湖方廣十丈，芙蓉萬蓋，錦鱗千尾。架橋其中，揭亭橋上曰唤魚。

尊經閣碑。在榮經縣西三十里。漢建武中建。

關隘

飛龍關。在雅安縣南四十里，接榮經縣界。

金雞關。在雅安縣北金雞山，與名山縣接界。新唐志名山縣有雞棟關，即此。又金沙關在縣東北二十里。

黑竹關。在名山縣東六十里，與邛州接界。

邛峽關。在滎經縣西。唐書地理志：滎經縣有邛峽關。元和志：邛峽鎮在縣西南八十七里。寰宇記：關在縣西南七十里。隋大業十年置，約山據險，當雲南大路，以扼蕃夷之要害。唐亦因之不改。唐書：太和六年，李德裕復邛峽關以奪蠻險。乾符元年，南詔破黎州入邛峽關。高駢領西川，乃逐蠻至大渡河，收邛峽關，復取黎州。方輿勝覽：關南去嶲州九百里。李心傳曰：南去黎州六十里。明統志：大關在滎經縣西八十里，舊名邛峽關。

紫眼關。在滎經縣西北三十里。又有飛水關，亦在縣西北，路出西番。

天險關。在滎經縣東北四十里，據邛峽、九折坂之險。

飛仙關。在蘆山縣東南五十里，接雅安縣界。亦曰飛仙閣。跨多功河，即古漏閣也。宋宇文溥新路賦：「惟天下至險，有嚴道之漏閣焉。孤峰上絶於青天，湍波下走於長川。斷崖横壁立之岸，飛溜濺千丈之泉。」

靈關。在蘆山縣西北六十里，接天全州界。即古靈關道也。元和志：靈關鎮在靈山下，關外即夷獠界。寰宇記：靈關俗呼重關，通白狼夷界，四面險峻，控帶番蠻。一夫守之，可以禦百。明統志：臨關舊名靈關，正統初以其外臨董卜韓胡番界改今名。舊志：靈關東南去天全州百二十里，西南距邛峽關百四十里。舊有巡司，今裁。

八步關。在蘆山縣東北三十里。

禁門關。在天全州西禁山下。舊有千户所戍守。又仙人關，在州西六十里。紫石關，在州西一百里。舊俱有官兵戍守。

清溪關。在清溪縣南，接越嶲廳界。唐置。至德初，南詔閤羅鳳陷越嶲，會同軍據清溪關。貞元初，吐蕃分兵寇清溪關及銅山。後韋皋復修關以通南詔，由黎州自此出邛部，逕姚州入雲南，號曰南詔。太和四年，李德裕帥西川，上命塞清溪關，以斷南詔入寇之路。德裕上言：「清溪之傍，大路有三，其餘小徑無數，皆東蠻臨時爲之開通。若言可塞，則是欺罔朝廷。須於大渡河北更築一城，迤邐接黎州，大兵守之方可。」既而德裕徙關於中城，北去大定城一百十里。咸通十年，南詔寇嶲州，攻清溪關，定邊鎮將安再榮退屯大渡河北。乾符二年，高駢帥西川，復戍清溪等關。五代時關没於蠻。明統志：關在大渡河外。舊志：在黎大所南一百三十五里。唐末嘗僑置寧州於此。其地連山帶谷，夾澗臨溪，倚險接關，恃爲控禦。又今越嶲廳北一百二十五里有古隘堡，其南隘廣不盈丈，兩岸壁立千仞，峽内溪流淙淙，即古清溪關也。

黑崖關。在清溪縣西二十里。明洪武十六年置。

瀘定橋巡司。在打箭鑪東一百五十里。

始陽鎮。在天全州東二十里。即舊天全六番正招討司治。本朝雍正七年設州同駐此。

泰寧營。在清溪縣西北化林坪。舊在廳西北，地名噶達。本朝雍正七年，因遷達賴喇嘛居此，移化林副將及都司駐防其地，兼轄化林、德靖、阜和、林安等營。十三年移駐化林，裁林安、德靖二都司，減撤營兵。乾隆四十三年，改協爲營，設遊擊，旋改都司。

折多汛。在打箭鑪西南四十里。其地有熱水塘，即温泉也。由折多過雪山六十里至提乳，又二十里至納哇，其地亦名中木鴉。又十里至阿了，即沙渡土百户鍋莊。鍋莊者，猶言住房也。又三十里至瓦切，又二里至東惡洛，有土百户鍋莊。又六十里至卧龍石，又四十五里至八角樓，又五十里至鴉龍江中渡明正司與裏塘接界處，有了出喀女土百户居此。渡鴉龍江又二百七十里至裏塘。

泥山所。在天全州東。天全司志有善所、張所、泥山、天全、思經〔一一〕、樂藹、始陽、樂屋、在城、靈關凡十所，舊俱設百夫長戍守。

黎州土百户。在清溪縣東。其地東至松坪，南至瀘河，西至雨灑坪，北至羊莊坪。漢馬岱後於明時世襲安撫司，本朝順治九年歸附。乾隆間改百户。又大田副土百户，乾隆十七年因防曲曲烏添置。

松坪土千户。在清溪縣東南。其地東至樟杆凹，南至大渡河，西至水尾河，北至秧柴坪。本朝康熙四十三年土官馬氏歸附，授職。

上瞻對谿納土千户。在打箭鑪西。住牧界址與上瞻對茹長官司同。本朝雍正六年土酋沙克嘉布木歸附，授職。

上瞻對撒墩土千户。在打箭鑪西。其地東至霍耳章谷，南至瓦述毛了，西至德格，北至甘孜麻書。本朝乾隆十年土酋索諾木歸附，授職。

雄邊寨。在滎經縣西北。中有講武堂。宋淳熙間創爲屯營。

撫人戍。在名山縣北。元和志：在百丈縣西南二十里。又河羅戍〔一二〕，在名山縣東南大幕山南。

石門戍。在滎經縣西南三十五里。

太平堡。在滎經縣西北二十五里。又黄土堡，在縣西五十里。俱明初置，屬大渡河千户所官軍戍守。

柘木場。在天全州西。明初重茶市，洪武五年命左都督徐增壽自碉門抵柘木場，開拓道路，以便往來。舊志有茶把在司西，即此。

百丈驛。在名山縣東北六十里，馬驛也。即古百丈縣治。東至邛州蒲江縣墨竹關十五里，西經洗馬池、白土坎、和尚頭至名山縣，又西南十五里至金雞關，十五里至梓潼林，十五里至雅州府。有馬站。

箐口驛。在滎經縣西南二十五里。由雅州府西十里爲對巖，十五里爲風木丫，十五里爲八步石，十五里爲觀音鋪，十里爲飛龍關，二十五里爲高橋關，二十五里爲滎經縣，十五里爲磨刀溪，十里爲箐口驛。

泥頭驛。在清溪縣西北。由箐口站二十五里爲黄泥鋪〔一三〕，二十里爲小關山、大關山，二十五里爲長老坪，十五里爲二十四盤，由此西達打箭鑪，南通建昌，十里至羊捲門，爲黎、雅、化林交界。十五里爲雙橋子，二十里爲懶板營，二十五里爲泥頭驛。

沈村驛。在清溪縣西北化林營西三十里。由泥頭驛西行十五里爲高橋，二十里爲林口，二十五里爲飛越嶺，十里爲化林坪，二十里爲龍壩鋪，十里至沈村驛。

烹壩驛。在打箭鑪東南一百里。由沈村驛西行二十里爲大壩，二十五里爲安樂村，五里過瀘定橋，有巡司及把總守之。又十五里經明正土千户界内古六七立地至咱哩，十五里爲小烹壩，又十里爲大烹壩驛，又十五里上大岡山，經冷竹關、荒草坪，十五里至大岡塘，十五里至頭道水，五里至日地，十五里至大藏，爲榷税之所。十里至柳楊，二十里至沈坑，十五里至打箭鑪。

津梁

鐵索橋。在雅安縣東門濆水江上。

清源橋。在雅安縣西北一里。

高橋。在雅安縣西北多功路。舊志：縣境諸橋皆索橋也。其近多功路曰大繩橋，以繩架棧，下瞰峽江，極爲險要。

魚喜河橋。在雅安縣東北五十里。

青衣橋。在名山縣東。以跨青衣水而名。

百丈橋。在名山縣東北，近百丈驛。

七縱橋。在滎經縣東孟山下。

大通橋。在滎經縣西三十里。明洪武五年，因征雲南，置爲笮橋，乃往建昌、雲南要路。

忠孝橋。在滎經縣東北九折坂下。舊名叱馭橋，後取「王陽爲孝子，王尊爲忠臣」之言，改今名。

多功橋。在天全州東二十里。編索爲之，每歲一易。

龍安橋。在天全州西三十五里。亦編索爲之。

鐵鎖橋。在天全州北三十里。地名思延。以鐵爲索成橋，路通火井等五鄉，爲蘆山往來通道。

天漢橋。在清溪縣南九十里。宋紹興中建。

瀘定橋。在打箭鑪東南大渡河上。其地舊無橋梁，河水迅激，不可施舟楫，行人從三渡口援索懸渡，至爲危險。本朝康熙四十年既平打箭鑪，撫臣熊泰奏言：「距化林營八十里，地名安樂，水忽平，可建橋以通行旅。」遂造鐵鎖橋，東西長三十一丈一尺，廣九尺，施索九條，覆板於上，欄柱皆鎔鐵爲之。詔賜名瀘定，有御製碑記。

麒麟渡。在雅安縣東周公山下，即周公水津濟處。

三江渡。在蘆山縣南十里。路通天全六番，其水下注多功峽，入平羌江。

中渡。在打箭鑪西三百四十五里鴉龍江。闊一里，有木船、牛皮船通往來。

隄堰

紅巖堰。在雅安縣上壩鄉。引濆江水灌田。縣境又有黑水、高山、龍溪等堰。

石波堰。在蘆山縣東三里。其水出始陽山，可以溉田。縣境又有馬口、天生等堰。

陵墓

漢

高孝廉墓。在雅安縣東北二十里。輿地碑目：高孝廉墓碑，漢建安十四年立。有二大闕，其一曰漢故益州太守武陰令上計吏舉孝廉諸部從事高頤字貫方，其一曰漢故益州太守陰平都尉武陽令北府丞舉孝廉高君實字貫光〔一四〕。又一大碑，其首云「故益州太守高君之碑」。

樊敏墓。在蘆山縣南七里。有碑，漢建安十年立。

三國 漢

姜維墓。在蘆山縣城内東北隅金井閣。

唐

三王墓。在清溪縣。明統志：在黎州司故漢源縣東五里。唐史載邛、黎之間有三蠻王，使伺南詔。其初劉志遼爲恭化郡王，郝全信爲和義郡王，楊清遠爲遂平王，然莫知所封始，卒葬於此。

祠廟

王公祠。在清溪縣北邛崍山。祀漢王尊。

武侯祠。在清溪縣。祀漢諸葛亮。寰宇記：在黎州北三里。明統志：紹興中，郡守邵溥因舊鼎新榜曰天威廟，又作二室，塑唐韋皋及李德裕像。

趙公祠。在清溪縣西南安靖壩。祀三國漢趙雲。

周公廟。在雅安縣東周公山。

順應廟。在雅安縣東。明統志：俗名土主廟，祀漢邛穀王任貴。

三神廟。在名山縣永安里。祀宋曹光實、光遠、光紹兄弟三人。

武威廟。在清溪縣城内。祀蜀將馬忠。

姜公廟。有二，一在蘆山縣治後，一在清溪縣城外西坡山頂，俱祀三國漢姜維。

寺觀

萬壽寺。在雅安縣東二里。

蓮花寺。在雅安縣北五十里。又有白馬、松溪二寺，俱在縣北百里。

智炬寺。在名山縣西十五里。又水月寺，在縣南三十里。

光相寺。在滎經縣南瓦屋山峯頂。嘗現辟支普賢光相，夜有神燈。

靜智寺。在盧山縣北五里。又湧泉寺，在縣東北五里。

大悲寺。在天全州東四十里。宋淳祐八年建。

天王寺。在天全州南三十里。元至正七年建。

慈朗寺。在天全州北三里龍頭山。舊志：蠻寺爲百蠻進貢憩息之所。明正統元年建。

永興寺。在清溪縣東。明永樂建。

梓潼觀。在雅安縣東北。

名宦

三國　漢

向寵。宜城人。累遷中領軍。延熙三年，征漢嘉蠻夷遇害。

唐

李晟。洮州臨潭人。德宗始立，吐蕃寇劒南，蜀土大震。詔晟將神策兵救之，踰漏天，拔飛越等三城，絶大渡，斬虜千級，虜遁去。

宋

張旦。趙州人。淳化中，四川招安使上官正言：「雅州密邇蠻蜑，鎮撫須得其人。」上令旦知州事，賜金紫，乘傳之任，寇不敢犯。

孫構。博平人。知邛州。夷年墨數擾邊，用間殺之，民得以安。

段少連。開封人。仁宗時知名山縣，有政績。

雷簡夫。至和初，儂智高入滇，蜀人驚怖。益州守張方平薦簡夫知雅州，蜀人賴以無恐。眉山蘇洵攜二子來謁，簡夫力薦之張方平，由是三蘇知名。

吕由誠。開封人。知雅州。臨事精敏，有治績。

黎商老。黎州推官。乾道九年二月，青羌奴兒結寇安靖砦，商老戰死。

王去惡。黎州左軍統領。淳熙七年八月，蠻犯州塞，去惡與鈐轄成光延拒却之。十一月，州戍卒伍進等作亂，知州遁，去惡誘進等誅之。

牛大年。揚州人。慶元進士。歷知黎州，節制黎雅屯戍軍馬，兼權總領。清操凛然，所至以廉潔自持。

何充。德陽人。通判黎州，攝州事。元兵將至，充於邛來創大小兩關倉及砦屋百間，親督程役。俄關破，充自刺不死。軍帥設帟幄，環坐諸將而虚賓席，呼充曰：「汝能降，即坐此。」又使署招民榜，又遺以酒、茗、牛羊肉，皆不可强。大將曰：「此南家好漢也，使之即死。」於是斬其首，上下感泣。同死者四十餘人。

明

劉毅。武昌人。成化中知雅州，居官廉介。祀名宦。

陳經。臨武人〔一五〕。弘治進士。由御史謫滎經知縣。莅政公勤，修城建學。擢知雅州，益勵廉能。

屠鑾。雲南人。正德間知蘆山縣。先是，天全土司高繼恩、楊世繩積擾縣境，至攻城肆殺掠。鑾力請上憲，督衆勦捕，俘其酋長，復故侵地。鑾子戰死，境内以安。邑人建祠置田祀焉。

胡億。廣西人。嘉靖中知雅州。州東觀音灘水險敗舟爲害，前知州澄城楊廷穿其南，囊砂石以禦北流，未久復塞。億相水勢，於灘右更濬一川，長千百丈，築舊險使達新流，灘遂至今無患。

黄儒。福州人。知滎經縣。明末張獻忠陷城，被執，駡賊磔死。二妾林氏、李氏同殉難。又雅州指揮阮士奇，流賊陷城，死之。二子鼎鈺、鼎鐘亦奮殺數賊而死。本朝乾隆四十一年，俱賜謚節愍。

金鼎祚。當塗人。知蘆山縣。獻賊陷蜀，鼎祚闔門殉節。又雅州吏目徐應鰲，華州人，爲流賊所執，不屈死。本朝乾隆四十一年，賜鼎祚謚烈愍，應鰲入忠義祠。

本朝

李應崇。遼東人。康熙四年，知名山縣。招徠流播，開闢荒蕪，繕城郭，修縣治，民不勞而樂趨事焉。

朱景辰。將樂人。康熙七年，知名山縣。建縣治，修城隍，日與諸生講論經書。秉性方正，人皆敬畏。入祀名宦祠。

張啓鼎。山西人。康熙初，知蘆山縣。厚民生，勵風教。兵燹之餘，瘡痍漸復。嘗捐廉修大陵石橋，邑人德之，名曰張公橋。

盧之能。遼東人。康熙三十年，知蘆山縣。教民修堰築隄，去雜植，益種桑麻，民利賴焉。

丁傑。宛平人。康熙三十八年，知雅州。爲政寬猛相濟，除奸扶弱。建鐵索橋於長濱江上，民無病涉。州人祠之。

趙承熹。錢塘人。康熙四十六年，知名山縣。清正愛民，有惠風和日之頌。入祀名宦祠。

李洪澤。大興人。康熙五十一年，知名山縣。持法廉平，恩威並用。勸民植桑養蠶，其利甚溥。邑人祠之。

曹掄彬。黄平人。乾隆三年，知雅州府。持躬清介，莅政嚴明。捐廉創鑿孔道，往來者咸謳思之。

蕭惟燿。孝感人。乾隆十八年，知天全州。創建學宫，置學田，延師訓士，暇輒親爲講授。居官廉毅，有惠政而無枉民。

江世琳。廣西人。乾隆二十年，知雅安縣。居官清廉，加意學校。治東向無水利，乃開渠築堰，策蹇相度，泥淖顛仆，士民感之，爲立江公墜馬橋碑。

張兆麟。景州人。乾隆四十四年，知天全州。潔己愛民。除蠹役，平物價。往來差徭，給錢僱募，不以累民。民咸歌詠之。

人物

漢

李磬。嚴道人。爲長章表主簿。旄牛夷叛，入攻縣，表倉卒走。鋒刃交至，磬傾身捍表，謂虜曰：「乞殺我，活我君。」虜殺之，表得免。太守嘉之，圖像府庭。

三國　漢

王謀。漢嘉人。有容止操行。先主領益州牧，以爲別駕。後進少府。建興初，賜爵關内侯。大將軍蔣琬問張休曰：「漢嘉前輩有王元泰，今誰繼者？」休對曰：「元泰州里無繼，況鄙郡乎！」其見重如此。

衛繼。嚴道人。敏達夙成，學識通博。進仕州郡，歷職清顯。遷奉車都尉。忠信篤敬，爲衆人所欽。

晉

馮遷。漢嘉人。安帝時，爲益州督護。桓靈寶既敗，入江陵。時益州刺史毛璩使參軍費恬送弟璠喪葬江陵，靈寶達枚回洲，遂迎擊之。遷抽刀而前，靈寶拔頭上玉導與之，仍曰：「是何人耶？敢殺天子！」遷曰：「吾殺天子之賊耳。」遂斬之。歷漢家太守。義熙初，益州刺史司馬榮期爲其參軍楊承祖所害，遷會討誅之。

宋

曹光實。雅州百丈人。父曦，静南軍使。光實少武勇，遷永平軍節度管内捕盜游奕使〔一六〕。乾德中，賊黨圍之，光實負母揮戈突圍以出，詣王全斌誓雪冤憤，圖雅州地形，並陳攻取之術，遂克其城，盡平殘寇。知黎、雅二州兼都巡檢使。入見，乞罷義軍，太祖喜曰：「此蜀中俊傑也。」後爲銀夏都巡檢使。破李繼遷獲其母。繼遷詐降，於葭蘆川戰没。帝驚悼，録其子。

曹克明。光實從子。光實戰没，克明護輜重，還軍銀州，而潛入敵中護其尸以還。李順陷雅州，克明募衆收復之。景德中知邕州，遷江淮兩浙都提舉捉賊使，以幹濟稱。累遷宜融十州安撫使，後徙知鼎州。卒，賜「推誠宣順功臣」。

孫璹。榮經人。孝友篤實之行，聞於鄉里。父嘗穴山通水灌田，鄉人病其不廣，璹繼父志捐貲鑿之，由是利賴者衆。慶元時，賜迪功郎。

元

侯彦直。雅州人。爲忠翊校尉副千户。至元間，王虎寇州，州人拒守，議分兵出城外爲犄角勢。彦直將數百人出，遇賊於名山縣，力戰二日，斬殺甚衆。寇自州盡鋭來攻，力疲援絶，爲賊所擒，欲挾之去，自刎死。

明

劉東陽。榮經人。嘉靖中上海縣丞。倭黨蕭顯來寇，追擊之於太平寺，衆潰遇害。

宋子恭。滎經人。萬曆中，知彭澤縣。蠲無名之征，罷非時之役。有以藥毒人而攫其財者，積十餘年鄰里莫能知。一日子恭過其門，有鵓鴿自樓投袖中，子恭曰：「是必有冤。」一訊即服，人以爲神。

晏朝寅。名山人。萬曆己丑進士，知醴陵縣。卻羨餘以償逋賦，請免代編沔陽、江夏銀米，邑人德之。性伉直不媚上官。歷遷巡道。卒，祀鄉賢祠。

馬京。黎州守禦所千户。崇禎甲申，張獻忠亂蜀，川南道胡恒檄建昌指揮丁應選與守備楊啓泰入援，至黎州，所官沈雲龍阻之。京及弟亭、通使白某、子寰翠、千户李華宇等招集萬餘衆，至雅州八步石龍觀山對岸，與賊力戰，殺賊數千，復雅州。苦戰三載。後劉文秀寇黎州，華宇及白氏父子戰敗被磔，馬京兄弟死之，無一降者。京、亭、華宇、白父子五人皆黎州人，本朝乾隆四十一年，並予入忠義祠。啓泰，名山人，以老病卒於軍。

楊之明。天全人。以招討拒賊孫可望於雅州飛仙關，兵敗被執不屈死。本朝乾隆四十一年，賜謚烈愍。

傅元修。雅州諸生。獻賊之亂，元修與同州諸生洪其仁、内江員外郎范文光等舉義兵，推黎州參將曹勛爲副總兵，統諸將敗賊於小關山、龍觀山等處。勛，黎州人，襲指揮。

本朝

魏攀龍。雅安人。官外委。乾隆三十六年從征金川，陣亡，卹廕如例。

陳定國。蘆山人。平番營都司。乾隆三十七年從征金川，陣亡，卹廕如例。又同縣把總李德，於五十七年從征廓爾喀陣亡。把總樊啓閶於六十年從勦苗匪陣亡。卹廕均如例。

張芝元。清溪人。乾隆三十八年以千總隨征金川有功，賜「札敦巴圖魯」名號。擢越嶲營參將。四十五年，從討三暗巴番，芝元乘賊不備，從山巔疾馳下，縱火焚二十四碉，賊降。晉副將。五十二年，調平臺灣逆匪林爽文等，畫像紫光閣，升松潘鎮總兵。五十六年，征廓爾喀，芝元率屯練深入抵堆補木，賊懼乞降。芝元觸瘴癘，回至濟嚨卒。論功，復畫像紫光閣。

巴利。巴塘土千總。乾隆中從征金川，陣亡，卹廕如例。又大寺寨土千總桑共、土把總阿邦，木坪土守備楊在朝、徐元昆，土千總朗扎什，俱隨征金川，陣亡，卹廕均如例。

唐玉龍。雅安人。官守備。嘉慶三年從勦教匪，追賊積年，屢擒賊目，洊擢參將。六年六月，追擊賊匪被圍，手刃數十人，力竭陣亡。卹廕如例。同縣外委楊學上、張營升，於元年從勦教匪，陣亡。守備張希儒於八年從征維西猓夷，陣亡。卹廕均如例。

劉富。滎經人。官外委。嘉慶初從勦教匪，陣亡，卹廕如例。

張瑤。蘆山人。官千總。嘉慶初從勦教匪，陣亡，卹廕如例。

克底。巴底土守備。嘉慶初從勦苗匪陣亡，卹廕如例。又土把總雜卡雜等三人，巴旺土把總容依等三人〔一七〕，均隨勦苗匪陣亡，卹廕均如例。

列女

宋

張祺妻史氏。眉山人。適雅州張祺。博學能文，性沖澹，不事鉛飾。與祺唱酬，目爲和鳴集。善用禿筆，字體莊勁。祺卒果州參軍任，史以詩禮教子協。祺於黄庭堅爲外兄，山谷緑菜贊稱史爲女博士。

明

廖武妻田氏。雅州人。武卒無子，守節事姑以終。同州楊倫妻姜氏、宋鑾妻馮氏、高松妻楊氏、王佐妻姜氏、高昂妻王氏、陳三才妻梁氏，均夫歿守節。

張斐妻馮氏。蘆山人。斐卒，馮年二十八。苦節至九十三歲終。同縣李應陽妻楊氏，夫歿守節。

劉東陽繼妻高氏。榮經人。東陽官上海縣丞，與倭寇戰歿，高年十九，尋屍歸葬。守節至七十八歲卒。同縣王心妾黄氏，心官饒州通判，疾亟，憐黄少，令改適，不從。扶櫬歸，毁容明志，以節終。又王信賢妻伍氏、周應詔妻王氏、岳遂妻黄氏、張廷臣繼妻李氏均夫歿守節。

曹學瑋妻王氏。黎州人。與同所張廷臣妻唐氏均夫歿守節。

楊成名妻張氏。雅州人。明末寇亂被執，扶之行，佯曰須刀削竹以扶，賊授以刀，遂自刎。時尚乳數月子也。

本朝

彭暎妻楊氏。雅安人。年十六適暎，匝月暎卒，自縊柩前，翁姑救免。苦節以終。

李鳳翥妻楊氏。雅安人。夫亡，矢死絶粒，父諭以親老子幼，乃復食。孝養舅姑，姑嬰篤疾，刲股以進。撫二子成名。

張翀妻葉氏。雅安人。年十八守節。事舅姑孝，撫子成立。康熙年間旌。

王偉妻賈氏。天全人。偉從征土寇陣亡，氏年二十四。苦節不渝，撫子成立，八十五歲卒。

劉淑修妻高氏。天全人。年二十餘，夫卒，遺孤襁褓。夫弟利其田産，迫令改適，氏截髮毁容以守。夫弟私賣其業，氏力田作苦，卒無異志。

程門偉妻韓氏。蘆山人。夫亡守節。雍正年間旌。

胡來麟妻張氏。雅安人。夫亡守節。同縣節婦徐鵬翔妻趙氏、蔣奇文妻袁氏、范成鈺妻蕭氏，烈婦黄某妻羅氏，均乾隆年間旌。

馬亨元妻陳氏。名山人。夫亡守節。同縣節婦王建侯妻張氏、羅炳妻楊氏、穆世模妻高氏，烈女羅氏，均乾隆年間旌。

黄庭訓妻劉氏。榮經人。夫亡守節。同縣烈婦諸葛玉相妻張氏、劉貴義妻王氏，均乾隆年間旌。

衛長卿妻淩氏。蘆山人。夫亡守節。乾隆年間旌。

羅紳妻苟氏。天全人。夫亡守節。同州節婦高京琦妻彭氏、楊昌文妻張氏、趙振業妻任氏，均乾隆年間旌。

曹玕妻李氏。清溪人。年十八，玕卒，無子。誓不他適，依母紡績終其身。同縣烈婦白瑞彩妻李氏，均乾隆年間旌。

王瑜廷妻李氏。雅安人。夫亡守節。同縣節婦王萬盈妻朱氏、劉某妻鄧氏，烈婦李春盛妻范氏、雷某妻王氏，均嘉慶年間旌。

胡廷宇妻王氏。名山人。夫亡守節。同縣節婦文寬妻柏氏、朱孔章妻李氏、胡定禮妻趙氏，烈婦彭學珍妻楊氏、閆伸妻王氏、辛萬品妻李氏、鄭守學妻閔氏、鄭某妻陳氏，烈女李三姑，均嘉慶年間旌。

劉以剛妻楊氏。天全人。夫亡守節。同州節婦高翠妻牟氏、高振妻鮮氏，烈婦楊均仁妻王氏，均嘉慶年間旌。

蔡某妻孫氏。清溪人。守正捐軀。嘉慶年間旌。

仙釋

唐

黄觀福。百丈縣民家女。幼好清静，食柏葉飲水。及笄將嫁，投水化去。一日下其庭中曰：「女本上清仙人也。今年此地疫，請父母移家益山以避凶歲。」留金數餅而去。其歲果疫毒。唐麟德年也。

五代

僧知廣。居雅州開元寺。善救病，以竹片爲板，按痛處抶之，無不應手而愈，攣者就伸，跛者即行，時號「聖僧」。

土産

金。元和志：雅州貢麩金。寰宇記：浮圖水出金。

綿。元和志：雅州賦。

絺。元和志：雅州賦。

紙。寰宇記：雅州產蠲紙。

邛竹。元和志：邛來山竹，高節實中，堪爲杖。

落雁木。元和志：雅州貢。

茶。元和志：蒙山每歲貢茶，爲蜀之最。寰宇記：出百丈山尤佳。方輿勝覽：蒙山有五頂，前一峯最高，曰上清峯，產甘露茶。明統志：蒙頂茶受陽氣之全，故芳香。李時珍本草綱目：雅州之蒙頂，石花、露芽、穀芽爲第一。

藥。寰宇記：雅州產黄連、升麻。明統志：黎州產牛黄、麝香、天南星。

椒。元和志：雅州貢椒。宋史地理志：黎州貢紅椒。明統志：雅州貢花椒。

石菖蒲。寰宇記：雅州土產。

娑羅花。明統志：出瓦屋山。五色如爛錦，照映山谷，移之他處即枯。

魶魚。明統志：魶魚出滎經水及西山，有足能緣木，天旱輒含水上山，以草覆身，張口露水，鳥來飲水，因吸食之。

校勘記

〔一〕「注臣瓚曰」云云　乾隆志卷三〇六雅州府古蹟（下同卷簡稱乾隆志）同。按，此處引臣瓚注非爲史記西南夷傳作，實爲漢書武帝紀「定西南夷以爲武都、牂柯、越巂、沈黎、文山郡」下注語。

〔二〕其別部酋昝插率羌蠻内附　「昝」，原作「咎」，據乾隆志及新唐書卷一四一上吐蕃上改

〔三〕蓋徙斯聲相近　「徙」、「聲」，原脱，據乾隆志補。

〔四〕巡察使殷祚奏割漢源縣置黎州　「祚」，原作「祥」，據乾隆志及元和郡縣志卷三二劍南道黎州改。

〔五〕乾符二年高駢復築大渡城　「符」，原作「武」，據乾隆志及雍正四川通志卷二七古蹟改。按，唐無「乾武」年號。

〔六〕南廣郡界蒙山下有城名蒙城　「廣」，原脱，據南齊書劉悛傳補。乾隆志誤作「安」。

〔七〕并居宅處猶存　「并」，原誤作「井」，乾隆志同，據南齊書劉悛傳改。

〔八〕通塞　「通」，乾隆志同，新唐書卷四二地理志作「統」。

〔九〕制勝　「制」，原作「置」，據乾隆志、新唐書卷四二地理志改。

〔一〇〕肅寧　「寧」，原作「平」，據乾隆志、新唐書卷四二地理志改。按，本志避清宣宗諱改字也。

〔一一〕思經　「思」，原作「恩」，據乾隆志、明史卷四三地理志四改。

〔一二〕又河羅戍　「羅」，原作「罹」，據乾隆志、太平寰宇記卷七七、蜀中廣記卷一四、雍正四川通志卷二四山川改。本志前卷山川大幕山條亦作「河羅戍」。

〔一三〕由箐口站二十五里爲黃泥鋪　「泥」，原脱，據乾隆志及雍正四川通志卷二一西域補。

〔一四〕其一曰漢故益州太守陰平都尉武陽令北府丞舉孝廉高君實字貫光　「君」，原作「居」，據乾隆志、輿地碑記目卷四「高孝廉墓碑」條改。

〔一五〕陳經臨武人　「臨」，原作「寧」，據乾隆志及本志卷三七五桂陽人物改。

〔一六〕遷永平軍節度管内捕盜游奕使　「節度」，原脱，據乾隆志及宋史卷二七二曹光實傳補。「盜」原作「監」，「奕」原作「蠻」，乾隆志同，據宋史曹光實傳、續資治通鑑長編卷七「乾德四年閏八月」條、明一統志卷七二嘉定州人物改。

〔一七〕巴旺土把總容依等三人　「土」，原作「王」。按，巴旺與上文巴底同屬清朝嘉戎十八土司，未有「巴旺王」之名。「王」，蓋「土」字形誤，因改。

嘉定府圖

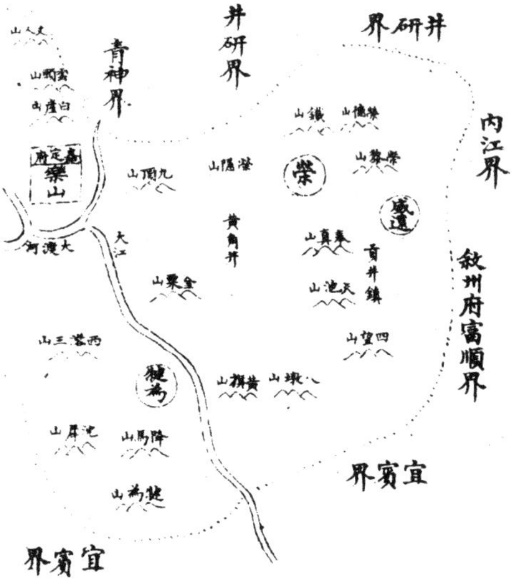
井研界
井研界
青神界
內江界
敘州府富順界
宜賓界
宜賓界
嘉定府
樂山
榮
威遠
犍為
大渡河
大江
黄角井
貢井鎮
鐵山
九頂山
金粟山
天池山
四望山

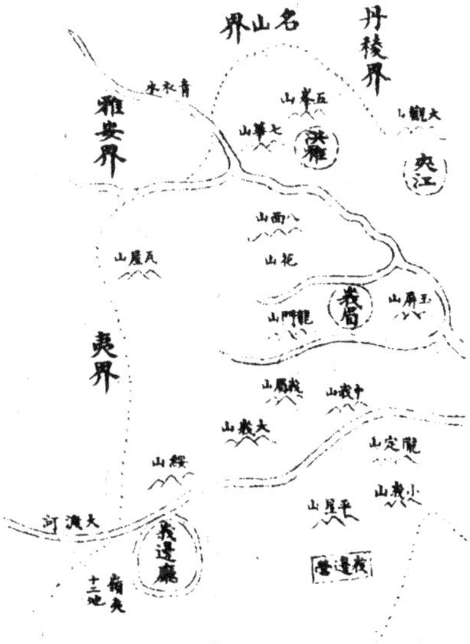
名山界
丹稜界
青衣水
雅安界
五峯山
洪雅
夾江
八面山
瓦屋山
花山
峩眉
龍門山
夷界
大峩山
中峩山
綏山
小峩山
大渡河
峩邊廳
峩邊營
夷界

嘉定府表

	嘉定府	樂山縣	峩眉縣
秦	蜀郡地。		
兩漢	犍爲郡地。	南安縣地。	南安縣地。
三國			
晉			
南北朝	**嘉州平羌郡**周保定元年置郡，大成元年分置州。	**平羌縣**周保定元年置，郡治。	周平羌縣地。
隋	**眉山郡**開皇初郡廢，大業二年州併入眉州，尋置郡。	**龍游縣**開皇三年改名峨眉，九年改名青衣，十年又改。 **平羌縣**開皇初別(五)〔置〕，屬眉山郡。	**峩眉縣**開皇十三年置，屬眉山郡。
唐	**嘉州**武德元年復置州，天寶初改犍爲郡，乾元初復故，屬劍南道。	**龍游縣**州治。 **平羌縣**	**峩眉縣**屬嘉州。
五代	**嘉州**屬蜀。	**龍游縣** **平羌縣**	**峩眉縣**
宋	**嘉定府**慶元二年升府。	**龍游縣**府治。 熙寧五年省。	**峩眉縣**屬嘉定府。
元	**嘉定路**至元十三年改路。	**龍游縣**路治。	**峩眉縣**屬嘉定路。
明	**嘉定州**洪武四年復府，九年降州，直隸四川布政使司。	洪武九年省入州。	**峩眉縣**屬嘉定州。

續表

	洪雅縣
	南安縣地。
	周置洪雅鎮。
綏山縣大業十一年置，屬眉山郡。	洪雅縣開皇十三年分置，屬眉山郡。
羅目縣麟德二年置，兼置沐州。上元三年俱廢。儀鳳三年復置，屬嘉州。 綏山縣武德元年屬嘉州。久視元年析置樂都縣，尋省。	洪雅縣武德元年置犍州。貞觀元年廢，屬眉州。開元七年復置義州，兼置平鄉、南安二縣。八年州廢，縣省入。
羅目縣 綏山縣	洪雅縣
羅目縣乾德四年省。 綏山縣乾德四年省。	洪雅縣淳化四年屬嘉州。
	至元二十年省入夾江縣。
	洪雅縣成化十八年復置，屬嘉定州。

	夾江縣	犍爲縣
	南安縣置屬犍爲郡。	南安縣地。
	南安縣	
平鄉縣初置後省。	南安縣	
	周平羌縣地。 南安縣	
	夾江縣開皇三年置，屬眉山郡。	
	夾江縣武德二年移今治，屬嘉州。 南安縣武德元年復置，屬嘉州，尋屬眉州，五年省。開元七年復置，屬義州，八年省。	
	夾江縣	
	夾江縣屬嘉定府。	犍爲縣大中祥符四年移今治，屬嘉定府。
	夾江縣屬嘉定路。	犍爲縣屬嘉定路。
	夾江縣屬嘉定州。	犍爲縣屬嘉定州。

續表

續表

	榮縣
	南安、江陽二縣地。
武陽縣 周置，兼置沈犀郡。	南安郡 齊置。 南安縣 郡治。
犍爲縣 開皇三年郡廢，改名，屬犍爲郡。 玉津縣 大業十一年置。	
犍爲縣 初屬戎州，改屬嘉州。 玉津縣	榮州 永徽二年移來治，屬劍南道。天寶初改和義郡，乾元初復故。 旭川縣 貞觀元年置，州治。
犍爲縣 玉津縣	榮州 旭川縣
乾德四年省。	榮州 屬潼川路。紹熙中升紹熙府，寶祐後廢。 榮德縣 治平四年改名，寶祐後廢。
	榮州 復置，屬嘉定路。
	榮州 洪武九年降縣，屬嘉定州。

續表

	威遠縣
	犍爲郡資中縣地。
治官縣義熙十一年置，屬犍爲郡。	
周置公井鎮。 治官縣齊徙廢。	
大牢縣開皇十三年置，屬資陽郡。 咨官縣復置，訛「治」爲「咨」。	威遠縣開皇三年置，屬資陽郡。
大牢縣武德六年州治，永徽二年改屬。天寶初改名應靈。 公井縣武德元年改置，兼置榮州。永徽二年州徙，縣屬。 資官縣又訛「咨」爲「資」，屬嘉州。貞觀元年改屬榮州。	威遠縣武德元年屬榮州。
應靈縣 公井縣 資官縣	威遠縣
應靈縣 熙寧四年省入榮德。 資官縣	威遠縣
省。 省。	威遠縣初省，後復置。
	威遠縣洪武十年省入榮縣，十三年復置，屬嘉定府。

	峨邊廳
	南安縣地。
和義縣大業十二年分置。	峨眉縣地。
和義縣屬榮州。	羅目縣地。
和義縣	
乾德五年省。	乾德五年省。
	峨眉縣地。

續表

大清一統志卷四百四

嘉定府一

在四川省治南三百九十里。東西距四百里，南北距二百十里。東至資州内江縣界二百里，西至夷界二百里，南至敘州府宜賓縣界一百六十里，北至眉州青神縣界五十里。東南至宜賓縣界一百六十里，西南至夷界二百十里，東北至資州井研縣界六十里，西北至雅州府名山縣界一百七十五里。自府治至京師六千一百里。

分野

天文井、鬼分野，鶉首之次。

建置沿革

禹貢梁州之域。秦屬蜀郡。漢爲犍爲郡南安縣地。梁末爲青州地。周武帝保定元年，置平羌郡。大成元年，分置嘉州。元和志：以境接漢之漢嘉舊縣爲名。隋開皇初，廢郡。大業二年，州併入眉州，尋置眉山郡。元和志：八年改郡。蓋眉州初治通義，至八年改郡，始徙龍游也。唐武德元年，復曰嘉州。天寶初，改犍爲郡。乾元初，仍曰嘉州，屬劍南道。五代屬蜀。宋初因之。慶元二年，升爲嘉定府。開禧元年，置嘉慶軍，屬成都府路。元至元十三年，置嘉定路總管府，屬四川行省。明洪武四年，仍爲嘉定府。九年，降爲州，屬四川布政使司。本朝初因之。雍正十二年，復升爲府，屬四川省。嘉慶十三年，置峨邊廳屬之，領縣七、廳一。

樂山縣。附郭。東西距一百三十里，南北距一百三十里。東至榮縣界八十里，西至峨眉縣界五十里，南至犍爲縣界八十里，北至眉州青神縣界五十里。東南至犍爲縣界六十里，西南至敘州府屏山縣界一百六十里，東北至青神縣界三十里，西北至夾江縣界四十里。漢犍爲郡南安縣地。周保定元年，置平羌縣，爲平羌郡治。隋開皇三年，改曰峨眉。九年，改名青衣。十年，又改曰龍游，爲嘉州治。大業二年州廢，屬眉州。後復爲眉山郡治。唐爲嘉州治。宋宣和元年，改曰嘉祥。後復曰龍游，爲嘉定府治。元爲嘉定路治。明洪武九年，省縣入州。本朝雍正十二年，復置樂山縣，爲嘉定府治。

峨眉縣。在府西七十里。東西距一百六十里，南北距一百二十里。東至樂山縣界二十里，西至雅州府清溪縣夷界一百四十里，山箐不通大道，南至夷界一百里，北至夾江縣界二十里。東南至犍爲縣界五十里〔一〕，西南至峨邊廳界一百二十里，東北至夾江縣界四十里，西北至洪雅縣界四十里。漢南安縣地。周平羌縣地。隋開皇初爲峨眉縣地，尋爲青衣縣地。十三年，別置峨眉縣，屬眉山郡。唐、宋屬嘉州。元屬嘉定路。明屬嘉定州。本朝雍正十二年，屬嘉定府。

洪雅縣。在府西北一百三十里。東西距七十五里，南北距八十里。東至眉州丹稜縣界十五里，西至雅州府雅安縣界六十里，南至夾江縣界三十里，北至丹稜縣界五十里。東南至夾江縣界二十五里，西南至雅州府榮經縣界一百二十里，東北至丹稜縣界三十里，西北至雅州府名山縣界四十五里。漢南安縣地。周置洪雅鎮。隋開皇十三年，分置洪雅縣，屬眉山郡。唐武德九年，於縣置犍州。貞觀元年州廢，屬眉州。開元七年，復於縣置義州。八年，州廢，仍屬眉州。宋初因之。淳化四年，改屬嘉州。元至元二十年，省入夾江縣。明成化十八年復置，屬嘉定州。本朝雍正十二年，屬嘉定府。

夾江縣。在府西北八十里。東西距四十里，南北距六十里。東至眉州界二十里，西至峩眉縣界二十里，南至樂山縣界四十里，北至眉州丹稜縣界二十里。東南至樂山縣界八十里，西南至峩眉縣界三十里，東北至眉州青神縣界三十里，西北至洪雅縣界三十里。漢置南安縣，屬犍爲郡。後漢及晉、宋、齊皆因之。後廢。周爲平羌縣地。隋開皇三年，分置夾江縣，屬眉山郡。唐屬嘉州。宋屬嘉定府。元屬嘉定路。明屬嘉定州。本朝雍正十二年，屬嘉定府。

犍爲縣。在府東南一百二十里。東西距一百十里，南北距一百二十里。東至榮縣界六十里，西至敘州府屏山縣界五十里，南至敘州府宜賓縣界六十里，北至樂山縣界六十里。東南至宜賓縣界四十里，西南至屏山縣沐川司界六十里，東北至榮縣界六十里，西北至樂山縣界六十里。漢南安縣地。周置沈犀郡，并置武陽縣。隋開皇三年，郡廢，改縣曰犍爲，屬犍爲郡。唐初屬戎州。上元二年，改屬嘉州。宋屬嘉定府。元屬嘉定路。明屬嘉定州。本朝雍正十二年，屬嘉定府。

榮縣。在府東一百五十里。東西距一百二十里，南北距一百七十里。東至威遠縣界四十里，西至樂山縣界八十里，南至敘州府宜賓縣界一百四十里，北至威遠縣界三十里。東南至敘州府富順縣界九十里，西南至犍爲縣界六十里，東北至資州界九十里，西北至資州井研縣界六十里。漢犍爲郡南安、江陽二縣地。隋開皇十三年，置大牢縣，屬資陽郡。唐武德元年，分置公井縣，兼置榮州。六年，徙州治大牢。貞觀元年，又分置旭川縣屬之。永徽二年，移榮州治旭川。天寶初，改和義郡。乾元初，復曰榮州，屬劒南道。宋分屬潼川路。治平四年，改旭川縣曰榮德。紹熙中，升爲紹熙府。寶祐後廢。元末復置榮州，屬嘉定路。明洪武九年，降州爲榮縣，屬嘉定州。本朝雍正十二年，屬嘉定府。

威遠縣。在府東二百六十里。東西距六十里，南北距六十里。東至敘州府富順縣界三十里，西至榮縣界三十里，南至榮縣界四十里，北至資州界二十里。東南至富順縣界三十里，西南至榮縣界四十里，東北至資州内江縣界六十里，西北至資州井研縣界二十里。漢犍爲郡資中縣地。隋開皇三年，置威遠戍，後改戍爲縣，屬資陽郡。唐武德元年，改屬榮州。宋因之。元初省，後復置。明洪武十年，省入榮縣。十三年，復置，屬嘉定州。本朝康熙六年，併入榮縣。雍正六年，復置，屬嘉定州。雍正十二年，屬嘉定府。

峩邊廳。在府西二百六十里。東西距二百里，南北距二百四十八里。東至赤夷界六十里，西至雅州府清溪縣界一百四十里，南至赤夷界八里，北至峩眉縣界二百四十里。東南至敘州府馬邊廳界一百八十里，西南至寧遠府夷地界五十里，東北至樂山縣界一百三十里，西北至清溪縣夷地界一百里。漢南安縣地。隋初爲峩眉縣地。唐分置沐州及羅目、綏山、樂都三縣，廳即羅目舊縣也。沐州及樂都尋廢。宋初又省羅目、綏山入峩眉。元因之。本朝乾隆五十五年，設主簿分駐。嘉慶十三年，改設通判，屬嘉定府。

形勢

西有熊耳，南有峩眉，東接江陽，南接朱提。華陽國志。背負三峩，襟帶三江。宋鮮于繪議道堂記〔二〕。水陸要衝，山川冠冕。舊州志。

風俗

人士俊乂。華陽國志。州民與夷獠錯居。華人其風尚侈，其俗尚文；夷人椎髻跣足，短衣左祗，酷信鬼神，以竹木爲樓居。寰宇記。地靈人秀。議道堂記。民良俗樸。元志。民勤稼穡，不好争訟。州志。

城池

嘉定府城。周十一里有奇，門十。北倚山，東南臨江。宋開禧中建。明正德十三年，始於東、南二面築石隄，深厚皆八尺餘，以捍江水。嘉靖二年，增築西北隅。本朝康熙四年修，乾隆十四年、嘉慶九年重修。樂山縣附郭。

峩眉縣城。周八里，門六，外環以池。舊土築，明正德中甃石。本朝康熙三年修，雍正九年、乾隆二十五年重修。

洪雅縣城。周五里八分，門六，外環以池。明成化中築，正德八年甃石。本朝康熙三年修，雍正七年、嘉慶三年重修。

夾江縣城。周五里，門五。西南倚青衣水支流，東北即八堰之水，環城而下，因以爲池。明正德中建。本朝康熙三年修，乾隆三十五年重修。

犍爲縣城。周四里四分，門九，池廣五尺。明正德中建。本朝康熙二十五年修，乾隆三十一年、嘉慶元年重修。

榮縣城。周五里五分，門五。明成化中建。本朝乾隆二十年、四十四年、嘉慶二年屢修。

威遠縣城。周二里有奇，門四。明正德初建。本朝雍正八年修，乾隆三十五年重修。

峩邊廳城。周一里，門二。本朝乾隆五十五年築。

學校

嘉定府學。在府治西高標山麓。舊爲州學。明天順八年建。本朝康熙五年修，雍正十二年改爲府學。入學額數十五名。

樂山縣學。未建。本朝乾隆六年設，附嘉定府學。入學額數十六名。

峩眉縣學。在縣治南。宋慶曆初建。本朝康熙四年遷於縣北門外，雍正十年復還今所。入學額數八名。

洪雅縣學。在縣治東。明成化十九年建。本朝康熙三年修，雍正十一年、乾隆四十五年重修。入學額數十二名。

夾江縣學。在縣治東南。明洪武中建。本朝康熙十一年修，乾隆三十三年重修。入學額數十二名。

犍爲縣學。在縣治南。宋大中祥符中建。明萬曆間遷於南城外一里，尋復還舊址。本朝康熙九年重建，乾隆三年修。入學額數十二名。舊額八名，乾隆四十三年增四名。

榮縣學。在縣治東。明洪武六年建。本朝康熙二十三年重建，乾隆十九年修，五十二年重修。入學額數六名。

威遠縣學。在縣治西。明成化中建。本朝康熙六年裁併榮縣學，雍正八年重建，乾隆十六年修，嘉慶十八年重修。入學額數六名。

九峯書院。在府城内高望山。明嘉靖中建。本朝康熙初修，嘉慶七年重修。

東巖書院。在樂山縣城内。舊名九龍書院，在州治東北。本朝乾隆初建，嘉慶元年遷建，改今名。

東坡書院。在欒山縣東北五里。明正統十三年建。

峩山書院。在峩眉縣治西北。舊在南門外，本朝乾隆四十二年建，四十六年遷建今所。

修文書院。在洪雅縣東。舊爲雅江書院，在城外，明天啓中建。本朝康熙四十九年修，雍正三年重修，乾隆五十二年遷建今所，改今名。

溈江書院。在夾江縣治南。舊名平川書院，明建。本朝乾隆三十三年重建，改今名。

印清書院。在犍爲縣西北隅。舊名五龍書院，明建。本朝乾隆十五年重建，改名龍池。四十二年修，改今名。

鳳鳴書院。在滎縣城内鳳鳴山。本朝康熙四十九年建，乾隆十七年修。

青峯書院。在威遠縣城内。本朝乾隆三十六年建。

威遠義學。在威遠縣城内。本朝乾隆十五年建，嘉慶十八年修。　按：舊志載同人書院，在府城内，宋高定子建。探源書院，在夾江縣西五里依鳳寺左。一崖書院，在夾江縣北五里千佛巖上，明宿進讀書處。子雲書院，在犍爲縣南二十五里，宋邵伯温故宅。今並廢，謹附記。

户口

原額人丁一萬四百五，今滋生男婦共二百六萬五千四百二十一名口，計四十三萬八千七百二十一户。

田賦

田地一萬五千一百七十六頃八十五畝九分有奇，額徵地丁正、雜銀四萬五千四百九十五兩六錢五分八釐五毫。又松坪猓夷下地四十九頃四十二畝有奇，額徵地丁正、雜銀四十四兩四錢八分五釐二毫。嶺夷莜糧十二石，折徵銀三兩六錢。赤夷蕎糧二十三石三斗，折徵銀九兩三錢二分。

山川

高標山。在府城内。方輿勝覽：高標山，一名高望，乃府之主山，巋然高峙，萬象在前。舊志：在府城内西隅。左爲龍頭山，右爲玉鳳山。

九頂山。在樂山縣東。方輿勝覽：有九峯，曰集鳳、棲鸞、靈寶、就日、丹霞、祝融、擁翠、望雲、兑説，下有淩雲寺。唐開元中，僧海通於瀆江、沫水、濛水三江之會，悍流怒浪之濱，鑿山爲彌勒大像，高三百三十尺，建七層閣以覆之。至韋臯時，積十五年而工始備。舊志：一名淩雲山，在州東二里隔江。其右爲東山，一名聖岡山，屏列江上。又名榜山。

烏尤山。在樂山縣東。寰宇記：青衣山，在平羌縣南十里，導江、沫水、平羌水會於山下。方輿勝覽：烏尤山，在九頂之左，舊名離崔山。突然水中，如犀牛然。一名烏牛山。山谷始謂之烏尤。舊志：烏尤即青衣山，距州五里，關鎖水口，令折而東去。

三龜山。在欒山縣東十里。明統志：其形如龜而首亦具，當中一龜，循其趾而上，灣環有九洞。舊志：在東山之右。龜分上、中、下，自南而北。

四峯山。在欒山縣東十里。山如連珠者四，極高。其第三峯之腰有洞，外石笋三，高數丈。洞下有清泉，歲旱不涸。

馬落山。在欒山縣東十里。又青泉鋪南三里有尖山，其形高鋭，亦名東尖，與西尖對峙。

石犀山。在欒山縣東十五里。有巨石如犀狀。

協氣山。在欒山縣東二十里。俗名歇氣，以山勢高峻，必歇息而後可登。走麻坪路，達井研，尤捷。

馬鞍山。在欒山縣東南七里烏尤之左，臨水。山腰有古柏，倒生石罅中，最奇。

紅巖山。在欒山縣東南十五里馬鞍山之下，接犍爲縣界。山色正赤。産鹽，商竈叢焉。

金燈山。在欒山縣西南五里。方輿勝覽：即至欒山。其趾有淵，每歲人日郡守於此修油卜故事，謂以油灑水面，觀其紋，驗一歲之豐歉。舊志：在州西南五里，淵今塞。

揚雄山。在欒山縣西。方輿勝覽：有洞深邃，子雲隱居於此。又有海棠山，上多植海棠，爲郡守宴賞之地。舊志：皆在州西一里。

古像山〔三〕。在欒山縣西。方輿勝覽：有石鐫彌勒，如淩雲像而小。或謂初作以爲大佛之式。舊志：在州西二里。

茶山。在欒山縣西五里，與外城相望，勢長而平如案。舊産茶，今無。相近爲落都山。

梨花山。在欒山縣西。方輿勝覽：過西津橋五里。明統志：在州西七里。舊植梨花數百株，昔有人寒疾，藥不能療，取梨食之即愈。

官帽山。在樂山縣西十里。以形似名。

尖山。在樂山縣西十五里，與東尖對峙。雅水流其下。

蘇稽山。在樂山縣西二十里，過尖山渡。相傳因蘇頲謫蜀，稽留於此，故名。蘇氏入蜀始此。

玉屏山。在樂山縣西三十里。壁立如屏，高可百丈。下爲鹽泉鎮，沫水經焉。

五峯山。在樂山縣西四十里。五峯突兀，與綏山對峙。又名五高山。

白佛山。在樂山縣西北。有石龕，鐫三像，自成白色，刮去旋復本色，因名。

白崖山。在樂山縣北十里。上有清風、白雲、朝霧三洞。

雲頭山。在樂山縣北二十里。一名石牛山。竹溪出此。

錦江山。在樂山縣北四十里。方輿勝覽：江自成都經此山下，因名。舊志：在州北三十里，最高。其北爲三峽山，上峽曰犂頭，中曰背峩，下曰平羌。杜甫詩「外江三峽且相接」，即此。

九龍山。在樂山縣東北。明統志：臨大江之左。石崖上舊刻九龍形。舊志：在東山之右，臨江。距州治四里。有龍泓水出焉。

卓望山。在樂山縣東北三十里。相傳卓王孫葬此。

羅蒙山。在峩眉縣南。寰宇記：在羅目舊縣北三里。俗訛爲羅目山。舊志：在縣南三十里。

隴定山。在峩眉縣南。寰宇記：在羅目縣東南七里。神仙傳云：宿山圖，隴西人也，採藥於此，服之羽化。舊志：在峩眉縣南七十里。

峩眉山。在峩眉縣南。有大峩、中峩、小峩三山。左思蜀都賦：抗峩眉之重阻。華陽國志：南安縣南有峩眉山，去縣八十里。水經注：益州記云，峩眉山去成都千里，然秋日清澄，望見兩山相峙如峩眉焉。元和志：峩眉大山，在峩眉縣西七里。此山有洞天石室，高七十六里。又中峩山，在縣東南二十里。有古穴，初纔容人，行數里漸寬。有鍾乳穴，穴有蝙蝠，其大如筐。又有小峩眉山，在綏山縣南六里。寰宇記：峩眉，張華博物志以爲牙門山。又小峩山，在羅目縣南十里，峩眉之亞者。方輿勝覽：大峩山，在峩眉縣西南百里，周千里。有石龕一百十二，大洞十二，小洞二十八，南北有臺。又中峩山，在縣南二十里。一名覆蓬山，又名綏山。又小峩山，在縣南三十里。一名鏵刃山，與中峩、大峩相連。是爲三峩〔四〕。峩眉山志：大峩山，在縣西南五十里，高一百二十里。二峩山，在縣南三十里，高減大峩之半。三峩山，在縣東南四十里，高又減二峩之半。范成大峩眉紀行：自縣出西門登山，過慈福、普安二院、白水莊、蜀村店，十二里至龍神堂，小憩華嚴院。過青竹橋、峩眉新觀，至中峯院，有普賢閣，回環數十峯繞之。背倚白崖峯，右傍最高峻者曰呼應峯。茂貞尊者與孫思邈相呼應於此。出院過樟木、牛心二嶺，及牛心院，至雙溪橋，有兩山相對，各有一溪出焉，並流至橋下，入岑蔚中，可數十步，合爲一，投大壑，散爲溪灘，名寶現溪。自是登危磴，過菩薩閣。當道榜曰「天下大峩山」。遂至白水普賢寺。自縣至此，皆峻阪四十餘里，然始是峯頂之山脚耳。自此至峯頂光相寺，其高六十里，大約去平地不下百里。絶無蹊磴，斫木作長梯，釘巖壁間，緣之而上，意天下登山險峻無踰此者。自白水寺過點心山，過茅亭嘴、石子霤、大小深坑、駱駝嶺、簇店，又過峯門、羅漢店、大小扶舁、錯喜歡、木皮里、猢猻梯、雷洞坪，又過新店、八十四盤，自娑羅坪過思佛亭、軟草坪、洗脚溪，至峯頂光相寺，板屋數十間。初登山衣暑綌，漸高漸寒，至峯頂則須挾纊擁鑪。有泉煮米不成飯，俱碎如沙粒，蓋萬古冰霜之汁也。又登天仙橋，至光明巖，有小殿，以木皮蓋之。易以瓦，爲霜雪所薄，一年輒碎云。輿地紀勝：自峩眉縣勝峯門出，歷石魚橋，山門路，黑水、白水莊，彼岸橋，天公龍神堂，妙峯閣，亂石溪，游仙橋，千人洞，清風峽，至華嚴寺，恰十五里。山有六寺，華嚴在寶巖兩峯之間，居山之前峯。又五里至中峯寺，後改乾明寺。前後有八峯環之。又五里至延福寺。有孫思邈故宅、青蓮峯、白雲峽，最爲寺中之勝。又十里至普賢寺，又上至華藏寺、光相寺，山徑如綫者六十里。舊志：自縣南門外勝峯橋前真境樓、聖積寺，踰普庵橋前龍神堂，歷涼風橋、解脱橋，上解脱坡，至華嚴寺。蜀獻王改歸雲寺。華嚴南爲玉女峯〔五〕。華嚴坪山麓，即羅目縣舊基。有猪肝、爛柯二洞，又有龍池。北五里爲龍門觀，下即龍門山。由華嚴西上爲槽木坪，爲五十三步，有馬鞍山、響水橋、大峩石。下有玉液泉，泉西爲呼應堂。又上至中峯寺，獻王改集雲寺。前爲三望橋、三望坡，下坡即雙峽雙溪橋，度橋而南，泝流三里許爲牛心寺，獻王改卧雲寺。左孫仙洞，右羅漢洞。由橋上有象牙坡、白雲洞、四會亭，自亭西上至白水寺。又上至頂心坡，有回龍山，南爲小雲、大雲二壑，舊名大、小深坑。有長老坪、鷲店。自店又上九嶺岡，爲蛇倒退、猢猻梯、錯喜歡、木皮店、梅子坡、雷洞坪。又上爲八十四盤、歡喜坪、娑羅坪、天門石、天仙橋，至光相寺，有七寶、覩光二臺，俗名峯頂，俯瞰大江如綫，瓦屋、曬經、雪山、青城，歷歷可數。

綏山。在峩眉縣西南。列仙傳：綏山多桃。在峩眉山之西南，高無極也。諺云，得綏山一桃，雖不得仙，亦足以豪。元和志：在綏山縣西南二百十九里。按：明統志以中峩爲綏山，誤。

龍門山。在峩眉縣西十里。兩崖陡峭，仰觀青天，僅露一綫。上有洞，可容百人。對山瀑布飛泉，直下百餘丈，潴爲深潭。范成大嘗遊此，以爲天下峽泉第一。

鳳臺山。在龍門山之側。

花山。在峩眉縣西北十里。山形有稜瓣如花，故名。産茶。

福寶山。在洪雅縣東四里。又東一里爲八峯山。

廣福山。在洪雅縣東二十里。一名蓮花峯。

金釜山。在洪雅縣東南二十五里。寰宇記：下臨平羌江。相傳昔有主簿於此鍊金丹，故名。亦名主簿山。舊志：山有靈泉。

隱蒙山。在洪雅縣南一里。明統志：晉處士龐居正字隱蒙者隱此。

八面山。在洪雅縣南三十里，與峨眉對峙。廣長數十里。山有八面，視之如一。其麓有麓石、白崖、清水、打魚等溪。

雲占山。在洪雅縣南七十里。高出諸峯，四時常有雲氣籠罩。

遜周山。在洪雅縣西南五里。

漏倉山。在洪雅縣西南十里。

銅山。在洪雅縣西南一百里，近雅州府榮經縣界。有銅鑛。

車岡山。在洪雅縣西南一百里。寰宇記：西入盧山郡界，下有車岡川。

瓦屋山。在洪雅縣西南一百二十里。至峯頂山門寺，即榮經縣分界。

七華山。在洪雅縣西二十里。一名天功山。又西有高鳳山、三轉山。

竹箐山。在洪雅縣西六十里。其上多竹，蒙茸茂密。昔人以石甃梯磴盤折而上，嘗置關其巔。

呵叱山。在洪雅縣西七十里。巖石雄峻，瀑布千仞，響撼山谷。

思徑山。在洪雅縣西八十里。山頂與雅州分界。

雷洞山。在洪雅縣西一百二十二里。

修文山。在洪雅縣西北十里。明統志：宋田錫讀書山中，後登第，因名。山之南麓，雅江所注，名曰龍潭。

可慕山。在洪雅縣西北三十九里。元和志：山多材木，公私資之。舊志：今縣西北有總岡山，自名山來，逆折而西，至蔡蒙，横亘百里，諸山皆自此發脈，故名。即可慕山也。

五峯山。在洪雅縣北一里。五峯突兀，縣之主山也。其東爲九勝山，狀如展旗。其西月珠山，前一峯如珠，後一峯如月。又名洞溪山。

丈人山。在夾江縣東十里，地名九盤。上有石，峭拔如人立，左有虎履山，多虎跡，因名。

天馬山。在夾江縣東三十里。山勢高騫。一名馬鞍山。相近者曰伏龜山，岡巒延亘，盤曲有九。

鳳凰山。在夾江縣南十里。岡巒攢列，飛翥如鳳。

中山。在夾江縣西南十五里。

龍鼻山。在夾江縣西南十五里。

雲吟山。在夾江縣西二里。宋魏了翁讀書其上，隸書「雲吟山」三大字刻石，今存。

化成山。在夾江縣西五里，與千佛巖對峙。一名依鳳岡。

平羌山。在夾江縣西十五里。寰宇記：平羌、化山，在夾江縣西十里。圖經云，天下二十四化，此其一也。道士常正一得道此山。明統志：平羌山在縣西十五里。後周置郡縣，以此山名。又化山，在縣西三十里，峯巒秀麗，俯臨雅江。

簾鈎山。在夾江縣西北五里。兩山夾江，狀如簾鈎。

黑虎山。在夾江縣西北十里。縣之後鎮也。

大觀山。在夾江縣北五里。一名觀斗山。俯瞰平原，一目百里，爲縣主山。

萬松山。在夾江縣東北三十里。有三峯，一峯居中，兩峯列左右如拱峙，所産多松。

牛僊山。在夾江縣東北三十里。石崖間有牛蹏仙跡。九域志洪雅縣有牛仙山，即此。

黃旗山。在犍爲縣東一里。屹立江左，形如展旗。又東二里有天馬山，雙峯秀麗。相近又有誥軸山。

八墩山。在犍爲縣東七十里。連亘迢遞，八峯高聳。

四望山。在犍爲縣東一百里。高聳雄峙，四望全收。

降馬山。在犍爲縣南十里許。有漢犍爲孝女先絡墓。

犍爲山。在犍爲縣南十五里。即元和志之大鹿門。相近有文筆山。

子雲山。在犍爲縣南二十里。漢揚雄隱居於此。頂有一池，不盈不涸。又有子雲洞。

巖門山。在犍爲縣南四十里。怪石巉巖。宋開禧二年，邑人陳文饒鑿平之，始得安行。

香爐山。在犍爲縣南五十里。

文豹山。在犍爲縣西南一里。起伏蜿蜒。俗呼獅子山。

沈犀山。在犍爲縣西南五里。寰宇記：一名沈犀灘。秦李冰沈犀牛於此，以壓水怪。明統志：在縣南二十里。舊志：山有沈犀洞，上懸赤壁，下湧清泉。宋王叔倫隱此。

大定山。在犍爲縣西一里。壁立環抱，儼若列屏。一名翠屏山。又縣西十五里有牛心山。

西溶三山。在犍爲縣西北五十里，曰底，曰中，曰巔。土細而白，居民作陶，咸取足焉。

舞鳳山。在犍爲縣北二里。形如舞鳳，當入府大路。本朝康熙二十年平吴三桂，營繕土城，軍竈池濠，連絡三墩，爲縣要害。

象鼻山。在犍爲縣北二十里。當入郡通津。又北二十里有笏簡山，山腰突出一石，端拱如笏。

金粟山。在犍爲縣北五十里。山多桂樹。

紅壁山。在犍爲縣北一百里。地産白鹽。

銅山。在犍爲縣北一百五十里。

張綱山。在犍爲縣東北五里。以漢張綱墓在其側，故名。上有拱北洞。

榮黎山。在榮縣東十里。上有龍池，禱雨輒應。亦名舞龍山，與榮德對峙。山腹有龍洞二。名勝志：榮德、榮黎、榮隱，所謂「三榮」也。蜀地多不宜松，榮州之松獨著。

磐石山。在榮縣東十五里。有洞廣百尺。又石鳳山，在縣東三十里。

梧桐山。在榮縣東四十里。山最廣大，俗呼梧桐溝。

野客山。在榮縣東南。元和志：在公井縣南六十里。寰宇記：從公井至犍爲縣界，東南長三百餘里，南北七十里。縣界惟此山最大。

大佛山。在榮縣南一里。中有佛像，高四十七丈，闊十五丈，架殿十層。北麓有真如崖，有龍洞，深廣容數百人。

中和山。在榮縣南一里。屈曲深廣，各容百人。其北爲龍頭山，下百步爲榮門山。

奉真山。在榮縣南三十里，在龍頭山右。前巨池周四里，擁思水經其下。

龜泉山。在榮縣南三十里。有泉。又五保山，在縣南五十里。上有五保鎮。雲峯山，在縣南六十里。沙溪山，在縣南八十里。

天池山。在榮縣南七十里。上有天生池。

鳳棲山。在榮縣西二里。一名望景山。中有鳳棲古洞。

白石山。在榮縣西十里。一名林山。又五里有獨石山。又長山，在縣西四十里。七盤山，在縣西五十里。龍皇山，在縣西六十里。

榮隱山。在榮縣西三十里。一名筠山。山左有石聳如印，又名印山。中有石室。

龍虎山。在榮縣西三十里。縣西境諸山，皆發脈於此。

白崖山。在榮縣西北。元和志：在資官縣西北十里。

華陽山。在榮縣西北五十五里。

五山。在榮縣北。方輿勝覽：榮州北凡五山，以西爲上，州治據其首，州學次之，嘉祐寺又次之，天慶觀又次之，東郭外東嶽祠又次之。州之西北曰鳳鳴山，州之西南曰浮屠巖，相連如畫屏。縣志：清富山在縣城西，爲五山之首。其東爲蓮宇山。又東爲鳳鳴山，爲縣主山。又東爲天慶山，上有天慶觀。又東爲桂林山，山在縣城東。是爲五山，延袤三里。

鐵山。在榮縣北。山從資州仁壽縣來，横亘井、犍、榮、威間數百里。產鐵，蜀漢諸葛武侯取鑄兵器。晉後爲獠所據，周陸騰平鐵山獠是也。元和志：在旭川縣北四十里。寰宇記：在榮州西北一百里資官縣界。從月山縣西來，其山出鐵。

聳雲山。在榮縣北二里。下有玉泉。又石門山，在縣北十五里。

金城山。在榮縣北二十里。三峯環繞如垣。產苦竹。

榮德山。在榮縣東北，與威遠縣接界。元和志：在旭川縣東北三十五里。榮州取此爲名。寰宇記：在榮州東北四十二里。其山在川谷中，獨拔五百餘丈。中有老君祠，刻石爲像。有小路至山頂，以木爲梯。明統志：一名老君山。中有仙人修道石室二十四所。舊志：山在縣東十五里。一名希夷山。上有宋時山砦，路險，遊人罕到。按：舊志威遠縣有大、小老君山，在縣南五十里，疑即故榮德山。

葛仙山。在威遠縣東五十里。寰宇記：相傳葛仙翁曾遊之地。

印山。在威遠縣南四十里。

龍泉山。在威遠縣西四十里。有泉自山腰流出，四時不竭，可灌民田。

雲臺山。在威遠縣西北三十里。五峯並秀，高插雲霄。

佛頂山。在威遠縣西北四十里。懸崖百尺，上鐫佛像，因名。

兩母山。在威遠縣西北一百三十里。二峯並聳，皆有石室，下垂如乳，因名。

石龍山。在威遠縣北三十里。

中峯山。在威遠縣北一百里。山峯高聳，與資州分界。

平星山。在峩邊廳東六十里。產硝銅。

龍山。在峩邊廳南三十五里。山多雲霧，相傳有龍居之，遇旱以槍礮觸之即雨。

老鷹嘴山。在峩邊廳西南一百里。其峯高聳，迥出諸山之上。

横木山。在峩邊廳西一百四十里。

馬湖山。在峩邊廳北三十里。

郭璞巖。在欒山縣東烏尤山右。蘇轍詩：「云有古郭生，此地苦箋註。區區辨魚蟲，爾雅細分縷。洗硯去殘墨，遍水如墨霧。至今江上魚，頭有遺墨處。」

馬頂巖。在洪雅縣西花溪口。本朝順治九年，滇賊劉文秀竊據洪雅，置寨於此，名曰天生城，踰年始平。

千佛巖。在夾江縣西五里。數峯嶄然，巖石峭拔。有唐人所鐫佛像以千計，因以爲名。西巖瀑布懸流，響振林壑。其下潭中有龍腦石。又有象鼻巖，在縣北五里，與龍腦石相映，插入江濱。

大巖。在犍爲縣北十五里。懸巖百丈，望之聳然。

浮圖巖。在滎縣南。巖後有朝陽洞，廣容千人。

熊耳峽。在欒山縣北。元和志：在平羌縣東北三十里。詳見眉州。

方響洞。在欒山縣儒學前東百步許。水從洞出，甃爲大井，聲若環珮，鏘然有韻。舊名丁東水，黄庭堅改今名。詩云：「古人題作丁東水，自古丁東直到今。我爲更名方響洞，信知山水有清音。」

爛柯洞。在欒山縣北。對江巖上有蘇軾大書「爛柯巖洞」四字。

治易洞。在欒山縣南。程公望寓此註易。蘇洵嘗攜二子過此。

穿洞。在欒山縣西四里官道旁。大洞曲轉，又有小洞，穿透容光，若石牖然。

仙掌洞。在夾江縣西北五里。俗名紫府岡，與千佛巖隔江相對。又龐坡洞，在縣西北三十里，深不可測。

朝峩洞。在犍爲縣北六十里。四望溪石，峭壁凌空，寒潭映月。修真之士，多憩於此。

龍洞。在滎縣東南四里。方輿勝覽：在真如院。巖穴深邃，洞左石壁奇峭，巨柏老蒼。洞之右有十角石。舊經以爲孫登嘯臺，三者皆榮之勝處，爲四川冠，故州郡以爲節序遊宴之地。

雪坡。在洪雅縣南。通鑑：「唐咸通十年，南詔入寇，與官軍相持於大渡河，蠻密分軍開道逾雪坡。」胡三省註：「雪嶺之坡也。」舊志：雪嶺在今洪雅縣東南，接夾江縣界。一名寶子山。坡蓋在其西。

洪椿坪。在峨眉縣西南峨山上。即千佛庵。一名天池峯。本朝康熙四十一年，御賜聯額經部。

雷洞坪。在峨眉縣西南峨山梅子坡。有雷龍居此。本朝康熙四十一年，御賜扁額經部。

通江。在樂山縣城東。自眉州青神縣流入，又東南逕犍爲縣東，又東南入敘州府宜賓縣界。華陽國志：南安縣治青衣江會，有名灘二，曰雷垣，曰鹽溉，李冰所平也。水經注：江水自武陽，又東南經南安縣西，有熊耳峽，漢河平中，山崩地震，江水逆流，懸溉有灘，名壘坻，亦曰鹽溉。又東南至僰道，又江水東至南安爲璧玉津。故左思云東越玉津也。寰宇記：導江水在平羌縣西二十步。又大江，一名汶江，俗名通江，自平羌流入龍游縣界。又導江水在玉津縣西五里。又在犍爲縣東二十步，自玉津縣界經本縣一百三十里，入宜賓縣界。又石羊津，在玉津縣東十里。徼非津，在犍爲縣南二十里。皆渡導江水。舊志：岷江流繞烏尤下，爲三江會流處。中有洲曰黑水尾，舊爲茶商批驗之所。又犍爲縣有蟆頤灘，在縣北十里。流湍峻急，爲行舟患。御史盧雍始鑿平之。又金鷄灘，在縣北三十里。巖門灘，在縣東南三十里，亦湍險。大江自青神縣入州界三十里，合竹溪，又五里至城東會陽江，又七十里至犍爲界，六十里經縣城東，又六十里入宜賓界。

青衣江。在樂山縣西。自雅州府雅安縣流入，經洪雅縣南，又東南經夾江縣西南，又東南經府城西，合大渡河入江，名平羌水，又名洪雅江，即古大渡水也。漢書地理志：青衣縣大渡水，東南至南安入渽。水經注：青衣水，逕平鄉謂之平鄉江，東逕峨眉山，又東流於大江。又云：昔沫水，自蒙山至南安，溷崖水脈漂疾，破害舟船，歷代爲患。李冰發卒鑿平溷崖，通正水路。又南安縣有濛水，即大渡水也。水發蒙漢，東南流與涐水合，又東入江。元和志：青衣水一名平羌水，經洪雅縣南一里，又經夾江縣西，又經龍游縣南，去縣三里。寰宇記：洪雅縣有洪雅川，東西曲屈百三十里，接嘉定州夾江界。又洪雅江，在夾江縣東六十里。

又龍游縣在大江之西，即青衣水合江之所。青衣水濯衣即青，故名。方輿勝覽：青衣水以縣名。一曰蒙水，以山名。一曰大渡，以溪名。又曰雅江，以州名。舊志：青衣江自雅州曲峽而下入洪雅界，合龍溪，又至止戈鎮，與花溪合，又經縣南隱蒙山，又東合洞溪、盧溪入夾江。自隱蒙而西，有龍吟灘、黄豆灘、葫蘆洞、龍鼻嘴。自隱蒙而東，有猪圈門、猴子巖。皆多石梁，爲行舟患。又經夾江縣西南，其分流至城南而注爲潭，土人呼曰縣沱。下流即爲三大堰。繞城而東，又有八小堰，每一里許，築土爲閘，擁水上田。又經觀音灘，入州界二十里，合蘇溪，至州西合大渡河。按：漢志大渡水出青衣，即此水也。水經注以濛水、鮮水並爲大渡水，遂以涐水爲大渡合流，而青衣縣所出止名爲青衣水矣。

陽江。在樂山縣西南。即大渡河。自夷界流入，經峨眉縣南界，又東經縣界至城西南，合青衣水入江。漢書地理志：汶江縣渽水，南至南安東入江。水經注：涐水出徼外，經汶江道南至南安，入大渡水。寰宇記：大渡河，一名沫水，在羅目縣南一百八十步。源自嶲州界來，東入龍游縣界。水出麩金。龍游縣有沫水，自陽山縣流入。方輿勝覽：嘉定府有陽江，蜀南方之水所交會。明統志：陽江在州治西。舊志：大渡河，自黎大所穿野夷界至中鎮，入峨眉縣。土人又名中鎮河。經縣西南百四十里，凡一百二十里入嘉定州界，爲陽江。至州西南合青衣水，又東北流十五里至州東南合岷江。

羅目江。在峨眉縣南。明統志：源出峨眉山麓，右溪自小天池以東，左溪自黄茅坪以北，至羅目廢縣之上，合二溪之委爲江。水石甚奇險。舊志：在峨眉縣南二十里。下流至嘉定州界爲臨江溪，入陽江。

麄石河。在峨眉縣北六里。又雙佛堂河在縣北十五里。合流而東，入青衣江。按：元和志有車岡水，在縣北二十里。寰宇記洪雅縣西南百里車岡山下有車岡川，即此水也。舊志謂與蘇溪合者，誤。

夷惜水。在峨眉縣東南。寰宇記：在羅目縣東北五十里。源出嶲州界。中有嘉魚，每年二月隨水而下，八月逆水而上入穴。

天津水。在峨眉縣南一里。自峨眉山伏虎寺發源，東北流合符文水。

秦水。在峩眉縣西南。寰宇記：在羅目縣西一百二十里。秦惠王伐蜀，移秦人萬家以實蜀中，秦人思秦之涇水，乃呼此水爲涇水。唐天寶六年，改爲秦水。明統志：在峩眉縣西南一百二十里。舊志：源出峩眉山下，流入陽江。

符文水。在峩眉縣北。明統志：源出峩眉山，有二水，北則白水，南則黑水。舊志：黑水經羅目廢縣爲冷水河，白水經縣北爲鐵橋河，同入嘉定大江。舊志：符文水在縣北門外。自峩眉山牛心寺發源，過縣北，合天津水，東南流入嘉定州界，爲蘇溪河。至州西夾尖山下入青衣江，俗名馬跳溪。

濰甘水。在洪雅縣北。寰宇記：源自可慕山谷湧出，逕洪雅縣西北三十里，流入丹稜縣界。

漢水。在犍爲縣東北一百八十里。方輿勝覽：漢成帝時，得古磬十六枚於水濱，故亦名寶磬川。嘉定州志：得磬處即犍爲壩，距州十里。

擁思茫水。在榮縣西。自井研縣流入。寰宇記：擁思水在資官縣西二十里。從陵州建始縣界南流至縣西，又南入宜賓縣界。按輿圖，今自井研古建始地發源者，止有泥溪流至府東，不入宜賓界。寰宇記與今不合。

中江水。在威遠縣。寰宇記：威遠縣有中江水，從內江縣流入縣界五十步，又東流入瀘州富義縣界，通舟楫。按輿圖，今有西牛河，自內江縣西發源，西南流與獻寶等溪合，疑即中江水也。

泥溪。在樂山縣東五里。源出井研縣，西南流入大江。按寰宇記，平羌縣有四望水，在縣東南六十里。源出仁壽縣界，流經縣界入大江。以道里計之，蓋即此水。舊志亦謂泥溪源出仁壽縣，今考輿圖，四望溪在府東南界，泥溪又在其北，本是二水，其源近出井研縣東，亦不在仁壽縣界。

竹溪。在樂山縣北三里。環溪多竹，故名。俗名竹公溪。源出雲頭山，瀑聲撼兩崖間如雷，下瀦爲龍潭，流入山谷，凡九折而始東入江。故上流名九溪。

花溪。在洪雅縣西南六十里。源出滎經縣界，東北流至縣西十五里，入青衣江，曰花溪口。

龍溪。在洪雅縣西六十里。有二源，左爲大龍溪，右爲小龍溪，盤曲回抱，如游龍然，合流東北入青衣江。

洞溪。在洪雅縣北。源出月珠山後流杯池，東南流，繞縣城東南入青衣江。

湶河溪。在洪雅縣東北。源出丹稜縣界黄荆峽，東南流至瀘溪口入青衣江。又有三溪，一出黄荆峽，一出山坪，一出金鷄山，合流東入湶河溪。

龍鼻溪。在夾江縣西南十里。繞龍鼻山而入江，因名。

飛水溪。在夾江縣西十里。狀如素練，一名瀑布泉。又有天水溪，在縣西依鳳岡。岡有天生橋，其橋天成，水出其下，入青衣江。

稚川溪。在夾江縣西三十五里。源出峩眉後麓，東北流三折而入於青衣江。一名至川溪。按輿圖名川溪河，近洪雅之南，與夾江稍遠。

清水溪。在犍爲縣南二十里。源出敘州府屏山縣界，東流至孝女渡入江，曰清溪口。又有百枝溪，在縣南三十里，兩山皆松，柴薪多出於此。

沐溪。在犍爲縣南五十里。源出屏山縣沐川司界，東流入江。唐咸通中，南詔蠻自雪坡奄至沐源川，尋陷犍爲，即此。又有龍溪，在縣東南六十里，亦東流入江。

四望溪。在犍爲縣東北七十里。源出三江鎮，下與岷江合。按輿圖，此水有三派，合流而西入大江。

榮溪。在榮縣東。自仁壽縣流入，又東南流入富順縣界。方輿勝覽：有雙溪在城北，一從西來，其水濁，一從東來，其水清，合城下。舊志：榮溪一名榮川，自仁壽縣流入，又東南與雙溪合，流入富順。按輿圖，今榮縣城東西有二水夾流，至城南合爲一，曰中溪河，東南經威遠縣界，與獻寶溪合，又東入富順縣界。

大牢溪。在榮縣西。元和志：源出旭川縣北鐵山下，南流經縣北。又隋大牢縣，因溪爲名。寰宇記：大牢溪，一名賴溪。舊志：今有長山河，在縣西四十里，疑即大牢溪。

獻寶溪。在威遠縣東。寰宇記：威遠縣有獨孤水，自建始縣流入，又南流過公井縣，出富順縣界。舊志：獻寶溪在縣西北四十里。其源一出仁壽縣界羅泉山下，一出兩母山下，合流而東南，至富順注於金川。省志：獻寶溪，一名硫黃川，自山谷中發源，流二十里合龍會河。其龍會河一名秦川溪，源出佛頂山，南流至縣東，合獻寶溪。又二十里入富順界。按輿圖，水發源縣西北者曰富家河，發源縣北者曰跳石河、黨木溪，次第會流，經縣北而東，有龍會河，自東北發源，至縣東南合焉。又南合榮縣之榮溪，入富順界。

大西湖。在樂山縣瞻峩門外，與大江隔一隄。周環皆山，方二十畝，水平如鏡。其西二百步又有小西湖，大僅大湖三分之一。

浣龍池。在樂山縣東三十里。周六百餘丈，灌田數百畝。相近有天生泉，旱禱輒應。

龍池。在峩眉縣西南。寰宇記：峩眉山下有池，廣袤十里，號龍池。明統志：在縣西南四十里。又有馬龍池，在縣西六七里。

八音池。在峩眉縣西南峩眉山黑水寺下。以其中蛙鳴次第合律而名。

鴛鴦池。在洪雅縣西二十里。有上洞、下洞。水自龍沱發源，去洞十里。

海棠池。在夾江縣東三十里。亢旱不涸。

石犀池。在犍爲縣北。寰宇記：在玉津縣東南三十里鐵山下。北壁有洞穴，有大石狀如犀牛。

鶴洲。在夾江縣，近江濱。明統志：張方開新河以殺水勢，正由於此洲。虞允文子方簡卜居於此，有花竹之勝。魏了翁書扁，題咏甚多。

東巖泉。在樂山縣城東。明統志：泉宜釀酒。宋蘇軾詩：「一時付與東巖酒。」

浣紗泉。在洪雅縣南五里。

珮玉泉。在夾江縣北五里古涇口之上。從巖間飛瀑而下，入於江。

鹽井。在樂山、犍爲、榮縣、威遠四縣境。元和志：榮州旭川縣，因縣有鹽井號旭井，故名。又公井縣有太公井及鹽井十所。應靈縣有鹽井四所。威遠縣有鹽井七所。和義縣有鹽井五所。通志：今嘉定州鹽井，上井二十八眼，中井四十二眼，下井五百四十四眼。犍爲縣上井四十六眼，中井一百一眼，下井五百二十五眼。榮縣中井六眼，下井十一眼。威遠縣鹽井一眼。

校勘記

〔一〕東南至犍爲縣界五十里　「里」，原脱，據乾隆志卷三〇七嘉定府建置沿革（下同卷簡稱乾隆志）及本志書例補。

〔二〕宋鮮于繪議道堂記　「鮮」原脱，「繪」原作「檜」，「議」原作「義」，據乾隆志、方輿勝覽卷五二嘉定府、明一統志卷七二嘉定州補改。

〔三〕古像山　「古」，乾隆志、雍正四川通志卷二五山川嘉定州作「石」。

〔四〕是爲三峩　「爲」，原作「以」，據乾隆志改。

〔五〕華嚴南爲玉女峯　「爲」，原脱，據乾隆志補。

大清一統志卷四百五

嘉定府二

古蹟

龍游故城。在樂山縣治。元和志：龍游縣，本漢南安縣地。周武帝保定元年，於此置平羌縣。隋開皇三年，改爲峩眉縣。九年，又於峩眉山下別置峩眉縣，改州理縣爲青衣縣，取青衣水爲名也。十三年，改名龍游，以隋將伐陳，理舟艦於此，有龍見江水，引軍而前行，故以名縣。寰宇記校勘：按隋志龍游縣，後周置曰峩眉，又置平羌郡平羌縣。考元和志，則龍游縣後周爲平羌，隋改峩眉，更別置平羌，尋又別置峩眉，復以龍游爲青衣。至平陳，乃更今名耳。隋志誤。

峩眉故城。即今峩眉縣治。元和志：縣東至嘉州七十五里。本漢南安縣地。隋改平羌爲峩眉縣，又以爲青衣縣，乃別立峩眉縣，枕峩眉山東麓，故以爲名。寰宇記：縣在南安之下，峩眉之東。唐乾元三年，獠叛，移就峩眉觀東，今縣理是也。

洪雅故城。在今洪雅縣西。元和志：縣東北至眉州一百二十里。本齊樂郡之南境。自晉迄宋，獠有其地。周武帝攘卻夷獠，始立洪雅鎮。開皇十三年，改洪雅爲丹稜縣，更於此置洪雅縣，兼帶洪雅鎮，屬眉州。縣西有洪雅川，故以名縣。宋史地理志：洪雅縣，淳化四年自眉州隸於嘉州。九域志：在嘉州西北一百三十里。舊志：有故城在今縣西四十五里。

嚴道故城。在洪雅縣西思經山下。其遺趾尚存，詳見雅州府滎經縣。

夾江故城。在今夾江縣北。元和志：縣東南至嘉州七十五里。本漢南安縣地。開皇十三年，割平羌、龍游二縣地，於夾江廢戍置夾江縣，屬嘉州。大業二年，割屬眉州。武德元年，隸嘉州。舊唐書地理志：隋於涇上置夾江。今縣北八十里有夾江廢戍，即涇上地也。武德元年，移於今治。寰宇記：縣初置於涇上，臨江水，故號夾江。唐移今理，在涇水之東，平羌水西。南對峩眉，北連象耳。舊志：古涇口在縣西北五里。昔秦惠王徙秦人於南安，思涇水不得，飲此水似之，故名。石壁上有「古涇口」三大字。按：涇口去縣五里，則涇上當亦相近。舊唐書地理志云八十里，疑有誤。又按：元和志青衣水在縣西，與今合。寰宇記謂在平羌水西，與元和志異。

犍爲故城。在今犍爲縣東南。元和志：縣西北至嘉州一百五十六里。本漢南安縣地。周於此置沈犀郡，並置武陽縣。開皇三年，廢郡，以縣屬戎州。又改武陽爲犍爲。前上元二年，割屬嘉州。寰宇記：縣在州東南一百二十里。舊志：大鹿山下武陽故城，晉天福元年，獠叛，移於江西岸，南臨大江。宋史地理志：大中祥符四年，徙治懲非鎮。縣志：宋徙治玉津鎮，明初復還故治。

沈犀故城。在犍爲縣。元和志：在縣東南三里。寰宇記：周保定三年，於沈犀山下立沈犀郡。舊志：在今縣東南一十五里，即周沈犀郡也。

旭川故城。在榮縣治。元和志：本漢南安縣地。貞觀元年置，因縣地有旭井，故取以名縣。唐書地理志：永徽二年，榮州移治旭川。宋史地理志：治平四年，改名榮德。寶祐後廢。

南安廢郡。在榮縣西。齊書州郡志：益州南安郡，見永元三年志。治南安縣。寰宇記：榮州，齊於此立南安郡，隋初廢。舊志：古南安縣，在今縣西五十里賴牟鎮。有古碑存。

平羌廢縣。在樂山縣北四十里。隋書地理志：眉山郡平羌，後周置，並置平羌郡。開皇初，郡廢。元和志：縣南至嘉州十八里。本漢南安縣地。周武帝置平羌縣，因境內平羌水爲名。開皇四年，改周理平羌縣爲峩眉縣，仍於今理東六十里別置平羌縣。大業十一年，夷獠侵没，移於今理。寰宇記：縣在州北三十里。本漢平羌戍，在榮州應靈縣界深谷。周保定元年，置平羌縣，屬平羌郡。隋開皇三年罷郡，以縣屬嘉州。仁壽元年，獠叛。大業七年，移就大江濱。寶曆二年，又移於開峽驛，去舊縣十五里。校勘：周平羌縣，乃今之龍游。今記所謂在榮州應靈縣界深谷者，當是隋别置之平羌〔二〕，非必漢平羌戍舊地也。宋史地理志：熙寧五年，省平羌入龍游。舊志：廢縣在州北四十里，今爲平羌驛。

綏山廢縣。在峨眉縣東南。元和志：縣東至嘉州四十里。本漢南安縣地。大業十一年，招慰生獠，立以爲縣，因山爲名，屬眉山郡。武德元年，割屬嘉州。舊唐書地理志：久視元年，析綏山置樂都縣，尋省。九域志：宋乾德四年，省綏山縣爲鎮，入峨眉。舊志：在峨眉縣東四十里。

羅目廢縣。在峨眉縣西南。元和志：縣東南至嘉州九十五里。本漢南安縣地。麟德二年，招慰生獠，於今縣西南一百八十三里置沐州及羅目縣。前上元三年，州縣俱廢。儀鳳三年重置，屬嘉州。羅目，獠中山名，因以名縣。舊唐書地理志：縣初治沲和城。如意元年，又自峨眉縣界移治今所。九域志：宋乾德四年，省羅目爲鎮，入峨眉。舊志：羅目廢縣，在峨眉縣西南九十里。又有羅目街，在縣南二十里。按：縣治在大渡河濱，元和志「東南」當作「東北」。寰宇記謂縣初在州西南二百七十里，僞蜀明德三年，獠亂，移於今所，與元和志不合，當從元和志。又九域志謂乾德四年省，而寰宇記羅目與諸縣並列，下注云「乾德四年省綏山縣入焉」，疑此縣是太平興國後所廢也。

平鄉廢縣。在洪雅縣界。水經注：青衣水東經開邦縣，故平鄉也。晉初置，後省。唐書地理志：洪雅縣，開元七年置義州，並以獠户置平鄉、南安二縣。八年，州廢，省二縣。

南安廢縣。在夾江縣西北。漢高帝封功臣宣虎爲邑侯。後爲縣，屬犍爲郡。宋、齊後廢。唐武德元年，嘉州復領南安縣。二年，改屬眉州。開元七年，又以獠户置屬義州。八年省。今爲南安鎮，在縣西北二十里。

玉津廢縣。在犍爲縣北。左思蜀都賦：東越玉津。元和志：縣西至嘉州三十九里。本漢南安縣地。李雄時，夷獠自牂犍入居焉。大業十一年，於此置玉津縣，以江有璧玉津故名。玉津鎮在城中。寰宇記：縣在州東南三十里。九域志：乾德四年，省爲鎮，入犍爲。舊志：今有犍爲壩，在縣北九十里。一名龍池壩。即古玉津縣治。

公井廢縣。在榮縣東南。元和志：縣西北至榮州九十里。本漢江陽縣地。周武帝於此置公井鎮，以大公鹽井爲名。隋因之。武德元年，於鎮置榮州，因改鎮爲縣。舊唐書地理志：貞觀六年，榮州自公井移治大牢。宋史地理志：熙寧四年，省公井爲鎮，入榮德。

應靈廢縣。在榮縣西南。隋置曰大牢，屬資陽郡。唐改名，屬榮州。宋因之。元省。元和志：縣東北至榮州一百五十里。本漢南安縣地。開皇十年，於此置大牢鎮。十三年，改鎮爲縣，縣界有大牢溪，因取爲名。天寶元年，改爲應靈。

資官廢縣。在榮縣西。宋書州郡志：犍爲郡領治官縣。晉安帝義熙十年置。南齊書州郡志：犍爲郡治官。元和志：資官縣東南至榮州九十里。本漢南安縣地。大業十一年，屬犍爲郡。隋後誤以「治」爲「咨」也。武德元年，屬嘉州。貞觀元年，改屬榮州。舊志：唐以後又皆作資官縣，元省。按：縣自晉置，名曰治官，蓋以縣有鐵山，出鐵置冶而名也。隋譌「治」曰「咨」，咨、治字尚相類。通典、新舊唐書志又誤「咨」爲「資」，則去本字逾遠，賴有元和志之言，始知其沿誤之因。至寰宇記曰「晉義熙中置資官縣，舊作『咨』字誤」，反以元和志爲非，謬甚。

和義廢縣。在威遠縣東北。元和志：縣西南至榮州一百七十里。本漢資中縣地，是資、瀘二州界。隋大業十二年，分置和義縣，以招和夷獠爲名。寰宇記：廢和義縣，本漢資中及後漢漢安縣地，隋大業三年置，唐元和十三年移於舊縣安置，以便水陸貿遷之宜。從東川節度使李逢吉之請也。乾德五年，廢入威遠縣。

紫雲城。在犍爲縣東南十五里。亦曰子雲城，相傳揚雄曾居此而名。宋寶祐中兵亂，築城置戍於此。今其地爲水月寺。

古郊社基。在榮縣南十里。

豐遠監。在府治。九域志：在嘉州北五十步。景德二年置，鑄鐵錢。

明月樓。在府治譙樓之右。輿地紀勝：下瞰明月湖，故名。

枕江樓。在府治。輿地紀勝：在憲司廨宇之後，左窺龍泓，右瞰烏尤，瀆江貫其前，高明爽塏，得江左之勝。

萬景樓。在府城東安樂園之上。宣和中太守吕由誠建。輿地紀勝：四望空闊，諸邑邊寨，指顧在目。范成大詩云：「若爲唤得涪翁起，題作西南第一樓。」後太守郭益因榜其上曰「西南第一樓」。

璧津樓。在府城東南隅。輿地紀勝：跨城爲樓，下瞰三江。三峩九頂，森列左右。提刑陳謙建。

荔枝樓。在府城南。宋建。陸游詩云：「山横瓦屋披雲出，水自牂牁裂地來。」

真景樓。在峩眉縣南五里。

横溪樓。在滎縣北雙溪之上。

田錫書堂。在洪雅縣北修文山下。

涪翁亭。在樂山縣東。明統志：在州城東萬景樓前。涪翁，宋太史黄庭堅也。黄然詩云：「清音妙絶東坡老，方響名高太史公。水繞烏尤談笑外，江連洪雅畫圖中。」

清音亭。在樂山縣九頂山上。輿地紀勝：東坡書額。三峩横陳，下瞰大江。亭左有洗墨池，蘇軾所鑿。

競秀亭。在樂山縣西。宋陸游有詩。

太白亭。在樂山縣北錦江山之巔。唐李白於此賦詩，宋黄庭堅因以名亭。

來薰亭。在滎縣治舊土城内。

栗亭。在滎縣南五十里。郡人蔡廉講易於此。

歌鳳臺。在峩眉縣西南峩山神水上。又覩光臺，在峩山絶頂。

嘯臺。在滎縣治東。號孫登嘯臺。

釣魚臺。在滎縣東南十里滎川之濱。

鳳翔臺。在威遠縣西四十里。

二石闕。在樂山縣。寰宇記：龍游縣有二石闕，即漢武帝使唐蒙下夜郎時置。輿地碑目：在州西南舊市鎮上，有「唐李德裕提重兵過此」九字。

關隘

安慶關。在樂山縣東大江東岸，淩雲寺側。

平羌關。在樂山縣北。唐書地理志：平羌縣有平羌關。舊志：白崖山南有廢臨江關，蓋即「平羌」之譌。

嘉禾關。在樂山縣北。又有紫石關，當嘉、眉二州分界處，山石皆赤，因名。

土地關。在峩眉縣西南四十里。

大圍關。在峩眉縣西南八十里。

竹箐關。在洪雅縣西竹箐山，與雅州府接界。宋置關，後廢。明嘉靖二十七年置巡司，今裁。

鐵石關。在夾江縣西千佛巖側，孔道也。下臨江潭，一徑中通，曲折上下，險出天成。明末置關於此。

石馬關。在犍爲縣北三十里。舊置石馬灘巡司，今裁。

四望關。在犍爲縣東北七十里。舊有四望溪口巡司。相近有永通鹽課司、稅課司局，在縣西十里，今皆裁。

牛花溪鹽課司。在犍爲縣北九十里。其地有油花溪，即四望溪之上源。後譌爲「牛花」。與樂山、榮縣、井研皆接界。本朝雍正七年設巡司，乾隆九年改設鹽課大使。

符文鎮。在樂山縣西南五十里。九域志：龍游縣有符文、蘇稽、安國、平羌四鎮。舊志：符文鄉，在州西南五十里。又有安谷鄉，上下二場，在州西十五里，即「安國」之譌也。

止戈鎮。在洪雅縣。九域志：洪雅縣有永安、止戈、隴袁、回鑾、安和五鎮。舊志：止戈鎮在縣西十五里，回鑾鎮在縣東四十里。

弱漹鎮。在夾江縣東南二十里。九域志：夾江縣有弱漹鎮。

徼非鎮。在犍爲縣南。寰宇記：有徼非鎮在縣南二十里，渡導江水。

三江鎮。在犍爲縣東北一百里。即古應靈縣也。

貢井鎮。在榮縣東南七十里。舊爲貢井鹽廠。本朝雍正七年，移縣丞駐此。

新羅鎮。在榮縣東南八十里，近富順縣界。舊設鹽課司於此。又白沙鹽司，在縣東。桐麻鹽司，在縣南四十里。今皆廢。

來蘇鎮。在榮縣南五十里。又賴遠鎮，在縣南七十里。九域志：榮德縣有來蘇、賴遠、公井、水柵四鎮。

賴牟鎮。在榮縣西五十里。俗譌爲「來牟」。九域志：資官縣有石梯、賴牟、永吉三鎮。

峩邊營。在峩邊廳東。相近有冷磧汛、歸化汛，所屬嶺夷十二地，曰豹嶺岡，曰趕山坪、苦竹園，曰荷葉坪、瓜家岡、蔴衣塔，曰牛跌蠻，曰芭蕉溝、象鼻子、龍膽、底子堡，曰龍竹山，曰雪都都，曰小板房、大板房、馬鞍垢、槲栗坪、水子地，曰陰山坪、牛心山，曰月落山，曰鹽井溪，曰桃子溝，俱於本朝嘉慶十三年勦撫投誠，選設頭目，改爲膏、澤、惠、周、華、夏、萬、年、海、宇、咸、平十二姓，所轄夷人名娃子，共四百七十七户，衣氈辮髮，耕種打牲爲業。嘉慶十六年，並改土歸流。又有赤夷十三地，曰膽巴，曰奓雞踈，曰卑雞踈，曰奓哈踈，曰白魁，曰哈納，曰肯扭，曰雅札，曰哈什，曰蜚爪，曰嫣家，曰呆得，曰魁西，俱嘉慶十三年投誠，轄白骨頭娃子數十户，性情風俗與嶺夷同。

蘇稽戍。在樂山縣。元和志：在龍游縣西南三十里。舊志：今爲蘇稽鄉，有三場。

黄角井。在樂山縣東南四十里。舊名四望關，鹽捕通判駐此。

苟王寨。在洪雅縣南八面山崖畔，懸梯而上，昔人避亂於此。

太平堡。在峩眉縣西南一百五十里，與涼山夷接界。明萬曆初猓夷猖獗，嘗增設靖夷堡於縣西南界。後土司歸附，編爲歸化鄉。又收復七盤子等處，建平夷等堡及太平、鎮遠等墩，設主簿一員、武職三員防守。崇禎末，平夷堡陷入蠻界。本朝收復，於縣城設峩邊營游擊。又分置太平堡守備，歸化堡千總，棬木營、牛漩堡二把總，及金口墩、楊村堡、靖遠堡、新建營、瓜蘆營共九隘。皆蠻夷錯雜，爲汛防要地。乾隆五十四年，於太平堡設主簿。嘉慶十三年，改設經歷，並置峩眉廳，移通判分駐。

老筠堡。在榮縣西二十五里。又青岡堡，在縣西三十五里。德翔堡，在縣西五十里。

鹽場。在樂山縣東南十五里紅崖山。

邁東場。在樂山縣西南。九域志：峩眉縣有邁東場。

魚潮場。在洪雅縣東。慈航場，在縣東南二十里。又葫蘆洞場，在縣西十里。

凌雲驛。在樂山縣東。又平羌驛，在縣北四十里荔枝灘上。皆久裁。

沈犀驛。在犍爲縣城東。又三聖驛，在縣北六十里。又六十里達凌雲驛。又下壩驛，在縣南三十里。又南六十里，接敘州府之月波驛。舊皆置水驛，今皆裁。

津梁

魚涪津。在夾江縣西。漢建武十二年，吴漢破公孫述將魏黨於魚涪津。郡國志：南安縣有魚涪津。蜀都賦注：津廣數百步，在縣北三十里，臨大江。舊志：在今縣西三里。

張公橋。在府城北。舊有竹溪橋，地當孔道，久圮。本朝康熙初，參政張能鱗重修，橋北有桓侯祠，因改今名。

雙飛橋。在峩眉縣西南峩山下。深澗阻絶，賴此得渡。

鐵鎖橋。在洪雅縣西南瓦屋山。懸崖飛渡，聯鐵鎖數十丈，覆板僅容足。

十面渡。在夾江縣西北三十里。舊志：通洪雅、雅安、丹稜諸處要津。

孝女渡。在犍爲縣南二十里。昔有女子見父溺水，遂投水中，三日抱父屍出水上，因名。上有孝女祠，今祀後漢叔先雄。

隄堰

楠木堰。在樂山縣西十五里。引陽江水灌田。

張公堰。在樂山縣西二十里。引青衣水灌田。舊名牛特堰，本朝康熙三年參政張能鱗重修，改今名。

永豐堰。在樂山縣北十五里。穿山爲洞，引青衣水灌田。舊志：州境堰凡二十，而引沫水過半，利賴最大。

熊公堰。在峩眉縣北。引黑、白二水灌田。明隆慶初，知縣熊兆祥創。又縣西有文公堰，本朝乾隆三年知縣文曙濬。縣境又有九流、長春、婆羅、皁角、魚洞等四十五堰。

楊村堰。在洪雅縣西。引花溪水灌田。縣東有龍鶴堰，引沫水灌田。縣境又有硝水、九角二堰。

龍興堰。在夾江縣南十里。灌漢川鄉田。本朝康熙四年，知縣劉際亨以水小難周，更於其南五里開渠，民得播種，名曰劉公堰。

向君堰。在夾江縣西南，延袤數里。因江水齧岸，明知縣向某捍之，鍤泥淖中，得白金二篋，資以就隄，故一名白金隄。

大堰。在犍爲縣南一里許。本朝乾隆二十五年，邑人吴鳳翔捐貲修濬。長三十里，灌田四百餘頃。邑令名曰灌萬。

陵墓

漢

二楊墓。在夾江縣南二十里。有石碑二，一曰「漢益州太守楊宗字德仲」，一曰「漢中宫令楊暢字仲普」。今石存而字磨滅。

孝女先絡墓。在犍爲縣南降馬山。

南北朝

梁王墓。在夾江縣北五里。相傳爲梁武帝子。

宋

邵伯温墓。在犍爲縣境。明統志：伯温仕至四川制置司參議，卒葬於此。

王庠墓。在榮縣南二十里。

王夢易墓。在榮縣北四里。

明

楊展墓。在樂山縣城西。

安佑墓。在樂山縣北青竹寺。

彭鏡墓。在樂山縣北一里水兑山之南。

彭汝實墓。在樂山縣北平羌鄉。

張鵬墓。在洪雅縣北九勝山。

宿進墓。在夾江縣南二十五里天馬山。

陳天佑墓。在犍爲縣。天佑夫婦及二女皆明末殉節，初藁葬城西山川壇内，本朝康熙年間，提學陸登榮改葬城南火神祠右。

趙時墓。在犍爲縣西南五里天生橋。

梅應魁墓。在威遠縣梅家橋。

徐文振墓。在威遠縣南中溪河。

祠廟

四諫祠。在府治南。祀明程啓充、徐文華、安磐、彭汝實。

崇仁祠。在府東淩雲山。祀明胡子高。榮縣亦有之。

九龍祠。在府城北。明建，祀隋太守趙昱。

峩山祠。在峩眉縣北。

田公祠。在洪雅縣九勝山。祀宋田錫。

竹王祠。在榮縣東。寰宇記：旭川縣有竹王廟。舊志：祠在縣東河岸。

武安公廟。在榮縣南一里。宋熙寧元年建，祀蜀漢中郎將龐統。有温陵石綆廟記。

寺觀

凌雲寺。在府城東凌雲山。唐開元初建。有雨花臺、兜率宫、近河臺、浮玉亭諸勝。本朝康熙六年修。餘詳見「九頂山」下。

光相寺。在峩眉縣西南大峩山絶頂。方輿勝覽：自白水歷八十四盤，山徑如綫，登躋六十里至寺。即普賢示現之處。寺屋皆以板爲之。舊志：寺舊名普光殿，唐宋時改名光相。明洪武初重修，以鐵爲瓦。又有錫瓦、銅瓦二殿。萬曆中又建滲金銅殿及藏經閣。舊有卧雲庵在閣右。本朝康熙四十一年，並敕賜額聯經部。

萬年寺。在峩眉縣大峩山，即白水寺。晋時建。唐僧慧通精修於此。宋爲白水普賢寺。明萬曆中敕改萬年寺。本朝康熙四年修，敕賜額聯經部。

伏虎寺。在峩眉縣大峩山。宋建。本朝康熙四十一年，敕賜扁額經部。

月珠寺。在洪雅縣北月珠山。寺有明月樓。

毘盧寺。在夾江縣西北二里。唐建。

大佛寺。在犍爲縣東南四十里。唐建。

資聖寺。在犍爲縣西二里。宋紹興中建。

白雀寺。在榮縣南一里。唐建。

菩提寺。在威遠縣治東。宋開寶中賜額。

萬峯寺。在峩邊廳東北七十里。明成化中建。

峩眉觀。在峩眉縣大峩山上。宋政和中建。

名宦

隋

楊武通。華陰人。以左武衛大將軍與周法尚討嘉州叛獠，出賊不意，頻戰破之。孤軍無援，賊傾部落而至，武通輕騎接戰，墜馬，爲賊所執，殺而噉之。

段文振。北海期原人。仁壽初，嘉州獠作亂，文振以行軍總管討之，引軍山谷間，爲賊所襲，復收散兵擊其不意，竟破之。

元褒。洛陽人。嘉州夷獠爲寇，褒率兵騎二萬擊平之。

宋

宋白。大名人。乾德初爲玉津令。開寶中，閻丕、王洞交薦其才。

吴中復。永興人。知峩眉縣。縣多淫祠，中復悉廢之。廉於居官，代還，不載一物。

羅拯。祥符人。知榮州。時州介兩江間，每水漲輒犯城郭，拯作東西二隄除其患。

呂由誠。開封人。宣和間知嘉州。臨事精敏，老吏不能欺。

楊承。紹興中通判嘉州。時行經界法頗峻，雖至蔬菓桑柘，莫不有征，而邛蜀民田至什稅其五。承召諸縣令謂之曰：「平易近民，美成在久，其謹行之。」事訖成，爲列郡最。

何逢源。温州人。開禧中知嘉定府。以愛民爲心。與何耕、孫松壽、宋誨前後守嘉，皆有惠政，民繪像以祠，曰「四循良」。

段松。嘉定四年春，馬湖蠻攻嘉定犍爲之利店寨，知寨保義郎段松被圍，寨地勢窪，蠻以雲梯登城，松力戰無援，被執臠割死。

侯興。德祐元年，元兵攻嘉定九頂山，都統侯興戰死。

元

瑠濟理威。至元中蜀初定，爲嘉定路達嚕噶齊。時方以闢田均賦、弭盜息訟課守令，理威奉詔甚謹，民安其業，使者交薦。

「瑠濟理威」舊作「立智理威」，今改正。

明

李習。淮安人。洪武中知嘉定州。撫字有方，民安其化。

顧師勝。興化人。知峨眉縣。洪武十二年，縣民彭普貴作亂，師勝督民兵討之，力不敵遇害。

段鑑。昆明人。宣德中知嘉定州。斷獄如神，多惠政。嘗作排栅以禦江漲。升惠州知府去。人祠之。嘉守稱鑑爲最。

劉澤。陝西三水人。弘治中知犍爲縣，調洪雅。以明果莅政，胥吏畏法。

袁一修。威遠經歷。天啓初，奢崇明之亂，一修義不受污，墮城死。

李如柏。絳州人。天啓中佐理嘉定。修堰築隄，民享其利。藺州酋叛，有督運功。難民爲官兵掠獲者，嘗捐金贖之。賊平，委攝州事，平反冤獄，尤留心文教。升任去。州人勒石竹溪頌之，祠名宦。

張宏。廬江人。知威遠縣。崇禎十三年流賊至，遣子振祚請援兵不至，城陷被執死。振祚亦被殺。又峩眉主簿蕭日高，平樂人。崇禎癸未，獻賊圍城，佩縣印，率民兵協力拒守，城破死之。本朝乾隆四十一年，俱賜謚節愍。

秦民湯。漢陽人。崇禎時知榮縣。張獻忠陷城，民湯死之。本朝乾隆四十一年，賜謚烈愍。

朱儀。涇縣人。崇禎進士，知嘉定州。獻賊寇蜀，士民洶洶。儀時已行取入京，或勸之去，儀率衆爲固守計。既而賊大至，圍州城，儀孤城無援，瀕陷，謂其子命錫曰：「汝祖遺訓：處則竭力於親，出則致身於君。今事急矣，豈可爲不義屈？」儀妻胡氏奮然曰：「丈夫能死國，妾獨不爲夫死節乎？」即以簪刺其喉，血如注。少甦，以手抉之乃絶。儀朝服北向再拜，命家人舉火，與子命錫及胡氏屍同燔焉。家人亦多死者。本朝雍正六年，予入涇縣忠孝祠。

本朝

劉際亨。漢軍人。康熙二年知夾江縣。興學造士，創建新堰以利民田，邑人祠之。

盧見曾。德州人。康熙六十年進士，知洪雅縣。甫下車，廉得雜派累民，悉除之。建雅江書院以造士。邑多地訟，歷任官皆未清釐，案牘叢積，一一履勘剖決，民大悦服。時姦人覬利，請開鉛礦，大吏允之，見曾亟論其害，事得寢。丁外艱歸。民祠祀以誌遺愛。

人物

文曙。桃源人。雍正八年知嶍眉縣。興利除弊，多善政。值水患，沿河居民漂没者多，乃捐給衣粟棺槨，撫卹備至。

江旲鑑。歙縣人。乾隆初知樂山縣。慈祥有威。教民引雅水灌田之法，秋成加倍。士民祀之。

漢

犍爲文學。郡人，其姓名無考。漢武帝時待詔，注爾雅三卷。

費貽。南安人。不仕公孫述，漆身爲癘，佯狂以避之，退藏山藪十餘年。述平後，仕至合浦太守。

三國 漢

費詩。南安人。昭烈領益州牧，爲前部司馬。羣臣勸稱尊號，詩上疏曰：「大敵未克而先自立，恐人心疑惑。」由是忤旨，左遷。蔣琬秉政，以詩爲諫議大夫。

五梁。南安人。以儒學節操稱。從議郎，遷諫議大夫、五官中郎將。

晋

費立。南安人。學養沖邃。察孝廉，王國中尉。王年少好游觀，立常正色匡諫，又上疏風喻，辭義剴切。出爲成都令。縣名難治，立莅之垂績。入爲州大中正。轉梁、益、寧三州〔二〕。準正人物，品格方規。加散騎常侍，封關内侯。

費緝。南安人。清檢有治幹。辟舉秀才，歷遷譙内史。

唐

仲子陵。峩眉人。讀書峩眉山。舉賢良方正，擢官太常博士。時有司請正太祖位，而遷獻、懿二主，子陵議藏主德明、興聖廟，其言典正。仕終司門員外郎。及卒，惟圖書斗酒而已。當大曆時，諸儒各以經學自名，而子陵以禮最卓異。

宋

田錫。洪雅人。太平興國進士，歷官左拾遺、直史館。好言時務，上疏獻軍國要機者一、朝廷大體者四，優詔褒答。僚友謂錫宜少晦以遠讒忌，錫曰：「事君之誠，惟恐不竭。況天植其性，豈爲一賞奪耶？」出爲河北轉運副使。驛書言邊事，上嘉之。真宗朝，出使秦隴，還言陝民重困，上爲戚然。同知審官院，兼通進銀臺封駁司。出知秦州。咸平三年，舉賢良方正還朝。以屢詔對言事，因請採古訓爲御覽三百六十卷，御屏風十卷，以助君德。真宗善其言。再掌銀臺天下章奏。有民饑盜起，及詔敕不便者，悉條奏其事，上稱其得諍臣體。擢右諫議大夫。連上八疏，皆直言時政得失。錫耿介寡合，慕魏徵、李絳爲人，以進規獻替爲己任。所上章疏凡五十有二，不欲藏副賣直，悉命焚之。所著咸平集五十二卷。

王庠。榮州人。父夢易，登皇祐第，攝興州。改川茶運，置茶鋪，免役民而歲課亦辦。部刺史忌之，中以他事，鐫秩罷歸，卒。庠七歲能屬文。年十三，居父喪，哀憤深切，謂弟序曰：「父以直道見擠，母撫柩誓言，期我兄弟成立，贈復父官，乃許歸葬。」遂閉户窮經史百家之學。元祐中，呂陶以賢良方正薦，庠讓其友宋邦傑，陶益敬焉。崇寧中，應能言爲首選，上書論時政得失，張舜民歎其危言。徑歸奉親。大觀初，行舍法於天下，州復以庠應詔。時嚴元祐黨禁，庠自陳與蘇軾、蘇轍、范純仁爲知己，吕陶、王吉嘗薦舉，黄庭堅等爲交游，不可入舉求仕，願屏居田里。後復舉八行，不就。賜號處士。卒，謚賢節。序官至徽猷閣直學士。

李觀。夾江人。由進士知岐山縣。善撫綏。權成都運判。時歲饑，以官廩賑流民，所活甚多。官至參知政事。卒，謚允敏。

王貴行。洪雅人。宋末爲德興縣丞〔三〕。元兵至，迫令降，貴行歎曰：「大丈夫不能忘君以事仇。」遂整衣冠投水死。

毛安輿。洪雅人。年九歲，父死，負土爲墳，廬於側三年。知益州張方平遺以酒餼，狀其事以聞。

劉甲。其先東光人。元祐宰相摯之後。家龍游。淳熙初進士。累官知興元府、利東安撫使，未至，吴曦叛，遣招甲，甲以大義拒之，募人持帛書告變，朝廷乃知。曦誅，甲分兵嚴守，金人引去。進寶謨閣學士。西事多取決於甲。移知潼川，復爲利路安撫。罷互送禮，減安丙所增田税，邊民感泣。卒官，謚清惠。

薛紱。龍游人。淳熙進士。累遷祕書郎。陛對，極言韓侂胄之姦，坐劾去。與魏了翁講明易學。著則書十卷，諸經各有解。

明

孫瑜。犍爲人。洪武間舉能吏，累官户部侍郎。卒，贈尚書。子冕守城有功，爲户科給事中。

胡子昭。榮縣人。方孝孺爲漢中教授，子昭往從之。蜀獻王薦爲縣訓導。建文初，豫修太祖實録，授檢討。累擢刑部侍郎。燕兵至，坐方黨死。福王時，贈太子太保、刑部尚書，謚介愍。本朝乾隆四十一年，賜謚節愍。子昭弟子儀，初名志遠，以薦入官，歷山東僉事。聞兄死節，棄官負母而逃，隱丹稜民家。

梅應魁。威遠人。洪武中爲寧波府推官。辨鄞縣民邵觀之誣，人服其神明。永樂三年，應求賢薦，升刑部郎中。歷廣東布政使。

徐文振。威遠人。正統中，爲臨安府同知。善撫字。任滿，民乞留之。升知府。

彭烈。夾江人。弘治進士，授御史。適彗星見，偕同官疏劾石亨、曹吉祥，忤旨謫江浦知縣。有政績，擢知河南府。終廣東左布政使。

徐文華。嘉定州人。正德進士。擢監察御史。胡世安坐論宸濠下詔獄，文華抗疏救之，不納。帝遣中官劉允迎佛烏斯藏，文華力諫，不報。馬昂納妊身女弟於帝，又疏諫。文華既數進直言，帝及近倖深銜之，會條上廟制五事，議甚正，左右擠之，遂下獄，斥爲民。嘉靖初，起故官。歷大理寺左少卿。議大禮，廷杖戍遼陽。會赦還，至静海卒。隆慶初，贈左僉都御史。

宿進。夾江人。正德進士。官刑部員外郎。劉瑾亂政，庶獄隨意出入，進守法不回。瑾誅，張永用事，又上「六患三本」疏，請汰内臣，逐番僧義子，停差出官校，語甚剴切。廷杖遞歸，卒，年四十二。嘉靖初，贈光禄寺少卿，建專祠。

安磐。嘉定州人。弘治進士，改庶吉士。正德時，歷吏、兵二科給事中，乞假去。嘉靖初，起故官。帝頻興齋醮，磐抗疏極諫。永福長公主下嫁，磐言舊儀，駙馬見公主行兩拜禮，公主坐受，乖夫婦之分，宜革正。錦衣革職旗校王邦奇屢乞復職，磐言邦奇貪饕酷虐，宜絶禍源，帝不從，其後邦奇卒爲大厲。轉兵科都給事中。以議大禮伏闕，被杖，落職爲民。

程啓充。嘉定州人。正德進士，歷御史。極論嬖倖子弟家人，濫冒軍功，有買功、冒功、寄名、竄名、併功之弊。都督馬昂進妊身女弟，啓充抗疏極諫。嘉靖議大禮，復力陳，啓充數以謇諤忤帝旨，張璁、桂萼亦惡之，緣此謫戍邊衛十餘年。赦還，卒。隆慶初，贈光禄少卿。

王表。嘉定州人。幼孤。正德中舉於鄉，以養母不赴會試，有司强之去，行百里而返。三赴始抵京，試畢即兼程返。母病，割股以療。

趙時。犍爲人。正德舉人，知耀州。勸墾闢，復流亡，三年增户千二百。改治學舍，祠宋守范文正公，館諸生而教之。徙乾州。平妖賊樊紳，再補商州。新洞礦徒知爲破樊賊者，衆即散去。秦嶺卒斃於虎，時爲文告神明，一日虎自道死。遷大理同知，署府事。罷採石之役與郡之取非其有者。大候夷相殺傷，争久不決，檄時往勘，夷餉金一馱，卻之，遂無不服。擢知廣南府。土官儂氏自相攻，八寨土舍龍的亦叛，大吏並以討請，時謂相噬不足煩兵，親往諭，儂氏皆泣聽命。八寨猶旅拒，因使儂承恩以其兵間道破龍的。於是招輯誨誘，治爲諸郡最，升太僕少卿。諸夷泣送，馬幾不得前。子正學，嘉靖進士，歷河南按察，亦有治績。

彭汝實。嘉定州人。父鏡，通判池陽，士庶德之。進大理同知，多善政。以疾卒於官。汝實，正德進士，授南京吏科給事中。嘉靖初，吕柟、鄒守益以争大禮下詔獄，汝實抗章論救。既以災異切指時政。姦人王邦奇訐楊廷和、彭澤，復疏争之。數忤當事，遂奪職，奉親結廬山中，講授生徒。與同里程啓充、徐文華、安磐並以敢言著，稱「嘉定四諫」。

張奇述。嘉定州人。性至孝。嘉靖中進士，歷浙江僉事。廉介不阿，以忤鄢懋卿歸。著有梓里資談、雲樵記諸書。

錢貴。峩眉人。萬曆中由明經知富民縣，以廉平著。邑人李義爲盜所誣，獄成，貴廉白其冤。義以三百金謝，叱之去。

楊可陶。嘉定州人。萬曆中爲平越同知。性嚴重，果於任事。時改設府州縣治，諸賴綜理，勞績甚著。

朱祚增。嘉定州人。崇禎進士，官襄陽推官。李自成陷襄，不屈，舉家殉難。從弟祚遠在署，賊偉其貌，欲生之，亦大駡自刎死。祀鄉賢。

楊展。嘉定州人。崇禎武進士，授遊擊，升參將。甲申，獻賊據成都，展起兵犍爲，攻復敘州城，次第收嘉、戎諸邑，遺民潰卒多歸之，衆至數萬，大敗賊。并令其子璟屯田峩眉，歲獲粟數千，蜀南賴之。獻賊怒川人不服己，大殺成都居民，率衆百萬蔽江而下，展起兵迎之，戰於彭山，以火焚賊艘數千，糜爛幾盡。所掠金玉寶珠，悉沈水底。獻從别道逃奔。展之威名大振。蜀人起兵拒賊者，皆倚爲長城。尋爲降賊所忌，與巡撫李乾德謀殺之，年四十五。

羅國瓛。嘉定州人。崇禎進士。巡按雲南。孫可望等破曲靖，國瓛方按部其地，被執不屈，至昆明自焚死。本朝乾隆四十一年，賜謚忠烈。

余飛。洪雅人。獻賊至，飛誓於里中，集衆萬餘，先設伏，自迎戰於花溪口，僞北以誘之，伏發，賊步騎皆陷田中，斬馘無算。後以戰歿。本朝乾隆四十一年，予入忠義祠。

黎應大。夾江人。獻賊陷夾江，應大潛結鄉鄰之倡義者以圖恢復。事露，賊支解之。子照斗、照逵、照鸞，罵賊同日遇害。

王運開。夾江人。崇禎舉人，爲永昌推官。孫可望入雲南，士民號泣於運開門，乞納款紓禍，運開不從，自經死。賊嘉其死節，求其弟運宏聘之。行至潞江，謂其僕曰：「吾兄弟可異趣耶？若收吾骨與兄合葬。」遂躍入江而死。本朝乾隆四十一年，賜運開謚節愍。

陳天祐。犍爲舉人。獻賊據蜀，以僞官召，不至。賊將孫可望駐縣南虎吼壩，執至營，罵賊死，闔門殉節。時同縣拔貢周正，亦爲賊執，欲授以官，不從，與天祐同罵賊死。正子成儒奔賊營，抱父屍痛哭，賊並殺之。又有周正選者，爲孫可望所執，脅降不屈死。本朝乾隆四十一年，俱予入忠義祠。按犍爲縣志，周正選拔，或云舉人。舊通志載周正選事，與周正同，其或本一人而誤連「選」字，遂分爲二人耶？今據殉節諸臣録，仍兩載之。

簡仁端。榮縣人。由舉人歷官西安同知，遷平涼知府。崇禎十六年，流賊入關，諸王宗室及監司以下官謀遁走，仁端謁韓王曰：「殿下輕棄三百年社稷，欲何之？縱賊壓境，延、寧、甘、涼諸軍足相援。必不能支，同死社稷，亦不辱二祖列宗。」王不從，斬關出奔。仁端乃撤居民入城爲死守計。未幾賊抵城下，守陴皆哭，士民草降書乞僉名，仁端厲聲責之，正衣冠自經堂上。本朝乾隆四十一年，賜謚節愍。

李亨吉。滎縣人。獻賊陷成都，滎亦被兵，僞官執亨吉見賊帥，不屈膝，賊割亨吉耳以授。亨吉曰：「父母遺體。」嚼吞之。檻送成都，駡不絶口，與父國柄、兄元吉俱罹難。

本朝

潘登貴。嘉定人。順治二年，知江南懷遠縣。時兵戈甫定，民氣未復，登貴寬和鎮静，一以撫綏爲治，境内安焉。

鄭居廣。嘉定人。康熙舉人。性孝友。官湖廣枝江知縣，有惠政。夏包子之亂，城陷死之。著有静存集。

杜廷玉。嘉定人。康熙舉人。性孝友，文行高卓，善誘後進，好義樂施，州人慕之，請祀鄉賢祠。

朱曙蓀。嘉定人。康熙進士，授翰林檢討。兩爲會試同考官，出典廣西試。歷山西、陜西提學，識拔多知名士。轉通政，告歸。曙蓀工文章，多著述，尤精藻鑑。其爲廣西考官也，桂林陳宏謀卷已被斥，曙蓀力争，寘之首選。陳次年遂入詞館，後爲名宦，常自述爲知己。

鄒玶。滎縣人。康熙舉人，官福建建陽縣知縣。少喪母，能盡哀慕。繼母舒生季弟，於玶等衣食故從豐，反踰己子，玶不敢辭而陰均之，友愛備至。母屢窺見，信其誠，由是一視諸子，述玶孝友於族黨。乾隆元年入祀鄉賢祠。

黄中色。夾江人。奉親敬謹，晨昏罔間，事兄撫姪，克盡友慈。乾隆五十八年旌。

萬月庚。峩眉人。康熙舉人。吴三桂僭逆，迫以僞職，不受，杜門家居，以憂憤卒。

蔡朝鳳。峩眉人。官把總。乾隆三十六年，隨征金川，戰殁於約咱。同縣守備白玉昇，四十六年隨征甘肅逆回，陣亡。卹廕各如例。

張開文。樂山人。嘉慶十九年，以孝子旌。

李芝榮。峩眉人。官參將。嘉慶初與同縣守備楊全俱隨勦教匪陣亡，卹廕各如例。

陳子現。夾江人。官把總。嘉慶二年隨勦教匪陣亡，卹廕如例。

吴占超。榮縣人。官外委。嘉慶二年隨勦教匪陣亡，卹廕如例。

流寓

周

陸通。即楚狂接輿也。春秋時，王使聘於江南，通笑而不應。妻曰：「妾與先生躬耕而食，親績而衣，據義而動，樂亦足矣。今受人重禄，將何以待之？」通曰：「吾不許也。」妻又曰：「君使不從，非忠也。從之，違義也。不如去之。」遂與通變易姓名，入蜀之峩眉山隱焉。

宋

晁公武。澶州人。紹興中守榮州。撰郡齋讀書記。累官敷文閣直學士。寓嘉州符文鄉，卒。著有北山集、名勝志。公武墓在嘉定州西。

列女

漢

周紀妻曹禁。字敬姬，南安人。夫亡，遺子元餘。服闋，父母以禁許孫賓紹，母病迎還，禁知之，自投水，拯出，一日一夜乃蘇。送依紀弟居。訓導元餘，號爲女學生。年九十卒。

儀成妻謝姬。南安人。適武陽儀成。成死。以己年壯無子，將葬，乃豫作殯具，蓄毒藥，須夫棺入墓，拊棺吞藥而死，遂同葬。州郡上言，賜帛四匹、穀二石。

先絡。犍爲人。或傳爲「光洛」。後漢書列女傳爲叔先雄，「雄」文近「雒」，蓋一名異傳也。父尼和，爲符縣吏，謁守過成瑞灘死，求喪不得。女感念號泣，爲自沈計，繫珠囊别所生男女，乘小船於父墮處，投水死。後六日與父屍同出。郡縣表言，爲之立碑，圖象其形焉。

宋

郝節娥。嘉定人。年及笄，母貧欲逼爲娼。娥願習女工以給母，母不可，娥投江死。鄉人謂之節娥。

牟孝女。榮州人，名阿回。幼隨母於龜山牧，虎銜母去，回疾趨號泣，以竹梢擊虎，虎去，母尚能言。縣令鏤石學宫以爲勸。

明

黄文進妻李氏。嘉定州人。年二十二守節，事姑教子。洪武中旌表。同州梅應魁繼妻李氏、子梅新妻任氏，李穎妻陳氏，安佑妻楊氏，安磐妻吴氏，郝明德妻沈氏，伍沔妻鍾氏、楊偕妻王氏，雷焕宙妻程氏，孝婦程啓充妻安氏、童瑞妻韓氏、冷逢泰妻葉氏，並先後給與旌表。

郭大宏女。犍爲人。年十四，遇虎搏母，女大呼赴救，女傷而母免。

李射姑。犍爲人。年十六，隨父母避難相失，遇賊，女拒罵，賊怒殺之，解其尸。正德中旌。

帥多翼妻胡氏。嘉定州人。夫死成都，事姑教子，苦節三十餘年。又峩眉楊鸞妻李氏，洪雅劉昌年妻劉氏、張鵬妾袁氏、李鳴和妻祝氏，夾江查述妻馮氏，犍爲曾加禮妻康氏、車用隆妻聶氏、郭邦妻周氏、魯券妻聶氏，威遠周時望妻江氏、周廷元妻羅氏、萬彭齡妻車氏、謝鈐妻馬氏，王昆瓚妻劉氏，犍爲孝女袁可慈、可順，並先後以節孝旌。

祝之恒妻宿氏。洪雅人。崇禎中，張獻忠寇蜀，宿與夫弟祝之茂妻楊氏、之至妻陳氏、妾陳氏、之郊妻王氏、汪大生妻祝氏避亂山中，賊至俱投水死。

彭大同妻任氏。嘉定州人。獻賊據蜀，逼諸生赴試，大同被拘，以所帶髮巾寄任。任號泣欲絶，後聞大同死，乃閉户自經。同州庠生張機妻楊氏，夫死獻賊難，楊聞變沈水死。

陳天祐妻。犍爲人。天祐遇獻賊之亂，不受僞官，夫婦同罵賊死。賊黨復拘二女，舁經縣學前，揚聲曰：「我陳氏二女也，今往與父母同死，斷不至玷我鄉里。」至賊營，見父母屍，踊身撞石，罵賊而死。同縣吴氏二女，俱早寡，亦爲賊執，皆挺身冒刃死。

郭師夔妻楊氏。嘉定州人。獻賊據蜀，師夔父起義師，賊執師夔殺之，欲以楊配賊兵，楊投江死。又州人庠生郭大年妻楊氏，賊殺大年，氏曰：「願從夫死。」賊義而緩之。乃出幼子付姑，從麗正門城上自投於江。楊景新妻陳氏，參將楊展子婦。展敗獻賊，守嘉定有功。賊黨袁韜等歸正，展推心待之，俄誘殺展，圍城陷之，景新突圍出，陳罵賊死。縣丞楊明新妻侯氏，總兵良柱孫女，年二十二寡居，賊將竇知覺謀逼娶之，侯自縊。庠生帥振邦母馮氏，少寡守志，袁韜欲强納之，以簪自刺死。

本朝

鄒應第妾吴氏。嘉定人。偕子婦學魯妻王氏，撫育孤孫，苦節七十餘年，至九十而卒。同州戴天相妻孫氏，嫁逾月而夫卒，既葬自經。

雷乾位妻宋氏。夾江人。與雷乾仲妻鄧氏〔四〕，一門雙節。宋年九十一歲，鄧八十八歲。

鮑怡妻段氏。犍爲人。獻賊亂，舅及夫被害。段負姑攜子匿山中，被執將殺之，會驟雨天昏得免。賊去，姑亦怖死。段並求舅與夫骸，手畚鍤累土合葬焉。

吴良屏妻王氏。榮縣人。富順生員岐鳳女。吴隨父宦遠出，王奉姑避賊山箐，糧盡採蕨食姑，夫歸旋殁，苦節終身。

胡其慎妻陳氏。洪雅人。夫兄其恒死獻賊難，其慎悲痛致疾。陳再刲股以救，不起。年二十三守志，九十六歲終。同縣徐珙妻蕭氏，夫爲獻賊坑於成都，蕭年二十，苦節終身。袁良相妻何氏，蚤寡守志，撫子登鄉薦。

萬月庚妻馬氏。峩眉人。吴逆亂，月庚抗節死，馬年二十二。守節五十年。

包正興妻羅氏。犍爲人。夫亡守節，撫子成立。

覃思勝妻楊氏。樂山人。思勝蚤亡，舅姑年邁，氏拮据奉養，不以貧懈志。

黄開甲妻陳氏。嵋眉人。年二十而寡。家貧守志，孝事孀姑，苦節五十餘年。雍正年間旌。

楊如芝繼妻王氏。樂山人。夫亡守節。同縣節婦張九疇妻朱氏、王慎修妻彭氏、宋繼先妻趙氏、羅素文妻高氏、童登崙妻王氏，烈婦胡世禄妻古氏，貞女羅漢章聘妻黄氏，烈女蕭應舉女，均乾隆年間旌。

張子勝妻周氏。嵋眉人。夫亡守節。同縣節婦張朝相妻李氏、李正國妻彭氏，均乾隆年間旌。

宋榮耀妻盧氏。洪雅人。年二十二守節。閲十載，父令改適，氏堅拒不從，投水死。同縣烈女劉維舟女，拒暴自縊。均乾隆年間旌。

周宏毅妻鄧氏。夾江人。夫亡守節。同縣節婦宿于岐妻劉氏，涉學能詩。夫蚤卒，姑老子幼。及殮，割臂肉納夫棺曰：「不敢遽從，請以此殉。」訓二子成名。嘗有句云：「敢以茹荼矜婦節，勉期畫荻望兒賢。」歷節五十六年卒。均乾隆年間旌。

羅錦慰妻康氏。犍爲人。夫亡守節。同縣節婦畢玉祚妻李氏，烈婦胡建盛妻李氏、李全復妻李氏、佘之麟妻董氏，貞女楊巇聘妻杜氏，均乾隆年間旌。

吴履泰妻王氏。榮縣人。夫亡守節。同縣節婦趙源漢妻曹氏、楊紵武妻柳氏、陳世碧妻鄧氏、鄧玉珀妻楊氏，同縣烈婦李應山妻朱氏，均乾隆年間旌。

倪養元妻朱氏。威遠人。夫亡守節。同縣節婦鄒珵繼妻龍氏、王鴻儒妻何氏、鄒士儒妻王氏，烈女王成明聘妻萬姑，均乾隆年間旌。

梁朝相妻苟氏。樂山人。夫亡守節。同縣節婦張正和妻杜氏、杜錫妾孫氏、王玉珍妻羅氏、丁咸一妻李氏、羅謙妻王氏，烈婦夏徐氏，貞女杜氏，烈女李二姑，均嘉慶年間旌。

馮垣妻李氏。嵋眉人。夫亡守節。同縣節婦鞠鵬妻蔡氏、袁世鵬妻羅氏、黄尹中妻李氏、周簡妻張氏、張洪獻妻游氏、譚景禧妻王氏、馮大川妻鄧氏、薛宗仕妻周氏，均嘉慶年間旌。

李明燦妻何氏。洪雅人。夫亡守節。嘉慶年間旌。

薛明妻李氏。夾江人。夫亡守節。同縣節婦周志文妻夏氏、宋梅芳妻薛氏、宋景俊妻江氏，均嘉慶年間旌。

王仲賢妻佘氏。犍爲人。夫亡守節。同縣節婦李文魁妻葉氏、周元璋妻萬氏、蔡鄰妻楊氏、羅元章妻陳氏、秦啓妻鄭氏、張騰桂妻宋氏、康健妻佘氏，烈婦楊春先妻連氏、税楊氏、龍曾氏，烈女楊茂元女，均嘉慶年間旌。

龔勉學妻朱氏。榮縣人。夫亡守節。同縣節婦劉元珠妻李氏、楊燦陽妻李氏、邱國元妻羅氏、邱思誠妻鄒氏、劉惠妻古氏、張德賢妻佘氏、蔣昌明妻唐氏、蔣昌應妻陸氏，均嘉慶年間旌。

周材妻陳氏。威遠人。夫亡守節。同縣節婦周橘妻李氏、王啓士妻楊氏、董德容妻佘氏，烈婦趙誠明妻曾氏、李明亮妻莫氏，均嘉慶年間旌。

仙釋

周

葛由。羌人。周成王時，好刻木羊賣之。一旦騎羊入蜀上綏山，不知所終。按：舊志載晉葛洪，注云「入蜀居洪雅之花溪」。考晉書本傳，洪未嘗入蜀也。又抱朴子，洪從祖玄稱仙公。新唐書地理志九隴縣有葛璝山。寰宇記云葛仙翁永璝學道於此，成都記作「葛璝」，後人誤以仙翁爲稚川〔五〕，謹附辨之。

唐

慧道。初游黑水，視北峯秀爽，可築精藍，漲水不能涉，有虎出焉。跨之以涉，開荒成今華藏寺，爲第一祖。

宋

皇甫垣。夾江人。爲道士，善醫術。顯仁后目疾，治之立愈，高宗厚賜之，一無所受。復召問以長生久視之術，垣曰：「先禁諸欲，勿令放逸。丹經萬卷，不如守一。」帝書「清静」二字以名其菴。

祖覺。姓楊，嘉州人。住眉州中巖，學者雲委。於古今儒釋之書，無所不讀，一覽成誦。作僧史數百卷。又有華嚴經、金剛經集解行世。

土産

麩金。元和志：嘉州貢。

鐵。漢書地理志：南安縣有鐵官。元和志：榮州貢利鐵。九域志：嘉州有監鑄鐵錢。

絹。元和志：嘉州貢。寰宇記：嘉州貢水波綾、烏頭綾。

布。元和志：嘉州賦。榮州貢斑布。

茶。峩眉山出。味初苦而終甘。九域志：洪雅縣有買茶場。

藥。寰宇記：嘉州貢苓根、紅花、巴豆。又產金毛狗脊、丁公藤。洪州產羌活、黃連。益部方略：石瓜生峩眉山中，煮爲液，能治痺。

麝香。輿地紀勝：嘉州出。

荔枝。本府及峩眉、犍爲、夾江三縣出。

橘柚。蜀都賦注：出犍爲、南安。

海棠。花譜：海棠有色無香，惟蜀中嘉州者有香，其木合抱。

校勘記

〔一〕當是隋別置之平羌　「是」，原作「時」，據乾隆志卷三〇七嘉定府古蹟（下同卷簡稱乾隆志）改。

〔二〕轉梁益寧三州　按，華陽國志卷一一費立傳云「轉梁、益、寧三州都督，兼尚書」。此當補「都督」二字。

〔三〕宋末爲德興縣丞　「德」，原脫。考雍正江西通志卷一一山川饒州府洪雅山條云：「洪雅山，在德興縣西北五里，宋縣臣王貴行，西蜀洪雅人，義不仕元，赴天門水死。子石泉奉柩卜葬於此，因名。」因據補。

〔四〕與雷乾仲妻鄧氏　「仲」，原作空圍，據乾隆志補。

〔五〕後人誤以仙翁爲稚川　「稚」，原作「雅」。玩上下文意，此句當指後人誤以葛永璝爲葛洪，因其二人俱稱葛仙翁。則「雅川」顯係「稚川」（葛洪，字稚川）之形誤。因改。

潼川府圖

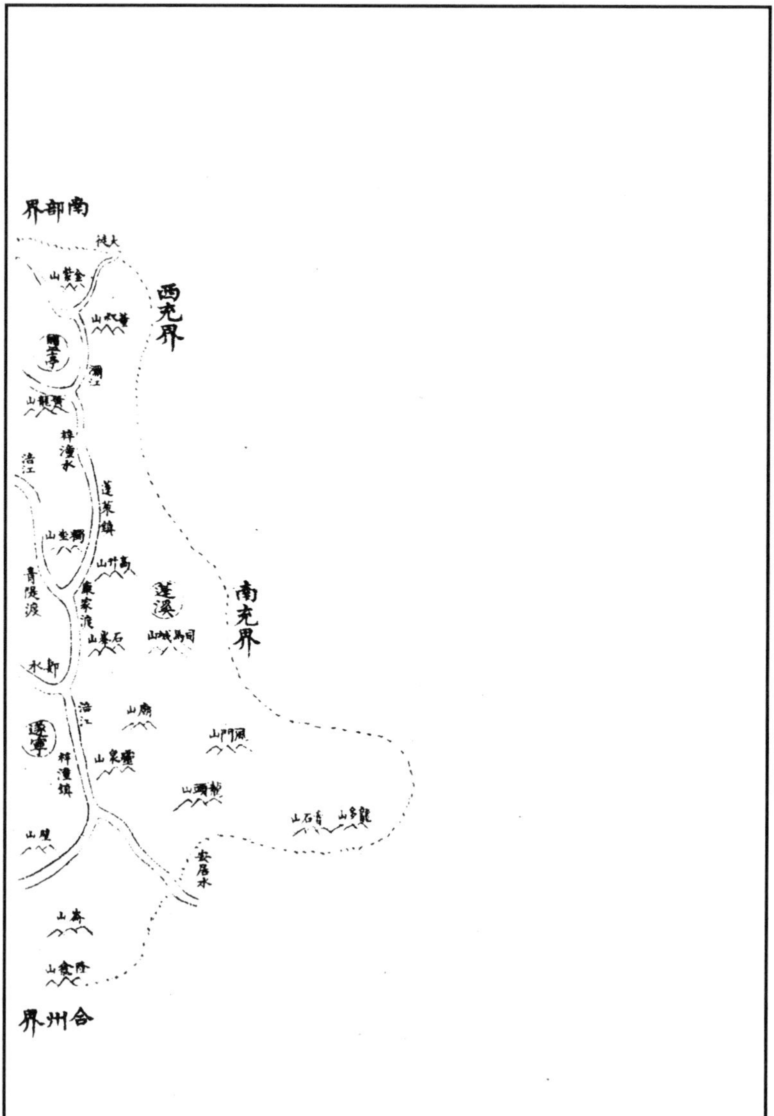
南部界
西充界
南充界
蓬溪
遂寧
梓潼水
涪江
蓬萊鎮
青堤渡
高升山
石寨山
司馬城山
郪水
涪江
梓潼鎮
風門山
香石山
龍多山
安居水
合州界

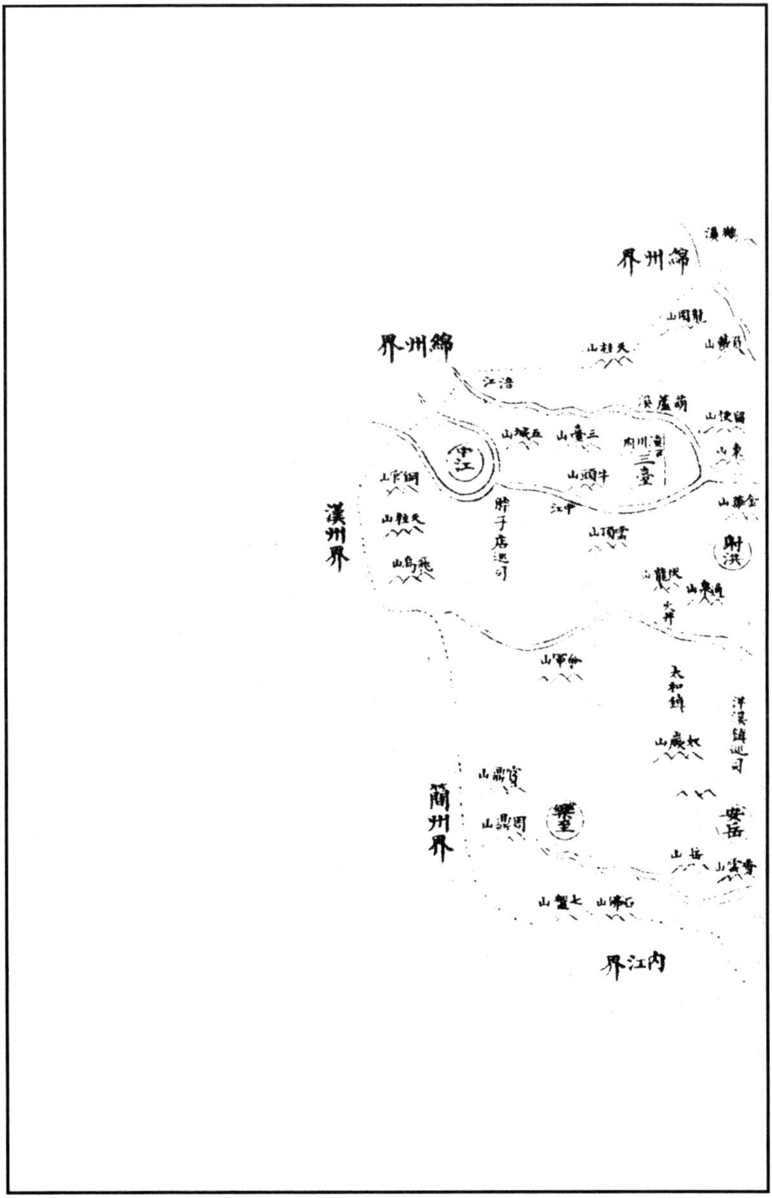
綿州界
綿州界
漢州界
簡州界
內江界
中江
三臺
射洪
安岳
涪江
天柱山
五城山
三臺山
牛頭山
雲頂山
飛烏山
金華山
太和鎮
洋溪鎮巡司
七盤山
石佛山

潼川府表

	潼川府	三臺縣
秦	蜀郡地。	
兩漢	廣漢郡地。	郪縣 置屬廣漢郡。
三國		郪縣
晉		郪縣
南北朝	新州昌城郡 宋分置新城郡，齊廢。梁末置州，西魏兼置郡。	北伍城縣 宋移置爲新城郡治。齊省。西魏置新昌縣，尋改名昌城。齊省。
隋	新城郡 開皇初郡廢，末改梓州，大業初改州爲郡。	郪縣 大業初復改名，郡治。
唐	梓州 武德元年復置，天寶元年改梓潼郡，乾元元年復故，屬劍南道。	郪縣 州治。
五代	梓州 屬蜀。	郪縣
宋	潼川府 咸平四年分置梓州路，後曰潼川路。重和元年升府。	郪縣 初爲路治，至和元年府治。
元	潼川府	郪縣
明	潼川府 洪武九年降州，直隸四川布政使司。	省入州。

續表

	射洪縣
涪縣地。	郪、廣漢二縣地。
始平獠郡 齊置，西魏改名涪城，周又改名安城。 涪縣 郡治。	射洪縣 西魏置射江縣，周改名。 西宕渠郡 宋置，魏改名湧泉。 宕渠縣 郡治。魏改名湧泉，周置通井縣。
開皇初廢。 涪城縣 開皇初改名安城，十六年又改屬金山郡。	射洪縣 屬新城郡。 開皇初郡廢。 通泉縣 開皇三年改名，屬新城郡。
涪城縣 初屬綿州，大曆十三年屬梓州。	射洪縣 屬梓州。 通泉縣 屬梓州。
涪城縣	射洪縣 通泉縣
涪城縣	射洪縣 屬潼川府。 通泉縣 屬潼川府。
至元二十年省。	射洪縣 至元二十年省入。
	射洪縣 洪武十年省入鹽亭，十三年復置，屬潼川州。

續表

鹽亭縣	中江縣
廣漢縣地。	郪縣地。
北宕渠縣梁置，兼置北宕渠郡。魏俱改名鹽亭。 高渠郡周保定初置。 東關縣齊置，屬西宕渠郡。梁、魏時省。	元武郡周置。
鹽亭縣開皇初郡廢，屬新城郡。 高渠縣開皇三年改縣，大業三年省。	元武縣開皇初郡廢，改縣。仁壽初置凱州。大業初廢，屬蜀郡。
鹽亭縣屬梓州。 永泰縣武德四年分置，屬梓州。	元武縣初屬益州，武德三年屬梓州。
鹽亭縣 永泰縣	元武縣
鹽亭縣屬潼川府。 永泰縣熙寧五年省，紹興三十一年復置。 東關縣乾德四年復置，屬梓州。	中江縣大中祥符五年改名，屬潼川府。
鹽亭縣 至元二十年省。	中江縣
鹽亭縣屬潼川州。	中江縣洪武十年省，十三年復置，屬潼川州。

續表

遂寧縣				
高帝置廣漢郡，尋徙治梓潼。				
東廣漢郡 蜀漢建興二年分置。	五城縣 蜀漢分置，屬廣漢郡。			
廣漢郡 永和中改遂寧郡。	五城縣 太康六年省，七年復置。			
東遂寧郡 齊加「東」字。周置遂州，尋改石山郡。	伍城縣 宋改「五」爲「伍」。周爲元武郡治。後徙。		懷德縣 宋置，屬新城郡。周省。	
遂寧郡 開皇初郡廢，大業初改州爲郡。		飛烏縣 置屬新城郡。		
遂州 武德元年復置，天寶初復郡，乾元初復故，屬劍南東道。		飛烏縣 屬梓州。		銅山縣 調露元年置，屬梓州。
遂州 屬蜀。		飛烏縣		銅山縣
遂寧府 政和五年升府，屬潼川路。		飛烏縣 屬潼川府。		銅山縣 屬潼川府。
遂寧州 至元二十年降州，屬潼川府。		省。		至元二十年省。
遂寧縣 洪武九年降縣，屬潼川州。				

廣漢縣 初爲郡治，後屬。		德陽縣 後漢置，屬廣漢郡。		
廣漢縣		德陽縣		
廣漢縣 初爲廣漢郡治，後爲遂寧郡治。		德陽縣 改屬遂寧郡。		
小漢縣 齊改名，梁又改小溪，魏復改方義。		德陽縣 宋屬東遂寧郡，周省。	柔剛縣 周置，兼置安居郡。	
方義縣			安居縣 開皇初郡廢，十三年改名，屬資陽郡。	崇龕縣 大業十二年置隆龕縣，先天元年改名。
方義縣 州治。	遂寧縣 景龍元年分置，屬遂州。		安居縣 屬普州。	崇龕縣 屬普州。
方義縣	遂寧縣		安居縣	崇龕縣
小溪縣 太平興國初復故名。	遂寧縣 屬遂寧府。		省。	乾德五年省。
小溪縣	至元十九年省。			
洪武初省入州。				

續表

蓬溪縣		
廣漢縣地。		
		巴興縣屬遂寧郡。
		巴興縣西魏改名長江，兼置懷化郡。
	方義縣地。	長江縣開皇初郡廢，仍屬遂寧郡。
	唐興縣永淳元年置，屬梓州。長壽二年改武豐，天寶元年又改蓬溪。	長江縣屬遂州。上元二年移治。
	蓬溪縣	長江縣
	蓬溪縣屬遂寧府。端平三年府治。	長江縣
	蓬溪縣屬遂寧州。	至元十九年省。
蓬溪縣洪武十年省入遂寧。十三年復置，移今治，屬潼川州。		

	安岳縣
	犍爲郡資中、牛鞞、巴郡、墊江等縣地。
晉興縣 屬遂寧郡。	
晉興縣 西魏改名青石，屬懷化郡。	普州 周建德四年置。 安岳縣 州治。 永康縣 屬普州。
青石縣 屬遂寧郡。	大業初廢。 安岳縣 屬資陽郡。 隆康縣 開皇十八年改名。
青石縣 屬遂州。	普州 武德二年復置，天寶初改安岳郡，乾元初復故，屬劒東東道。 安岳縣 州治。 普康縣 先天元年改名。
青石縣	普州 屬蜀。 安岳縣 普康縣
青石縣 熙寧六年省，尋復置。	普州安岳郡 屬潼川路。寶祐後廢。 安岳縣 開寶二年移治，寶祐後省。 熙寧五年省。
至元十九年省。	安岳縣 復置，屬遂寧州。
	洪武四年復置，九年廢。 安岳縣 初爲普州治，後屬潼川州。

續表

樂至縣
犍爲郡資中、牛鞞二縣地。
多業縣 周置，兼置普慈郡。
普慈縣 開皇十二年郡廢，改名，屬資陽郡。
樂至縣 武德三年分置，屬普州。 普慈縣 屬普州。
樂至縣 普慈縣
樂至縣 寶祐後省。 乾德五年省入。
初爲遂寧州地，後爲安岳縣地。
樂至縣 成化元年復置，屬潼川州。

大清一統志卷四百六

潼川府一

在四川省治東北三百二十里。東西距三百八十里，南北距五百七十里。東至順慶府西充縣界二百里，西至成都府漢州界一百八十里，南至資州内江縣界四百八十里，北至綿州界九十里。東南至重慶府合州界三百五十里，西南至成都府簡州界三百十里，東北至保寧府南部縣界一百七十里，西北至綿州界九十里。自府治至京師五千五百七十里。

分野

天文井、鬼分野，鶉首之次。

建置沿革

禹貢梁州之域。秦蜀郡地。漢爲廣漢郡郪、廣漢二縣地。後漢及晉因之。寰宇記：蜀後主於其地置東廣漢郡。按晉時郡治廣漢，東晉後分爲遂寧郡。劉宋分置新城郡。齊廢。梁末置新州。西魏兼置昌城郡。隋初，昌城郡廢。開皇末，改州曰梓州。大業初，又改州爲新城郡。唐武德元年，復曰梓州，屬劍南道。天寶元年，改曰梓潼郡。至德二載，於郡置劍南東川節度使。乾元元年，復曰梓州。唐書方鎮表：廣德二年，廢節度使隸西川。大曆元年復置，二年又廢，尋復置。五代屬蜀。梁乾化四年，王建改曰武德軍節度。宋亦曰梓州梓潼郡，劍南東川節度。九域志：乾德四年，改静戎軍。太平興國三年，改安静軍[一]。端拱二年，復曰劍南東川節度。咸平四年，分置梓州路。後曰潼川路。重和元年，升爲潼川府。元因之，屬四川行省。明洪武九年，降府爲州，屬四川布政使司。本朝雍正十二年，復升爲府，屬四川省，領縣八。

三臺縣。附郭。東西距一百四十里，南北距一百五十里。東至鹽亭縣界六十里，西至中江縣界八十里，南至射洪縣界六十里，北至綿州界九十里。東南至射洪縣界四十里，西南至中江縣界八十里，東北至鹽亭縣界七十五里，西北至綿州界九十里。漢置郪縣，屬廣漢郡。後漢至晉因之。劉宋分置北伍城縣，爲新城郡治，郪縣仍屬廣漢郡。齊廢北伍城，後郪縣亦省。西魏置新城縣，尋改曰昌城，爲昌城郡治。隋大業初，復改曰郪縣，爲新城郡治。唐爲梓州治。宋初爲梓州路治。重和元年，爲潼川府治。元因之。明初省縣入州。本朝雍正十二年，置三臺縣，爲潼川府治。

射洪縣。在府東南六十里。東西距一百一十五里，南北距一百一十里。東至順慶府西充縣界九十里，西至三臺縣界二十五里，南至蓬溪縣界八十里，北至三臺縣界三十里。東南至蓬溪縣界六十里，西南至樂至縣界二百里，東北至鹽亭縣界六十里，西北至三臺縣界四十里。漢郪縣及廣漢縣地。西魏置射江縣。周改曰射洪。隋屬新城郡。唐屬梓州。宋屬潼川府。元因之。明洪武十年，省入鹽亭縣。十三年，復置，屬潼川州。本朝雍正十二年，屬潼川府。

鹽亭縣。在府東少北一百二十里。東西距九十五里，南北距八十里。東至保寧府南部縣界七十里，西至三臺縣界二十五里，南至射洪縣界三十里，北至保寧府劍州界五十里。東南至順慶府西充縣界八十里，西南至三臺縣界四十里，東北至南部縣界七十里，西北至綿州梓潼縣界五十里。漢廣漢縣地。梁置北宕渠郡及縣。西魏恭帝改郡縣俱曰鹽亭。隋開皇初，郡廢，屬新城郡。唐屬梓州。宋屬潼川府。元因之。明屬潼川州。本朝雍正十二年，屬潼川府。

中江縣。在府西一百二十里。東西距一百里，南北距二百三十里。東至三臺縣界四十里，西至成都府漢州界六十里，南至樂至縣界一百七十里，北至綿州界六十里。東南至樂至縣界一百七十里，西南至成都府金堂縣界五十里，東北至三臺縣界五十里，西北至綿州德陽縣界五十里。漢郪縣地。三國漢分置五城縣，屬廣漢郡。晉太康六年省，七年復置。宋曰伍城縣。齊以後因之。周於縣置元武郡。隋開皇初郡廢，改縣曰元武。仁壽初，於縣置凱州。大業初，州廢，屬蜀郡。唐武德初，屬益州。三年，改屬梓州。宋大中祥符五年，改曰中江，屬潼川府。元因之。明洪武十年，省入州。十三年，復置，屬潼川州。本朝雍正十二年，屬潼川府。

遂寧縣。在府東南二百五十里。東西距一百二十五里，南北距一百七十里。東至蓬溪縣界三十五里，西至樂至縣界九十里，南至重慶府大足縣界一百二十里，北至蓬溪縣界五十里。東南至重慶府合州界一百十里，西南至安岳縣界五十里，東北至蓬溪縣界四十里，西北至蓬溪縣界一百四十里。漢高帝置廣漢縣，於縣置廣漢郡，尋徙郡治梓潼，以縣屬之。後漢因之。晉初復爲廣漢郡治。東晉永和中，改置遂寧郡。劉宋因之。齊曰東遂寧郡，改縣曰小漢。梁改縣曰小溪。西魏改縣曰方義。周閔帝元年，於郡置遂州，改郡曰石山。隋開皇初，郡廢。仁壽二年，置總管府。大業初，府廢，復改州爲遂寧郡。唐武德元年，復曰遂州。二年，置總管府。貞觀初，府罷。十年，復置都督府。十七年，又罷。天寶初，復曰遂寧郡。乾元初，復曰遂州，屬劒南東道。乾寧四年，置武信軍。五代屬蜀。宋太平興國初，復改縣曰小溪。政和五年，升州爲遂寧府，屬潼川府路。宣和五年，又升爲都督府。元至元二十年，降爲遂寧州，屬潼川府。明洪武初，以州治小溪縣省入。九年，降爲遂寧縣，屬潼川州。本朝雍正十二年，屬潼川府。

蓬溪縣。在府東南一百九十里。東西距六十里，南北距一百八十里。東至順慶府南充縣界二十里，西至射洪縣界四十里，南至重慶府定遠縣界一百五十里，北至鹽亭縣界三十里。東南至重慶府合州界三百里，西南至遂寧縣界三十五里，東北至順慶府西充縣界三十里，西北至射洪縣界四十里。漢廣漢縣地。隋方義縣地。唐永淳元年，分置唐興縣，屬遂州。長壽二年，改曰武豐。神龍元年，復曰唐興。天寶元年，改曰蓬溪。宋屬遂寧府。端平三年，嘗爲府治。元屬遂寧州。明洪武十年，省入遂寧縣。十三年，復置，移治故城之西南，屬潼川州。本朝雍正十二年，屬潼川府。

安岳縣。在府南三百八十里。東西距一百七十里，南北距一百六十里。東至重慶府大足縣界一百三十里，西至樂至縣界四十里，南至資州内江縣界一百里，北至遂寧縣界六十里。東南至大足縣界一百五十里，西南至資州界八十里，東北至重慶府合州界一百六十里，西北至樂至縣界七十里。漢犍爲郡資中、牛鞞二縣及巴郡墊江縣地。晉廢。周建德四年，置普州及安岳縣。隋大業初，州廢，以縣屬資陽郡。唐武德二年，復於縣置普州。天寶初，改曰安岳郡。乾元初，復曰普州，屬劍南東道。五代屬蜀。宋仍曰普州安岳郡，屬潼川府路。寶祐後州縣俱廢。元末復置安岳縣，屬遂寧州。明洪武四年，復於縣置普州。九年，州廢，以縣屬潼川州。本朝康熙元年，省入遂寧縣。十年，改入樂至縣。雍正七年，復置，屬潼川州。十二年，屬潼川府。

樂至縣。在府南少西二百九十里。東西距一百四十里，南北距九十里。東至安岳縣界六十里，西至成都府簡州界八十里，南至資州資陽縣界四十里，北至中江縣界五十里。東南至安岳縣界五十里，西南至資陽縣界五十里，東北至射洪縣界六十里，西北至成都府金堂縣界一百一十里。漢犍爲郡資中、牛鞞二縣地。周建德四年，置普慈郡及多業縣。隋開皇初，郡廢，屬普州。十三年，改縣曰普慈。大業初，改屬資陽郡。唐武德三年，分置樂至縣，皆屬普州。宋乾德五年，省普慈縣入樂至，仍屬普州。寶祐後廢。元初爲遂寧州地，後爲安岳縣地。明成化二年，復分置樂至縣，屬潼川州。正德十年，改屬簡州。嘉靖九年，還屬潼川州。本朝雍正十二年，屬潼川府。

形勢

左帶涪水，右挾中江，居水陸之衝要。元和志。東控瀘、敘，西扼綿、茂，水陸之衝，爲劍外一都會。宋人乞升潼川府奏狀。

風俗

好勝尚氣，不恥貧賤。人士通經學古，罕爲異習。方輿勝覽。

城池

潼川府城。周九里，門四，池廣四丈，引西溪水注之。明天順中因舊址建。本朝乾隆三十一年修。三臺縣附郭。

射洪縣城。周五里，門四，外環以池。明天順中築，成化二十一年甃石。本朝乾隆三十二年修，嘉慶五年重修。

鹽亭縣城。周二里六分，門四。東臨瀰江，西、南、北浚池。明成化中築，正德中甃石。本朝嘉慶二年修。

中江縣城。周七里，門五。西南瀕江，東北浚池。明天順八年建。本朝康熙五十三年修，乾隆三十四年重修。

遂寧縣城。周十里，門四，池廣二丈，引明月堰水注之。明正德中因舊址建。本朝乾隆八年修，五十六年重修。

蓬溪縣城。周五里，門四。舊依赤城山，半在絶巘，明正德六年移築溪南。本朝嘉慶二年甃石。

安岳縣城。周三里，門四。明成化初築，正德七年甃石。本朝乾隆三年修。

樂至縣城。周四里有奇，門四，外環以池。明正德中建。本朝康熙四十一年修，乾隆八年、二十二年重修。

學校

潼川府學。在府治東南。宋大觀初建。本朝康熙初修，乾隆二十六年、五十年重修。入學額數十五名。

三臺縣學。未建。本朝乾隆六年設，附潼川府學。入學額數十二名。

射洪縣學。在縣治南。明景泰六年建。本朝康熙六年重建，三十四年、四十八年重修。入學額數十二名。

鹽亭縣學。在縣治西北。明嘉靖十七年由城西遷建。本朝康熙六年修，乾隆二年、十五年、二十四年、四十七年、嘉慶十二年重修。入學額數十名。舊額十二名，乾隆四十六年減二名。

中江縣學。在縣治南。明洪武中建。本朝康熙三十四年修，乾隆五十七年重修。入學額數十名。舊額八名，乾隆四十六年增二名。

遂寧縣學。在縣治西南。唐貞元中建。本朝康熙六年重建，三十年修。入學額數十二名。

蓬溪縣學。在縣城北。宋祥符中建。本朝順治中重建，康熙十一年修，嘉慶四年重修。入學額數八名。

安岳縣學。在縣南門外龍泉山麓。宋建。明嘉靖中修。本朝康熙元年裁併遂寧縣學。十年，併入樂至縣學。雍正六年復設。乾隆四十三年修，嘉慶十年重修。入學額數八名。

樂至縣學。在縣治北。明正德中建。本朝康熙五十年移建南門外，乾隆二十二年復遷今所，三十八年修。入學額數八名。

草堂書院。在府城東草堂寺左。舊名文峯。本朝乾隆十九年建，四十一年修，改今名。嘉慶十九年重修。

金華書院。在射洪縣治西南。元至正中建。本朝乾隆十九年重建，五十一年修。

鳳山書院。在鹽亭縣治北。本朝乾隆二十三年建，四十九年修。

斗山書院。在中江縣治東南。本朝乾隆四十年建，嘉慶十三年修。

書臺書院。在遂寧縣城南，舊在治東。明建。本朝乾隆四十三年遷建今所。

環溪書院。在蓬溪縣東門外，舊名蓬萊。本朝雍正十一年建，嘉慶三年重建，改今名。

石魚書院。在蓬溪縣東門外石魚山。明天啓六年建。

龍泉書院。在安岳縣南門外，舊在城南。本朝康熙五十三年建，嘉慶二年遷建今所。

天池書院。在樂至縣東門内。本朝乾隆二十一年建。

遂寧義學。在縣治東，舊在治西。本朝康熙六十年建，乾隆八年遷建今所。

安岳義學。二所。一在縣治東北，本朝乾隆四十八年建；一在縣治東南，嘉慶十年建。按：舊志載青蓮書院，在鹽亭縣東六十里；聚賢書院，在鹽亭縣西負戴山麓；東臺書院，在鹽亭縣西，宋孝子任伯儔讀書處；太元書院，在鹽亭縣東北四十里；名世書院，在樂至縣南，明末建。今並廢，謹附記。

户口

原額人丁一萬四百九十，今滋生男婦共一百八十萬一千八百六十三名口，計四十萬九千一百户。

田賦

田地二萬六千七十七頃八十五畝一分有奇，額徵地丁正、雜銀八萬一百二十一兩一錢九分六釐。

山川

東山。在三臺縣東四里，隔涪江。有蘇公泉暨石塔諸勝。唐杜甫有陪王侍御同登東山最高頂宴姚通泉詩。

留使山。在三臺縣東三十里。唐李絳爲東川節度使，去任，民情愛戴，於此遮道留之，故名。

黄龍山。在三臺縣東五十里。疊嶂層巒，一峯獨出，横枕桃花溪上。相近有映溪山、古樓山。又東十里有金鵞山，高峯連峙，勢若長城。

雲頂山。在三臺縣南二十里。迤邐層疊，頂若雲盤。相近爲五泉山，山椒有五泉分流。

雲臺山。在三臺縣南一百里。山形如臺，高聳雲漢。

牛頭山。在三臺縣西南二里。元和志：牛頭山，一名華林山，在郪縣西南二里。四面危絶。寰宇記：山高一里，形似牛頭。四面孤絶，俯臨州郭，樓閣烟花，爲一方之勝概。方輿勝覽：巖半有羅漢洞。舊志：山下有清涼洞，一名靈隱洞。相傳中通眉州中巖。

望川山。在三臺縣西南一百二十里。峻絶淩空，絶頂可望西川。

龍頂山。在三臺縣西三里。蜿蜒於牛頭山之後。

三臺山。在三臺縣西五里。突起五級，狀若層臺。縣以此名。

香積山。在三臺縣西北。寰宇記：在涪城縣東南三里，北枕涪江。

長平山。在三臺縣北五里。岡壠延長而平坦，故名。又馬頭山，在縣北六十里。

天柱山。在三臺縣北。寰宇記：在涪城縣，高二里，四面平延。上有重峯，高一百餘步，孤秀如柱，故名。又五層山，寰宇記：在涪城縣北二十五里。

東武山。在射洪縣東七里。

通泉山。在射洪縣東南。元和志：在通泉縣南二里。山有石蝦蟆，高七八尺。寰宇記：通泉縣西北二十里，東臨涪江，絶壁二百餘丈，水從山頂湧出，下注涪江。湧泉郡故城在此。

獨坐山。在射洪縣東南二十里。卓然孤峻，南枕涪、梓二水。

白崖山。在射洪縣南十五里。寰宇記：遠望懸巖，皎白如雪。唐天寶三年，敕改爲懸巖山。明統志：今名玉屏山。

金華山。在射洪縣北二里。唐杜甫詩：「涪右衆山内，金華紫崔巍。」輿地紀勝：山有陳拾遺書堂。

董叔山。在鹽亭縣城東九十步。寰宇記：山高一里，隔瀰江水，孤峯絶島，峭壁千仞。舊名潺亭山。隋開皇四年，縣令董叔封嘗遊宴於此，後人思其德政，號曰董叔山。舊志：董叔山，原名鳳凰山。

鼓樓山。在鹽亭縣東。輿地紀勝：在永泰縣東南。山有三層，高五十餘丈。明統志：在鹽亭縣東一百二十里。

負戴山。在鹽亭縣西一里。寰宇記：高一里，自劒門南來，過劒州，入當縣。其山龍盤虎踞，起伏四百餘里，至此卻蹲。山有飛龍泉噴下，南流入梓潼江，水色清泠，其味甘美。舊志：一名高山，杜甫詩「馬首見鹽亭，高山擁縣青」，即此。

龍固山。在鹽亭縣西北七十里。山高四里，四面懸絶，可以固守。

五面山。在鹽亭縣北二十五里。輿地紀勝：在永泰縣東二十里。五峯秀出。

蠶絲山。在鹽亭縣東北六十里。九域志：梓州有蠶絲山。每上春七日，遠近士女多遊於此，以祈蠶絲。輿地紀勝：在永泰縣西二十里。舊志：在今縣東六十里。

金紫山。在鹽亭縣東北七十里。相傳以唐邑人嚴震、嚴礪俱貴顯而名。宋寶祐三年，西川帥余晦城金紫山，元將汪德臣襲取之，即此。

女徒山。在鹽亭縣東北八十里。寰宇記：在永泰縣東二十五里。其山從閬州新井縣界來。相傳昔有女徒千人，自通泉縣康督井配役，遇賊於此，乃於山頂置栅捍禦，遂以破賊。俗爲之置祠。

五城山。在中江縣東。寰宇記：晉五城縣在五城山。舊志：山在今縣東郭外隔河。一面陡峻，餘皆階級，層疊如梯。

玄武山〔二〕。在中江縣東。元和志：玄武山在玄武縣東二里，出龍骨。寰宇記：九州要記云，玄武山一名赤雀山，一名宣君山。華陽國志云，一名三嵎山，其山六屈三起〔三〕。明統志：山在縣東南。一名大雄山。舊有真武祠。水中之石，多若龍蛇狀。

火烽山。在中江縣東南。輿地紀勝：在銅山縣東南。相傳武侯置烽火於此。舊志：在今縣東南一百三十里。

銅魚山。在中江縣南一里，隔江横亘水口，關鎖二流。又沙尖山，在縣南三十里。

賴應山。在中江縣南。寰宇記：在銅山縣北三十里，周二里。出銅及空青。又可蒙山，在縣西北三十里。私鎔山，在縣西二十四里。皆高一里，出銅。昔時任百姓採鑄，俗因呼爲私鎔山。明統志：賴應山，在中江縣南九十五里。可蒙山，在縣西南一百二十里。私鎔山，在縣東南一百六十里。

會軍山。在中江縣南。寰宇記：銅山縣有會軍堂山，高三里。蜀先主入蜀，遣諸葛亮、張飛等分定州界，略地至郪，百姓以牛酒犒師，亮因會軍士於此。後遂傳爲會軍堂山。明統志：在中江縣南一百六十里。

飛烏山。在中江縣南。元和志：有二，一在飛烏縣西南五十五里，一在銅山縣西南三十里。飛烏縣有大飛烏山，高二里，周二里〔四〕；又有小飛烏山，高一里，周一里。二山相向，重巖峻削，如飛烏之狀。明統志：在中江縣南一百七十里。

天柱山。在中江縣西南。元和志：在玄武縣西南四十里，一名覆船山。寰宇記：覆船山，舊名泊山，高五里。十道録云，堯遭洪水，維舟泊此，覆於樹下，因名。輿地紀勝：天霸山，險峻冠絶衆峯。又覆船山，在縣西南三十里，山有風穴，人往視則風起，甚至折木發屋。天霸即天柱也。

銅官山。在中江縣西南，接簡州及金堂縣界。元和志：銅山縣有銅山，歷代採鑄。寰宇記：銅官山，在銅山縣西南五十八里，長二里。李膺記云，五城縣西南有銅官山，闊八丈，高出衆峯，鄧通、卓王孫冶鑄之所也。唐景隆二年，採銅利害使、侍御史奏稱：梓州玄武縣、簡州金水縣競銅官坑，按兩縣圖經，其銅官坑合屬玄武縣，請徙銅官於山南二里。明統志：山在中江縣西南九十八里。按：寰宇記可蒙諸山在銅山縣西北，去今縣爲近，銅官在銅山縣西南，去今縣爲遠。如明統志，則銅官去今縣視可蒙較近，蓋其所言里至類多不確。

棲妙山。在中江縣西郭外，隔江岸與五城山相對。懸崖絶壁，勢若淩空。一名寶城山。

高崖山。在中江縣西十五里。崖高百餘丈。一名望川山。崖下有泉湧出，灌田百畝。相近紅崖山，色稍紅。

犂刃山。在中江縣北。寰宇記：在玄武縣北十里。李膺記云，山長八里，高出衆峯，形如鏵刃。舊志：今有北家山，在縣北十里，峯巒孤高，爲縣後鎮。

天臺山。在中江縣北三十里。層巒高峻，望若臺閣。有佛兒崖。

粉壁山。在遂寧縣東五里。七峯連亘插天，峙縣東南水口。

靈泉山。在遂寧縣東十里。數峯壁立，山頂有泉。宋寶祐六年，蒙古將紐綸侵蜀，蜀帥蒲擇之命楊大淵等守劍門及靈泉山，即此。「紐綸」舊作「紐璘」〔五〕，今改正。

鶴鳴山。在遂寧縣東十里。寰宇記：在遂州東北二十里。上有古觀，松上嘗有皓鶴鳴唳。輿地紀勝：上有董真人洞。

尋香山。在遂寧縣東二十里。寰宇記：本名血腥山，刺史白子昉改名。

龍頭山。在遂寧縣東五十里。寰宇記：山有石，狀如龍頭。唐乾元二年，奏置龍歸寺。

銅盤山。在遂寧縣東。寰宇記：在小溪縣。壁立四絶，人莫能上。明統志：在縣東五十里。

壁山。在遂寧縣南七十里。一名黄羅崖。旁有石室洞。輿地紀勝：洞在遂寧縣大像閣下，狀如堂宇。洞前大江，匯爲淵潭。

崙山。在遂寧縣南百餘里。屹立千仞。其南爲寶蓋山。

隆龕山。在遂寧縣南。元和志：在崇龕縣西三里，因取爲縣名。九域志：安居縣有隆龕山。舊志：在今縣南一百四十里。

書臺山。在遂寧縣南。輿地紀勝：在遂寧府西南，與寶臺山、金魚山相連爲三峯。

梵雲山。在遂寧縣西南。寰宇記：在遂州西南二里。四面懸絶，東臨涪水，西枕靈星池。按：輿地紀勝有梵宇山，在遂寧府城西，舊名中隱，唐天寶中改名，即此。

柔剛山。在遂寧縣西南。元和志：在安居縣東二十里。周柔剛縣，因山爲名。

長樂山。在遂寧縣西三里。形如蟠龍，頂平如砥。相接者曰寶臺山，頂平如臺，在縣西五里。

卧龍山。在遂寧縣西。輿地紀勝：在梵宇山西五里。有佛現嶺、聖水井。巖壑之勝，甲於天下。

箕山。在遂寧縣西二十里，與西嶺競秀，爲縣西南望山。

石盤山。在遂寧縣西二十五里。岡阜盤鬱，林木葱蒨。絶頂有石如盤，因名。

奴崴山〔六〕。在遂寧縣西五十里。寰宇記：本名屈山，唐景雲中改名。舊志：在縣西四十里。峯巒高聳。

石城山。在遂寧縣西五十里。以四面如城而名。

玉堂山。在遂寧縣北十五里。峯巒聳秀，氣象雄峙。明統志：縣之主山也。

織子山。在遂寧縣東北。方輿勝覽：在小溪縣白水鎮。環山之民，素以植蔗凝糖爲業。相傳唐大曆間，有僧教以凝成糖霜，色如琥珀，遂爲上品。舊志：山在縣東北十五里。

蓬萊山。在蓬溪縣東半里。

赤城山。在蓬溪縣東二里。中峯蔚然，左右環拱。上有高臺五層，山皆赤土。縣城舊跨其麓，蓬萊溪流遶其下。

青石山。在蓬溪縣東南，與重慶合州接界。元和志：青石縣東南，水路五十九里。寰宇記：九州要記云，此山天下青石無佳於此，可爲鐘磬。郡國志云，昔巴、蜀争界，歷歲不決，漢高八年，一朝密霧，山爲自裂，從上至下開數尺，若引繩以分之，遂爲二州之界。巴、蜀之民乃息所争，共立祠。民將採石，必先祀之。舊志：在今縣東南一百九十里。

風門山。在蓬溪縣東南。寰宇記：在青山縣東三十里。四面峻巖，嘗有清風，因號風門山。舊志：在今縣東南一百七十里，其下有洞。

龍多山。在蓬溪縣東南二百里，接合州界，連亘深遠。下有石仙巖五十丈，詳見重慶府。

司馬城山。在蓬溪縣南十里。輿地紀勝：昔黎達爲遂州司馬，值民方避亂，乃擇山之懸絶處，築城以爲限阻，故名。

石峯山。在蓬溪縣西南三十五里。相近有大面山，與遂寧分界，最爲高大。

廟山。在蓬溪縣西南，接遂寧縣界。寰宇記：在長江縣南十里。孤峯峻秀，下臨江島。唐乾元元年，敕置龍臺觀於此。輿地紀勝：在小溪縣北、長江縣南。山極古峭，斗入江心，涪水、郪江會其下。

明月山。在蓬溪縣西。寰宇記：在長江縣西二里。舊志：在今縣西七十里涪江之西。兩峯對峙，下臨涪水，相映而明。

跨鼇山。在蓬溪縣西二百十里。下爲客館鎮。

伏龍山。在蓬溪縣西。輿地紀勝：在客館鎮北二里。下有火井，地窪如池，以薪引之，有聲隱隱出地中，少頃炎熾。夏月積雨瀦水，則焰生水上，水爲之沸，而寒如故。冬月水涸，則土上有焰，觀者至焚衣裾。舊志：在今縣西二百十里。

龍馬山。在蓬溪縣西北十里。明統志：昔李章甫牧馬於山下，産一駒，毛骨異常，人呼爲龍馬，因名。

高升山。在蓬溪縣西北三十里。山極高聳，登眺間，衆山皆在其下。上有堡。

鼓樓山。在蓬溪縣北十里。輿地紀勝：雙峯對峙，高千餘丈。王蜀時，嘗置鼓樓於其上，以望烽火。舊志：在縣西北三十里。

紫微山。在安岳縣。輿地紀勝：在普州東門外。又北壇山，在州東二里。上隆而平，有壇之象。相近有走馬山。

香臺山。在安岳縣。輿地紀勝：在普州西五里。

茗山。在安岳縣東七十里。輿地紀勝：在安居縣南七十里。又白崖山，在安居縣茗山鎮。嘉定乙卯擒潰卒莫簡算於此。相近有佛母山，有虎盤山，距安居縣一百四十里，四面陡絶。昔朱延慶嘗立寨於此，名虎盤寨。

瑞雲山。在安岳縣東九十里。四壁如削。又魚龍山，在縣東六十里。

雲居山。在安岳縣東南二里。輿地紀勝：與靜居山對峙。上有圓龜洞、葛仙洞，爲近城遊覽勝地。左爲鼓樓山，崖石積疊如樓。又乾父山，在縣南十五里。龍馬山，在縣南四十里。山爐山，在縣南五十里。桂鐘山，在縣南八十里。

香雲山。在安岳縣南十里。山頂有池，其水煮茗甚甘。

岳山。在安岳縣西南一里，縣以此得名。又安泉山，在縣南三里，有賈島墓。

鐵峯山。在安岳縣北。輿地紀勝：鳳凰山，在普州治後，形如飛鳳，延袤數里，氣象雄勝。州治據其脊。舊志：今名鐵峯山。

大雲山。在安岳縣北五里。上有棲巖寺。

鼇魚山。在安岳縣北二十里。輿地紀勝：相近有老君山。

婆娑山。在樂至縣界。有大、小二山。元和志：婆娑山，在普慈縣西北三十里。其山延亘數百里。寰宇記：大婆娑山，在普慈縣西十里。小婆娑山，在縣北三十里。輿地紀勝：婆娑山，上有玉龍淵。舊志：大婆娑山，在今樂至縣南一里。小婆娑山，在縣北一里。南北對峙，皆高險。

七盤山。在樂至縣南四十五里。岡巒曲折，凡有七盤，因名。又石佛山，在縣東南七十里。

周鼎山。在樂至縣西三十里。形如古鼎。下有清水潭，即桂林溪源也。

寶鼎山。在樂至縣西北七十里。有放生溪出此。

雲梯嶺。在中江縣西二十六里。嶺路陡峻四里許。明萬曆中，甃石級以便行者。

九節嶺。在蓬溪縣東南。寰宇記：在青石縣東二十九里。九節溪出此。

落馬巖。在三臺縣南十里。下有龍潭。

噴珠巖。在中江縣西四十五里。泉滴不竭。

月巖。在遂寧縣西南。輿地紀勝：在安居縣南五里高灘。福勝院依巖架屋，下瞰韓明溪，後巖尤奇。

韭菜巖。在蓬溪縣東南一百里。盤旋峙立，高數千丈。巖半一小臺，人跡不能到，中產韭，四時秀嫩，相傳神仙所種。

艮巖。在安岳縣西南。輿地紀勝：禮部尚書杜孝嚴嘗書艮卦象辭於其上，又作寶田銘刻於巖壁。

烏龍洞。在鹽亭縣東四十里。有龍泉，大旱不涸。

招隱洞。在遂寧縣北。輿地紀勝：在長江縣南二十里。

涪江。在三臺縣東北。自綿州流入，逕縣城東，又東南逕射洪縣東，過蓬溪縣西界，又逕遂寧縣東，入重慶府合州界。水經注：涪水東南經南安郡南，又南與金堂水會，又南枝津出焉。西經廣漢五城縣爲五城水，又西至成都入於江〔七〕。元和志：涪江水經郪縣東，去縣四里，流入射洪縣，在縣東一百步，灘十七所。又逕通泉縣東三里，又逕長江縣南，去縣二百五步，又逕方義縣北，去縣八十步，又逕青石縣南，去縣一里。州志：唐時以涪江逼近城址，横溢爲患，乃鑿江東壖地，别爲新江，東北注。至宋漸湮，水復衝齧。慶元中，提刑王勳依江堧伐石爲隄，謂之王公隄。舊志：涪江自綿州入潼川境，九十里至城，城北轉東南合中江，又四十里入射洪縣界，東南流三十里至縣城東，又二十里至獨坐山下合梓潼水，轉南曲流四十里入蓬溪界，經縣西五十里，又四十里入遂寧界，五十里經縣城東，又一百二十里入廢安居縣界。

中江。在三臺縣西南。自綿州流入，經中江縣南，又東經縣城南入涪江，即古五城水也。水經注：涪水枝津，西逕廣漢五城縣爲五城水。元和志：内江水，本名中江，經玄武縣南，去縣百步。寰宇記：中江，在郪縣西南三里，從玄武縣東界流入當縣西南，八十餘里入涪江。舊志：俗名西橋河，又名凱江。自羅江縣入中江縣境，東南曲流六十里至縣城西，又折東繞城南合東溪，又東南流五里合余家河，又東北曲流四十里入潼川州界，又東七十里合西溪，過城南，入涪江。按：輿圖謂之羅江河。

郪江。在中江縣南九十里。源出銅山縣東南，逕三臺縣南，至蓬溪縣入涪江。隋書地理志：玄武縣有郪江。元和志：郪江水經銅山縣南五里，又經飛烏縣北四十里。寰宇記：郪江水源出玄武縣，東南流入銅山縣界。又飛烏縣有小郪江，源出縣西南蓬池鄉小山下，東流合縣郭，又七十六里合郪江。輿地紀勝〔八〕：郪江源出銅山縣赤岸溪。流經飛烏，會衆流入長江。舊志：源出中江縣銅山，水色澄清如玉，亦曰玉江。東流過雲臺山，逕潼川南百里，又東至蓬溪縣明水寨入涪。按輿圖，水有三源，一出潼川南界，一出中江縣東南界，皆東南流至蓬萊鎮西北會爲一。一出樂至縣北界，東北流至蓬萊鎮東合流，即寰宇記之小郪江也。又東至遂寧、蓬溪二縣界黄龍鋪北入涪，其水去中江尚遠。

硝河。在中江縣西南。源出縣西北，其水出硝。又魚塹河，在縣東南二百里。居民於此塹魚。

雙橋河。在中江縣西南。源出縣西北白蓮洞，東南流匯爲龍王潭，又至銅魚山前入涪江。

梓潼水。在射洪縣東。自綿州梓潼縣流入，經鹽亭縣，又南經縣東入涪江。一名潺江，亦曰射江，又曰白馬河。水經注：梓潼水，自梓潼縣南逕涪城東，又南入涪水，謂之五婦水口。元和志：梓潼水，經鹽亭南，去縣三里。又射洪縣有梓潼水，與涪江合，流急如箭，奔射涪江口。蜀人謂水口曰洪，因名射洪。舊志：梓潼水，亦曰大潺江、射江，自梓潼縣入鹽亭縣境，南流一百里，經縣南二里合鵝溪，又五十里入射洪界，經縣界二十里，又南十八里至獨坐山下入涪江。按：明統志既云梓潼水在鹽亭縣南下白馬河入涪江，又云射江在射洪縣東南十五里，又有大瀰江在縣東，小瀰江在縣北，蓋雜採寰宇記、輿地紀勝等書，而不知其皆梓潼水之異名也。

黄滸水。在射洪縣東南。寰宇記：源從鹽亭縣東南流入通泉縣合涪江。輿地紀勝：在通泉縣東五里。又可波水，在縣東，源出永泰縣可波池，入梓潼水。舊志：黄滸溪在縣東南二十里，又可波水在縣東五十里。

沈水。在射洪縣東南。後漢書光武紀：建武十一年，臧宫與公孫述將延岑戰於沈水，大破之。郡國志：廣漢縣有沈水。水經注：沈水出廣漢縣，下入涪水。元和志：通泉縣有沈水，北自鹽亭界流入。明統志：在射洪縣東南八十里。

鹽亭水。在鹽亭縣東。元和志：永泰縣有鹽亭溪水經縣北，去縣十九里。寰宇記：源出閬州西水縣，西南流入鹽亭縣，合梓潼水。舊志：水在縣東十里。按：輿圖有小沙河，源出縣東北，西南流經縣東入梓潼水，即鹽亭水也。舊志亦謂之瀰江，又謂出劒州境，皆非。

安居水。源出樂至縣東北，流經安岳、遂寧二縣界，又東入銅梁、廢安居縣界。亦名大安溪。元和志：安居水在普慈縣北一里。又在安居縣北八十里。輿地紀勝：大安溪在安居衆水之關，東至合州入江。孟蜀時，嘗取魚於此，當時號曰禁溪。又有九曲溪，在安居頭陀寺之旁，九曲入大安溪。明統志：大安溪在安岳縣北七十里。舊志：安居河源自中江飛烏山，縈紆南下，會郪水、白馬河，至安居鎮合永安河，其流漸大，又合石羊河爲兩江口，又經大安里至安居縣入江。按輿圖，水發源樂至縣東，安岳縣北界，有三派合流，東經安居場北轉，東南過遂寧南界，有魚海河自安岳縣流來會之，又東南有灌子河自安岳南界經大足縣北界流入焉。是爲關箭溪。又東至廢安居縣北入涪江。舊志所言，多與輿圖不合。

桃花溪。在三臺縣東。寰宇記：在郪縣東三十里。源從涪城縣南流入縣東，又六十里入射洪縣。明統志：桃花水，在射洪縣東北流入涪江。舊州志：源出州東北秋林驛，東南流入射洪縣界，又二十里由稻田壩入涪。春日桃花夾岸，掩映清流。

石谷溪。在三臺縣城西。寰宇記：在郪縣西南二里。源出當縣杜山，下流繞牛頭山，南入中江。舊志：今有西溪在州西門外，一名濯筆溪，源出州北衆山溪水，下流三十里至州城西南入中江。

黄溪。在射洪縣北一里。又唐溪在縣南五里，九曲溪在縣南二十里，皆流入涪江。

楊桃溪。在鹽亭縣東南。九域志：東關縣有楊桃溪。舊志：在今縣東南五十里。自西充縣流入合鹽亭水。按輿圖，楊桃溪在蓬溪縣西，在縣東南五十里許者乃思溪河，入梓潼水，不入鹽亭水，亦與舊志不合。

鵝溪。在鹽亭縣西北八十里。明統志：其地産絹。宋文同詩：「待將一匹鵝溪絹，寫取寒梢萬丈長。」舊志：在縣北門外，亦名瀰江。源自綿州，亂壑聚成，下流八十里過縣治東，轉南合梓潼。又有鱗溪，在縣南三里，亦入梓潼水。按輿圖，鵝溪在縣西北，與明統志道里合。舊志所言疑别是一水。

東溪。在中江縣東，一名東橋河。源出涪城山溪，西南流五十里至縣城東，轉南至玄武山入中江。

卜油溪。在遂寧縣南。輿地紀勝：土人每於人日遊溪濱，以清油置水中，觀其暈以占休咎。舊志：溪出縣南梵雲山。又石子溪，在縣南五里，源出山澗，流經廣德梵雲，横繞城南，又東入江。

北流溪。在遂寧縣西。寰宇記：小溪縣有北流溪，今名倒流溪。明統志：倒流溪在縣西十五里。源出涼水井，東北流十五里入江。

珠玉溪。在蓬溪縣南。寰宇記：在青石縣，以地有珠玉村，因名。舊志：在今縣西南七十里。

九節溪。在蓬溪縣南。元和志：源出青石縣東二十六里，灘有九節，因名。舊志：在今縣南一百二十里，南流入江。

瑰溪。在蓬溪縣西。輿地紀勝：自通泉縣界西流至長江縣。山如擘開，水從高注下爲龍湫，出峽合郪水。按輿圖，今瑰溪在鹽亭縣南，在蓬溪縣西者，乃楊桃溪，紀勝蓋以此爲瑰溪也。所謂郪水，亦似指涪江。

蓬溪。在蓬溪縣北。西南流入遂寧縣界，一名赤溪。明統志：蓬溪源自蓬萊山，西通遂寧縣。又赤溪，在遂寧縣北十五里。源自蓬溪，經本縣入涪江。舊志：赤溪，源出南充縣界，西南流，歷遂寧繖子山入江。又有老蓋溪，在蓬溪縣東三十里。西南流，循馬相口入江。又馬堵溪，在縣西二十五里。利國溪，在縣西三十里。皆南至馬相口入江。

岳陽溪。在安岳縣南。輿地紀勝：天聖中，郡守彭乘鑿石爲曲水，後名翰林灘。每歲修禊事於此。又有雙溪，在郡西七里，與岳陽溪合流而東。明統志：岳陽溪，在安岳縣西，即青竹溪。舊志：玉帶溪上流名桂林溪，源出樂至縣西清水潭，東南流三十里，至縣西，轉東南曲流九十里，入安岳縣界，又東南流四十里，至縣南，分爲二派，一東南流一百三十里，入榮昌廢大足縣界，一東北流九十里，入遂寧縣界入江。

放生溪。在樂至縣西四十里。源出寶鼎山，西流入簡州河。

萬頃澤。在射洪縣東南。寰宇記：在通泉縣東北二十二里，澤内有田方萬頃。

靈星池。在遂寧縣南。元和志：在方義縣西南四里。寰宇記：在小溪縣西北四里。按：元和志作「虚星池」，蓋傳寫之誤。

龍池。在遂寧縣北。元和志：在遂州北百二十步。寰宇記：相傳池側有柳樹，大十圍。周天和初，有龍自樹升天，自後樹枯，池亦淺竭。

明月池。在遂寧縣北。輿地紀勝：在小溪縣北五里。

樂至池。在樂至縣東二里。

龍潭。在三臺縣東北八十里，禱雨有應。

黑龍潭。在遂寧縣南八十里，澄潭百尺不涸。

高洞龍潭。在蓬溪縣西二十五里，有祠。

琴泉。在三臺縣北二里。巖洞深邃，有泉滴入，鏗然如鳴琴。

橫冰泉。在三臺縣北三里。凝澈如冰，愈目疾。

浴丹泉。在鹽亭縣東一里鳳凰山。昔易元子浴丹於此。

聖水泉。在中江縣東一里玄武山。唐王勃有詩。

飛來泉。在中江縣西南一百二十里銅山側，噴流如飛。

湧泉。在遂寧縣西北玉壘鎮。其地有泉湧出，灌溉鎮旁之田。

鹽井。郡境各縣俱有。元和志：郪縣有鹽井三十六所。通泉縣西北十二里有赤車鹽井，又別有鹽井十三所。鹽亭縣以近鹽井爲名。大汁鹽井，在永泰縣東四十二里。又有小汁井、歌井、針井。方義縣四面皆有鹽井。安居縣有鹽井四。蓬溪縣鹽井十三。安岳縣鹽井十。普康縣鹽井三。普慈縣鹽井十四。寰宇記：郪縣有鹽井四十三眼，二十二眼現煎，餘廢。涪城縣鹽井五十五眼，十眼現煎，四十五眼塞。通泉縣鹽井七十四。鹽亭縣鹽井三，一井現煎。永泰縣鹽井五。東關縣鹽井四，三井現煎，一井廢。玄武縣鹽井二，近江水淡，煎鹽不成。飛烏縣鹽井七，三井現煎，四井塞。通志：今潼川州鹽井，上井三眼，中井九眼，下井二百十六眼。射洪縣鹽井二千三百十九眼。鹽亭縣中井三眼，中下井四眼，下井二眼，下下井十一眼。中江縣鹽井二百二十八眼。遂寧縣鹽井五十二眼。蓬溪縣鹽井七百九十六眼。安岳縣鹽井二眼。樂至縣鹽井一百十六眼。

校勘記

〔一〕太平興國三年改安靜軍　「安静」原倒，乾隆志卷三〇八潼川府建置沿革（下同卷簡稱乾隆志）同，據輿地廣記卷三一梓州路、明一統志卷七一潼川府、宋朝事實卷一九潼川路、太平寰宇記卷八二劍南東道、元豐九域志梓州路改。

〔二〕玄武山　「玄」，原作「元」，乾隆志同，據元和郡縣志、太平寰宇記改。按，本志避清聖祖諱改字，今改回。下文「元武山」、「元武縣」皆回改。

〔三〕其山六屈三起　「三」，原作「六」，據乾隆志及太平寰宇記卷八二劍南東道梓州改。

〔四〕飛烏縣有大飛烏山高二里周二里　「高二里」，原作「高二十里」。按，山高二十里，其周回僅二里，理無可能。乾隆志、太平寰宇記卷八二劍南東道皆作「高二里」，是也，據刪「十」字。

〔五〕紐綸舊作紐璘　「紐璘」，原作「細璘」，據乾隆志及元史卷一二九紐璘傳改。

〔六〕奴嵊山　「嵊」，乾隆志、太平寰宇記卷八七劍南東道遂州、明一統志卷七一、雍正四川通志卷二五皆作「厥」。

〔七〕又西至成都入於江　「西」，原作「南」，據乾隆志及水經注卷三二涪水改。

〔八〕輿地紀勝　「地」，原作「圖」，據乾隆志改。按，下所引文見載輿地紀勝卷一五四潼川府路景物上。

大清一統志卷四百七

潼川府二

古蹟

郪縣故城。在三臺縣南。漢置。三國蜀志：炎興初，姜維等聞諸葛瞻破，引軍由廣漢郪道，以審虛實。華陽國志：李特克成都，衆饑，李驤將民入郪王城，食穀芋。後漢書注：郪縣故城，在今郪縣西南。元和志：梓州東南至遂州二百五十里，西北至綿州一百三十里，西至漢州二百十里，正東微南至果州三百五里，東北至閬州三百十五里，正北微東至劒州三百六十里，正南微東至普州三百五十里。宋於此置新城郡。梁武陵王蕭紀於郡置新州。隋開皇末，改曰梓州，因梓潼水爲名。州城，宋元嘉中築，左帶涪水，右挾中江，居水陸之衝要。郪縣郭下，本漢舊縣，因郪江水爲名。寰宇記：郪舊縣，在今縣南九里，臨江。郪王城基址現存。又有漢郪道縣城在今縣西。輿地紀勝：漢郪縣城，在飛烏縣北三十里。又有後唐長興時郪縣城，在今縣西。按：晉志無郪縣。而王長文傳曰廣漢郪人，又華陽國志、沈約宋志皆有郪縣，其未嘗廢可知。又宋志有新城郡，治北伍城，兼領懷歸縣。隋志云新城郡舊曰伍城，蓋即劉宋故縣。獨齊志新城郡治下辨所領縣與宋志皆不同，不可考。

五城故城。在中江縣東。華陽國志：廣漢郡有五城縣，在郡東南。漢時置五倉，發五縣民，尉部主之，後因以爲縣。宋書州郡志：五城縣，晉武帝咸寧四年置，太康六年省，七年又置。隋書地理志：蜀郡玄武縣，舊曰五城，後周置玄武郡。開皇初郡廢，改縣名。仁壽初置凱州，大業初廢。元和志：縣東至梓州一百十五里。本先主所置五城縣也，屬廣漢郡。後魏平蜀，置玄武郡，以縣屬焉。隋開皇三年，改五城爲玄武縣，因玄武山爲名，屬益州。武德三年，割屬梓州。寰宇記：廢五城縣，在縣東二里三隅山之東。舊志：舊玄武縣，在今縣西南二里，址存。

廣漢故城。在遂寧縣東北。輿地紀勝：廣漢故城，在鹽亭東北十五里。又有隋廣漢城，在通泉縣北三十里。縣志：廢廣漢縣，在射洪縣東南一百里蓬溪縣界。舊志：漢時縣名與郡同者，類加「小」字以別之，如沛郡之沛縣曰小沛，丹陽郡之丹陽縣曰小丹陽，桂陽郡之桂陽縣曰小桂陽，零陵郡之零陵縣曰小零陵是也。今縣屬廣漢郡，亦宜曰小廣漢。水經注：涪水南至小廣魏，與梓潼合。小廣魏，即廣漢縣。水經本曹魏時人所作，故改「漢」爲「魏」也。齊志之小漢，蓋本緣小廣漢爲名，而中省「廣」字耳。隋志遂寧郡治小溪縣，以爲梁置。按此郡本置於晉時，其治縣不應至梁時始置。元和志以爲晉穆帝置。今檢宋、齊二志，皆無此縣，意者梁之小溪即齊之小漢，「漢」、「溪」字形相似而訛，後人不之察耳。按：漢志廣漢郡首領梓潼，後漢郡國志治雒縣，晉志始治廣漢縣。舊志則謂漢初本治廣漢縣，後徙治梓潼，而引華陽國志、水經注爲證。又云，晉志蜀建興二年，分廣漢立東廣漢郡，魏景元中平蜀省，晉之廣漢郡蓋即蜀之東廣漢郡。廣漢縣，自漢至晉，凡三爲郡治。今考華陽國志，廣漢郡本治繩鄉，元初二年徙治涪。繩鄉，水經注作乘鄉，下云王莽之吾雒也。吾雒，即雒縣。是繩鄉本在雒縣，不在廣漢縣也。據漢志郡治梓潼，據華陽國志、水經注，則初治雒之繩鄉，後徙治涪，又治雒城。其廣漢縣，則晉時始爲郡治，前此皆爲屬縣也。舊志謂本治廣漢，蓋誤認繩鄉爲廣漢縣地耳。蜀時分置東廣漢郡，今不知其治所，以爲即晉之廣漢郡，亦無所據。

鹽亭廢郡。今鹽亭縣治。隋書地理志：新城郡鹽亭縣，西魏置鹽亭郡，開皇初郡廢。元和志：縣西南至梓州九十三里，本漢廣漢縣地。梁於此置北宕渠郡，後魏恭帝改爲鹽亭，以近鹽井，因名。

安岳故縣。在今安岳縣北。元和志：普州正北微東至遂州一百三十里，正西微北至簡州二百四十里，正南微西至資州一百七十里，正北微西至梓州三百五十里。本漢之資中、牛鞞、墊江、後漢之德陽四縣地。周武帝建德四年置安岳縣，又於縣立普州。舊唐書地理志：晉李雄亂後，爲獠所據，梁招撫之，置普慈郡。寰宇記：安岳縣本以邑地在山之上，四面險絶，故曰安岳。輿地紀勝：縣舊治在鐵門山，宋開寶四年移今治。宋史地理志：普州，淳祐三年據險置治，寶祐以後廢。

涪城廢縣。在三臺縣西北。蕭齊僑置始平郡，隋改涪城縣，屬金山郡。唐、宋屬梓州，元省。齊書州郡志：始平獠郡，建武三年置。隋書地理志：金山郡涪城縣，舊置始平郡，西魏改郡曰涪城，周又改曰安城。開皇初，郡廢，改縣曰安城。十六年，改爲涪城。元和志：涪城縣東南至梓州六十里，本漢涪縣地。唐初屬綿州，大曆十三年割屬梓州。輿地紀勝：圖經云，唐涪城縣城在今縣東四百步。元史地理志：至元二十年，併涪城入郪縣。

通泉廢縣。在射洪縣東南。隋書地理志：新城郡通泉縣，舊曰通泉，置西宕渠郡，西魏改郡縣俱曰湧泉，開皇初郡廢，縣改名，又併光漢縣入焉。元和志：縣西北至梓州一百四十里，本漢廣漢縣地。宋於此置西宕渠郡。後魏恭帝移於涌山，改名涌泉郡。周明帝置通井縣。隋開皇三年，改爲通泉。十八年，改屬梓州。唐書地理志：通泉縣，大曆二年隸遂州，後復屬梓州。元史地理志：至元二十年，併通泉入射洪。舊志：廢通泉縣在射洪縣東南七十里。按：南齊書並無通泉縣。西宕渠郡領縣四，曰宕渠，曰宣漢，曰漢初，曰東關。則通泉之非齊置可知。惟隋書地理志注云：「舊曰通泉，置西宕渠郡，西魏改郡縣俱爲湧泉〔一〕。」然查漢書、晉書、宋書，俱無通泉，不知隋志何所據。又查元和志，周明帝置通井縣，隋開皇三年改爲通泉縣。是通泉之名創於隋，而非創於齊也。謹據各史及元和志更正。

東關廢縣。在鹽亭縣東南。蕭齊時，西宕渠郡有東關縣，梁、魏時廢。宋復置，屬梓州。寰宇記：縣在州東南一百四十里。本鹽亭縣雍江草市也。蜀明德四年，以其地去縣遠，爲寇盜盤泊之所，因割樂平等三鄉立招葺院。乾德四年，升爲縣，取古東關地名之，從知州張澹之請也。元史地理志：至元二十年，併東關入鹽亭。舊志：廢東關城，在今縣東南百里，今名東關市。

高渠廢縣。在鹽亭縣西。寰宇記：廢高渠郡城在鹽亭縣西十六里，北臨梓潼水。周保定初置，隋開皇三年廢爲縣，大業三年縣亦廢。

北宕渠廢縣。在鹽亭縣西北。齊書州郡志：益州西宕渠郡，領宕渠縣。寰宇記：廢宕渠，在鹽亭縣西北三十二里安樂村。李膺蜀記：宋元嘉十九年，置西宕渠郡，領縣四。宕渠是其一也。梁天監中廢。按：九域志鹽亭縣有宕渠鎮，即此。

永泰廢縣。在鹽亭縣東北。元和志：縣西南至梓州一百四十五里。本漢充國縣地。武德四年分置，地號永泰，因以爲名。寰宇記：在州東北一百二十七里。唐巡檢皇甫無逸以四境遥遠，人多草寇，遂於鹽亭及劍州黄安、閬州西水三縣界置。九域志：熙寧五年，省永泰爲鎮，入鹽亭。十年復置尉司。輿地紀勝：建中靖國初，改曰安泰。紹興初，復爲縣，未幾廢。三十一年，復置永泰縣。舊志：元初省。在今鹽亭東北六十里。

飛烏廢縣。在中江縣東南。隋置，屬新城郡。唐屬梓州。宋屬潼川府。元省。元和志：縣東北至梓州一百四十五里，本漢郪縣地。開皇十三年，於地置飛烏鎮，明年改鎮爲縣，並因山爲名。寰宇記有故城，在今縣北三十五里，故郪王城也。隋置縣。唐貞觀二十二年，以舊縣山重峻險，移就今理。舊志：廢飛烏縣，在中江縣東南一百七十里。

銅山廢縣。在中江縣南九十里。元和志：縣東北至梓州一百二十里，本漢郪縣地。有銅山，歷代採鑄。貞觀二十三年，置監署官，前上元三年廢。調露元年，因廢監置縣。舊唐書地理志：分郪、飛烏二縣地置。九域志：在州西南九十五里。元史地理志：至元二十年，併銅山入中江。

懷歸廢縣。在中江縣西北。宋書州郡志：新城郡領懷歸縣。何志新立。寰宇記：在縣北二十里。李膺蜀記云，宋元嘉九年置，後周明帝初併入玄武。

小溪廢縣。今遂寧縣治。晉書地理志：桓温平蜀，於德陽界東南立遂寧郡。隋書地理志：遂寧郡方義縣，梁曰小溪，置東遂寧郡。西魏改縣名，周改郡名曰石山。開皇初郡廢，大業初置遂寧郡。元和志：遂州東北至果州一百七十里，東南至合州二百六十里，西北至梓州二百五十里，正南微西至普州一百四十里。漢廣漢縣地，後分爲德陽縣。東晉分置遂寧郡。周保定二年，立爲遂州。方義縣，郭下，本晉小溪縣，永和十一年置，後魏恭帝改曰方義。舊志：宋太平興國初避諱，仍改曰小溪。明初省入州。按：小溪縣，隋志以爲梁置，元和志以爲晉置，不同。又寰宇記，宋泰始五年，刺史劉亮表分遂寧爲東、西二郡，齊志有東遂寧郡，不始於梁也。遂州之置，見於周書閔帝元年，元和志作保定二年，亦誤。

德陽廢縣。在遂寧縣東南。後漢置，屬廣漢郡。晉初因之，後改屬遂寧郡。宋、齊因之，周廢。蜀志張裔傳：張飛自荆州由墊江入，璋授裔兵，拒飛於德陽陌下。寰宇記：遂州蓋德陽之舊壘，東與巴郡爲界。譙縱亂後，移於石坪。其地多獠。華陽國志：縣有青石祠，蓋在遂寧東南，蓬溪之南，舊青石縣界。

崇龕廢縣。在遂寧縣南。元和志：縣西至普州一百十里。隋開皇三年，於此置隆龕鎮。大業十二年，於鎮置縣。先天元年更名。舊唐書地理志：本周隆龕城，隋爲縣，舊治整瀨川〔二〕，久視元年移理波羅川。九域志：乾德五年省爲鎮，入安居。

安居廢縣。在遂寧縣西南。隋書地理志：資陽郡安居縣，後周置曰柔剛，又置安居郡。開皇初郡廢，十三年改縣名焉。元和志：縣南至普州八十里。舊唐書地理志：舊治柔剛山，天授二年移理張栅。九域志：在普州北七十里。舊志：今有安居鋪，在遂寧縣西南四十里，即故縣也。明成化中，又分遂寧及銅梁縣地置安居縣，屬重慶府，非故地矣。

唐興廢縣。在蓬溪縣南。元和志：蓬溪縣西南至遂州一百二十里。永淳元年，割方義縣北界，於今縣南二十里蓬川置唐興縣。長壽二年，改爲武豊。神龍元年，復爲唐興。天寶元年，改爲蓬溪。寰宇記：本漢廣漢縣地，取邑内蓬溪爲名。九域志：縣在遂州東北七十里。舊志：明初又移今治。故城在縣南，縣志謂在縣東北三十里，誤。

青石廢縣。在蓬溪縣南。宋書州郡志：遂寧郡領晉興縣，徐志不注置立。隋書地理志：遂寧郡青石縣，舊曰晉興，西魏改名，又置懷化郡。開皇初郡廢。元和志：縣西北至遂州七十里，本晉晉興縣，屬巴郡。既置遂寧，乃割屬焉。後魏改爲始興。開皇十八年，改爲青石。宋史地理志：熙寧六年，省入遂寧。七年，復置。元史地理志：至元十九年，併青石入小溪。舊志：在今蓬溪縣南一百二十里。

長江廢縣。在蓬溪縣西。東晉巴興縣地。宋書州郡志：遂寧郡領巴興縣，徐志不注置立，疑是李氏所立。隋書地理志：遂寧郡長江縣，舊曰巴興，西魏更名，又置懷化郡，開皇初郡廢。元和志：縣南至遂州五十里。舊唐書地理志：縣舊治靈鷲山。上元二年，移治白桃川。寰宇記：東晉永和十一年，置巴興縣。西魏恭帝改長江，以界内大江爲名。唐上元元年，以舊縣不安，移在明月山下鳳凰川。元史地理志：至元十九年，併長江入蓬溪。舊志：廢縣在蓬溪縣西六十里，南去遂寧縣六十里。今有長江壩。

普康廢縣。在安岳縣南。元和志：縣北至普州七十里。周建德四年，於此置永康縣。隋開皇十八年，改爲隆康。先天元年，改爲普康。舊唐書地理志：本後周永唐縣，隋改爲永康，移治伏强城，尋改隆康。寰宇記：在普州南五十里。宋史地理志：熙寧五年，廢普康縣入安岳。

普慈廢縣。在樂至縣東北。元和志：普慈縣東南至普州一百里，本名多業縣，周建德四年置，屬普慈郡。隋開皇十三年，改爲普慈。宋史地理志：乾德五年，廢普慈縣。舊志：在樂至縣東北三十五里。

遂寧舊縣。在今遂寧縣西南。唐景龍元年，分青石縣置，屬遂州。宋屬遂寧府。元至元十九年，省入小溪。元和志：縣東南至遂州一百二十里。九域志：在州西南八十五里。

黄虎城。在射洪縣界。舊志：晉義熙四年，劉敬宣討譙縱，泝涪而上，至黄虎，去成都五百里。寰宇記：通泉縣，地名黄滸川。「黄滸」疑即「黄虎」之訛也。胡三省通鑑註：黄虎近涪城，或在郪江口。

明水城。在蓬溪縣西南。明月山南有明水山，峯巒插天。元末明玉珍保障於此，築城周二里，遺址尚存，今爲鎮。亦曰明水寨。

石羊城。在安岳縣東。輿地紀勝：石羊鎮在安居縣。又有石羊山，去縣一百三十里。舊志：石羊城，在今縣東一百二十里。相傳元時置縣，明初廢爲鎮。

富國監。在三臺縣南。寰宇記：本鄄縣富國鎮新井煎鹽之場，宋置監以董其事，兼領通泉、飛烏等鹽井，去州九十里。明統志：富國監，在潼川府南。

鐵冶。在射洪、鹽亭二縣。九域志：通泉縣有鐵冶三，東關縣有鐵冶一。

銅冶。在中江縣西南。九域志：銅山縣有銅冶。舊志：蓋在銅官山下。

陳子昂故宅。在射洪縣東武東山下。又讀書臺，在縣北金華山巔。

郭元振故宅。在射洪縣東南。輿地紀勝：在通泉縣。

孫樵舊宅。在遂寧縣。輿地紀勝：在遂寧府東畫錦坊。

陳摶舊宅。在遂寧縣南。輿地紀勝：在崇龕鎮，去鎮二里。宋初即其宅爲靈山觀。宣和四年，賜額曰「欽真」。

龔穎舊宅〔三〕。在遂寧縣西南。輿地紀勝：在遂寧縣西十里龔雅村。

長嘯樓。在府子城上。輿地紀勝：又有觀風樓、拏雲樓，皆在府前。

翔鳳樓。在蓬溪縣西。近樓之山有翔鳳之勢，故名。

官閣。在三臺縣北六十里。唐杜甫詩：「山腰官閣迥添愁。」

元祐閣。在遂寧縣。輿地紀勝：在遂寧府城安居門外隆化院左，政和中程師孟作。山川之秀、井邑之美，畢陳於前。唐文若爲記。後又畫元祐人物。

玉虹閣。在安岳縣治内。宋建。

名世堂。在府治。方輿勝覽：畫屈原、司馬相如、王褒、揚雄、嚴君平、陳子昂、李太白、蘇子瞻八人。

來衮堂。在府治。以宋丞相趙雄得名。

静治堂。在遂寧縣東北三里。宋孝宗御書「静治堂」三大字，以賜丁逢。

四春亭。在府治内。宋魏了翁建，取邵子「四時常有春」語爲名，有詩。

山亭。在三臺縣南牛頭山。唐杜甫詩：「路出雙林外，亭窺萬井中。」

野亭。在射洪縣東南。輿地紀勝：在通泉縣東山。杜甫詩：「亭影臨江水，村煙對浦沙。」

環翠亭。在中江縣治南。明統志：宋程建用記：西園之勝，有環翠亭，面北而枕南。

浮螺亭。在遂寧縣。輿地紀勝：去小溪縣一里長慶院，有下高五十六體篆字碑。

三亭。在安岳縣。名勝志：普州三亭，曰均逸，曰東溪，曰碧厓。宋文同知普州日，各系以詩，見丹淵集。

孝義臺。在鹽亭縣東南一百三十里。宋時邑人馮伯瑜剖腹取肝，以愈父疾。縣令卞詵築臺於此，立石旌表之。又蓬溪縣亦有孝義臺，在縣西二十五里。蜀孟昶時，里人程崇政以孝聞，知縣程佐表之。

關隘

步雲關。在射洪縣南二十里。

羅家渡隘。在三臺縣東八十里。又蒙埡寺隘，在縣東北一百里。

佛耳巖隘。在三臺縣西北一百二十里。又馬康橋隘，在縣北五十里。

洋溪鎮巡司。在射洪縣南。本朝乾隆二十年置。

胖子店巡司。在中江縣。本朝乾隆三十二年置。

青隄渡鹽課司。在射洪縣。本朝乾隆元年置。

康家渡鹽課司。在蓬溪縣。本朝乾隆元年置。又三臺縣有華池鹽課司，遂寧縣有廣福鹽課司，俱明置，今裁。

南明鎮。在三臺縣西北。九域志：涪城縣有南明、新井、鳳溪、高鋪四鎮。舊志：南溟鎮在州北八十里，即南明也。又有鹿蹄鎮，在州南二十里。樂安鎮，在州西三十里官道。

大通鎮。在射洪縣南。九域志：通泉縣有大通、剩隴、赤車、千頃四鎮。

太和鎮。在射洪縣南四十里。有通判駐此。

豐義鎮。在射洪縣界。九域志：射洪縣有豐義、納壩二鎮。

鵝溪鎮。在鹽亭縣北。九域志：縣有何店、白馬、宕渠、臨江、鵝溪五鎮。

大汁鎮。在鹽亭縣東北。九域志：永泰司有大汁、永豐二鎮。

臨津鎮。在中江縣東。九域志：中江縣有臨津、吴店、石臼、新安、陽平、馬橋六鎮。舊志：吴店、石臼在縣南，新安在縣西南。

龔市鎮。在中江縣南。又保安鎮，亦在縣南。九域志：飛烏縣有龔市、賴王、七泉、路口、保安五鎮。又銅山縣有大石、曲木二鎮。按：輿圖有龔家口在縣南少西，接金堂縣界，即龔市鎮也。

黄鹿鎮。在中江縣西北五十里。舊名下市〔四〕。相傳五代王蜀初，有女仙馬愛娘跨黄鹿飛昇於此，因名。

韓朋鎮。在遂寧縣西南。九域志：安居縣有安居、韓朋、崇龕、茗山等八鎮。按：茗山今在安岳縣。

萬歲鎮。在遂寧縣西四十里。九域志：遂寧縣有柏子、井鼻、萬歲、蒲市四鎮。

白水鎮。在遂寧縣北繖子山下。又閏國鎮，在縣北四十里。九域志：小溪縣有白水、白崖、石城、閏國等十鎮。

梓潼鎮。在遂寧縣界。縣丞兼批驗所大使駐此。

九節鎮。在蓬溪縣東南一百二十里。又龍會鎮，在縣南一百里。九域志：青石縣有九節、龍會、大張、市河、玉賴岡五鎮。

利國鎮。在蓬溪縣西南三十里。明置石峯堡於此。又仁和鎮，在縣南二十里。義富鎮，在縣西八十里。懷化鎮，在縣西北二十五里，有堡。石洞鎮，在縣北三十里。九域志：蓬溪縣有利國、仁和、石洞、懷化、義富五鎮。

走馬鎮。在蓬溪縣西五十里江西岸。有堡，有市。其地多陶，爲利甚廣。

客館鎮。在蓬溪縣西二百十里，跨鰲山下。又有長潭鎮，在縣西一百十里，有堡，即長灘。又有白土堡，在長潭之西，即故白土鎮也。九域志：長江縣有白土、鳳臺、錦店、長灘、客館、趙井六鎮。

蓬萊鎮。在蓬溪縣西北一百六十里，即舊唐興縣地。本朝雍正八年，設巡司。乾隆元年，改設鹽課大使。二十年，復改設縣丞駐此。

龍臺鎮。在安岳縣東。唐天復初，王建遣龍臺鎮使王宗侃討杜從法等於昌、普、合三州，平之。九域志：安岳縣有楊仙、龍臺、清流、龍歸等十六鎮。舊志：清流鎮，在縣南六十里。

茗山鎮。在安岳縣東七十里。旁有茗山，因名。九域志：安居縣有茗山鎮。

三會鎮。在樂至縣北。九域志：樂至縣有三會、普慈等八鎮。輿地紀勝：三會係遂寧、潼川、簡池三州交會之地，故名。

葫蘆溪。在三臺縣北八十里。有縣丞駐此。

大庾渡。在射洪縣太和鎮涪江東岸。本朝雍正七年置巡司，今裁。

秋林驛。在三臺縣東五十里。又建寧驛，在縣西六十里。俱明洪武中置，今裁。又射洪縣西有九井驛，鹽亭縣西有雲溪驛，亦明置，皆久廢。

古店驛。在中江縣西六十里。本朝康熙中置，今裁。

津梁

東津。在府城東。輿地紀勝：在郪縣東四里，渡涪江水。

孝弟橋。在府城内儒學前。宋時州學生杜田舉孝弟科，因以名橋。

敦義橋。在府東三十里桃花溪。

通濟橋。在府東五十里映溪山下，横鎖雙溪。

東龕橋。在射洪縣東。

思賢橋。在射洪縣東武東山下。陳子昂故宅，里人思之，故名。

德星橋。在鹽亭縣南，近嚴氏故宅。杜甫詩有「嚴家聚德星」之句，因名。

會秀橋。在遂寧縣南一百里。

飛雲橋。在蓬溪縣東，跨蓬溪。

連珠橋。在蓬溪縣東北三里。

成信橋。在安岳縣東三十里。

隄堰

王公隄。在府城外東南。宋提刑王勳築。

新隄。在中江縣西南。宋令廖子仲築，文同有記。

廣寒堰。在射洪縣南，穴山引水。本朝乾隆中築。

永濟堰。在遂寧縣東北射洪嘴。本朝乾隆九年，知縣田朝鼎築，灌楊渡等壩田二萬餘頃。

陵墓

三國　漢

鄧芝墓。在蓬溪縣。寰宇記：在青石山。舊志：在蓬溪縣南一百里，或曰在遂寧縣北二十里鳳凰山。

晉

段容墓。在射洪縣南。容字宗仲，廣漢人。有學行，官至雲南建寧太守。輿地紀勝：墓在通泉縣。

南北朝　梁

朱買臣墓。在安岳縣南六十里古龕寺。縣志：舊以爲漢朱買臣，然其墓不應在此，其梁人與？

隋

姚萇墓。在安岳縣北六十里。

唐

楊炯墓。輿地紀勝：在梓州北長平山。

陳子昂墓。在射洪縣東南二十里獨坐山下。

嚴震、嚴礪墓。在鹽亭縣西一里。寰宇記：俱在鹽亭縣西負戴山下。

孫樵墓。在遂寧縣西門外。

賈島墓。輿地紀勝：在普州南安岳山下。明統志：在安岳縣南三里。按：朱昆田日下舊聞補遺云，賈島墓本在普州安岳縣移風鄉，絳志文足據。何光遠鑑戒録亦曰墓在岳陽山上〔五〕。岳陽，普州地名。則島墓在普州無疑。又李頻、李洞、曹松諸人詩皆憫其遠葬於蜀。明統志乃載入房山縣，長安客話遂謂島卒於蜀，歸葬房山，不知何所本也。

五代　唐

夏魯奇墓。在遂寧縣治後忠井側。

程崇雅墓。在蓬溪縣西南二十里。

宋

蘇易簡墓。在三臺縣西南八十餘里廢銅山縣。相近又有故宅。

孝子馮伯瑜墓。在鹽亭縣東南一百二十里。

文同墓。在鹽亭縣東北廢永泰縣東四十里。

楊輔墓。在遂寧縣西二里佛現山下。

牟袞墓。在安岳縣北鼇魚山。名勝志：袞，端拱進士，以文章名。有牟君華集。君華，袞字也。

明

張正學墓。在三臺縣北六十里觀鹿山。

楊澄墓。在射洪縣西北三里三臺山。官巡撫。子最，謚忠節，墓亦在焉。

謝東山墓。在射洪縣西北二十里。邑人，官巡撫。

席春墓。在遂寧縣東鐵峯山。弟彖墓〔六〕，在縣北嘉福橋。

黄珂墓。在遂寧縣西南二十里鳴鐘山。

楊名墓。在遂寧縣北鳳臺壩。

席書墓。在蓬溪縣西珉水壩。

湯紹恩墓。在安岳縣北四十里石馬溝，華表尚存，字已剥蝕。相傳爲布政墓。

本朝

譚行義墓。在三臺縣南二十五里獅子山。

朱射斗墓。在三臺縣西鳳凰山。嘉慶五年，戰死西充，賊支解之。從者獲其一足，葬此。

張鵬翮墓。在遂寧縣。

祠廟

張諫議祠。在三臺縣西牛頭山。祀宋張雍。

陸使君祠。在射洪縣南白崖山。方輿勝覽：梁天監中，陸弼爲瀘州刺史，卒於官，歸舟過白崖山，舟皆沉没。後爲立廟。明統志：嘗旱，縣令禱於祠下，即大雨。

文湖州祠。在鹽亭縣南。祀宋文同。

青石祠。在蓬溪縣青石山。

顔公祠。在安岳縣學左。祀明顔公輔。

鐵山神祠。在安岳縣北鐵峯山。明統志：隋時夷人入寇普、昌、瀘三州，文帝命姚景徹爲都統，討平之。普人爲立祠。

靈護廟。在府城東。唐建，祀東川節度使顧彦暉。

英顯廟。在射洪縣獨坐山。祀唐陳子昂。

勾谿廟。在中江縣西。祀隋凱州守李直之。

旌忠廟。在遂寧縣東。祀後唐東川節度使夏魯奇。

豐澤廟。在遂寧縣東。明統志：宋李洪生有神異，歲凶捐家貲，全活十萬家。及卒，人爲立廟。崇寧間，賜其號曰豐澤。

普應廟。在安岳縣鐵峯山。明統志：宋天彭人多岳，授徒於普。及卒，門人牟衮率子弟葬之，并爲立廟。

寺觀

兜率寺。在三臺縣南二里南山。隋開皇中建。前瞰郡城，拱揖如畫。唐王勃有梓州郪縣兜率寺浮圖碑記。杜甫有上兜率寺詩。中有劉蛻文冢。

永福寺。在三臺縣西牛頭山下。舊名牛頭寺。唐杜甫有上牛頭寺及望牛頭寺詩。一名長樂寺。寰宇記：牛頭山下有長樂寺，樓閣煙花，爲一方勝概。

壽聖寺。在射洪縣治東。

安禪寺。在射洪縣治西南。

定光寺。在鹽亭縣南。宋建。

安國寺。在中江縣治東。宋祥符中建。

廣德寺。在遂寧縣治西卧龍山。唐爲普濟寺，宋改廣利寺，明改今名。

普慈寺。在蓬溪縣治西。

東林寺。在安岳縣治南。

龍洞寺。在樂至縣北二十里。寺下有洞，停水四時不涸，故名。

保和觀。在府治前。唐王杞號易元子，爲東川獄吏，多隱德。遇異人授靈丹於長平山，後仙去。郡人立祠祀之。宋賜今名。

玉京觀。在射洪縣治北金華山上。

天禄觀。在鹽亭縣治東。

清虛觀。在中江縣治北。

元妙觀。在遂寧縣治東。

棲霞觀。在蓬溪縣治東。

天慶觀。在安岳縣治西北。

名宦

晉

周處。陽羨人。轉廣漢太守。郡多滯訟，有三十年而不決者，處詳其枉直，一朝決遣。按：晉廣漢郡，自泰始二年改置，正今府境。

隋

姚萇。長安人。開皇間爲西川都統。瀘夷寇普、昌二州，萇討平之，功擢普州刺史。兵亂後，民多流徙，萇招徠安業。卒官，民爲立祠。

唐

夏侯端。壽春人。高祖時爲梓州刺史。所得禄廪，皆散食孤貧。

王晙。景城人。開元中貶梓州刺史。操下肅壹，吏人畏愛。

竇兢。平陵人。舉明經，調鄠令。修郵舍、道路，設冠婚喪紀法，百姓德之。

顔杲卿。琅邪人。調遂州司法參軍。性剛正，莅事明濟。嘗爲刺史詰讓，正色別白，不爲所屈。

李叔明。代宗時，爲梓州刺史。初，東川承兵盜，鄉邑彫破，叔明治之二十年，撫接有方，民遂安。

五代　唐

夏魯奇。青州人。莊宗時，鎮武信。東川董璋反，攻遂州，魯奇閉城拒之，旬月救兵不至，城中食盡，魯奇自刎死。

宋

馮瓚。歷城人。乾德中知梓州。蜀軍校上官進率亡命夜攻州城，城中止有雲騎兵三百，瓚令分守城門，密令促更籌，未夜分，擊五更，賊悉遁去。因縱兵追之，擒進斬於市，宥其餘黨，境内獲安。

郭廷謂。彭城人。乾德中，知梓州。州承舊政，有莊宅户、車脚户，皆隸州將，鷹鷂户日獻雉兔，田獵户歲入皮革，又有鄉將等互擾閭里，廷謂悉除之。

康延澤。乾德中，全師雄作亂，徙延澤普州刺史。時有降兵二萬七千，諸將欲盡殺之，延澤請簡老幼疾病七千人釋之，餘以兵衛還，浮江而下，賊若來刧奪，殺之未晚。俄出兵敗賊衆三萬，普、遂等郡皆平。優詔嘉獎，就命爲東川七州招安巡檢使。

張宏。益都人。太平興國中知遂州，以勤幹聞。

宋準。雍丘人。太宗時，通判梓州。有治聲。

謝濤。富陽人。爲梓州榷鹽院判官。李順反成都，攻陷州縣。濤嘗畫守禦之計，賊平，以功遷觀察推官。

李虛己。建安人。太平興國中知遂州，以治最被賜，虛己因獻詩，帝批其紙尾云：「朕得良二千石矣。」

陳世卿。南劍人。雍熙中爲東川節度推官。李順寇兩川，知州張雍以州兵馬爲數部，使官分領，世卿素善射，當城一面，親射中數百人。同幕皆謀圖全計，世卿正色曰：「食君禄，當委身報國，奈何欲避難爲他圖耶？」

張雍。安德人。淳化中再知梓州。李順作亂，衆至萬人。雍訓練士卒，募强勇守城，督僚佐治戎器，伐木爲竿，銷鍾爲鏑，紐布爲索，守械悉備。賊圍梓潼八十餘日，雍固守不動。會王繼恩遣兵來援，賊始潰去。

盧斌。開封人。爲梓、遂十二州都巡檢使。淳化二年，賊任誘等寇昌、合州，斌斬誘等，賊衆悉平。四年，賊王盡復起榮、資，斌擊滅之。是冬李順爲亂，斌率兵往平之。

查道。休寧人。淳化中，蜀寇叛，命道通判遂州。至道二年，有使兩川者，得道公正清廉之狀以聞，優詔嘉獎。

張士遜。陰城人。遷射洪令。以寬厚得民，檄移治郪，民遮馬首，不得去，因聽還。安撫使至梓州，問屬吏能否，張雍曰：「射洪令第一也。」

寇瑊。臨汝人。真宗時，爲梓州路轉運使。晏州多剛縣酋斗望劫瀘州，燒淯井監，殺官吏。瑊誘納溪、藍等州刺史及八姓烏蠻首領〔七〕，使斷賊徑。詔發陝西兵，益以白艻子弟緣淯井溪，轉鬭凡十一陣，破之。夷人相率來附。斗望猶屢拒不從，瑊分兵拔其柵，大破之，衆遂降。又置戍兵建砦柵，濬三濠，以環淯井〔八〕。

賈昌衡。獲鹿人。仁宗時，爲梓州路轉運判官。賈人請富順井鹽，吏視賄多寡爲先後，昌衡隨日月給之。蠻驅馬來市，官第其良駑爲二等，上者送秦州，下者輒輕估值而抑買，昌衡請嚴禁之。

范純禮。吴縣人。知遂州。瀘南有邊事,調度苛棘,純禮一以静待之,辦其可具者,不取於民。

王吉甫。同州人。神宗時知梓州。梓在東川爲壯藩,轉運使欲增折配以取羨餘,吉甫謂其僚曰:「民力竭矣,一增之後,不可復減。吾忍爲國斂怨,爲民基禍哉?」竟却之。

韓疇。汲人。神宗時,爲梓州路轉運使。朝命諸道議更役法,疇首建併綱減役之制,省役人五百。又請裁定諸州衙簿。

苗時中。宿州人。熙寧中,以司農丞使梓州路。密薦能吏十人,後皆進用,人卒莫知之。後爲梓州路轉運副使。時討蠻乞弟,以糧道遠,創爲攢運法,食以不乏。

景興宗。紹興中,守潼川。活饑民甚衆。

趙善譽。淳熙中,爲潼川路提刑轉運使官。劾罷遂寧守徐詡,又以羨貲給諸郡置莊,威惠並孚。宗子寓蜀者少業儒,善譽即郡庠立學以教之。

曹叔遠。瑞安人。開禧中,守遂寧。營卒莫簡苦總領所侵刻,相率稱亂,勢張甚,入遂寧境,輒戢其徒,無肆暴,曰:「此江南好官員也。」

李壁。丹稜人。嘉定中,知遂寧府。張福入益昌,略閬剽果,至遂寧,壁傳檄諭之,福等讀檄泣下,約解甲降。會官軍至挑戰,賊忿,盡燔其城,顧府治曰:「李公旦夕來居此,其勿毁。」壁馳書大將張威,使調嘉定黎雅砦丁牌手來會戰,以長圍法授之,賊遂平。兄垕,知遂寧,政主簡静,郡人宜之。

劉光祖。陽安人。除直秘閣、潼川運判,歷本路提刑。韓侂胄誅,進直學士,知潼川府。慈惠得民,仁聲四達,時賢守稱最。

黄震。浦城人。通判遂州。嘗給兩川軍士緡錢,詔至西川,而東川獨不及,軍士洶洶。震白主者曰:「朝廷豈忘東川耶?

殆詔書稽留爾。」即開州帑給錢如西川，衆乃定。明日詔果至。

魏靄。理宗時，權潼川府。元兵入蜀，死於官守。淳祐五年，贈官三轉，官其一子。

何叔丁。理宗時，知普州。淳祐元年，東北兵攻城，叔丁與簽書判官楊仁舉力拒之。既而城破，兩家二十餘人死於難。叔丁孫嗣祖、仁舉幼子肖翁被俘逃歸，詔贈官恤後。

元

多爾濟。太祖時，爲潼川府尹。時公府無禄田，乃以官曠地給民，視秩分畝而薄其税。潼川仕者有禄自此始。「多爾濟」舊作「朵兒赤」，今改正。

暢師文。至元時，除潼川路治中。修府舍發地，得銀五十錠，同僚分師文十錠，不受，用以修廟學及傳舍，餘作酒器給公用。

明

譚道生。始興人。知潼川州。廉潔有幹才。郡城久圮，伐石更修。制强梗，撫善良，簡詞訟。在任七年，郡中大治。

胡叔寶。永康人。正統中，官中江尉。初莅任，民有當辟者，其黨懷金祈免，叔寶執之。佐縣令勸農興學，均徭平賦。李賢奉敕察蜀吏治，疏其善以聞。擢知本縣。

顔公輔。巴陵人。天順中，爲安岳教諭〔九〕，嚴毅方正，以禮率人。六載升知縣事。爲政以仁，動無所苟。民祠祀之。

程春震。雲夢人。成化中，以御史謫知安岳縣。發擿如神。弘治戊申大旱，賑恤安集，全活甚多。時流寇起，糾兵捕除，民賴以安。

郭鏜。恩縣人。成化末，以巡撫謫知射洪縣。節冗費，省科罰，均徭役。期年，境内翕然稱治。

余祺。新建舉人。正德中，知中江縣。除巨盜，釋冤獄，賑活饑民甚衆。邑舊有茂州守倉役，民多破産，力請罷之。

雷轟。都匀人。嘉靖中，知鹽亭縣。勤慎有聲，賑饑多所全活。

李紹先。廣昌人。知鹽亭縣。崇禎十年，流寇陷城，不屈死。本朝乾隆四十一年，賜謚烈愍。

單之賓。崇禎末，中江教諭，攝劍州事。獻賊破城，死之。本朝乾隆四十一年，賜謚烈愍。

本朝

陳愚。興國人。康熙中，知遂寧縣。操守廉潔，視民如子。

周甲徵。山陰人。康熙十九年，知蓬溪縣。值逆藩吴三桂猖獗，居民逋竄，甲徵招徠撫字，歸者如市。

鄧元貞。漢陽人。康熙二十七年，知射洪縣。下車即禁私派，課農警惰，懲治豪强，稱廉能吏。

吴宏。浙江人。康熙二十八年，知鹽亭縣。時逆氛初靖，教養兼至。入祀名宦祠。

柴鶴山。歸安人。乾隆五年，知潼川府。操履刻苦，教養有條，郡内大治。

尤秉元。元和人。乾隆七年，知樂至縣。勸民開渠築堰，捐建社倉，民享其利。

田朝鼎。石門人。乾隆八年，知遂寧縣。興學校，平訟獄，政簡人和，以良吏稱。

汪世春。房縣人。乾隆三十五年，知遂寧縣。嚴肅有恩，勤於教養，庭無留獄，境内晏然。

人物

漢

馮信。郪人。公孫述時，託目青盲避世，及聞述誅，即盥洗更視曰：「世適平，目即清。」光武徵之，以年老不出。

羊春。郪人。父爲交州刺史，卒官。春迎喪，不取官舍一物。郡三察孝廉，公府辟州别駕，皆不應。後刺史必欲借春自佐，乃爲别駕。終野王令。

鄭純。郪人。爲益州西部都尉。地出金銀琥珀、犀象翠羽，純獨清潔，夷貊感慕，皆頌德美。天子嘉之，即以爲永昌太守，夷俗安之。自爲都尉、太守，十年卒官。列畫東觀。

王涣。郪人。晚敦儒學，習尚書，太守陳寵舉爲功曹。當職剖斷，不避豪右，由此顯名。舉茂才，除温令。歷遷兖州刺史，繩正部郡，風威大行。拜侍御史。永元中，遷爲洛陽令，有治績。

王堂。郪人。初舉茂才，遷穀城令，治有名迹。三府舉治劇，拜巴郡太守。刺史張喬表其治能，遷右扶風，以守正見稱。永建中，拜魯相，遷汝南太守，郡内稱治。子稺，字叔啓，清行不仕。

鐔顯。郪人。師事司徒魯恭，以孝舉。安帝時，爲豫州刺史。時天下饑荒，競爲盜賊，州界收捕且萬餘人。顯愍其窮困，自陷刑辟，輒擅赦之，因自劾奏。有詔勿理。後官至長樂衛尉。

馮顥。郪人。順帝時，爲成都令。立文學，學徒八百人，實户口萬八千，開稻田百頃。遷越嶲太守，所在著稱。爲梁冀所不善，冀風州追之，隱居。作易章句及刺奢説。

王商。堂曾孫。以才學稱，聲著於州里。建安中，爲蜀郡太守。成都禽堅有孝行，表其墓。又立嚴君平、李宏祠，以旌先賢。修學廣農，百姓便之。在郡十載，卒於官。

三國　漢

王甫。郪人。爲綿竹令，遷爲荆州議曹從事。隨先主征吴，敗於秭歸遇害。子祐，有父風，官至尚書右選郎。

王士。甫從兄。先主入蜀，舉孝廉，爲符節長。遷牙門將，出爲宕渠太守。丞相亮南征，徙益州太守。將南行，爲蠻夷所害。楊戲稱其志壯氣剛云。

王離。廣漢人。以才幹顯。爲督軍從事，推法平當。稍遷，代何祇爲犍爲太守，治有美績。雖聰明不及祇，而文采過之。

李邵。郪人。丞相亮辟爲西曹掾。亮南征，留爲治中從事。是歲卒。兄朝，字偉南。舉孝廉，臨邛令，入爲别駕從事。隨先主征吴，卒。朝又有一弟早亡，各有才望。時人號之「李氏三龍」。

鐔承。廣漢人。歷郡守右職，爲少府太常。時費禕、姜維秉政，孟光、來敏皆棲遲，承以和介獨立。特進關内侯。

晉

王長文。郪人。少以才學知名。閉門自守，著書四卷，擬易，名曰通玄經。後爲江源令。曰：「禄以養親，非爲身也。」終於洛。

李毅。郪人。爲太守王濬主簿。張弘叛，殺益州刺史皇甫晏。毅白濬宜時赴討，濬從之，討斬弘。詔遷濬益州刺史，毅爲州别駕。舉秀才。濬伐吴，與何攀並爲參軍。吴平，封關内侯。屢遷雲南太守，徙犍爲，使持節、南夷校尉。久之，建寧民毛詵、朱提民李猛等叛，毅討斬之。五茶夷亦叛，朝議復置寧州，以毅爲刺史，封成都内侯。時中原亂，李雄寇蜀，救援不至，疾病卒於窮城。懷帝嘉其忠節，贈少府，謚曰威侯。

南北朝　宋

李釗。毅子。世秉儒學，有格望。以父任歷尚書外兵郎。寧州夷叛，自表赴難。至牂柯，夷斷道不得進。以寧州城中無穀，父疾病未知吉凶，不食穀，惟茹草，迄至奔喪。官至越嶲、朱提太守，西夷校尉。

龔穎〔一〇〕。遂寧人。益州刺史毛璩辟爲從事。璩爲譙縱所殺，佐吏並走，穎號哭奔赴，殯送以禮。後縱僭位，禮徵不起，脅以兵刃，執志彌堅，竟不屈節。

梁

李慶緒。郪人。父爲人所害，慶緒時九歲，志在復讐，投州將陳顯達，白日手刃其讐，自縛歸罪，州將義而釋之。天監中，爲東莞太守。丁母憂去職，廬於墓側，每慟嘔血數升。後爲巴郡太守，號良吏。

唐

陳子昂。射洪人。父元敬，世高貲，歲饑，出粟萬石賑鄉里。舉明經，調文林郎。子昂年十八，尚未知書，尚氣慷慨。他日入鄉校，感悔力學。舉進士。武后時，攝靈臺正字。請興明堂、太學，及三事、七驗、八科之奏，語多切直，拜右拾遺。武攸宜討契丹，表爲幕府參謀。數進諫，攸宜以其儒者，謝不納，徙置軍曹。以父老解官歸，詔以官供養。父喪，廬冢，每哀慟，聞者皆流涕。唐興，文章承徐庾餘風，子昂始變雅正。初爲感遇三十八章，王適曰：「是必爲海内文宗。」大曆中，節度使李叔明爲立旌德碑於梓州學宫。

李湛。永泰人。歷遷右散騎常侍。沈厚有度。張柬之將誅張易之兄弟，引湛爲左羽林將軍，令與敬暉等啓請皇太子。及兵發，湛與李多祚詣東宫，湛進啓太子，太子乃就路。易之等誅，武后徙上陽宫，留湛宿衛。武三思惡之，貶果州刺史。累遷左領軍大將軍。卒，圖像凌煙閣。

嚴震。鹽亭人。至德、乾元中，出貲助邊，爲州長史。嚴武知其才，署押衙。歷鳳州刺史，號稱清嚴。遷山南西道節度使。朱泚反，遣人誘之，震斬以聞。帝欲駐蹕山南，震奉表迎，李懷光以騎追襲，賴山南兵以免。加户部尚書，封馮翊郡王。將幸成都，震切諫。會李晟表至，亦請駐蹕梁、洋，議遂定。改梁州爲興元府，即用震爲尹。進同中書門下平章事。卒，贈太保，謚忠穆。

章全益。涪城人。少孤，爲兄全啓所鞠。及全啓亡，全益服斬衰以報。不畜妻僮僕，獨處一室，賣藥自業。居成都四十年，號章孝子。卒年九十八。又涪城人趙相，郪縣人，曹少微，皆事親居喪，以至行著。

趙蕤。鹽亭人。篤學不仕。著有長短要術十卷。昭宗朝，屢徵不就。

五代　後蜀

程崇雅。蓬溪人。割股療父疾。又嘗泣竹林，而冬得笋以供母。廣政十二年，旌表其門。

宋

蘇易簡。銅山人。風度奇秀，才思敏贍。弱冠舉進士，太宗擢冠甲科，授將作監丞。遷右拾遺，知制誥。雍熙三年，同知貢舉，遷中書舍人。續唐李肇翰林志二卷以獻。帝嘗飛白大書「玉堂之署」四字賜易簡。累官參知政事。文集二十卷，藏於秘閣。子耆，有才名，仕工部郎中。

馮光戩。安岳人。淳化中，李順已平，諸將縱殺，降附解體。光戩白大將楊瓊止之，自是降者日以千數。

景泰。普州人。進士起家，歷尚書屯田員外郎，通判慶州。元昊反，上邊臣要略二十卷。遷知成州，徙原州。以戰元昊功，遷知鎮戎軍。久之，領忠州刺史，徙秦鳳路馬步軍總管。

蘇舜欽〔一一〕。銅山人。少慷慨有大志。天聖中，學者爲文多病偶對，獨舜欽爲古文歌詩，一時豪傑多從之游。累官大理評事。康定中，舜欽詣匭通疏條二事，一正心，二擇賢，言極剴切。范仲淹薦其才，召試爲集賢校理，監進奏院。坐事謫官以終。兄舜元，字才翁，精悍任氣節，爲歌詩亦豪健，尤善草書。官止三司度支判官。

張述。小溪人。景祐進士。歷太常博士。皇祐中，上疏請建儲，前後七上疏，最後語尤激，仁宗不以爲罪。歷通判延州，知泗州，皆有政績。後爲尚書職方員外郎。

姚渙〔一二〕。普州人。第進士，歷知峽州。大江漲溢，渙前戒民徙儲積，遷高阜，及水至，無溺者。爲木岸七十丈，繚以長隄，揵以薪石，其後漲不爲害。徙知涪州，拊循夷酋有方。終光禄卿。

景思忠。泰子。以父蔭，累官西京左藏庫使，爲遂州駐泊都監。夷人寇淯井，鈐轄張承祐出兵救之，思忠部卒五百爲前鋒。戰不利，左右勸其引避，不聽，奮劒疾戰而死。神宗憫之，官其子，賜家錢帛。

景思立。思忠弟。以蔭主渭州治平砦。囉兀用兵，韓絳使攝保安軍，以功知德順軍。策應王韶取熙州，過洮築當川堡，克羌香子珂諾城，遂定河州。嘗與羌力戰，斬不用命者數人，軍聲大振。詔言其臨事忠勇。屢遷河州刺史。後以百騎擊羌數千人，轉戰而死。弟思誼，歷秦州判官，亦有武功，加東上閤門副使。元豐五年，永樂城陷，死事。

文同。永泰人，漢文翁之後，蜀人猶以「石室」名其家。同以學名世，操韻高潔。善詩文、篆、隸、行草、飛白，又善畫竹。文彦博守成都，奇之，致書曰：「與可襟韻灑落，如晴雲秋月，塵埃不到。」司馬光、蘇軾尤敬重之。舉進士，稍遷太常博士、集賢校理。元豐中，爲陵州守。嘗奏革鹽井之弊。歷知陵、洋、湖三州。有丹淵集四十卷行世。

馮山。安岳人。熙寧末，爲秘書丞，通判梓州。鄧綰薦爲臺官，不就，退居二十年。范祖禹薦於朝，官終祠部郎中。

趙開。安居人。元符進士。宣和中，除成都路轉運判官，又總領四川財賦。從張浚治兵秦川，經畫費用常無缺。尋除徽猷閣待制，復都大主管川陝茶馬，累疏乞去。

杜孟。普州人。讀書太學，因童貫、蔡京用事，幡然而歸。嘗訓子孫曰：「忠孝吾家之寶，經史吾家之田。」時號「寶田杜氏」。曾孫孝嚴登朝，詔賜孟謚節範處士。孝嚴字忠可，慶元五年進士，以理學名，試禮部尚書。

馮康國。遂寧人。爲太學生，負氣節。建炎中，苗劉作亂，張浚遣康國諭以禍福，辭氣不屈，羣凶稍戢。太后垂簾，詔補兵部員外郎。高宗反正，張浚辟爲主管機宜文字。詔進兩官，爲荆湘宣諭使。歷官直顯謨閣，知夔州，除都大主管川陝茶馬。

劉儀鳳。普州人。紹興進士，補秘書丞。所草牋奏，以典雅稱。乾道元年，遷兵部侍郎，兼侍講。俸入，半以儲書，凡萬餘卷。

楊輔。遂寧人。乾道進士，除秘書省正字，遷户部郎中，擢利西安撫使。吴挺病，密白二府，早擇人望以鎮方面。知吴曦有異志，貽書大臣，言自昔兵帥與計臣不相統攝，今所在皆受節制，内憂不輕，因託言他事以謽書告於朝。累官至寶謨閣學士、四川制置使。安丙誅曦，輔請以事任付丙。復除兵部尚書，知建康府，兼江淮制置使。卒，謚莊惠。兄甲，字嗣清，輔同榜進士。對策言恢復之志不堅者二事，上不悦，置第五。清議推之，而官未顯。

趙朋。遂寧民兵。吴曦叛，朋拒戰，左臂已斷，而戰不休。事聞，褒恤之。

姚希得。潼川人。嘉定進士，爲磐石令。會蜀有兵難，軍需調度，不擾而集。改知蒲江縣，聲譽著聞。累官太常寺丞。時帝斥遠權奸，收召明德，舉朝相慶。希得言：朝廷者，萬化所由出，實根人君之一心。帝改容納之。遷宗正少卿，歷户部侍郎，拜權參知政事。希得好引善類，有引於上而人不知者。度宗初，以資政殿大學士、潼川郡公致仕。卒，贈少保。所著有續宋名臣言行録、奏稿、橘川文集。

吴泳。潼川人。嘉定進士，累官直舍人院。輪對，言願陛下養心以清明，約己以恭儉，進德以剛毅。又因火災應詔上書，言甚切至。遷秘書少監，尋遷吏部侍郎，兼直學士院，疏言謹政體、正道揆、厲臣節、綜軍務四事。權刑部尚書，歷知泉州，以言罷。所著有鶴林集。

吴昌裔。中江人。早孤，與兄泳痛自植立，得程、張、朱三子書，輒研繹不倦。嘉定中，第進士。聞黄榦得朱子之學，往從之。爲閬中尉。歲饑，請發本倉所儲數萬，而徐糴以償。調眉州教授，士習丕變。改知華陽縣，尋權漢州，皆有異績。歷監察御史。冬洊雷，春大雨雪，昌裔疏陳剴切。又慮蜀佔危，條實規模、審功賞、訪軍實、儲帥才四事以進。又歷言三邊之事。徙爲大理少卿，出參贊四川宣撫司軍事，改嘉興府。以寶章閣待制致仕。卒，褒忠肅。

何保之。通泉人。舉進士。有至行。母卒，負土成墳，廬於其側，日有羣烏飛集墳上，哀鳴不去，又有兔馴於坐隅，人稱異焉。

苟允中。中江人。父病，衣不解帶，三月鬚髮盡白。葬父自培其墳，廬墓三年，有虎二馴擾其旁，醴泉出其下。

蹇彝。通泉人。嘉定進士，累官金州通判。元兵攻蜀，彝拒戰，兵敗被擒，不屈死之。子永叔，復力戰，城破，舉家死焉。弟維之，舉紹定進士。利州都統王宣辟行參軍，迎敵力戰，陣亡。

張山翁。普州人。景定三年進士，爲荆湖宣撫司幹官。德祐初，鄂守張宴然議降元，山翁以書誚讓之。晏然既降，山翁被執不屈，行省官賈思貞義之，貸不殺。後居黄鵠山，聚徒教授而終。有南紀、緇林藏、雲山、相鋤等集。

姚峕。希得子。宋末，知常州。甫十餘日，元兵攻常，自夏徂冬不能下，攻益急。峕等晝夜守，招之不下，矢盡亦不降。城破，峕死之。贈龍圖閣待制，官其子。

元

謝端。遂寧人。幼穎異，十歲能作賦，弱冠爲古文，以文學名。姚樞嘗奬嘆之。延祐五年，舉進士乙科。累官翰林直學士。端善爲政，筮仕湘陰，猾吏豪民不敢舞文玩法，績譽籍然。其文章嚴謹，至順、元統以來，朝廷制策多出其手。元世蜀士以文名者，虞集而下，端其亞焉。

趙采。潼川人。著周易折衷三十三卷，以程朱傳義爲主，而附以己見，間採先儒象數變互以相發明。

明

李遇中。安岳人。事親至孝。親疾，朝夕侍側，歿則廬墓，寢苫枕塊，徒跣三年，雖隆冬不改。宣德中旌表。

黄珂。遂寧人。成化進士。由縣令累官至尚書，有介直譽。宸濠謀復護衛，珂堅執不署，時以爲難。卒，謚簡肅。子崋，從湛若水遊，登嘉靖進士，由户部郎出知松江府，稱良吏。奏上正風俗等十二事，切中時弊。歷布政使，晉光禄卿。

堯卿。安岳人。成化進士，知昭化縣，有異政。擢太僕丞，知銅仁府。威著苗疆，黎民安堵。

胡倫。安岳人。漢州軍籍，成化進士。弘治中，知鄖陽府。郡東有武陽、盛水二堰，溉田甚溥，歷久淪没，民多争水致訟。倫割俸董治，至今利賴。其秩滿當遷也，以忤劉瑾遂歸。

蘇惠和。蓬溪人。弘治中，知保康縣。時縣治初創，惠和莅之垂績。

席書。遂寧人。弘治進士。歷工部主事。作漕河志。累官福建布政使。宸濠反，發帑金募兵討之。巡撫湖廣，中官李鎮、張暘假進貢及御鹽名，斂財十餘萬，書疏發之。嘉靖初，進南京兵部侍郎。江淮大饑，條上賑法，全活者數十萬。升禮部尚書。上新政十二事及大禮集議六卷，加武英殿大學士。卒，謚文襄。弟春、彖，俱正德進士。春由翰林歷吏部侍郎。彖嘉靖中任給事，以直諫謫夷陵。

羅璋。遂寧諸生。大盜獲其母，璋挺槍斃賊，母得逸去，而璋以捍賊戰死。正德中旌表。

楊最。射洪人。正德進士。嘉靖中，官太僕卿。世宗好神仙，最抗言極諫，帝大怒，下獄，詔重杖之，杖未畢而死。隆慶初，贈右副都御史，謚忠節。

楊名。遂寧人。嘉靖七年，鄉試第一。明年以第三人及第，授編修。十一年彗星見，應詔上書，直言忤旨，下詔獄，謫戍瞿塘衛。明年釋還，屢薦，終不復召。家居二十餘年。奉親孝，親歿，與弟台廬於墓。免喪，疾作，卒。

張翀。潼川人。正德進士，選庶吉士，屢遷都給事中。嘉靖初，封章屢上，斥指無所避。議大禮，帝怒詰責，翀執議益堅。既又同修撰楊慎等遮百官於金水橋，曰：「萬代瞻仰，在此一舉。有不同心者，共擊之。」仍伏哭文華門，聲聞大内。逮繫錦衣獄，明日杖闕下，謫戍瞿塘衛。居衛所十餘年，赦還，卒。孫正學，官吏科給事中。數言事，有直聲。三殿災，輔臣有調停採礦，欲責成撫按部臣，歲額爲令。正學上疏，極言其罪。

黎堯勳。欒至人。嘉靖進士，知如皋縣。豪室悍竈，兼并爲患，堯勳特請均田，辨肥磽，定税爲上、中、下三則，民便之。升知泰州。又請均賦，以丈尺定額，部議推行於天下，著爲令。歷任至陝西參政，擢太僕卿。

湯紹恩。安岳人。嘉靖進士。歷紹興知府，有惠政。越人祠祀歌之。歷山東右布政。

張任學。安岳人。天啓進士。崇禎四年，巡按河南。時羣盜縱横，任學慨然請换武階，執干戈。帝壯之，授署都督僉事，爲河南總兵官。先是，張獻忠已降，任學謂總理熊文燦曰：「此賊終爲國患，不如出其不意滅之。」不聽。後果如其言。

吕大器。遂寧人。崇禎進士，授行人，擢吏部主事，遷陝西關南道副使，尋巡撫甘肅。計誅悍弁，邊境晏然。擢兵部侍郎。時賊犯江西，命大器督勦。乃密布方略，遣將於衢、袁、萬載、萍、澧諸路，撲賊殆盡。

譚文佑。蓬溪人。崇禎中，知武岡州。時宗藩横虐，文佑以抗直庇民。土寇聚衆攻城，文佑募義勇破其壘，平之。功擢僉事。

蒲來舉。蓬溪舉人，任陝西甘泉知縣。崇禎七年，闖賊至，守備孫守法等擁兵不救，城陷，來舉手刃數賊，死之。本朝乾隆四十一年，賜謚烈愍。

譚文化。蓬溪人。天啓進士。兵部車駕司主事，致仕歸。崇禎十七年，張獻忠犯蜀，欲招致之，不屈死。本朝乾隆四十一年，賜謚節愍。

竇可進。安岳人。萬曆丙辰進士，歷陽和副使、雲南僉事。致仕家居。獻賊破安岳，被執，大駡不屈，磔死。本朝乾隆四十一年，賜謚烈愍。

王起峩。安岳人。崇禎庚辰進士，觀政户部，歸里。舉義兵討獻賊，殁於陣。本朝乾隆四十一年，賜謚烈愍。

張應禮。遂寧人。官都司僉書。獻賊攻遂寧，應禮募民兵捍禦，城賴以完。崇禎十六年，援沔陽師潰，抗節死。本朝乾隆四十一年，賜謚節愍。

姚思孝。遂寧人。内江教諭。崇禎甲申，獻賊陷城，被執大駡，不屈死。又潼川州李永蓁，崇禎丙子舉人。獻賊據蜀，永蓁避老安寺，稱病卧床。賊嚴索不赴，乃令僞官舁至成都，張目不言，引頸受刃。又州庠生李錦中，獻賊遣僞官考試潼川，錦中佯狂卧地，旋自縊死。本朝乾隆四十一年，三人均予入忠義祠。

曠昭。遂寧人。巡撫江西，屯兵萬安，明亡殉節。本朝乾隆四十一年，賜謚節愍。

本朝

張泰階。鹽亭人。順治辛卯舉人。值寇亂，父被掠，泰階號泣請代，賊感動并釋之。事繼母，撫諸弟，以孝友稱。康熙初，知恭城縣。平猺有功，累遷深州知州、廬州府同知。所至皆有政聲。

李仙根。遂寧人。順治辛丑進士，授翰林院編修。康熙六年，安南、高平相侵殺，仙根充安南正使，奉敕宣諭安南臣僚誤國十事，皆愘遵讋服。累官户部侍郎。工書法，贍文詞。著有安南使事紀要。

王新命。潼川人。年十二，遇獻賊亂，闔家被害。新命獨免，隨官兵曹氏入都，遂隸鑲藍旗漢軍。由翰林院筆帖式，累遷兵部員外郎，預機務。康熙十三年，隨禮部侍郎折爾肯出使雲南，會吴三桂兵變，遣將率衆爲衛，實以脅之，新命不爲動，且致書諭以忠良，勿生異心，三桂竟不能屈。十七年，擢江西布政使。招徠勸墾，請暫除額賦。洊升湖廣江寧巡撫、兩江浙閩總督、江南河道總督。坐事革職。再管永定河工，以誤工當辟，遇赦免，卒。著有東山集。

陳四聰。鹽亭人。性至孝，孺慕之思垂老不易。平生以誠信立身，尤好獎進後學，士林重之。祀鄉賢。

彭玉垣。遂寧人。年十二，刲股療生母病。明末寇亂，父殁未殯，伏泣柩旁，賊義而釋之。後避亂滇、黔歸，從荆棘中求父殯所，成禮葬之，哀毁如初喪。中康熙癸卯鄉試。吴逆叛，玉垣託疾匿山中不出。事平，提學馮雲驤目爲多士模楷，署順慶府教授，以老歸。鄉隣薰德，祀鄉賢。子鎔，幼著孝行。康熙丁卯舉人，由成都府教授遷江南震澤知縣，有政聲。

張鵬翮。遂寧人。康熙庚戌進士。敭歷中外，以清節著。累官兵部尚書。治河八載有績。終武英殿大學士，贈少保，賜祭葬，謚文端，祀賢良祠。

張象翀。安岳人。康熙甲辰進士。知饒陽縣，以廉幹稱。尋擢知膠州，有治績。祀萊州府名宦。

張懋誠。鵬翮長子。康熙丁卯舉人。知懷寧縣，豪强斂迹。擢御史，多建白，彈劾不避權貴。洊升通政使，署工部侍郎，一清積案，官吏肅然。

王允吉。安岳人。累官瀘定橋守備。康熙中，打箭爐番民不靖，提督唐希順討之，允吉爲前鋒。番人踞大岡，壘木石其上，三面險峻，獨其後稍夷，悉深箐。允吉簡健兒五百人，夜發，先令羸卒驅羣羊至大岡下，燃火繩縛羊角，擊以巨礮，聾以鉦鼓，番昏黑不知所爲，盡木石下擊。允吉與五百人間行，從深箐攀援而上，突擊之，火其巢。列戰功第一，洊擢川北鎮總兵。雍正元年，西藏之役，副岳鍾琪以行。其子違令，斬以徇，軍中股栗，無敢犯者。遂平西藏。授鑾儀衛使，加左都督。以老疾乞歸，卒。

樊廷。其先陝西人，占籍潼川。由行伍歷升至固原提督。多膂力，有將才。出師黔、楚，屢立戰功，世襲一等輕車都尉。子經文，以廕仕至廣東總兵。出征緬甸，殞於王事。世襲恩騎尉。

譚行義。潼川人。康熙辛卯武舉，補磄伯所千總。雍正二年，隨征青海，累遷高、雷、廉總兵。十三年，經略張廣泗調援上江，會搗賊巢，首逆就擒，餘賊勦滅殆盡。乾隆四年，授廣西提督。凡土蠻積賊，皆平滅之。八年，以事降總兵。後擢江南提督，調福建陸路提督。卒，賜祭葬，謚恭慤。行義平居恂恂若儒生，一入戎行，所向無敵。工書，善爲七言歌行。輕財好義，篤於師友。

周于仁。安岳人。康熙戊子舉人，選授永春知縣，調將樂，皆有政績。升臺灣府澎湖通判，以老告歸，卒。于仁性孝友，父課子嚴，幼知勤學，以慰父志。事繼母謹，異母弟二人尚少，父殁時以屬之，教之俱遊庠，財産讓多取少。教授鄉邑三十餘年，務崇實學，士林宗之。入祀鄉賢祠。

戴文焕。中江人。官湖南永綏廳花園巡檢。乾隆六十年，逆苗倡亂，逼永綏，文焕率役出禦，手刃數人，力屈死之。賜祭葬，卹廕如例。

趙全柱。三臺人。由行伍歷綏寧營千總。乾隆三十六年，隨征金川，力戰陣亡。卹廕如例。

陳愷龍。三臺人。官大同鎮守備。嘉慶初，與同縣義寧協副將羅定國隨勦教匪陣亡。卹廕各如例。

徐尚質。三臺人。嘉慶五年，與姪永吉率衆禦賊，身被數十創而死，永吉亦遇害。同縣張明紳、徐永太、張仲啓、張仲友、敬朝虎、敬朝佐、林仕晋、林仕現、林德禹、王青山、趙仕璽、魏積慶、凌林昇、馮貴、鮮文映、李曰仲、黄國晏、王啓貴、李曰松、梁正貴、劉通、杜中仁、柯文廣、蕭星義、張秉禄、王星明、甘文灼、張君賢、蔣仕科俱禦賊死難，均入祀昭忠祠。

胡萬超。射洪人。官千總。嘉慶四年，隨勦教匪陣亡。卹廕如例。

黄文朗。鹽亭人。嘉慶五年，同子上英率鄉勇禦賊於龍泉寨，父子被執不屈死。同縣董英才、王復壽、王國周、黄朝服、任焕龍、許貴俱被害，均入祀昭忠祠。

陳鵬飛。中江人。嘉慶初，與同縣賓守禮率衆禦賊陣亡。均入祀昭忠祠。

文吉。蓬溪人。嘉慶五年，禦賊於龍門埡，力戰陣亡。同縣薛瑞、衡岱雲、何連芳、徐應科、錢國佐禦賊同死於文井場。徐登榜負母唐氏避賊於泥溪口，被害。均入祀昭忠祠。

楊代文。樂至人。嘉慶五年，禦賊死難。同縣郭倫、曾先、曾連、唐文、舒相、黄亢、李斌淳、楊成富、吴朝、陳天志、吴明、陳俸、朱富、尹貴、陳亮、林世清、蕭清現、劉安大、劉先剛、蔣忠麟、楊昌言、鮑心虞、楊心智、張仕偉、楊再明、冷興文、冷啓輝、冷啓武、劉升、楊性、漆大榮、吴正先、吴正祥俱禦賊死難。均入祀昭忠祠。

流寓

唐

杜甫。襄陽人。寶應元年四月，嚴武入朝。七月，兵馬使徐知道反，甫避亂梓州，間至閬州。廣德元年，武再鎮蜀。甫却歸成都。故有「五載客蜀郡，一年居梓州」之句。

劉蜕。長沙人。寓居潼川。瘞文爲冢於南山〔一三〕，刻石曰文冢銘。

李洞。方輿勝覽：洞，雍州人。避亂入蜀，居普州大雲山，鑿石爲洞，讀易其中。嘗師賈島，鑄像事之。

列女

漢

廖伯妻殷紀配。廣漢人。有美色。年十六適伯。伯早亡，慮人求己，作詩三章以誓。求者猶衆，父母將許，乃斷指明情，養子猛終義。太守薛鴻圖像府庭。

馮季宰妻李珥。鄭人。季宰早亡，父母欲改嫁，李翦髮自誓，養子終義。

楊文妻李平。廣漢人。適文，生一男一女，而文殁，以織履爲業。父欲改嫁，乃自沈水中，宗族捄之，幾死得免。太守五方爲之圖像。

王輔妻彭非。廣漢人。輔早亡，家欲嫁之，非乃詣太守五方，截髮自誓。

袁稚妻相烏。德陽人。十五適稚，二十稚亡，無子，父母欲改嫁之，便自殺。

王上妻袁福。德陽人。有二子。上以喪親過哀死，福哀感終身。父母欲改嫁之，乃自殺。　按：相烏、袁福，通志載綿州德陽入北魏時，謬。

晉

李秀。鄭人，寧州刺史毅女。明達有父風。時五種夷圍州，毅以憂卒。衆推秀領州事，獎勵將士，堅城固守，糧盡炙鼠拔草食之，伺寇稍怠，輒出兵擊破之。

宋

蘇易簡母薛氏。銅山人。易簡參知政事，太宗召薛氏入禁中，賜冠帔，命坐，問曰：「何以教子成此令器？」對曰：「幼則束以禮讓，長則教以詩書。」上顧左右曰：「真孟母也。」

蘇舜欽妻杜氏。宰相杜衍女，有賢行。舜欽謫官以死，杜布衣疏食，居數年，挈其孤子，斂其生平文章，號泣走告於其父曰：「吾夫屈於生，猶可伸於死。」衍因請歐陽修爲其集序而傳之。

賈氏。楊榆母。夫死不嫁，事舅姑以孝聞。榆登淳熙進士，詔旌其門。

明

張保兒妻姚氏。潼川人。夫亡，子方五月，氏守節撫孤四十餘年，宣德初旌表。同州楊氏，亡其夫名，年十五夫歿，割鼻翦髮，自誓守志，年八十卒。又劉異甫妻黄氏、何宗禮妻楊氏、張正倫妻歐氏、侯元亮妻賽氏、鄧嘉賓妻李氏、李明遠妻党氏、王爲翰妻李氏、文友妻陳氏、妾姜氏、王祝妻湯氏、張元亮妻賽氏、王某妻謝氏、任國玉妻石氏，均夫歿守節。王以衡妻張氏、王某妻謝氏，夫歿殉節。

張寶妻姚氏。安岳人。夫亡無子，矢誓不貳，鬻衣飾營殯葬，紡績度日，苦節四十餘年。宣德中旌。同縣楊廷鶚妻劉氏、湯蓄德妻程氏、湯勤德妻張氏、張貞學妻李氏、饒以學妻李氏、劉永安妻黄氏、孫暉妻堯氏、宫居觀妻杜氏、張四聰妻楊氏均夫歿守節。

錢氏二烈女。潼川人。長年十七，次年十五。天順間，賊吴昇流劫鄉村，其父汝吉遇害，二女義不辱，投涪江死。

岳廷鳳妻張氏。潼川人。正德間，駡賊被殺。事聞旌表。

劉嘉雄女賽姑。潼川人。正德間，流賊擄掠，女避入山，賊搜獲，女駡不從，賊怒斷其手。

周環妻黄氏。鹽亭人。夫亡守節，歷百有五歲。萬曆初旌其門。同縣陳子剛妻蘇氏、雷昺妻伏氏、李通妻文氏、何瑛妻許氏、顧鼒妻周氏、顧鼎妻孫氏均夫歿守節。

楊先憲妻朱氏。潼川人。崇禎末爲賊所執，朱駡不絶口，賊殺之。同州李爲鼒妻吴氏、黄纘妻張氏、謝皇鏄妻楊氏、謝皇錫妻蒲氏、李子明妻黄氏、萬谷暘妻吴氏、歐如虹妻黄氏、譚某妻陳氏、楊文焕妾荆孃、楊氏女賽姑，均遇賊不屈死。

許昇妻虞氏。射洪人。年十九守節，撫二子皆成立。同縣猶氏、張氏俱亡其夫名，均夫殁守節。楊慊聘妻蒲氏，未婚殉節。

牟履慶妻李氏。中江人。夫殁於寶雞，撫三歲子扶柩旋里，守節以終。同縣劉世芳妻趙氏、陸文魁妻劉氏均夫殁守節。

曠世觀妻鄭氏。遂寧人。夫早卒，氏苦節四十餘年。同縣曠昭妾潘氏、盧可嘉妻馮氏、余隆秩妻冉氏、王臣禹妻劉氏、席書妾田氏、任堅妻高氏、楊凌雲妻王氏、張國士妻王氏、唐姜澄妻馮氏、張掇翼妻王氏、曾本道妻何氏，均夫殁守節。

譚文仁妻鄭氏。蓬溪人。年十六守節，歷三十五年卒。同縣王衮妻董氏、妾何氏、郭氏，夫殁同勵苦節，建三節坊。

鄒應第妾吴氏。樂至人。應第與長子暨正室盧氏相繼卒，吴無子，偕長媳王氏撫其孫簡臣，中崇禎間鄉試。苦節七十餘年，至九十而卒。明末避亂洪雅縣，祀洪雅節孝祠。同縣李尚寬妻賴氏、賴從化妻謝氏、鮑子儀妻吴氏，均夫殁守節。

曹氏。樂至人。適同里朱姓子，朱年甚幼，與曹齒不相當，翁欲嫁之，女曰：「唯從一耳。」遂自刎。

本朝

唐峻德妻田氏。潼川人。年十六歸峻德，越二載夫亡，旬日不食。苦節三十七載。同州節婦楊鼎妻葉氏、王繼緒妻李氏、薛應試妻張氏，均雍正年間旌。

吕淵妻齊氏。遂寧人。年二十二夫亡，堅貞自矢。土寇擁衆强娶，逼登輿，藏刃自刎，血流於外，賊駭散，其家收葬之。

戴天志妻鄧氏。安岳人。夫亡，鄧哀號不輟，營喪葬盡禮。事畢，自經死。

唐際陶聘妻袁氏。遂寧人。未嫁而夫死，袁聞訃奔喪，堅欲同穴，母力援之，乃止。苦節五十年。

杜宗賢妻王氏。三臺人。夫亡守節。同縣節婦劉國重妻岳氏、王元邑妻周氏、周占鰲妻李氏、湯元沛妻譚氏，烈婦羅茂九妻鍾氏、馬榮俸妻賴氏，均乾隆年間旌。

羅廷臣妻趙氏。射洪人。年十六，適廷臣。夫亡守節，事翁姑，養葬盡禮，課二子成立。同縣節婦王命新妻彭氏、謝國柱妻于氏、趙鳴鑾妻涂氏、秦傑妻陳氏、胥鶴妻韓氏、謝文璽妻張氏、趙世瑞妻馬氏、郭維妻覃氏、胥濬妻成氏，烈婦傅維秀妻文氏、彭爲乾妻劉氏，烈女張安吉女，均乾隆年間旌。

顧嘉修妻張氏。鹽亭人。夫亡守節。同縣節婦張泰階妻王氏、汪美忠妻王氏、任沆妻胥氏、任啓賢妻李氏、任之鳳妻顧氏、張敬之妻王氏、王國詔妻李氏、顧枏妻岳氏、顧言妻杜氏、王若賢妻吴氏，烈婦句仕珍妻楊氏，均乾隆年間旌。

倪永寬妻馬氏。中江人。夫亡守節。同縣節婦李緒妻王氏、戴玫妻張氏、楊簡書妻易氏、李翙妻陳氏、羅仕清妻李氏、李緯妻傅氏、秦三元妻周氏、王悌妻戴氏、戴琛妻李氏、戴文圖妻張氏，均乾隆年間旌。

張懋德妻蒲氏。遂寧人。夫亡，撫子紹勤成立。紹勤卒，妻李氏復矢志守節。同縣節婦詹文焕妻吕氏、林中梅妻謝氏，烈女胡榮臣女，均乾隆年間旌。

楊東衡妻何氏。蓬溪人。夫亡守節。同縣節婦楊端泰妻樊氏，烈女楊茂文女三姑，均乾隆年間旌。

童仕開妻傅氏。安岳人。夫亡守節。同縣節婦鄒淑閏妻周氏、彭天佑妻黄氏、趙楚祥妻蔣氏、李應楠妻尹氏、李本禄妻陳氏、周洛東妻王氏、郭元松妻漆氏、周密妻王氏，均乾隆中旌。

謝子庠妻黎氏。樂至人。夫亡守節。同縣節婦程鴻妻蔣氏，均乾隆年間旌。

黄某妻任氏。三臺人。嘉慶五年，教匪犯境，脅之去，氏駡曰：「吾家士族，豈肯從賊！」遂沈於河。同縣田穀女田姑隨母避難，猝遇賊，脅之行，女紿曰：「我渴甚思飲。」從容赴河干，大聲駡賊死。劉宗賢女劉姑，賊匪逼之，隨母躍入河中。均嘉慶年間旌。

楊舊萬妻范氏。三臺人。夫亡守節。嘉慶年間旌。

周于廉妻文氏。射洪人。嘉慶初，教匪犯境，與弟姒何氏及陳秉乾女滿姑、田履端孫女田姑遇賊死節，均嘉慶年間旌。

羅皓妻于氏。射洪人。夫亡守節。同縣節婦王隆選妻廖氏、姬懷德妻劉氏、趙廷弼妻王氏，烈婦傅某妻文氏，均嘉慶年間旌。

黃朝服妻廖氏。鹽亭人。嘉慶初，教匪犯境，與同縣黃文朗妻何氏同遇賊死節，均嘉慶年間旌。

張輝妻劉氏。鹽亭人。夫亡守節。同縣節婦王用聰妻寇氏、烈女王藩女，均嘉慶年間旌。

劉士敭二女。中江人。長年十九，次年十五。嘉慶初，遇賊逼脅不從，俱赴水死。同縣劉國瑞女劉姑，劉三和妻譚氏，陳于哲妻周氏，鄧士旺妻黃氏，羅昌珣妻葉氏，蔣明照妻李氏，趙中業妻楊氏及子婦龔氏、袁氏、鄧氏，孫婦楊氏，蔣三棟妻張氏，劉劉氏，劉細妹，劉李氏，趙張氏，趙壽英，趙翠兒，趙王氏，趙周氏，張趙氏，張二姑，趙王氏，戴趙氏，趙劉氏，刁陳氏，陳曾氏，陳王氏，陳羅氏，陳劉氏，陳王氏，陳曾氏，陳唐氏，同遇賊死節，均嘉慶年間旌。

陳常昇妻漆氏。中江人。夫亡守節。同縣節婦鍾上祚妻陳氏、王易和妻黃氏、李縝妻陳氏、孟衍輿妾鄭氏、吳崑妻孫氏、王廣益繼妻戴氏、陳濬妻唐氏、冷兆琳妻林氏、孟琳妻王氏、文立通妻向氏，均嘉慶年間旌。

羅登峯妻李氏。中江人。嫁四月夫亡，投繯以殉。同縣廖某妻吳氏，適廖一載夫亡，舅姑憐其少寡無子，勸令改適，氏以所志不遂，自刎死。

張勤寬妻李氏。遂寧人。夫亡守節。同縣節婦張懋行繼妻金氏、何其淵妻余氏、廖經武妻蔣氏，烈婦張某妻李氏、楊青三妻劉氏、張居易妾李氏，均嘉慶年間旌。

杜尚欽妻田氏。蓬溪人。夫亡守節。同縣節婦曾繼德妻李氏，均嘉慶年間旌。

劉安秀妻黎氏。安岳人。嘉慶五年，與同縣何濱女申姑、劉常敷妻易氏同遇賊死節，均嘉慶年間旌。

施丙姑。安岳人。守正捐軀。同縣烈婦蕭某妻漆氏，均嘉慶年間旌。

張運學妻周氏。樂至人。夫亡，遺子甫彌月，撫之成立。家無立錐，勤織紝以供甘旨。姑疾服藥無效，氏籲天刲股以進，遂愈。

仙釋

唐

一新羅漢。潼川舊無鹽井，一新羅漢遊蜀至此，指地鑿之，鹽泉湧出。

圓覺。姓李，隴西人，家於遂寧之長江。師成都金和尚，授以二訣。大曆七年，忽見端相，身坐圓光中，遠近花木變成蓮萼，端坐而化。

土産

銀。寰宇記：梓州産。

銅。元和志：飛烏、銅山二縣出。

鐵。唐書地理志：通泉縣有鐵。九域志：通泉、東關二縣有鐵冶。明統志：鹽亭、射洪二縣出。

鹽。唐書地理志：玄武、飛烏、涪城、長江有鹽。元和志：郪、通泉、鹽亭、永泰、方義、蓬溪、普慈、安岳、普康、安居諸縣皆有鹽井。明統志：本州及所屬七縣皆有井。

綾絹。唐書地理志：梓州貢紅綾，遂州貢絲布，普州貢雙紃。元和志：梓州貢綾、綿絲布，賦布絹，遂州貢綾、樗蒲綾，普州賦絹、紵布。寰宇記：梓州貢紋綾、水波綾。九域志：梓州貢白花綾。

葛。元和志：普州貢。

柑橘。元和志：梓州、遂州貢甘子。唐書地理志：梓州貢柑橘皮。寰宇記：梓州貢柑橘、枇杷，普州産梅、杏。方輿勝覽：普州鐵山棗、崇龕梨、天池藕三者皆陳希夷所種。

藥。元和志：遂州、普州貢天門冬。寰宇記：梓州産地黄、紅花，遂州産苓根、紫葛根。

空青。元和志：梓州貢空青、曾青。寰宇記：梓州産石緑。

糖。唐書地理志：梓州貢蔗糖。寰宇記：梓州貢砂糖。方輿勝覽：遂寧府出蔗霜。

簟。寰宇記：遂州産簟子。

靸鞋。寰宇記：遂州産。

校勘記

〔一〕西魏改郡縣俱爲湧泉　「魏」，原作「漢」，據乾隆志卷三〇八潼川府古蹟（下同卷簡稱乾隆志）、隋書卷二九地理志及上文改。

〔二〕舊治整瀨川　「川」，原作「州」，據乾隆志及舊唐書卷四一地理志改。

〔三〕龔穎舊宅　「穎」，原作「潁」，據乾隆志及宋書卷九一龔穎傳改。

〔四〕舊名卞市　「卞」，原作「卡」，據乾隆志及雍正四川通志卷四上城池改。

〔五〕何光遠鑑戒録亦曰墓在岳陽山上　「鑑」，原作「鏗」。考宋史藝文志，何光遠有著作鑑誡録，字作「鑑」，不作「鏗」，蓋形似而訛。又查鑑誡録卷八有賈忤旨一篇，言賈島終於長江縣主簿任上，後人創墓於岳陽山上。與此合，因據改。

〔六〕弟彖墓　「弟」，原作「第」。按萬姓統譜卷一二二席姓載席書、席春、席彖三兄弟，遂寧人。此席春當即其人，則「第」爲「弟」之訛誤，因據改。

〔七〕瑊誘納溪藍等州刺史及八姓烏蠻首領　「納溪」，原脱「納」字，乾隆志同，據宋史卷三〇一寇瑊傳、卷四九六蠻夷傳補。

〔八〕以環湑井　「湑」，原作「濟」，乾隆志同，據宋史卷三〇一寇瑊傳改。

〔九〕爲安岳教諭　「教」，原脱。考道光安岳縣志卷八官師表天順教諭有「顔公輔，巴陵舉人，擢知本縣」。則顔始任爲安岳縣教諭，此脱「教」字，因補。

〔一〇〕龔穎　「穎」，原作「潁」，據乾隆志及宋書卷九一龔穎傳改。

〔一一〕蘇舜欽　「欽」原作「卿」，據乾隆志改。下文不誤。

〔一二〕姚涣　「姚」，原作「景」，據乾隆志及宋史卷三三三姚涣傳改。按，蓋涉下條景思忠而誤。

〔一三〕瘞文爲冢於南山　「冢」，原作「家」，據乾隆志改。

綏定府圖

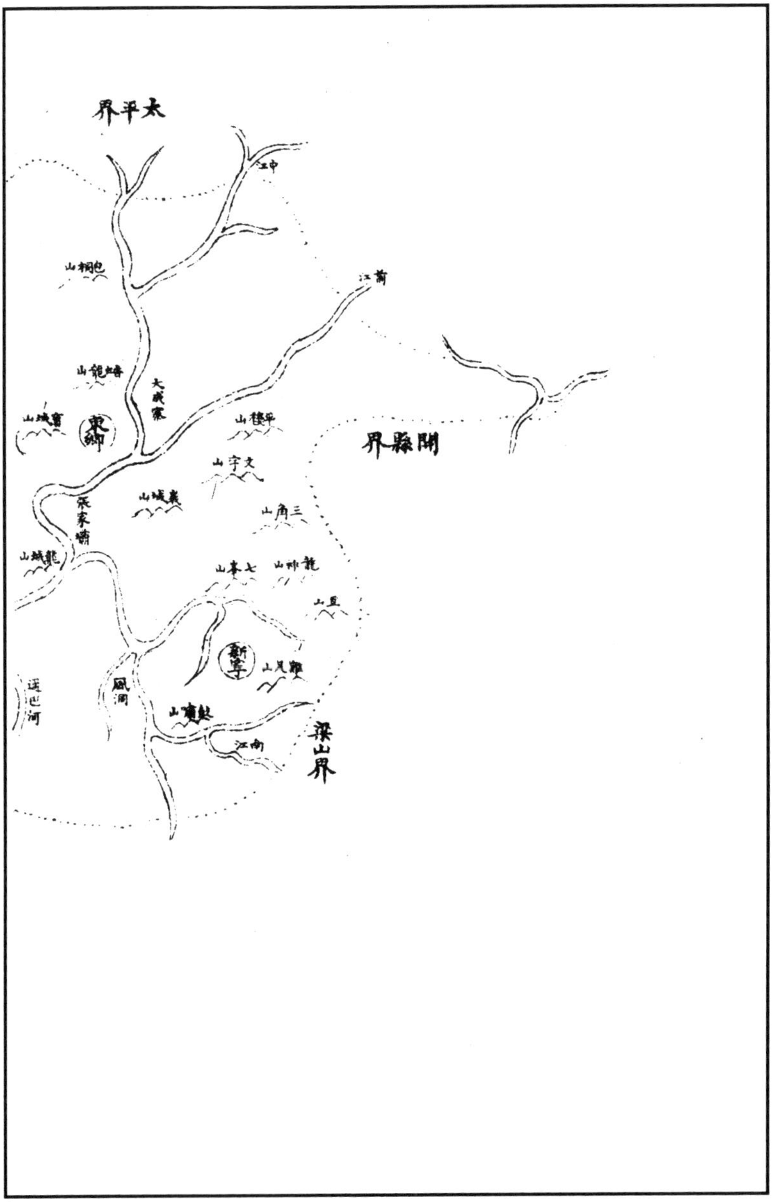
太平界
中江
包桐山
前江
大成寨
寶城山
東鄉
平樓山
開縣界
文字山
襄城山
三角山
張家嘴
龍城山
七峯山
豆山
新寧
風洞
南江
梁山界
巴河

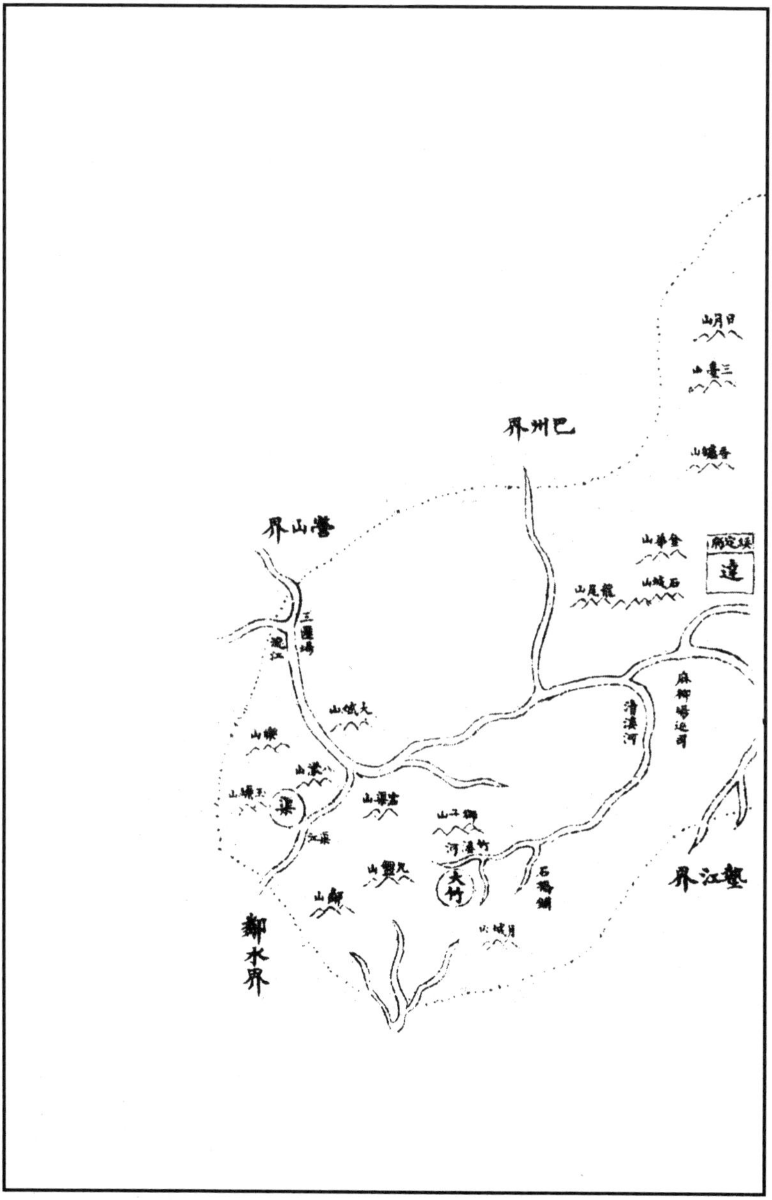
界州巴
界山營
達
界江墊
鄰水界
渠
大竹
清溪河

綏定府表

	綏定府	達縣
秦	巴郡地。	
兩漢		宣漢縣 後漢分置，屬巴郡，後屬巴西郡。
三國		宣漢縣 蜀漢分屬宕渠郡，尋復屬巴西郡。
晉		宣漢縣 初省，惠帝復置，屬宕渠郡。
南北朝	巴渠郡 宋分置，梁置萬州及東關郡，西魏改通州。	宣漢縣 郡治。後魏改名石城。
隋	通川郡 開皇初郡廢，大業初改州爲郡。	通川縣 開皇十八年改名。
唐	通州 武德元年復州，天寶初復郡，乾元初又改屬山南西道。	通川縣 州治。 思來縣 武德二年析置，貞觀二年省。
五代	通州 屬蜀。	通川縣
宋	達州 乾德二年改名，屬夔州路。	通川縣
元	達州	通川縣
明	達州 洪武九年降縣，正德九年復州，屬夔州府。	洪武九年省入州。

三岡縣梁大同二年置，兼置新安郡。西魏改新寧郡。	永康縣梁置，兼置萬榮郡。	石鼓縣梁置。西魏置遷州，周改置臨清郡。		
三岡縣開皇三年郡廢，屬通川郡。	永穆縣開皇初郡廢，十八年改名，屬清化郡。	石鼓縣開皇初郡廢，屬通川郡。		
三岡縣屬通州。寶曆元年省。大中五年復置。	永穆縣屬通州。	石鼓縣屬通州。寶曆初省，大中元年復置。	太平縣武德二年置，屬萬州。貞觀元年省。	閬英縣天寶九年置，屬通州郡。
熙寧六年省。	永穆縣	石鼓縣		閬英縣
	永睦縣咸平中改名，屬達州。	熙寧七年省。		乾德五年省。
	至元二十二年省。			

續表

續表

東鄉縣	新寧縣
宕渠縣地。後漢宣漢縣地。	宕渠縣地。後漢宣漢縣地。
東鄉縣西魏置，兼置石州。周改置三巴郡。 巴渠縣宋置，屬巴渠郡。 下蒲縣宋置，屬巴渠郡。	新寧縣西魏置，屬東關郡。
東鄉縣開皇三年郡廢，屬通川郡。 開皇初省。 開皇三年省。	開皇初省入通川。
東鄉縣屬通州。武德三年置南石州，又析置昌樂縣。八年州廢，省入石鼓。 巴渠縣永泰元年復置，屬通州。 下蒲縣武德三年復置，屬南石州。八年省。	新寧縣武德二年復置，屬通州。貞觀八年徙治淙城。
東鄉縣 巴渠縣	新寧縣
東鄉縣屬達州。 巴渠縣屬達州。	新寧縣屬達州。
至元中省。 至元二十二年省入達州。	新寧縣
東鄉縣正德中復置，屬達州。	新寧縣洪武四年省入梁山。十四年復置，屬夔州府。

續表

渠縣	大竹縣
宕渠縣屬巴郡。後漢建安中分屬巴西郡。	
宕渠郡蜀漢置，尋廢。延熙中復置，九年廢。 宕渠縣	
宕渠郡永興元年復置，東晉廢。 宕渠縣	
渠州北宕渠郡梁置，改名流江郡。 梁爲州郡治，而不置縣。 流江縣魏改置，州郡治。	鄰州鄰山郡梁置州，魏改郡。
宕渠郡開皇初郡廢，大業初復置。 流江縣郡治。	開皇初廢。
渠州武德元年復州，天寶初改潾山郡，乾元初復故，屬山南西道。 流江縣州治。 大竹縣久視元年置，至德二載屬渠州。寶曆中省，後復置。	武德元年分置潾州，八年廢。
渠州屬蜀。 流江縣 大竹縣	
渠州鄰山郡屬潼川府。 流江縣 大竹縣景祐三年省，紹興二年復置。	
渠州屬順慶路。 流江縣 至元中徙。	大竹縣至元二十年移來治。
渠縣洪武九年降縣，屬廣安州。 省。	大竹縣洪武初改屬廣安州。

鄰山縣梁州治。魏郡治。
開元初省入鄰水。
潾山縣武德元年分置，州治。後屬渠州。鹽泉縣武德元年分置，屬潾州，尋省。
潾山縣
潾山縣
至元二十年省入。

續表

大清一統志卷四百八

綏定府一

在四川省治東一千二百里。東西距四百三十里，南北距四百七十里。東至夔州府開縣界一百五十里，西至順慶府營山縣界二百八十里，南至忠州墊江縣界二百里，北至太平廳界二百七十里。東南至忠州梁山縣界一百八十里，西南至順慶府鄰水縣界一百七十五里，東北至開縣界三百七十里，西北至保寧府巴州界一百三十里。自府治至京師六千五百八十里。

分野

天文翼、軫分野，鶉首之次。

建置沿革

禹貢梁州之域。漢巴郡宕渠縣之東境。後漢和帝分置宣漢縣，屬巴郡，劉璋分屬巴西郡。三國漢分屬宕渠郡，尋還屬巴西。晉初省，惠帝復置，屬宕渠郡。見晉書地理志。元統志作永熙元年省，宋武又置，誤。劉宋分置巴渠郡。齊因之。按宋書州郡志，巴渠郡治宣漢，又南宕渠郡、魏興郡皆領宣漢，蓋僑置。齊志仍宋舊。通典通州，宋、齊爲巴渠郡，寰宇記則云宋屬南宕渠，齊屬巴渠。今從通典。後魏改縣曰石城。梁於縣置萬州，通典：以州境有萬頃池爲名。寰宇記：大同二年置。及東關郡。見隋志。寰宇記作開巴郡，其東關郡則置於新寧，不同。西魏改通州。寰宇記：以居四達之路，故名。隋開皇初，郡廢。十八年，改縣曰通川。大業初，改州曰通川郡。唐武德元年，復曰通州。三年，置總管府。貞觀五年，府廢。天寶初，復曰通川郡。乾元初，復曰通州，屬山南西道。五代屬蜀。宋乾德二年，改曰達州通川郡，屬夔州路。元曰達州。至元十五年，屬四川東道。二十年，改屬南道。二十二年，屬夔州路。明洪武九年，省通川縣入州，又降州爲達縣。正德九年，復升爲州，仍屬夔州府。本朝雍正六年，升直隸州，屬四川省，領縣三。東鄉、太平、新寧。嘉慶七年，升爲綏定府，置達縣附郭，析太平縣爲直隸廳。嘉慶十九年，以順慶府屬之渠縣、大竹縣來隸。今領縣五。

達縣。附郭。東西距二百一十里，南北距一百六十五里。東至新寧縣界九十里，西至渠縣界一百二十里，南至大竹縣界一百二十里，北至東鄉縣界四十五里。東南至新寧縣界一百二十里，西南至大竹縣界一百里，東北至東鄉縣界四十里，西北至保寧府巴州界一百四十里。後漢置宣漢縣。晉初省，惠帝復置。劉宋爲巴渠郡治。後魏廢帝改石城縣。隋開皇十八年，改爲通川。唐爲通州治。宋、元爲達州治。明洪武九年省入州。本朝嘉慶七年置達縣，爲綏定府治。

東鄉縣。在府東少北九十里。東西距三百七十里，南北距二百二十里。東至夔州府開縣界三百里，西至達縣界七十里，南至新寧縣界四十里，北至太平廳界一百八十里。東南至新寧縣界一百六十里，西南至達縣界五十里，東北至太平廳界一百八十里，西北至保寧府巴州界二百里。漢宕渠縣地。後漢宣漢縣地。劉宋分置巴渠、下蒲二縣，屬巴渠郡。西魏分置東鄉縣，并置石州。周廢州，置三巴郡。隋開皇三年，郡廢，省巴渠、下蒲二縣入東鄉，屬通川郡。唐武德三年，於縣置南石州。八年，州廢，縣屬通州。宋屬達州。元至元中省。明正德中復置，仍屬達州。本朝初屬夔州府。雍正六年，復屬達州。嘉慶七年，屬綏定府。

新寧縣。在府東少南一百十里。東西距六十里，南北距一百二十里。東至夔州府開縣界三十里，西至達縣界三十里，南至忠州梁山縣界七十里，北至東鄉縣界五十里。東南至開縣界三十里，西南至梁山縣界八十里，東北至東鄉縣界五十里，西北至達縣界三十里。漢宕渠縣地。後漢宣漢縣地。西魏置新寧縣，屬東關郡。隋開皇初省入通川。唐武德二年復置，屬通州。太和三年，改屬開州。四年，還屬通州。宋屬達州。元因之。明洪武四年，省入梁山縣。十四年，復置，改屬夔州府。本朝康熙七年，省入梁山縣。雍正七年復置，屬夔州府。十二年，改屬達州。嘉慶七年，屬綏定府。

渠縣。在府西二百二十里。東西距一百六十里，南北距一百八十里。東至大竹縣界五十里，西至順慶府營山縣界一百十里，南至順慶府廣安州界五十里，北至達縣界一百三十里。東南至順慶府鄰水縣界一百三十五里，西南至順慶府岳池縣界八十里，東北至達縣界一百二十里，西北至營山縣界六十里。漢置宕渠縣，屬巴郡。後漢因之。建安中，分屬巴西郡。蜀漢分置宕渠郡，尋廢。延熙中又置郡，九年省。晉永興元年，李雄復置郡。東晉郡廢。劉宋屬南宕渠郡。齊因之。梁置渠州及北宕渠郡。後魏改置流江縣及流江郡。隋開皇初，郡廢。大業初，復曰宕渠郡。唐武德元年，復曰渠州。天寶初，改潾山郡。乾元初，復曰渠州，屬山南西道。五代屬蜀。宋亦曰渠州鄰山郡，屬潼川府路。元曰渠州，屬順慶路。明洪武初，以州治流江縣省入，仍降州爲渠縣，屬廣安州。本朝初屬順慶府，嘉慶十九年屬綏定府。

大竹縣。在府西南一百二十里。東西距一百六十里，南北距二百里。東至忠州梁山縣界八十里，西至順慶府廣安州界八十里，南至忠州墊江縣界一百里，北至達縣界一百里。東南至墊江縣界八十五里，西南至順慶府鄰水縣界八十五里，東北至新寧縣界八十里，西北至渠縣界四十五里。漢宕渠縣地。梁置鄰山縣，兼置鄰州。後魏廢帝改曰鄰山郡。隋開皇初郡廢，併縣入鄰水。唐武德元年，復置潾山縣，又置潾州。八年，州廢，縣屬渠州。宋因之。元至元二十年，省潾山入大竹，復移大竹縣來治。明洪武初，改屬廣安州。本朝初屬順慶府，嘉慶十九年屬綏定府。

形勢

居四達之路。寰宇記。山川秀出，冠於峽右〔一〕。宋侯師聖天慶觀記。東瀉巴水，西峙鐵嶺，南對戛雲，北望鳳山。宋陳升翠玉軒記。

風俗

叢穢卑褊，蒸瘴陰鬱。元稹集。宣漢井場，男女不耕蠶，貨賣雜物代錢。寰宇記。民俗秀野，任俠尚氣。宋通川志。邑屋壯大，果蓏豐甘。晁公遡風土記。

城池

綏定府城。周四里，門四。明成化二十一年築，弘治中甃石。本朝乾隆三十三年修，嘉慶十七年重修。達縣附郭。

東鄉縣城。周三里，門五。明成化十九年建。本朝康熙四十四年修，雍正六年、嘉慶十六年重修。

新寧縣城。周四里有奇，門四。明成化中建。本朝嘉慶八年修。

渠縣城。周三里七分，門四，外環以池。明成化中築，正德中甃石。本朝康熙二年修。

大竹縣城。周三里四分，門五，池廣一丈。明成化初建。本朝康熙六年修，乾隆五十九年、嘉慶二年重修。

學校

綏定府學。在府治東南，舊爲達州學。明洪武四年建。本朝嘉慶七年改府學。入學額數二十名。舊額十五名，嘉慶十九年增五名。

達縣學。在縣治東南。本朝嘉慶七年建。入學額數八名。

東鄉縣學。在縣治東。明萬曆初建。本朝康熙二十四年修，嘉慶初燬，未建。入學額數八名。

新寧縣學。在縣治東。明洪武十年建。本朝康熙七年，裁併梁山縣學。雍正八年重建，嘉慶五年修。入學額數八名。

渠縣學。在縣治西。宋建。明萬曆中重建。本朝康熙四十一年修，乾隆二年重修。入學額數十二名。

大竹縣學。在縣治南。宋嘉定中建。本朝康熙九年重建，三十年、嘉慶十四年重修。入學額數八名。

通川書院。在府城東，舊名宣漢。本朝乾隆元年建，四十七年修。嘉慶九年重修，改今名。

大成書院。在東鄉縣大成寨，舊名集賢，在舊治東。本朝乾隆六年建，嘉慶十年移建今所，改今名。

龍池書院。在新寧縣城内，舊名宕渠，在東門。本朝乾隆二年建，嘉慶七年移建今所，改今名。

渠江書院。在渠縣城南。本朝嘉慶十三年建。

振文書院。在大竹縣城南。本朝乾隆三十年建。

渠縣義學。在渠縣神樹壩。本朝嘉慶中建。

户口

原額人丁三萬八千九十八，今滋生男婦共一百十二萬四千八百五十名口，計二十八萬七千三十一户。

田賦

田地二萬二千四百六十八頃六十畝有奇，額徵地丁正、雜銀三萬六千七百四十二兩一錢五分三釐五毫。

山川

龍城山。在達縣東二十里。

白雲山。在達縣東七十五里。東峙高峯、赤巖，西連白林、金匱。

竹山。在達縣東南十餘里。方輿勝覽：元稹有告會竹山神文。夔州府志：大竹山在州東十五里。又有小竹山連峙。

金匱山。在達縣東南七十里。

虎嘯山。在達縣東南九十里，延袤百里。

翠屏山。在達縣南一里。形如屏，上有真武廟，亦名真武山。唐元稹建戞雲亭於其上。

酉山。在達縣南三十里。元統志：產茶，官置抽茶場。

銅鉢山。在達縣南四十里。石壁圍峙，三面封固，惟南一徑可通。

九節山。在達縣南六十里。相近有捍城山，石崖環繞如城。

石門山。在達縣西南六十里。又仙女山，在西南八十里，有仙女池。

龍爪山。在達縣西三里。圓聳懸絶，上有寨。

石城山。在達縣西五里。寰宇記：四面峭絶，惟西有一路可上。

鐵山。在達縣西三十里。石色如鐵，上有獅子石、和尚崖。

龍尾山。在達縣西七十里。有龍洞，禱雨多靈。

鳳凰山。在達縣西北五里。寰宇記：山形象鳳翅，掩映州城。元統志：有寶石洞，在山頂，有泉自洞出，衝沙漱石，散而爲乳，與土相雜，積成山峯。嵌空奇崛，自然天巧。山民斵掘以植菖蒲。按：明統志名寶芝洞。又有鳳凰山在東鄉縣北一百二十里，峯巒峻聳，明時立堡於上。

金華山。在達縣西北。方輿勝覽：去通川縣四十里，與石城山相接。楊晨詩：「吾州金華峙霄漢，上有兜率香飄帷。」夔州府志：在州西北四十里。上有望水埡、金華寺。

龍象山。在達縣西北。元統志：在永睦廢縣北七十里。

方響山。在達縣西北。元統志：在永睦廢縣東北八十里。

文字山。在東鄉縣東。寰宇記：在巴渠縣西三十里，有文字溪出焉。夔州府志：在縣東五十里，高極千仞，形類文字。

平樓山。在東鄉縣東故巴渠縣後。其平若樓，可容萬人。又高登山亦在故縣後，上有雲臺寺，田可百畝。明嘉靖二十八年，伏龍騰起，寺田俱陷。

峩城山。在東鄉縣南四十里，接新寧縣界。岡嶺延複，有石峽迤邐七里，名七里峽。有龍洞，深不可測。

香鑪山。在東鄉縣西四十里。獨立千仞，形類香鑪。

寶城山。在東鄉縣西北四十里。四面險峻，斜通一徑，上有坪有寨，亦以寶城名。

三臺山。在東鄉縣西北四十里。三山屹立如臺，上有寨。

日月山。在東鄉縣西北四十里。山高萬仞，上有二石孤懸，象類日月。

蟠龍山。在東鄉縣北二十里，迴旋若龍。相近曰楊侯山，上有石洞。

包桐山。在東鄉縣北一百二十里。羣峯攢聳，下連高歇溪。

雞足山。在新寧縣東二十里。麓分五支，如雞距狀，故名。

八面山。在新寧縣東五十里。山形秀整，望之八面皆方。

豆山。在新寧縣東六十里。産紅豆木。

大奔山。在新寧縣南六十里。寰宇記：其山高大，望見開州新蒲縣梁山軍。

百節山。在新寧縣南六十里。峯巒連延，分爲百節，故名。

石月山。在新寧縣南七十里。有巨石如月，平視如上弦，側視如下弦。

鼓嘯山。在新寧縣西南六十里。元統志：其山多風，動摇林木，常如吟嘯。

屏山。在新寧縣西十里。迤邐近城，平頂方麓，爲邑巨鎮。俗名卧牛山。

寶泉山。在新寧縣西二十里。層巒疊秀，下連五井，泉味甚甘。

七峯山。在新寧縣北五里。一峯突起，分爲七支，俗名七股山。

龍神山。在新寧縣東北十里。上有龍神廟。

三角山。在新寧縣東北八十里。南江源出此。

福壽山。在渠縣城内。

宕渠山。在渠縣東。寰宇記：宕渠山，一名大青山，在流江縣東五十八里。輿地紀勝：圖經云在渠州東五十里，其山東西兩門，延連相接，山間長峽有似溝渠。明統志：宕渠山名花果園，其山崇峻，險不可登。東西二石門，可以出入。

禮義山。在渠縣東。明統志：宋寶祐中渠州徙治於此。舊志：山在縣東六十里，上有城址。宋將胡榮率州人拒元軍死之，因名。

玉蟾山。在渠縣西三里。峯巒翠聳，形如新月。並峙者曰寶珠峯。

緑沼山。在渠縣西北四十五里。輿地紀勝：自閬、果連延至此，上有池水常緑。

龍驤山。在渠縣北。漢志：宕渠縣符特山在西南。寰宇記：今流江縣有龍驤山，蓋古符特山也。輿地紀勝：圖經云在大竹縣南三十里。舊志：在今縣北一里。

樂山。在渠縣北三十二里。輿地紀勝：每歲正月七日，鄉人攜鼓笛酒食登此娛樂，以祈蠶事。

八濛山。在渠縣東北。蜀志：建安二十年，張郃督諸軍下巴西，進軍宕渠、濛頭、盪石，與張飛相拒五十餘日。飛率精兵萬餘人，從他道邀郃軍交戰，山道迮狹，前後不得救，飛遂破郃，巴土獲安。輿地紀勝：八濛山，在流江縣東北七里。起伏八處，有水環之，不匝者一里，常有煙霧濛其上，故名。即張飛破張郃處。

大斌山。在渠縣東北六十里，與禮義山對峙。一名幞頭山。明末邑人築砦於此。

仙林山。在大竹縣東一里。

月城山。在大竹縣東七十里。

黄城山。在大竹縣東八十里。絶頂寬平，四圍石壁蒼然，望之如城。

七碑山。在大竹縣東南一百里，接忠州梁山縣界。山有大石凡七，聳立如碑。

九盤山。在大竹縣西八里。其山高峻，盤旋九折，行者憚之。

鄰山。在大竹縣西，接鄰水縣界。寰宇記：在鄰山縣西四十里。以山重疊鄰比相次爲名。南盡縣東入鄰水縣界，北入通州三岡縣界。此山出鐵。舊志：今有西山在大竹縣西十五里，鄰水出焉，蓋即古鄰山也。明統志在縣東南二百里，誤。

獅子山。在大竹縣東北七十里。東流溪出此。

金盤山。在大竹縣東北。輿地紀勝：在鄰山縣北五十里。有龍穴。舊志：在今縣東北一百里仙門里，亦名仙門山。峯巒高聳，巖石奇勝。

北巖。在達縣西。方輿勝覽：巖壁聳峭，下有平池。明統志：在州西五里。

垂虹巖。在達縣西北。方輿勝覽：在太原市之西。有水自巖巔流下，若垂虹焉。明統志：在州西北五里。夔州府志：在鳳凰山上。

虹飲巖。在渠縣西。輿地紀勝：有聖泉，在州西七十步石巖下，水自巖石中出不竭。嘗有虹飲焉，因築亭其上，名虹飲亭。明統志：巖上有滴水，下有石臼，大如盃盂，盛之。日出時，每有虹飲巖下，因名。

聯珠峽。在新寧縣南五十里。衆山溪水至此合流，又西北一百里，至州東南入通川江。

七里峽。在新寧縣西北四十里。衆山溪水合流，西南六十里，合聯珠峽水。

龍潭峽。在大竹縣南六十里。

瀘溪洞。在達縣東南。元統志：在太原市東十五里。有龍祠溪自洞出，行溪中亂石間里許，始至洞口，炬而入，極深遠。垂乳纓絡其上，珠聯玉綴可觀。

風洞。在達縣東南五十里道旁。石穴中出風，下有流泉。

龍洞。在新寧縣北二十里。水從石出，飛瀑如練，灌注千頃。

通川江。在府城南門外，即渠江，一名東關水。自太平廳發源，西南流逕東鄉縣城東，又逕府城南，又西南入渠縣界，爲宕渠江。寰宇記：東關水出建平山，西南流廢宣漢縣，又一百五十里下石鼓縣界，又西南經石鼓縣南四十步，又西南經通川縣南一百六十步，又西南經三岡縣南一百步，又西合北水。元統志：渠江源出萬頃池。通志：江之上流有前、中、後三江，前江自太平縣金城山發源，西南流二百里入東鄉縣，又一百二十里會中、後二江。中江自太平縣東白支山發源，西南流三百里入東鄉縣界，又四十里會後江。後江自太平縣北大橫山發源，南流經縣西一里，又南合白沙河凡三百五十里，入東鄉縣北界，至普光寺與中江會，又七十里至東鄉縣城東，與前江會，爲通川江，又六十里入達州界，經城東，復曲而西八十里，入渠縣界。按：寰宇記既以今通川江爲東關水，而於東鄉縣則云縣在益遷、下蒲二水間，不及東關水，又云益遷水在縣東北三十步，從金州來，流入石鼓縣界，下蒲水在縣西南一百步，從洋州界入。以今考之，益遷水當即中江，下蒲水蓋即後江，東關水乃今前江，隨地異名耳。舊志以益遷、下蒲二水與通川江分載，非是。

南江。在新寧縣南。寰宇記：南江水源出三角山，西南流繞新寧縣三面，復屈曲西北流，至通川縣東七里，注東關水。按輿圖，今名蹬子河，自新寧縣東北界發源，西南流逕縣南，轉西北至縣西風洞鋪，東會瀘灘河及七里峽水，又北轉西至達縣東，入通川江。九域志謂之新寧溪，舊志謂之聯珠峽水，皆即此。

開江。在新寧縣東北。源出霧山坎，又東入開縣界。詳見夔州府。

渠江。在渠縣東。自達縣流入，又西南經廣安州東，又西南入重慶府合州界。水經注：北水與南水合，又東南逕宕渠縣，謂之宕渠水，又東南入漢。寰宇記：宕渠水一名渝水，在流江縣東二里。又渠江縣南八十步，又西入合州新明縣界。輿地紀勝：渠江在流江縣東三百步。其水二源，一出巴嶺，一出羅旲山，至永睦縣合流，入流江縣界。又廣安軍城，下瞰渠水，縈迴爲潭，號曰清洄。又有篆水，去縣五里，有石洲如伏黿，水之灌輸其間者，渦停渠別，莫知其幾。中兩渠相距二尺，廣深半之，可受流觴，人多遊焉。舊志：巴、達二水，自三會鎮合流爲渠江，經宕渠山下，合潛水，又至渠縣東北，合流江水，又逕縣南三里。中有銅魚洲，其下有磧石，狀如黄魚，亦名銅魚磧。又南逕廣安州界。江中灘石縱横，湍流奔急，共有三十六灘，至州東北則石磧平坦，波紋如篆，故又名爲篆水。渠江二派，自達州入渠縣境合流，又一百五十里至縣治東，轉西南一百五十里，達廣安州界，又一百四十里至州城東，又一百九十里至合州界。按：漢書地理志：「宕渠縣潛水，西南入江，不曹水出東北，南入灊徐谷[二]。」所謂潛水，即今渠江。酈道元亦云宕渠水即潛水是也，乃於潛水篇曲爲之説云：「潛水蓋即漢水，支分潛出，故受其稱。今縣有大穴，潛水入焉。通岡山下西南潛出，謂之伏水，或以爲古之潛水。」其説雖與郭璞略同，然璞本謂大穴在梓潼、漢壽，去宕渠絶遠。今渠江合巴、達二州之水，並非漢水之分，其地亦無所謂大穴通岡山下者，其不足信可知。明統志遂謂潛水在渠縣東五十里，誤。

流江。在渠縣北。自順慶府儀隴縣西北發源，南流經營山縣東，又東南至縣城東，入渠江。寰宇記：流江水出儀隴縣西儀隴山，自縣界東流逕蓬池縣理北，亦名驗江水。又東南流逕良山縣西南二十一里，又東南流逕蓬山縣南一百步，又東入渠州流江縣界。輿地紀勝：大流江在流江縣北五里，自蓬山縣來。又有小流江，在縣南二十里，自相如縣來。絶險，高百餘丈。俗號高灘。舊志：流江源出儀隴縣北二十里龍源山，東南流八十里合平溪，入營山縣界，又七十里經縣東，去縣五十里，又東南入渠縣界，流百里許至縣城東，入渠江。按：明統志有七曲匯，在營山縣東六十里，水流縈迴七曲，兩岸崖石懸絶，飛湍噴沫，若烟霧騰湧。蓋即流江下流，今名七曲堰。

瀘灘河。在達縣東南八十里。源出天竹山，北流合聯珠峽水，達於左峽，入於通江。

三岡水。在達縣西。寰宇記：自流江縣東北流經三岡縣東十里，合東關水。按：輿圖今有通巴河，自大竹縣東月口山發源，東北流二百餘里，至州西南四十里許，入通川江。即三岡水也。

北水。在達縣西。自巴州流入，合渠江。即巴江也。寰宇記：北水自巴州歸仁縣界，流經永穆縣南一百步，又流入三岡縣界，合東關水。

仙門水。在大竹縣南。輿地紀勝：在鄰山縣西北五十里。源出金盤山，流下龍穴，入龍門鎮市。崖下有瀑布一百八十六丈，俗號散水。舊志：流爲大洪溪，至鄰水縣界入鄰水。按：輿圖今大竹縣東有寶石河，自月城山東發源，西南流經鄰水縣東，至長壽縣西北界入鄰水。即仙門水也。

萬户溪。在東鄉縣東。寰宇記：在巴渠縣東八十里。自開州萬歲縣界北流，來合溉江水。又有成熟溪，亦自萬歲縣來，合文字溪。

雙溪。在新寧縣北。源出縣西南，北流會縣治之水，轉西北又折西南，經寶泉山，流合南江。又有玉帶流，源出龍神山，流入雙溪。按：元統志有芭蕉溪，在縣西一里，即雙溪也。舊志謂之七里峽水。

白水溪。在渠縣東三十里。源出縣東白水洞，西流入渠江。

東流溪。在天竹縣北。舊志：源出獅子山，西流七十里至渠縣界，入渠江。按：輿圖今縣北有竹溪河，源出縣西九盤山，東流會二小水至縣東北界。有清溪河，源自縣東月城山，北流合焉。自下統名清溪河，所謂東流溪當即此。舊志與圖不合，疑誤。

龍湫。在渠縣東四十里。有瀑布數十，自絶頂挂洞口，下爲龍湫，禱雨輒應。

明月潭。在達縣東南七里。天欲雨，則水喧鳴，欲晴亦然。土人以此占候。

黑潭。在達縣西。方輿勝覽：在安居鎮。潭上有穹巖聳然，其下平廣，巖東偏有溪水，自上流下，作水簾狀。

石照泉。在達縣北鳳凰山下。

赤魚泉。在東鄉縣東長樂鎮東。泉中出赤甲魚，因名。

校勘記

〔一〕冠於峽右　「右」，原作「石」，據明一統志卷七〇夔州府形勝引宋侯師聖天慶觀記改。峽右，峽西也。

〔二〕不曹水出東北南入灊徐谷　按，王先謙漢書補注以爲「徐谷」二字當在「東北」之下。

大清一統志卷四百九

綏定府二

古蹟

通川故城。今府治。後漢分宕渠東境置宣漢縣，晉南渡後，又嘗僑置宣漢縣，分屬南宕渠、魏興郡，而此其故縣也。劉宋置巴渠郡治此。後魏改縣曰石城，隋改通川，皆爲州郡治。明初省入。明統志謂廢通川縣在達州西二十里，元省入，誤。

東鄉故城。在今東鄉縣東北。西魏置。寰宇記：在州東北一百七十里。西魏置於益遷、下蒲兩水間，即今縣也。兼置石州。周天和四年廢州，仍於故州城置三巴郡。隋開皇三年罷郡，并省巴渠、下蒲入焉，屬通川郡。唐武德二年，於此置南石州，又置下蒲、昌樂二縣以屬之。八年，廢南石州及昌樂、下蒲二縣，仍移東鄉縣治於今縣東一里安養故城。按九域志，在州東北一百八十里，蓋宋初復還舊治。明正德中復置，去州甚近。以寰宇記考之，今縣乃唐石鼓縣北境。西魏故縣當在今縣東北中、後二江之間也。又隋志東鄉縣下，但云西魏置石州，後周廢州，置三巴郡。寰宇記多與隋志不同。

東關故城。在新寧縣西北十里。漢宣漢縣地，屬巴郡。後魏改爲石城。梁於縣置萬州及東關郡。隋開皇三年罷。寰宇記：東關故郡城在新寧縣西北五十里。

宕渠故城。在渠縣東北。三國漢置郡。華陽國志：宕渠郡，延熙中置，九年省。晉永興元年，李雄復置，今遂爲縣。寰宇記：漢宕渠郡，即今流江縣東北七十里故城是也。其城後漢車騎將軍馮緄增修，俗名車騎城。李壽亂後，地爲諸獠所侵，郡縣悉廢。宋末又自漢宕渠移理安漢故城。舊志：按宋郡治安漢，曰南宕渠者，以安漢在宕渠之西南也。尋又於墊江置郡曰東宕渠者，以墊江在安漢之東南也。梁復於故宕渠地置郡曰北宕渠者，以故宕渠在安漢、墊江之東北也。又有西宕渠在射洪、通泉，爲故廣漢縣地，在安漢之西。隋志有宕渠縣，在今營山縣界，乃梁置，非漢故縣也。

鄰山故城。在大竹縣東南。寰宇記：縣在渠州東南一百里。本漢宕渠縣地。自晉至齊，並爲夷獠所據。梁大同三年，於此置鄰州及鄰山縣。後魏廢帝改爲鄰山郡，以山爲名。至隋初郡廢，併縣入鄰水。唐武德元年，分置潾山縣，又置潾州。八年，廢州，縣屬渠州。縣城南、西、北三面有池迴繞，東阻涅水，甚險固，俗號爲「金城」。元史地理志：至元二十年，併鄰山入大竹。

按：隋志、寰宇記、九域志皆作鄰山，新、舊唐志皆作潾山。

新寧舊城。在今新寧縣東。舊唐書地理志：武德二年，分通川置新寧縣，治新寧城。貞觀八年，徙治涂城。寰宇記：縣在通州東一百七十五里。西魏廢帝二年，於此置開州。後周天和四年，移開州於濁水北。唐貞觀八年，自今縣西北移魏所置新寧縣於廢開州城，俗謂之賓城，即今理也。故城在縣西北十里，後魏恭帝二年置。按宋會要，至道二年，移新寧治新安市，九域志在州東一百十里，蓋宋時又移今治。舊志今縣東三十里有舊縣壩，兩石獅猶存，是也。

石鼓廢縣。在達縣東。漢宕渠縣地。後漢宣漢縣地。梁置石鼓縣。西魏置遷州，後周廢州，置臨清郡。隋開皇初郡廢，縣屬通川郡。唐屬通州，寶曆初省，大中元年復置。宋屬達州。寰宇記：在州東六十里。以縣東五十里江次有大石號石鼓而名。九域志：熙寧七年省入通州。

三岡廢縣。在達縣西南四十里。寰宇記：本宣漢縣地。梁大同二年，於此置新安郡，兼立三岡縣，因邑界山有三隴爲名。後魏廢帝二年，改新安爲新寧郡。隋開皇三年罷郡，以縣屬通川郡。唐寶曆元年，山南節度使裴度奏廢。大中五年復立。宋史地理志：熙寧六年省，隸達州。

太平廢縣。在達縣西。舊唐書地理志：武德二年，置諸水、廣納、太平、恒豐四縣，屬萬州。貞觀元年，廢太平、恒豐二縣，入永穆。

永穆廢縣。在達縣西北。漢宕渠縣地，後漢宣漢縣地。梁大同中置永康縣，并置萬榮郡。隋開皇初郡廢，十八年改曰永穆，屬清化郡。唐武德二年置萬州。貞觀初州廢，縣屬通州。宋屬達州，咸平二年改曰永睦。元至元二十二年省。寰宇記：在州西北七十五里。

思來廢縣。在達縣北。唐武德二年，析通川縣置，屬通州。貞觀二年廢入。

閬英廢縣。在達縣北一百二十里。寰宇記：唐天寶九年，太守韋虛受奏於應水南一里置縣，以縣南五里閬英山爲名。宋乾德五年併入石鼓。

下蒲廢縣。在東鄉縣西北。劉宋置，屬巴渠郡。隋開皇三年廢入東鄉。唐武德三年，復析東鄉縣置，屬南石州。八年仍省入。

巴渠廢縣。在東鄉縣東北。漢宣漢縣東境。劉宋置巴渠郡，并置巴渠縣屬之，以境在巴川、宕渠間故名。隋開皇初廢。唐永泰元年，又析石鼓四鄉置，屬通州。太和三年，改屬開州。四年，改屬通州。宋屬達州。元至元二十二年，省入達州。寰宇記：縣在達州東二百三十里東關水北五十步。按宋、齊志，巴渠郡皆領巴渠縣。寰宇記謂梁大同中置，誤。

昌樂廢縣。在東鄉縣東北。唐武德三年，析東鄉置，屬南石州。八年，省入石鼓。九域志巴渠縣有昌樂鎮，即此。

流江廢縣。今渠縣治。寰宇記：渠州西至果州二百八十里，西北至蓬州一百九十里。梁普通三年，於漢宕渠縣西南七十里置北宕渠郡。即今州是也。大同三年，於郡理置渠州。後魏文帝十三年，其地内屬，仍爲渠州，領北宕渠郡。後周武成元年，改北宕渠爲流江郡，仍於縣理置流江縣，即今縣也。

大竹廢縣。在渠縣北。寰宇記：縣在渠州北六十里。漢宕渠縣地，後爲流江縣地。唐久視元年，分今宕渠縣東界置，屬蓬州，以邑界多産大竹爲名。至德二年割屬渠州。寶曆中與鄰水縣同廢，其後又置。宋史地理志：景祐三年，廢大竹縣入流江。紹興二年復置。舊志：元至元中併鄰山入大竹縣，仍移大竹縣治於鄰山縣界，即今縣也。故縣城自此遂廢。

鹽泉廢縣。在大竹縣南。唐武德元年，分潾水置，屬潾州。尋省。舊志：蓋因鹽井爲名。

賨城。在渠縣東北。華陽國志：長老言，宕渠蓋爲故賨國，今有賨城。寰宇記：故賨國城在流江縣東北七十四里，古賨國都也。舊唐書地理志：武德元年，分置賨城縣，屬渠州。八年省。明統志：廢賨城縣在大竹縣北。按：隋志有賨城縣，在今廣安州，非此。

榮城。在大竹縣東北仙門里。四圍險峻，高阜寬平。宋末保此以禦元兵。

木門故鎮。在大竹縣治。舊志：唐、宋大竹縣，在今縣北鳳來鄉，入渠縣界。元至元二十年，移治廢鄰山縣之木門鎮，即今治。縣東門城内有二小岡，地雖相連，而土色則别，上有兩木對生，交合如闕，即木門遺址也。

鳳來里。在渠縣東北一百里，接大竹縣界。相傳後周時鳳凰來集於此。

李靖埡。在新寧縣西二十里。元統志：唐武德時，蠻酋冉肇則寇信州，李靖擊斬之於此。

抽茶場。在達縣南。元統志：宋時陳弁、朱肱、余應求、李升、韓均皆以言事切直，謫監達州茶場，時目爲五君子。

六相樓。在府治内。唐李嶠、李適之、劉晏、韓滉、元稹、宋張商英皆嘗官於此，後皆入相，故以名樓。舊在泮池側，明嘉靖中移於學宫講堂前。

清風堂。在府治。宋張俞作通川十詠，蓋慶曆中知州申恪治郡圃，可遊者十。今之清風堂、休沐堂、琴亭、遊觀皆非其舊矣。

夏雲亭。在達縣南翠屏山西畔。明統志：下瞰江流，周覽城邑。唐元稹爲司馬時建。

勝江亭。在達縣西三里。宋郡守王蕃建，取唐白居易詩「通州猶似勝江州」之句而名。

垂陽臺。在府治。宋時所築。臺之下有鮮遊池、叢石山、修竹園、躑躅園。

關隘

呂公關。在達縣東三里。又石龍關，在縣東十里。

鳳凰關。在達縣西三里。

鐵山關。在達縣西二十里，以鐵山名。

龍船關。在達縣西北。舊志：縣境山溪延亘，其西北尤爲險僻，明正德中爲盜賊淵藪。嘉靖初，以次討平，因即其險阻增置龍船諸關，與巴州黄城諸關相爲形援〔一〕。

石門關。在東鄉縣東三十里。

高橋關。在東鄉縣東南二百里，接夔州府開縣界。嶺路險阻，爲邑要路。

馬渡關。在東鄉縣西北三百里，接巴州界。

鹽場關。在東鄉縣北。

豆山關。在新寧縣東四十里，接開縣界。

衛渠關。在渠縣北龍驤山。明正德中建。

麻柳場巡司。在達縣南九十里。本朝雍正八年置，屬達州。嘉慶七年改屬。

南壩鎮。在東鄉縣東。本朝嘉慶七年，置主簿駐此，十八年移駐大成寨。

四合鎮。在大竹縣。

郭家砦。在新寧縣南三十五里。形勢峻絶，上有平田，泉水四溢。

方城砦。在新寧縣北三十里。四方壁立如城。明正德中，居民避寇於此，得免者數千人。

三匯場。在渠縣。本朝置縣丞駐此。

石橋鋪。在大竹縣。本朝置縣丞駐此。

津梁

鐵索橋。在達縣東。

中孚橋。在達縣南翠屏山麓。

天生橋。在達縣南二十里。

閣溪橋。在達縣西。

深溪橋。在東鄉縣西五里。明嘉靖中建，爲洞五，長十丈。

萬壽橋。在渠縣北十里。

東流橋。在大竹縣東十里，通梁、墊、夔、萬大路。

陵墓

漢

馮緄墓。在達縣西。元統志：在永睦縣西八十里。有碑。

王平墓。在大竹縣北里許古賓城下，雙石闕。

唐

處士墓。在達縣北。元統志：在州城北十五里楊斗壩馬腦鼻山下。其碑乃唐景龍二年刻，字畫遒勁如歐、柳，莫詳姓名。

宋

景林洙墓。在達縣西五十里。

趙烈女墓。在達縣西北鳳凰山烈女峯下。事詳列女門。州志：石墩尚存，碑刻剥落。明正德間，兵部尚書洪鍾提兵勦賊屯兵於此，一卒誤寢冢上，遂發狂疾。

楊晨墓。在達縣北三里。碑刻稱東皋先生。

明

衛承芳墓。在達縣西南六十里花竹溪。

趙德遴墓。在東鄉縣治旁。

祠廟

昭忠祠。在府城内。本朝嘉慶中建。

趙公祠。在東鄉縣西，祀明縣令趙德遴。

楊令廟。在達縣西鐵山，祀宋永睦令楊載。

義成公廟。在達縣東北，祀宋景林洙。

龍神廟。在新寧縣北五十里黑天池。本朝乾隆十一年，知縣靳光祚詣池禱雨有應，乃建廟於池旁。

濟遠廟。在渠縣北二里，祀漢馮緄。

寺觀

黄龍寺。在府治東南。明洪武中建。

白雲寺。在達縣東。宋乾道九年建。

北巖寺。在達縣西北鳳凰山。宋建。境幽地勝，人多遊覽。

普光寺。在東鄉縣北河東。宋嘉定九年建。

廣福寺。在新寧縣西二里牛山上，即牛山寺。明洪武初建。

祥符寺。在渠縣東一里起文峯下，舊名洴江寺。宋大中祥符三年敕賜今名。

寶勝寺。在大竹縣南。

名宦

漢

第五倫。長陵人。明帝時爲宕渠令，顯拔鄉佐玄賀。在職四年，遷蜀郡太守。

後周

辛昂。狄道人。爲通州刺史。推誠布信，甚得蠻獠懽心。

隋

李諤。趙郡人。高祖時爲通州刺史。甚有惠政，民夷悦服。

郭榮。累遷通州刺史。仁壽初，西南獠夷多叛，詔榮領八州諸軍事行營總管，討平之。

唐

李桐客。衡水人。貞觀初爲通州刺史，政尚清平，民以慈父呼之。

李適之。唐宗室。開元初爲通州刺史。以强幹見稱，政不苛細，爲下所便。

宋

龔鼎臣。須城人。仁宗時知渠州。渠故僻陋無學者，鼎臣請於朝，建廟設學，選邑子弟爲生，日講説，立課試法，人大勸，始有登科者。郡人繪像祀之。

張商英。新津人。熙寧初爲通州主簿。俞州蠻叛，説降其酋。

張運。貴溪人。紹興初知通州。方大旱，入境而雨。除病民五事，召爲度支郎。

陳式。永嘉人。淳熙中知達州。崇學勸農，葺城完廩，以禮爲教，民心感悦，立祠祀之。

胡載榮。寶祐中知渠州。時元兵至，保險徙治，率州人矢死固守，卒賴以全。

元

劉仲達。安西人。大德初知渠縣。作興文教，鼎新學舍，學者至今誦之。

明

譚思敬。洪武中知大竹。克勤公事，節用愛人。

王良。太和人。知新寧縣。鄢藍寇邑，號令嚴明，卻勍敵，保孤城，民咸德之。

成敏貫。黄岡人。嘉靖間知新寧縣。時值歲歉，發倉施粥。土酋弄兵，芻輓迭出，邑不告罷。比歸時惟圖書數卷。

張聯象。雲南人。崇禎時知達州。張獻忠攻城，連五晝夜，聯象隨方堵禦，擊賊多死。或出奇兵殺賊，賊攻不克，引去。

趙德濋。上虞人。知東鄉縣。崇禎末，張獻忠圍城，誓死以守。賊穴地道入，力戰不支，自投於井，一家死者十七人。本朝乾隆四十一年，賜謚節愍。

本朝

汪基遠。黄岡人。順治進士，知東鄉縣。縣有劇盜，基遠捕得其黨，盜率衆攻縣，遂遇害。

董守義。漢軍鑲白旗人。康熙二十三年知達州。有姪手刃叔母，僞以盜殺赴愬，守義片言摘發，即伏辜，州人咸頌其神。以有果決才，每爲上官徵調讞獄他邑，數年間多所平反。

馬雲從。奉天人。康熙三十四年知達州。值歲祲，民鮮粒食，雲從籌策告糴，四境賴以全活。州人祠之。

李暉。直隸人。乾隆四十一年知新寧縣。弭盜安民，政事明敏。講學造士，多所成就。

張宁陽。仁和人。嘉慶初知東鄉縣。教匪倡亂，率衆攻城，宁陽督率兵勇，激勵撫循，晝夜防堵，相持四月，賊不敢犯。後援兵駐城，兵民不相習，賊偵知，薄城益急，城潰。士民尚有翼之不忍去者，宁陽揮手曰：「城亡與亡，毋累爾等也。」遂遇害。卹廕如例。

陸霖。江蘇人。嘉慶元年知東鄉縣。抵縣之次日，賊匪薄城，城潰，被執不屈死。先後赴達州軍營遇賊死者，漢州牧王嘉猷、榮昌令李繼善、永寧縣丞徐世經、江安典史陳棟、蒼溪典史楊堂、江津典史楊炳文，均卹廕如例。

楊永錫。浮山人。官東鄉縣丞。嘉慶初，教匪圍城四閱月，永錫同縣令張宁陽慷慨登陴，晝夜防堵。城潰，挺矛巷戰，力屈被戕。卹廕如例。

張位中。上海人。乾隆進士。嘉慶二年，署大竹縣事。教匪偪近，保障有功。五年春，賊復至，位中檄各鄉寨合勦，同把總王耀龍出禦，俱戰死。卹廕各如例。

人物

漢

玄賀。宕渠人。初爲鄉佐，令第五倫顯拔之。歷九江、沛二郡守，以清潔稱，所在化行。終於大司農。

龐雄。宕渠人。永初初爲侍御史。海賊張伯路等寇掠緣海九郡，遣雄督州郡兵討破之。及南單于與烏桓反，雄以中郎將副車騎將軍何熙擊之，破匈奴奧鞬日逐王。又與梁慬等攻虎澤，連營稍前，單于大恐乞降，還所鈔漢民男女及羌所掠轉賣入匈奴中者，合萬餘人。遷大鴻臚。雄有勇略，稱爲名將。

馮焕。宕渠人。安帝時爲幽州刺史。句驪王宫與濊貊寇玄菟。建光元年春，焕與玄菟、遼東太守將兵出塞擊之，捕斬濊貊渠帥，獲兵馬財物，宫乃詐降。秋，復圍玄菟，夫餘王遣兵與州郡併力討破之。焕在州，疾忌姦惡，數致其罪，怨者詐作璽書收焕，焕欲自殺，子緄勸焕上書自訟，果詐者所爲。會病死獄中，帝愍之，以子爲郎中。緄由是知名。

馮緄。焕子。初舉孝廉，七遷爲廣漢屬國都尉，徵拜御史中丞。順帝末，徵拜京兆尹，轉司隸校尉。所在立威刑。延熹中，長沙、零陵、武陵蠻夷悉反，拜緄車騎將軍擊平之。轉河南尹。上言中官子弟不得爲牧人職，不納。遷廷尉。中官誣緄，坐與李膺、劉祐俱輸左校〔二〕，應奉上疏理緄等，得免。復官，卒。子鸞，舉孝廉，除郎中。

李温。宕渠人。官至桂陽太守。與馮緄皆建功立事，有補於世。

馮允。緄之弟。清白有孝行，能通尚書，善推步之術。拜降虜校尉。

三國　漢

王平。宕渠人。先主拜牙門將裨將軍。建興間，馬謖舍水上山，平連規諫。謖敗於街亭，惟平收合諸營而還。丞相亮加拜參軍，進討寇將軍。亮圍祁山，平别守南圍，張郃攻之，平堅守，郃不能克。領漢中太守，封安漢侯，拜鎮北大將軍。曹爽向漢川，平遣護軍劉繁等據興勢，自爲後拒，魏兵退還。時馬忠在南，平在北境，咸著名蹟。

宋

杜仁偉。達州人。爲馬步軍都指揮。淳化中，李順作亂，仁偉罄家資給官軍討賊，斬獲甚衆。以功授檢討、太子賓客，行達州司馬。

景林洙。通川人。咸平間，王均叛，州有賊應之，林洙將鄉兵拒戰於州北，爲賊所戕，首墜而身不仆，跨馬奔歸州城東北隅，人訝而呼之曰：「公無首矣。」始墜地。邦人即其地立祠祀之。

王汲。達州人。嘉祐中肄業成都，三魁蜀士。常作木鐸賦，人因呼爲王木鐸。舉進士，爲涪州判官。歲凶，貧民爲盜，被執者盈獄，罪當死，汲省釋之，全活者數百人。令彭山。豪民侵田，淹訟數十年，汲至片言而決。歷官梓州通判。弟昌，熙寧進士，黔江令。元豐中景靈宫成，昌作賦獻之。又著太平黨論及三光集。

李傅。達州人。元豐進士。欽宗居東宫時，與耿南仲俱爲侍讀。比即位，賜水晶斧以旌其德。後知漢川。

羅戩。通川人。以剛直聞於鄉，遊太學。進孫、吴二書，徽宗特命爲武學諭。上幸學，百官先集，蔡京於坐談兵，戩心哂之，仰視屋角，不聆其語，觸怒奪官。

張大中。通州人。博極羣書，一覽不忘。宣和間舉進士，授南浦令。有廉稱。累官果州通判。

安堯臣。渠江人。徽宗時上書論燕雲事，乞杜塞邊釁，務守舊好，徽宗然之，命以官。後竟爲姦謀所奪。

楊晨。達州人。父琪，爲郡兵曹吏，飭己謹嚴，稱善士。晨舉宣和進士，荆南府教授。丞相張鼎薦其才，除秘書省正字。歷遷兵部郎中。紹興初，遣撫諭西蜀。晨至，興利除害，稱上旨。尋改祠部左府。時書檄填委，晨援筆立成。凡大義未決，必取裁焉。官至禮部侍郎。兄景，弟早，並舉進士，號三楊。

袁沔。通州人。未冠，遊太學。靖康之難，上書言當東據成皋，西臨澠池，以鋭士數千出唐、鄧，經武關以迎西師，又自襄、汝間道，直走伊洛擣其庭，則城下之師自解。不報。已而城陷，沔歸漢中，乃畫防險對敵五事。其後膺薦，復條十二事，力詆諛佞。用事者忌之，沔不見用，拂衣歸。

明

雷震。新寧人。永樂舉人。任襄陽學諭。上疏諫英宗親征，不報。後升禮部主事，以直言忤旨，遣戍，卒。

熊希古。新寧人。弘治進士，知天台縣。歷官刑部員外郎。以忤劉瑾謫，尋復職，晉郎中。讞斷明允，出守臨江，有政聲。升雲南副使。

雷禎。新寧省祭官。正德間，鄢藍賊熾，禎奮力對敵，手刃數人而死。

朱伯通。新寧人。鄢藍之亂，與弟伯珍屢戰有功，後各死於陣。

黄元白。達州人。嘉靖進士。任兵科左給事中，力詆權貴，幾斃廷杖者再。尋分守陝西，邊境肅清。

衛承芳。達州人。隆慶進士。萬曆中知温州府，公廉善撫字。進浙江副使，謝病歸。薦起，歷右副都御史，巡撫江西。嚴絶餽遺，屬吏争自飭。入爲南京户部尚書。福王乞蘆洲，自江都抵太平南北千餘里，自遣内官徵課。承芳抗疏争，卒不從。尋就改吏部。卒官，贈太子太保，謚清敏。

唐仁。達州人。任吏科給事中。封駮内外章奏，斥廷臣不職者，人多憚之。

王世琮。達州舉人。崇禎時，任汝寧推官，屢敗李自成，射矢貫耳不爲動。升汝南分巡道。賊至，世琮與督師楊文岳協力固守〔三〕，城破被執，駡賊不絶口。賊縛世琮、文岳，以大礮擊之，洞胸糜骨而死。

冉璘。東鄉人。流賊至，挈家避天台寨，賊執之，不屈死。子宗孔並殉。母楊氏、妻向氏縱火俱焚死。本朝乾隆四十一年，予入忠義祠。

林青陽。新寧人。官兵科給事中。欲圖去賊孫可望，事洩被殺。本朝乾隆四十一年，賜謚烈愍。

李含乙。渠縣人。崇禎進士。官兵部侍郎。里居舉義兵討張獻忠，不克而死。本朝乾隆四十一年，賜謚忠烈。

李儲乙。渠縣舉人。崇禎時，任監紀推官。弟含乙戰死，儲乙率餘衆守渠縣。獻賊僞都督張恭來寇，被執不屈死。

本朝

郭榮貴。渠縣人。明末羣寇蜂起，榮貴首倡義，率弟榮高及族里數千人，築砦大斌山爲保障計。會賊吴應元驅衆二萬焚掠鄰水、大竹，將至渠，榮貴詭詞約好，乘機格殺應元左右數十人，餘衆驚潰。順治戊子秋，賊楊秉帥衆數萬據禮義城，與斌山對壘，相持一載。榮貴間走成都，謁巡撫李國英請爲前驅。國英遣總兵盧光祖、馬化豹統大兵從榮貴破之。東、北二道，始入版圖。

唐敬一。達州人。順治甲午舉人。歷官洮岷副使。獄有囚擬大辟者十七人，敬一至，訊得其寃狀，俱釋之。又嘗勘澧泉盜案，平反甚衆。

蒲昌迪。渠縣人。順治丁酉舉人。知山東鄆城縣，擢知山西絳州，皆有治績。

湯輅。渠縣諸生。父母相繼殁未葬，山賊擁至，乃盡出家資於户外，泣請曰：「幸持去，勿驚吾親。」賊爲之動，共相戒不入其廬。

楊開成。達州人。會鹽營守備。乾隆四十年，隨征金川，擊賊陣亡。卹廕如例。

劉根桂。東鄉人。父珊，乾隆舉人，會試卒於京，根桂徒跣扶櫬歸。事祖母以孝聞。嘉慶八年旌。

李遇春。達州人。嘉慶元年，招募義勇千餘隨營勦賊匪，身歷二十餘戰，生擒賊目及僞軍師。二年六月，在蓋頂坪擊賊被執，大罵，賊以大鑊烹之。卹廕加等。同州把總蕭文魁、外委唐達、職員唐學職均擊賊陣亡，卹廕各如例。

吴兆麟。達州人。集義勇勦賊，被執遇害。同州潘啓元、余耀先、王三均、何貴、李含春、郭成域、吴鵬、趙典成、冉仕益、劉鐸、張國順、王體元、湯釗、王選、温學元、湯三達、蔣立德、秦思和、閆朝選、李欣然、李學琳、劉占魁、張書翼、張書翰、張騰蛟、張騰鳴、曹國正、曹仲富、牟仕明、魏爾讓、魏辛保、魏橋、蔣奇謨、魏奇樞、蔣功近、蔣立秀、蔣奇魁、蔣功逵、蔣立勳、蔣奇書、蔣奇訓、蔣奇明、蔣功貴、蔣功康、聶長生、譚文盛、譚文安、劉大愷、劉學熙、劉學舉、屈定貴、陳虎、冷子祥、梅子瓏、李正玉、聶芳賢、石明達、石景祥、石景禄、陳仕秀、石景才、熊仕德、秦國佑、秦正華、秦正璠、秦佑兒、秦國仁、秦正緒、秦辛兒、秦六兒、李奇明、瞿在朝、顔光喜、李林、郭忠禮、李懷德、魏子成、田陞、陳思義、冉仕文、黄曰璧、龍廣德、何志仁、盧文明、梁仕貴、易思位、楊崇陞、楊仕俊、田有剛、李忠、李元、吴大樫、段陞、張貴賢、何君選、張國治、李正遠、高文成、袁思福、蒲思應、楊斌、王金榜、吴曰仁、龐興書、龐興才、劉世興、程禄、楊家碧、楊家壽、朱崙山、馬芝龍、任必達、宋朝聘、孫國順、孫國緒、劉華山、王税明、黎澤榮、宋洪儒、張燦儒、王德明、張作才、周之倫、蒙澤蒙、蒙德珍、蒙德全、蒙德陽、蒙德順、蒙甘霖、蒙坤元、蒙少元、王維章、王維本、王維儒、張必先、趙學勝、趙習勝、趙繼勝、趙伯勝、趙明儒、趙丕勝、馮學友、于經、于學古、于學先、王敏和、趙作倫、李坤、李貴、李大士、李瑞、李學才、李泳芳、李恒芳、李佑芳、李應芳、李銘芳、李懷芳、李懷井、李懷仕、李懷凝、李文仲、李茂林、李芳、石子元、蘭美揚、蘭芳謨、蘭岳保、嚴爾亨、嚴爾珩、嚴五兒、吳渠、陳思遠、龐元述、王照彩、王友盛、魏才清、唐成泰、唐元兒、唐成亮、劉文軒、唐狗娃、劉蘭芳、謝繁昌、謝鑑、謝受碧、謝扳序、吳朝銘、劉文陞、孫懷爵、吳曰璵、吳天祿、張仕德、王正龍、莫寅宰、伍娃兒、王禮、劉添興、張尚書、張來保、張羣書、張玉保、張貞元、張良、張二娃、羅明華、周俸、周萬全、周維新、周元勝、周元興、瞿貴、楊世林、魏以揚、魏以梅、魏以鎬、魯多鑑、張仲、張元清、衛文遠、李榮、邱近仁、王國學、王國盛、廖興朝、王陞舉、馮天貴、譚思貴、李勇福、潘忠玉、熊芝、陳福、魏俸、周仕貴、魏仕均、徐登桃、趙倫、李永福、何清雲、李喜英、王宗選、蔡榮陞、譚福、高海梅、張大才、廖永泰、蒲國志、楊懷仁、李有俸、趙宗貴、杜思文、王仕祥、張思吉、楊緒、何登仕、何登明、何鏞、陳學浩、陳學旦、陳大娃、陳二娃、陳元娃、陳代啓、李近伯、李貴、李近達、李長娃、李三娃、李近位、李近才、李保娃、李長娃、李三娃、李么娃、李仁林、李仁娃、李莫娃，俱禦賊死難，嘉慶年間均入祀昭忠祠。

張騰耀。東鄉人。嘉慶元年募鄉勇勦賊，每戰必克。時賊目踞方山坪，騰耀率衆躍馬横戈，衝入賊陣，被執不屈死。同縣邢彪、胡恒德、向昭元、孫輝生、劉成錦、劉文仲、楊安營、符思舉、戴文珩、唐上友、唐廷贊、符思祀、劉興開、劉興貴、劉廷玠、何文華、熊飛彪、龔璠生、王丕瑞、童宗保、鄭元，俱禦賊死，嘉慶年間均入祀昭忠祠。

李元逢。新寧人。遇賊於百節山，賊逼元逢引之破上壩寨。元逢曰：「吾甘舍一命，不忍害千萬人之命。」賊殺之。

孫玉章。新寧人。嘉慶元年，禦教匪，力戰遇害。其次子世河重募健勇三百名，追賊至冉家壩，衝入賊陣，奮力戰死。同縣張廷襄、吳震、柏太宸、林盛皓、周子泰、林中彪、孫元岱、盧維、熊澤鴻、張啓賢、孫作海、王佐、羅汝忠、劉文玠、楊正紀、曾超羣、李洪朝、易天舉、唐祖香、陳啓貴、曹明禮，俱禦賊死難，嘉慶十三年均入祀昭忠祠。

李仕朝。新寧人。賊至，仕朝負母蕭氏以逃，賊欲殺其母，願以身代。賊曰：「汝死母誰活？」仕朝曰：「但留吾母足矣。」

賊遂殺之，而舍其母。

楊大剛。渠縣人。官外委。嘉慶七年，隨勦賊匪陣亡。同縣外委杜鎮海，八年陣亡。卹廕各如例。

張維綱。渠縣人。教匪之亂，侍母疾不能避，被執不屈死。

廖元瀚。渠縣人。嘉慶四年，集鄉勇於林壩場防河，賊乘大霧偷渡，力屈被害。同縣段光斗、裴仲楷、洪友庵、趙步青、黃思謹、楊兆麟、葉菁、王學敏、李含英、董君弼、王廷梅、田多才、蕭開甲、蕭廷選、楊愷、陳永昌、王之璽、毛含錦、蕭紫苑、楊大容、熊占魁、楊正魁、張熊飛、陳德勝、鄒世雄、舒仁、蔣君照、廖逢聖、黃必富、盧耿光、文尚友、鄭大賓、李校、楚朝聘、蕭永茂、譚坤英、李思義、李慶祥、張滿益、李建宗、楊澤普、湯邦烈、羅朝相、胡志高、張紹唐、成景魁、賈鳳閣、歐碧蓮、余思緒、鄧雲凌、楊應槐、僧心授、唐文才、廖修純、謝朝、毛鳳翥、唐三鳳、雷聲祥、劉文德、楊文賢、楊秉鑑、楊永蘭、趙壽山、王鵬程、鄧凌雲、丁天諟、萬文燦、陳文陞、左大禮、尹肅、楊大川、李德、梁祖瞻、梁高、譚坤碧、廖思林、李又尼、李建益、李作相、李明飛、李建明、李茂羣、王朝端、帥以明、譚坤瑞、李建勳、廖元池、張元德、戴平章、陳大坤、寇來貢、廖元澧、蒲仲義、熊聯芳、王學賢、楊先甲、趙紫銨、李慶第、孫茂烈、源傳輝、伍鳳章、胡明英、單公先、鄧芝普、張有容、鄭異生、蔣有王、劉大章、王體元、胡廷魁、胡廷智、戴遜仁、戴浩仁、戴大乾、戴大坤、戴大訓、段光先、帥崇智、帥銅、帥節超、楊元昂、楊映贊、余朝棟、雷廣德、雷玉明、余芳和、柳畢照、柳鍾秀、柳發春、柳芍保、糜聯陞、張我孤、唐興元、唐三元、唐玉音、王來宜、向國勤、王學古、王保、王堯年、王湘、王淳、王溱、王豁然、王大容、王舒祥、袁茂芳、袁榮、袁文斗、袁茂秀、文一見、文一彥、張陞榮、袁茂才、袁貴山、陳芳懿、陳上陞、吴士富、黃榮章、余文龍、王玉成、王玉粹、陳美萬、王超俊、潘得芳、王書林、王玉才、姚世傳、姚光德、王正倫、王正鵬、王從、王觀止、王仕洪、王敏、王國俊、王郁然、郭林鳳、王如式、王秀冕、王宗英、王帝績、張忠德、周聖教、吴伯禮、蕭明遠、熊聯芳、劉恒泰、趙宇新、葉子朝、葉明睿、唐皞如、唐遜芳、閻啓學、劉先倫、雷仁道、楊廷讓、段光普、王廷遂、江大會、江建猷、謝國碧、葉士先、黃愈遠、郭盛先、李克明、萬普光、庹廷律、劉錫儒、葉仲倫、申尚達、江注川、江裕川、黃敬常、李參、魏人族、魏倫仁、蕭維聖、陳世範、文泰和、孫希舜、孫希适、孫會龍、毛偉達、雷維常、王達、曾美章、熊德茂、雍其粹、蔣君時、陳于殿、陳雲龍、陳飛龍、范學翔、楊瑞常、楊春桂、毛錦彰、何大廣、孫德著、曾德芳、孫希廣、楊大連、楊德星、劉先安、段岸、袁開賢、葉發墀、葉發楷、葉發授、葉發元、葉汝蒿、馬勝才、熊大坤、王元陞、寇登德、周太順、戴國林、雷在正、李祥福、鄭海貴、傅在品、蕭德仁、段承乾、易奉義、余志忠、蔡正龍、蘇雲山、燕登龍、歐必玉、湯泰、袁斌、郭禎祥、唐興發、李春才、譚緒、張元義、易含久、袁正文、李杏林、呂先、傅世超、葉倫、雷鰲、羅萬先、徐舉、陳第章、林宗欽、葉大任、譚文禮、邵貴、陳朝聘、張國榜、周維舉、楊寅寅、金文、劉會、唐承科、萬文貴、林宗鳳、許惠、劉畢全、任盛、黃本林、許金萬、任剛、沈容、何光武、胡明、許學明、姚宗、賀貴、廖富、馬仕俊、楊朝、羅志清、鄒貴、雍志忠、劉泰、王光、周元佑、王際富、黃德魁、楊德坤、王朝宗、舒文禮、王淡、王碗、陳以貴、王世成、王杞林、陳國有、王見成、徐陞、陳子坤、王宗、陳大祿、劉廷選、蔣奎、雷國才、李文、周先、陳韓魁、蒲順、梁奉、蒲朝、譚思俸、張貴、苟世芳、葉世德、王興、陳俸、曾林、杜學斌、夏雲陞、李明、吳貴、李珍、黃慶祿、劉貴、張榮、羅永貴、胡世榮、徐國泰、雷開甲、陳元、李林、曾福、劉思榮、閔泰、戴占魁、馮寅、蒲以坤、戴玉、廖長榮、冷文鳳、冷文貴、蔣國明、陳學海、陳治、劉以順、傅奇、吳鴻順、唐文燦、何順、熊樊、文龍、張明、鄭仁義、黃宗、江陞、孫上品、李廷貴、王貴、江朝、李秀、劉奇、謝以禮、蔣映葵、謝朝、陳學周、王貴、張鴻、任相、吳滿爾、楊正邦、許文賢、段芝貴、黎文道、卓宗、楊朝貴、姜昇、張德仲、張德萬、何有陞、李正魁、趙宗仕、雷玉春、鄭實榮、戴勝、趙富泉、勝發、葉先、馬貴、趙德、雷聲、胡秀、謝陞、王揚名、王明、張貴、張斌、賀元、羅元、彭萬福、文埡松、蕭坤、李粹、余桂、李倫、王吉、何朝、陳奉、盧勝、燕鴻、譚明、糜映、李高富、朱錦宣、李如川、郭盛先、姜應發、王履恕、江金舒、江浩、江鎮川、趙師旦、趙宗旦、唐闇修、蘇桂籍、蘇長裕、楊朝翰、雷達盛、王玉琳、譚聖科、毛白鵬、孫超級、李迪行、陳思儀、李承宗、廖能、廖秀、楊茂、唐玉音、孫懷道、劉國用、劉國照、陳德聲、鄧士傑、譚人奇、許子傑、尹秉義、王德超、江正棟、江有德、黃仲仕、宗有樟、江有、楊春芳、趙恒、程玉、蕭全盛、王陞玉、王仲賢、鄧世英、張國儒、蕭克元、蕭克明、張思鰲、尹秉貴、范永福、朱攀桂、蔣文榜、楊太和、楊永泰、袁茂材、曹宗權、毛貴、張元宗、余文照、余祥、黃文芳、王正爵、程學周、王世醇，俱禦賊死難，嘉慶年間均入祀昭忠祠。

黃仁。大竹舉人。官當陽縣知縣，有治績。嘉慶元年，東湖教匪延及當陽，倉卒治守禦，賊攻七晝夜，城陷。仁諭其子曰：「城亡，吾當與亡。汝無兄弟，義不可死。」迫其子懷縣印去。即手戈擊賊，被傷，大罵死。卹廕如例。

孫文領。大竹人。嘉慶四年，率義勇禦賊匪於張家場，被執不屈，賊怒焚之。同縣陳德大、張登嶽、張登慶、張有容、徐名魁、張立科、張立祥、賀一炳、賀一禄、賀渭禄、賀渭俸、喻長生、喻定朝、李程、鄒成生、唐永春、周延望、彭碩禮、劉其祥、熊玉章、徐以賢、王仲禄、王映和、徐進化、汪學聰、舒五常、熊紹書、王明玉、徐以才、熊汝珍、沈第簡、陳陞貴、劉榮宗、劉同山、唐啓湖、李信友、王正剛、何一元、沈青、沈文典、周渭安、龐開正、沈治碧、王學文、沈志剛、沈世惠、熊學吏、沈廣玉、謝芳揚、劉有方、謝方興、徐德祥、鄧廷選、許方彩、王孔訓、鄧廷魁、張陽春、李國訓、譚忠柱、譚忠梅、譚良科、譚良樸、黃耀羣、楊應祥、劉均賢、張登賢、胡芝恒、胡德兆、胡文元、田世蘭、張治高、羅遠志、張輝才、張國舉、陳上德、尹朝儒、吴魁、張珍萬、羅爾愷、羅學科、謝大俊、曹亨懷、曹亨介、許學周、張世平、陳朝坤、蕭雲章、余尚輝、余尚齋、包萬朝、余行修、余朝林、田德一、田德遠、田開壽、田開明、黃遠明、廖義方、袁福貴、唐大選、袁福興、周大明、賀一耀、李其祥、賀一宜、沈卓萬、曹章明、謝九一、唐定亨、唐學宗、張添良、張爾璽、蔣興禮、唐均彩、彭德寧、彭德翼、秦元相、唐明儒、唐經綸、廖三略、鄧獻忠、黃國立、何昌裔、何昌問、龍添貴、劉正榜、朱明德、劉興龍、高國選、何世忠、唐大儒、唐大常、張大林、張明臣、范義六、朱明亮、唐大壽、雷文相、陶一星、劉國棟、廖大經、谷敬義、廖大壽、劉正寅、廖正述、彭國和、黃元亨、唐大祈、劉士韜、劉士略、鄧經品、張廷明、鄧經、唐大廷、唐大柱、張士隴、何文楨、宋品祥、袁福亮、陳美大、陳代榮、李子相、李陞、王第信、黃際太、歐朝宗、歐朝景、李元萬、潘榮陞、陳芝陞、陳芝榜、何世榮、何世理、林尊德、李祖順、張大聰、段有賢、鄧守隴、邱盛魁、馮繼常、蘇長兒、李志連、温光耀、胡心意、蕭金明、賀添文、李學儒、何科元、向第武、周朝進、龍榮瑞、周山永、李仕模、胡文理、吴正興、袁一清、鄭仕洪、羅盛才、袁明章、蔣登武、周信友、鄧仕禮、李才秀、劉舉德、蘇朝任、陳芝章、熊必售、熊家潤、沈連濃、熊德俊、徐文、朱先明、羅朝富、尹龍、方廷舉、蔣春茂、袁以珠、歐承扶、侯其禮、華德章、袁應祖、郭登榮、陳祖壽、張洪印、曾心元、彭明德、何顯佑、陳洪任、方廷懷、周方貴、楊啓發、聶良相、吴永積、羅泳清、張長貴、黃明達、張功俊、涂陞富、夏正寅、李漢倖、徐芝榮、胡清順、萬一清、李大賓、喻書香、張正寅、唐純會、王先和、徐廷、劉爲柄、徐文朗、徐泳發、徐登爵、徐文希、黃承貴、熊洪才、徐光顯、徐德、胡臣貴、李兼賢、冷全世、王未、涂泳達、王珍、黃世仲、吳明、陳如英、陳美忠、余德懷、段秉富、袁明儒、劉正廷、柳世文、鄔得晉、扈玉美、劉興福、王加貴、練添奉、韓世志、鍾三吉、陳享榜、譚伯華、覃昌興、胡得才、彭明揚、熊國良、包萬喜、邱貴、李泳謙、張廷選、張得智、張長壽、張春發、李福、鄧添才、李登魁、羅清章、汪月碧、向志榮、徐葵、王勇裕、王文照、徐連敏、陳敬王、朱維信、劉子明、汪國奇、姜倖舞、鄒一奉、陳興文、沈世岐、戴功程、沈治業、劉文運、沈治洪、徐連舉、孫文剛、張世位、張世明、徐方策、徐方宗、王學陞、徐連陞、陳世茂、張世寅、徐方南、徐連正、張世國、鄭世理、王福臣、陳相賢、陳泳富、周代士、周泳遠、徐方升、鄒文運、陳華先、周國珍、廖其信、羅相林、羅丕基、劉文瑶、汪世立、李發喜、盧鑑洪、蘇勇複、雷大倫、周勇奉、張銀亮、江明禮、黃文茂、周維太、楊錫遠、張紹謨、劉明達、包漢宣、王泳清、陳雍和、游方行、曾廷章、包應山、古老大、鄒書院、黃大臣、陳太運、江明貴、劉明先、張麻三、趙老四、包青山、鄒楚萬、楊光遠、張長子、陳美運、張三益、游文泗、陳登高、吳秀遠、徐老大、張伯衡、甘家八、吳學文、邱登貴、周維奇、劉老二、江明富、江明先、熊泳錫、楊錫疇、張先和、甘毛狗、朱添承、古老么、曾奇玉、張貴祥、張富文、包早、游儒林、蔣其中、劉名貴、熊思齊、江青、朱泳、張先富、陳書習、羅大程、熊思平、邱玉美、鄒相賢、包長林、宋玉先、陳玉書、張先貴、邱貴、張兼士、張曾生、熊玉林、黃德先、張德富、張明達、范汝相、何上品、廖丕基、王興正、王文林、范治太、姜彩武、徐方祥、李仲連、徐文科、甯伯宗、陳定國、廖甘春、鄒漢玉、徐世茂、樊明望、孫文海、陳倖錫、廖其信、張國舉、陳寬和、謝泳和、謝明遠、謝治貴、張孝宗、何貴方、童正武、童玉祥、盧明亮、馮志章、袁德華、王從先、吳仕富、李登科、范開相、游維垣、李宗印、唐順化、于化、何奕珍、黃德恒、唐子文、李家美、胡鴻儒、羅思連、胡理美、侯正舉、鄧元亨、藍憲章、李興忠、聶世照、唐時畛、裴廷揚、劉朝相、黃克用、陳三甫、王泳寬、賴明魁、彭修、游其沽、張三耀、楊朝、蔣開文、邱光洪、楊章奉、羅漢友、陳朝順、李松、劉申海、張耀、曹盛仁、周升閣、張美、周克明、劉顯中、張大榮、宋文升、曹思順、吳川明、蕭富、宋榮陞、荆世桂、袁斌生、孫世華、佘良青、龔宗榮、馮其畛、張泳泰、歐承忠、楊明貴、張德茂、王泳瀊、吳順、宗文、曾義順、王耀春、藍仲林、江元、唐尚源、廖仁清、黃廷懷、王侯、侯世德、蕭成盛、馮大才、宋榮武、李維良、羅泳清、羅添貴、陳念剛、何英雄、何德興、段維南、黃仕哲、蕭芳福、黃仕典、王世寬、張文宗、張名和、李世華、王修俸、葉茂春、胡孝德、熊秀芳、袁名相、張義恒、陳興茂、張立剛、楊廷仲、張貴、李智、龍富、王乾、鄧揆、鄭忠、敖元、官貴、王先、吴陞、趙全、李義、羅元、蒲陞、龍陞、張全、夏玉、方槐、楊發、聶相、宋寅、馮坤、李華、蕭福、蕭陞、侯應、王寬、張宗、熊秀、張義、尹相、蔣元、何德、張名、羅貴、王俸、黄起舉、舒芳榮、王運瑾、徐文海、林亨祥、楊宋貴、冷書章、張天訓、范開連、毛三龍、陳上舉、李貴珩、張士芳、唐正榜、周加福、周加貴、麥榮豐、温世臣、王國太、陳秀祥、楊泳美、李有富、吴瓊文、何一仕、蕭太元、劉才發、沈亨來、蘇世禄、張大開、段兆萬、劉家治、周治安、龔成魁、謝章貴、文老三、白當興、謝開蘭、胡常異、蔣先保、廖及品、王守開、田龍魁、周光易、王道、柯耀彦、張新鰲，俱禦賊死難，嘉慶年間均入祀昭忠祠。

流寓

唐

李白。彰明人。大曆間寓達州。有白靈寺詩。

宋

謝昇。資州人。父立爲達州推官，因家焉。

牟天臺。其先閬州人，來居達州。事母至孝，居母喪廬墓三年。與弟同居，尺布斗粟無所私。

列女

漢

趙萬妻娥。宕渠人。漢末鄉邑避黄巾寇，萬有足疾難行，娥掖之，萬爲賊所殺，欲污娥，不從，賊以矛指之，娥竦身當刃，貫胸而死。

宋

趙氏。達州人。寡居，有兇人欲犯之，脅以白刃，趙不爲動，乃被殺。皇祐二年，知州薛俅爲立碑於州之西北。後邑令薛仲侃建祠祀焉。

元

羅福與妻劉氏。達州人。元末與夫流離漢中。冬月於山澤間求瓜療姑病，遇賊被執，劉哀訴其故，賊義釋之。後年百歲。有司立孝義坊，知州周雍建祠與宋趙氏並祀。

明

王某妻陳氏。渠縣人。少寡，織紝以奉翁姑，四十年如一日。天順中旌。

吴文妻姚氏。渠縣人。文卒，子生甫三歲，撫之成立。弘治中旌。同縣燕化鳳妻來氏、劉廷可妻李氏均夫殁守節。陳政妻頡氏，夫殁殉節。

李茂值妻屈氏。新寧人。正德中，鄢藍賊至，被執不屈，賊殺之。

羅汝傑女松貞。渠縣人。鄢藍賊陷城，舉家潛於白石洞，賊破洞執之，罵賊投崖死。同縣何玉妻李氏、良壽妻吴氏、許景閏女錦秀均遭寇不屈死。

黄某妻馮氏。達州人，馮定公女。許字黄元白季子，未嫁而黄有疾，兩家願改盟，氏以死自誓，乃歸之。踰月夫殁，守節，年至八十餘。同州唐仁妻舒氏、譚義妻楊氏、許懋實妻龔氏均夫殁守節。李雲妻某氏，夫殁殉節。

袁月輝妻熊氏。新寧人。夫殁守節。嘉靖中旌。同縣楊九皋妻胡氏、熊懋功妻胡氏、熊遷妻唐氏均夫殁守節。

王世鳳妻衛氏。達州人，尚書承芳女。夫殁守節。崇禎中流賊逼城，自盡於其父賜坊之下。同縣何三聘妻向氏、王世琮妻朱氏、李爲梅妻張氏、黄某妻衛氏均遭寇不屈死。

冉璘母楊氏。東鄉人。崇禎中，流賊攻城，璘父子被執，楊率其媳向氏登樓自焚。

李高魁妻陳氏。渠縣人。夫殁守節，年七十五歲終。

李含乙妾王氏。渠縣人。崇禎末，與姊同日歸含乙。含乙討獻賊死難，王與姊攜十子二女匿山中，賊破渠大索，王及七子被獲，冒爲其姊罵曰：「我朝廷命婦，鼠輩敢無禮耶？」賊刃之，罵益厲，受數十創死。其姊與三子得脱。金蓮者，失其姓，生員陳其珍婢也。崇禎癸未，賊破渠，金蓮負其珍幼子以逃，遇賊脅令棄子隨行，蓮泣曰：「吾主老止有此兒，死則死耳，不忍棄也。」賊將殺子，蓮以身蔽之，受數創終不移，賊乃捨去。蓮死，幼子得生。又郭玉安妻李氏，隨夫乘船避難，賊追及，李呼其二女曰：「清白死耳，不可忍辱生。」相攜投水死。王樹極妻劉氏，亦避亂舟中爲賊獲，劉紿曰：「汝且取資財，須共去也。」得間躍入江中死。

馮天開妻陳氏。大竹人。夫殁守節。

本朝

黎雲妻李氏。達州人。夫病篤，李日夜齋沐禱神，卒不起，慟絶復甦，曰：「婦人之道，以從夫爲正。今將從夫地下矣。」家人守之，越百日竟縊死。

黄應朝妻雷氏。渠縣人。夫禦姚黄賊戰死，雷少年守志，教二子皆補弟子員。同縣黄政嶯妻雷氏，夫故，孝事孀姑，撫二子瓚、琮皆遊庠。

楊清寰女。渠縣人。許字王姓。王遭吴逆之變破家，父母欲改字之，女曰：「奈何以盛衰易節耶？」飲泣數日，投繯死。同縣劉宗現妻李氏，夫病，許以身殉。從容營葬畢，自縊死。

馮瑗妻陳氏。大竹人。早寡，食貧勵志。有田數畝，爲强鄰侵奪，或教以鳴官，氏曰：「未亡人肯以此露面公庭耶？」紡績自給，教子貴德登康熙丁酉鄉科。

龔鼎妻鞠氏。達州人。夫亡守節。同州節婦郭學連妻羅氏、李維樫妻孫氏、王德清妻陳氏、蒲啓連妻唐氏、張思通妻何氏、潘明會妻周氏、郝位臣妻李氏、潘毓敏妻羅氏，烈婦屈貴妻唐氏，均乾隆年間旌。

劉廣才妻楊氏。東鄉人。夫亡守節，乾隆年間旌。

朱珣妻林氏。新寧人。夫亡守節。同縣節婦蔣文明妻欒氏、楊和鼎妻陶氏，貞女鄭好仁聘妻王氏，均乾隆年間旌。

楊雲睽妻尹氏。大竹人。夫亡守節。同縣節婦尹萬年妻王氏、黄德馨妻葵氏、鍾靈妻孫氏、朱其蕡妻李氏、周紹旦妻王氏、黄章稜妻何氏、廖繼祖妻彭氏、白爲述妻彭氏、張世柱妻甘氏、楊奇福妻李氏、胡泰治妻蒲氏、唐向榮妻黄氏、濮達洪妻曾氏、羅洪仁妻楊氏，貞女徐朝鼎女，均乾隆年間旌。

楊緒妻魏氏。達州人。嘉慶初教匪掠境，緒自縊，魏抱子娃兒投於河。同邑張霞妻王氏、張書翼妻羅氏、張書翰妻何氏、蔣奇書妻劉氏、陳品妻謝氏、蔣奇魁妻屈氏、蔣奇秀妻張氏、蔣立德妻董氏、聶有貴妻劉氏、屈玉妻梁氏、屈定一妻劉氏、石明達妻胡氏、喻才妻李氏、宋洪儒妻任氏、張學文妻董氏、周之倫妻陳氏、蒙偉妻牟氏、蒙德全妻王氏、蒙德順妻李氏、蒙德祥妻張氏、熊必先妻顏氏、于思元妻栗氏、于經妻李氏、于緯妻李氏、唐仕林妻于氏、孫思典妻李氏、李學才妻曾氏、李應芳妻李氏、李安芳妻湯氏、李會芳妻唐氏、李懷仕妻王氏、李懷經妻郝氏、李俊妻楊氏、石子元妻王氏、蘭如王妻嚴氏、蘭如錫妻潘氏、嚴爾珩妻任氏、嚴通妻潘氏、嚴爾林妻李氏、嚴玉妻蒲氏、嚴銘妻李氏、吳思德妻劉氏、龐樹栩妻李氏、謝正朝妻楊氏、王品才妻熊氏、唐成泰妻羅氏、唐成國妻陳氏、劉繼謨妻郝氏、劉繼綱妻王氏、孫懷昌妻費氏、劉天秩妻潘氏、吳玉妻程氏、吳曰彬妻潘氏、謝攀鰲妻羅氏、謝思忠妻龐氏、謝智昌妻吳氏、謝受宗妻唐氏、謝攀位妻黃氏、張仕德妻陳氏、張廷貴妻謝氏、王印妻張氏、陳學孔妻蘇氏、陳開焕妻蔣氏、陳仕樑妻譚氏、陳開詖妻李氏、陳開魯妻劉氏、陳仕淮妻王氏、李近伯妻曾氏、李近達妻周氏、李近位妻蘇氏、李近禄妻韓氏、李忠林妻劉氏、劉天爵妻王氏、周復東妻陳氏、李思仕妻范氏、張耀文妻李氏、張文華妻袁氏、張良妻邵氏、張德睿妻袁氏、周永年妻李氏、周忠妻李氏、周維祥妻張氏、周維榜妻張氏、賀文學妻裴氏、朱文明妻唐氏、王日祥妻鄭氏、王仲德妻范氏、何張氏、鄒朱氏、鄒吳氏、魏陳氏、秦曾氏、秦唐氏、鄧蔣氏、鄧黃氏、鄧于氏、馮唐氏、馮李氏、賀裴氏、朱唐氏、鄧唐氏、王體正妻張氏、熊泰妻包氏、熊淮妻張氏、熊卜俸妻牟氏、楊世林妻任氏、龐一賢妻袁氏、卹即仁妻唐氏、蔣寅、秀姑、聶長秀、陳雙妹、魏庚妹、秦胡妹、李秦妹、李三妹、李七妹、李末妹、蘭丙妹、蘭慶妹、蘭妹、嚴俸弟、嚴興弟、唐酉妹、吳粉妹、劉敏妹、劉井妹、謝粉妹、伍陳妹、陳二秀、李慈妹、李三妹、李近妹、李賽妹、李翠妹、李三妹、李綵妹、李線妹、李六妹、李幺妹、李明妹、李小妹、李素、趙盈妹、趙卯妹、張敏妹、張迎妹、熊小妹，俱遇寇不屈死，均嘉慶年間旌。

瞿元桂妻郭氏。達州人。夫亡守節。同州節婦張國明妻李氏、鄧德量妻王氏，均嘉慶年間旌。

羅國益妻符氏。東鄉人。夫亡守節。同縣節婦楊先明妻唐氏、冉鶴翔妻符氏、于思唐妻袁氏、涂近元妻沈氏，均嘉慶年間旌。

劉天柱妻高氏。達縣人。夫亡守節。同縣節婦李瑛妻戴氏、紀綱妻王氏、唐學聯妻龐氏、黃玖妻龐氏、馬三魁妻郭氏、張思通妻何氏、郝位臣妻李氏、潘明會妻周氏、潘毓敏妻羅氏、唐文楷妻孫氏、陳學颺妻李氏，烈婦陳世貴孫婦覃氏，均嘉慶年間旌。

孫輝生妻李氏。東鄉人。嘉慶初，輝生率鄉勇禦賊陣亡。氏負姑而逃，賊追及，被殺。同縣孫宗國妻王氏、盧啓學妻李氏、賴富朝母王氏、向有璞妻唐氏、向超元母張氏、桂馨香母姚氏、妻文氏、張仕才妻趙氏、萬思廣妻葉氏、韓登榜妻符氏、李惠妻楊氏、景思玉母冉氏、張奇周妻王氏、張惠妻曹氏、李純妻張氏、馮思貴妻鄭氏、鄧德榮妻何氏、鄧元母楊氏、徐鼎妻向氏、徐良翰妻李氏、徐良才妻趙氏、文元吉妻宋氏、王在常妻吳氏、文心靜妻宋氏、文心卓妻向氏、文心明妻李氏、文沛妻向氏、冉仕翹妻蕭氏、苻曰池妻文氏、胡開國妻曾氏、馮學佑妻羅氏、馮蘇妻龐氏、馮國陸妻彭氏、侯安臣妻龐氏、鄭成先妻趙氏、馮思興妻劉氏、馮興儒妻張氏、馮本滋妻劉氏、鄭行德妻趙氏、王不秀妻崔氏、徐姑、彭姑、趙姑、李姑、陳姑、王姑、彭姑、羅姑、彭姑，俱遇寇不屈死節，均嘉慶年間旌。

孫世文妻向氏。新寧人。夫亡守節。同縣節婦徐學瑀妻彭氏、張廷輝妻冉氏、曹成棟妻張氏、張國策妻熊氏、伍鳳彩妻陳氏、陳國級妻郭氏，均嘉慶年間旌。

雷際泰妻劉氏。渠縣人。嘉慶二年，教匪至，闔家被執，劉同二女秀姑、丙姑、次子婦譚氏皆罵賊不屈死。同縣蕭芳聲繼妻譚氏、湯邦模妻蕭氏、戴于爵母鄭氏、羅映宸妻張氏、王國泰妻裴氏、劉進昭妻唐氏、譚坤瑛妻燕氏、嚴成梓妻譚氏、湯某妻蕭氏，俱遭寇不屈死節，均嘉慶年間旌。

張榮高妻周氏。大竹人。子朝翰，集團勇禦賊。賊間道至其家，周被害。又趙傳正女，早喪父。嘉慶四年，闔家皆爲賊掠去，女年十六，泣告賊曰：「我母足疾難行，弟又幼弱，盍舍之？我當相從。」賊從其言。度母、弟行遠，乃罵曰：「我良家女，豈肯從賊者！速殺我。」遂遇害。同縣劉光忠妻徐氏、唐爾坤妻譚氏、唐三略妻淩氏、劉文化妻向氏、李家茂妻何氏、鄧明楚妻李氏、唐貞夫妻王氏、雷宗望妾黃氏、王學治妻馮氏、張顯妻王氏、王堂陞妻夏氏、余清妻張氏、邱定魁女、雷大倫妻某氏，俱遭寇不屈死節，均嘉慶年間旌。

張佑文妻劉氏。渠縣人。夫亡守節。同縣節婦蕭含光妻徐氏，烈婦章王氏、張國運妻殷氏、劉金妻周氏、張正富妻李氏、高懷相妻熊氏、章有富妻王氏，均嘉慶年間旌。

楊裕蓬妻王氏。大竹人。夫亡守節。同縣節婦林九雲妻淩氏、夏光顯妻羅氏、曾萬鎰妻陳氏，均嘉慶年間旌。

土產

金。唐書地理志：宣漢有金。

綢。唐書地理志：通州貢綢。

綿。唐書地理志：通州貢。

鹽。寰宇記：通州產鹽，宣漢有鹽場。

漆。寰宇記：通州產。

蜜蠟。唐書地理志：通州貢蜜蠟。寰宇記：通州產蜂窠。

香。唐書地理志：通州貢麝香、楓香。寰宇記：通州産挺子、白膠香。

藥。唐書地理志：通州貢白藥實。

校勘記

〔一〕與巴州黄城諸關相爲形援　「巴」，原作「已」，據讀史方輿紀要卷六九四川四改。雍正四川通志卷四保寧府有黄城關，注曰：「在巴州東南。」是也。

〔二〕坐與李膺劉祐俱輸左校　「膺」，原作「應」，據後漢書卷三八馮緄傳改。

〔三〕世琮與督師楊文岳協力固守　「琮」，原作「悰」，據明史卷二六二楊文岳傳及本條上下文改。

眉州直隸州圖

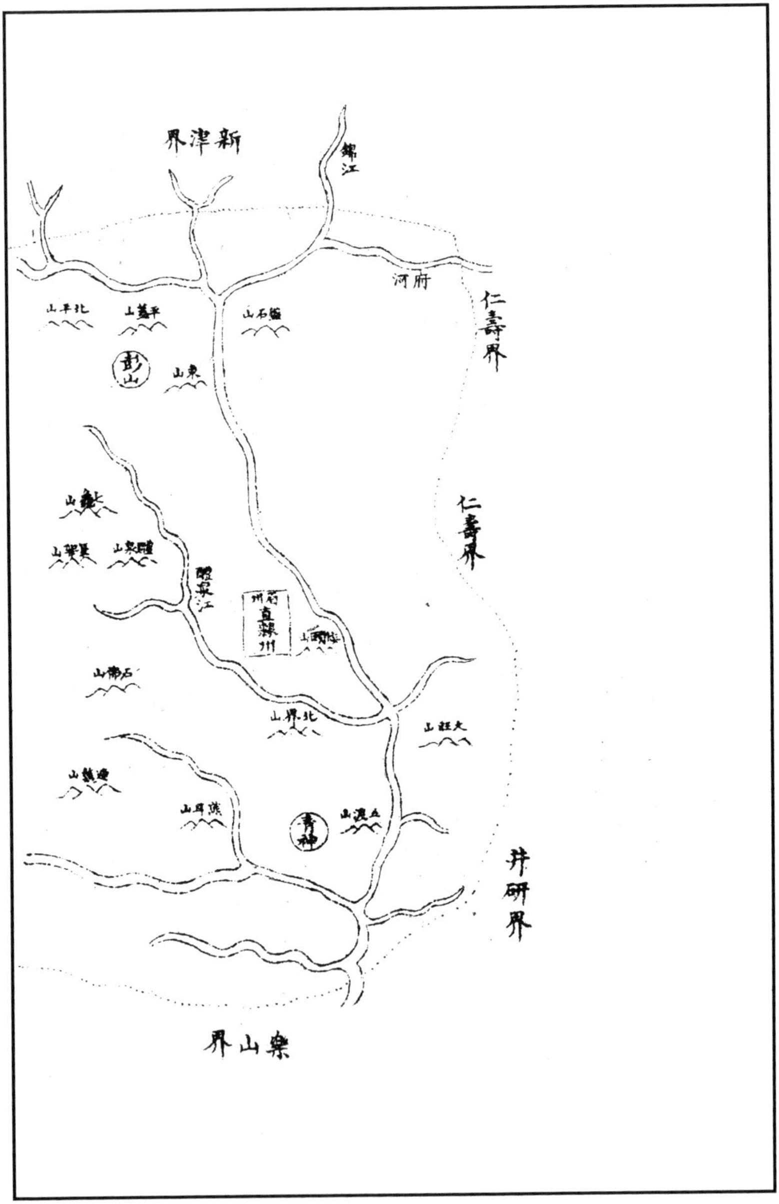
新津界
錦江
府河
仁壽界
仁壽界
北平山
平蓋山
彭山
東山
眉州
直隸州
醴泉江
青神
井研界
樂山界

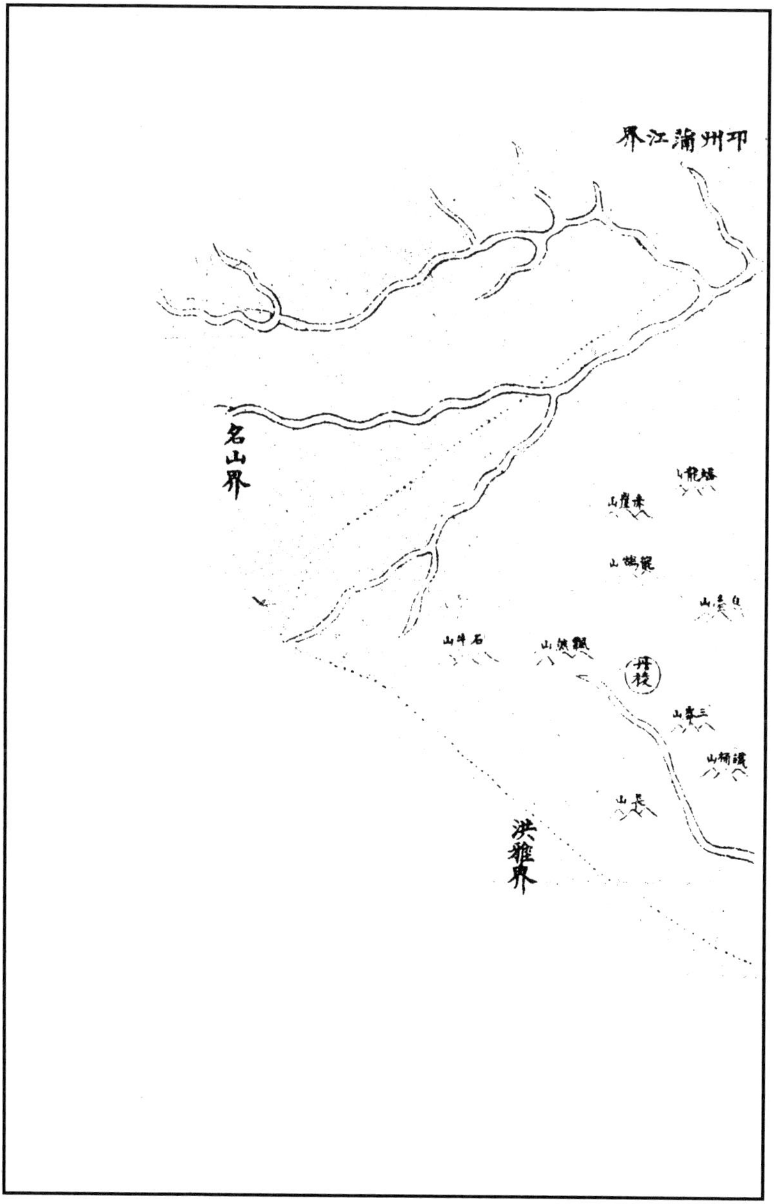
邛州蒲江界
名山界
洪雅界
蟠龍山
赤崖山
龍鵠山
石牛山
丹棱
鐵桶山
長山

眉州直隸州表

	眉州直隸州	
秦	蜀郡地。	
兩漢	犍爲郡武陽縣地。	
三國		
晉		
南北朝	齊通左郡 齊建武三年析置。梁改齊通郡，兼置青州。西魏改眉州，周復曰青州，尋又改嘉州。	齊通縣 梁置郡治。
隋	開皇初郡廢，大業二年改州曰眉州，尋廢。	通義縣 開皇初改名廣通，仁壽元年又改屬眉山郡。
唐	眉州 武德二年復置州，天寶初改通義郡。乾元初復故，屬劍南道。	通義縣 州治。
五代	眉州 屬蜀。	通義縣
宋	眉州 屬成都府路。	眉山縣 太平興國初改名。
元	眉州 至元十三年屬嘉定路。	至元二十年省入。
明	眉州 洪武九年降縣。十三年升直隸州，屬四川布政使司。	

續表

丹稜縣	彭山縣
犍爲郡南安縣地。	犍爲郡後漢移來治。 武陽縣置屬犍爲郡。後漢爲郡治。
	犍爲郡 武陽縣
	犍爲郡 武陽縣 江陽郡僑置。 江陽縣郡治。
洪雅縣周置齊樂縣，尋改名。	犍爲郡齊徙治僰道。 隆山縣梁改名犍爲，西魏又改，周兼置隆山郡。 江州江陽郡梁置州，周廢。 江陽縣
丹稜縣開皇十二年改名，屬眉山郡。	隆山縣開皇初郡廢，屬眉山郡。 開皇初省。
丹稜縣屬眉州。	隆山縣初屬陵州，貞觀元年省入通義，二年復置，改屬眉州。先天元年改名彭山。
丹稜縣	彭山縣
丹稜縣	彭山縣
省。	彭山縣
丹稜縣洪武十三年復置。	彭山縣洪武九年省，十三年復置。

	青神縣
	犍爲郡南安縣地。
鯀水縣屬江陽郡。周改名白水。	青神縣周置，兼置青神郡。
省。	青神縣開皇初郡廢，屬眉山郡。
	青神縣屬眉州。
	青神縣
	青神縣
	青神縣
	青神縣洪武九年省，十三年復置。

續表

大清一統志卷四百十

眉州直隸州

在四川省治南少西一百九十里。東西距一百六十里，南北距一百八十里。東至資州仁壽縣界三十里，西至雅州府名山縣界一百三十里，南至嘉定府樂山縣界一百里，北至成都府新津縣界八十里。東南至資州井研縣界九十五里，西南至嘉定府洪雅縣界七十里，東北至資州仁壽縣界八十里，西北至邛州蒲江縣界四十里。本州境東西距八十五里，南北距一百一十五里。東至資州仁壽縣界三十里，西至丹稜縣界五十五里，南至嘉定府夾江縣界八十五里，北至彭山縣界三十里。東南至青神縣界五十五里，西南至嘉定府夾江縣界七十里，東北至彭山縣界四十里，西北至蒲江縣界六十里。自州治至京師五千九百里。

分野

天文井、鬼分野，鶉首之次。

建置沿革

禹貢梁州之域。秦爲蜀郡地。漢爲犍爲郡武陽縣地。後漢及晉、宋因之。齊建武三年，析置齊通左郡。梁曰齊通郡，置齊通縣，又於郡置青州。元和志：梁太清二年，武陵王蕭紀立青州，取漢青衣縣爲名。按：隋志齊通郡及齊通縣皆置於梁時，元和志、寰宇記謂後魏置通義縣，與隋志不合。後魏廢帝二年改曰眉州。元和志：因峨嵋山爲名。周復曰青州，尋又曰嘉州。隋開皇初，郡廢，改縣曰廣通。仁壽元年，又改曰通義。大業二年，復改嘉州曰眉州。尋廢州，以縣屬眉山郡。時郡治龍游，即今嘉定府。自大業改郡以前，青州、眉州、嘉州皆在通義，唐始移嘉州之名於龍游耳。隋志書之不明，故諸志多誤指。唐武德二年，復於通義縣置眉州。天寶初改爲通義郡。乾元初復爲眉州，屬劍南道。五代屬蜀。宋亦曰眉州通義郡，屬成都府路。太平興國初，改通義縣曰眉山。元曰眉州。至元十三年，屬嘉定路。二十年，以州治眉山縣省入。明洪武九年，降州爲眉縣。十三年，升直隸州，屬四川布政使司。本朝因之，屬四川省，領縣三。

丹稜縣。在州西六十里。東西距五十五里，南北距五十里。東至本州界十五里，西至雅州府名山縣界四十里，南至嘉定府夾江縣界三十里，北至邛州蒲江縣界二十里。東南至夾江縣界三十五里，西南至嘉定府洪雅縣界十五里，東北至成都府新津縣界六十里，西北至蒲江縣界三十里。漢犍爲郡南安縣地。周明帝分置齊樂縣，武帝改曰洪雅。隋開皇十二年，改曰丹稜，屬嘉州。大業初屬眉山郡。唐屬眉州。宋因之。元省。明洪武十三年復置，仍屬眉州。本朝因之。

彭山縣。在州北四十里。東西距七十里，南北距五十里。東至資州仁壽縣界四十里，西至邛州蒲江縣界三十里，南至本州界十里，北至成都府新津縣界四十里。東南至本州界二十五里，西南至本州界二十里，東北至仁壽縣界四十里，西北至邛州界四十七里。漢置武陽縣，屬犍爲郡。後漢爲犍爲郡治。晉、宋因之。蕭齊徙郡治僰道，以縣屬之。梁改武陽曰犍爲，置江州。西魏改縣曰隆山。周省江州，置隆山郡。隋開皇初郡廢，縣屬眉山郡。唐初屬陵州。貞觀元年省入通義，二年復置，改屬眉州。先天元年改曰彭山。宋、元俱因之。明洪武九年併入眉縣，十三年復置〔一〕，仍屬眉州。本朝康熙元年併入眉州，雍正六年復置。

青神縣。在州南八十里。東西距五十里，南北距五十五里。東至資州井研縣界十里，西至嘉定府夾江縣界四十里，南至嘉定府樂山縣界二十里，北至本州界三十五里。東南至井研縣界四十里，西南至夾江縣界七十里，東北至資州仁壽縣及本州界七十里，西北至本州界八十里。漢犍爲郡南安縣地。周置青神縣，并置青神郡。隋開皇初郡廢，縣屬眉山郡。唐屬眉州。宋、元俱因之。明洪武初併入眉縣，十三年復置〔二〕，仍屬眉州。本朝康熙六年併入眉州，雍正六年復置。

形勢

峩眉揖於前，象耳鎮於後〔三〕。山不高而秀，水不深而清。唐通義志。坤維上腴，岷峨奥區。唐盧拯羅城記。水突蟆頤，灘穿龍爪。宋張遠霄詩。介岷、峨之間，爲江山秀氣所聚。元志。

風俗

士以名節相高。唐通義記。俗近古者三：士大夫貴經術、重士族，民尊吏而畏法，農夫合耦以相助。宋蘇軾遠景樓記。其民以詩書爲業，以故家文獻爲重。宋譙樓記〔四〕。

城池

眉州城。周十里三分，門四。唐時建。明成化中甃石。本朝康熙二十四年修，嘉慶元年重修。

丹稜縣城。周三里，門四。明成化中築，正德中甃石。西枕龍溪，南濱滄浪，東、北皆山，無池。本朝康熙三十三年修，乾隆十年、二十五年、嘉慶十三年重修。

彭山縣城。周六里，門四，外環以池。明成化中築，正德中甃石。本朝乾隆二十年修，五十九年重修。

青神縣城。周五里四分，門四，外環以池。明天順中築，嘉靖初甃石。本朝乾隆二十八年修，嘉慶十四年重修。

學校

眉州學。在州治南。宋時建。本朝康熙二年重建，乾隆四十三年修。入學額數十二名。

丹稜縣學。在縣治南。宋紹興中建。明成化中遷縣東北，本朝康熙初復還舊址。入學額數八名。

彭山縣學。在縣治西南。明時建。本朝康熙元年裁併眉州學，雍正八年重建。入學額數六名。

青神縣學。在縣治西南。本朝雍正八年建。入學額數六名。

鶴山書院。在州城内。明嘉靖九年建，祀宋魏了翁。本朝康熙初重建。

眉山書院。在州治南。本朝康熙初建於三蘇祠，乾隆十九年遷建今所，嘉慶十年修。

大雅書院。在丹稜縣治南，舊在東門外。本朝乾隆二十四年建，四十九年遷今所。又舊有巽崖書院，在縣北十五里，宋紹興間建。柵頭書院，在縣南四十里，亦宋時建。今俱廢。

桂香書院。在彭山縣學宫西。本朝乾隆初建，嘉慶九年修。

青江書院。在青神縣治南。本朝乾隆初建，五十年修。

彭山義學。在縣城内。本朝嘉慶十六年建。按：舊志載柵頭書院，在丹稜縣南四十里，宋建。巽崖書院，在丹稜縣北十五里，宋紹興中建。今並廢。謹附記。

户口

原額人丁三千二百九十六，今滋生男婦共七十六萬三千五百一十八名口，計一十五萬七百一十一户。

田賦

田地一萬三百四十三頃九十三畝四分有奇，額徵地丁正、雜銀二萬二千四百五十九兩一錢四分五釐。

山川

蟆頤山。在州東七里。寰宇記：形似蝦蟆頤。明統志：自象耳山連峯壁立，西瞰玻瓈江五十餘里，至此磅礴踞蹲。上有淘丹泉，山腹有穴曰龍洞。唐末有楊太虛爾朱先生得道於此。輿地紀勝：人日出東郊，渡玻瓈，游蟆頤，眉之故事也。

大旺山。在州東南五十里。自蟆頤山南趨，或起或伏，至此峯巒屹立，回拱州城。

石佛山。在州西南二十五里。山半有石佛像，故名。宋蘇軾寄弟詩：「卜宅向何許，石佛山下路。」即此。

連鼇山。在州西南九十里。山勢連續，其形如鼇。蘇軾少時讀書於此。

醴泉山。在州西八里，環遶州城。山半有八角井，水清甘如醴。

筆架山。在州西二十五里。三峯峙立，形如筆架。其陰爲瀘崩溝，環居數十家人，皆善書，人以爲山靈所鍾。

息臺山。在州西三十里東館鎮北。

快活山。在州西北九里。平地突起，高百餘丈。又回龍岡，在州西北十里。自盤龍山南來，或起或伏，至此岡阜高出，遇雙河口，水折而西旋，狀若回龍。

七龜山。在州西北二十里。南北兩山對峙，延亘十餘里。中平坦，有七峯羅列前後，形皆龜類。

白虎山。在州東北。元和志：在通義縣東北二十五里，西臨汶江。寰宇記：其山壁立臨江，下有白虎潭。曹學佺名勝志：按神異記云，犍爲有一白虎出，衆黑虎隨之，不傷人物。漢王褒招碧雞神詞「黄龍見兮白虎仁」〔五〕，指此。按：元和志作白獸，避唐諱也。舊志謂一名獸山者，非是。

三峯山。在丹稜縣東南二十里。中峯極高，左右稍下，形如「山」字。

鐵桶山。在丹稜縣東南四十里。四圍峻險。唐花敬定鏖戰於此。

長山。在丹稜縣南二十里。巉崖孑立，挺入霄漢。

飄然山。在丹稜縣西五里。

石牛山。在丹稜縣西三十里。羣石相連如牛。

龍鵠山。在丹稜縣北十五里，亦名龍鶴山。上有天柱峯，下有龍涎洞。宋李燾少時讀書於此，築室曰巽巖。子壁、𡌴亦讀書於此。孝宗御書「龍鵠山」三大字，石刻尚存。

赤崖山。在丹稜縣北二十里。其山高峻，色赤有稜，狀如飛旗，拱翼縣治。縣以此名。

三青山。在丹稜縣東北三十里。寰宇記謂之三箐山。

東山。在彭山縣東一里龍爪灘下。宋虞允文次子公著築室讀書於此，魏了翁爲書「東山精舍」四字。又東五里爲金華山。

彭亡山。在彭山縣東十里，亦名彭望，又曰彭模。後漢書：建武十一年，岑彭攻公孫述至武陽，所營地名彭亡，彭聞而惡之，欲徙，會日暮而止。蜀刺客詐爲亡奴降，夜刺殺彭。常璩華陽國志：述既殺彭，改彭亡曰平無，言無賊也。郡國志武陽有彭亡聚，注：「南中志曰，縣南二十里有平望山。」晉書：永和三年，桓温伐蜀，次彭模，自將步卒直指成都二百里。九年，朱齡石討譙縱，師次平模，去成都二百里。酈道元水經注：江水自武陽東至彭亡聚，亦謂之平模。此地有彭冢，言彭祖冢焉。寰宇記：彭女山在彭山縣東北，又名彭亡山，亦名平模山耳。

蟠龍山。在彭山縣西，去州四十里。狀若蟠龍。一名走馬山。下有蠟魚堰水。

北平山。在彭山縣西北三十里。寰宇記引李膺益州記云：張道陵得仙於此，陵有二十四化，此其一也。明統志：上有天柱峯，夜見五色神燈，莫知其數。

平蓋山。在彭山縣北一里。下臨繫龍洞。

鼎鼻山。在彭山縣東北。元和志：鼎鼻山，亦曰打鼻山，在彭山縣南十五里。宋譙縱據蜀，朱齡石伐之，縱遣將譙小苟塞打鼻以禦之，即此。山形孤起，東臨江水。昔周鼎淪於此水，或見其鼻，遂以名山。輿地廣記：今縣南十餘里之打鼻山乃古鼎鼻山，縣東北之鼎鼻山乃其支峯耳。

盤石山。在彭山縣東北六里。明統志：上有普照寺，藏宋太祖、太宗、真宗、仁宗御書。崖半有石室。

崌崍山。在彭山縣東北十二里。寰宇記：導江從山南合流而下。

天社山。在彭山縣東北二十里，接新津縣界。明統志：漢建安間，李嚴鑿天社山通東道，即此。

象耳山。在彭山縣東北二十五里。山形聳秀，連峯接嶺，直南至蟆頤山。下有寶硯、磨針二溪，龍池、蝌泉諸勝。

五渡山。在青神縣東十里。水經山下，繞流屈曲，渡處凡五，因名。

熊耳山。在青神縣西十五里。華陽國志：望帝以褒斜爲前門，熊耳、靈關爲後户。水經注：南安縣西有熊耳峽，連山競險，接嶺争高。

多稜山。在青神縣西四十一里。東至多稜川。

北界山。在青神縣北二十五里。李膺益州記云：南安、武陽二縣於此山分界。

上巖。在青神縣東北五里。又中巖，在縣東十里，上有喚魚潭、羅漢洞，巖半有三石筍，青衣水經其下。下巖，在縣東二十里。又有慈姥巖，在縣東五里。

九龍洞。在丹稜縣南四十里柵頭鎮南。上有峯巒。

石倉洞。在彭山縣東北二十五里。有石倉在半山石壁間，巖竇如蜂房。相傳竇出米，謂之石倉米洞。

大江。在彭山縣東北一里。自新津縣流入，經縣東，又南經州城東，又南經青神縣東，又南入嘉定府界。水經注：江水至武陽縣，合鄬江、文井江，東至彭亡聚，又東南逕南安縣西。元和志：大江一名汶江，亦曰導江。舊志：大江經彭山縣，有龍爪灘、鼓樓灘。又經州東蟆頤山下，波流澄瑩，亦名玻瓈江。又至青神縣東南，舊有松柏灘，多覆舟之患。相傳宋天禧中，縣令張逸爲文禱江神，不越月而灘徙五里。蜀江自新津縣流經彭山縣東北，合府河，又經縣東北一里，凡五十里入州界，又南三十里，經州東門外，又二十里，合松江入青神縣，又五十里入嘉定州。

松江。在州東南二十里。自大江分流，西南繞州城與醴泉合江。

思濛江。在州南五十里。源出丹稜縣，東南流經州南，又南經青神縣南，入大江。元和志：思濛水在丹稜縣西北二十五里。寰宇記：思濛水源出蒲周山，東流入通義縣。又有夷郎川，在丹稜縣東三十里，與通義縣相連。舊志：龍鵠溪，源出龍鵠山，經縣西北流，繞城南，東出思濛，入州界，又名芙蓉溪。經州南五十里，又南經青神縣南二里，又五里入江。按：輿圖有斯磨河，源發丹稜縣西，東南流至青神縣。西北有水，水自丹稜縣東赤崖山南發源，東南流逕州界入焉。即寰宇記夷郎川也。「斯磨」即「思濛」之訛。舊志謂夷郎川即思濛江，誤。

醴泉江。在州西八里。有二源，皆出蟠龍山。自山東者，曰蠟魚堰水。自山西者，曰柏椿堰水。二水分流曰雙河，自州西北十里曰雙河口，又東南流爲醴泉江，繞州城與松江合，又東入大江。又有龍潭，在州西南十里。源出筆架山瀘崩溝，東流入醴泉江。

府河。在彭山縣東北。自成都府雙流縣流入，至縣東北十八里入大江，即成都二江之下流也。以與赤水合流，亦名赤水。

灘甘水〔六〕。在州西南八十里，一名金流江。源出丹稜縣，流經州界，至青神縣入江。寰宇記：灘甘水，源出洪雅縣可募山，流入丹稜縣。又難江水，在通義縣西南二十五里，源出丹稜縣，本名灘甘水，入縣號難江，以其水峻急難度爲名。又有多稜川，在縣西南七十里，南接青神縣界。按：舊志金流江在州西南八十里。源出丹稜縣獨孤山，東南流二十里，經州，又二十里入青神縣界，經縣南二十里入江。蓋即灘甘水，一水而異名者也。

赤水。在彭山縣東十八里。華陽國志：建安二十四年，黄龍見武陽赤水九日。水經注：武陽有赤水，下注江。明統志：自仁壽縣流經縣入江。按：輿圖作黄龍，舊志謂之蘭溪。

青衣水。在青神縣東十里中巖下，一名平羌水。宋蘇轍詩：「想見青衣江畔路，白魚紫筍不論錢。」

魚蛇水。在青神縣東北十二里。寰宇記：魚蛇水，從貴平縣木梓山流入當縣〔七〕，合導江水。有魚似蛇，因名。按：水自仁壽縣界西南流入，至青神縣東北入江。明統志謂在縣南二十里，誤。

青神渠。在青神縣東。唐書地理志：太和中，榮夷人張武等百餘家請田於青神〔八〕，鑿山釃渠，溉田二百餘頃。

環湖。在州治西。舊有沼，州人爲矼梁塞之。宋嘉定中，魏了翁爲守，特疏濬之，名曰環湖。

雁湖。在丹稜縣北十里，與龍鵠相連。俗名金鴨池。宋李壁開，今淤。

瑞蓮池。在州城西南三蘇祠内。明統志：祠本蘇氏故宅。蘇軾嘗作二池以種蓮，其西池歲産瑞蓮，一莖兩蒂。至今每大比歲，鄉人觀瑞蓮有無，占士第否。

白龍池。在州西南八十里。四山環繞，中爲池。其水久旱不竭，久雨不溢。

百家池。在青神縣東北十里，近魚蛇水。周數百丈，溉田百餘頃。

老翁泉。在州東蟆頤山東二十里。其山高大，分兩股，泉出兩山之間，北附右股之下，蓄而爲井，可日飲百家。宋蘇洵取此爲號，有銘。

古蹟

洪雅故城。在丹稜縣東。元和志：丹稜縣東北至眉州七十三里。本南齊之齊樂郡也。周明帝置齊樂縣，武帝改爲洪雅縣。隋開皇十二年，因縣南有洪雅鎮，就立洪雅縣，仍改今理爲丹稜縣，屬眉州。有洪雅故城，在縣東百五十步。寰宇記：廢齊樂故城，在丹稜縣東北二十里。昔齊樂郡城，周明帝罷以爲縣。按：郡以齊樂爲名，似爲齊時所置，然齊州郡志並無此郡，當以隋志後周置縣爲正。寰宇記之齊樂郡城，蓋即元和志之洪雅故城，但道里稍遠，疑有訛耳。

隆山故城。今彭山縣治。隋書地理志：隆山郡統隆山縣，舊曰犍爲，西魏改縣曰隆山，後周置隆山郡，開皇初郡廢。元和志：彭山縣南去眉州六十六里。本漢武陽縣。周武帝於此置隆山郡，以境内有鼎鼻山地形隆起爲名。先天元年，以犯諱改爲彭山縣。寰宇記：縣在州北六十里。王存九域志：在州北四十里。按：元和志又有犍爲故城，在彭山縣西北五里，謂即漢犍爲郡。今考漢郡即武陽，在縣東北，疑此乃梁時所置犍爲縣，後改置隆山而故城廢也。

武陽故城。在彭山縣東十里。揚雄蜀記：秦惠王遣張儀、司馬錯伐蜀，蜀王開明拒戰不利，退走武陽，獲之。華陽國志：漢元光四年，益州刺史任安城武陽，後遂爲郡治，去成都一百五十里。後漢書注：武陽故城，在今眉州隆山縣東。寰宇記：在彭山縣東北十五里。相傳秦惠王時張儀所築。

江陽故城。在彭山縣東十五里。漢縣在今瀘州界，晉宋時僑置於此。宋書州郡志：江陽郡中失土，寄置武陽，領江陽等四縣。隋書地理志：隆山縣舊置江州，後周省州，開皇初，併江陽縣入焉。舊唐書地理志：晉於犍爲郡置西江陽郡。明統志：江州城在彭山縣東十餘里。舊志：江州本置於江陽，故取以爲名。周時改爲隆山郡，而江州及江陽郡俱廢，隋開皇初始併廢縣也。

青神故城。在今青神縣南。隋書地理志：眉山郡青神縣，後周置，并置青神郡。開皇初郡廢。元和志：縣北至眉州六十里。本漢南安縣地。西魏恭帝遥於此置青神縣，屬眉州之青神郡。開皇三年罷郡，徙縣居郡理，屬眉州。舊唐書地理志：縣臨青衣江，本治思濛水口，武德八年移於今治。寰宇記：故青神縣城，在今縣南二十里，青神郡所治也。周武帝保定二年，更於其南五十步別築城移之。

眉山廢縣。今州治。隋書地理志：眉山郡通義縣，舊置齊通郡及青州。西魏改州曰眉州。開皇初郡廢，改齊通曰廣通。仁壽元年，又改曰通義。寰宇記：本漢武陽縣地。後魏恭帝二年，置通義縣，在眉州北二十里，屬齊通郡。周明帝二年，廢齊通郡爲安樂縣，仍舊屬，其地又改爲齊通縣。隋開皇四年，改爲廣通，後又改爲通義。九域志：太平興國元年，改通義縣曰眉山。城邑考：州城五代時攝守山行章築。宋淳化五年，賊李順攻圍半年不能下。俗謂之卧牛城，以其坦而難攻也。又沿城多芙蓉，亦謂之芙蓉城。

綿水廢縣。在彭山縣東南十餘里。宋書州郡志：江陽郡領綿水縣，後魏置。周武帝改爲白水縣。隋廢。

樂城。在彭山縣東北。寰宇記：彭山縣有樂城，漢何斌爲蜀郡太守築。州志：今有洛城，在州東北二里。相傳後漢築，蜀廢。又有裴城，在州治東。相傳昔有裴姓者，夜築此城，天明即畢。

小桃源。在州城南門外。明統志：村家多竹籬桃樹，小橋流水，兩岸皆花竹楊柳。鄉人泛舟其間，謂之小桃源。蘇軾詩：「髣髴城南路，楊花撲石橋。」

蠶市。在州城内。蘇轍集：眉之二月望日，鬻蠶器於此，因作樂縱觀，謂之蠶市。明統志：在州城内，官市。

蘇洵故宅。在州城西南隅。後建爲三蘇祠。

彭祖故宅。在彭山縣東北象耳山。

書樓。在州治西。明統志：唐光啓初，州人孫長孺建爲藏書之所，僖宗書「書樓」二字賜之。長孺四世孫降衷，宋建隆初授眉州別駕，因市監書萬卷以還。六世孫闢重修，魏了翁作記。

遠景樓。在州治北北塘上。宋郡守黎錞建，蘇軾作記。

春風樓。在州東蟆頤山。宋時州人建，爲遊息之所。

景蘇樓。在州治西。宋陳曄總領蜀餉，過眉州，爲蘇氏父子建。

臨風閣。在州治。唐沈迴詩：「烟霞生座石，林沼匝城隈。」

嘉祐閣。在州治北遠景樓西。宋建。元至元中，郡守張洪重修。舊刻和陶詩於壁間，有李公麟所畫三蘇像。

明霞閣。在州東蟆頤山。宋時州人建。州中景致，明霞所見，西北爲多，春風眺望，東南爲多。

清風閣。在青神縣治北隅。宋元符初建，黄庭堅書額。

四賢堂。在州學西。宋建，繪孫抃及三蘇父子四賢像於内，歲時祀之。

大雅堂。在州南五十五里。明統志：宋丹稜人楊素建。黄庭堅謫戎州，嘗曰：「安得奇士，盡刻杜甫兩川及夔州詩，使大雅之音復盈三巴之耳哉。」素聞之，訪庭堅於戎，請攻堅珉刻詩，作堂翼之。庭堅乃悉書甫詩遺之，因名堂曰大雅，且爲之記。

起文堂。在州城西環湖上。宋李石爲蘇軾建，後邵博重修，刻銘堂上。

繼瑞堂。在青神縣治。明統志：宋建炎間，縣令劉濬卿以縣之古楠産靈芝，作堂翼之。後吕彦章來爲令，古楠趾復産芝，彦章乃重修此堂，名曰繼瑞。

族譜亭。在州城西南七十里，蘇氏祖塋之側。宋蘇洵建，自爲記。

觀蓮亭。在州城西。明統志：在蘇祠西池中，蘇軾建。自池東岸爲石梁，至此築臺，建亭臺上，繞亭種蓮。中有碑刻軾小像及轍與黄庭堅贊。

借景亭。在青神縣治後。明統志：舊有亭，下瞰史家園，園多佳景。宋黄庭堅嘗遊此，扁曰借景，因留詩云：「當官借景未傷民，恰似鑿池取明月。」

翠洞書臺。在州西環湖西。宋魏了翁築。

雪臺。在州北遠景樓前。宋郡守黎錞築。

讀書臺。在彭山縣東北象耳山。唐李白嘗讀書於此，上有石刻，白書。又盤石山，有宋范鎮讀書臺，上有石刻鎮詩：「窮幽訪盤石，細徑入荒涼。踏葉屨履濕，觸花衣袂香。」

江鄉館。在州城東玻瓈江濱。舊爲共飲亭，宋邑宰胡文靖建，爲迎勞賓使之所。嘉定間，魏了翁來爲州，更大之，改今名，且爲記。

披風榭。在州城西起文堂之東。宋建。中繪蘇軾像。陸游拜遺像詩：「孕奇蓄秀當此地，鬱然千載詩書城。高臺老仙誰爲寫，仰視眉宇寒峥嶸。」

雁塔。在州學櫺星門外。東西二塔。宋乾道間建，蘇軾、蘇轍及州之士登科者題名於上。明景泰四年，作亭覆之。

關隘

魚耶鎮。在州東南三十里兩河口，即古魚蛇鎮。舊有巡司，久裁。

東館鎮。在州西七十里。舊屬丹稜。

栅頭鎮。在丹稜縣南四十里。九域志：丹稜縣有東館、栅頭、蟠鼇、清倚四鎮。舊志：栅頭鎮當嘉、眉、雅往來之衝，人物繁阜，商旅輳集，甲於西南。

雙江鎮。在彭山縣東十里彭亡山下。

思量坎。在丹稜縣西南十五里。俗傳龐居士遊息於此，鄉人至此則思之。

犁頭灣。在青神縣東六十里。舊有巡司，久裁。

津梁

玉津。在州東四里。宋陸游有詩。

蟆頤津。在州東七里。方輿勝覽：唐僖宗時，田令孜投左拾遺孟昭圖於蟇頤津，即此。

沙頭津。在彭山縣北二十里，亦大江津濟處也。晉永和三年，桓温自平模直指成都，李勢將昝堅與温異，道還，自沙頭津濟。

魚鳧津。在彭山縣東北二里彭亡山南，一名彭女津，居導江、皂江等水會之處。

迎恩橋。在州治東。舊名放生橋，明宣德間修，改名。

李相橋。在州西八里，跨醴泉江〔九〕。宋李燾建。

石橋。在州西九十里。宋禮部尚書李壁建。

麒麟橋。在彭山縣治南。後漢朱褒獲麟於馬頰嶺，因以名橋。一名任公橋。

忠孝橋。在彭山縣治北。旁有漢張綱、晉李密祠，故名。

繫龍橋。在彭山縣北四里。寰宇記：仙人瞿君武乘龍從峩嵋山往來，繫之於此。

埋輪橋。在彭山縣北二十里。相傳後漢朱遵與公孫述戰於六水門，先埋其車輪於橋側，以示死守，故名。

瑞草橋。在青神縣東。

青羊橋。在青神縣東。

隄堰

蟆頤堰。在州東七里。唐開元中，益州刺史章仇兼瓊開，障蜀江水，溉眉山、青神田畝七萬二千有奇。宋嘉定中，魏了翁又畚武陽石壘隄，其利視昔尤溥。了翁有記。

馨堰。在州北。元和志：在彭山縣西南二十五里。擁江水爲大堰，開六水門，用灌郡下。

滄浪堰。在丹稜縣東南隅。水深數尺，溉田二千餘畝。

天生堰。在丹稜縣西十五里。源出高石梯，天成隄堰，不勞人力。

通濟堰。在彭山縣西北四十里。有大堰一，小堰十。自新津邛江口引渠南下，百二十里至州西南入江，溉田千六百頃。唐開元中，益州長史章仇兼瓊開。五代時，張琳復自新津修覺山濬故址，至州西南合於松江。元天曆初，知彭山縣雍熙修。明末廢。本朝雍正十一年重修。

鴻化堰。在青神縣北十五里，即唐張武等所開。舊志：青神陂堰五十有一，惟鴻化最大。

陵墓

古彭祖墓。在彭山縣東十五里彭亡山。蘇轍詩云：「猖狂戰國古神仙，曳尾泥塗老更安。厭世乘雲人不見，空墳聊復葬衣冠。」

漢

張綱墓。在彭山縣東北。寰宇記：在崌崍山東一百五十步。

晉

李密墓。在彭山縣忠孝橋北。

宋

蘇洵墓。在州東蟆頤山東二十里老翁泉傍。

孫抃墓。在彭山縣東北。寰宇記：在崌崍山東一百五十步。

唐庚墓。在丹稜縣西飄然山下。

李燾墓。在丹稜縣西北二十里龍鵠山下。又子壁墓，在龍鵠山玉虚宫左，𡌴墓在州城西棲雲寺旁。

明

王孝子墓。在彭山縣東十里彭女山。有殘碑，上書「明孝子王公慕谿之墓」。

余子俊墓。在青神縣西長泉鎮麒麟院後。

祠廟

三蘇祠。在州治西南，即蘇洵故宅，元建爲祠。

孟拾遺祠。在州東七里蟆頤津。祀唐拾遺孟昭圖。

武侯祠。在州北。

花卿廟。在州西東館鎮。明統志：唐花敬定，本長安人。至德間，從崔光遠入蜀，討段子璋有功，封嘉祥縣公。後與寇單騎鏖戰，已喪元，猶騎馬荷戈，至鎮下馬沃盥，適浣紗女語曰：「無頭何以盥爲？」遂僵仆。居民葬之溪上，歷代廟祀之。

岑彭廟。在彭山縣治北。彭歿於此，鄉人立廟祀之。

忠孝廟。在彭山縣北五里。祀漢張綱、晉李密。

青衣廟。在青神縣治北。祀蠶叢氏。

寺觀

寶華寺。在州治西。元至元間造。

棲雲寺。在州西一百里。唐建。

白塔寺。在丹稜縣治西。舊名白鶴寺，唐大中末建〔一〇〕，内有浮圖。宋重修，蘇轍爲記。明永樂初改今名。

盤石寺。在彭山縣治東。舊名普照，唐咸通間建。

中巖寺。在青神縣治南。舊名景德院，唐建。

玉清觀。在州治南。元至正間建。

龍鵠觀。在丹稜縣北十里。唐貞觀中建。

北平觀。在彭山縣西北平山。漢張道陵嘗居此。唐初爲觀。

平蓋觀。在彭山縣北。唐開元中建。

玉京觀。在青神縣治南。宋宣和間建。

旌善院。在州東蟆頤山北。宋建。蘇轍嘗讀書於此，中有韓琦等輓蘇洵詩石刻。

名宦

三國 漢

李嚴。南陽人。先主定蜀，拜犍爲太守。賊馬秦等起事於郪，會聚部伍數萬人，到資中縣，嚴不更發兵，但率將郡士五千人討之，斬賊首，枝黨星散，悉復民籍。又越嶲夷帥高定遣軍圍新道縣，嚴馳往赴救，賊皆破走。加輔漢將軍，領郡如故。

王離。廣漢人。以才幹顯。爲犍爲太守，政有美績。

唐

高叡。萬年人。爲通義令，有治勞，人刻石載德。

蘇味道。欒城人。與李嶠齊名。舉進士，同平章事。中宗朝，貶眉州刺史，治郡有聲。

馮元常。安陽人。武后時眉州刺史。劒南有光火盜夜掠人〔一二〕，晝伏山谷，元常諭恩信，約悔過自新，賊相率脱甲而面縛。

張琳。許州人。唐末官眉州刺史。修通濟堰，溉田一萬五千頃，民被其惠。

宋

段思恭。晉城人。乾德初，通判眉州。全師雄之黨攻逼州城，思恭募軍士先登者得厚賞，遂大敗賊，矯詔以上供錢帛給之。其後度支請按其罪，太祖嘉其果幹，不許，命知州事。

李簡。淳化中，知眉州。盜起，陷州郡，簡設方略，堅壁固守，賊力屈，解圍去。

師頏。内黄人。真宗時，知眉州。簡静爲治，蜀人便之。

張逸。榮陽人。天禧中，知青神縣。縣東南有松柏灘，夏秋暴漲多覆舟，逸禱江神，不逾月，灘爲徙五里，時人異之。

馮仲曄。佚其籍，知丹稜縣。吴曦叛，入眉州，死之。

明

胡彦祥。徽州人。永樂初知眉州。重農事，新學宫，修蟆頤堰以廣水利。

梁楹。江寧人。知眉州。玻瓈江勢暴悍善徙，侵齧城址，楹截江築隄百八十丈，導使中流，城乃不危，至今賴之。

何大衢。武岡人。任彭山知縣。崇禎時，獻賊陷城，不屈死。本朝乾隆四十一年，賜謚節愍。

蔡馨明。黄岡人。知眉州。流寇至，守禦力竭，題詩大雅堂，闔門殉節。

本朝

趙蕙芽。淶水人。康熙元年，知眉州。築隄堰，修水利，畀民耕具，盡力甽畮，又建義學以課士，時稱良牧。

金一鳳。直隸人。康熙三十七年，知眉州。潔己愛民，興學造士，開渠堰，鑿險灘，造孔道橋梁，民懷其惠。

劉公渭。湄潭人。雍正十二年，知青神縣。興利除弊，訓士有方，治績稱最。

林鴻。浦城人。乾隆十年，知青神縣。浚鴻化堰，不辭勞瘁。利民之事，多所修舉。

張鳳翥。上虞人。乾隆二十一年，知彭山縣。修復通濟堰，灌溉眉、彭田數萬畝。新學宮，置學田祭器。莅政實心，士民懷之。

王承爔。番禺人。乾隆二十六年，知青神縣。修城池，復浚鴻化堰，鑿松柏灘，水利以興。

人物

漢

朱遵。武陽人。公孫僭號，遵爲犍爲郡功曹，領軍拒戰於六水門。衆少不敵，乃埋輪絆馬，固守不屈死。光武嘉之，追贈復漢將軍。

杜撫。武陽人。受業於薛漢，定韓詩章句，歸里教授。沈静樂道，舉動必以禮。弟子千餘人。後爲東平王蒼所辟，及蒼就國，掾吏皆自劾歸，而撫爲大夫，不忍去。建初中爲公車令。所作詩題約義通，學者傳之曰杜君注云。

張晧。武陽人，留侯六世孫。永寧元年，徵拜廷尉。辨正疑獄。延光三年，安帝將廢太子爲濟陰王，晧廷諍之。順帝即位，拜司空。多薦達天下士。時趙騰因災變坐謗訕，當伏重法，所引八十餘人。晧諫曰：「騰本欲盡忠正諫，如當誅戮，塞諫諍之源，非所以昭德示後也。」帝悟，減騰死罪。

張綱。晧子。司徒辟以高第，爲御史。與杜喬等八人受詔持節，分按天下。七人皆出，綱獨埋輪都亭，曰：「豺狼當路，安問狐狸？」遂劾梁冀等姦惡。時廣陵賊張嬰寇亂，冀諷尚書以綱爲廣陵太守。綱單車竟造嬰壘，慰安撫恤，南州晏然。天子欲擢用，而嬰等上書乞留在部。二年卒，詔拜綱子續爲郎中〔一二〕，賜錢百萬。

三國　漢

楊洪。武陽人。先主定蜀，以洪爲蜀部從事。及征漢中，丞相亮表爲蜀郡太守，衆事皆辦。先主征吴不克，還住永安，召亮東行。漢嘉太守黄元反，洪啓太子，遣其親兵，使將軍陳曶、鄭綽討之，生獲元。封關内侯。後爲越騎校尉，領郡如故。洪忠清款亮，憂公如家。事繼母至孝。

張翼。綱曾孫。以討劉胄功，進封都亭侯、征西大將軍。延熙十八年，與大將軍姜維西征，大破魏雍州刺史王經於狄道，經衆死洮水者以萬計。景耀二年，遷左車騎將軍，領冀州刺史。爲鍾會亂兵所殺。子微，篤志好學，官至廣漢太守。

楊戲。武陽人。爲丞相亮主簿，蔣琬辟爲東曹掾，歷建寧、梓潼二郡太守，入爲射聲校尉。所在清約不煩。後以忤姜維意，免爲庶人。戲性簡略，未嘗以甘言加人。篤於故舊，居誠存厚，有識者貴之。延熙間，著季漢輔臣贊。

晉

程瓊。犍爲人。故蜀尚書。雅有德業，與臨江文立深交。晉武帝聞其名，以問立，對曰：「臣至知其人，但年垂八十，稟性謙退，無復當時之望。」不以上聞耳。瓊聞之曰：「廣休可謂不黨矣，故吾善夫人也。」

李密。武陽人。父早亡，養於祖母劉氏，密奉事孝謹。劉有疾，則涕泣側息，未嘗解衣，飲膳湯藥，必先嘗後進。有暇則講學忘疲，師事譙周，周門人方之游、夏。太始初，徵爲太子洗馬，密以祖母年高，上表固辭。武帝覽之，乃停召。後劉終服闋，徙尚書郎，出爲河内温令，遷漢中太守，卒於家。子賜，能屬文；興，亦有文才。

楊邠。武陽人。少好學志古，淬厲名行。官衡陽内史。遇流民叛亂，攻没長沙、湘東，獲邠。邠走，收餘衆，投湘州刺史荀眺〔一三〕，共圖進取。會眺降賊，邠孤軍固城，賊攻圍之，誓死不移，遂卒城中。帝嘉其忠節。

楊倉。太始八年，刺史皇甫晏討汶山，夜亂不知所爲。倉時爲兵曹從事，彎弓力戰，射百餘發，矢盡見殺。

楊渙。犍爲郡人。太安二年，李雄大破羅尚軍，入少城，渙守義而死。

宋

朱台符。眉山人。十歲能屬辭。太宗朝，以尺晷成一賦，登進士。歷西京轉運副使。時北邊爲梗，台符請擇使以修和好，又自請往使，時論韙之。咸平二年旱，求直言，台符歷疏時務，優詔褒答。歷工部員外郎、陜西轉運使。台符好學，喜延譽後進。有集三十卷。

陳希亮。青神人。好學勵志，不治生業。天聖中進士，歷知數州郡，遷京東轉運使。英宗立，遷太常寺少卿。以才幹剛直名，王公貴人皆嚴憚之。見義勇發，不計禍福，所至，奸民猾吏易心改行，不改者必誅。然出於仁恕，故嚴而不殘。子慥，嘗與蘇軾論用兵及古今成敗，自謂一時豪士。稍壯，折節讀書。晚年遯於光、黄間，庵居蔬食，徒步往來山中，不與世相聞。其所著帽方屋而高，曰：「此古方山冠之遺。」人因謂之方山子。

孫抃。眉山人。六世祖長孺喜藏書，號書樓孫氏。抃登進士。皇祐中爲御史中丞。數言事，不爲矯激。帝欲除内侍王守忠節度使，抃奏罷之。温成皇后喪，議建陵立廟，抃固争，帝爲改容。又劾罷宰相梁適、陳執中。改翰林學士承旨，歷官參知政事。卒，謚文懿。

石揚休。眉山人。少孤力學。舉進士第，累官刑部員外郎、知制誥，遷工部郎中。喜閒放，與家人言，未嘗及朝廷事。及卒，發楮中得所上封事十餘章，皆有補於時者。

賣醬薛翁。逸其名。時袁滋入洛，問易於程頤，頤曰：「易學在蜀耳。」滋入蜀訪問，見賣醬薛翁於臨、邛間，與語，大有得。

蘇洵。眉山人。年二十七，始發憤爲學，通六經百家之説，下筆頃刻數千言。至和、嘉祐間，與二子軾、轍俱至京師。翰林學士歐陽修上其所著書二十二篇，既出，士大夫争傳之。宰相韓琦奏於朝，除校書郎，與姚闢同修建隆以來禮書，爲太常因革禮百卷。卒，贈光禄寺丞。有文集二十卷、謚法三卷傳於世。

桂堂。彭山人。熙寧中，守威州。時羈縻保、霸二州交惡，堂自攜牛酒至通化軍，會二州酋長，諭以禍福，乃降。

蘇軾。洵長子。十歲，母程氏授以書。問古今成敗，軾能語其要。比冠，博通經史。嘉祐二年，試禮部，歐陽修擢置第二。修曰：「吾當避此人出一頭地。」尋對制策入三等。治平二年，召直史館。熙寧中，王安石欲變科舉，軾上議，神宗即日召對。軾曰：「陛下求治太急，聽言太廣，用人太鋭，願鎮以安静。」神宗悚然聽受。時安石創行新法，軾上書論其不便。安石怒，使御史謝景温論奏其過，窮治無所得。軾遂請外，通判杭州。再徙知湖州。李定等摭其詩語爲謗訕，逮赴獄〔一四〕，欲置之死。神宗獨憐之，以黄州團練副使安置。軾築室東坡，號東坡居士。移汝州。元和元年，遷中書舍人，尋除翰林學士兼侍讀。每進讀，反復開導，冀有所啓悟。嘗召對便殿，撤御前金蓮燭送歸院。歷官禮部尚書，兼端明殿、翰林院侍讀學士，以龍圖閣學士知杭州。有德於民，家有畫像。哲宗親政，乞外補，以兩學士知定州。紹聖中，屢貶瓊州别駕，居昌化，軾以著書爲樂，若將終身。元符三年大赦，復朝奉郎，提舉成都玉局觀。建中靖國元年卒，年六十六。所著有易書傳、論、説、奏議、内外制、東坡集，凡數百卷。高宗即位，贈資政殿學士，謚文忠。三子邁、迨、過皆善爲文。過字叔黨，任右承務郎。性至孝。軾帥定武，謫英州、惠州，遷儋州，徙廉、永，獨過侍，凡生理晝夜寒暑所須者，一身百爲，不知其難。初至海上，爲文曰志隱。軾卒常州，過葬之汝州郟城小峨嵋山，遂家潁昌。營湖陰水竹數畝，號斜川居士。有斜川集二十卷。世稱爲小坡。孫符，高宗時爲禮部尚書。

蘇轍。年十九，與兄軾同登進士科。又同策制舉，以直言置下等，授商州軍事推官。神宗朝，轍上書言事，召對咸和殿。坐兄軾以詩得罪，謫監筠州鹽酒税。哲宗召爲右司諫。蔡確、韓縝、章惇等在位，窺伺得失，轍皆論去之。又論竄呂惠卿。夏人遣使入境。轍明決利害，朝廷遂許還五砦，夏人悦服。累遷御史中丞。呂大防欲稍引用元豐舊黨，轍面斥其非，疏論君子小人不可並處，調停之説遂已。拜尚書右丞，進門下侍郎。紹聖初，廷試進士，李清臣撰策題，即爲紹復邪説，轍疏諫，哲宗不悦，落職知汝州，累謫雷州，循州安置。徽宗立，徙永州、岳州，再復大中大夫，致仕。作室於許，號潁濱遺老，不復與人相見，終日默坐幾十年。卒年七十。謚文定。所著詩春秋傳、古史、老子解、欒城集並行於世。子遲、适、遜。

蘇元老。轍之族孫。幼孤力學，長於春秋，善屬文。第進士，通判彭州。政和間，茂州蠻叛，元老移書成都帥周燾，陳破蠻之策，燾皆不能用，竟得罪。後帥至，如元老策，蠻勢蹙乃降。歷太常少卿。外和内勁，不妄與人交。梁師成欲因緣見，且求其文，拒不答。言者遂論元老蘇軾從孫，且爲元祐邪説，罷與祠。元老歎曰：「吾以家世坐累榮矣。」卒年四十七。有詩文行於世。

王當。眉山人。著春秋列國名臣傳五十卷。元祐中，蘇軾以賢良方正薦，廷對慷慨，不避權貴。調龍游縣尉。蔡京知成都，舉爲學官，不就。京相，遂不復仕。當邃於經學，易、春秋皆爲之傳。又有經旨二卷、吏論十二卷、兵書十二篇。弟賞，舉進士，累官禮部侍郎、兼直學士。忤秦檜，出知利州。賞子偁，學問博洽，初除直祕閣、知龍州，有美政。後爲吏部郎中。著東都事略一百二十卷。

巢谷。眉山人。傳其父中學。舉進士。谷素多力，棄其學，學古兵法。遊西邊，與河州將韓存寶相善。後存寶坐罪死，谷逃避江淮間，會赦乃出。紹聖初，二蘇謫嶺海，谷徒步往訪，見轍。又欲往海南訪軾，至新州病死。轍聞，哭之失聲。

任伯雨。眉州人。父孜，字遵聖。名與蘇洵等，仕至光禄丞。孜弟伋，字師中，亦知名。時稱大任、小任。伯雨邃於經術，登進士。徽宗初，擢右正言，首擊章惇，章八上，繼論蔡卞六大罪，上書皇太后，乞暴蔡京之惡，召還陳瓘。居諫省半載，所上一百八疏。黨事作，徙昌化。長子象先，調秦州户曹掾。聞父謫，棄官歸養。仲子申先，以布衣特起中書舍人。高宗詔贈伯雨官，後賜謚文敏。

家愿。眉山人。父勤國，與蘇軾兄弟爲同門友。王安石久廢春秋，勤國憤之，著春秋新義，譏熙寧、元豐諸人。而元祐諸賢矯枉過正，勤國憂之，爲築室，作室喻。愿登紹聖進士。李清臣擬進策問，極詆元祐之政，愿對與之異，遂居下第。元符三年，以正陽日食求言，愿對十事凡萬言，不報。崇寧初，入黨籍，禁錮凡十年。大觀初，起知雙流。高宗擢知閬州，移彭州。有論邊防書，名曰罪言。初蘇轍讀愿策，謂少年能不爲進取計，當以直道顯。至是果驗。

唐庚。丹稜人。第進士，爲宗子博士，除提舉京畿常平。歷承議郎。庚爲文精密，通於世務。作名治、察言、閔俗諸篇，時人稱之。有文集二十卷。長兄瞻，後名伯虎。治易、春秋，皆有家法。元祐三年，其父彦通遊瀘南，伯虎兄弟居母喪於丹稜山，夜半蹴庚曰：「吾夢收父書，發之得『亟來』二字，吾心動矣。」即起裹糧。黎明，走洪川僦舟〔一五〕，遇江漲，舟皆艤岸不敢動。伯虎超入漁艇中〔一六〕，叱僕夫解維，漁者不得已，從之。二日半至瀘南〔一七〕，父果病甚，見伯虎，大驚。具告其故，父歎曰：「天告汝也。」疾少間，具舟侍父歸。居數日，疾復作，遂卒。

楊恂。丹稜人。登進士，知廣都縣。與家愿同時上書，語甚切直，同入黨籍「邪下」第五等。

程之邵。眉山人。曾祖仁霸，治獄有陰德。之邵以廕爲新繁主簿。時更募役法〔一八〕，常平使者欲槩州縣民力，以羨乏相補。之邵曰：「此成周均力遺意，當各以一邑之力供一邑，豈宜以此邑助彼邑哉？」使者愧恨。元祐初，爲夔路轉運判官。大寧井出鹽，前議者輒儲其半供公上，餘鬻於民，使先輸錢，鹽不足給，民以病告。之邵發所儲與之，商賈既通，稅增數倍。徙知鄭州。除主管秦蜀茶馬公事，歲有增羨。進熙河都轉運使。徽宗時，秦鳳出師，命之邵經制，擢顯謨閣待制。敵犯熙河，攝帥事，敵人聞風遁去。

任諒。眉山人。少孤力學。舉進士，歷河南户曹。以兵書謁樞密曾布，既見不能合，徑去。布爲相，諒予書規以李德裕事，布始怒。由懷州教授累官徽猷閣待制。忤蔡京。徽宗將有事於燕，諒曰：「中國其有憂乎？」乃貽書宰相，謂師出不可無名，又言郭藥師必反，帝不聽，大臣以爲病狂，予祠。後皆如諒言。乃復起爲京兆，未幾卒。

孫昭遠。眉山人。元祐間進士。調長沙尉，有能名。建炎元年，爲河南尹、西京留守，收集散亡，得兵萬餘人，栅伊陽，使民入保。金兵來攻，昭遠命將奉啓運諸殿神御間道走行在。金兵益熾，昭遠戰不利，其下欲擁之南還，昭遠罵曰：「若等平日衣食縣官，不以此時報國，南去何爲？」叛兵怒，反擊昭遠，遂遇害。追贈徽猷閣待制。

劉汲。丹稜人。紹聖四年，第進士。歷通判隆德府、開封推官。忤王黼，謫監蓬州稅。欽宗召對，汲奏願馳驅外服，以衛京師。遷京師轉運副使。尋攝帥，捐金帛饗士，爲戰守計。高宗立，進安撫使。金兵急攻，汲集將吏謂曰：「吾受國恩，恨未得死所。金兵來，必死，孰能與吾俱死者乎？」皆流涕曰：「惟命。」敵大至，汲死之。贈大中大夫，謚忠介。

唐重。彭山人。少有大志。徽宗親策士，問以制禮作樂，重對事親從兄，爲仁義禮樂之實。累擢右諫議大夫。乞斬蔡京父子，以謝天下。高宗即位，上疏論急務有四、大患有五。上詢可守關中者，劉岑以重對，乃以天章閣直學士知京兆府。金兵圍城，外援不至，城陷，重以親兵百人血戰，中流矢死。贈資政殿學士，謚恭愍。

孫逢。眉山人。官太學博士。張邦昌僭立，堅卧不起。賊迫之，發疾而卒。

唐文若。庚之子。高宗時爲祕書郎，獻文思箴，遷起居郎。勸上收用西北人材，以固根本。金兵入邊，首建大臣節制江上之議。

師維藩。眉山人。精春秋學。

杜莘老。青神人，杜甫之後。紹興進士，累官殿中侍御史，後以直顯謨閣知遂寧府。嘗歎曰：「臺諫當論天下第一事，若有所畏，姑言其次，是欺其心，不敬其君者也。」及任言責，直言無隱，聲振一時。都人稱骨鯁敢言者，必曰杜殿院云。

李燾。丹稜人。紹興進士，調華陽簿，改秩雙流縣，有治績。知榮州。榮因溪爲隍，率苦水潦，燾築防捍之。除潼川府路轉運判官。時多聚斂，燾括一路財賦額，通有無，酌三年中數定爲科約，上之朝，頒之州縣。燾恥讀王氏書，獨博極載籍，慨然以史自任。本朝典故，尤悉力研覈，倣司馬光資治通鑑例，爲宋編年之書，名曰續資治通鑑長編。乾道中，遷祕書少監，兼實録院檢討官，出爲湖北轉運副使。陛辭，以欲速變古爲戒。尋帥潼川，兼知瀘州。首葺石門堡，以扼夷人；奏乞戒茶馬司市，敘州羈縻馬毋溢額，戒官民毋於禁山伐木，以開夷人入寇之路。皆報可。進權禮部侍郎。以雷震建言，上嘉其讜直。子垕，中制科，遷著作郎，兼國史院編修官，父子同主史事。次子塾，以閣試不中程黜。垕偶考上舍，發策問制科，爲御史所劾，燾、垕皆罷。會垕、塾繼亡，上欲以史事紓燾憂，起知遂寧府。張栻嘗曰：「李仁甫如霜松雪柏。」長編一書，用力四十年，孝宗謂無愧司馬遷，葉適謂春秋以後纔有此書。

孫道夫。丹稜人。高宗召對，言欲進兵陝右，當先措置荆南。遷吏部郎中，言蜀民二税、鹽酒茶額之弊〔一九〕。充賀金正日使，金將敗盟，詰秦檜存亡，及關、陝買馬非約，道夫隨事折之。嘗知資州，宣撫鄭剛中薦治行第一。知蜀州，盗不敢入境。遇事明了，人皆頌之。道夫居官愛民，不可干以私，仕宦三十年，俸給置書籍。

楊大全。青神人。乾道中進士。調温江尉，有政聲。除監登聞鼓院。光宗以疾久不省重華宫，大全爲書以諫，力請過宫，三上疏不報。慶元、嘉泰中，累遷司農寺丞。韓侂胄私臺諫爲羽翼，有力薦大全者，屬一往見之，大全笑謝不往。明日遂丐外，知金州。

李壁。燾子。淳熙進士。慶元初，累遷禮部侍郎、兼直學士院。韓侂胄建議恢復，壁草出師詔。進禮部尚書，拜參知政事。與史彌遠誅韓侂胄。以端明殿學士知遂寧府。卒，謚文懿。壁嗜學，搜抉羣經，於典章制度尤綜練。所著有雁湖集、清塵録、中興奏議、内外制、臨汝閑書，凡數百卷。

李𡌴。燾子。淳熙進士，入爲館職。有文名，班對忠讜。歷官禮部尚書。淳祐元年，奏請周、程、張、朱從祀，而黜王安石，帝從之。終資政殿學士。謚文肅。

史次秦。眉山人。舉進士，爲大安軍教授。吴曦之叛，招次秦甚遽，乃以毒藥傅兩目，比至目益腫。母年高而賢，命家詐以訃聞，乃聽還。曦誅，改利州主管文字，仕至合州太守。

楊泰之。青神人。少刻志於學。慶元中，知嚴道縣，有能聲。安丙薦之，以親老辭。知普州。吴曦反，安居、安岳二縣受禍尤烈，請蠲其賦。移知果州。踦零錢病民，泰之以一年經費儲其嬴，爲諸邑對減，上尚書省，按爲定式。理宗即位，趣入對，言法天行健，奮發英斷，總攬威權，無牽於私，無奪於邪説。上奇其對，以爲工部尚書。著克齋文集、論語解、老子辭、春秋列國事目等書，凡二百九十七卷。

楊棟。青神人。紹定進士。歷樞密院編修官，除宗正少卿。進對，帝曰：「只是正心修身之説乎？」棟對曰：「臣所學三十年，止此一説，至爲簡易。」累拜參知政事。棟學本周、程氏，負海内重望。所著有崇道集、平舟文集。

家大酉。愿曾孫。舉進士，初授昭化縣主簿。吴曦叛，大酉不受其招。淳祐中，侍講經筵，累官工部侍郎。與宰相史嵩之論不合，罷去。大酉爲人方直，累屈，守死不變。謚文節。

楊文仲。彭山人。淳祐中，以胄試第一入太學。升内舍。時言路頗壅，因季冬雷震，帥同舍叩閽，極言時事。寶祐初，登進士第。累官至崇政殿説書。在講筵，每以積誠感動。會盛夏建宗陽宫，畿甸騷然，文仲疏諫懇至。又薦陳存等十八人，名士二人，金華王柏、天台車若水也。德祐時，元兵渡江，朝士率多棄去者，侍從班惟文仲一人。

史克恭。丹稜人。登進士第。佐王師有功，命攝本邑。後死於國事，封忠佑侯，廟祀之。

家鉉翁。大酉孫。學問該博，尤邃於春秋。累官端明殿學士、簽書樞密院事。元兵次近郊，丞相檄告天下，以城降，鉉翁獨不署。奉命使元，留館中。聞宋亡，旦夕哭涕不食。元欲官之，鉉翁義不二君，詞無詭對。成宗即位，放還，賜號處士，賚金帛不受。以壽終於家。

明

余子俊。青神人。歷户部員外郎。在部十年，以廉幹稱。出爲西安知府。區畫賑恤，官不損而民濟。歷副都御史，巡撫延綏。初，延綏鎮治綏德州，屬縣米脂、吴堡悉在其外，寇每輕騎入掠，鎮兵覺而追之，已不及，往往得利去。子俊徙鎮榆林，增衛益兵，拓城置戍，攻守器畢具，遂爲重鎮，寇擾漸稀，軍民得安。移撫陝。於城西北開渠洩水，使經漢故城達渭，公私便益，號余公渠。又於涇陽鑿山引水，溉田千餘頃。通南道直抵漢中，以便行旅。學校公署，圮者悉新之。奏免岷、河、洮三衛之戍南方者萬有奇，易置南北之更戍者六千有奇，就戍本土。召爲兵部尚書，遷户部尚書，加太子太保，兼左副都御史，總督大同、宣府軍務。尋致仕。復起爲尚書，加太子少保。卒，贈太保，謚肅敬。

王用才。彭山人。舉進士，授寧府長史。宸濠潛蓄異謀，用才匡救以止，逮獄累月，不屈，憂憤死。事聞，贈太常少卿。

本朝

楊仕成。眉州人。官小河營千總。乾隆三十八年，征金川陣亡。卹廕如例。

彭承緒。丹稜人。官守備。乾隆二十三年，隨征托木洛克並沙雅爾二路賊番，奮勇力戰陣亡。賜祭葬，卹廕如例。

黄文釗。青神人。官貴州、遵義千總。乾隆三十六年，隨征金川，屢戰克捷。四十年，攻噶咱普、布咱嚼泥北山梁陣亡。卹廕如例。

余正朋。彭山人。官靖遠營外委。嘉慶二年，隨勦教匪陣亡。卹廕如例。

楊忍濟。青神人。官把總。嘉慶二年，隨勦教匪陣亡。卹廕如例。

流寓

漢

馮良。南陽人。年三十爲尉從佐，奉檄迎督郵〔二〇〕，良恥爲厮役，乃遁至犍爲，妻子索蹤迹不得。積十餘年，還鄉。志行高潔。安帝以羔幣聘之，辭。

列女

唐

王琳妻韋氏。琳爲眉州司功參軍。俗僭侈盛飾，韋不知有簪珥。訓二子有法，皆名聞。琳卒，韋年二十五，家欲彊嫁之，韋固拒，獨處一室。著有女訓。

宋

蘇洵妻程氏。眉山人，程仁霸之女。通經史，有氣節。適洵生子軾、轍。洵游學四方，程教二子以書甚嚴，每語家人曰：「二子必不忝蘇門。」嘗讀漢范滂傳，慨然太息。軾請曰：「軾若爲滂，母許之否乎？」程曰：「爾若爲滂，吾顧不能爲滂母耶？」

蘇軾妻王氏。青神人，鄉貢進士方之女，賢淑。載蘇軾墓誌。

唐庚母史氏。庚父病篤，母史祈以身代，既而母死父生。載周益公題跋。

師驥二女。眉山人。驥仕爲右正言。靖康中，避亂還蜀，至唐州方城驛遇賊，執二女欲强之，伯罵曰：「宜速殺我。」仲抱其姊，亦不從，并殺之。土人收葬二女，號曰貞女墓。

史次秦母。眉山人。年高而賢。次秦爲大安軍教授，爲吴曦所招〔一二〕，母聞，即命家人以病篤馳報，且曰：「病恐不足取信，以訃聞可也。」曦乃聽還。

楊文仲母胡氏。彭山人。文仲七歲而孤，母年二十有八，守節自誓，教養諸子。文仲既冠，以春秋貢。母喜曰：「汝家至汝，三世以是經收效矣。」

元

虞汲妻楊氏。眉州人。父文仲，世以春秋名家，明於性學。楊氏在室，即通其説。適隆州虞汲，生子集、槃。宋末兵亂，汲攜家趨嶺外，無書可讀，楊氏口授集論、孟、左氏傳，歐、蘇文，比還居臨州，始得刻本，則已盡讀諸經通大義矣。後集以文翰擅名當代，皆楊内訓之力云。

明

黄裳妻諶氏。眉州人。無子，苦節三十年。

余祥妻張氏。青神人，余子俊母。孀居二十年，教子成大器。同縣荀祥妻程氏，祥卒，年二十五，教子延年領鄉薦，任源江令，延齡遊庠。年九十五終。

本朝

談學廩妻胡氏。眉州人。夫早卒，子女皆幼，有豪右欲奪爲妾，胡峻拒之不已，乃自髡以全節。

王先美妻徐氏。眉州人。于歸三載，夫病卒，呼愴極哀，自經以殉。

王朝佐妻李氏。眉州人。年十四，因母病，刲左股以進，尋愈。十八于歸，家貧，依外祖母宋氏居。宋老而多疾，李勤侍湯藥，刲右股療之。朝佐殁，氏年二十八，躬自力作，撫二子成立。

杜天柱妻熊氏。眉州人。年二十二守節。孝養舅姑，撫子成名。熊嘗病篤，子婦曾氏刲股療之得愈。歷七十歲終。

倪元相妻向氏。眉州人。元相卒，氏年二十八。紡績資生，訓子道充登鄉試。歷八十歲終。

劉永布妻甯氏。眉州人。守正捐軀。同州烈婦吴開妻蒲氏，均乾隆年間旌。

彭芳文妻田氏。丹稜人。夫亡守節。同縣節婦羅成德妻徐氏，均乾隆年間旌。

陳圖妻彭氏。丹稜人。夫亡家貧，紡績以養孀姑，撫子成立。同縣節婦彭之權妻嚴氏，孝事翁姑，撫育弱息，辛勤三十餘年。

黄仁妻汪氏。彭山人。仁卒，遺子女尚幼，氏勤紡績，撫育成立。

段錦柱妻張氏。青神人。夫亡守節。同縣節婦陳虞應妻雲氏、陶文學妻雷氏，均乾隆年間旌。

戴元后妻李氏。眉州人。夫亡守節。同縣節婦劉邦畛妻朱氏、何汝俸妻管氏，烈婦黄林氏、劉趙氏、鄭周氏，均嘉慶年間旌。

張鵬飛妻宋氏。丹稜人。夫亡守節，嘉慶年間旌。

幹體元妻夏氏。彭山人。夫亡守節。同縣節婦宋仁舉妻鄧氏、烈婦徐陳氏，均嘉慶年間旌。

吴元富妻馬氏。青神人。夫亡守節，嘉慶年間旌。

仙釋

古彭祖。古陸終氏第三子籛鏗也。自堯歷夏、殷，封於大彭。周衰，始浮遊四方，晚入蜀，抵武陽留家焉。

漢

瞿君武。彭山人。七歲絶粒，服黄精、紫芝。入峨嵋，得道，乘龍還家，遂繫龍於潭。後復乘龍而去。今有繫龍潭在縣北四里，潭上有橋，亦名繫龍。

史通平。光武時，自會稽來蜀，詣峨嵋山，謁天皇真人，授以正一之法及五符訣。遂居青神縣地，置茅廬煉丹，龍虎成形，餌之，白日昇天。

唐

楊昭慶。景雲中，自京兆來眉。志尚清虚。巡遊二十四化，至北平化，嘆曰：「昔漢時史先生得真一之道，修之以白日昇天，後無繼者乎？」遂往青神縣遊仙觀三十餘年，感五嶽丈人希授真人降下，授以朱明龍文，遂得尸解之道。

張遠霄。眉山人。遇老人授以度世法，熟睬舉首，見其目中各有兩瞳子。後往白鶴川，垂釣西湖峯上。有一老人曰：「此乃四目老翁，君之師也。」張大悟。後仙去。

牟羅漢。眉山人，名安。以廂兵隸倅廳，如岷上，陟上青坂，忽遇髯者顧笑曰：「汝饑，何不食柏子耶？」摘子投其口，顧髯者復不見矣。遂不火食。一日江水暴漲，舟不可行，或戲指其笠曰：「乘此渡可乎？」遂置笠於水，趺坐其上，截江以濟，觀者異之。

宋文才。彭山人。遊峨嵋山中，一老人引之徐行，見有道士弈棋，青童採藥，問其地，乃峩嵋洞天，仙所居也。及出山，已半月矣。

宋

陳太初。眉山人。初與蘇軾同學於道士張易簡，後軾謫黄州，有眉山道士陸惟中來，云有得道者曰陳太初，問之則同學者也。又數年，見軾於惠州，云太初已尸解矣。

土產

麩金。元和志：眉州貢。

鹽。明統志：彭山縣出。有九井。

硝。明統志：州東館鎮鷂兒井出。

獠麻布。元和志：眉州貢。

甘子。元和志：眉州貢。

寒水石。州東蟆頤山出。

茶。州志：青神縣出。

斑竹。州志：彭山縣出。

史君子。州志：彭山縣出。

校勘記

〔一〕明洪武九年併入眉縣十三年復置　「九年」，明一統志卷七一眉州同，乾隆志卷三〇九眉州建置沿革（下同卷簡稱乾隆志）、明史卷四三地理志作「十年」。「十三年」，乾隆志、明史地理志同，明一統志作「十二年」。

〔二〕明洪武初併入眉縣十三年復置　「洪武初」，乾隆志作「洪武十年」。按，本志上文言「洪武九年降州爲眉縣」，則洪武初尚無眉縣，此疑誤。明一統志曰「洪武中併入眉縣」，較本志爲妥帖。又按，明史卷四三地理志青神下云「洪武十年五月省入嘉定州，十三年十一月復還屬」，與三部一統志不同。

〔三〕象耳鎮於後　乾隆志於此句下有小注：「唐盧拯羅城記。」是也。按，明一統志卷七一眉州形勝、蜀中廣記卷一二名勝記眉州引此句均作出自盧拯羅城記。本志蓋脱漏。

〔四〕宋譙樓記　「樓」，原作「梅」，乾隆志同，據明一統志卷七一眉州形勝、蜀中廣記卷五六風俗記、方輿勝覽卷五三眉州改。

〔五〕漢王褒招碧雞神詞黄龍見兮白虎仁　「詞」，原作「祠」，據乾隆志、蜀中廣記卷一二名勝記改。

〔六〕灘甘水　「甘」，原作「泉」，據乾隆志及本條注文改。

〔七〕從貴平縣木梓山流入當縣　「入」下原重「入」字，據乾隆志及太平寰宇記卷七四劍南西道眉州删。

〔八〕榮夷人張武等百餘家請田於青神　「張武」，原作「張式」，乾隆志同，據新唐書卷四二地理志改。

〔九〕李相橋在州西八里跨醴泉江　「八」下原有「十」字，「泉」原作「水」，據乾隆志及明一統志卷七一眉州關梁删、改。按，本志眉州山川亦無醴水江，醴泉江下云「在州西八里」。

〔一〇〕唐大中末建　「大中」，原作「太宗」，據乾隆志及明一統志卷七一眉州寺觀改。

〔一一〕劒南有光火盗夜掠人　「光火」，原作「火光」，乾隆志同，據舊唐書卷一八五上馮元常傳乙正。按，「光火」者，胡三省注通鑑云：「明火行劫，言盗無所憚。」

〔一二〕詔拜綱子續爲郎中　「續」，原作「績」，據乾隆志及後漢書卷五六張綱傳改。

〔一三〕投湘州刺史荀眺　「荀」，原作「苟」，據晋書卷一〇〇杜弢傳、華陽國志卷一一楊邠傳、蜀中廣記卷四三楊邠傳改。

〔一四〕逮赴獄　「逮」，原作「隸」，據乾隆志改。

〔一五〕走洪川僦舟　「川」，原作「州」，據乾隆志及宋史卷四四三唐伯虎傳改。

〔一六〕伯虎超入漁艇中　「入」，原作「人」，據乾隆志及宋史卷四四三唐伯虎傳改。

〔一七〕二日半至瀘南　「二」，原作「三」，乾隆志同，據宋史卷四四三唐伯虎傳改。

〔一八〕時更募役法　「役」，原作「設」，據宋史卷三五三程之郡傳改。

〔一九〕言蜀民二税鹽酒茶額之弊　「民」，原作「事」，據乾隆志及宋史卷三八二孫道夫傳改。

〔二〇〕奉檄迎督郵　「奉」，原作「奏」，據後漢書卷五三周燮傳附馮良傳改。

〔二一〕爲吴曦所招　「爲」，原無，據乾隆志補。

邛州直隸州圖

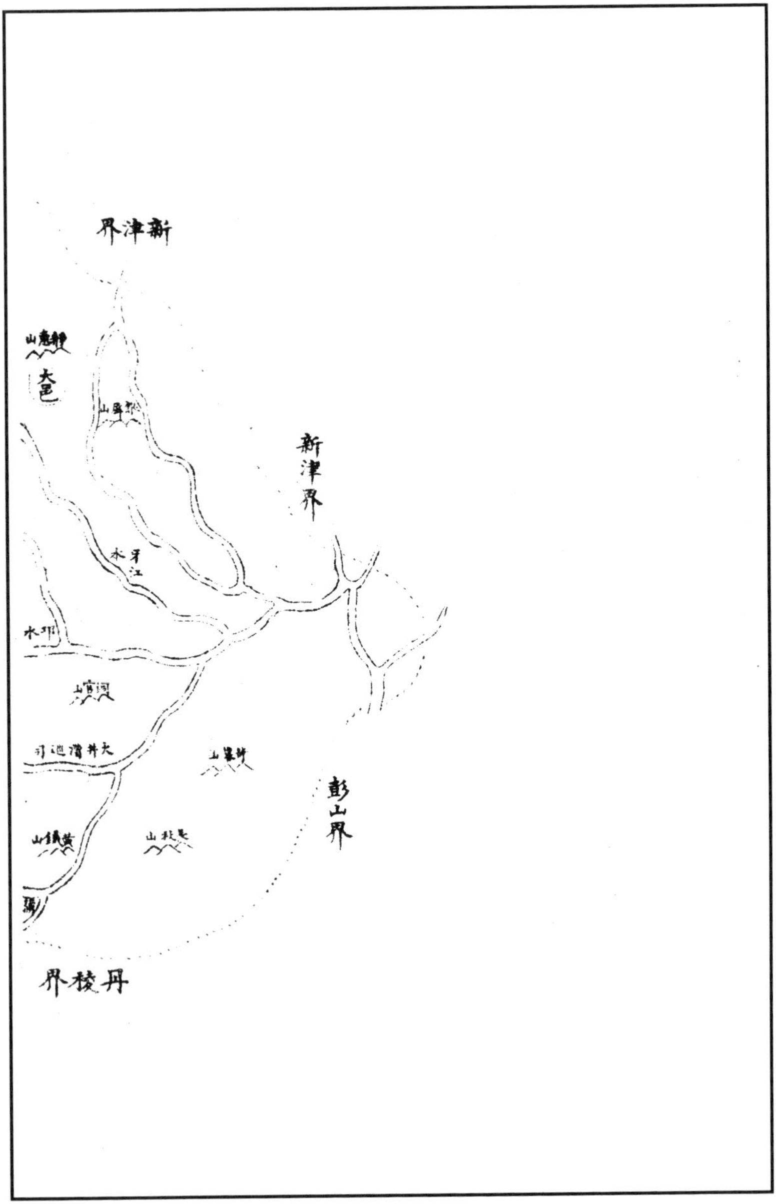
新津界
大邑
新津界
斜江水
邛水
彭山界
丹稜界

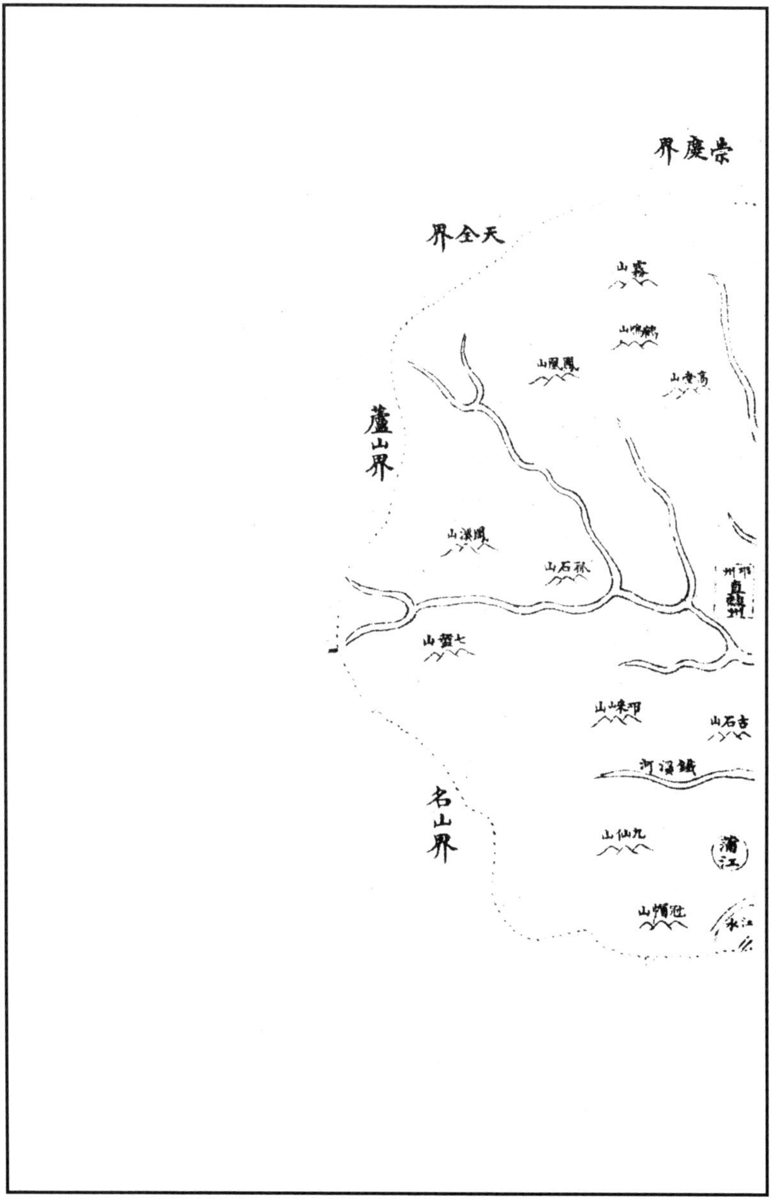
崇慶界
天全界
霧山
鶴鳴山
鳳凰山
高臺山
蘆山界
邛州
直隸州
七盤山
邛崍山
鐵溪河
名山界
九仙山
蒲江

邛州直隸州表

	邛州直隸州		
秦	蜀郡地。	臨邛縣置屬蜀郡。	
兩漢		臨邛縣	
三國		臨邛縣	
晉		臨邛縣改屬晉原郡。	
南北朝	邛州臨邛郡梁置州，西魏置郡。	臨邛縣齊改屬晉康郡，魏爲臨邛郡治。	依政縣魏置州治。
隋	開皇初郡廢，大業初州廢。	臨邛縣屬臨邛郡。	依政縣屬臨邛郡。
唐	邛州武德元年復州，天寶初復郡，乾元初又改屬劍南道。	臨邛縣顯慶三年州治。	依政縣武德元年州治，顯慶三年州徙，縣屬。
五代	邛州屬蜀。	臨邛縣	依政縣屬邛州。
宋	邛州屬成都府路。	臨邛縣	依政縣
元	邛州至元十三年屬嘉定路。	至元二十一年省入。	至元十四年省入。
明	邛州洪武九年降縣，屬嘉定州。成化十九年升直隸州，屬四川布政使司。		

續表

	大邑縣	蒲江縣
	蜀郡江原縣地。	臨邛縣地。
	蜀郡晉原縣地。	
		廣定縣 西魏置，兼置蒲原郡。 臨溪縣 西魏置，屬蒲原郡。
火井縣 大業十二年置。		蒲江縣 開皇初郡廢，仁壽初改名，屬臨邛郡。 臨溪縣 屬臨邛郡。
火井縣 屬邛州。	大邑縣 咸亨二年析置，屬邛州。 安仁縣 武德三年置，貞觀十七年省。咸亨元年復置。	蒲江縣 屬邛州。太和四年改屬嶲州，後復屬邛州。 臨溪縣 屬邛州。
火井縣	大邑縣 安仁縣	蒲江縣 臨溪縣
火井縣 開寶三年徙，至道三年復故治。	大邑縣 屬臨邛郡。 安仁縣	蒲江縣 臨溪縣 熙寧五年省。
省。	大邑縣 屬邛州。 省。	至元二十一年省入邛州。
	大邑縣 屬邛州。	蒲江縣 洪武十三年復置，仍屬邛州。

大清一統志卷四百十一

邛州直隸州

在四川省治西南一百八十里。東西距二百二十里，南北距一百五十里。東至成都府新津縣界六十里，西至雅州府蘆山縣界一百六十里，南至眉州丹稜縣界九十里，北至成都府崇慶州界六十里。東南至眉州彭山縣界五十里，西南至雅州府名山縣界六十里，東北至新津縣界六十里，西北至雅州府天全州界五十里。本州境東西距二百二十里，南北距三十五里〔一〕。東至新津縣界六十里，西至蘆山縣界一百六十里，南至蒲江縣界十五里，北至大邑縣界二十里。東南至眉州界五十里，西南至名山縣界六十里，東北至新津縣界六十里，西北至天全州界六十五里。自州治至京師五千八百九十里。

分野

天文井、鬼分野，鶉首之次。

建置沿革

禹貢梁州之域。秦置臨邛縣。漢屬蜀郡，後漢因之。晉改屬晉原郡，宋因之。齊屬晉康郡。梁置邛州。西魏置臨邛郡。隋開皇初郡廢，大業初州廢，屬臨邛郡。時徙郡治嚴道縣，即今雅州府。唐武德元年，復置邛州。治依政縣。顯慶三年，始治臨邛縣。天寶初曰臨邛郡，乾元初復曰邛州，屬劍南道。唐書肅宗紀：寶應元年，於邛州置鎮南軍。方鎮表：大曆元年，置邛南防禦使，治邛州。尋升爲節度使，未幾廢。咸通八年，置定邊軍節度、觀察等使，治邛州。十一年廢。文德元年，又置永平軍節度使，治邛州。大順二年廢。五代屬蜀。按：王蜀亦嘗置永平軍。宋亦曰邛州臨邛郡，屬成都路。元曰邛州。至元十四年，立安撫司，尋罷。二十一年，以州治臨邛縣省入，屬嘉定路。明洪武九年，降州爲邛縣，屬嘉定州。成化十九年，升爲直隸州，屬四川布政使司。本朝因之，屬四川省，領縣二。

大邑縣。在州北少東四十里。東西距九十里，南北距五十里。東至成都府崇慶州界十里，西至雅州府天全州界八十里，南至本州界二十里，北至成都府灌縣界三十里。東南至成都府新津縣界五十里，西南至本州界二十五里，東北至崇慶州界五十里，西北至天全州界七十里。漢蜀郡江原縣地。晉以後爲蜀郡晉原縣地。唐咸亨二年，析置大邑縣，屬邛州。宋屬臨邛郡。元、明屬邛州。本朝因之。

蒲江縣。在州東南六十里。東西距九十里，南北距七十里。東至眉州界四十里，西至雅州府名山縣界五十里，南至眉州丹稜縣界三十里，北至本州界四十里。東南至丹稜縣界三十里，西南至名山縣界五十里，東北至成都府新津縣界六十里，西北至本州界四十五里。漢臨邛縣地。西魏置廣定縣，又置蒲原郡。隋開皇初郡廢，仁壽初改曰蒲江，屬臨邛郡。唐屬邛州。太和四年，改屬嶲州，後復屬邛州。宋因之。元至元二十一年，省入邛州。明洪武十三年，復置，仍屬邛州。本朝因之。

形勢

東接蓉城，西連番地，南控碉門，北通霧嶺。方輿勝覽。潽水縈環於左，邛崍擁峙於前。州志。

風俗

臨邛多富人。史記。夷獠相雜。寰宇記。人多敏慧，頗慕文學，惟事農桑不務商賈。方輿勝覽。

城池

邛州城。周七里七分，門四。明成化中築，正德中甃石。本朝康熙三十二年修，乾隆三十年重修。

大邑縣城。周八里，門四，外環以池。明正統初築，正德中甃石。本朝乾隆三十六年修。

蒲江縣城。周三里三分，門四，外環以池。明天順中築，正德中甃石。本朝乾隆三十二年修。

學校

邛州學。在州治南。明洪武初建。本朝康熙六年重建，乾隆二十二年、四十七年重修。入學額數十五名。

大邑縣學。在縣治南。明正統中建。本朝康熙初重建，乾隆十二年修。入學額數八名。

蒲江縣學。在縣治東，舊在縣治南。明洪武中建，萬曆初遷建治西。本朝康熙三十四年復遷今所。入學額數八名。

鶴山書院。有三。一在州治西善政街，明萬曆中建，祀魏了翁。一在蒲江縣治北，宋嘉定中建，本朝雍正四年修。一在蒲江縣白鶴山下，了翁嘗築室於此，聚書授徒，由是蜀人知義理之學。理宗書「鶴山書院」四大字賜之。

鶴鳴書院。在大邑縣治南。本朝乾隆十一年建。

邛州義學。在州城内。本朝乾隆二十二年建。

大邑義學。四所。三在縣南，一在縣西，均本朝乾隆十一年建。

蒲江義學。二所。在縣城内，本朝嘉慶十六年建。

户口

原額人丁六千三百一，今滋生男婦共六十一萬二千四十六名口，計十一萬二千四百五十三戶。

田賦

田地一萬四千六百三十一頃六十三畝七分有奇，額徵地丁正、雜銀二萬八千六百七十五兩九錢六分一釐。

山川

銅官山。在州東南。元和志：在臨邛縣南二里。鄧通所封，後卓王孫買爲陶鑄之所。州志：在今州東南二十里。

岢幕山。在州東南七十里廢依政縣東。其山壁立，勢如屏幕。寰宇記蒲江有小可慕山，即此。

噫棘山。在州東南。元和志：在依政縣南四十里，山南眉州丹稜縣界。寰宇記作意悚山〔三〕。又有白朮山、盤塞山、白江山，俱在依政縣。又臨邛有古桃山。

文筆山。在州南二里。山形如筆。

古石山。在州南。史記：秦時卓氏遷臨邛，即鐵山鼓鑄。華陽國志：臨邛縣古石山有石鑛大如蒜子，火燒合之成流支鐵，甚剛。因置鐵官。有鐵祖廟。州志作古城山，在州南十里。山有五面，亦名五面山。對拱州治。上有鐵祖廟，鐵冶家祀之。

蓋即古鐵山也。

邛崍山。在州西南八十里。山脈自沈黎直走二千里，至州環抱爲鎮山。九域志臨邛縣有臨邛山，即此。按：漢志嚴道縣邛崍山在今雅州，非此山也，或混爲一，誤。

白鶴山。在州西七里。

盤陀山。在州西七里。高峻，絶頂寬平。又有棋盤山，在州西十里。山腰有仙人洞。

孤石山。在州西。元和志：在臨溪縣東十九里。九域志：火井縣有孤石山。

鳳溪山。在州西五十里。下有小溪，自大邑鳳凰山來。

七盤山。在州西八十里。石徑自址至巔，委曲七折，因名。相近有神山，上有石像。又有馬崖山，產石如馬。

相臺山。在州西八十里廢火井縣西。唐袁天綱爲火井令，登之以相視縣治，故名。

佛仙山。在州北十八里。

銀屏山。在大邑縣東五里。蜀漢順平侯趙雲葬此。

高堂山。在大邑縣西十五里。天氣晴朗，夜有聖燈，飛舞林巒，爲縣之勝境。

高山。在大邑縣西五十五里。徑三千七百步至其頂。

鳳凰山。在大邑縣西八十里。有藥師巖、虎擘泉、騎鯨柏諸勝。灊水出此。

鶴鳴山。在大邑縣西北三十里。形如覆甕。上有二十四洞，應二十四氣。七十二穴，應七十二候。東西二溪出其兩腋。東南有石峯名曰天柱。三面懸絶，其形如城，亦名曰天城。又有青霞嶂、環玉潭，皆稱佳勝。又見崇慶州。

霧山。在大邑縣西北五十里。去鶴鳴山二十里。一名霧中山。山多雲霧，故名。上有二十二峯、碧玉潭、明月池諸勝。明楊慎碑記云：「鶴鳴二十四洞，道家之所開。霧山一百八盤，釋氏之所駐。」

静惠山。在大邑縣北一里。一名東山。上有土城，相傳蜀漢趙雲所築。

黄鐵山。在蒲江縣東十里。

長秋山。在蒲江縣東二十里。集仙録：昔主簿王興得仙於此。一名主簿山。

金釜山。在蒲江縣南八里。寰宇記：蒲江縣有金釜山。舊志：有鹽井。

冠帽山。在蒲江縣西南七里。

西山。在蒲江縣西七里。

九仙山。在蒲江縣西三十里。有九峯如屏。寰宇記臨溪縣有九子山，山有九峯，即此。

白鶴山。在蒲江縣北三里。

鐵溪河。在蒲江縣北二十里。源出百丈山，自名山縣流入，合蒲水入邛水。故邛水亦兼鐵溪河之名。唐志：臨溪縣有鐵官，蓋溪旁山中舊産鐵也〔三〕。

牙江水。在州東四十里。源出大邑縣東南，流至州東合邛水。其合處有石如象牙，因名。

邛水。在州南。東流入新津縣界，即古僕千水，亦名文井江，今曰南河。漢書地理志：臨邛縣有僕千水，東至武陽入江，過郡二，行五百一十里。華陽國志：李冰通笮道文井江，徑臨邛與蒙溪分水。水經注：文井江，李冰所導也。自笮道與蒙溪分水，至臨邛縣與布僕水合，又東徑江原縣，又東至武陽。舊志：邛水在州南五里，俗名曰南河。源出邛崍山，至州西南合西河，又東流八十里入新津縣界。按：元和志有白朮水，經臨邛縣南二里，又東南經依政縣南十里，即此水也。古邛水出邛崍山，在今滎經縣界，至雅安合青衣水，未嘗北至臨邛。此水唐、宋以前謂之文井江，或名白朮水，初無邛水之名。水經注妄謂邛水東至臨邛入青衣。舊唐志於臨邛縣下又引其説，於是邛水及邛崍山名皆移於州境，其實非也。

布僕水。在州西南八十里。自天全土司界流入，合南河。華陽國志：臨邛有布僕水合文井江。水經注：布僕水出旄牛道，從縣西布僕來分爲二流。一水東徑臨邛，入文井江。

斜江水。在大邑縣南。又南入州界。元和志：斜江經安仁縣南五里。寰宇記：水自大邑縣鶴鳴山來，斜流經安仁縣，又東至新津縣。舊志：源出鶴鳴山東，委曲斜流，經州東七十里，至廢依政縣入邛水。又有泉水河，在州東六十里。平地湧出，流合斜江。

潽水〔四〕。自大邑縣西南鳳凰山發源，東南流經州西二里，入邛水。俗名西河，亦曰潽水。

蒲江水。在蒲江縣南。元和志：蒲江水經蒲江縣南二百步。舊志：源自名山縣流入，又東北至州界，合邛水，入新津縣界。

東湖池。在州東一里。蜀孟昶所鑿。又有西湖池，在州西七里白鶴山左。按輿圖，水有二源，皆出自丹稜縣西北，去名山稍遠。

金牛池。在州南六里銅官山麓。

七里池。在大邑縣西七里。

牡丹池。在大邑縣西北鶴鳴山牡丹坪上。水極清潔。

浴丹池。在蒲江縣北一里。

文君井。在州東街左。相傳卓文君當壚處。名勝志：縣東一里白鶴驛，有文君井，水作酒味甚美。宋陸游詩：「青鞋自笑無拘束，又向文君井上來。」

火井。在州西南。左思蜀都賦：火井沈熒於幽泉，高焰飛煽於天垂。博物志：火井縱廣五尺，深二三丈，在臨邛縣南百里。昔人以竹木投取火，諸葛丞相往視之，後火轉盛。入以家火即滅，訖今不復然也。華陽國志：火井夜時光映上昭，民欲其火，先以家火投之，頃許如雷聲，火焰出，通耀數十里。以竹筒盛其光藏之，可拽行終日不滅。井有二水，取井火煮之，一斛水得五斗鹽。家火煮之，得無幾也。舊志：在州西南八十里相臺山西南。

静邊井。在州西一百二十里。寰宇記：在火井縣西四十里。出鹽。

鹽井。華陽國志：漢地節中，穿臨邛、蒲江鹽井二十所，增置鹽鐵官。元和志：鹽井距蒲江縣二十里。寰宇記：蒲江縣有金釜等八井，歲出課鹽。元史：邛州有二鹽井，宋名金鳳、芳池。天曆初地震，鹽水湧溢，州民侯坤願作什器煮鹽而輸課於官，詔四川鹽運主之。按：今州境及蒲江縣古井已湮，故行鹽自嘉定犍爲縣來。

古蹟

臨邛故城。今州治。史記：蜀卓氏之先，趙人也。秦破趙，遷其民，卓氏夫妻推輦行曰：「吾聞汶山之下沃野，下有蹲鴟，至死不飢。」乃求遠遷，致之臨邛。華陽國志：秦張儀與張若城臨邛城，周迴六里，高五丈，在蜀郡西南二百里。元和志：邛州臨邛縣，晉末李雄亂後，爲獠所侵。宋及齊、梁不置郡縣，惟豪家能服獠者名爲保主，總屬益州。後魏廢帝二年定蜀，復於舊城置臨邛縣，仍置臨邛郡。舊唐書地理志：晉於益州唐隆縣置臨邛縣。後魏平蜀，自唐隆移臨邛縣治於漢臨邛縣西，立臨邛郡。隋罷郡，移臨邛縣於今治。州志：漢臨邛故城在州南五里。又有古邛州城在州西，亦名公孫述城。

依政故城。在州東南。秦蒲陽縣。漢曰臨邛。梁蒲口鎮。西魏置蒲陽郡依政縣。隋改臨邛郡，又置邛州。大業初廢。舊唐書地理志：武德元年，置邛州於依政縣。顯慶二年，徙州治臨邛。梁置邛州於蒲陽，不領縣。後魏置依政，在今縣西南二里。後周移治今所。元和志：梁益州刺史蕭範於蒲水口立柵爲城，以備生獠，名爲蒲口頓。武陵王紀於蒲口頓改置邛州，南接邛來山，因以爲名。後魏置依政縣，屬蒲陽郡。開皇三年罷郡，屬邛州。縣西至州五十七里。元史地理志：至元十四年，併依政入邛州。明統志：依政廢縣在邛縣東南五十五里。又有舊依政城，在廢縣東北三十里。

火井故城。在州西南。舊唐書地理志：邛州火井縣，漢臨邛縣地。周置火井鎮，隋改鎮爲縣。元和志：縣東至邛州六十里。寰宇記：縣在州西六十三里。隋大業十二年置縣。開寶三年，徙治平樂鎮，從縣令蕭琢之奏也。宋史地理志：至道三年復舊治。舊志：火井故城在州西南八十里。元時省入邛州。有袁天綱殘碑尚存。明萬曆中，軍買民田，又有獠民雜處，因謂其地爲三班。

大邑故城。即今大邑縣治。元和志：縣東南至邛州四十九里。本漢江原縣地。咸亨二年，割晉原縣之西界置。寰宇記：縣在鶴鳴山東。其邑廣大，遂以爲名。

蒲江故城。在今蒲江縣北。元和志：縣西北至邛州六十三里。本秦臨邛縣地。後魏恭帝置廣定縣，仁壽元年改爲蒲江縣。南枕江水，因以爲名。元史地理志：至元二十一年，併蒲江入邛州。舊志：明洪武中復置縣。故城在今縣北一里。

安仁廢縣。在大邑縣東南。元和志：邛州安仁縣，西南至邛州三十八里。本秦臨邛縣地。武德三年，割臨邛、依政、唐興等縣置。貞觀十七年廢。咸亨元年依舊置。舊志：安仁廢縣在大邑縣東南三十里。元初併入。

臨溪廢縣。在蒲江縣北。元和志：縣東至邛州六十二里。本秦臨邛縣地。後魏恭帝於此置臨溪縣，屬蒲原郡。開皇三年罷郡，縣屬邛州。後因之。縣城三面據險，一面平坦。寰宇記：在州東三十里。宋史地理志：熙寧五年，省臨溪爲鎮，入臨邛。

舊志：明改入蒲江。今有臨溪鎮，在縣北五十里。

惠民監。在州南六十里。九域志：咸平四年置，鑄鐵錢。宋史地理志：建炎二年廢。

思安茶場。在大邑縣西。九域志：大邑縣有大邑、思安二茶場。

卓王孫故宅。在州治南。元和志：在州南五里。寰宇記：基方十里，耕者往往得銅錢。州志：在州南舊縣中。有卓氏錢甕，明初池中掘出，大可容五石，色如漆，弇口宏腹，足有籀文。

嚴君平故宅。在州東十五里，地名萬石壩。

魏了翁故居。在蒲江縣西。

挾仙樓。在州治北崇真觀後。明統志：昔有仙人張遠霄者，嘗往來於此，人呼爲張四郎。嘗挾彈，視人家有災者，爲擊散之。此其故居也。

南樓。在州南五里。前臨大江。宋淳熙間，郡守張方建。

三瑞閣。在州治西舊州圃。明統志：宋寶元間，州有蓮、禾、芝三瑞，嘉祐間又有並蔕蓮、九穗禾、雙犢牛三瑞，因名。

翠屏閣。在州西七里白鶴山。漢胡安建。宋陸游詩：「把酒孤亭半日留，西巖獨擅鶴山秋。」即此。

清燕堂。在州治舊圃。古樹掩翳，夾道蔽天，氣象蔚然。

莫公堂。在蒲江縣南二十里莫佛鎮。相傳漢武帝時有莫公隨征雲南，旋師至此，見山水幽奇，遂於此修道，因名。

萬竹亭。在州西白鶴山西巖之西。唐景福間建。

信美亭。在州西白鶴山。宋慶曆二年建。

萬松亭。在州西三十里靈巖之絶頂，盡得一境江山之勝。

接王亭。在大邑縣西北霧山。相傳唐明皇入蜀駐此。或曰孟泉所置。

平雲亭。在大邑縣北静惠山。范鎮還蜀，窮山水勝處，徜徉此山，有詩云：「坐來如日永，立處與雲平。」因以名。

琴臺。在州治南。相傳司馬相如撫琴於此。

白鶴臺。在州西白鶴山。明統志：漢胡安嘗於山中乘白鶴仙去，弟子即其處爲臺。

鶴山書屋。在州西白鶴山。宋魏了翁兄弟讀書於此。其前有芙蓉洲。

關隘

夾門關。在州南六十里。兩山夾岸如門，其西與夷獠接界。九域志臨邛縣有夾門鎮，即此。明初置巡司，今裁。

黑竹關。在蒲江縣西南五十里，與雅州府名山縣接界。

火井槽巡司。在州南二十里。明初置巡司於州西六十里火井壩，後移於此。本朝康熙中裁。雍正六年復置。

乾溪鎮。在大邑縣東十里，接崇慶州界。唐中和二年楊行遷討邛州盜阡能，大敗於乾溪，即此。

雙路鎮。在蒲江縣西六十里。舊有巡司，久裁。

石盤戍。在州西一百里，與獠界相接。舊志：相傳蜀漢諸葛亮征羌駐軍於此，俗呼爲望軍頂。

延貢寨。在大邑縣東南二十里。唐中和二年，高仁厚討邛州賊阡能，至雙流西得降者，悉撫諭，書其背，使前行過穿口、新津告諭之，至延貢而歸。九域志：安仁縣有延貢砦。

鹽井寨。在蒲江縣南。九域志：邛縣有鹽井砦、鹽井監，蓋皆置於金釜山下。

白鶴驛。在州東一里。舊白鶴館，明洪武中改爲驛，久裁。

犀羊壩。在蒲江縣界。相傳有石犀、石羊成羣到此，故名。

津梁

飛虹橋。在州東。

漁橋。在州南。一名玉帶橋。

永濟橋。在州西一里。又廣濟橋，在州西二里。

九皋橋。在大邑縣南。又南有安樂橋。

黄帽溪橋。在蒲江縣東。

鐵溪橋。在蒲江縣北。

隄堰

六堰。在州東。州志：頭堰、二堰、三堰皆在大邑縣界，四堰、五堰、六堰皆在州界。自州東北向西南流入河，延袤數十里，沿河之田仰以灌溉。

陵墓

三國　漢

趙雲墓。在大邑縣東三里。

唐

黄崇嘏墓。在州西銅鼓山。

宋

魏了翁墓。在蒲江縣東二十里潘家山。

明

劉綱墓。在州西二十五里平樂下壩。

祠廟

韓曉祠。在州西白鶴山。曉，魏公琦後。宋乾道間，總領四川財賦，奏減邛州軍賦以蘇疲困，民爲立生祠。

竹王祠。在大邑縣。寰宇記作「竹王廟」。有竹林及竹王擊劒石。

寺觀

天慶寺。在州治西。宋嘉祐中建。

鳳凰寺。在大邑縣治西。元末燬，明初重建。

善業寺。在蒲江縣南十五里。宋紹興初建。

崇真觀。在州治北。唐末建。

延祥觀。在大邑縣西北鶴鳴山。明統志：張道陵於此爲民祈福，因名。

紫極觀。在蒲江縣西一里。宋淳熙初建。

名宦

隋

柳儉。河東解人。開皇中爲邛州刺史。在州十餘年，民夷皆悦。還鄉，敝車羸馬，人服其廉。

唐

崔從。齊州人。攝守邛州。前刺史有以盜繫獄，詞已具，從疑其寃，縱不治，俄得真盜。劉闢反，欲併東川，從以書諭止闢，闢怒，從募兵守城，完州自如。

宋

燕肅。青州人。知臨邛縣。民嘗苦吏追擾，肅削木爲牘，民訟有連逮者，書其姓名，使自召之，皆如期至。

李舜臣。井研人。乾道中，爲邛州安仁主簿。歲大祲，飢民千百持鉏棘大呼，聲震邑市。令懼，閉門。舜臣曰：「此非盜也，何懼爲？」慰勞遣之。

趙晨。守邛州。吴曦叛，親帥雅州牌手出戰〔五〕，力盡而死。

明

安郁。臨潼人。正德中，蒲江縣典史。歲大旱，郁齋沐籲天，積柴於紫極觀，誓不雨，即自焚，至期大雨。民謡曰：「安從周，積柴樓。感天雨，民有秋。昔無衣，今有裘。」其後民請於朝，知縣事，廉能益著。

朱藴羅。江夏人。崇禎時蒲江知縣。張獻忠陷城，藴羅闔門殉難。本朝乾隆四十一年，賜謚烈愍。

胡恒。景陵人。崇禎末，官邛州巡道。張獻忠陷城，恒率子之驊巷戰，死之。本朝乾隆四十一年，賜謚烈愍。

徐孔徒。都昌人。知邛州，有賢聲。崇禎末，獻賊破城，抗節死。本朝乾隆四十一年，賜謚節愍。

本朝

李德耀。奉天人，隸旗籍。康熙四年，知大邑縣。開渠導水，俾民田資灌溉之利。尤加意先賢祠墓，使古蹟不湮。

李紳文。潁州人。康熙三十三年，知蒲江縣。建義學，置田以資膏火，開渠引水，灌溉民田，以廉幹稱。

梁永祚。佚其籍。康熙三十九年，知蒲江縣。歲屢歉，民多四出，永祚按籍招徠，計日授食，且給以牛種，履畝勸耕，復業者衆。

黄藜。平和人。康熙四十二年，知大邑縣。邑舊有隄堰三十六所，藜每歲捐俸修築，民被其澤。

殷以信。濟源人。乾隆二十年，知邛州。除莠安良，決訟明敏，親課農桑，修書院，并設四鄉義學以勵士子。

胡廷樟。海陽人。乾隆六十年，知邛州。均徭役，減陋規，除盜安民，姦宄斂迹。

人物

漢

陳立。臨邛人。初爲連然長、不韋令，蠻夷畏之。遷金城司馬。成帝和平中，夜郎王興與句町王禹、漏卧侯俞更舉兵相攻，朝議道遠不可擊，乃遣使持節和解。興等不從命，刻木象漢吏，立道旁射之。於是以立爲牂牁太守。立至，諭告興，興又不從，乃請誅之。立從吏數十人行縣，至且同亭召興，興將數千人至亭，從邑君數十人入見立。立數責，因斷興頭。邑君曰：「將軍誅無狀，爲民除害，願出曉士衆。」以興頭示之，皆釋兵降，立還郡。興妻父翁指與興子邪務迫脅旁二十二邑反，據阸爲壘。立使奇兵絶其饟道，縱反間以誘其衆。時天旱，立攻絶其水道，蠻夷共斬翁指降，徵詣京師。會巴郡有盗賊，復以立爲太守。徙天水太守，勸民農桑，爲天下最。入爲左曹衛將軍、護軍都尉。卒官。

鄭廑。臨邛人。仕至漢中太守。博學洽聞，嘗作巴蜀耆舊傳。

林閭。臨邛人。善古學。古者輶車之使，劉向不詳其義。閭與嚴君平知之，曰：「此使人君居高堂，知天下風俗也。」

唐

樊漪。依政人。事親居喪著至行，天子旌表門閭，賜束帛。

梁震。依政人。唐末登第。歸蜀過江陵，荆南節度使高季興愛其才識，留之，欲奏爲判官。震恥之，欲去，恐及禍，乃請以白衣侍樽俎。震終身止稱前進士，不受高氏辟署。季興甚重之，以爲謀主，震多所裨贊。晚退居土洲，披鶴氅，自稱荆臺隱士。

宋

李絢。依政人。兄綯教之書，一過輒誦數千言。稍長，善屬文。舉進士，累官起居舍人、龍圖閣學士。仁宗春秋高，未有繼嗣，絢因祀高禖還奏賦，大抵言遠嬖寵，近賢良，則神降之福，子孫繁衍。仁宗嘉納之。子稷，歷官陝西轉運使。督餉，築永樂城，輦致金帛其中。夏人圍城急，稷守之不去，卒死於難。

趙卨。依政人。第進士，累遷直龍圖閣，知延州。詔問方略，卨審形勢，爲破夏人策以獻。又聽民募丁占田充兵，訓練以時，神宗嘉之。擢天章閣待制。交阯叛，詔卨副郭逵宣撫。歷知慶州，上撓夏計，俘馘千餘，生擒其將。遷龍圖閣直學士，帥延安，拜端明殿學士。紹聖中，繫名元祐黨籍。

常安民。邛州人。年十四入太學。王安石稱其文，欲見之，堅不肯往。熙寧中登進士，爲成都府教授，與安惇同寮。惇嘗語安民曰：「直道還君，富貴輸我。」安民應之曰：「處厚貴，天下事可知。我當歸山林，豈與君校是非耶？」元祐初，以薦擢大理鴻臚丞。紹聖初，拜御史。論章惇、蔡京姦狀，章數十上。謫監滁州酒税，列入黨籍。高宗贈諫議大夫。

吴時。邛州人。中甲科，歷官太僕少卿，提舉河東常平。童貫經略北方，時因進對，言取燕事，必速亂。王黼怒，斥爲腐儒。尋以徽猷閣待制奉祠。時敏於爲文，未嘗屬稿，人目爲「立地書廚」。

常同。安民子。政和進士，歷官太常博士。建炎中，録安民後，遂召同爲大宗正丞。乞郡，得郴州。召還，首論朋黨之禍。除殿中侍御史，論吕頤浩十事。金使入見，同言先振國威，則和戰常在我，若一意議和，則和戰常在彼。除起居郎、史館修撰。同嘗疏稱神、哲二史悉出姦人之論，至是命同修撰。擢御史中丞。言江浙困於月樁錢，民不聊生，帝爲減數千緡。後以寶謨閣直學士知湖州。復召，請祠，提舉江州太平觀，卒。

魏了翁。蒲江人。慶元進士，歷武學博士。韓侂胄謀開邊，了翁勸急内修。補外，知嘉定府。吴曦叛，了翁策其必敗。曦誅，奉親還鄉里。史彌遠入相，力辭召命，築室白鶴山下，以所聞于輔廣、李燔者，開門授徒，蜀人盡知義理之學。差知漢州，以化民善俗爲治。徙知眉州，興讓教民，俗爲之變。嘉定四年，擢潼川路提點刑獄公事。遷轉運判官，戢吏姦，詢民瘼，舉刺不避權右，風采肅然。知潼川府，約己裕民。被召，累遷起居舍人。理宗立，疏請求碩儒，闡正學。又請厚倫紀以弭人言，最爲切至，降外。紹定五年，知瀘州。修武備，養民興學，百廢具舉。復與真德秀並召，進權禮部尚書，兼直學士院。累進簽書樞密院事，力辭，改福建安撫使。卒，贈太師，謚文靖。所著有鶴山集、九經要義、周易集義、易舉隅、周禮井田圖説、圖史雜抄等書。學者稱鶴山先生。

魏文翁。了翁之弟。舉進士，爲眉山尉。後知敘州。嘗讀禮「將爲善，思貽父母令名必果」句，日諷詠不能釋，自號果齋。

高稼。蒲江人。嘉定進士。真德秀一見，以國士期之。知綿谷縣。歲大饑，捐貲全活甚衆。歷利州提點刑獄。葺理創殘，招集流民。元兵入漢、沔，力戰卻之。後知沔州。會北兵大至，事迫，屬官力請少避，稼不爲動。城既陷，衆擁稼出户，稼叱之不能止。兵騎四集圍之，遂死焉。詔進稼七官，爲正議大夫、龍圖閣直學士，謚曰忠。

高定子。稼之弟。嘉泰進士，授郪縣主簿。吴曦叛，乞解官養母。知夾江縣，寬榷弛征。歲饑，發縣廪平糶。四川總領所辟主管文字。利州倚酒榷以佐軍用，吏姦盤錯，定子躬自究詰，酒政遂平。制置使鄭損誤謂總領所擅十一州小會子之利，奏請廢之。令下，民疑而罷市。定子力争，乃得存其半。知長寧軍，蠲重賦，百姓賴之。知緜州，以收捕張鉞功進三官。以防遏招收潰兵功，又進一官。召入奏事，極言時弊。累遷翰林學士，兼吏部尚書，進簽書樞密院事，並參知政事。尋改知潭州、湖南安撫使，力辭，退居吴中，日以著述自娱。卒，贈少保。

鄧得遇。邛州人。淳祐進士。歷知昭州，遷廣西提點刑獄，攝經略事，兼知静江府。德祐二年，元兵破静江，得遇取幅紙書云：「宋室忠臣，鄧氏孝子。不忍偷生，自甘溺死。」遂朝服南望拜辭，投南流江而死。

常楙。同之曾孫。淳祐進士。歷官簽書臨安府判官，不爲權勢撓。歷御史，知無不言。歷兩浙轉運使，築海晏塘。遷刑部侍郎，拜吏部尚書，首言巴陵之冤。德祐二年，拜參知政事，卒。

高斯得。稼之子。紹定進士，授利路推官。李心傳修國朝會要〔六〕，辟爲檢閲文字。端平二年，稼死事於沔，斯得潛往其處，奉遺骸以歸，見者感泣。理宗時，歷史館校勘。時史嵩之柄國，上封事，忤之。叔父定子亦領史事，嵩之使其黨言叔父兄子不可同朝，出判紹興。召爲秘書郎。因日食極言時政，遷浙東提點刑獄。歷拜參知政事。斯得忠憤激烈，指陳時事無所遺。著有詩膚説、儀禮合抄、增損刊正杜佑通典、恥堂文集。

明

劉綱。邛州人。祖文恂，孝子。父應辰，舉鄉試，不仕，亦以孝義聞。綱舉萬曆進士，改庶吉士。三殿災，極論時政，言甚剴切，不報。已而授編修，尋調外任，遂歸。明世以庶吉士專疏建言者，前有鄒智，後則劉之綸與綱，並四川人。

金日觀。蒲江人。協鎮東江總兵官。崇禎十年，大兵攻皮島，相持七晝夜，力不支戰死之。本朝乾隆四十一年，賜謚烈愍。

劉暌度。邛州舉人。父道貞，敗賊於小關山。賊還據邛，道貞命暌度以兵來争。賊搜獲道貞妻王氏，令招其子，王氏大罵不從，賊分其屍投之城外，舉家百口俱死。暌度亦以戰歿。

施廷賢。蒲江人。知黄梅縣。崇禎十七年，張獻忠陷城，巷戰，被執，勸降不屈，自刎死。本朝乾隆四十一年，賜謚節愍。

本朝

植敏槐。邛州人。順治辛卯舉人。丁明季兵燹之後，郡内書籍蕩然，惟敏槐家藏禮記存要一書，素所講貫，乃以授邛郡諸生，築室白鶴山南，教授二十餘年。學者稱鶴山先生。

李嶟。邛州人。官雲南景蒙營千總。乾隆三十二年，隨征緬甸陣亡，䘏廕如例。

屈澄志。邛州人。官建昌營把總。嘉慶二年，隨勦教匪陣亡，䘏廕如例。

曹易新。大邑人。官夔州協外委。嘉慶元年，隨勦黔楚逆苗，力戰陣亡，䘏廕如例。

李杰。大邑人。官普安營把總。嘉慶六年，隨勦教匪陣亡，䘏廕如例。

王化龍。蒲江人。嘉慶四年，以藍翎兵丁隨勦教匪陣亡，䘏廕如例。

流寓

漢

司馬相如。成都人。事景帝爲武騎常侍。病免歸，寓臨邛，與令王吉善。

宋

劉環。曹州人。通判邛州，因家焉。八世同居，和睦不替。平生所拔，多知名士。

列女

漢

楊鳳珪妻陳氏。臨邛人。鳳珪亡，生遺腹子，人或勸其改適，陳引刀割喉幾死，卒全其節。

宋

常安民妻孫氏。安民秩滿寓京師。孫與蔡確之妻，兄弟也。確時爲相，安民惡其爲人，絶不相聞。確夫人使招其妻，亦不往。

姚三五妻程氏。名小姑，大邑人。姚出外，强奴夜半挾刃逼之，姑號呼，義不受辱，身被重傷，竟全大節。縣上其事，論奴如律。大觀中，封旌德縣君。

明

孫繼齡妻喻氏。邛州人。同州楊春妻劉氏、常天祐妻彭氏，俱苦志守節得旌。

廖啓祐妻吉氏。蒲江人。夫病，刲股不治。及卒，泣失明。守節教子。廖英妻雷氏，年二十，夫死，撫棺號泣，遂死。均於萬曆間旌表。

本朝

植敏槐妻楊氏。邛州人。敏槐病篤，楊侍湯藥，衣不解帶。及卒，數日不食，送喪至河干，嘔血死。

歐陽世科妻馮氏。大邑人。世科任洪雅學博。氏年二十七而寡，教育二子俱遊庠，守節五十餘年。康熙年間旌。

徐文燦妻但氏。大邑人。年二十七而寡。舅姑年邁，勤女紅以奉菽水。撫二子成立。雍正年間旌。

李其光妻胡氏。邛州人。夫亡守節。同州節婦余粱震妻郝氏、胡世璵妻晁氏、胡世瑞妻蕭氏、胡世琦妻朱氏、楊芳妻鄭氏、楊萱妻張氏、張守震妻楊氏、朱勳佐妻高氏、張翼雲妻葉氏、王曰京妻余氏、朱衣綠妻程氏、李霖妻楊氏、趙璧妻段氏、趙良弼妻閻氏，烈婦高四奇妻楊氏、曾學易妻何氏、陶萬鎰妻王氏、陶王氏，均乾隆年間旌。

張克賢妻李氏。大邑人。夫亡守節。同縣節婦幸廷綬妻徐氏、龐奇瑛妻楊氏、朱廷寶妻羅氏、何予先妻涂氏、王彥璋妻徐氏、李子秀妻劉氏，烈婦張先妻文氏、劉吉祥妻楊氏、羅複姐，均乾隆年間旌。

陳誼妻趙氏。蒲江人。夫亡守節。同縣烈女蕭公誠聘妻劉氏，均乾隆年間旌。

楊世聯妻王氏。邛州人。夫亡守節。同州節婦駱自先妻高氏，烈婦胡開然妻管氏、秦王氏、粱蘇氏，均嘉慶年間旌。

王君年妻楊氏。大邑人。夫亡守節。同縣節婦羅鳳妻周氏、任登國妻何氏、唐統成妻劉氏、瞿有道妻史氏、瞿斌妻王氏、楊天錫妻羅氏、唐啓瑶妻萬氏、孟以寬妻馮氏、楊映梅妻張氏、余翽繼妻陳氏、嚴再陵妻蘇氏、余宗柳妻吴氏、嚴慄妻但氏，烈婦張李氏、曾黄氏、古彭氏，烈女駱大姑、譚陳女，均嘉慶年間旌。

文思韶妻古氏。蒲江人。夫亡守節。同縣節婦陳子琳妻趙氏、烈女羅長姑，均嘉慶年間旌。

土産

鐵。漢書地理志：臨邛縣有鐵官。唐書地理志：臨邛有銅，有鐵。

鹽。漢書地理志：臨邛縣有鹽官。唐書地理志：蒲江、火井有鹽。

絲布。元和志：邛州貢。

細葛。寰宇記：邛州産。伐蜀記云，鎮南焦葛，上者匹直十金。

茶。寰宇記：臨邛數邑，茶有火前、火後、嫩緑、黄芽等號。又有大番餠，每餠重四十兩，入西番，党項甚重之。九域志：火井有茶場。

藥。寰宇記：邛州産紅花、續斷。

斑竹。出大邑。

邛竹杖。寰宇記：邛山沿嶺，皆邛竹，堪爲杖。

𤅶石。出大邑𤅶河中。其形如卵，色如松花，最佳者如緑玉，細潤可愛。

木蓮花。寰宇記：邛州銅官山出木蓮花樹。

山礬花。明統志：出邛州。花繁如雪，香味極濃。

酒杓。唐書地理志：邛州貢。

校勘記

〔一〕南北距三十五里　「三十五里」，原作「三十四里」，據乾隆志卷三一〇邛州(下同卷簡稱乾隆志)改。按，下文云「南至蒲江縣界十五里，北至大邑縣界二十里」，則南北實距三十五里，乾隆志爲是，因改。

〔二〕寰宇記作意悚山　「悚」，原作「棘」，據太平寰宇記卷七五劍南西道邛州改。

〔三〕蓋溪旁山中舊産鐵也　「溪」，原作「漢」，據乾隆志改。

〔四〕潲水　「潲」，乾隆志作「鄯」。按，注文末云「亦曰潲水」，則條目不當作「潲」字，似當依乾隆志作「鄯」。或注文改作「亦曰鄯水」，亦可。

〔五〕親帥雅州牌手出戰　「手」，原作「守」，乾隆志同，據宋史卷四四九王翊傳文「邛守趙晨親率雅州牌手出戰，力盡而死」改。

〔六〕李心傳修國朝會要　「要」，原作「典」，乾隆志同，據宋史卷四〇九高斯得傳改。

瀘州直隸州圖

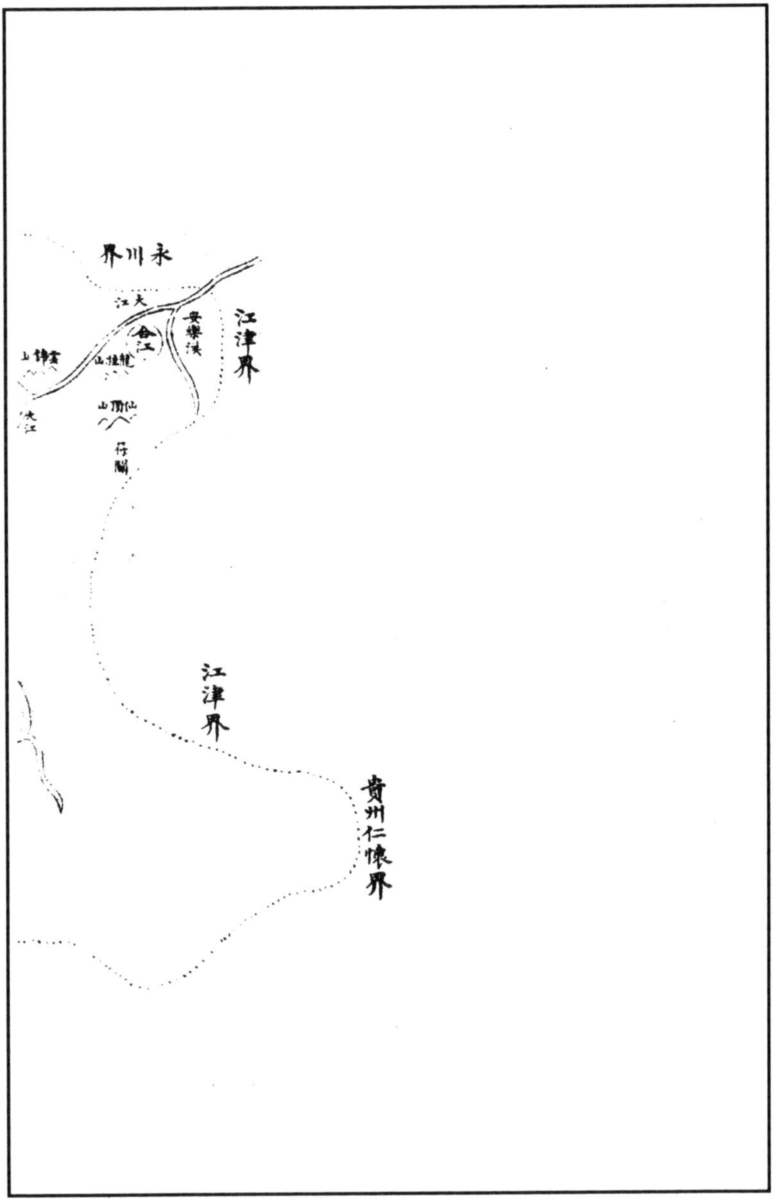
永川界
大江
合江
安樂溪
江津界
雲錦山
大江
江津界
貴州仁懷界

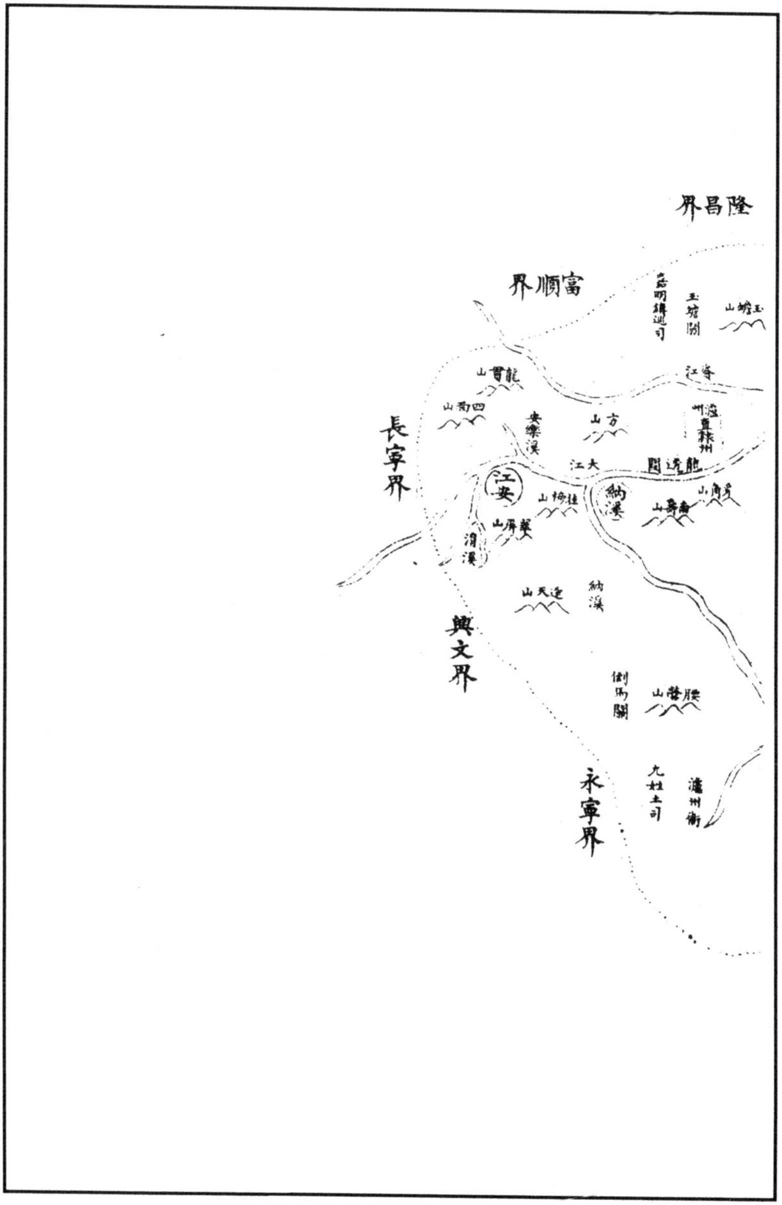
隆昌界
富順界
長寧界
興文界
永寧界
江安
大江
納溪
九姓土司
瀘州衛
倒馬關
龍透關
安樂溪
納溪

瀘州直隸州表

	瀘州直隸州		
秦			
兩漢	江陽郡後漢建安十八年置。	江陽縣置屬犍爲郡。後漢郡治。	
三國	江陽郡	江陽縣	
晉	江陽郡安帝時徙廢。	江陽縣	
南北朝	瀘州東江陽郡宋加「東」字。梁移郡來治，兼置州。	江陽縣宋屬東江陽郡，梁爲州郡治。	
隋	瀘川郡開皇初郡廢，大業初改州爲郡。	瀘川縣改名，郡治。	
唐	瀘州武德元年復州，天寶初復郡，乾元初又改屬劍南道。	瀘川縣州治。貞觀八年析置涇南縣，尋省。	羈縻宋州領牱龍、牱支、宋水、盧吾四縣，屬瀘州都督府。
五代	瀘州屬蜀。	瀘川縣	宋州
宋	江安州景定二年改名，屬潼川路。	瀘川縣淳祐三年徙治。	宋州
元	瀘州復故名，屬重慶路。	至元二十年省入州。	
明	瀘州洪武初升直隸州，屬四川布政使司。		

續表

納谿縣	合江縣
	巴郡地。
江陽縣地。	符縣。置屬犍爲郡，後漢改名符節。建安中分屬江陽郡，尋復故名。
	符縣
	符縣。永嘉後省。
	安樂縣。齊置屬東江陽郡。周保定四年改名合江，屬瀘州。
瀘川、江安二縣地。	合江縣。屬瀘川郡。
	合江縣。屬瀘州。元和十二年徙治。
	合江縣
納谿縣。皇祐二年置砦。紹興五年升縣，屬瀘州。	合江縣。嘉熙初復還故治。 安谿縣。大觀三年分置，宣和二年省。
納谿縣	合江縣。移治。
納谿縣	合江縣。又移治。

江安縣

江陽縣地。	漢安縣 後漢分置，屬犍爲郡。	
	漢安縣	
	漢安縣 改屬江陽郡。	綿水縣 東晉置，屬東江陽郡。
東江陽郡 宋置，梁徙治。	漢安縣 宋郡治。梁屬瀘州。	綿水縣
	江安縣 開皇十八年改名，屬瀘川郡。	綿水縣 屬瀘川郡。
	江安縣 屬瀘州。	綿水縣 屬瀘州。
	江安縣	綿水縣
江安縣 移治。		乾德五年省。
江安縣		
江安縣		

大清一統志卷四百十二

瀘州直隸州

在四川省治東南七百五十里。東西距三百十里，南北距二百二十里。東至重慶府江津縣界一百七十里，西至敘州府長寧縣界一百四十里，南至敘永廳永寧縣界一百二十里，北至敘州府隆昌縣界一百里。東南至重慶府江津縣、貴州遵義府仁懷縣界三百三十里，西南至敘州府興文縣、敘永廳永寧縣界一百五十里，東北至重慶府永川縣界一百五十里，西北至敘州府富順、隆昌二縣界六十里。本州境東西距一百十里，南北距一百六十里。東至合江縣界六十里，西至江安縣界五十里，南至納谿縣界三十里，北至重慶府榮昌縣界一百三十里。東南至貴州仁懷縣界一百里，西南至敘州府南溪縣界五十里，東北至合江縣界六十里，西北至隆昌縣界六十里。自州治至京師六千四百一十里。

分野

天文井、鬼分野，鶉首之次。

建置沿革

禹貢梁州之域。春秋時巴國地。漢置江陽縣，屬犍爲郡。後漢建安十八年，置江陽郡。晉因之。宋曰東江陽郡。時改置江陽於武陽，故加「東」字。齊因之。梁於郡置瀘州。元和志作梁大通初置，寰宇記作大同中置。方輿勝覽：李𡌴西山堂記云，郡名爲瀘者，蓋始因梁大同中嘗徙治馬湖江口，馬湖即瀘水下流，因遠取瀘水爲名。隋開皇初郡廢，仁壽中置總管府，大業初府廢，改州曰瀘川郡，又改郡治江陽縣曰瀘川。唐武德元年，復曰瀘州。三年，置總管府，尋曰都督府。督羈縻十州，後增至十四州。天寶初曰瀘川郡，乾元初復曰瀘州，屬劍南道。五代屬蜀。宋亦曰瀘州瀘川郡。宣和元年，置瀘川軍節度，屬潼川路。領羈縻州十八。乾道六年，移潼川路安撫使於此。景定二年，爲元所取，尋收復，改曰江安州，屬潼川路。元仍曰瀘州。至元二十年，以州治瀘川縣省入。二十二年，割屬重慶路。明洪武初升直隸州，屬四川布政使司。本朝因之，屬四川省，領縣三、土司一。

納谿縣。在州西南四十里。東西距七十里，南北距一百六十里。東至貴州遵義府仁懷縣界五十里，西至江安縣界二十里，南至敘永廳永寧縣界一百五十里，北至本州界十里。東南至仁懷縣界五十里，西南至江安縣界三十里，東北至本州界十里，西北至本州界十里。漢江陽縣地。隋爲瀘川、江安二縣地。宋皇祐二年，置納谿砦，屬江安縣。紹興五年，升爲縣，屬瀘州。元、明俱屬瀘州。本朝因之。

合江縣。在州東一百二十里。東西距一百二十里，南北距八十里。東至重慶府江津縣界六十里，西至本州界六十里，南至貴州遵義府仁懷縣界三十里，北至重慶府永川縣界五十里。東南至重慶府綦江縣界一百里，西南至敘永廳永寧縣界一百二十里，東北至江津縣界七十里，西北至重慶府榮昌縣界一百里。秦巴郡地。漢置符縣，屬犍爲郡。後漢改曰符節。建安中分屬江陽郡，仍曰符縣。永嘉後廢。蕭齊置安樂縣，屬東江陽郡。梁改置安樂戍。周保定四年，始改名合江縣，屬瀘州。隋屬瀘川郡。唐屬瀘州。宋大觀三年，分置安溪縣，宣和二年省。元、明仍屬瀘州。本朝因之。

江安縣。在州西南一百十里。東西距八十里，南北距一百四十里。東至納谿縣界四十里，西至敘州府南溪縣界四十里，南至敘州府興文縣界一百里，北至敘州府富順縣界四十里。東南至敘永廳永寧縣界一百二十里，西南至敘州府長寧縣界三十里，東北至本州界六十里，西北至南溪縣界五十里。漢江陽縣地。後漢置漢安縣，屬犍爲郡。晉改屬江陽郡。劉宋爲東江陽郡治。齊因之。梁屬瀘州。隋開皇十八年，改曰江安，屬瀘川郡。唐屬瀘州。宋乾德五年，省綿水縣入焉。元、明仍屬瀘州。本朝因之。

九姓長官司。在州西南故瀘州衛城北，其地東接永寧縣界，西、南皆接興文縣界，北接納谿縣界。元初立夷民羅氏等九人爲把總，至元中改九姓黨蠻夷長官司。明洪武四年，改九姓長官司，屬永寧衛，後屬瀘州。本朝順治四年歸附，仍授原職，屬瀘州州判及瀘州營管轄。舊駐瀘衛西十里，嘉慶元年移駐今所。土官任氏世襲。

形勢

東接巴郡，南接牂牁，西接犍爲，北接廣漢。華陽國志。枕帶雙流，據江、雒會，水經注。肘江負山，宋劉正字李氏園記。控制邊鄙。舊志。

風俗

人多樸質，士敦禮讓。通志。地少桑麻，刀耕火種。夷獠則巢居巖谷，性獷戾而好淫祀。寰宇記。

氣候偏陽，夏秋炎燠，冬無苦寒。宋勾公權瀘川縣廨記。

城池

瀘州城。周六里九分，門六。宋政和中築。明洪武初甃石。本朝康熙四十七年修，乾隆二十二年重修。

納谿縣城。周一里七分，門四，外環以池。宋紹定初築。明永樂中甃石。本朝康熙五十一年修，乾隆十年、嘉慶七年、九年重修。

合江縣城。周一里八分，門五。明天順中築，成化中甃石。本朝康熙十三年修，乾隆二十六年、嘉慶十五年重修。

江安縣城。周六里，門七，外環以池。宋土築。明成化初甃石。本朝康熙、雍正年間修，乾隆二十五年、嘉慶元年重修。

學校

瀘州學。在州治南。舊在州治北，唐咸亨中建，明末燬。本朝康熙二十一年，遷建今所。乾隆二十一年修。入學額數十五名。

納谿縣學。在縣治西。元至正中建。本朝康熙二十四年，改建來鶴館舊址。三十八年，復還今所。乾隆十五年修。入學額數八名。

合江縣學。在縣治西。宋元祐中建。明洪武九年重建。本朝康熙六年修，乾隆十二年重修。入學額數八名。

江安縣學。在縣治南。宋大觀中建。明洪武中改建治西。本朝康熙五年改建治東，三十三年復還今所，雍正六年修。入學額數八名。

九姓司學。在司治西南。明洪武中建。本朝康熙四十三年重建，乾隆九年修。入學額數八名。

鶴山書院。在州學左側。宋開禧中，知州魏了翁建。本朝雍正十年重建，乾隆十五年修。

雲溪書院。在納谿縣治東。本朝乾隆五十四年建，嘉慶八年修，十二年重修。

鳳儀書院。在合江縣治西鳳儀山麓。本朝乾隆十九年建，嘉慶十六年修。

龍門書院。在江安縣治北。舊在治東，本朝乾隆二十九年建，五十二年遷建今所。

和山義學。在九姓長官司治北。本朝康熙四十三年建，乾隆十九年修。按：舊志載五峯書院，在州治北，五峯山麓，宋慶元中建，今廢。謹附記。

户口

原額人丁五千四百一十七，今滋生男婦共四十四萬六千五十五名口，計一十四萬八千四百七十户。

田賦

田地一萬五千三百五十二頃一十七畝有奇，額徵地丁正、雜銀二萬四千四百七十七兩四錢二分八釐。

山川

歸子山。在州東三里。相傳周孝子尹伯奇溺處。

四峯山。在州東二十里，與豸角山對峙。又北有賽峯山，一峯孤挺，與四峯相望。

羅東山。在州東六十里。舊志：峯巒森列。周太師尹吉甫故宅及其塋兆在焉。

仙頂山。在州東六十里。相傳上有仙蹟，故名。

神臂山。在州東八十里，亦曰神臂崖。北臨江渚，險固可憑。宋淳熙中嘗遷州治於此。

瑞鹿山。在州南五里。明統志：五代周時，道士尹希嚴居此，有白鹿往來山中，因名。

豸角山。在州南十里。超出衆山，與四峯山相望，上有呂仙亭遺蹟。

腰營山。在州西南舊瀘州衛北二十里。明初命將南征，嘗駐師於此。

南壽山。在州西南三十五里。既高且秀。舊志：在州東南二十里。本名博望山，宋熙寧中平晏州叛夷，守臣繪圖以進，敕改今名。

中和山。在州西南九姓司西一里。秀峯特出。又古洞巖在司南二十里。

寶山。在州西。方輿勝覽：在城南。初名堡子山，爲巡檢廨，袁説友改今名。下瞰城郭，萬瓦鱗集，爲縣之勝。其趾有木龍巖。舊志：山在州西一里。即州城後之枕山，明又改名大忠山。

方山。在州西。華陽國志：江陽縣有方山、蘭祠。寰宇記：在江安縣東二十里，山形八角。唐天寶六年，敕改爲迴峯山。方輿勝覽：山距州三十五里，又名迴峯山。其山八面瞰江。舊志：山在州西四十里。有九十九峯，巔頂有池，周一里許，北去資江十餘里。

龍貫山。在州西北六十里，接富順縣界。山勢高聳，茂林蓊蔚。

鉢盂山。在州北二里。其形如盂。

三華山。在州北二十里。山有三峯。

卧龍山。在州北四十里。形如伏龍。

玉蟾山。在州北六十里。相近有五仙山。

五峯山。在州北。五峯並峙，故名。

高奎山。在州東北二十里。山勢崔巍，與州治相對。

雲錦山。在州東北六十里。土人元旦日，於此迎神祈歲。

樓子山。在納谿縣東一里。層峯疊嶂，儼若樓閣。

掇旗山。在納谿縣東四里。相傳蜀漢諸葛亮樹旗於此，以誓蠻人。

五頂山。在納谿縣東五里。五峯錯峙，故名。

舞鳳山。在納谿縣西南十五里。山勢起伏，橫開如鳳舞然。

牛心山。在納谿縣西南三十里。

冠山。在納谿縣西。峯巒聳峙，上有玉皇觀，燃燈徹夜，光如半天寒星。

亂石山。在納谿縣北十里。相傳昔有道人修鍊於此。

鳳儀山。在合江縣城内。

月臺山。在合江縣南五里。孤峯特立，小溪環繞其麓，形如新月，因名。

榕山。在合江縣南五里，即宋嘉熙中築城處。上有芙蓉池。俗名榕子山。

丁山。在合江縣南二十里。一名文明山。

龍挂山。在合江縣西南五十里，古純州地。巖巒崒嵂，林壑清幽。每見龍挂其上，雲日映耀，鱗爪宛然。

安樂山。在合江縣西。寰宇記：山在縣東五里八十步。羣峯峭拔，有瀑布千尺飛流。唐天寶六年，敕改爲合江山。黄庭堅記：「安樂山，真人劉善慶飛昇之宅也。」方輿勝覽：在縣西五里，三峯奇秀，有溪及延真觀。有石櫝，爲仙人藏經之所。歧而左，有爛柯跡，後有仙魚影，隱在石壁中。歧而右，歷木楠臺、仙人崖〔一〕、十二盤，至翦刀峽。循山有八洞，通南巖有石，曰許由瓢。又有芙蓉城、滴水崖、白猿洞諸勝。舊志：俗一名筆架山。明曾璵讀書於山，改名少岷。吕柟有記。

鳳凰山。在江安縣東五里。似鳳翔，故名。

挂榜山。在江安縣東六里許。屹立江濱，延亘數十里。縣有登科者，山必預兆，故名。

漢陽山。在江安縣南四里。孤高突起，爲南境之望。

翠屏山。在江安縣南四里，鏡山之左。松柏鬱然，翠屏壁立。

照山。在江安縣南五里。方輿勝覽：鏡子山，又名照山〔二〕。一峯中峙，兩峯旁翼，二溪交流，峯巒葱蒨。旁有二潭，爲龍所居，旱禱輒應。山有眠雲石、襲淵橋、玎瑺巖、磨鐮溪，爲邑勝遊之地。

筆架山。在江安縣南五里。形如筆架。

安遠山。在江安縣南四十里。舊志：聳然特出，梵刹數重。相傳蜀漢諸葛亮征蠻駐此。

連天山。在江安縣南七十里。回旋曲折，高聳連天。綿水出此。

小龜山。在江安縣南一百里。明統志：舊嘗即其地置樂共城，方輿築時，取石有小龜金紋，因名。

北照山。在江安縣北一里大江岸。有偶住亭遺址。

雙松山。在江安縣北八里。因二松得名。上有玉皇觀，樓閣巍峩，遠眺百里。

珍珠山。在江安縣北十里。産細小紅石，狀如珠，故名。

道祝山。在江安縣北四十里。

四面山。在江安縣北四十里。山形四面。

鑪鼎山。在江安縣北四十里。峯巒似鼎，故名。

鵲兒山。在江安縣北四十里。州志：山頂有盤石，方圓數尋。相傳有神雀，時見於石，形似鳩，羽毛金碧，鳴緩則晴，急則雨。

石峯山。在江安縣北六十里。聳秀可愛。

使君巖。在州南五里。明統志：宋州守王獻可遊賞處。

先氏巖。在合江縣北六十里。唐神童先汪讀書處。元趙世延有記。

滴乳崖。在州西一里。有泉自崖中流出，黄庭堅名曰滴乳泉。

龍安洞。在州城東南二十五里。方輿勝覽：高崖之半有二穴，俗名爲龍女洞。

思峩洞。在州西南二百里。明統志：初入稍隘，已乃洪廣，石髓凝結，千態萬狀，前望宛若堂亭。舊相傳爲故思峩州地，因名。

仙洞。在州西南，舊瀘州衛治南半里。深一里，中有池水不竭。

大江。自敘州府南溪流入，經江安、納谿二縣北，東北逕州南，又東經合江縣北，又東入重慶府江津縣界。華陽國志：江陽縣江中有大闕、小闕，季春黄龍堆没，闕即平。水經注：江水逕漢安縣北，又東過江陽縣南，雒水注之，又東逕樊石灘，又逕大附灘，又東過符縣北。元和志：汶江水，鰼部水從符關東北注之，又東北至江州，經綿水縣東十五里，又經江安縣北八十步，至瀘州南三十里。寰宇記：汶江入瀘川縣，又名瀘江。舊志：瀘江自州城南，又東北出而會雒江。今州治東即爲江滸，夏潦水漲，兩江環合，瀰漫浩渺，如大海然。州人謂之海觀。舊志：大江自南溪入江安境，東南流三十五里至縣城北，又東折北流四十五里入納谿縣界，經縣城北入州境，三十里至州東北，合沱江，名曰合江。又六十里入合江界，六十里經縣城北，又折東北流三十里入江津縣。

資江。在州北，即綿、湔、雒諸水下流。自敘州府富順縣流入。漢書地理志「綿虒」注：湔水東南至江陽入江。水經注：雒水自資中經漢安縣，謂之綿水，至江陽方山下入江，謂之綿水口，亦曰中水。元和志：中江水亦曰綿水，經瀘川縣北三里。出敷金。舊志：沱江在州北門外，入州境，流八十里，至州城東北隅入大江。

支江。在州西北。寰宇記：支江水從富義縣鴛鴦池屈曲至城下，與汶江合。明統志：流經安夷鎮入資江。舊志：在州西北六十里。源自富順縣椽子漕，流入州境，又南五十里至懷德鎮，入資江。

思晏江。在州北六十里。自榮昌縣界來，南流四十里，繞玉蟾山下，又南入資江。又有九曲溪，在州北九十里，自隆昌縣流入，至玉蟾山下合思晏江。

悦江。在州東北二十里。源自榮昌縣白馬洞流入州境，逕龍馬潭入大江。明統志：龍馬潭在州東北二十里。名勝志：相傳下有龍窟。按：輿圖有龍溪，發源榮昌縣南，南流入江，即此。

澄溪。在州南門外。源自寶山下，入大江。

納溪。在納谿縣西。自永寧縣流入。寰宇記：源從牂牁生獠界來，入汶江。舊志：即永寧河〔三〕。河出永寧衛界阿永番部，凡永寧及瀘州衛以北諸水，匯流經江門峽大洲而北，至縣西門入大江。又有宋江，源出永寧縣大壩營〔四〕，東北流經故瀘州衛城東門外，又東北流十里入永寧縣界，合永寧河。

安樂溪。在合江縣東。自貴州仁懷縣流入。今名小江，即古大涉水也。亦曰鰼部水。漢書地理志：南廣縣有大涉水，北至符入江。水經注：符縣治安樂水會，水源南通寧州平夸郡鼈縣，北逕南安縣界之東，又經符縣下，北入江。寰宇記：安樂溪水從牂牁生獠界來，流八十里，與汶江合。舊志：小江即仁懷水下流，自仁懷縣入境，流五十里至縣城東北隅，入大江。

之溪。在合江縣東南十里，一名小溪。源出貴州仁懷縣五花山，流經丁山之麓，曲折如「之」字，因名。西北流入小江。

綿溪。在江安縣東南四十里。源出連天山，東北流入江。按：輿圖縣東南有怡樂溪，即此。

涇溪。在江安縣南三十里。方輿勝覽：灘上有山極峻，瀑布飛下。相傳蜀漢諸葛亮誓師之地。舊志：下流入綿水。

淯溪。在江安縣西。自長寧縣經安平橋流入，亦曰安平河，東北流至縣西北隅，入大江。

流杯池。在合江縣南八里。水從巖中引出，下注石渠。

白龍池。在江安縣東二十里。相傳有白龍潛其中。

白龍潭。在合江縣西北十里。

雙井。在州北二十里。宋紹興中，掘濠塹得碑，乃唐乾元間蘇德充所鑿。

鹽井。在江安縣東北。華陽國志：漢安縣有鹽井，在縣西北十一里。

金鴦池。明志：在九姓司。

古蹟

江陽故城。今州治。漢置。漢景帝六年，封趙相蘇嘉爲江陽侯，後爲縣，屬犍爲郡。後漢末置江陽郡。華陽國志：江陽本犍爲枝江都尉，建安十八年劉璋置郡是也。晉安帝時失土，僑置江陽郡於武陽縣界。宋時始復舊土，爲東江陽郡。梁始置瀘州。隋改縣曰瀘川，又改州爲瀘川郡。唐復曰瀘州。元始省縣入州。舊志：宋淳祐三年，余玠遷州治於神臂崖，俗名鐵瀘城。元至元二十年，又遷於州東茜草壩。夏秋水急灘險，泊舟爲難。明初始還故治，拓蒲家莊、犀牛寨而居之。以經三遷，俗謂之三瀘。

按：宋書州郡志云江陽郡中失土，於東江陽郡則曰「今新復爲郡」，元和志作晉穆帝置東江陽郡，誤。又按齊、宋二志，郡皆治漢安，而無江陽，水經注亦以漢安爲江陽郡治，疑宋、齊時嘗併江陽入漢安，至梁時始復置爲瀘州治。然隋、唐諸志並不云江陽嘗省，又不云漢安嘗爲郡治，未詳。

漢安故城。在江安縣東。後漢置縣。華陽國志：漢安縣在犍爲郡東五百里。土地雖迫，山川特美。有鹽井、魚池以百數。水經注：江水逕漢安縣北，江陽郡治也。元和志：江安縣東北至瀘州五十里，本漢江陽縣地。李雄亂後，没於夷獠。晉穆帝於此置漢安縣。隋開皇十八年，改爲江安縣。九域志：縣在瀘州西南一百十五里。按：元和志道里與九域志不同，蓋宋時移治也。

廢宋州。在州西南。唐置爲羈縻州，領牱龍、牱支、宋水、盧吾四縣，屬瀘州都督府。宋因之，後廢。今瀘州衛境有宋江，蓋因廢州得名。

涇南廢縣。在州西南。唐志：貞觀八年，析瀘川置，後省。舊唐志：在涇水之南。舊志：在州西南四十五里。或曰在江安縣涇灘之南。

廢符縣。在合江縣西。華陽國志：符縣在江陽郡東二百里。元鼎二年，置治安樂水會，東接巴蜀樂城，南通平羌鼈縣。元和志：合江縣西至瀘州一百二十里，本漢符縣地。晉穆帝於此置安樂縣，梁改置安樂戍，周改爲合江縣。寰宇記：唐元和十二年，移於舊縣，以便水陸貿易之宜。從東川節度使李逢吉之請也。宋史地理志：嘉熙三年，築合江之榕山，四年又築合江之安樂山爲城。舊志：唐置合江縣於白沙鎮，宋移治故城，元移治神臂山南，明又移安樂山麓。按：元和志謂晉置安樂縣，今沈約志不載，齊志東江陽郡有此縣，蓋齊時嘗置縣，梁改爲戍也。

安溪廢縣。在合江縣。宋史地理志：大觀三年，以合江之安溪砦爲縣，隸純州。宣和二年，復廢爲砦。舊志：在合江縣西南一百里，又南爲美利城，亦初屬純州，後廢爲砦。元俱廢。

綿水廢縣。在江安縣西。東晉置，屬東江陽郡。宋、齊因之。隋屬瀘川郡。唐屬瀘州。元和志：縣北至瀘州一百六十里，本漢江陽縣地。舊唐書地理志：當綿水入江之口。宋史地理志：乾德五年，省綿水爲鎮，入江安。

瀘州故衛。在州西南二百里。明洪武二十五年，陝西長安衛軍征雲南還，命駐守州城，改爲瀘州衛，分立左、右、中、前、後五所隸焉。正統中，調前所於利州衛，後所於青川所。成化四年，都掌種大壩蠻叛，事平，因遷衛於九姓土司宋江渡。其地本名渡船鋪，增置官軍，並調重慶衛前所充之。衛城周四里有奇，門四。弘治間，復於東城外築城，周四里有奇。控制蕃落，爲西南之要害。本朝康熙二十四年，併入瀘州。

九支城。在州東南。宋史地理志：瀘州領九支城。大觀二年，建純州，置九支、安溪兩縣及美利城。宣和二年，廢純州及九支縣，爲九支城，以安溪、美利城爲砦，改慈竹砦爲堡。舊志：九支城在州東南九十里，與仁懷縣及永寧縣界，今地名九支壩。

樂共城。在江安縣南，夷寨也。九域志：在瀘州西南二百六十里。元豐四年置。明統志：在江安縣南小黽山。宋置城，領江門寨，鎮溪、梅嶺、大洲三堡。後併城入江安縣，寨入納溪縣。林廣討瀘夷乞弟，破樂共城，即此。

三江磧城。在江安縣西。宋史地理志：嘉熙三年，築江安之三江磧城。

納溪故寨。今納谿縣治。宋皇祐初，置軍、砦、巡司，屬江安縣。後升爲縣。舊志：元大德中，復還今治。縣基尚存，名曰舊縣壩，在今縣北十里。

南井監。在江安縣東北。宋熙寧八年置。元初廢。九域志：在州西七十里。舊志：今爲南井鋪。

鎮遠樓。在州治內。四山環合，氣象甚偉。

南定樓。在州治東。宋郡守晁公武建，取蜀漢諸葛亮出師表中語爲名。按：宋李𡐓云，考諸葛亮渡瀘，乃在越巂地，今以爲瀘州，非也。

吏隱閣。在合江縣安樂山。宋治平中建。

籌邊堂。雅歌堂。俱在州治内。宋安撫使黎伯登建。

衮繡堂。在州治内。宋安撫使趙雄出鎮於此，改今名。

西山堂。在州城西寶山之上。宋李𡌴有記。

四香亭。在州治南。宋安撫使趙雄題額。永嘉何希琛曰：「荼蘼香春，芙渠香夏，木樨香秋，梅香冬。」因名。

瀘江亭。在州城外江皋。明統志：爲賓餞之所。宋虞允文十歲時，侍父瀆潼川，過此亭，有詩。

鼇亭。在合江縣西十五里。後唐王琛讀書之所。

偶住亭。在江安縣東北。明統志：宋黄庭堅自僰道還，過邑宰石諒，同遊此亭，書琴操。又縣北有渡瀘亭，范百禄平蠻碑尚存。按：宋史百禄平蠻碑在庭堅赦還之前。

撫琴臺。在州北二里。相傳尹伯奇被譖，撫琴作履霜操於此。

雁塔。在州城内舊郡學。宋安撫使趙雄即講堂中庭立二雁塔，鑱進士姓名於上。

關隘

龍透關。在州南七里。明統志：世傳諸葛武侯所立。州志：在州南五里。明崇禎間又加修築。

玉蟾關。在州北六十里玉蟾山，當隆昌縣大道，路達會城。又有永安、半邊二關，皆在州北，明時建。

倒馬關。在納谿縣南一百三十里。因倒馬陂爲名。又石虎關，在縣南百五十里，因關前有石如虎，故名。皆明初置，路通雲貴。

符關。在合江縣南，自蜀入黔之要隘也。漢書西南夷傳：武帝建元六年，以唐蒙爲中郎將，將千人從巴符關入〔五〕，見夜郎侯多同。

嘉明鎮巡司。在州北，與敘州府隆昌縣接界。本朝雍正七年置。

石棚鎮。在州南二十里。又李市鎮，在州北一百里。明初皆置巡司，久廢。

博望寨。在州西十里。宋政和七年置。亦曰南壽寨，以在南壽山下也。又綏遠寨，在州西南，宋大觀中置，屬滋州。宣和三年，改屬瀘州。宋末俱廢。

保子寨。在納谿縣西十里。舊志：相傳武侯南征，嘗駐兵於此。

江門寨。在納谿縣南。宋元豐五年置，屬樂共城。後城廢，改屬納谿縣。明成化中置江門堡。

安遠寨。在江安縣南七十里。世傳漢諸葛亮征蠻駐此。宋志：元豐三年，廢平夷堡，於羅池改築安遠。九域志：江安縣有納谿、寧遠、西寧、安遠、南田五寨〔六〕。

大洲堡。在納谿縣南。宋元豐中置，屬樂共城。後改屬納谿。

梅嶺堡。在江安縣西南一百二十里。世傳漢諸葛武侯屯兵處。又鎮溪寨，在縣南。九域志：樂共城領鎮溪、梅嶺二堡。

瀘川驛。在州治東。又黄艤驛，在州東六十里。渠壩驛，在州西南七十里，達永寧縣界。舊皆爲水驛，久裁。

立市驛。在州治北。又來節驛，在州北玉蟾山下，達隆昌縣界。瀘州驛，在瀘州衛西五里。舊皆爲馬驛，久裁。

納谿驛。在納谿縣治東。又峽口驛，在縣東南，接永寧縣界。舊皆爲水驛，今裁。

江門驛。在納谿縣南二百里。即江門砦，明置驛，今仍爲馬站。

牛腦驛。在合江縣治東。又神仙驛，在縣西六十里。史壩驛，在縣東六十里。舊皆爲水驛，今裁。

真谿驛。在江安縣城外。又大洲驛，在縣東一百二十里。皆本朝康熙中置，今裁。又舊有江安水驛，在縣西。董壩水驛，在縣南六十里。久廢。

津梁

洪濟橋。在州北通衢，商賈輻輳。

天生橋。在州北六十里。山石生成，不假斧鑿。

特棱橋。在州東北三十里，一名横淩橋。明統志：宋有女子因母病歸省，驟雨水漲，號泣不能渡，俄有一木流至，横淩水上，渡既不見，人以爲孝感，尋造橋。

通仙橋。在合江縣北。明統志：隋劉善慶嘗息於此，後白晝飛昇，因名。

單公橋。在江安縣東。明萬曆中，知縣單汝志修，爲滇、黔通衢。

餘甘渡。在州東北。宋唐庚詩：「百舫黄艫艙玉，萬户赤酒流霞。餘甘渡頭客艇，荔枝林下人家。」

陵墓

周

尹伯奇墓。在州北二里。舊志云，伯奇投江後，太師葬之歸子山下。今歸子寺後墓尚存。

漢

董允墓。在州東董允壩。

唐

先汪墓。在合江縣西五里。

明

忠山四僕墓。在瀘州。明末獻賊燬城，知州蘇瓊殉難，僕婢自殺者七人。後瓊奉諭祭歸葬江南，州人瘞其四僕於忠山。今菅蓁纍纍，不可辨矣。

祠廟

穆清祠。在州南二里。祀周尹吉甫。

武侯廟。在州西寶山上。明統志：每歲蠻人貢馬，必相率拜於廟。宋劉光祖詩：「蜀人所至祠遺像，蠻徼猶知問舊碑。」通志：本朝康熙七年重建，并祀侯子瞻、孫尚，曰三忠祠。

曹侯廟。在納谿縣南江門驛。明洪武中，曹震治水有功，後人爲立祠。

呂光廟。在合江縣南安樂山側，一名登天王祠。

晉王廟。在合江縣南月臺山。祀唐李克用。

寺觀

開福寺。在州治南。有宋黄庭堅大像記。又有北巖寺，在城北。普門寺，在城南。真如寺，在城西南。

玉林寺。在州治南。元大德間建。其地産青白石似玉，因名。

廣慈寺。在合江縣北。隋開皇中建。

東林寺。在江安縣東。又有西林寺，在縣西。俱宋紹興中建。

元妙觀。在州治南。後周時建。

朝元觀。在合江縣北。元泰定中建。

名宦

唐

馬敬儒。佚其籍。乾寧四年，王建陷瀘州，敬儒爲州刺史，死之。

宋

錢文敏。河南新安人。太祖時，知瀘州。至郡有政績，夷人詣闕借留，詔改殿中丞，許再任。

劉平。祥符人。真宗時，夷人寇淯井。以平權瀘州事，率士卒三千擊走之。寇準薦平知瀘州，夷人自是不敢擾邊。

熊本。番陽人。神宗時，經制瀘州夷事，募土丁五千人，入夷界，捕戮水路大小四十六村，蕩平其地二百四十里，募民墾耕，聯其夷屬，以爲保甲。

王獻可。澤州人。知瀘州。黄庭堅謫於涪，獻可遇之甚厚，時人稱之。

趙遹。開封人。政和五年，晏州夷卜漏反，陷梅嶺堡。以遹爲瀘南招討使，大破賊兵，斬卜漏，晏州平，諸夷落皆降，拓地環二千里。迺爲建城砦，畫疆畝，募人耕種，號曰勝兵。

王世昌。佚其籍。瀘州安撫使。元兵圍城，食盡人相食，遂破之，世昌自經死。

明

蘇瓊。石埭人。崇禎末，知瀘州。獻賊陷城，正衣冠向闕拜，泣坐堂上，賊至遂死之。本朝乾隆四十一年，賜謚忠愍。

本朝

劉澤厚。吴橋人。康熙三年，知江安縣。鄉寇白應龍、吴天明攻城，澤厚率壯勇登陴守禦，力竭城潰，死之。贈按察使僉事。

王毓奇。奉天人，隸旗籍。康熙三十二年，知瀘州。除耗羨，嚴保甲，盜賊斂避，民安其居。州人祠之。

陳台斗。古田舉人。康熙十九年，知合江縣。文廟城池，俱賴修葺。

周泰生。章邱人。康熙三十年，知江安縣。庭無宿訟，吏無隱情。勸課農桑，改建學校。邑稱賢令，必推泰生。

儲掌文。宜興人。康熙丁酉舉人，知納谿縣。縣爲邊邑，户口不盈四千。掌文公暇課試，士風丕起。金川之役，米運差徭，經畫俱善。

章世珍。貴筑舉人。乾隆三十六年，知納谿縣。以失察私硝被議，請從軍自効，死於金川木果木軍。幕友朱南鎮亦同死。賜祭葬卹廕均如例。

許濟。東安人。任納谿縣尉。乾隆三十六年，委赴金川軍站務。木果木之變，死於軍。賜祭葬，贈府知事。

陳楝。石埭人。任江安縣尉。嘉慶二年，調赴達州軍營，以功權府經歷。後遇賊力戰死，䘏廕如例。

人物

宋

李鳴復。瀘州人。嘉定初進士，歷大理少卿、侍御史、兼侍講。進對，言荆襄制臣有當戒者三，曰去私，曰禁暴，曰懲怒。累遷知樞密院、兼參知政事，加資政殿大學士。

曹頔。納谿人。劉整叛降於元，頔闔門死之。

明

方玉。瀘州人。洪武間知成都府。性儉約，莅政嚴明，士民懷畏。

任倫。瀘州人。成化初，隨其父長官司孟麒討大壩夷，陣亡，贈將軍。

曾璵。瀘州人。正德進士，授户部郎中。忤劉瑾，出爲建昌知府。宸濠之變，璵有討逆功〔七〕。

曹滕。江安人。鄢藍亂，率衆討之。至東鄉糧盡，與張朝輔俱爲賊執，不屈死之。

任世藩。瀘州九姓長官司。天啓初，奢崇明父子搆逆。世藩奉檄守建武城，與賊相持者兩載。天啓三年城陷，世藩及其妻王氏俱以抗賊不屈死。崇禎二年旌奬。

高光。瀘州人。爲應天府通判。天啓初，奢崇明陷瀘城，光薙髮爲僧，與子在崑募壯士殺賊百餘。賊怒追至大葉壩，光罵賊不屈，與家衆十二人同死。

吳長齡。瀘州人。監生。天啓初，奢崇明陷城，率衆復之。尋中伏，父子俱戰死。

湯名揚。瀘州人。初業儒，有識力。天啓間，集義勇討藺寇屢捷，授松潘守將。時有邊警，名揚自龍安轉戰三百里，築寨堡十數拒之。後力戰流寇於二郎關，爲賊所磔。本朝乾隆四十一年，予入忠義祠。

韓國士。瀘州人。藺賊逼城，守者開門降，國士不屈，令妻朱氏、子三人、女二人皆縊死，遂自焚。事聞，祠祀。

傅生。納谿諸生。藺賊起，生書四語於扇以遺弱孫，使僕負之逃，舉家乘舟自沈江中。事聞，旌其閭。

方旭。瀘州諸生。獻賊破城，掠去賊所，旭不屈，賊支裂之，至死猶怒罵不已。本朝乾隆四十一年，予入忠義祠。

方伯元。瀘州諸生。獻賊至，伯元不屈，厲聲罵賊，支裂而死。本朝乾隆四十一年，予入忠義祠。

晞容。瀘州七寶寺僧。獻賊攻豹子峒，晞容奮臂曰：「峒中數百生靈豈可坐視其死！」遂糾義勇五百餘人攻賊，圍解。相持兩載，殺賊千餘。一日賊突至，被害。本朝乾隆四十一年，予入忠義祠。

曾薦祚。瀘州諸生。獻賊陷城，不屈死。本朝乾隆四十一年，予入忠義祠。

林之龍。瀘州貢生。避居江安。獻賊至，兀坐觀書，見賊大罵，賊怒，斷其首置書上而去。家人并其書藁葬山下。

王萬春。瀘州人。官指揮使。獻賊之亂，招義勇拒賊，被執不屈死，闔門遇害。本朝乾隆四十一年，賜謚烈愍。

韓洪鼎。瀘州人。萬曆舉人，任山西澤州知州，致仕歸。獻賊破瀘，父子駡賊死。本朝乾隆四十一年，賜謚節愍。

韓大賓。瀘州人。崇禎舉人，任貴州推官。賊陷雲南，不屈死。本朝乾隆四十一年，賜謚節愍。

鍾子英。瀘州諸生。崇禎末，兵燹後，繼以饑饉，人相食。子英歎曰：「吾讀聖賢書，忍目擊此乎？」妻亦不忍離夫，夫婦遂攜手投於江。本朝乾隆四十一年，予入忠義祠。

李伯山。瀘州人。以廕生官貴州總兵，勦闖賊於鄖陽，陣亡。贈鎮國將軍。

徐明蛟。合江人。崇禎時，官撫標參將，率師禦獻賊，戰死。

雷時聲。江安人。崇禎時，官副總兵。隨總督盧象昇擊賊於海州城，被執，駡賊死。事聞，賜祭廕。

楊鼎和。江安人。桂王時長兵部，阻孫可望要封，被害於崑崙關。本朝乾隆四十一年，賜謚忠節。

車應聘。九姓司人。由貢生任陝西兩當知縣。到官匝月，闖寇陷城，以身殉。

本朝

王匡國。納谿人。康熙初，任山西平陸知縣。以廉能惠愛，稱卓異。行取御史，平陸民爲修祠立碑。卒，祀鄉賢祠。

韓士修。瀘州人。性至孝，博學能文。康熙丙午鄉薦第一。母卒，哀毁骨立。成癸丑進士，選庶吉士。值滇南之變，干戈阻道，士修以遠違親養，憂戚成疾。垂死，衣冠西望再拜，作書與父訣，辭極酸楚，人咸惜之。初，同里有湯濲，字岷水，康熙癸卯舉人，事親亦以孝聞。瀘人舉文行者，必稱韓湯云。

顔欽明。瀘州人。康熙丙午舉人。研心經史之學。吴三桂據蜀，士大夫多爲迫脅，欽明抗節不屈。蜀平，結屋玉蟾山下二十餘年，不入城市。

曾亮。瀘州人。康熙甲子舉人。有同族孀婦，子女孤貧，流寓他邑，亮移歸瀘，恤其家，婚嫁皆力任。授浙江鄞縣令，視民如子。致仕歸，琴書外無餘物。

周其祚。瀘州人。康熙丁酉舉人。官安徽休寧知縣，有惠政。勤於誦讀，日記數千言。門下多知名士。宦遊所見，悉誌之，瀘州志乘多其祚考訂。

何飛鳳。瀘州人。乾隆甲子舉人，官安徽和州州同。在任十餘年，勤慎自矢。累攝舒城、天長、潁上縣事。值亢旱，飛鳳虔心祈禱，甘霖應時而至，有「雨澤隨車」之頌。解組歸，民數千人泣送不忍去。

林中麟。瀘州人。乾隆壬戌進士。官廣西河池州牧，有廉聲。博學，尤精理境異同之辨。嘉慶十四年，入祀鄉賢祠。

羅文思。合江人。乾隆戊午領鄉薦第一，舉孝廉方正，歷任至貴州石阡守。居官明允，潔己愛民，興利剔弊，所至循聲卓然。嘉慶十三年，入祀鄉賢祠。

蕭溶。瀘州人。官雲南騰越千總。乾隆三十一年，隨征緬甸陣亡。卹廕如例。

張士綸。瀘州人。官重慶營外委。從征金川，攻昔嶺陣亡。卹廕如例。

張國臣。納谿人。官雅州營把總。隨征金川，進勦遜克爾宗陣亡。卹廕如例。

王正常。瀘州人。乾隆乙酉舉人。初任湖北咸寧知縣，剔弊釐姦，政尚清肅。仕至安襄鄖荊道，有治績。居家孝友，持躬廉潔，士林咸推重之。嘉慶二十二年，入祀鄉賢祠。

鄧復禹。瀘州人。官永寧營外委。嘉慶元年，隨勦教匪，於湖北來鳳寨陣亡。卹廕如例。

列女

漢

先尼和女絡。尼和，符縣吏。永建元年十二月，縣長趙祉遣尼和詣巴郡，過成瑞灘死。子賢求喪不得。女絡年二十五，乃分金珠作二錦囊繫兒頸下，乘小舟至父没所，哀哭自沉。見夢告賢曰：「某日與父屍俱出。」至日，父子俱浮出江上。郡縣上言，爲之立碑，以旌誠孝。

元

鄢氏。合江人。元末紅巾賊亂，被擄，奪刀自刎。事聞，建祠旌表。同縣費列女，年十九，至正間，遇賊自縊死。

明

馬仲芳妻史氏。瀘州人。嫁彌月，仲芳溺水死，史抉一目，自誓守節。同州李堯中妻劉氏，夫歿，截髮教子，以壽終。事聞旌表。李春妻楊氏，春早卒，守節事姑，以孝聞，年七十終。千户韓繼先妻趙氏，守節撫子成立，年八十卒。庠生張鳴鐸妻鄧氏，守節，撫子健登第。俱經旌表。李應林妻鄧氏，林早卒，氏貞節自持，撫子成立。舉人高在崙妻陳氏，避賊山中被執，罵賊死。生員鍾子英妻，崇禎寇亂，夫婦投江死。

馮敏季女。江安人。幼聰慧，通列女傳。未字，敏卒。葬之日，斷左小指置壙内，誓不受聘。母弟陰許聘焉，令婢諭意，女操刀擊婢，事遂寢。事聞旌表。

文愛萬女正針。江安人。年十七，鄢藍賊卒至，欲脅以從，正針不辱，投水死。同縣庠生陳尚文妻杜氏，夫卒無子，誓死守節，歷七十餘年。事聞旌表。又胡氏，嘉靖壬子以節婦旌。

黄銘女龍英。瀘州人。年十六，被賊曹甫刦掠，駡賊不絶口，賊怒斬其首。事聞旌表。

王悦妻羅氏。合江人。天啓中，奢賊陷城，羅被執，過馬街渡，悦趨求贖之，羅大聲曰：「君勿至，贖我無具，反罹害。」言畢投馬街渡死。事聞旌表。

胡大斗妻黎氏。瀘州人。奢賊破白馬峒，大斗遇害，黎自刎死。

張琴妻胡香。瀘州人。琴患惡疾，香事之不違。琴卒，遂自縊。

高氏。納谿人。夫殁子幼，氏織紝撫孤，誓不他適，守節至八十歲卒。同縣庠生趙繼鱗妻李氏、傅氏，李遇兵投崖死，續娶傅，歲饑，隨夫投淵死。庠生閔翼聖妻王氏，避賊蘆延鄉，有謀刧之者，氏投繯死，賊義而葬之。庠生易衍禹妻王氏，賊至被執，大駡投崖死。閔性善，甫五歲，父殁，依舅氏養母。有求配者，性善以母女相依，誓死不字。母疾，祝天刺血和藥。及卒，負土成墳。

本朝

徐明蛟妻杜氏。合江人。明蛟爲明末撫標參將，討賊死難。杜適在軍中，投繯欲殉，以救免。攜二子避亂，採蕨而食，貧困流離，人所不堪，杜怡然終身。雍正年間旌。

張振鼇妻先氏。合江人。振鼇於明末以諸生終，遺子二齡，屢經離亂，苦節不渝，年七十餘卒。又蔣壬樟妻王氏，年十九而寡，苦節終身。均雍正年間旌。

馬愷妻曾氏。合江人。夫亡，年十九，族人逼之改適，曾剺面斷髮，示不可奪。養姑教子，以婦道稱。

韓止善妻任氏。瀘州人。夫亡守節。同州節婦游璋妻楊氏、夏思堯妻羅氏、羅國俊妻張氏、汪遇文妻李氏、魏襲妻涂氏、申冠世妻馮氏、張國柱妻宋氏、戴濬妻楊氏、曹欽佐妻宿氏、楊世俊妻蕭氏、楊瑋妻祝氏、李萬和妻趙氏。烈婦易生華妻蔣氏，夫亡，遺子又殤，矢志守節，夫弟逼嫁之，觸柱死。又九姓司節婦任宗頊妻韓氏、任嗣基妻韓氏、張炳弋妻王氏、王价妻胡氏、李莽妻黄氏，均乾隆年間旌。

庠生袁鈉妻曹氏。納谿人。夫亡守節。同縣節婦劉若寬妻閔氏，守志撫孤，登上壽，五世同堂。均乾隆年間旌。

彭仕應妻劉氏。合江人。夫亡守節。同縣節婦資汝遇妻李氏、劉朝相妻雍氏、袁鍵妻羅氏、胡際飛妻唐氏，均乾隆年間旌。

范孔陽妻潘氏。江安人。夫亡守節。同縣節婦李迎春妻林氏、祝鳳妻李氏、聶珽妻單氏、卓朝卿妻楊氏、陳仕佐妻吴氏、雷偉妻王氏、吴作哲妻骨氏、祝如松妻李氏、周曾惠妻賈氏，烈婦彭添聰妻杜氏，均乾隆年間旌。

孫秀昇妻蕭氏。瀘州人。夫亡守節。同州節婦李瑄妻喻氏、范記妻魏氏、韋有庠妻劉氏、韋憲儒妻楊氏、陳天錫妻楊氏、古理融妻李氏、徐維聰妻華氏、朱義士妻符氏、陳基垣妻魏氏，又九姓司節婦易學浚妻楊氏，烈婦王郭氏，烈女顔三姑，均嘉慶年間旌。

蕭山望妻羅氏。納谿人。夫亡守節。同縣節婦何國鈺妻曾氏、何國欽妻唐氏，烈婦段蒲氏，貞女袁姑，均嘉慶年間旌。

李世權妻程氏。合江人。夫亡守節。同縣節婦李今佐妻羅氏、鄭榜妻唐氏、李材妻趙氏、鄧錦章妻陸氏、李棣妻胡氏，均嘉慶年間旌。

鄧中榜妻李氏。江安人。夫亡守節。同縣節婦盧文俊妻羅氏、劉世偉妻蕭氏、楊維億妻陳氏，烈婦鄭元萃妻苟氏，均嘉慶年間旌。

仙釋

隋

劉珍。開皇中，居合江之安樂山。忽取丹經鐘磬封於石室之中，曰：「後六十年，當有聖君取之。」自以火化。唐高宗果遣使取丹經鐘磬以進，詔即山中建一延真觀，扁乃御筆也。

唐

落魄仙。姓張，常賣鼠藥於梓州。獄吏王昌市藥以歸，鼠食之皆飛去。後昌入瀘，又遇之，乃易其藥餌之。呼昌爲易元子，授以道術，取馬送昌歸。至家馬化龍入潭，昌後遂仙去。

土産

麩金。元和志：瀘州貢，中江水出。

鹽。華陽國志：漢安縣有鹽井。

葛。元和志：瀘州貢。

麻布。元和志：瀘州賦。寰宇記：瀘州産班布。

茶。寰宇記：瀘州之茶樹，夷獠常攜瓢穴其側，每登樹採摘牙茶，必舍於口，待其展，然後置於瓢中，旋塞其竅，歸必置於暖處，其味極佳。又有箴者，其味辛而性熱，飲之療風。通呼爲瀘茶。

藥。寰宇記：瀘州産大黄、杏仁。

醬。元和志：瀘州貢。

花竹簟。寰宇記：瀘州産。

楠木。荔枝。石青。石緑。明統志：皆州土産。

校勘記

〔一〕仙人崖　「崖」，乾隆志卷三一一瀘州山川（下同卷簡稱乾隆志）及方輿勝覽卷六二瀘州作「屋」，疑此誤。

〔二〕鏡子山又名照山　「鏡」，原作「鐃」，乾隆志同，據四庫全書本方輿勝覽卷六二潼川府路瀘州及蜀中廣記卷一六名勝記、雍正四川通志卷二五山川改。

〔三〕舊志即永寧河　「寧」，原作「安」，據乾隆志改。按，本志避清宣宗諱改字，今改回。下文同。

〔四〕源出永寧縣大壩營　「大」，原作「入」，據乾隆志及雍正四川通志卷二五山川改。

〔五〕將千人從巴符關入　「符關」，乾隆志同，漢書西南夷傳作「莋關」，史記西南夷傳作「筰關」。

〔六〕江安縣有納谿寧遠西寧安遠南田五寨　二「寧」字，原作「平」，避清宣宗諱也，據乾隆志改回。按，清馮集梧校刊本元豐九域志卷七江安縣下所敘五寨與此不同，分别是：納谿、寧遠、安夷、西寧遠、南田。

〔七〕璵有討逆功　「璵」，原作「與」，據乾隆志及上文改。

資州直隸州圖

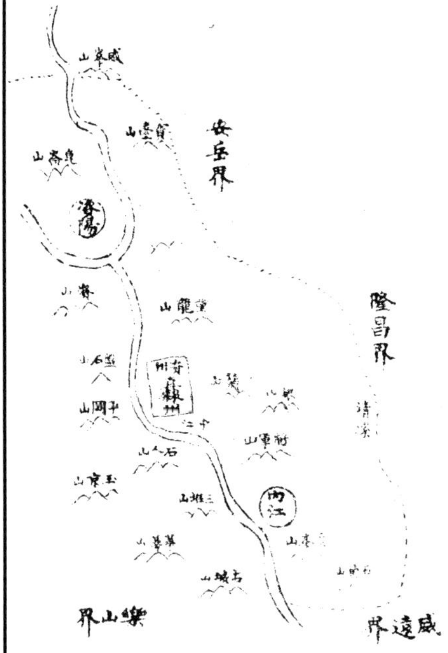
安岳界
隆昌界
樂山界
威遠界

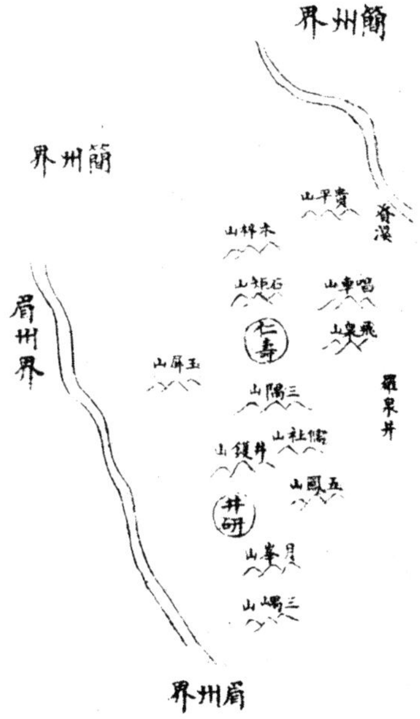
簡州界
簡州界
眉州界
資平山
資溪
木梓山
石矩山
唱車山
仁壽
飛泉山
玉屏山
三陽山
羅泉井
儒社山
井鎮山
五鳳山
井研
月峯山
三嵎山
眉州界

資州直隸州表

	資州直隸州			
秦	蜀郡地。			
兩漢	資中縣地。			
三國				
晉				
南北朝		盤石縣 周置。		
隋	資陽郡 開皇七年移資州來治，大業初改郡。	盤石縣 郡治。	月山縣 義寧二年置。	龍水縣 義寧二年置。
唐	資州 武德元年復州，天寶元年復郡，乾元元年又改屬劍南道。	盤石縣 州治。	月山縣 屬資州。	龍水縣 屬資州。
五代	資州 屬蜀。	盤石縣	月山縣	龍水縣
宋	資州資陽郡 屬潼川路。	盤石縣	乾德五年省。	宣和二年改名資州，後復故。淳祐三年省。乾德五年省。
元	初廢，至正末復置。	省。		
明	資縣 洪武四年降縣，屬成都府。			

續表

	資陽縣	內江縣	仁壽縣
	資中縣置，屬犍爲郡。	資中縣地。	犍爲郡武陽地。
	資中縣		
	資中縣		
	資陽縣周改名，移資州來治，兼置資中郡。	中江縣周置，屬資中郡。	陵州懷仁郡梁置郡，西魏置州。
銀山縣義寧二年置。	資陽縣開皇初郡廢，七年州徙，屬資陽郡。	中江縣改名，屬資陽郡。大業十二年分置牛鞞縣。	
銀山縣屬資州。丹山縣貞觀四年置，屬資州。	資陽縣屬資州。	內江縣屬資州。清谿縣天寶元年改置，屬資州。	
銀山縣 丹山縣	資陽縣	內江縣 清谿縣	
乾德五年省。	資陽縣	內江縣 乾德五年省。	
	省入簡州。	省。	
	資陽縣成化元年復置，屬成都府。正德中改屬簡州。	內江縣洪武初復置，屬成都府。	

	普寧縣 西魏置州郡治。	蒲亭縣 西魏置。	籍縣 周置。	
隆山郡 開皇三年郡廢，大業初改州爲郡。	仁壽縣 開皇十八年改名，郡治。	大業初省入。	大業二年省入貴平。	
陵州 武德元年復置，天寶元年改仁壽郡。乾元元年復故，屬劍南道	仁壽縣 州治。貞觀元年徙治。		籍縣 永徽四年復置。	貴平縣 開化十四年移置，屬陵州。
	仁壽縣		籍縣	貴平縣
隆州 熙寧五年廢州爲陵井監，宣和四年改仙井監，隆興初又改屬成都府路。	仁壽縣		籍縣 熙寧五年省入廣都，乾道六年復置。	貴平縣 熙寧五年省入廣都，乾道六年復置。
至元二十年廢。	仁壽縣 屬成都路。		省。	
	仁壽縣 屬成都府。			

井研縣
犍爲郡武陽縣地。
江陽郡東晉僑置，又名西江陽郡。
蒲亭縣西魏置，後省。
井研縣大業元年置，屬隆山郡。
井研縣屬陵州。
井研縣
井研縣屬隆州。
至元二十年省入仁壽，後復置。
井研縣洪武十年仍省入仁壽，後復置，屬成都府。

續表

大清一統志卷四百十三

資州直隸州

在四川省治東南三百四十里。東西距四百三十里，南北距五百里。東至敘州府隆昌縣界一百五十里，西至眉州界二百八十里，南至嘉定府樂山縣界三百二十里，北至成都府簡州界一百八十里。東南至嘉定府威遠縣界八十里，西南至眉州界二百九十里，東北至潼川府安岳縣界八十里，西北至簡州界二百二十里。本州境東西距一百三十五里，南北距一百三十里。東至内江縣界四十五里，西至仁壽縣界九十里，南至威遠縣界五十里，北至安岳縣界八十里。東南至内江縣界五十里，西南至威遠縣界六十里，東北至内江縣界七十里，西北至資陽縣界四十五里。自州治至京師六千五十里。

分野

天文井、鬼分野，鶉首之次。

建置沿革

禹貢梁州之域。秦爲蜀郡地。漢爲犍爲郡資中縣地。西魏屬資州。時州治陽安，即今簡州。周武成二年，自陽安移州治資陽縣，并置資中郡。保定中，於此置盤石縣。隋開皇七年，始自資陽移州來治。大業初，改州爲資陽郡。唐武德元年，復曰資州。天寶元年，復曰資陽郡。乾元元年，復曰資州。咸通二年，徙治内江。七年，復故，屬劍南道。唐書地理志：咸通六年，州徙治内江。七年，復治盤石。五代屬蜀。宋亦曰資州資陽郡，屬潼川路。元時州縣俱廢。至正末，明玉珍復置資州。明洪武四年，改州爲縣，屬成都府。本朝雍正六年，升直隸州，屬四川省，領縣四。

資陽縣。在州西北一百三十里。東西距一百三十五里，南北距一百三十五里。東至本州界九十五里，西至仁壽縣界四十里，南至本州界八十五里，北至潼川府樂至縣界五十里。東南至本州界九十里，西南至仁壽縣界五十里，東北至潼川府安岳縣界一百二十里，西北至成都府簡州界八十里。漢置資中縣，屬犍爲郡。後漢、晉及宋、齊因之。周武成二年，改置資陽縣，爲資州及資中郡治。隋開皇初，郡廢。七年，又徙州於盤石，以資陽爲屬縣。大業初，屬資陽郡。唐屬資州。宋因之。元省入簡州。明成化元年，復置資陽縣，屬成都府。正德中，改屬簡州。本朝初，屬成都府。雍正五年，改屬資州。

内江縣。在州東南九十里。東西距一百五里，南北距一百三十里。東至重慶府榮昌縣界六十里，西至本州界四十五里，南至敘州府富順縣界五十里，北至潼川府安岳縣界八十里。東南至敘州府隆昌縣界五十里，西南至嘉定府威遠縣界四十里，東北至榮昌縣界六十里，西北至本州界五十里。漢資中縣地。周天和二年，置漢安戍，尋改置中江縣，屬資中郡。隋避諱改曰内江，屬資陽郡。唐屬資州。宋因之。元初省。明洪武初，復置，屬成都府。本朝雍正五年，改屬資州。

仁壽縣。在州西二百里。東西距一百三十里，南北距一百三十里。東至資陽縣界八十里，西至眉州彭山縣界五十里，南至井研縣界六十里，北至成都府簡州界七十里。東南至井研縣界九十里，西南至眉州界六十里，東北至簡州界六十里，西北至成都府雙流縣界七十里。漢犍爲郡武陽縣東境。晉置西城戍。梁置懷仁郡。西魏置陵州，又置普寧縣，爲州郡治。隋開皇三年，郡廢。十八年，改縣曰仁壽。大業初，改州爲隆山郡。唐武德元年，復曰陵州。天寶元年，改曰仁壽郡。乾元元年，復曰陵州，屬劍南道。五代屬蜀。宋熙寧五年，廢州爲陵井監。宣和四年，改仙井監。隆興初，又改曰隆州，屬成都府路。元至元二十年，州廢，以仁壽縣屬成都路。明屬成都府。本朝雍正五年，改屬資州。

井研縣。在州西南二百四十里。東西距六十里，南北距三十五里。東至嘉定府威遠縣界四十里，西至眉州青神縣界二十里，南至嘉定府樂山縣界十五里，北至仁壽縣界二十里。東南至嘉定府榮縣界六十里，西南至樂山縣界二十里，東北至本州界六十里，西北至仁壽縣界七十里。漢犍爲郡武陽縣地井研鎮。晉安帝僑置江陽郡，亦曰西江陽郡。宋、齊因之。西魏置蒲亭縣，後省。隋大業元年，置井研縣，屬隆山郡。唐屬陵州。宋屬仙井監，南渡後屬隆州。元至元二十年，并入仁壽縣。後明玉珍復置。明洪武十年，又省入仁壽縣。後復置，屬成都府。本朝雍正五年，改屬資州。

形勢

秀山層出，資水環流。舊志。

風俗

民性質實，安於耕讀。舊志。

城池

資州城。周五里有奇，門九，外環以池。西魏築。明弘治中甃石。本朝康熙初修，乾隆三十八年重修。

資陽縣城。周八里一分，門四，外環以池。明成化中築，嘉靖中甃石。本朝乾隆五年修，二十八年、三十五年重修。

内江縣城。周九里三分，門八。舊土築，明成化中甃石。本朝順治十七年修，外環以池。乾隆三十五年、五十二年、嘉慶二年重修。

仁壽縣城。舊有石城三百餘丈，環東、西、南三面，餘皆倚山。今止存石墻七十五丈，高一丈五尺，門一。本朝乾隆五十一年，於縣治前建四石坊，以象四門。

井研縣城。周三里五分。明成化中築，弘治中甃石。門四。正德間於西北增置門一，外環以池。本朝康熙五年修，乾隆二十四年、嘉慶五年重修。

學校

資州學。在州治東。宋雍熙中建。本朝康熙二十三年改建州南，雍正二年復還舊址。入學額數十二名。

資陽縣學。在縣治南。宋嘉祐初建。本朝雍正三年修。入學額數九名。

内江縣學。在縣治西。宋乾德初建。本朝康熙三年重建。入學額數十二名。

仁壽縣學。在縣治東南。宋淳化初建。本朝康熙六年重建，乾隆十七年修，嘉慶七年重修。入學額數九名。

井研縣學。在縣治東南。宋乾德初建。本朝康熙三年修，五十二年、雍正十二年重修。入學額數十名。

珠江書院。在州治文昌祠右，舊在東門内。本朝乾隆初建，五十三年遷建今所。

雁江書院。在資陽縣城西。本朝乾隆五年建，二十九年修。

漢安書院。在内江縣城内。本朝乾隆初建。

鼇峯書院。在仁壽縣，跨鼇山麓。本朝乾隆二十九年建。

來鳳書院。在井研縣治東來鳳山。明建。本朝康熙八年重建，五十七年修。又崇正書院，在縣南龜山，明嘉靖中建，久廢。

六愚義學。在仁壽縣城内。明萬曆中建。按：舊志載崇正書院，在井研縣南龜山，明嘉靖中建，今廢。謹附記。

户口

原額人丁一萬二千三百十一，今滋生男婦共九十五萬三千七百三十八名口，計一十八萬六千五百五十五户。

田賦

田地三萬五百二十六頃三十四畝一分有奇，額徵地丁正、雜銀三萬四千五百五十五兩八錢四分八釐。

山川

東皋山。在州東二里。

蘭山。在州東十五里〔一〕。寰宇記：高三里，上有八面，懸崖壁聳。

金紫山。在州東南二十里〔二〕。

銀山。在州東南三十里。山形如錠。古今集記：唐田游巖入蜀，居於銀山，聚弟子歌雅詩以爲樂。今山有雅歌臺。蜀時曾以名縣。

鶴鳴山。在州南五百步。寰宇記：古老傳云張道陵乘白鶴飛鳴於此。

石人山。在州南十五里。寰宇記：隔中江，高八丈。

金鑪山。在州西南二十里。

玉京山。在州西南五十里，一名玉清山。峭嶮壁立，插天連雲，上有觀曰太霄。
天馬山。在州西南六十里。
醮壇山。在州西二里。名勝志：山爲李阿修煉處。
平岡山。在州西。唐志：盤石縣有平岡山。舊志：在城西二里，相傳傅仙宗所宅。
四明山。在州西北一里。
盤石山。在州西北。寰宇記：盤石縣有盤石山。舊志：在縣西北二里，狀如盤陀。後周以此名縣。其西爲靈巖。
資山。在州西北七十里。
鳳凰山。在州北二里。下有石洞，爲宋狀元趙逵讀書處。
重龍山。在州北二里。明統志：崷崒盤屈，隱若龍轉，乃資中之勝也。上有天池，大旱不竭。
丹神山。在州北五里。寰宇記：旱禱即雨。舊志：故丹山縣以此名。
奴鉢山。在州境。寰宇記：在龍水縣西，接陵州界。又有奴吉山，在其東北，接陽安縣界。
寶臺山。在資陽縣東二里隔江。
花冠山。在資陽縣東六十里。
萬鐘山。在資陽縣東六十里。
書臺山。在資陽縣南五里。相傳漢王褒讀書處。
高廟山。在資陽縣南十里。屹立大江之口，上有高廟。

大佛山。在資陽縣南四十里。上有大石佛。

獨秀山。在資陽縣西南三里。今亦名資山。

鳳臺山。在資陽縣西二里。

雙峯山。在資陽縣西五里。二峯并峙。

蓮臺山。在資陽縣北二里。

崑崙山。在資陽縣北十五里，中江所經。

雞鳴山。在資陽縣北三十里。

琉璃山。在資陽縣北三十里。山勢巍峩，與老君山遥峙。

老君山。在資陽縣北四十里。世傳老子修煉於此。

金龜山。在資陽縣東北六十里。土山石峯，頂有石，其形如龜，卦文天然。

威峯山。在資陽縣東北七十里。高出雲表，爲一方之鎮。

降福山。在内江縣東二里。下有應龍崖，禱雨有應。

翠屏山。在内江縣東二里。其山森列如屏，晚霞映射，山景如畫。

金紫山。在内江縣東南三十里。

高峯山。在内江縣南二十里。濱江有洞，曰會真。

石筍山。在内江縣南七十里。名勝志：有石如筍者三，下圓上鋭。晴影沈江，則長虹滿地；新月初上，則明燭當天。形家以三堆爲邑之天闕，石笥爲地軸云。

石城山。在内江縣西南五十里。其形似城。

化龍山。在内江縣西二里，一名翔龍山。上有凌鳳龕、長生觀、泠然洞。

三堆山。在内江縣西二十里，中江所經。三峯插漢，高閣憑空。

華蕚山。在内江縣西二十里。唐范崇凱讀書於此。明皇時，獻華蕚樓賦，爲天下第一。鄉人榮之，因以名山。

鏵影山。在内江縣西二十九里。有二泉更流迭止，與晦朔相爲盈縮。

蓬瀛山。在内江縣西北二十餘里。危巒孤峭，石壁千仞，遠見峩眉。

將軍山。在内江縣北八十里。唐將軍薛萬徹討夷獠，屯兵於此，因名。

三隅山。在仁壽縣城外。元和志：有東隅、南隅、西隅三峯相對，去陵井各一里，故名。寰宇記：飛泉山在縣東一里，舊名東隅。按：圖經，隋仁壽元年，獠反，百姓咸於山頂避難，有飛泉湧出。獠平泉涸，因呼爲飛泉。方輿勝覽：南隅曰翳嘶，西隅曰跨鼇，在縣東一里。飛泉在縣東南隅，翳嘶在縣西北隅，總名三隅。

佛巖山。在仁壽縣東二十五里，一名佛龕山。有唐歐陽詢書磨崖碑。山有三石像，背虚面巖，俗呼倒坐寺。

甘棠山。在仁壽縣東二十五里。

瑞雲山。在仁壽縣東四十里。

麗甘山。在仁壽縣南二十里。寰宇記：圖經云，昔有十二玉女於此川汲泉煎鹽，以玉女美麗、其鹽味甘爲名。今竈迹猶存。又云縣有朝女山，以一女得道名。

儒社山。在仁壽縣南四十里。宋虞允文有碑。

鼎鼻山。在仁壽縣西南隅。寰宇記：仁壽縣有鼎鼻山。郡國志云，周鼎淪一於此，人往往見鼎耳，故名。方輿勝覽：在縣南一里。其形隆起，亦曰隆山。

覺山。在仁壽縣西南三十里。

天池山。在仁壽縣西十五里，一名本院山。相傳昔有譚子得道於此。有池曰譚子池。

玉屏山。在仁壽縣西二十里。方輿勝覽：四山環聚，玉屏爲之冠。

丹砂山。在仁壽縣西。元和志：在籍縣南七十里。寰宇記：山出赤土。

木梓山。在仁壽縣西北。寰宇記：在籍縣北六十里。出梓木。

石矩山。在仁壽縣北十里。有石壁如城，亦名石城山。絶頂望見峩眉。

金華山。在仁壽縣北一百十里。其左爲卧龍山，右爲仙牛山。

印山。在仁壽縣東北一里。以山形方整而名。

唱車山。在仁壽縣東北二十里。元和志：在貴平縣西南九里。寰宇記：山近鹽井，聞推車唱歌之聲，故名。

貴平山。在仁壽縣東北，廢貴平縣北二十三里，從廣都及平泉縣迤邐入界。

香雲山。在仁壽縣東北五十里。山有碑，載唐末伏虎僧事。

麟山。在井研縣城内，與縣治相對。又鳳山，在縣東半里，與縣學相對。有一峯極秀，土人號爲秀巖。

龍頭山。在井研縣東二百步。

五鳳山。在井研縣東十五里。下有傳家洞。

佛姥山。在井研縣東十五里。下有長春洞。

石筍山。在井研縣東二十里，與石牛山對峙。

獅子社溪山。在井研縣東三十里。上有石磴古蹟。

鐵山。在井研縣東。元和志：在始建縣東南七十里。出鐵，蜀漢諸葛亮取爲兵器。其鐵剛利堪充貢。方輿勝覽：在井研縣東北六十里。又寰宇記有鐵山，在盤石縣南五十里，接威遠縣界。今井研縣東南三十里有茆香山，名勝志謂即鐵山。

鼉山。在井研縣南百步。有玄帝廟。舊志有八賢祠、文昌祠，今廢。

執笏山。在井研縣南五里。一峯突出。

月峯山。在井研縣南十里。巖刻有「古月峯」三字。

三嵎山。在井研縣南十五里。有鄧喻墓、磨崖碑。舊志：前有獅子峯、勿翦亭，碑在焉。

磨玉山。在井研縣西南三十里。綿亘廣遠，接嘉、隆、眉、榮四州之境。

書臺山。在井研縣西。舊志：學宫坐鳳山，取此爲案，曰「鳳銜書」。

五星山。在井研縣西。

翠屏山。在井研縣西五百步，學宫外案也。又文筆山，亦在附近。

金紫山。在井研縣西三十里。宋牟氏世居山下，官多金紫，故名。

石馬山。在井研縣西三十里。有巨石如馬。

尖山。在井研縣西五十里。

井鑊山。在井研縣北二里。唐志：井研縣有鑊山。寰宇記：其山俯臨井鑊，因名。

白塔山。在井研縣北。山有石泉。

鼓樓山。在井研縣北十五里。

九龍山。在井研縣北十五里。

東巖。在州東二里。形若剖盎，側立千尺，溪壑深杳。又西巖，距城六里，石壁夾道，如城如峽。南巖，即重龍山也。北巖，距城半里，崖巔乳泉滴瀝，四時不竭。宋京蜀事補亡：「東蜀江山瑰奇，資中爲最。資中勝游十數，而四巖爲最。」

聖水崖。在内江縣西七里。有水自龍口吐出，成大池，旱禱輒應。

艷陽洞。在仁壽縣城北。方輿勝覽：在至道觀後重巖之下。或曰藏衣洞，蓋張道陵修煉之所。

中江。在州南。自成都府簡州流入資陽縣，又東南逕州界，又東南逕内江縣界，又東南入敘州府富順縣界。一名牛鞞水，即緜、湔、洛諸水下流也。華陽國志：資中縣受牛鞞江。水經注：雒水與緜水合，又與湔水合，逕犍爲牛鞞縣爲牛鞞水，又東逕資中縣，又逕漢安縣，謂之緜水。自上諸縣，咸以灌溉。古語曰「緜洛爲没沃」也〔三〕。元和志：牛鞞水，合内江水，南去資陽縣二十步。多魚鱉，亦出金。寰宇記：中江水自簡州經盤石縣，又自十字口流入内江縣界。水深百尺，實羣川總會之所。舊志：中江自簡州流入資陽縣界，謂之雁江。東南流七十里，經縣東一里，轉南合資溪、孔子溪，又七十里入資陽縣界爲資江，亦曰珠江。東南曲流七十里，至縣城西南，轉東流十里至唐明渡合都溪，又四十里入内江縣界，又五十里至縣西合玉帶溪，轉東南八十里入富順。内江縣志：中江自資縣東南經三堆山下，折而東至縣東，復折而南至椑木鎮，又折而西至黄市。市距三堆十五里，一水周環九十餘里，而縣當其中，故曰内江。

府河。在仁壽縣西北一百里。自成都府華陽縣流入。元和志：大江在籍縣北三十五里，即此。寰宇記謂之導江，今名府河，自縣境合蘭溪，又西南二十里入眉州彭山縣界。

龍水。在州南。寰宇記：在龍水縣西北龍龜溪之左。屈曲如龍，因名。從仁壽縣流入，過縣至盤石縣入中江。

魚蛇水。在仁壽縣西。寰宇記：在籍縣南三十五里。從縣界夷歌鄉來，南入眉州青神縣界。

禄水。在仁壽縣北。元和志：出貴平縣南五十步。舊志：在縣北八十里。下流合於蘭溪。唐縣禄川以此得名。

婆支水。在仁壽縣北。元和志：出縣北婆支山，去縣四十五里。又寰宇記，仁壽水在縣西十里，東流合婆支水。一作「波支」。

擁思茫水。在井研縣南。寰宇記：在陵州南一百五十里。從縣南界瀨下六池南流〔四〕，名擁思茫水，湍流迅急，不通舟船，西南入平羌界。舊志：即嘉定州泥溪之上流也。

大濛溪。在州南。寰宇記：在盤石縣西二十里。溪内有石龍三，遇旱祈之即雨。今謂之都溪，源出州西龍家壩，東流二十里至唐明渡入資江。

孔子溪。在資陽縣南二十里。源出縣西南山溪，東流合中江。溪旁有鄉校祀孔子，因名。

資溪。在資陽縣西。寰宇記：從平泉縣流入，合中江。舊志：在縣西二里。源出簡州山澗，東南流，縈紆九曲，至縣城西，轉南流三里入雁江。

玉帶溪。在内江縣西南二里。環抱縣學，流合中江。

蟠溪。在仁壽縣東。源出飛泉山下，流入蘭溪。方輿勝覽：在貴平縣北四十里。唐末張鴻隱此。

蘭溪。在仁壽縣北。自簡州流入，合府河。俗名黃龍溪，即赤水也。華陽國志：建安二十四年，黃龍見武陽之赤水。明統志：蘭溪水在縣北百里。溪流合府河，通名爲赤水。

桂湖。在内江縣城内西北，與中江通。

百枝池。在州北。唐志：盤石縣七十里有百枝池，周六十里。貞觀六年，將軍薛萬徹決使東流。

長堰池。在内江縣東南三十里。

嘉宴池。在井研縣北五里。井鑊諸山之水滙流于此，分爲二支，縈流縣北。邑人多遊宴其上，因名。舊志：縣無長川巨浸，有堰百餘、池塘四十餘，皆蓄諸山溪之水以溉田。

聖泉。在仁壽縣南七里。寰宇記：其水碧色，患瘡者洗之多愈，投銀即變成五色。

石臼泉。在仁壽縣東北二里石臼中。寰宇記：居人多汲此泉。

鹽井。州境及諸縣俱有。元和志：内江鹽井二十六所，銀山鹽井一十一所。又井研鹽井在井研縣南七里，鎮及縣皆取名焉。又有思稜井、井鑊井。又貴平縣有平井鹽井，在縣南七步〔五〕。寰宇記：仁壽縣界舊有七井，惟二井現在，營井在縣南二十五里，蒲井在縣南四十里。井研縣二十一井，五井現在，研井在州南一百三十三里，陵井在州南一百九里，稜井在州南一百里，律井在州南九十里，田井在州南一百五十一里。又始建縣七井，惟羅泉井現在。又貴平縣有上平井，在陵州東北九十三里。通志：今鹽井，資州上井二，下井七十八，資陽縣鹽井四；内江縣上井五〔六〕，下井二；仁壽縣鹽井四；井研縣上井四，中井七，下井二百二十六。

陵井。在仁壽縣南。元和志：井本張道陵所開，故以陵爲號。晉太元中，刺史毛璩於東、西兩山築城，置主將防衛之。後廢，更開狼毒井，即今之煮鹽井也。居人承舊名，猶曰陵井，其實非也。今州城南臨井，縱廣三十丈，深八十餘丈。益都鹽井甚多，此井最大。以大牛皮囊水引出之，役作甚苦。寰宇記：陵井歷代煎水爲鹽。僞蜀井塞，宋乾道三年重開。

古蹟

資中故城。在今資陽縣。漢置，屬犍爲郡。後周置資陽縣。元和志：縣東南至資州一百二十里，本漢資中縣也。李雄據蜀，縣荒廢。後魏廢帝二年，始通巴蜀，開拓資中。周明帝於資中縣置資陽縣，因資水爲名。寰宇記：後周武成二年，於漢資中故城置資陽縣。校勘〔七〕。按：資陽圖經云，漢資中城在縣北，臨中江水，今壞無餘址。

仁壽故城。在今仁壽縣東。西魏置普寧縣，爲陵州治。隋改名。元和志：州西至眉州七十里，東北至簡州一百八十里，西南至嘉定一百九十里，東北至資州二百三十五里。本漢武陽縣之東境。晉太元中，益州刺史毛璩置西城戍以防鹽井。後魏定蜀，於此置普寧縣，屬懷仁郡。周閔帝元年，又於此置陵州，因陵井爲名。城南、北二面，懸崖斗絶，四面軒敞。寰宇記：故城在縣東二里，唐貞觀元年徙於城西。按：隋志云西魏置陵州，而周本紀、元和志皆作閔帝元年置，不同。又隋志云西魏改縣曰普寧，元和志作「置」，舊唐志云改戍爲縣。作「置」是。

銀山廢縣。在州東。元和志：縣西北至資州四十八里。本漢資中縣地。隋爲内江縣地。義寧二年，分置銀山縣，因縣界銀山爲名。寰宇記：在州東南三十八里。乾德五年，併入盤石縣。名勝志：廢縣在資縣東四十里，今銀山鎮是其處。

龍水廢縣。在州西南。元和志：縣東至資州百二十里。本漢資中縣地。隋義寧二年，招慰夷獠，於此分置龍水縣，以縣西北有溪曲曲繞城如龍，因以爲名。宋志：宣和二年，改龍水爲資川，後復故。淳祐三年，廢。舊志：今爲龍水鄉，在城西南八十里。

月山廢縣。在州西。隋義寧二年置。唐屬資州。宋乾德五年，省入盤石。元和志：縣東至資州五十里。内江水在縣南一里。

盤石廢縣。在州城北。後周置。隋爲資陽郡治。唐爲資州治。元省，後徙今治。元和志：資州西北至簡州二百二十里，正州微東至普州一百七十里，正東至昌州二百六十里。寰宇記：後周保定五年，置盤石縣。隋開皇七年，自資陽移州於此。舊志：故城在資陽北三里。按：元和志既以資陽即漢資中，復謂後周於漢資中故城置盤石縣，舊唐志、寰宇記從之，皆誤。

丹山廢縣。在資陽縣東北。唐貞觀四年置，屬資州。六年，省入内江。七年，復置。宋乾德五年，省入盤石。元和志：縣南至資州一百三十里，取界内崇丹山爲名。

清谿廢縣。在内江縣東北。本漢資中縣地。隋大業十二年，分置牛鞞縣。唐屬資州。天寶元年，改曰清谿。宋乾德五年，廢入内江。元和志：縣西至資州東北一百三十里。舊志：在内江縣東北八十里。

蒲亭廢縣。在仁壽縣南十五里。隋書地理志：西魏置蒲亭縣，大業初併入仁壽。

廢籍縣。在仁壽縣西北。後周置。隋大業二年，廢入貴平縣。唐永徽四年，復置，屬仙井監。宋熙寧五年，省入廣都。乾道六年，復置，屬仙井監。元廢。元和志：縣東南至陵州一百里。本漢武陽縣地。周閔帝於此置籍縣，因蜀先主籍田地爲名。按：舊唐志謂縣本梁席郡，一名漢陽戍。寰宇記云梁天監中立席郡，隋廢郡爲縣，始曰席，後訛爲「籍」。與元和志不同。

貴平廢縣。在仁壽縣東北。西魏置縣，在今簡州界。唐開元十四年，移治禄川，即此。宋熙寧五年，省入廣都。乾道六年，復置，屬仙井監。元廢。元和志：縣西南至陵州六十七里，本漢廣都縣之東南地。明統志：廢縣在仁壽縣東北六十里。舊志：唐徙貴平東北，去舊城七十里。

始建廢縣。在井研縣東北。隋書地理志：隆山郡始建縣，開皇十一年置。元和志：縣北至陵州五十五里，本漢武陽縣地。開皇十一年，於今縣立始建鎮。大業五年，改鎮爲縣。聖曆二年，移於仁壽縣界，其舊縣復置始建鎮。舊唐書地理志：縣舊治擁思茫水，聖曆二年移治榮祉山。宋史地理志：咸平四年，廢始建縣。舊志：在縣北四十里。

内江舊縣。在今内江縣西二里。寰宇記：周天和二年，於中江水濱置漢安戍，其年改爲中江縣。隋避諱改「中」爲「内」。開皇二年，徙於漢安故城，即今縣也。按：後漢所置漢安縣在今瀘州江安縣東大江之南，元和志謂内江即後漢漢安縣，水經注亦有「牛鞞水逕漢安」之文，疑後周之前已嘗僑置漢安縣，但非後漢故縣耳，今不可考。

廢羅泉井鹽課司。在州西一百一十里。今州判駐此。又内江縣西南二十里有黄市井鹽課司，仁壽縣西南半里有仙泉井鹽課司，皆久裁。

井研故鎮。今井研縣治。隋置縣。元和志：縣北至陵州一百十五里。本漢武陽縣地。大業元年，因井研鎮立縣，取鎮爲名。舊唐書地理志：井研縣，東晉置西江陽郡，魏置蒲亭縣，隋改爲井研。武德四年，自擁思茫水移治今所。按：擁思茫水在今縣南，蒲亭故縣在今縣北仁壽界，當是東晉江陽及隋井研縣，其治皆在今縣南，唐始移而北，爲故蒲亭縣界耳。且隋志廢蒲亭縣入仁壽，未嘗改蒲亭爲井研也。劉昫之説，尚未詳悉〔八〕。

趙逵宅。在州南六十里。

董鈞宅。在資陽縣延壽寺後。

王褒宅。在資陽縣西駟馬里。寰宇記：滌硯池見在。

樂道園。在仁壽縣治東鳳門外二里。方輿勝覽：内有石笋一，何㮚讀書處。

台星樓。在資州。輿地紀勝：即州東城門樓，趙雄建，黄裳爲記。

企仙閣。在州治北。方輿勝覽：憑高視下，得一郡之要。李石爲記。

平雲閣。在仁壽縣治。宋文同有詩。

含暉閣。在仁壽縣治東。宋趙抃有詩。

蓬萊閣。在仁壽縣東。輿地紀勝：在至道觀艷陽洞前。

晝錦堂。在州治内。輿地紀勝：即常衙廳也。唐乾符四年，高駢建，名中和。宋趙雄判郡，更名。

博雅堂。在州治内。宋資守宇文紹奕建。輿地紀勝：繪禮殿聖賢於其上，爲樓以藏賜書，名其樓爲凌雪，翬飛宏麗，他所未有。

四賢堂。在州治。輿地紀勝：在郡治，繪王褒、董鈞、范崇凱、李鼎祚像〔九〕。

息壤。在仁壽縣西北。方輿勝覽：在籍縣南一里，有地畝餘，踏之軟動。

石姥。在仁壽縣，跨鼇山頂。方輿勝覽：遇歲旱，里人轉徙之，天即雨。宋文同有賦。

關隘

龍泉隘。在州東銀山鎮。北有龍泉洞，天將雨則雲霧生。

銀山鎮。在州東四十里，即故縣地。明置巡司，今裁。

資陽鎮。舊在資陽縣東三十里，與南津驛相連。明正德十三年，移縣東六十里，置巡司，今裁。

椑木鎮。在内江縣東南三十里嶺上，亦曰椑木關，接重慶府榮昌縣界。明置巡司，今裁。

羅泉井。在州西一百二十里。本朝雍正七年置州判駐此。

珠江驛。在州東一里。

南津驛。在資陽縣東三十里。

安仁驛。在内江縣南十里。

津梁

武陵橋。在州南一里。

金帶橋。在州西北四十五里，接資陽縣界。

鳳凰橋。在資陽縣東二里。

資谿橋。在資陽縣西二里。

龍門橋。在井研縣南十五里。

唐明渡。在州東十里。相傳唐明皇幸蜀憩此，故名。

隄堰

蒙谿堰。在州西。州境又有鴛鴦等六十一堰，分引珠江下流以溉田。

水谿溝堰。在資陽縣東。縣境共有二十六堰。

漢陽堰。在仁壽縣北。唐書地理志：籍縣東五里有漢陽堰。武德初，引漢水溉田二百頃。後廢。文明元年，縣令陳充復置。縣境又有方家壩、草狹溝、鴛鴦池、太平橋等十三堰。

石溪堰。在井研縣南。其源自金星山下，入五通廠合大江。

陵墓

漢

王褒墓。在資陽縣。元和志：在縣西北十五里。寰宇記：在縣北二十里，前有石碣，高一丈，字已磨滅。

董鈞墓。在資陽縣北二十里。

牢固冢。在仁壽縣東南六十里。寰宇記：高一丈五尺。十道志云昔蒯參至孝，葬母於此，修墳牢固，因名。

唐

吴道子墓。在資陽縣三十里李家溝。

范崇凱墓〔一〇〕。在内江縣西華蕚山後。

宋

趙雄墓。在州西十五里官墳灘。

趙逵墓。在州西五十里。

楊恕墓。在内江縣西安養鄉。

何稟墓。在仁壽縣西十五里天池山。

虞允文墓。在仁壽縣西三十里玉山鄉塔山。

程壬孫墓。在仁壽縣北金華山。

范雍墓。在仁壽縣北一里。

陳咸墓。在仁壽縣北五里。

牟忻墓。在井研縣金紫山下。

明

周冕墓。在州西十里。

趙貞吉墓。在内江縣西三堆山下。

祠廟

萇弘祠。在州治北。

健兒廟。在仁壽縣南。寰宇記：健兒拒公孫述死，吴漢表爲立祠。

翳嘶神廟。在仁壽縣城南隅。方輿勝覽：在翳嘶山上，相傳神即巴郡太守嚴顔。

唱車廟。在仁壽縣東北。寰宇記：在貴平縣南九里唱車山上，祀漢巴郡守朱辰。

寺觀

永慶寺。在州城中重龍山上。

東林寺。在内江縣東。宋紹興中建。又有西林寺，在縣北一里，宋咸淳中建。

超覺寺。在仁壽縣東南飛泉山下。唐建。

顯忠寺。在仁壽縣西。宋僕射何㮚墓在焉。明嘉靖中建。

名宦

隋

衛文昇。洛陽人。仁壽初，山獠作亂，出爲資州刺史以鎮撫之。既到官，單騎造其營，謂羣獠曰：「我是刺史，銜天子詔，安集汝等，勿驚懼也。」諸賊莫敢動，於是説以利害，渠帥感悦，解兵而去，前後歸附者十餘萬口。高祖大悦，賜縑二千匹。煬帝徵爲衛尉卿，羣獠攀戀數百里，揮涕而別。

唐

韋維。萬年人。爲内江令，教民耕桑，縣爲刻頌。

宋

張旦。趙州人。淳化時，知陵州。時李順黨數萬來攻，州兵不滿三百，舊不設城塹，旦修完戰具，置鹿角砦，驅市人進戰，大破之。詔書褒美。

樂史。宜黄人。太宗時，知陵州，有善政。

葛宫。江陰人。真宗時，知資州，以惠政聞。

師頏。内黄人。真宗時，知資州，以簡静爲治，蜀人便之。

明鎬。安丘人。仁宗時，知陵州。楚應幾以贓敗，或告以先期奏之，鎬曰：「獲罪則已，安可欺朝廷耶？」卒坐失察，降爲州同。

楊佐。宣州人。仁宗時，爲陵州推官。有鹽井深五十丈，皆石也，底用柏木爲幹，上出井口，垂綆而下，方能及水。歲久幹敗，欲易之，而陰氣騰上，入者輒死。佐教工人以水盤貯水穴竅灑之，如雨滴然，謂之雨盤。如是累月，井幹一新，利復如舊。

楊師錫。紹興中，知資州。時置力耕田，募民就耕，以廣官莊，師錫言有司奉行失當，田畝不分腴瘠，市民丈尺隙地亦充税産。於是降詔害民者與追正。

元

姚仲孫。商水人。爲資州推官。按富順監疑獄，全活數十人。資州更二守皆惛老，事多決於仲孫。

劉湛。江西人。爲仁壽教官。明玉珍入蜀，棄官隱瀘州。

明

李允簡〔一二〕。融縣人。嘉靖中，爲内江知縣，有廉聲。歲旱步禱，令兒童歌曰：「旱既太甚，治非其人。願禍其身，勿病其民。」三日果大雨。

劉三策。鄱陽人。崇禎末，知仁壽縣。流賊寇蜀，誓死守城。每對士民曰：「事迫矣，我惟有『不動心』三字。」力竭城陷死之。贈尚寶司丞。本朝乾隆四十一年，賜謚烈愍。

顧繩貽。長洲人。崇禎庚午舉人。獻賊猖獗，西川失守，或來説降，繩貽厲聲叱之，馳馬至學宮，從容禮拜自縊。本朝乾隆四十一年，賜謚節愍。

程化春。貴陽人。知仁壽縣。崇禎末，流賊陷城，正衣冠向闕再拜自縊。本朝乾隆四十一年，賜謚節愍。

唐鳳翥。宿松人。知仁壽縣，以慈得民。崇禎末，禦賊力戰陣亡。本朝乾隆四十一年，賜謚節愍。

賀應選。丹陽人。知資陽縣。崇禎末，獻賊陷城，罵賊死，闔門十七人皆遇害。本朝乾隆四十一年，賜謚節愍。

本朝

習全史。同官人。順治十八年，知內江縣。當兵燹之餘，築城垣，繕祠廟，綏輯流播，殫心撫字者七年，士民懷之。

葉新。金華人。雍正七年，知仁壽縣。民故多訟，下車匝月，案無滯牘，治聲翕然。

宋祐。無爲人。雍正九年，知內江縣。性廉潔，愛民造士，有「政簡刑清」之頌。

劉熾。韓城人。乾隆五年，知資陽縣。廉明仁恕，建書院，捐廉以給修脯，利民之事，多所修舉。

鄭章武。易水人。乾隆二十二年，知資陽縣。勤於政治，胥吏奉法，士民懷德。

許椿。浙江人。辛酉舉人，知內江縣。博學有斷才。乾隆三十八年，從軍金川，賊遮於路，不屈死。賜祭葬，卹廕如例。

人物

漢

王褒。資中人。宣帝時，益州刺史王襄聞褒有俊材，使作中和、樂職、宣布詩，轉而上聞。刺史因奏褒有軼材，帝乃徵褒，詔爲聖主得賢臣頌，令與張子僑等並待詔。擢褒諫大夫，又詔褒等侍太子宮，朝夕誦讀奇文及所自造作。太子喜褒所爲甘泉及洞簫頌，令宫人左右誦讀之。後方士言益州有金馬碧雞之寶，可祭祀致也，使褒往祀焉。褒道病死，上憫惜之。

王延世。資中人。成帝初，河決館陶及東郡，泛濫兖、豫，凡灌四郡三十二縣。遣延世爲河隄使者，使塞以竹落，長四丈，大九圍，盛以小石，以兩船夾載而下之，三十六日河隄成。上嘉延世長於計策，功費約省，用力日寡，以爲光禄大夫，賜爵關内侯，改建始五年曰河平。後二歲，河復決平原，復遣延世治之，六月迺成，再賜黄金千斤。

董鈞。資中人。元始中舉明經，爲廩犧令。建武中，舉孝廉。博通古今，數言政事。永平中，爲博士。時草創五郊祭祀及宗廟禮樂，多鈞所參議，當時稱爲通儒。累遷五官中郎將。常教授門生百餘人。

趙旂。資中人。初臨甘陵、弘農郡，甚善治民。徵尚書，遷司隸校尉。時梁冀子弟放恣，旂以法繩之，不敢爲非，京師肅清，桴鼓不鳴。

三國　漢

王嗣。資中人，延世之後。舉孝廉，爲汶山太守，加安遠將軍，綏集羌戎，咸悉歸服。雖素桀惡者，皆來首降，境以安静。

大將軍姜維每出北征，輒出馬牛羊氈毦及義穀以助軍糧。遷嗣鎮軍，仍領郡。後從維北征，爲流矢所傷卒，羌戎會葬，贈送數千人，號呼涕泣。後見嗣子及孫，皆如骨肉，或結兄弟，恩至於此。

唐

李鼎祚。資州人。官著作郎、祕閣學士。常集子夏、孟喜至孔穎達三十餘家，爲周易集解十七卷。以經術稱于時。州舊有鼎祚讀書臺。

趙光寓。黄昇〔一二〕。俱資陽人。皆事親居喪，以至行著。

宋

孫光憲。貴平人。少好學，游荆渚爲高從誨從事。後歸太祖，累官檢校祕書監。光憲勤學聚書，或自抄寫校讐。自號葆光子。所著有荆臺集、鞏湖編玩、筆傭集、橘齋集、北夢瑣言、蠶書。

黄德輿。資州人。祥符初，葬父母，負土成墳，甘泉湧其側。降詔旌表。

龍昌期。籍縣人。祥符中，注易、詩、書、論語、孝經、陰符、道德篇。韓琦使蜀，奏授國子四門助教。慶曆中，文彦博奏授校書郎、府學講説。後以明鎬薦任太子洗馬，致仕。

文漸。資陽人。年十七，持母喪，既葬，廬墓側，負土成墳，蓬首垢面，三時號泣，哀毀瘠甚。白蛇貍兔擾其旁，白雀白烏日集於壠木，五色雀至萬餘，回翔悲鳴，若助哀者。鄉人句文鼎自娶婦即與父母離居，覩漸至行，深自悔責，號慟而歸，孝養盡志。鄉閭觀感而化者甚衆。

陳祐。仙井監人。元符末，拜右正言，上疏徽宗，言：紹聖人材比肩於朝，攻擊元祐之人，是朝廷之上公然立黨也。遷右司諫。言林希慢上不敬。又論章惇、蔡京、蔡卞、郝隨、鄧洵武，忤旨，出判滁州。後入元祐黨籍，編管澧州。

韓駒。仙井監人。政和初，以獻頌補假將仕郎，除祕書省正字，遷制作郎，校正御前文籍。言國家祠祭樂章詞多牴牾，於是召三館士分撰親祠、明堂、圜壇、方澤等樂曲五十餘章，多駒所作。宣和中，遷中書舍人，兼直學士院。制詞簡重，爲時所推。尋補外。紹興中，卒於撫州。

何㮚。仙井監人。與兄棠、弟榘俱有文名，號爲「三鳳」。㮚登政和進士，累官御史中丞。論王黼姦邪專横十五罪，出知秦州。欽宗立，復召進尚書右丞、中書侍郎。時朝議割三鎮以緩金師，㮚力言其不可。㮚解政事，以資政殿大學士領開封府。金兵復至城下。拜㮚尚書右僕射，兼中書侍郎，請以康王充天下兵馬大元帥，從之。後從欽宗幸金營，遂留不遣，仰天大慟，不食而死。高宗時，贈大學士，官其家七人。

郭贊。內江人。元符末，應詔上書，慷慨言天下事，不報。後爲汝陽縣丞。建炎二年，金人陷蔡州，守臣乘間而逃，獨贊朝服詬叱，不肯降，遂見殺。

喻汝礪。仁壽人。第進士。有氣節，工詩文。靖康中，爲祠部員外郎，不附割三鎮之議。金人議立僞楚，汝礪捫其膝曰：「不能爲賊臣屈。」遂挂冠去。因號捫膝先生。有捫膝集。

李舜臣。井研人。紹興末，張浚視師江淮。舜臣應詔上書，言乘輿不出，無以定大計，宜從幸武昌。又言江東六朝皆嘗取勝北方，但不肯乘機以争天下，宜爲今日殷鑒。因著江東勝鑒十篇上之。累官宗正寺主簿。舜臣邃於易，著本傳三十篇。朱子晚歲，每爲學者稱之。又有羣經義、書小傳及文集三十卷。

趙逵。資州人。紹興二十二年，對策擢第一。秦檜不悦，即罷知舉王曮，授逵簽書劍南、東川。帝兩問檜：「趙逵安在？」

乃除祕書郎。既就職，未嘗私謁檜。檜欲以賄致，又不答。於是檜愈怒，欲擠之。未及，而檜死。帝乃遷逵著作佐郎，引見上殿，帝迎謂之曰：「卿知乎？始終皆朕自擢。秦檜日薦士，未嘗一語及卿，以此知卿不附權貴，真天子門生也。」詔充普安郡王府教授。逵奏言路不通，乞賜開納，帝嘉納之。俄除中書舍人。先是，逵嘗薦杜莘老、唐文若、孫道夫，皆蜀名士。至是奉詔舉士，又以馮方、劉儀鳳、李石、郯次雲應詔，後皆爲名臣。逵嘗謂：「司馬公不近非色，不取非財，吾雖不肖，庶幾慕之。」帝謂逵文章似蘇軾，稱爲小東坡。有棲雲集三十卷。

虞允文。仁壽人。六歲誦九經，七歲能屬文。丁母憂，哀毁骨立。既葬，朝夕哭，墓側有枯桑，兩烏來巢。登紹興進士，通判彭州，權知渠州。趙逵首薦允文，召對，極論四川財賦科納之弊，上嘉納之。累遷禮部郎官。上疏言金必敗盟，願預思備禦。未幾金兵至。佐樞臣葉義問督江淮軍，犒師采石。適新帥李顯忠未至，敵騎充斥，允文立招諸將，勉以忠義，敵疑援兵至始遁。允文策敵必復來，夜半部分諸將，因其來夾擊之。捷聞，召入對。上慰藉嘉歎曰：「虞允文公忠出天性，朕之裴度也。」充川陝宣諭使。至蜀，與大將吴璘議經略中原。紹興三十二年，知夔州，百務整肅。孝宗時，宣撫四川。閲實諸軍，第其壯怯，汰兵凡萬人，減緡錢四百萬，修荒政凡六十五事，捐宣撫司錢三十萬，增給軍米，立戶馬七條，修守禦之具。累拜右僕射、中書門下平章事，封雍國公。允文多薦知名士，及爲相，籍人才爲三等，號材官録。胡銓以臺評去，奏留之經筵。又薦朱熹，云不在程頤下。尋授特進、左丞相。御史蕭之敏劾允文，允文力請外，除四川宣撫使。淳熙元年，薨，贈太傅，賜謚忠肅。允文磊落有大志，以文學致身臺閣，出入將相二十年，忠勤無二。子三人：公亮、公著、杭孫。孫八人，剛簡、易簡最知名。剛簡終利州路提點刑獄，易簡嘗知富順監，有治績。

趙雄。資州人。隆興元年，省試第一，虞允文薦於朝。乾道初，召見便殿，孝宗大奇之，手詔除正字。進見，極論恢復，孝宗大喜。累除中書舍人。時金將起河南之役，議盡以諸陵梓宫來歸，上令雄出使，止奉遷陵寢及正受書儀。雄見金主，争辨數四，辭益力，卒得請乃已。淳熙初，累拜右丞相。紹興帥張津獻羨餘四十萬緡，雄乞下紹興，以其錢爲民代輸和買身丁折帛錢之半，以見聖主之德。乞外，出知江陵府。光宗受禪，召雄，雄上萬言書，陳修身齊家以正朝廷之道，言甚剴切。紹熙中卒，贈少師，謚文定。

陳咸。仁壽人。淳熙進士，調內江縣尉。吏受賄，賦民不均，咸爲均其賦。知資州。值久旱，請於帥臣，發粟以賑。咸歷官於蜀，所至有政績。累遷利州路轉運判官。吴曦叛，咸不受僞命，自髡其髮。曦平，安丙等奏咸總蜀賦，兵政財計合爲一家，咸晝夜精勤，調度有方，軍儲以給。召爲司農少卿，卒，賜謚勤節。

李性傳。舜臣子。嘉定中，登進士。進對，言有崇尚道學之名，未遇其實。帝曰：「實者何在？」對曰：「在陛下格物致知，以爲出治之本。」累官吏部尚書。淳祐中，拜參知政事、同知樞密院事。致仕，卒，贈少保。

李道傳。性傳弟。讀河南程氏書，至忘寢食。慶元初，登進士，爲蓬州教授。吴曦反，道傳痛憤，遺書安撫使楊輔，論其必敗。曦黨以曦意脅道傳，道傳以義折之，竟棄官歸。曦平，累遷祕書郎、著作佐郎。上書乞下明詔，崇尚正學，取朱熹論語、孟子集註、中庸章句、或問四書，頒之太學。仍請以周惇頤、邵雍、程顥、程頤、張載五人從祀孔子廟廷。時宰相有不樂道學者，以語侵道傳，道傳不爲動。歷兵部侍郎，出知果州。卒，謚文節。道傳篤於踐履，氣節卓然。嘗以疾謁告，真德秀造焉，卧榻屏間大書「喚起截斷」四字，其用功慎獨如此。三子：達可、當可、獻可。

李心傳。道傳弟。慶元初下第，絶意不復應舉，閉户著書。晚因崔與之、許奕、魏了翁等薦，爲史館校勘，修中興四朝帝紀，踵修十三朝會要。後遷工部侍郎。言致旱之由，願修六事以回天意，理宗從之。後以言事奉祠，卒。心傳有史才，通故實，所著有高宗繫年録、學易編、誦詩訓、春秋考、禮辨、讀史考、朝野雜記、道命録、西陲泰定録、辨南遷録、詩文一百卷。

牟子才。井研人。少從其父客陳咸，咸張樂大宴，子才閉户讀書，若不聞見者，咸異之。學於魏了翁、楊子謨、虞剛簡及李方子。嘉定中，對策詆丞相史彌遠。爲史館校閲，言大臣不公不和六事，次陳備邊三策，理宗諭宰相曰：「人才如此，可峻擢之。」爲史嵩之所抑。通判吉州，遷太常博士。又請爲濟王立後，以回天意。子才隨事奏陳，舉朝誦其奏疏，皆曰：「有德之言也。」俄兼直舍人院。賈似道海州之捷，子才草獎諭詔，第述軍容之盛，不言其功。似道不樂。又言：首蜀尾吴，幾二萬里，今兩淮惟賈似道，荆楚惟李曾伯二人，宜别立制置，且於漣、楚、光、黄、均、房諸要害郡，或築城，或增戍。似道怒，出知太平州，又知温州。召入。度宗時，以資政殿學士致仕。子才事親孝，所薦士後爲忠義。任吉州，文天祥以童子見，即期以遠大。家無餘資，賣金帶乃克葬。所著有存齋集。子巘，官大理寺少卿。

鄧若水。井研人。博通經史，爲文章有氣骨。吴曦叛，若水仗劍徒步如武興，欲手刃之，中道聞曦死乃止。登嘉定十三年進士。時史彌遠柄國久，若水對策，極論其姦，請罷之，考官置之下等。策語播行，士争誦之。理宗即位，應詔上封事，復劾彌遠陰害濟王，挾恩陵上，乞并其黨數人悉除之。制置使不敢以聞，却還之。嘉熙間，召爲太學博士。當對，草奏數千言，將上之，丞相喬行簡知之，亟奏補外。若水遂不復仕，隱太湖之洞庭山。復歸蜀。

陳寅。咸之子。紹定初，知西和州。元兵入境，寅誓與民共守。北兵十萬攻城東南門，寅自執旗鼓，激厲將士迎敵，矢石如雨，師退。詰旦復來，寅帥忠義民兵與敢死士力戰退之。制置司以寅功徧告列郡。北兵伐木爲攻具，增兵圍州城，寅晝夜死戰，久之援兵不至，城遂陷。妻及二子、子婦飲藥死，寅斂而焚之，乃朝服望闕再拜伏劍死。事聞，贈賜立廟，加贈華文閣待制，謚襄節。

黄申。井研人。開慶進士，授德安尉，攝主簿，兼提點江西刑獄司簽廳獄事，多所辨明。丞相江萬里、提刑黄震交薦之。調樂安丞。申爲政廉謹有治聲，以恩升從事郎。蒙古兵拔撫州，下諸縣索降狀，樂安令率其僚聯署以上。申初聞變，悉遣家人遠避，獨抗不往，佯狂隱巴山中。

元

黄澤。資州人。生有異質，慨然以明經學道爲志。好爲苦思，屢以成疾，疾止復思。久之如有所見，作顔淵仰高鑽堅論。

嘗夢見孔子，以爲適然。最後乃夢見孔子，手授所較六經，字畫如新，由是深有感發，始悟所解經多徇舊説爲非是，乃作思古吟十章。大德中，授江州景星書院山長。秩滿即歸，閉門授徒以養親。歲祲，家人採木實草根以度朝夕，澤晏然。年八十卒。所著有易、春秋解，三禮祭祀述略。

虞集。仁壽人。編修汲之子。性孝友博學。累遷奎章閣學士。日取經史中切於天德王道者，陳進經筵。凡顧問，隨事規諫。論薦人材，必先器識。一時大典册，咸出其手。著有道園學古録。卒，謚文靖。弟槃，亦有文名。

明

李蕃。内江人。永樂舉人。博涉羣書。授漢中訓導，不就。洪熙改元，上端本十六策。宣宗即位，擢兵科給事中，巡視沿邊城堡，還言關堡空虚，請城獨石等處。清軍河南，獻安養軍民十餘事。所著有奏議、詩文十餘卷。

吴儼。内江人。性耿介。以明經貢太學。嘗督賦河南，清理戎伍，查印綬，監勘合，人咸稱之。永樂間，升工部員外郎。

宋有文。資陽人。天順間，官巡按。激濁揚清，發姦擿伏，不事鈎距，翕然稱神明。歷官甘肅巡撫。

劉元。仁壽人。天順庚辰進士。任布政使。廉静寡欲，以節儉爲羣僚先。

鄧本端。資縣人。天順進士。拜監察御史，剛直有文武材。成化間，劉千斤等據荆襄叛，本端討平之。又平陝西賊土達等。升陝西按察副使。

汪藻。内江人。成化進士。由翰林歷參政。首劾汪直、王越開邊釁、立西廠，章上罷廠，朝宁肅然。

李裕中。資陽人。授湖廣荆州推官。涖政廉明，豪强斂跡。歷雲南副使。擒勦夷寇，邊徼晏然。

李芳。資陽人。拜監察御史，論劾無所避。按貴州，會計河等寨苗民叛，一鼓平之，撫其脅從，諸苗化服。

蕭翀。內江人。由成化進士總督兩廣軍務。歷官四朝，聲望赫奕。居家儉素，鄉閭重之。

李充嗣。蕃之孫。成化進士，任岳州通判。正德時，歷江西僉事，討華林賊有功。爲雲南按察使，舉治行卓異。巡撫河南、應天，皆有聲。進秩工部尚書。修蘇松水利，閱六月訖工。尋改南京兵部尚書。充嗣好學有器局，居官以嚴辨稱。禄入輒散之親故，而身布袍蔬食不厭。卒，贈太子太保，謚康和。

馬炳然。內江人。成化辛丑進士。由嘉魚令巡按貴州，才明懋著，升至總督。爲流賊所執，挾刃迫作書退軍，不從，遇害，妻女俱赴水死。贈右都御史，謚毅愍。弟自然，由進士任貴州右參政，剛毅不撓。

王一言。內江人。弘治間，任臨安兵備。凡城池、軍旅、糧餉之事，井井有條。軍民利病，悉興除之。

鄭裕。內江人。弘治壬戌進士，任户科給事中。武宗朝，直言動聽，甚有建白。著有奏議稿、金陵集、小峩眉集。

張元雹。資陽人。任御史，彈劾無所避，忤閹瑾，改刑部主事。後知處州。黄巖賊起，諭以禍福，賊即遁去，郡人感而祀之。

劉端。內江人。弘治進士，授檢討。以火災疏陳時事甚切。闕里廟成，請更定先師封謚。武宗立，疏陳端本九事，請召章懋、王鏊、林俊、雍泰等，由是諸臣多獲進用。既劉瑾肆虐，即謝病，瑾榜端爲奸黨，除其名。瑾誅，以副使督學浙江，正身率物，士風大振。嘉靖時，歷南京禮部右侍郎。因災異偕同官條十六事。大禮議起，復偕九卿合疏力争。卒，贈尚書。隆慶初，謚文肅。

高公韶。內江人。弘治進士，授撫州推官。正德中，爲御史，按河東，劾總兵官郭勛罪。托音華入寇，又劾總兵官陳鏸罪，鏸坐免官。已劾尚書王瓊險愎誤邊計，爲瓊所搆，謫富民典史。世宗立，召復官。歷官户部右侍郎。「托音華」舊作「朵顔花」，今改正。

梅友松。內江人。歷升延綏巡撫，嚴守備，勤訓練，諸番懾服。總督三邊，上十二事，皆報聞。

鄧繼曾。資縣人。正德進士。世宗即位，以久雨，進讜言，擢兵科給事中。劾宦官擅權，忤旨下獄，謫金壇縣丞。歷遷至徽州知府，卒。

余才。內江人。正德進士，官至光禄寺少卿。執守堅定，以議大禮死於杖。隆慶初，贈太常少卿。

楊祐。內江人。嘉靖乙未進士，授行人。奉使藩封，請謝絶宴餞。轉工部員外郎，議省公費。出榷杭税，盡除夙弊。

劉養直。內江人。嘉靖戊戌進士，任刑科給事中，能直言。都城增築羅城，更建九廟，大司農告乏，養直獨上封事，省費數十萬。嚴嵩初相，與同官連疏論列，銜之。後升稽勳司主事，以識拔才賢爲務。歷官至户部侍郎。

陰武卿。內江人。嘉靖進士，以刑部曹郎爲關中提學，冰鑑照人。分守江右，盜數一空。著有月溪文集。

何起鳴。內江人。嘉靖己未進士，歷官工部尚書。初以盩厔令徵入禮垣，掌科事，請蠲逋賦帶徵者以萬計。奉使入蜀，請改南江茶，減川西溢額，桑梓賴之。屢疏乞歸，至家，二親望於門，下車入謁，里人以爲榮。父祥，以理學崇祀。

趙貞吉。內江人。嘉靖進士，授編修。時方士進用，貞吉請求真儒以贊大業。爲司業，以知本率性之學教士。諳達薄都城，貞吉廷議合上旨。擢左諭德、監察御史，奉旨宣諭諸軍。會嚴嵩以事中之，廷杖謫官。後累遷至户部侍郎，復忤嵩奪職。隆慶初起官，歷禮部尚書、文淵閣大學士。尋與高拱不協，乞休歸。卒，贈少保，謚文肅。「諳達」舊作「俺答」，今改正。

晏鋭。內江人。以吏員授高郵衛經歷。嘉靖丙辰，倭寇揚州，鋭部兵戰於東水關，被執不屈死。

周冕。資縣人。嘉靖進士，擢御史。重建太廟成，帝將遣官代祭，冕上章爭之，帝大怒，下獄。終以其言直，釋還職。疏請東宫講學，以端國本。謫雲南通海典史，尋升兵部郎中。劾嚴嵩父子冒濫軍功，力救楊繼盛冤，直聲震朝廷。復下獄拷訊，斥爲民。隆慶初，起太僕少卿，遭母憂，未任，卒。

鄧林喬。內江人。嘉靖進士。巡撫大同，勞苦著績。

龔茂賢。內江人。隆慶戊辰進士。擢御史，按東粤，懲貪訓廉。京師旱，詔求直言，上五少三多疏，報聞。

馬鳴鑾。內江人。萬曆甲戌進士。總督宣大，卒於官。敭歷中外，偉績甚多。弟鳴鑾，賊破內江，罵賊死。

張文華。內江人。萬曆癸未進士，任禮科給事中。諸所建白，皆關國本。後謫守保安，遇邊警，衆至萬騎，文華神氣自若，發謀禦侮，卒以無害。

何京。內江人。萬曆庚子舉人，授大城令，廉明侃直。時魏璫勢熾，京不通一名。後副憲滇西，率師征阿彌土逆大捷。普賊平甫一月，即乞致仕歸。歷官三十年，清苦異常。

曾海。井研人。萬曆間旌表孝子。

張應登。內江人。在諫垣日，請裕兵食，請戒政臣，罷楚師，議置三省總督，覈東征功罪，論西討戰撫機宜，皆稱旨。

馬升階。內江人。治性命之學。由舉人銓武陵縣令，豪猾斂手，招貧民復業者三百家，民刻像祀之。著有省躬、慎思録諸書。

蕭宗成。內江庠生。天啓辛酉，奢賊大索山谷，宗成被縛不屈死。妻江氏，苦節以終。

吴伯鈞。內江舉人，任襄陽府推官。討賊卒於軍。

徐佩弦。仁壽人。崇禎辛未進士，知崇仁縣。興學造士，潔己愛民。值歲屢歉，賑活者以萬計。

周士昌。內江人。崇禎間，任左布政。土酋叛，監軍力戰死。

張於廉。內江人。官彭澤令。致仕歸。獻賊逼就僞職，不受，與其妻鍾氏罵賊死。本朝乾隆四十一年，賜謚節愍。

范文光。內江人。巡撫川南、右僉都御史。總督李乾德殺楊展，因入山不出。大兵克嘉定，文光賦詩一章，仰藥死。本朝乾隆四十一年，賜謚節愍。

張亮。內江人。巡撫安、廬、池、太四府，右僉都御史。左兵破安慶，被執，挾與北行，乘間赴河死。本朝乾隆四十一年，賜謚節愍。

鄭延爵。內江舉人。户部浙江司主事。起兵拒孫可望之衆於雅州，屢戰不勝，歿於陣。本朝乾隆四十一年，賜謚烈愍。

賈鍾斗。劉士凱。皆仁壽人。鍾斗崇禎舉人，士凱諸生。獻賊踞成都，同率鄉勇禦賊，力戰死。同縣諸生龍新明、陳應新，獻賊屠蜀陷城，被執罵死。又左灼、陳素，俱諸生，流寇陷城，不屈死。本朝乾隆四十一年，均予入忠義祠。

雷起劍。井研人。崇禎進士，官兵部，卒於軍。

周之藩。井研人。任總兵。時追兵將及唐王於汀州，之蕃衛王巷戰，矢集其身而死。本朝乾隆四十一年，賜謚忠烈。

本朝

胡天湛。井研人。順治三年，知福建大田縣。時盗賊猖獗，所在焚掠。天湛徵調鄉兵，晝夜防禦，援絶力窮，城陷被執，不屈而死。

姚永先。資州人。獻賊躪川，永先仗劒起，部勒鄉人殺賊，會大軍廓清川北，以功官守備。康熙十九年，從大軍克辰州，旋平滇、黔。後楚兵變，永先往示以誠信，反側悉安。論者謂有儒將風。

黄開運。內江人。順治戊戌進士。流寇至內江，恣行殺戮，開運結鄉勇襲之，斬獲無算，賊懼走，邑賴以全。累官直隸定州知州，轉刑部郎中。

何顯祖。內江人。康熙己卯舉人，官江西靖安知縣，清廉慈恕。歲遇歉，寬徵請賑，民咸德之。入祀名宦祠。

徐孟震。内江人。乾隆三年，以孝子旌。

賴順麟。内江人。乾隆五十六年，以孝子旌。

余朝龍。内江人。官外委。嘉慶三年，隨勦邪匪陣亡，卹廕如例。

江悦柏。仁壽人。官把總。嘉慶初，與同縣守備張鳳翥隨勦邪匪陣亡，卹廕如例。

流寓

漢

趙長君。會稽山陰人。少爲縣吏，奉檄迎督郵，恥於斯役，遂棄車馬去到犍爲資中，詣杜撫授韓詩，究竟其術，積二十年絶問不還。家爲發喪制服。

列女

漢

盛道妻趙媛姜。犍爲資中人。建安五年，益州亂，道聚衆起兵，事敗，夫妻執繫。媛姜夜中告道曰：「可速潛逃，建立門户。」使攜子走。媛姜代道持夜，應對不失度，道已遠，乃以實告，遂見殺。道赦歸，終身不娶。

晉

王孝女。王氏女。親殁，廬於墓側三年。有司立碑表之，王羲之爲作廬墓銘。

宋

陳寅妻杜氏。元兵攻城，寅顧其妻杜氏曰：「若速自爲計。」杜曰：「安有生同君禄，死不共王事者？」即登高堡自飲藥，二子及婦俱死。

明

王宗妻董氏。資州人。夫卒，氏年二十四，舅老子幼，辛勤養育，苦節終身。同州蕭傑妻冷氏，守節，撫孤成立，年八十有三。鄧庠妻孟氏、張墉妻郭氏，均夫亡守節。饒興仁妻王氏，甘貧矢志，孝姑，撫遺腹子成立。庠生查聯舉妻張氏，其姑年八十，守節以養。

沈思妻桂氏。資陽人。適沈未踰歲，思亡，無子，獨依姑以居，誓死不再適，朝夕親織紝以奉姑。

孫瑞妻陳轉柱。資陽人。受瑞聘，未配而瑞卒，陳即縞衣泣欲赴夫喪，父阻之，遂持刀自刎，救免，誓不再嫁。後割股痊母病。

王九臯妻蔣氏。資陽人。九臯攜蔣氏隨父宦雲南，旋卒，氏扶喪歸里殯葬，時年二十一。撫子成立，節凛冰霜。陶炎妻呂氏，炎卒，生子甫兩月，氏撫之成立，事姑以孝。

馬炳然妻吴氏。内江人。炳然官都御史，赴任南郡，舟行被賊害。吴泣曰：「公死矣，我不可辱。」遂抱幼女赴水死。事聞，旌表。

冷向春女汝玉。内江人。隨父任南昌，奏績北上，至棗林閘，夜遇寇，汝玉急躍出曰：「父可自爲計，無以我爲念。」即赴水死。

楊浩二女。内江人。長大姑，次二姑。奢寅掠縣，全家被執，母觸堦死，二女義不受辱，奪賊刀自刃不得，奔赴水死。賊退，二女屍浮，手猶相執。事聞，旌表。

王尚賓繼妻陰氏。内江人。年二十而寡，奉舅歷三十五年，始終如一。同縣蕭世隆妻黄氏，年十七守節，孝事舅姑。田馬氏，守節教子，領鄉薦。俱經旌表。巡檢蕭騰妾陳氏、蕭露妾李氏，苦節撫孤，年並踰七十。陳子游庠，李子舉進士。李早繼妻何氏，夫卒，遺腹生子，撫之成立。吴良貴妻陳氏，守志撫孤。馬泰階妻萬氏，年十六夫亡，守節課子彦卿，官太守，歷年九十卒。范全妻張愷妻陳氏，愷殁，撫二子，早卒。媳喻氏、黄氏，姑媳三人，相依爲命，撫孫游庠。陰錫順妻楊氏，守節撫孤，歷七十一年。梁氏，夫殁誓志，教子課孫，俱顯科第，百歲卒。高世渤繼妻何氏，年十九守節，撫前妻二子成名。熊動之妾李氏，誓志守節。俱經旌表。監生陳聖道妻張氏，夫卒，苦志不移。

黄應奎妻李保哥。資陽人，李一元女。受應奎聘，未配，應奎死。有求娶者，父許之，李泣不從，潛入房，以黄之聘衣自縊，時年十九。事聞，旌表。

方之斗妻陳氏。仁壽人。適方三年，之斗死，父欲奪而嫁之，不從，投井死。事聞，旌表。

庠生徐可畏妻張氏。仁壽人。守節四十餘年，嘉靖中旌表。同縣辜鳳禎妻周氏，甘貧守節，教子登，年七十四終。劉慶衍妻金氏，夫歿，遺子方襁褓，姑憐其少，欲嫁之，氏截髮，誓志終身。劉雲起妻姚氏，孝事翁姑。姑病，氏焚香泣禱，姑病遂愈。俱經旌表。貢生徐著妻劉氏，性孝。姑病篤，氏割股以療，得痊。徐達之女，幼字陳玉鉉，未嫁，玉鉉卒，氏慟哭，勺水不入口，至三日嘔血死。

辜鳳翼孫女。仁壽人。將笄未嫁，聞寇入境，常懷利刃寸許。及賊至，自刎死。

劉應禧妻羅氏。仁壽人。夫婦避亂嘉陽，應禧覆舟溺死。氏曰：「離亂夫喪，何以自存？」翌日，赴三江門投水死。

陳璟妻朱氏。蜀藩石泉王宣垠之女。適資陽陳璟。獻賊破成都，賊黨訪得朱，朱自知不免，請于舅姑曰：「爲婦十年，未嘗敢背姑訓，今賊索我，無死所矣。」遂剪髮刺血，訣其夫，入室自縊死。

羅拱明妻何氏。内江何紹克女。幼讀書，曉文義。適羅，日晨起省姑，治家嚴肅，衣皆用布。甲申，獻賊至内江，拱明偵賊信，爲所獲。何即投江死，衣有藍織「死」字數百。

本朝

徐芬妻劉氏。仁壽人。年二十一守節，事舅姑以孝著。雍正元年旌。

雷正海妻歐陽氏。資州人。夫亡守節。同州節婦王之經妻饒氏、趙僅川妻查氏、周文耀妻郭氏、王祖文妻熊氏、舒星明妻孫氏、李子藩妻詹氏、吴克傳妻饒氏、羅世明妻胡氏、張鵬翼妻饒氏、鄧光先妻李氏、雷起蟄妻劉氏、余翀雲妻周氏、趙林三妻查氏，均乾隆年間旌。

彭商賢妻陳氏。資陽人。夫亡守節。同縣節婦彭洪俊妻王氏、王孫遊妻張氏、武生張泰昌妻卿氏、張泰交妻孫氏，烈女劉蕭妹，均乾隆年間旌。

劉輔炎妻韓氏。內江人。夫亡守節。同縣節婦張珏妻任氏、雷永昌妻唐氏、蘇純嘏妻陰氏、魏國楚妻吳氏、余廷弼妻古氏、曹洪模妻李氏、謝錦豐妻黃氏、廖見龍妻陳氏、賴昌泰妻廖氏、李名儒妻黃氏，均乾隆年間旌。

汪海妻張氏。仁壽人。夫亡守節。同縣節婦黃光宗妻陳氏、尹新邦妻吳氏、黃松妻辜氏、鍾鳴佩妻黃氏、吳秀琦妻熊氏、李成蹊妻楊氏、向文榜妻劉氏、黃恪妻黎氏、汪濬妻陳氏、廖子千母王氏、汪沛妻劉氏、祝瑞龍母劉氏，烈婦劉乾玉妻吳氏，烈女王模女王氏、李大均女大姑，均乾隆年間旌。

雷普化妻楊氏。井研人。夫省父宦卒於外，氏矢志不渝，經營喪葬，撫遺子輪成名。同縣節婦雷昂妻戴氏，均乾隆年間旌。

雷世儒妻蔡氏。資州人。夫亡守節。同州節婦譚正璜妻李氏、張啓瑛妻鄧氏、甘國效妻曾氏、周雲鳳妻劉氏、閔墉妻龔氏、閔垓妻徐氏、李彬妻韓氏、陳其忠妻邱氏、吳士沐妻蕭氏、王朝佐妻李氏、鄧叢妻王氏、陳元臣妻鄭氏、顧雙山妻焦氏、劉常傑妻蘇氏、劉禮治妻湯氏、薛良才妻池氏、甘國孝妻曾氏、鄭維屏妻鄧氏、趙琳妻王氏、饒某妻陳氏、饒廷楫妻陰氏，烈婦朱有貴妻李氏，均嘉慶年間旌。

卓爾宲妻劉氏。資陽人。夫亡守節。同縣節婦黃明訓妻蕭氏、黃星煦妻張氏、劉聲溢妻胡氏、吳洪周妻羅氏、蕭國良妻李氏，均嘉慶年間旌。

魏朝綱妻林氏。內江人。夫亡守節。同縣節婦張啓焕妻邱氏、賴順剛妻李氏、廖廷佐妻吳氏、滕文茂妻陳氏、陳聖道妻鄧氏、張贊清妻吕氏、邱德輝妻王氏、鄧家璽妻何氏、鄒彦方妻蕭氏、喻啓性妻李氏、任大昇妻閔氏、尤之綱妻陳氏、陳德鏞妻王氏、張顯高妻徐氏、黃紹綱妻陳氏、謝崑妻范氏、鍾志朝妻黃氏、張文汲妻邱氏、張兆綸妻劉氏、鍾信玉妻黃氏、吕乾英妻高氏、黃士仁妻鄧氏、孫啓龍妻蔣氏、朱運昌妻傅氏、朱紱妻王氏、朱斯玟妻張氏、黄文光妻鄒氏、黄發崇妻林氏、監生蘇鳴和妻王氏、潘毓秀妻李氏、陳元德妻唐氏、鄧家桂妻賴氏、吴明順妻林氏、林毓瑄妻余氏、潘泰成妻周氏、喻能得妻張氏，貞女張永蘭聘妻何氏，均嘉慶年間旌。

蘇廷林妻杜氏。仁壽人。夫亡守節。同縣節婦李芝楧妻辜氏、劉曰寬妻成氏、廖唐元妻高氏、彭景權妻蔣氏、鄭宗典妻雷氏，烈婦范徐氏、王邵氏、何師武妻李氏、辜明允妻張氏、辜明善妻魏氏、綱和妻謝氏、謝元亨妻黄氏，烈女龍么姑、夏么姑、龍氏女，均嘉慶年間旌。

王氏女。仁壽人。嘉慶五年，教匪竄境，女曰：「避不及，且受辱。」遂自縊。

吴屏藩妻舒氏。仁壽人。夫病，刲股救療不愈，苦節三十餘年。同縣節婦劉開榜母曾氏，嫻詩禮，歷百有四歲終。

左榮妻李氏。井研人。夫亡守節。同縣節婦左瑄妻郭氏，均嘉慶年間旌。

仙釋

唐

傅仙宗。本長安人。父倫，爲資陽令。仙宗性沈默好道，有神人告以修真地，遂乘青騾赴平岡山。開元間，詔赴闕，經利州桔柏江，除水害，利人祠祀之。已而抵都，上問：「卿何道到此？」對曰：「守以恬淡，行以簡易。」又問金丹，曰：「惠及民物，即長生也。」上大悦。久之還山。詔修葺舊觀，賜額「真應觀」。

土産

金。唐書地理志：陵州、資州貢麩金。寰宇記：貢。原採於道江水，神龍元年起〔一三〕。

鐵。元和志：始建縣鐵山出鐵，諸葛亮嘗取爲兵器。其鐵剛利，堪充貢。九域志：資縣有鐵冶。

鹽。唐書地理志：資州磐石、資陽、内江有鹽，陵州仁壽、貴平、籍、井研有鹽。

絹。唐書地理志：陵州貢鵞溪絹。元和志：資州賦緜絹。

葛。唐書地理志：陵州貢細葛。

麻。元和志：資州貢麻布。

藥。唐書地理志：陵州貢續髓、苦藥子。

柑。唐書地理志：資州土貢。元和志：資州貢柑子。

蔗。寰宇記：資州産。

高良薑。寰宇記：資州産。

校勘記

〔一〕在州東十五里　「州」，原作「川」，據乾隆志卷三一二資州山川（下同卷簡稱乾隆志）改。

〔二〕在州東南二十里　「十」，原作「千」，據乾隆志改。

〔三〕古語曰緜洛爲没沃也　「古」，乾隆志及水經注卷三三江水作「故」。「没」，乾隆志作「浸」。

〔四〕從縣南界瀨下六池南流　「南流」，乾隆志同，太平寰宇記卷八五「擁思茫水」下作「東流」。

〔五〕在縣南七步　「南」，乾隆志同，元和郡縣志、雍正四川通志作「東南」。

〔六〕内江縣上井五　「五」，原脱，乾隆志同，據雍正四川通志卷一四鹽法補。

〔七〕校勘　此二字不知所謂，當係誤刻。乾隆志此處作「即其地」三字。

〔八〕劉昫之説尚未詳悉　「昫」，原作「朐」，乾隆志作「煦」，均誤。舊唐書乃後晉劉昫奉敕撰，字當作「昫」，因改。

〔九〕繪王褒董鈞范崇凱李鼎祚像　「崇」，原作「宗」，乾隆志同，據輿地紀勝卷一五七潼川府路資州改。按，前山川華萼山下唐時獻華萼樓賦之范崇凱即其人。

〔一〇〕范崇凱墓　「崇」原作「宗」，乾隆志同，據雍正四川通志卷二九陵墓改。參上條校勘記。

〔一一〕李允簡　「允」，原作「充」，據乾隆志及明史卷二〇〇李允簡傳改。

〔一二〕黄昪　「昪」，原作「昇」，據新唐書卷一九五孝友傳改。

〔一三〕神龍元年起　「龍」，原作「光」，據太平寰宇記卷八五劍南東道陵州改。

綿州直隸州圖

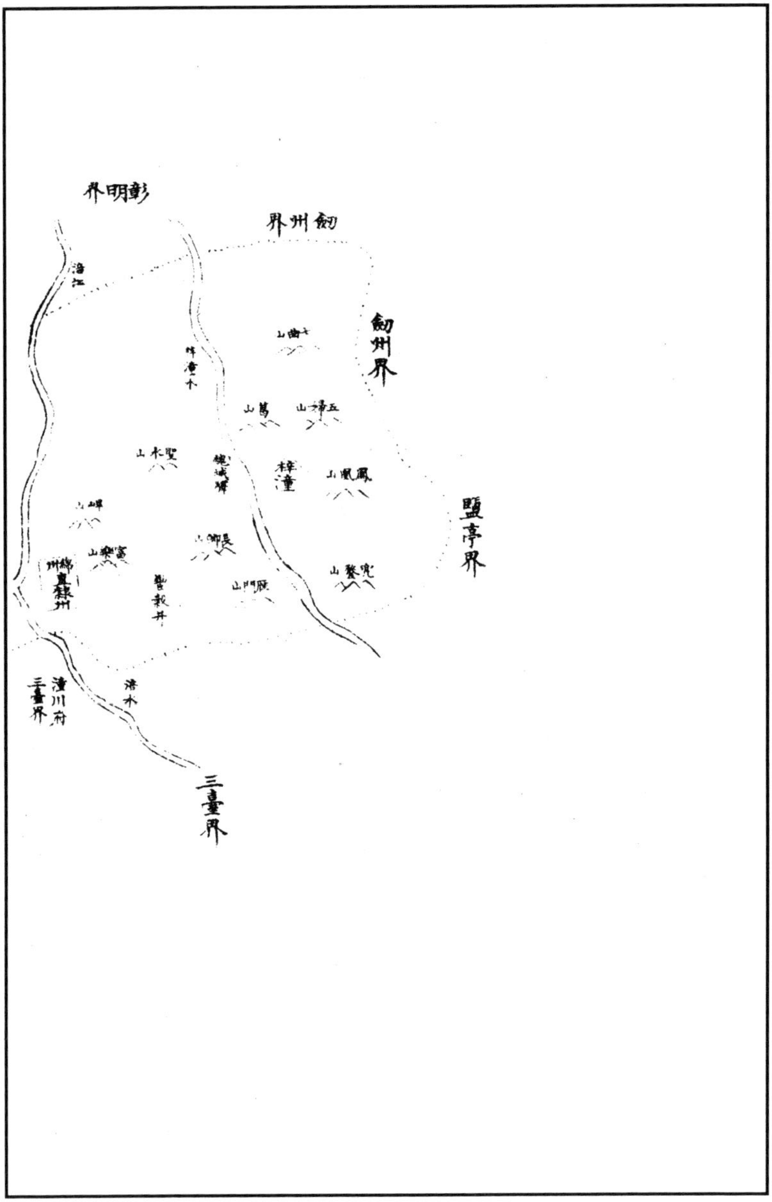
彭明界
劍州界
劍州界
涪江
梓潼水
七曲山
葛山
五婦山
聖水山
魏城驛
梓潼
鳳凰山
長卿山
富樂山
兜鍪山
綿州直隸州
鹽亭界
潼川府三臺界
三臺界

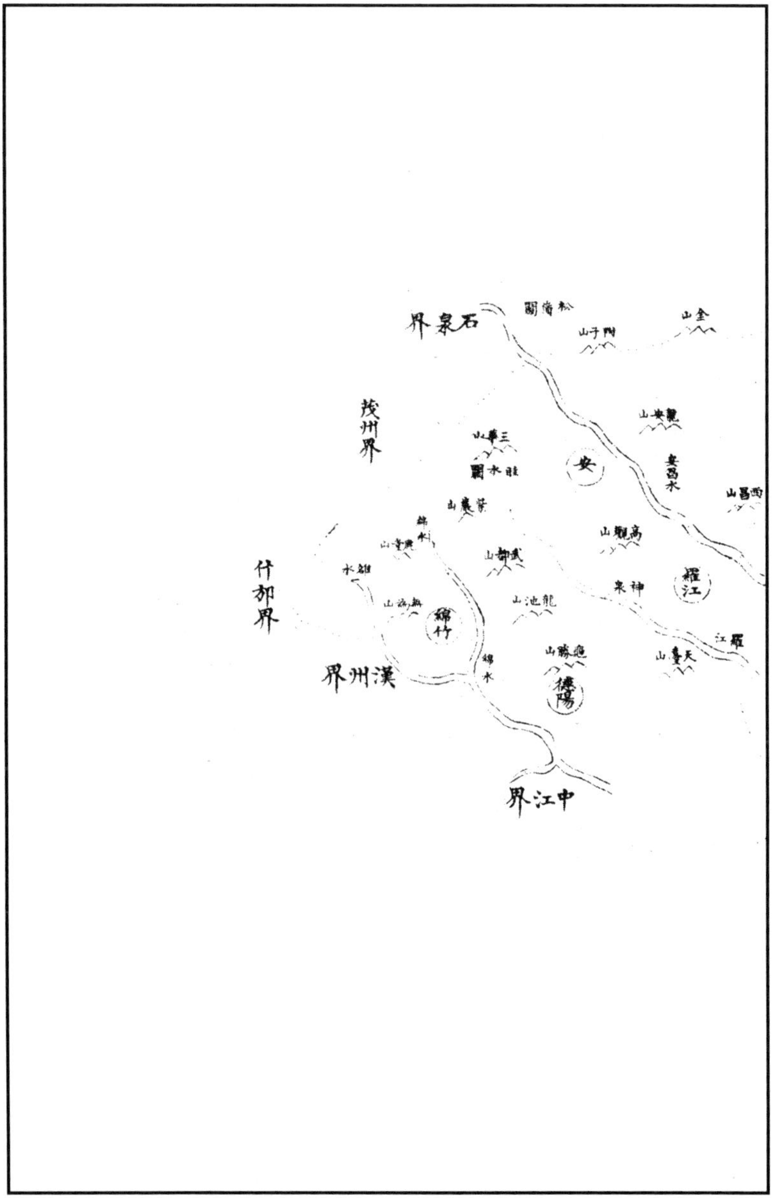
石泉界
松嶺關
茂州界
三華山
安
安昌水
西昌山
高觀山
武都山
綿水
羅江
神泉
龍池山
綿竹
漢州界
綿水
德陽
天臺山
羅江
中江界

綿州直隸州表

	綿州直隸州		
秦			
兩漢		涪縣置屬廣漢郡。後漢移郡來治，尋徙郡治雒縣。	
三國		涪縣蜀漢屬梓潼郡。	
晉	永嘉後移梓潼、巴西二郡來治。	涪城縣改名，郡治。	
南北朝	潼州巴西郡魏置州。	巴西縣魏改名，州郡治。	魏城縣西魏置，屬巴西郡。
隋	金山郡開皇初郡廢，五年改綿州，大業初改州爲郡。	巴西縣郡治。	魏城縣大業十二年移治，屬金山郡。
唐	綿州武德元年復州，天寶元年復巴西郡，乾元元年又改屬劒南東道。	巴西縣州治。	魏城縣屬綿州。
五代	綿州屬蜀。	巴西縣	魏城縣
宋	綿州屬成都府路。	巴西縣	魏城縣
元	綿州至元二十年改屬潼川路。	至元二十年省入州。	至元二十年省。
明	綿州屬成都府。		

續表

	德陽縣
	綿竹縣 置屬廣漢郡，爲都尉治。後漢中平五年爲益州治。
	綿竹縣　陽泉縣 蜀漢分置，屬廣漢郡。
	綿竹縣 初屬新都郡，後屬廣漢郡，東晉改屬南陰平郡。　陽泉縣 初省，後復置。　南陰平郡 東晉置。
	綿竹縣 周省。　陽泉縣 周移晉熙郡來治。　南陰平郡 周廢。
	郡徙，縣廢。
鹽泉縣 武德三年分置，屬綿州。	德陽縣 武德三年置，屬益州。垂拱二年屬漢州。
鹽泉縣	德陽縣
鹽泉縣	德陽縣
省。	德陽縣 至元八年升德州。十三年復縣，屬成都路。後屬漢州。
	德陽縣 屬漢州。

	羅江縣	安縣
	涪縣地。	
陰平縣郡治。萇陽縣東晉置，屬晉熙郡。	萬安縣置，屬梓潼郡。	
陰平縣周改南陰平，尋併入雒。萇陽縣齊省，後復置。周併入晉熙。	萬安縣梁改名孱亭。西魏復故名，兼置萬安郡。	
	萬安縣開皇初郡廢，屬金山郡。	
	羅江縣屬綿州。天寶元年改名。	
	羅江縣	
	羅江縣	石泉軍寶祐中移來治。
	羅江縣	安州中統五年升州，屬成都路。
	羅江縣	安縣洪武七年降縣，移今治，屬成都府。

續表

綿竹縣	
晉熙郡 隆安二年分置。	晉興縣 僑置，屬巴西郡。　益昌縣 屬巴西郡。　西充國縣 屬巴西郡。
晉熙郡 齊永元初廢，梁復置。	晉興縣 西魏省入益昌。　金山縣 周改置。　益昌縣　西充國縣
開皇初廢。	大業三年省。　開皇三年省入金山。　神泉縣 開皇六年改名，屬金山郡。
	龍安縣 武德三年復置，改名，屬綿州。　西昌縣 永淳元年復置，改名，屬綿州。　神泉縣 屬綿州。
	龍安縣　西昌縣　神泉縣
	龍安縣 宣和初改名安昌，尋復故名。寶祐中軍治。　熙寧五年省入龍安。　神泉縣 屬石泉軍。
	中統五年省。　中統五年省入州。

	梓潼縣
	廣漢郡 前漢置郡，後漢徙，建安二十二年改梓潼郡。 梓潼縣 郡治。後漢屬雒，後又爲梓潼郡治。
	梓潼郡 梓潼縣
晉熙縣 郡治。	永嘉後徙治涪。孝武時復移來治。 梓潼縣 屬梓潼郡。孝武後仍爲郡治。
晉熙縣 齊屬南新巴郡，周省入陽泉。 武都郡 宋僑置，領武都、下辯、漢陽、略陽、安定五縣。齊省，後復置南武都縣。周省入晉熙。	宋復徙治涪城。 安壽縣 西魏改名，兼置潼川郡。
晉熙縣 開皇初復置，十八年改名孝水，大業二年又改綿竹。	梓潼縣 開皇初郡廢，大業初復改名，屬普安郡。
綿竹縣 初屬濛州，後屬漢州。	梓潼縣
綿竹縣	梓潼縣
綿竹縣	梓潼縣 屬隆慶府。
綿竹縣 至元十三年省，後復置。	梓潼縣 屬劍州。
綿竹縣 屬漢州。	梓潼縣

德陽縣 後漢分置，屬廣漢郡，後徙。
北陰平郡 東晉置。 陰平縣 郡治。
静龍郡 西魏改陰平，周又改。 陰平縣
開皇初廢。 陰平縣 屬晉安郡。
陰平縣 屬劍州。
陰平縣
陰平縣 屬隆慶府。末省。
續表

大清一統志卷四百十四

綿州直隸州

在四川省治東北二百七十里。東西距三百里，南北距一百零五里。東至保寧府劍州界一百五十里，西至成都府漢州界一百五十里，南至潼川府三臺縣界四十里，北至龍安府彰明縣界六十五里。東南至三臺縣界七十里，西南至潼川府中江縣界六十里，東北至劍州界一百八十里，西北至龍安府石泉縣界一百三十五里。本州境東西距一百五里，南北距一百五里。東至梓潼縣界六十里，西至安縣界四十五里，南至三臺縣界四十里，北至彰明縣界六十五里。東南至三臺縣界七十里，西南至中江縣界六十里，東北至梓潼縣界八十里，西北至安縣界五十里。自州治至京師五千四百五十里。

分野

天文井、鬼分野，鶉首之次。

建置沿革

禹貢梁州之域。漢置涪縣，屬廣漢郡。後漢元初二年，移郡治此。見華陽國志。水經注作永初。後又徙郡治雒，仍爲屬縣。三國漢改屬梓潼郡。晉曰涪城。永嘉後移梓潼郡來治。李雄之亂，屢被侵據。按華陽國志，晉李雄之亂，巴西譙登詣鎮南請兵，表爲梓潼内史，募兵征宕渠，殺雄巴西太守馬脱，還住涪。永嘉五年，李驤破涪城，獲登，巴西、梓潼復爲雄有。此涪爲巴西、梓潼二郡治之始也。晉書載記：苻堅以裴元略爲巴西、梓潼二郡太守。宋書：元嘉十八年，楊難當圍涪城，巴西太守劉道錫嬰城固守。道錫傳時爲巴西、梓潼二郡太守。蓋二郡俱治涪，猶所謂雙頭郡也。而宋志巴西太守領閬中等九縣，齊志因之，不云與梓潼同治，未詳。又按元和志謂晉孝武移梓潼郡於涪，據華陽國志，乃在永嘉時也。宋仍曰涪縣。元嘉十六年，始自梁州度屬益州。齊因之。西魏置潼州。廢帝二年，改縣曰巴西，爲潼州巴西郡治。時别於梓潼置潼川郡，而此止爲巴西郡。隋開皇初，郡廢。舊唐書作隋改涪曰巴西。五年，改潼州曰綿州。大業初，改州爲金山郡。唐武德元年，復曰綿州。天寶元年，復爲巴西郡。乾元元年，復爲綿州，屬劍南東道。五代屬蜀。宋屬成都府路。元至元二十年，改屬潼川路，以州治巴西縣省入。明改屬成都府。本朝雍正六年，升直隸州，屬四川省。乾隆三十五年，省羅江縣入之，并移州治焉。嘉慶六年，仍還舊治，復設羅江縣。領縣五。

德陽縣。在州南一百五十里。東西距九十里，南北距六十里。東至潼川府中江縣界四十五里，西至綿竹縣界四十五里，南至成都府漢州界二十五里，北至羅江縣界三十五里。東南至漢州界四十里，西南至漢州界三十里，東北至中江縣界七十里，西北至綿竹縣界六十里。漢置綿竹縣，屬廣漢郡，爲都尉治。後漢因之。中平五年，嘗爲益州治。晉初屬新都郡。郡廢，還屬廣漢。東晉改屬南陰平郡。宋、齊以後因之。周廢。唐武德三年，改置德陽縣，屬益州。垂拱二年，屬漢州。宋因之。元至元八年，升爲德州。十三年，復爲縣，屬成都路。十八年，還屬漢州。明因之。本朝改屬成都府綿州。雍正五年，升綿州爲直隸州，縣仍屬焉。

羅江縣。在州西南七十里。東西距五十里，南北距六十五里。東至潼川府中江縣界三十里，西至綿竹縣界二十里，南至中江縣界三十五里，北至安縣界三十里。東南至中江縣界五十里，西南至德陽縣界二十五里，東北至州界二十五里，西北至安縣界三十五里。漢涪縣地。晉置萬安縣，屬梓潼郡。宋、齊因之。梁改孱亭縣。西魏復曰萬安，并置萬安郡。隋開皇初郡廢，縣屬金山郡。唐屬綿州。天寶元年，改曰羅江。宋、元、明因之。本朝順治十六年，併入德陽縣。雍正五年，復置，屬綿州。乾隆三十五年省，移綿州來治。嘉慶六年復置，仍屬綿州。

安縣。在州西一百一十里。東西距一百二十里，南北距一百二十里。東至州界六十里，西至綿竹縣界六十里，南至羅江縣界六十里，北至龍安府石泉縣界六十里。東南至羅江縣界六十里，西南至綿竹縣界七十里，東北至龍安府彰明縣界四十里，西北至茂州界六十里。漢涪縣地。晉孝武僑置晉興、益昌、西充國三縣，屬巴西郡。隋爲金山、神泉二縣，屬金山郡。唐爲龍安、西昌、神泉三縣，屬綿州。宋熙寧五年，省西昌縣入龍安。政和七年，以龍安、神泉二縣屬石泉軍。宣和三年，軍廢，二縣還屬綿州。七年，復屬軍。寶祐中，移石泉軍治龍安。元中統五年，升軍爲安州，屬成都路，以龍安、神泉二縣省入。明洪武七年，降州爲安縣，屬成都府。本朝雍正五年，改屬綿州。

綿竹縣。在州西南一百八十里。東西距七十里，南北距八十里。東至德陽縣界三十里，西至成都府什邡縣界四十里，南至成都府漢州界五十里，北至安縣界三十里。東南至德陽縣界五十五里，西南至什邡縣界四十里，東北至安縣界三十里，西北至什邡縣界五十里。漢綿竹縣地。晉隆安二年，分置晉熙郡及晉熙縣。宋因之。齊永元初，廢晉熙郡，以縣屬南新巴郡。梁復置晉熙郡。周省晉熙縣入陽泉。隋開皇初，廢郡，復置晉熙縣。十八年，改曰孝水。仁壽初，復分置綿竹，屬濛、凱二州，後省入蜀。唐初，復濛州。貞觀初年，隸益州。垂拱二年，分屬漢州。宋因之。元至元十三年，併入漢州，後復置。明仍屬漢州。本朝初屬成都府。雍正五年，改屬綿州。

梓潼縣。在州東北一百二十里。東西距八十里，南北距九十五里。東至保寧府劍州界三十里，西至龍安府江油縣界五十里，南至州界三十五里，北至劍州界六十里。東南至潼川府鹽亭縣界六十里，西南至州界三十五里，東北至劍州界五十里，西北至江油縣界六十里。漢置梓潼縣，爲廣漢郡治。後漢徙郡治雒縣，以梓潼屬之。建安二十二年，改置梓潼郡。晉永嘉後，徙郡治涪縣，以梓潼爲屬縣。孝武時，仍移郡來治。宋復徙郡治涪城。西魏改縣曰安壽，又於縣置潼川郡。隋開皇初，郡廢。大業初，復改曰梓潼，屬普安郡。唐屬劍州。宋屬隆慶府。元屬劍州，明因之。本朝初屬保寧府，雍正五年改屬綿州。

形勢

依山作固，東據天池，西臨涪水。形如北斗，卧龍伏馬。爲蜀東北之要衝。元和志。據涪上流，水陸四衝。古涪志序。東介梓、遂，北接劍、利，爲三川之襟帶〔一〕。張演廉泉堂記。

風俗

介東、西兩川之間，北負梁、雍。風氣所濡，各得其偏。故其俗文而不華，淳而不魯，剛而不很，柔而不弱。郡、縣志。州處三蜀之會，人饒地腴，財貨繁茂。州志。

城池

綿州城。周九里有奇，門四。宋時築，明成化初甃石。本朝順治初修，嘉慶五年、九年重修。

德陽縣城。周七里三分，門五，池廣一丈。明天順初建。本朝乾隆三十七年修。

羅江縣城。周四里三分，門四。明成化初土築，正德中甃石。本朝乾隆三十五年修。

安縣城。周三里，門四，池廣一丈。明成化中建。本朝乾隆三十五年修，四十九年重修。

綿竹縣城。周三里九分，門五。明天順初建。本朝乾隆三十七年修。

梓潼縣城。周三里二分，門四。明成化中建。本朝乾隆三十七年修。

學校

綿州學。在州治西南。舊在城東門外。唐貞觀三年建。本朝康熙二十四年改建今所，嘉慶五年修，十七年重修。入學額數十名。

德陽縣學。在縣治南。宋開禧五年建。本朝順治中重建，康熙四十四年修，乾隆五年重修。入學額數九名。

羅江縣學。在縣治東。宋熙寧三年建。本朝雍正八年重建。乾隆三十四年，裁併綿州學。嘉慶七年復設，十一年修。入學額數六名。

安縣學。在縣北門外。舊在城内。宋熙寧初建。明嘉靖中遷建今所。本朝順治十八年重建，康熙三十八年修，雍正四年、乾隆五十四年重修。入學額數八名。

綿竹縣學。在縣治東。宋景德初建於縣南。明洪武六年遷建今所。本朝康熙間修。入學額數八名。

八名。

梓潼縣學。在縣治東。宋建。本朝順治初重建，康熙五十七年修，乾隆八年、三十二年、四十三年重修。入學額數

左綿書院。在州治内。舊在州城南。本朝乾隆初建，嘉慶六年遷建今所。

孝感書院。在德陽縣治北。本朝乾隆十六年建於城東，二十二年遷建今所，嘉慶十年修。

雙江書院。在羅江縣治南。本朝乾隆三十一年建。

汶江書院。在安縣治南。舊在東門外。本朝康熙五十七年建，乾隆二十四年遷建今所。

晉熙書院。在綿竹縣治西。本朝乾隆十一年建，嘉慶十二年修。

紫巖書院。在綿竹縣東一里。宋張浚讀書處。

潼江書院。在梓潼縣城東北隅。舊在南門内。本朝乾隆中建，嘉慶二年遷建今所。

德陽義學。在縣城内。本朝乾隆五十四年建，嘉慶十年修。

户口

原額户一萬四千八百九十二，今滋生男婦共一百一十萬三千六百二十五名口，計二十萬九千六百八户。

田賦

田地二萬八千九百二十二頃二十五畝有奇，額徵地丁正、雜銀三萬七千四百二十九兩二錢九分三釐。

山川

富樂山。在州東七十五里。元和志：在巴西縣東五里。方輿勝覽：昔先主入蜀，劉璋迎於此山。先主望見蜀之全盛，飲酒樂甚，故名。

五層山。在州東南。元和志：在鹽泉縣西南三十里。

延賢山。在州東北。方輿勝覽：郡之南山。

天池山。在州東北。元和志：在州北二十餘步〔二〕。舊志有二，一在州北二里，一在州東三十里。

猿門山。在州東北。寰宇記：在州北二十五里。上多猿。其山二峯，竪立如門，曰猿門。

崒山。在州東北廢城北六十里，與猿門山相接。上有九龍洞。

聖水山。在州東北廢城北六十里。上有龍湫。

鹿頭山。在德陽縣北。寰宇記：自綿州迤邐入縣界。古老云，昔有張鹿頭於此造宅，因名。明統志：在縣北三十餘里。

龜勝山。在德陽縣北二十里。唐元和初，高崇文討劉闢，攻鹿頭關，於此對壘。有龜現牙旗下，及戰大勝，因名。一名萬勝堆。

浮中山。在德陽縣北三十里。寰宇記：南陰平鄉東。每芳春游人登賞，謂之迎春岡。舊志：山在縣東北。

天台山〔三〕。在羅江縣南。寰宇記：山似越之天台，折腳水出焉。

龍池山。在羅江縣西南。寰宇記：山上有池，池上有伏石如蟠龍。

羅璝山。在羅江縣南十五里，今名大霍山。寰宇記：在縣西南十里。相傳羅公遠曾隱於此。山有洞，號真人宮。

潺山。在羅江縣北三里。

龍臺山。在安縣東。元和志：在西昌縣東北四里。

西昌山。在安縣東三十里。寰宇記：在西昌縣北。舊名馬鞍山，唐天寶六載敕改今名。

浮山。在安縣南二十里。有十二峯，峭拔如屏，突出平野。

高觀山。在安縣南三十里。孤峯特起，其上坦平，一望無際。

瓜菜山。在安縣南五十里。

三華山。在安縣西北二十里。三峯鼎峙。

九鼎山。在安縣北十二里。

金山。在安縣東北。元和志：在龍安縣東五十步。每夏雨奔注，崩頹之所，金粟散出，大者如棋子。

龍安山。在安縣東北。元和志：在龍安縣北十里。隋開皇中，蜀王秀立亭館以避暑，縣因山爲名。

巴西山。在安縣東北。寰宇記：在龍安縣北十里。自彰明縣界來。舊名北崖山，天寶中改。

附子山。在安縣東北，接彰明縣界。寰宇記：與松嶺關連接，去龍安縣四十里。出附子。又有附子水出焉。

無爲山。在綿竹縣西二十里。方輿勝覽：去紫巖山十里。名勝志：宋淳熙間碑云，羣雁排空，成「無爲」二字，因名。又三溪山，在縣西三十五里。

九龍山。在綿竹縣西北十五里。縣志：茂州諸山，俱東北行，不向縣治，獨此山東南行，分爲九條，環拱如龍。

紫巖山。在綿竹縣西北。漢書地理志：綿竹有紫巖山。元和志：在縣西北三十里。名勝志：山極高大，亦名綿竹山。

鹿堂山。在綿竹縣西北。隋書地理志：綿竹有鹿堂山。元和志：在縣西三十二里。寰宇記：李膺益州記云，岸有隙出神泉，若詣者精志，則泉流奔涌，否則清源頓竭。明統志：在縣西北三十里。

武都山。在綿竹縣北。蜀記：武都山精化爲女子，爲蜀王妃，未幾物故。乃發卒之武都，擔土爲冢。舊志：在縣北二十里，與紫巖相接。又明統志有秦中山，亦在縣北二十里。

龍角山。在綿竹縣北三十五里。以形似名。

庚除山。在綿竹縣東北。唐書地理志：綿竹有庚除山。寰宇記：在縣東北四十里。即張道陵二十四化之一也。山有二石室。

鳳凰山。在梓潼縣東五里。峯巒伏起，狀如飛鳥。舊志：在縣東北六里。

兜鍪山。在梓潼縣東南十九里。寰宇記：從武連縣東南來，羣峯列峙，勢如兜鍪。上有蛟龍神祠，俗呼爲兜鍪神。

長卿山。在梓潼縣南五里。寰宇記：舊名神山。唐明皇幸蜀，遥見山上有窟，近臣奏，此漢司馬相如讀書之窟，敕改今名。

雁門山。在梓潼縣南三十餘里。輿地紀勝：有東西兩嶺，突起如門，雁從中過，故名。

十八隴山。在梓潼縣西北。寰宇記：在陰平縣西南五十里。高千餘丈，周巒連屬，有十八隴，因名。十二隴在昌明縣界，六隴在當縣界。

馬閣山。在梓潼縣西北。寰宇記：在陰平縣北六十里，東接梁山，西接岷、峨。昔鄧艾伐蜀，從景谷路出江油至此，懸巖絶壁，乃束馬懸車，造作棧閣，方得通路。因名馬閣。按：山當在今梓潼縣西北，接龍安府平武縣界。明統志謂在縣北一百二十里，疑誤。

葛山。在梓潼縣北二十五里。輿地紀勝：一名亮山。蜀漢諸葛亮曾置營於此。舊志：在縣西北二十里。

五婦山。在梓潼縣北。漢書地理志：梓潼有五婦山。華陽國志：秦惠王許嫁五女於蜀，蜀遣五丁迎之，還到梓潼，見一大蛇入穴中，一人攬其尾掣之不禁，五人相助，大呼拽蛇，山崩壓死五人及秦五女，而山分爲五嶺。蜀王因命曰五婦冢。或名五丁冢。寰宇記：山在縣北十二里，高四百二十丈。

七曲山。在梓潼縣北。寰宇記：郡國志云，張亞子昔至長安，見姚萇謂曰：「卻後九年，君當入蜀。若至梓潼七曲山，幸見尋。」至建元十二年，萇隨楊安南伐，未至七曲山，迷道，游騎忽見一鹿，逐至廟門，鹿自死，追騎共剥之。有頃萇至，悟曰：「此是張君爲吾設主客之禮。」烹食而去。輿地紀勝：山在梓潼縣十八里。明統志：在縣北十五里，山腹有路，盤轉七曲。

走馬嶺。在州東北廢城北一里。端直平坦，約長十里，其隘處僅容一車。

透山洞。在安縣東三里。南入北出，可容千人。

藥湖洞。在安縣西南三十里。廣大可容萬人。

茶坪河。在安縣西。舊志：源出縣西北千佛山，東南流七十里至縣西南合蘇包河，又東南二十里入綿州界，至州南合涪江。又蘇包河，源出縣界蘇包溝，東南流六十里至縣西南合茶坪河。按：舊志有巴字水，在州廢城西四里。涪水自州北逕城西折而東南，安昌水自州西迤邐繞城西南，匯於城南之芙蓉溪，成一「巴」字。每江漲，登山望之宛然。所謂安昌水即茶坪河，舊志誤以爲安昌水耳。

射水河。在綿竹縣南。源出三溪山，東南流五十里合馬尾河，又東南入石亭水。

白水河。在綿竹縣西。源出土司漆寨坪，以水色白得名。南流三十里過九龍山，又東南三十里歷縣西南射箭臺，入射水河。

馬尾河。在綿竹縣北。源出土司天池山，東南流十五里至縣西北馬尾口，又東南二十五里逕縣東關，又東南三十里入射水河。名勝志：馬尾河出無爲山。

涪水。在州東。自龍安府彰明縣流入，又東南入潼川府界，亦謂之内水。水經注：涪水自南安郡南，又東南逕涪縣西，有潺水注之。又東南逕綿竹縣北，又南與金堂水會。元和志：涪水逕巴西縣西，去縣五十步。舊志：涪江自彰明縣界會讓水、廉水，又南逕州城西合安昌水，又三十里入潼川府界。

潺水。在州東。水經注：涪縣有潺水出潺山，歷潺亭下注涪。明統志：潺水在州東五里。源出潺山，下流入涪水，合羅江。水源有金銀礦，民得採以爲業。舊志：源出梓潼縣潺山，經州東三十里，有石盤難渡，又西南入涪水。

羅江水。在州東。有二派，皆自安縣流入，又南入潼川府中江縣界。方輿勝覽：兩水相蹙成羅紋，故名。宋趙汝湄中江新隄記：江源出於龍安鹿爬山，初若二帶，其深漸車，至神泉始與諸溪水會爲一。東至於羅江，南至於陽平匯，東南復吞旁流，乃浩漾爲洪波。按：此水上源，舊志因土名互異，不能考正，又以元和志有羅江水在巴西縣西三十三里，遂以安昌水當之，亦非也。今按羅江有二源，在北者曰黑水河，亦曰寧江河，出安縣西南，由浮山下東南流四十里入州界；在南者曰冷水河，亦曰乾河，亦出安縣西南，由睢水關東南流四十里入州界，又東南二十五里至州城東北合流，過城東轉南合芙蓉溪，又三十里入中江縣界。

石亭水。在德陽縣西南二十里。自成都府什邡縣流入，逕綿竹縣西南，又東南逕縣西南，又東南入漢州界。舊志：石亭水自什邡逕綿竹縣西南火燒堰，又東南三十里抵石亭鋪，又東三十里至德陽，去縣二十里，與漢州南北爲界。又東南三十里至漢州。晉永康二年，李流軍綿竹，趙廞使費遠斷北道，屯綿竹之石亭，即此。

龍安水。在安縣北。自龍安府石泉縣流入縣界，又東至州西北合涪水。元和志：龍安水在西昌縣北五里。明統志：安昌水一名龍安水。舊志：安昌水逕州西北三十里曰橫山渡，又東南入涪。

綿水。在綿竹縣北，今名綿陽河。源出縣西北，東南流入德陽縣界，又南入漢州界。漢書地理志：綿竹縣紫巖山，綿水所出，東至新都北入雒。寰宇記：綿水在綿竹縣東北三十里。舊志：綿陽河源出茂州岷山，歷山澗二百里過土司大壩寨，復山間行三十里出山口，抵綿竹縣西北三十里綿堰口，又東南九十里逕羅江縣西德陽縣東北界，又折南流八十里入漢州。

梓潼水。在梓潼縣西。源出龍安府平武縣山溪，東南流入縣界，又南入潼川府鹽亭縣界。古名馳水，亦曰岐江、潼江、馬閣水。漢書地理志：梓潼縣五婦山，馳水所出，南入涪，行五百五十里。注：「應劭曰：潼水所出，南入墊江。」水經注：梓潼水出梓潼縣北界，一曰五婦水，亦曰潼水。其水導源〔四〕，南逕梓潼縣，自縣界逕涪城東，又南入於涪水。元和志：陰平縣有岐江，水下流即梓潼水也。東南流逕縣西南五里。又梓潼縣梓潼水，一名馳水，北自陰平縣界流入。寰宇記：馬閣水在陰平縣北。源自江油縣大業山來，逕馬閣山南流入縣界，又七十一里入梓潼縣界，便名潼水。又潼江水，在梓潼縣西南四里，源出陰平縣馬閣山，至五婦山西七曲山下，名潼水。又唐書地理志：陰平縣西北二里有利人渠，引馬閣水入縣溉田。龍朔三年，令劉鳳儀開，寶應中廢。後復開，景福二年又廢。明統志：梓潼水源出陰平竇圌山。

九曲水。在梓潼縣西北三十里。源出龍安府洞子河口，流至七曲山麓，九轉而入潼江。

芙蓉溪。有二，一在州廢城東北二里，其源自彰明縣來，迤邐百里，至廢城東北入涪水。夾岸多芙蓉，故名。一在州南，源自白馬闢山下，東南曲流十五里，至州城南入羅江。按：方輿勝覽，芙蓉溪在郡北官道旁，一名蚌溪。又有東津，即杜甫觀打魚作歌處。此爲廢州東北之溪。其在州南者，一名三紫水。明統志謂亦名蚌溪，誤。

玉妃溪。在綿竹縣東。方輿勝覽：綿竹縣有玉妃溪。舊志：在縣東，源出武都山。

君平池。在綿竹縣。寰宇記：相傳是君平宅陷而成池。名勝志：在武都山下。

武侯池。在綿竹縣南。寰宇記：李膺益州記云，東武山有江池，出白蓴，肥美爲一州最。周地圖記云，是諸葛武侯池。

拍掌池。在綿竹縣馬跪山隆平寺東。觀者合掌拍之，則泉水應聲而沸。

銀線潭。在安縣西三十里。水面時有銀線一痕，以物撓之不見，波定如故。

孝泉。在德陽縣西北。舊曰姜詩泉。元和志：姜詩泉在縣北三十九里。詩母好江水，一旦泉涌舍側，味如江水。舊志：宋治平中詔名曰孝泉。至今不絕，資以灌溉。

神泉。在安縣南五十里。元和志：在神泉縣西。平地涌出，冬温夏沸，能愈衆疾。寰宇記：神泉縣西三十里有泉十四穴，甘香異常，痼疾飲之即瘥，故曰神泉。今有祠。

馬跑泉。在梓潼縣東十八里。輿地紀勝：昔有馬經領兵到此，馬跑地泉出，因名。

靈泉。在梓潼縣東一百十里。相傳唐僖宗幸蜀，至此飲之，賜名。

隱劍泉。在梓潼縣北。寰宇記：在梓潼縣北十三里，五丁力士廟西十步。相傳有五丁餘劍隱在路旁，忽生一泉，因名。

香泉。在梓潼縣北。輿地紀勝：在陰平縣南二十五里。平地涌出，周迴八十步，其水香碧，故名。明統志：在梓潼縣北一百里。

東西井。在州東北。元和志：在魏城縣東南四里。井西爲涪縣界，井東爲梓潼縣界，二縣分境之所，故曰東西。

鹽井。在州界。元和志：陽下鹽井在鹽泉縣西一里。舊志：熊家、青家、梁家、劉家四井，皆在州南三十里。王家、阮家二井皆在州東六十里。統志：今綿州鹽井有中井十一所，下井十所。

旌陽丹井。在德陽縣東闕内。相傳許遜浴丹於此，其水香洌，暑飲尤宜。

月波井。在綿竹縣治東一里。漢嚴君平鑿。每朝霞霽月，井中波紋盪漾，掩映交輝。

古蹟

涪縣故城。在州東五里。漢置，屬廣漢郡。東晉後爲梓潼郡治。梁、魏改曰巴西，爲巴西郡治。隋爲金山郡治。元省入州。華陽國志：涪縣去成都三百五十里，水通於巴，爲蜀東北之要區，蜀時大將軍鎮之。元和志：綿州西南至漢州一百八十里，東南至梓州一百三十里，西至茂州取松嶺路三百七十里，北至龍州二百二十里。州理城。漢涪縣也。東據天池，西臨涪水，爲蜀東北之要衝。梁天監中，張齊爲太守，更造樓櫓卻敵。有東門、西門，東門久塞，富樂山氣所衝，門開州亂。宋元嘉初，王懷業開之，果至覆敗。爾後還塞。

陽泉故城。在德陽縣西。蜀漢分綿竹縣置，屬廣漢郡。晉廢，後復置。宋、齊因之。後周移晉熙郡治此。隋初，郡還治晉熙，此城遂廢。舊志：陽泉與雒、郪、什邡、新都、五城諸縣，宋書州郡志同屬廣漢郡，皆在今德陽縣南界，而德陽之北爲南陰平郡。今綿竹在其西北，爲晉熙郡。陽泉既屬廣漢，不應越兩郡而更在晉熙之北也。縣志謂陽泉在綿竹縣北，非是。

南陰平故城。在德陽縣西北。晉永嘉後，以陰平流民僑置南陰平郡及陰平縣，寄治萇陽。齊因之。後周廢南陰平郡，爲南陰平縣。尋廢入雒縣。舊志：寰宇記德陽縣北浮中山西，有南陰平鄉，即故郡也。

萇陽故城。在德陽縣西北。漢綿竹縣地。晉安帝置萇陽縣，屬晉熙郡，又以南陰平郡寄治於此。齊廢，後復置。後周併入晉熙。舊志：按縣初與南陰平縣同治，蓋自齊時廢，其後復置，因别爲一城，在南陰平之西。故萇陽入晉熙，陰平入雒也。

綿竹故城。在德陽縣北。漢置。後漢中平五年，黄巾亂，益州從事賈龍迎州牧劉焉移治綿竹。三國漢炎興元年，諸葛瞻拒鄧艾至涪，前鋒破，退住綿竹，遂戰死。即此。元和志：綿竹故城在綿竹縣東五十里。寰宇記：在德陽縣北三十五里。按：縣自古爲由涪入成都必經之要道，又爲涪江所經，當在今綿州、德陽之間。隋改雒縣爲綿竹，皆非故地也。

萬安故城。在羅江縣西。晉置，屬梓潼郡。唐改爲羅江。隋書地理志：金山郡萬安，舊曰孱亭，西魏改名，置萬安郡。開皇初郡廢。寰宇記：羅江縣在綿州西南七十八里，本漢涪縣地。晉於梓潼水尾萬安故城置萬安縣，晉末亂，移就孱亭，今縣城是也。唐天寶元年，改爲羅江。方輿勝覽：今爲萬安驛，在羅江縣西。舊志：萬安驛在縣西一里，晉時縣置於此。

西昌故城。在安縣東三十里。晉孝武帝置益昌縣，屬巴西郡。隋開皇三年省入金山。唐永淳元年復置，以與利州之益昌同名，改此爲西昌，屬綿州。宋初因之，後省爲鎮，屬龍安。元和志：縣東至綿州五十六里。舊志：今名花街鎮。

神泉故城。在安縣南五十里。漢涪縣地。晉孝武僑置西充國縣，屬巴西郡。宋、齊因之。隋開皇六年，改曰神泉，屬金山郡。唐屬綿州。宋改屬石泉軍。元中統五年，省入安州〔五〕。元和志：縣東北至綿州八十四里，因縣西神泉爲名。寰宇記：梁武陵王改爲平川，後魏恭帝移於今所。舊志：今白塔寺即縣舊址。

龍安故城。在安縣東北。晉平蜀，置晉興縣，屬巴西郡。宋、齊因之。西魏省入益昌。後周天和六年，别置金山縣。隋大業三年廢。唐武德三年復置，改曰龍安，屬綿州。宋宣和初，改縣曰安昌，尋復故。寶祐中移石泉軍治於此。元中統五年，改置安州，省縣入之。明初降州爲縣，移於今治。元和志：縣東南至綿州七十八里。武德三年，於廢金山縣城置，因龍安山爲名。縣志：龍安故城在今安縣東北九十里。

德陽故城。舊志：在梓潼縣北。後漢初，分梓潼縣置，屬廣漢郡。後移於今遂寧縣故廣漢界，廢此爲亭。魏景元四年，鄧艾從陰平由斜徑經漢德陽亭，趨涪出劍閣西百里，即此。蓋魏、晉時，廣漢之德陽尚存，故謂此爲漢德陽也。故城正當馬閣山下，去龍安府二百里。今縣乃唐分雒縣置，取漢、晉故名耳。按：蜀志，張飛自荆州由墊江入定巴西，蜀將張裔拒之德陽陌下。其時德陽已在廣漢。華陽國志梓潼、廣漢二郡皆有德陽縣，屬梓潼者有劍閣道三十里，至險。晉志梓潼有漢德，廣漢有德陽。元和志、寰宇記皆謂後漢分廣漢置德陽，在遂州界。在劍州界者有漢德故城，一名黄蘆城。歷考諸書如此，疑後漢本分廣漢置德陽縣，未嘗遷徙。其在梓潼郡界，鄧艾傳謂之漢德陽者，自是季漢時所置亭名。晉以後爲漢德縣，即華陽國志梓潼郡之德陽，實與廣漢之德陽無涉也。然舊志考據頗細，仍存之以備一説。

晉熙故縣。今綿竹縣治。晉置爲晉熙郡治。齊廢郡，以縣屬南新巴郡。隋改今名。隋書地理志：蜀郡綿竹，舊置晉熙郡及長楊、南武都二縣[六]。後周併二縣爲晉熙，後又廢晉熙入陽泉。開皇初郡廢，十八年改縣曰孝水，大業二年改曰綿竹。元和志：綿竹縣南至漢州九十里。隋改孝水，以縣境有孝子姜詩泉爲名。寰宇記：綿竹縣，隋開皇三年，徙晉熙郡城。

梓潼故縣。即今梓潼縣治。華陽國志：建安二十二年，先主分廣漢置梓潼郡，治梓潼縣。寰宇記：華陽國志云，漢武元鼎元年置，以縣東倚梓林、西枕潼水爲名。西魏於此置潼川郡，移縣於郡南三十里，改爲安壽縣。隋開皇三年，廢郡，移縣復舊治，猶以安壽爲名。大業三年，還名梓潼。

鹽泉廢縣。在州東。唐置，元省。元和志：鹽泉井在魏城縣東南四十五里，即鹽泉縣理也。西至綿州五十六里。本漢涪縣地。後魏禪帝元年，割涪縣置魏城縣。武德三年，分魏城置鹽泉。寰宇記：在綿州東八十五里，以地有鹽井爲名。九域志：

在州東一百二十里。

魏城廢縣。在州東北。漢涪縣地。西魏置魏城縣，屬巴西郡。隋屬金山郡。唐屬綿州。宋因之，元至元二十年省。元和志：縣西南至綿州六十五里。隋大業十二年，自鹽泉井移魏城縣理此。州志：明置巡司於此，今改爲驛。

南武都廢縣。在綿竹縣西北。劉宋僑置武都郡，領武都、下辯、漢陽、略陽、安定五縣。齊省，後復置南武都縣。後周廢入晉熙。舊志：今縣西北有武都山，縣蓋治此。

陰平廢縣。在梓潼縣西北。晉永嘉後，陰平没於氐，仍於梁、益二州僑置南、北二陰平郡。共有四陰平，此則梁之北陰平也。仍置陰平縣爲郡治。宋、齊因之。後魏置龍州。西魏改郡曰陰平，又名縣焉。後周徙州治江油，改郡曰静龍，縣曰陰平。隋開皇初郡廢，縣屬普安郡。唐屬劍州。宋末廢。元和志：陰平縣東至劍州一百四十里。舊志：陰平故城在梓潼縣西北一百六十里。

姜詩故宅。在德陽縣西北。華陽國志：雒縣汎鄉，有孝子姜詩田宅。水經注：縣有沈鄉，去江七里，姜士游之所居。宋鄭少微孝感廟記：今德陽西北四十里，有姜詩鎮，詩故宅在焉。治平中，知綿竹縣事郭震易其水曰孝泉，又請於朝，賜廟號曰孝感。

秦宓宅。在德陽縣北五里。元和志：其地曰三造亭。初，太守夏侯纂三造其門，故名。

江樓。在州城東隅〔七〕。唐時建。杜甫送嚴武至州，有同登江樓宴詩。

越王樓。在州城西北。唐顯慶中，太宗子越王貞爲州刺史時建。杜甫有詩。

捫參閣。在州北天池山巔。

十賢堂。在州治内。方輿勝覽：繪龐統、蔣琬、杜微、尹默、李白、陳該、蘇易簡、王仲華、歐陽修、黃庭堅共十人。

六一堂。在州治内。方輿勝覽：在司户廳。歐陽觀爲推官，生子修於此，後人爲作堂。

思賢堂。在州治東。内繪揚雄、杜甫、李白、樊紹述、蘇易簡、歐陽修、司馬光、蘇軾、唐庚九賢之像以祀之。

伐木堂。在州治通判廳。鮮于侁立，文同記。

孱亭。在德陽縣。漢書地理志：涪縣有孱亭。寰宇記：今羅江縣北三里有孱亭廟，有碑磨滅〔八〕，「孱亭」之字猶存。

平蜀臺。在德陽縣北二十三里。元和志：鄧艾平蜀，築臺以爲京觀處。

仙女臺。在梓潼縣東九里。輿地紀勝：相傳李特女，每夏泛龍舟游戲於此。明統志：一名避暑臺。

關隘

鹿頭關。在德陽縣北。唐置。元和初，高崇文討劉闢，破之於此。元和志：鹿頭戍在縣北三十八里。舊志：關因鹿頭山爲名。杜甫詩云「連山西南斷，俯見千里豁」，蓋自關以西，道皆平坦也。

白馬關。在羅江縣西南十里，與鹿頭關相對。舊志：山至險峻，有小徑僅容車馬。明初置巡司，今廢。其下名落鳳坡，俗傳龐統中流矢於此。

小壩關。在安縣西二十五里。防番人自茶坪出者。

睢水關。在安縣西四十里，西南至綿竹縣四十五里。面山負水，平衍饒沃。有柏水溪、毛香坪、西河口、院巖堡、白苦、羅竹等處番落，通茂州後路。

曲山關。在安縣北四十里，西南至疊溪堡十里，當縣境及石泉、平武三路之要。亦曰曲山寨。

松嶺關。在安縣北。唐書地理志：龍安縣有松嶺關，開元十八年廢。通典：在龍安縣西北七十里。

濛陽隘。在州東一百三十里濛陽寺西，交三臺縣界。

石碑鎮。在綿竹縣南三十里。九域志：綿竹縣有石碑、新巴、孝泉、高平、晉潤五鎮。

上亭鎮。在梓潼縣北。唐爲上亭驛，宋置鎮。輿地紀勝：上亭驛在梓潼、武連二縣之間，即明皇幸蜀聞鈴聲之地。又名郎當驛。舊志：在縣北二十里。今爲上亭鋪。

豐穀井。在州東三十里，又名豐穀堡。鹽捕、州判駐此。

疊溪堡。在安縣西北，西南去睢水關三十里，界南有大巖房、猫兒背，爲青片、白草番後路，舊設兵防禦縣境。又有靈鷲、曲溪、香溪、後莊、轅門、擂鼓諸堡，今皆裁。

馬尾堡。在綿竹縣西北二十里馬尾河口，通天池、富川要路。又有白水、龍蟒、土地三堡，皆在縣西北。

三江堡。在綿竹縣西北三十里，通石泉、茂州羌番要路。

綿堰堡。在綿竹縣北三十里，即綿水發源處。東北去睢水關三十里，爲天池壩要路。

金山驛。在州治内。本朝乾隆三十五年，裁羅江典史，設縣丞駐此。嘉慶七年，仍設羅江縣，裁驛丞。

魏城驛。在州東北六十里，東北至保寧府劒州，西南至本州金山驛。設驛丞駐此。

羅江驛。在羅江縣，東接梓潼，西接德陽。

津梁

投龍橋。在州東三里。

丹崖橋。在州北十五里。

望秦橋。在德陽縣北三十里。

雞鳴橋。在羅江縣北三十里。

雍峙橋。在安縣東三十里。

文明橋。在綿竹縣西南。舊名龍頭橋，亦名湖橋。宋魏華甫有記。

天仙橋。在梓潼縣南。

隄堰

惠澤堰。在州南，接潼川府三臺縣界。本朝乾隆初議修築，久無成，綿州諸生熊繡捐萬餘金蕆之。子升龍亦諸生，繼其事。工完固，灌潼、綿田萬六千五百餘畝。

洛水堰。在州東北。唐書地理志：魏城縣北五里有洛水堰。貞觀六年，引安西水入縣，民甚利之。州境又有邊堆、泉水、野茅、石草、永通等十三堰。按：洛水不經魏城，疑「涪」字之譌。

安樂堰。在德陽縣東南。有黄膠、柳梢、石板、龍泉等二十三堰〔九〕。

歐家堰。在德陽縣西南。引射水溉田。

楊村堰。唐書地理志：羅江縣北十四里有楊村堰，引折脚堰水溉田。貞元二十一年，令韋德築。舊志：縣志又有泉水、玉女、馬山、回龍、靈龍等十九堰。

雲門堰。在安縣東。唐書地理志：龍安縣東南二十三里有雲門堰，引茶坪水溉田。貞觀元年築。縣志：自雲門而下，有白馬、黄土、芭蕉等十二堰。

折脚堰。在安縣南。唐書地理志：神泉縣北三十里有折脚堰，貞觀元年築。

鹿角堰。在綿竹縣西南二十里。其下又有海香、江家、白鶴、祖師、麥草、官堰、土黄等堰〔一〇〕，皆引射水溉田。

火燒堰。在綿竹縣西四十里。其下又有疊溪、象鼻、賀家等堰，皆引石亭水溉田。

軍屯堰。在綿竹縣北三十里，今名官渠堰。其下有硼砂、走水、襲家、唐家、黄土、馬壩等堰，皆引綿水溉田。

百頃壩。在梓潼縣北。輿地紀勝：七曲山之上可以望見，其地極平衍而豐腴。按：九域志陰平縣有百頃鎮，即此。

廣濟陂。在州南。唐書地理志：巴西縣南六里有廣濟陂，引渠溉田百餘頃。垂拱四年，長史樊思孝、令夏侯奭因故渠開。

陵墓

漢

姜詩墓。在德陽縣西三十里。有廟曰孝感。

范伯友墓。在梓潼縣東六里。有石闕，上有文曰「沛國相范伯友墓」。俗呼范侍郎墓。

李業墓。在梓潼縣西五里。上有二石闕，臨官路，碑文漢隸。

趙雍墓。在梓潼縣北二里。前有石闕，有文曰「漢趙相國雍府君之墓」。

三國　漢

蔣琬墓。在州西。華陽國志：琬葬涪縣。元和志：在州西八里。

龐統墓。在德陽縣北。方輿勝覽：在魏城縣西白馬山下。明統志：在鹿頭山。

諸葛瞻墓。在綿竹縣西門外。

鄧芝墓。在梓潼縣西南五里。有二石闕。

南北朝　梁

李膺墓。在州城西南四十里。

宋

張咸墓。在綿竹縣西北十五里。

張浚墓。在綿竹縣北二十里。

明

羅世守墓。在德陽縣北五里。

李廣生墓。在安縣東。

易以巽墓。在安縣南鳳竹街。

何光裕墓。在梓潼縣南十五里。

本朝

吴士穎墓。在州東八里。

祠廟

富樂祠。在州東。祀昭烈帝。

八龍祠。在州東五十里。禱雨輒應。

思賢祠。在州西。祀揚雄、杜甫、李白、樊紹述、蘇易簡、歐陽修、司馬光、蘇軾、唐庚。

龐公祠。在羅江縣南十里白馬關。龐統墓在焉。

烈女祠。在羅江縣西。祀烈女張氏，宋建。

紫巖祠。在綿竹縣南。宋張浚讀書處。

孝感廟。在德陽縣北。祀漢孝子姜詩、孝婦龐氏，并祀其子。

黄帝廟。在安縣北二十里。

漢光武廟。在綿竹縣西二十里。

百神廟。在梓潼縣南四里。寰宇記：唐咸通十一年，蠻寇圍成都，大將吴行魯過此，見斷碑皆古卿相之名，遂心禱之，願蕩除蠻寇。既而大捷。乾符三年，行魯除東川節度，遂於路側置百神廟。

武侯廟。在梓潼縣西北葛山上。

五丁廟。在梓潼縣北十二里。

靈應廟。在梓潼縣北七曲山。華陽國志：梓潼有善板祠，一曰亞子，民歲上雷杼十枚，歲盡不復見，云雷取去。寰宇記：濟順王本張亞子，晉人，戰死而廟存。唐廣明二年，僖宗幸蜀，神見於利州桔柏津，封濟順王，幸其廟，解劒贈之。輿地紀勝：靈應廟在梓潼縣北十八里七曲山。

寺觀

富樂寺。在州東五里古富樂山。創自漢末，本李意期棲息之地。

飛龍寺。在州東八十里。唐建。

魚泉寺。在州東一百里，古金家山麓。

報恩寺。在州南二十五里。明建。

唐陽寺。在州南三十里。

明水寺。在州西三十里。宋建。

碧水寺。在州北一里碧水崖。

梅泉寺。在德陽縣東十里。

雲龍寺。在羅江縣北二十里。

萬壽寺。在安縣北。

祥符寺。在綿竹縣治北。唐建。

瑪瑙寺。在梓潼縣南五十里。宋建。山明水秀，林木青蔥。殿後石洞中清泉涌出，四時不竭。

雙峯寺。在梓潼縣南七十里。元建。殿閣巍峩，峯巒秀麗，爲一邑鉅觀。

東山觀。在州東五里。

秦中觀。在德陽縣西二十五里。

仙泉觀。在安縣南。

淩霄觀。在綿竹縣北。

登真觀。在梓潼縣東。

名宦

漢

閻憲。廣漢人。綿竹令。人有夜行者得遺錦，旦乃送縣，或曰：「暮夜無知者，何不攜去？」對曰：「縣有明府，匿此則慚〔一二〕。」

三國　漢

王連。南陽人。劉璋時爲梓潼令。先主起事葭萌，進軍來南，連閉城不降。先主義之，不强逼也。

呂乂。南陽人。先主時爲綿竹令。乃心隱卹，百姓稱之。

王甫。郪人。先主時爲綿竹令，有政績。

梁

庾域。新野人。守巴西、梓潼二郡。魏襲巴西，固守無離心。歲饑，請賑貸，開倉不俟報，被糾去。

唐

劉德威。彭城人。貞觀中綿州刺史，政號廉平，百姓立石頌德。

何易于。初爲益昌令，大著能聲，累有惠愛。後調羅江令，爲政不異於益昌。刺史裴休至邑，見其廉，歎異之。

樊宗師。南陽人。元和中綿州刺史，卓有政聲。

宋

歐陽觀。廬陵人。爲綿州推官。居廉好施，凡死囚必求其生，不得，則焚香告天而後斷決。

李由誠。開封人。徽宗時知綿州，有治績。

明

盛泉。吴江人。天順間知羅江縣。縣故無城，大盗趙鐸來寇，設奇擊卻之，民爲立祠。

卜大經。丹徒人。綿竹典史。崇禎末，流賊陷城，大經與其僕縊死。本朝乾隆四十一年，予入忠義祠。

本朝

任紹爌。河津人。康熙三十一年，知綿竹縣。以清白自持，刑措獄虚，訟庭闃若。常獨步郊原，教民耕稼。及卒蕭然，貧無以殮，上官經理其喪以歸。

叢方涵。如臯人。康熙五十二年，知德陽縣。雪冤獄，均徭役，民肖像祀之。

闞昌言。孝感人。乾隆五年，知德陽縣。勸課農桑，亹亹不倦。教民蓄堰水浸稻田，至今享其利。

朱簾。石屏人。乾隆三十七年，知梓潼縣。廉明果決，刑措民安。時金川軍書旁午，公餘猶訓士不倦，教民開塘墾田，咸被其惠。民立祠祀之。

陳天德。長干人。乾隆六十年，知綿竹縣，爲政簡静。以民多荒嬉，督使插柳植桐，盡力南畝。至誠服人，獄訟無冤。

人物

漢

姜詩。廣漢雒人。其居在今德陽。事母至孝，母嗜魚，夫婦力作供膾。舍側忽涌泉，日躍出雙鯉焉。

李業。梓潼人。志操介特，習魯詩。元始中舉明經，除爲郎。王莽居攝，去官杜門，不應郡命。及公孫述僭號，徵爲博士，不起。述羞不能致，乃使持毒酒劫之。業歎曰：「見危授命，何乃誘以高位重餌哉！」飲毒而死。述恥有殺賢之名，遣使弔祠賻贈，子翬逃辭不受。蜀平，光武下詔表其閭，圖畫形像。翬，建武中察孝廉，爲遂久令。

文齊。梓潼人。平帝末爲益州太守。造起陂池，開通灌溉，墾田二千餘頃。率厲兵馬，修障塞，降集羣夷，甚得其和。及公孫述據益土，齊固守拒險，述拘齊妻子，許以封侯，終不降。聞光武即位，間道遣使自聞。蜀平，封齊成義侯，徵之，道卒。郡人立廟祀之。子忳，有令德，爲北海太守。按：漢益州郡治滇池縣，非即益州也。舊志載齊於成都府名宦，誤。

杜真。綿竹人。少有孝行。習易、春秋，誦百萬言。兄事同郡翟酺，酺後繫獄，真上疏訟之，受笞六百，竟免酺難，京師壯之。散財施宗族，不應公府辟命，長吏每交於門，乃斷髮以自絶。

劉寵。綿竹人。蜀志作劉龐。除成都令，政教明肅。諸趙倚公，故多犯法。濮陽太守趙子真父子强横，寵治其罪，莫不震肅。又换郫令及鄴、安漢，皆垂績。遷牂牁太守。初乘一馬之官，布衣疏食，儉以爲教。居郡九年，乘之而還，吏民爲立銘。

景毅。梓潼人。察孝廉，舉治劇，爲沇陽侯相、高陵令。立文學，以禮讓化民。歷侍御史。以子顧師事李膺，膺誅，自表免歸。久之拜成都令，遷益州太守，討平叛夷。初到郡，米斛萬錢，漸以仁恩，少年間米斛至數十。徵拜議郎。爲人廉正。疾淫祠，飭子孫惟修善爲禱，仁義爲福。

景鸞。梓潼人。少隨師學經，涉七州之地，遂明經術。還，乃撰河洛文集、禮略、風角雜書、月令章句，凡五十餘萬言。數上書陳救災變之術。州郡辟命皆不就。

任安。綿竹人。少游太學，受孟氏易，兼通數經。又從同郡楊厚學圖讖，究極其術。人稱曰：「欲知仲桓，問任安。」又曰：「居今行古任定祖。」教授諸生，自遠而至。初任州郡，後徵辟皆不就。

董扶。綿竹人。與任安齊名，俱事同郡楊厚。宰府十辟，公車三徵，再舉賢良方正、博士有道，皆稱疾不就。靈帝時徵拜侍中，遷蜀郡屬國都尉，後一歲去官還家。

楊充。梓潼人。少好學求師，遂受古學於扶風馬季長、呂叔公、南陽朱明叔、潁川白仲識，精究七經。其友朋則潁川荀慈明、李元禮、京兆羅叔景、漢陽孫子夏、山陽王叔茂，皆海內名士。充還，教授鄉里。嘗言圖緯非聖人之學，不以爲教。察孝廉，爲郎，卒。

三國　漢

杜微。涪人。任安弟子。劉璋辟爲從事。先主定蜀，常稱聾闔門不出。建興二年，丞相亮領益州牧，選爲主簿，輿而致之。亮引見，與書誘勸，欲使以德輔時，微固辭疾篤。亮表授諫議大夫，從其所志。

尹默。涪人。少與李仁俱受學司馬徽、宋忠等〔一二〕，博通五經，專精左氏春秋。自劉歆條列鄭衆、賈逵諸注，略皆誦述。以左傳授後主。後主立，拜諫議大夫、丞相軍祭酒。子宗，傳其業，亦爲博士。

李譔。涪人。父仁，字德賢，與尹默俱游荆州，從司馬徽、宋忠等學，譔具傳其業。又從默講論義理，五經諸子無不該覽。延熙初，爲太子中庶子、右中郎將。著古文周易、尚書、毛詩、三禮、左氏註解，皆依準賈、馬，異於鄭康成。與王肅初不見其所述，而義歸多同。景耀中卒。

秦宓。綿竹人。少有才學，州郡辟命，輒辭疾不往。先主定益州，夏侯纂請宓爲師友祭酒，領五官掾，稱曰仲父。宓稱疾在茅舍，纂將功曹古朴等即宓第宴談，宓卧如故。益州辟宓爲從事祭酒。先主將東征吴，宓陳天時不利，坐下獄，貸出。建興二年，丞相亮領益州牧，選爲别駕中郎。吴使張温來聘，百官往餞，温聞宓博學，欲以辯窮之，宓答問如響，應聲而出，温大敬服。遷大司農，卒。

文恭。梓潼人。以才幹爲州牧、諸葛亮治中從事、丞相參軍。

李福。涪人。先主初，爲成都令。建興初，遷巴西太守。爲江州督，入爲尚書僕射，封平陽亭侯。延熙初，以前監軍領司馬。福爲人精識果鋭，敏於從政。諸葛亮於武功病篤，後主遣福省視，問以國家大計，福還，奉使稱旨。

晉

李驤。福之子。有才名，爲尚書郎。與成都杜軫齊名。一時每有議論，朝廷莫能折，時稱蜀有二郎。

司馬勝之。綿竹人。通毛詩、三禮。舉秀才，歷廣都、新繁令，政理尤異。徵爲散騎侍郎，以疾辭去。即家拜漢嘉太守，固讓不之官。閒居清静，訓化鄉間，以恭敬爲先。

南北朝　宋

范柏年。梓潼人。初爲梁州將劉亮使，出都咨事，見明帝。帝言次及廣州貪泉，因問柏年：「卿州復有此水否？」答曰：

「梁州唯有文川、武鄉、廉泉、讓水。」又問：「卿宅在何處？」曰：「臣所居在廉、讓之間。」帝嘉其善答，因見知。歷任内外，終於梁州刺史。

梁

李膺。涪人。有才辯。初爲涪令，益州刺史劉季連反，召膺，膺拒之。鄧元起討季連，軍乏糧，或言巴西新附二萬餘家，檢籍罰粟，所獲必厚。膺諫曰：「前有嚴敵，後無繼援。小民始附，於我觀德。若糾以刻薄，衆心必離，雖悔無及。」膺乃躬勸富民，上軍資米，得三萬斛。後爲州主簿，使至都，武帝悦之。歷太僕卿。著益州記三卷。

魏

李苗。膺之子，出後叔父畎。有文武才幹。除散騎侍郎。孝昌中爲西北道行臺，平汾、絳賊。及爾朱世隆反，苗奮然曰：「今朝廷有不測之危，正忠臣效命之日。臣雖不武，請以一旅徑斷河橋。」魏主壯而許焉。苗乃募人從馬渚上流以舟師夜下，縱火船焚橋，賊兵争橋，没水死者甚衆。苗泊於小渚，以待南援，官軍不至，力戰而死。帝哀傷之，贈車騎大將軍、儀同三司，謚忠烈。

唐

李白。唐宗室。其先隋末以罪徙西域。神龍初，還客巴西。白十歲通詩書，既長，隱岷山。天寶初，至長安，賀知章見其文歎曰：「子謫仙人也。」言於上。召見賜食，詔供奉翰林。帝欲白爲樂章，召入，白已醉，援筆文成。白驁放不自修，懇求還山，因浮游四方。後至江州，永王璘辟爲府僚佐。璘起兵，逃還彭澤。璘敗當誅。初，白游并州，見郭子儀奇之，嘗犯法，白爲救免。至是，子儀請解官以贖。詔長流夜郎，會赦還，終於采石。

馬冬。梓潼人。與同縣王秦舉、王興嗣及巴西韋士宗、文博熒、文詮皆以孝行著，旌表賜粟帛。

宋

楊允恭。綿竹人。乾德中，王師平蜀，羣盜竊發，允恭爲賊所獲，以計逃歸。客省使丁德裕討賊，允恭以策干之。賊平，補殿前承旨。太平興國中，爲廣、連都巡檢使。以招捕海寇功，轉洛苑副使。真宗即位，改西京左藏庫使。極言川陝鐵錢之弊。又爲荆湖、江、浙都巡檢使。卒於昇州。允恭有膽幹。王小波之亂，李順兄自榮據綿竹，士人多被脅從，允恭兄允升、弟允元率鄉里子弟併力破之。又爲王師鄉導，執自榮詣劍門以獻。詔授允升本縣令，允元什邡令。允恭子可，咸平元年進士，善屬文，有吏幹，官至都官員外郎。

楊告。允恭次子。允恭死，賜告同學究出身。調廬江尉，累遷開封府推官。使趙元昊不屈，拜右諫議大夫、知江寧府。時號能吏。

李誼伯。綿竹人。皇祐五年進士。幼孝謹，長通六經。歷威、邛、果、漢四郡守，贈金紫光禄大夫。有詩賦三十卷、雜文二十卷。

楊繪。綿竹人。少奇警。登進士，爲開封府推官。仁宗愛其才，欲超寘侍從，執政以其年少不用。以母老請知眉州。神宗立，召知諫院，擢翰林學士、御史中丞。時王安石用事，賢士多謝去。繪言：「老成之人，不可不惜。當今舊臣如范鎮、歐陽修、富弼、司馬光、王陶多引疾求去，陛下不可不思其故。」免役法行，繪陳十害。安石使曾布疏其説，詔繪分析〔一三〕，固執前議，遂罷爲侍讀學士、知亳州。再爲翰林學士。議者欲加孔子帝號，繪以爲非禮。從之。元祐初，知杭州，卒。繪性疏曠，然表裏洞達，一出於誠，爲范祖禹所器重。爲文立就，有文集八十卷。

宇文之邵。綿竹人。舉進士，爲文州曲水令。神宗即位求言，上疏論時政，不報。遂致仕，以太子中允歸。自强於學，不易其志，日與交友爲經史琴酒之樂。司馬光曰：「吾聞志不行，顧禄位如錙銖；道不同，視富貴如草芥。今於之邵見之矣。」范鎮亦謂之邵位下而言高，學富而行篤。其爲兩賢推重蓋如此。

張紘。綿竹人。至和元年知雷州。瓊黎弗靖，紘熟兵事，比至寇息。暇日延父老，授諸生條教，悉更舊習。又增治城壘，闢田豬水爲久遠計，雷人戴之。

張咸。綿竹人。元豐進士。元祐初，詔復六科，哲宗親擢第一。官至成都節度判官。其學六藝百家，歷代文史，無不該貫，爲文長於序事。

張浚。咸之子。第進士。靖康初爲太常主簿。張邦昌僭立，逃入太學中。聞高宗即位，馳赴南京。官侍御史。上言中原天下根本，願修葺東京、關陝、襄、鄧以待巡幸。遷御營使司，參贊公事。浚度金人必來攻，請預爲備，皆笑其過。已而金人果南侵，命浚於吴門節制軍馬。會苗傅、劉正彦作亂，浚招張俊、韓世忠，同起兵平難。高宗欲相浚，浚以晚進不敢當。浚謂中興當自關陝始，慷慨請行。詔以浚爲川陝宣撫處置使，屢挫金兵。扼於吕頤浩、朱勝非，以本官提舉洞霄宫，居福州。金兵南下，召浚除知樞密院，赴江上視師，將士勇氣百倍。旋除尚書右僕射、同中書門下平章事，與趙鼎輔治，務在塞倖門，抑近習。奏遣岳飛屯荆、襄，以圖中原。每奏對，必反覆言讎恥之大，上改容流涕。出爲福建安撫使，治海舟爲直指山東之計。秦檜怒之，謫居連州，徙永州。誣以大逆，必欲殺之，檜死乃免。金兵南侵，起浚判建康府，乘輿臨幸，衛士見浚，無不以手加額。車駕將還，勞浚曰：「卿在此，朕無北顧憂矣。」孝宗即位，召浚入見。浚言：「人主之學，以心爲本。一心合天，何事不濟！」孝宗悚然。除少傅、江淮東西路宣撫使，封魏國公。親督諸將伐金，進克宿州，中原震動。尋拜同平章事。議進幸建康，詔浚行視江淮，金人聞浚來，亟撤兵歸。復爲湯思退等所毁，凡八章乞致仕。浚去，遂決和議。後得疾，手書付二子曰：「吾嘗相國，不能恢復中原，死不當葬我先人墓左，葬我衡山下足矣。」卒，贈太師，謚忠獻。所著有易解及雜説十卷、文集十卷、奏議二十卷。

張栻。浚之子。長師胡宏，宏一見即以孔門論仁親切之旨告之，栻退而思，若有得焉。宏曰：「聖門有人矣。」栻益自奮勵，以古聖賢自期，作希顔録。以蔭除直祕閣。孝宗即位，浚開府治戎，栻内贊密謀，外參庶務，幕府諸人皆自謂不及。間以軍事入奏，因言：「陛下以復讎爲心，即天理之所存也，願益加省察，無或稍息，則功可必成。」孝宗異其言。浚没後，朝議講和，栻力言其非，不報。起知嚴州，召爲吏部侍郎。宰相謂敵勢衰弱可圖，上以問栻，栻言國家兵弱財匱，敵雖可圖，而我實未足圖敵。上默然。栻因出所奏疏，上嘉歎，面諭當以卿爲講官。除左司員外郎、知閤門事。張説除簽書樞密院事，栻極言其不可，命得中寢。栻在朝未期歲，召對至六七，所言大抵皆修身務學，畏天恤人，抑僥倖，屏讒諛。後去職，提舉武夷沖佑觀。病且死，猶手疏勸上親君子，遠小人，信任防一己之偏，好惡公天下之理。天下傳誦之。

張杓。栻之弟。以父蔭通判嚴州，歷知袁、衢二州，兩知臨安府，俱以能稱。孝宗觀湖，杓以彈壓伏謁道左，孝宗止輦問勞，賜以酒炙。進端明殿學士，知建康府。乞祠，卒。杓天分高爽，吏材敏給，遇事不凝滯，多隨宜變通，所至以治辦稱。南渡以來，論尹京者，以杓爲首。

張洽。栻之孫。嘉定中，揚州司理參軍。有獄囚久不決，洽鞫得其情，杖殺之。有弟兄争財者，洽諭之曰：「訟於官，祇爲吏胥計，且冒法以求勝，孰若各全手足之愛乎？」辭氣懇切，訟者感悟。後爲白鹿洞書院長，選諸生好學者日與講論，務發明理奥云。

張棁。綿竹人。紹興二年進士，夔州路提點刑獄。爲政一本忠厚，下教禁戢四事，合一路之獄凡六十餘所，令下踰月，以獄空聞者三十八所。又夔、恭二州欠經制錢一萬七千有餘，棁言於朝，併得免。

張忠恕。杓之子。以祖任監樓店務。嘉定中，累遷司農丞。後入對，極言邊事。寶慶初，詔求直言，忠恕陳八事，朝紳傳誦。魏了翁歎曰：「忠獻有後矣。」真德秀聞之，更納交焉。忠恕又因輪對，引伯父栻語曰：「當求曉事之臣，不求辦事之臣。欲求仗節死義之臣，必求犯顔敢諫之臣。」語益愷切。力請外補，出知贛州。後提舉沖佑觀，卒。

何充。德陽人。祕書監耕之孫。通判黎州。元兵破邛崍關，自刺不死。軍帥許以高位，充曰：「吾三世食趙氏禄，爲趙氏死不憾。」自是絶食。敵知不可强，殺之。男士麟，孫駒行，從子仲桂，皆死之。

王讚諦。梓潼人。少喪親，負土成墳，二十年不脱麻衣。黜陟使韋正奏劒南孝子十六人，讚諦爲首。

元

鄧文原。綿州人。年十五通春秋。至元中，爲杭州路儒學正，擢應奉翰林文字。皇慶初，爲國子司業。至官，首建白更學校之政，當路因循，重於改作，論不合，移病去。至治初召爲集賢殿學士。因地震陳弭災之道，時不能用。泰定二年，拜翰林侍講學士。天曆初卒。文原内嚴而外恕，家貧而行廉。初客京師，有一書生病篤，出槖中金囑文原以歸其親。既死而同寓生竊金去，文原買金償死者家，終身不以語人。有文集、内制集若干卷。至順五年，謚文肅。

明

霍繼宗。安縣人。永樂時貢生。擢御史，剛正不阿。巡按山東，摘姦除弊，風采赫然。祀鄉賢。

王志恭。綿州人。天順甲申，趙鐸肆掠州境，志恭倡義討賊，率衆二萬，戰於德陽。賊潰，單騎追之，爲矛所中，洞脅腸出，以手捫之，麾衆前進，力絶而死。事聞，贈始信校尉，廕其子百户。

羅應祥。綿州人。趙鐸之變，應祥率衆拒勦，爲賊所刺，腸出，裂帛裹之，轉戰二十里，賊潰去，至家乃卒。

趙珊。綿竹人。趙鐸叛德陽，珊與同縣吴瓊學倡義討賊，賊潰，極力追之，同時遇害。均詔録其子，恤其家。

金獻民。綿州人。成化進士。弘治初授御史,按雲南、順天,並著風裁。世宗立,累擢左都御史。以災異修省,條上時政五事,多報可。遷刑部尚書,改兵部。初,大禮議起,獻民偕廷臣疏争,及左順門哭諫,帝不悦,罷歸。

羅世守。德陽人。以明經令江州。嘗書狀尾曰:「做官受私賄,虧心又害理。敢因一飧飯,喫盡子孫米。」尋歸,民像祀之。

何光裕。梓潼人。嘉靖進士,由庶吉士除給事中。巡視京營,劾罷尚書路迎。建議節財,冗費大省。及仇鸞開馬市,尚書史道主之,光裕與御史龔愷等劾道并及鸞,忤旨,死杖下。隆慶初,贈太常少卿。

易以巽。安縣人。萬曆甲戌進士,雲南按察使。決獄明允。加大理寺卿。祀鄉賢。

趙宗普。安縣人。由鄉貢令潛山。當流寇要衝,宗普抵任,冒死請命,正供悉免,流亡漸集。尋補宿松令,舉清廉第一。升儀部郎〔一四〕。卒,入祀名宦、鄉賢。

李廣生。安縣人。監生。中丞鑑之子。獻賊據蜀,催廣生赴監,歎曰:「吾大臣子也,肯爲賊屈乎?」偕妻董氏投繯死。

趙鴻偉。安縣人。貢生。教子晟成進士。獻賊據成都,逼晟赴監不應,全家殉難。本朝乾隆四十一年,予入忠義祠。

劉宇揚。綿竹人。崇禎時以户部郎中任關南道。時漢中巨寇羣起,兼以饑饉,宇揚辦餉賑,晝夜乘城督守者一年。兵荒後,多方懷撫,以勞卒於官。贈太僕寺卿。

刁化神。綿竹人。官户部郎中。崇禎十七年,獻賊陷城,死之。本朝乾隆四十一年,賜謚忠愍。

周紹孔。綿竹人。與弟繼孔、述孔奉母文氏,並以孝稱。流賊亂蜀,母子兄弟俱被執,賊欲刃其母,紹孔延頸曰:「勿殺母,但殺我。」賊殺之。仍不舍其母,繼孔曰:「但活母,再殺我。」又殺之。復將及母,述孔前曰:「併殺我,勿殺母。」亦殺之。卒憐而舍其母焉。

楊可賢。綿竹人。貢生。崇禎末，獻賊執可賢，挾之曰：「汝子國柱守城，令以城降，免汝死。」可賢佯諾之。及臨城，語子曰：「賊兵不滿千，汝堅守，勿念我也。」賊殺之。國柱率士民數百迎戰，力盡而死。本朝乾隆四十一年，予入忠義祠。

本朝

邱希孔。綿州諸生。爲人倜儻負氣節。初避兵漢南。順治六年，寧夏巡撫偉其材，令署寧武同知，治花馬池。姜瓖賊將劉登樓陷城〔一五〕，希孔踞坐罵賊，賊怒斷其頭，尸端拱坐上不爲動，賊懼以爲神，羅拜之，乃仆。

張舜舉。綿竹人。順天進士。順治六年，知陝西蒲城縣。時蒲當王永强竊據之後，城市如墟，舜舉至，百廢俱興，治績甚著。

劉修賢。德陽人。康熙壬子舉於鄉。滇藩吴逆屢徵不赴，遁迹深山，養親全身。吴逆敗，官雲南富民令。招墾捐積，以甦民困。莅任七年，舉廉能第一，擢御史。入祀鄉賢祠。

白良玉。梓潼人。素有幹濟才。時土賊爲害，良玉籌畫捍圉，鄉里咸蒙其庇。中順治甲午舉人。康熙七年，知山西高平縣，有惠政。在官七載，以廉幹行取，抵京而卒。

王任閎。梓潼人。康熙壬子舉人。吴三桂僭竊，屢徵不至，隱遁山中，窮約終身。

沈溶。安縣人。官貴州咸寧鎮千總。乾隆四十年，隨征金川陣亡，卹廕如例。

張大斌。梓潼人。官川北鎮標把總。嘉慶元年，隨勦教匪於東鄉縣陣亡，卹廕如例。

陳泰。綿州人。官把總。嘉慶三年，隨勦教匪擊賊陣亡，卹廕如例。

曾彰泗。德陽人。嘉慶十年，署陝西洋縣，有循聲。時五郎關新兵糾衆殺將備，聞警，方繕城堞而賊已至，督軍民分守，彰泗自守西門，城潰，率衆巷戰，力竭被執。賊挾至城隍廟縛於柱，以湯灌之，糜爛而死。從死者家丁韋升、謝清二人。事聞，賜祭葬，以知州卹廕，並建祠於城隍廟，春秋享祀。

楊奇龍。德陽人。少孤，母喜食魚，隆冬盛雪，亦躬取之。母病，衣不解帶者八載。

流寓

漢

邊韶。浚儀人。博學多文。時人語曰：「邊孝先，腹便便。」流寓梓潼，教授生徒常百餘。桓帝時徵爲大中大夫。今縣西有邊孝先卧游亭，碑碣尚存。

列女

漢

文季姜。梓潼人。將作大匠王敬伯之妻。少讀《詩》、《禮》。前後八子，愛育親繼如一堂。子孫雖二千石，猶杖之。內門相化，服姑之教。

任安母姚氏。綿竹人。雍睦閨門。早寡立義，資安事大儒。安所授弟子，每爲字恤，以勉其志。

姜詩妻龐行。詩別有傳。行事姑，晝夜紡績以給養。姑好飲江水，命子往汲，溺死。祕不使姑知，託言遣詣學，常作冬夏衣投水中，詭謂寄子云。詩呼妻爲春，應稍遲，見遣。不敢遠去。採蘆茅，取魚，因鄰母致姑，姑乃飭還。子名安安，所居後爲祠祀焉。

司馬雅妻姜嬪。綿竹人。父穆爲狄道長，徙朔方。往尋父母喪。夫亡，守義以終。天子閔悼焉。

郭孟妻楊氏。涪楊文女也。失母八歲，父爲人所殺，依外祖鄭。行年十七適孟。殺父者數來孟家，女涕泣謂孟曰：「家無男昆，大讎未報，不能一日忘也。父子恩深，恐卒狂惑，益君禍患。」尋杖殺之，將自殺，孟與俱逃。涪令聞而止之。中平四年，表其門，人尊爲敬楊，與文、杜稱三媛。

虞顯妻杜慈。巴郡人。杜季女。年十八適顯。顯亡無子，季欲與改嫁，慈曰：「受命虞氏，虞氏早亡，妾之不幸，當生事賢姑。」季知不可奪，密謀逼之，慈縊而死。

宋

張氏女。羅江人。母楊氏寡居。其典庫乙死於庫，莫知殺者，提點刑獄命石泉軍劾治，楊言與女同榻，實無他。逮女拷掠無實，謂母曰：「吾今死，將訟冤於天。」言終而絕。石泉地大震三日，天雨雪，勘官李志安疑其獄，具衣冠禱於天，俄偵得張女饋食之夫袁大，一訊即伏，楊得免。郡榜其所居曰孝感坊。

張浚母。綿竹人。紹興十六年，彗星出西方。浚將極論時事，恐貽母憂。母訝其瘠，問故，浚以實對。母誦其父對策之語曰：「臣願言而死於斧鉞，不忍不言以負陛下。」浚意乃決。

何充妻陳氏。德陽人。充通判黎州。適關破，充自刺不死，敵斬其首。陳罵不絶口，東望再拜曰：「臣夫婦雖死，可以對趙氏無愧矣。」衆以石擊殺之。

明

白氏。綿州人。正德間，鄢藍賊至，被執，誓死不從，遇害。事聞旌表。同州高王政繼妻鄒氏，三十而寡，守節至八十卒。

劉繼魁妻安氏。德陽人。魁死，安年二十四。有謀娶安者，安即登樓閉户，不下者三年。後守節五十八年，年八十二卒。同縣閆氏名成哥，里豪金海聘爲媳，海妻瞽，子幼，欲逼之，百計不從，數加捶楚，三年餘不少屈。海恚甚，一日入氏室，逼之不從，海竟殺之。訟於官，驗之猶處子也，官爲捐金立祠祀之。又張氏因死父難，天降紅雨。事聞，建坊祠祀之。同知范鵬妾趙氏，年十八鵬故，水漿不入口，尋赴葬所，嗚咽而絶。高邦智妻杜氏，守節歷數十年，教二子成名。庠生王大化妻潘氏，年十八守節，持己甚嚴，雖至親罕見其面。事聞得旌。

呂淑英。德陽貞女。終身勤於女紅，晚年出十指所積，創修三寸口石橋。正德間，邑令勒石紀之。又同邑黄貞女蓮姑事迹略同。

劉延齡妻曹氏。綿竹人。萬曆間，從延齡自歸化縣任歸，道涪州遇寇，氏偕女瓊姐投水死。後其子宇揚以其事聞，奉旨建祠。又延齡子關南道宇揚妻李氏，與侍郎宇烈妻張氏、大學士宇亮妻宋氏，獻賊寇蜀，三人皆以未亡人避西山白崖溝。賊將劉文秀抵綿竹，將抵溝，訪氏所在，三人相謂曰：「吾姑昔日涪水遇盜，懼辱投水。吾輩若受污，異日何以見姑與夫於地下？」遂同縊死。又劉裔盛妻王氏，宇亮子婦也。獻賊獲裔盛於成都，誘以官，使回邑移家，王不從，遂自縊死。又顧天澤妻雷氏，崇禎末，賊至城，氏曰：「死有遲早，無可免者，此身不可辱。」遂抱幼女投井而死。又楊元吉妻蕭氏，賊至，蕭語元吉曰：「祖宗不可無後，我力難行，君宜遠避，同死無益。」元吉泣去。賊執蕭，蕭紿曰：「素貧苦，今相從吾願也。」賊信爲然。行數武，遇井躍入死之。又貢生施奇才妻姜氏，崇禎丁丑，奇才北上，流寇犯蜀，姜避西山。賊將至，姜拔簪授婢曰：「吾不能逃，汝速避。萬一得生，持此語若主，吾不爲家門羞也。」遂投崖死。蘇蒙宗妻史氏，早寡，撫子成立。舉人陶以忠妻楊氏，守節，撫遺腹子成材，膺選貢，以孝聞。詔建子孝母節坊。庠生王鐸妻趙氏，崇禎十年，賊攻綿竹，執鐸令跪，不屈，殺之。復脅趙氏，亦大罵，賊又殺之。黄守學母柳氏，賊圍城，柳氏自縊死。王相妻某氏，廖賊掠境，氏與其女爲賊所執，母女同聲罵賊，遂遇害。曹烈妻姚氏，廖賊掠四鄉，氏抱乳女潛林中，爲賊所獲，欲逼姚，姚不可。賊掖之行，姚咬斷賊指，賊怒殺之。王宗道妻袁氏，宗道嘗割股以瘉父病。及獻賊屠綿，見袁美，逼之行，袁憤罵不從，賊殺之。文仕舉妻勾氏，崇禎末，賊至，被執迫從，勾不屈，賊環碎其衣，勾大罵，賊怒分解其尸。陶修吉妻龐氏，崇禎末，賊陷城，夫婦被執，中途語賊曰：「我願往，何用縛爲？」賊寬之，夫婦遂投崖死。

李資生妻董氏。安縣人。夫太學生，適獻賊至，資生誓不屈，願以身殉，氏從之，共投繯死。同縣張心法妻皮氏，夫殁守節，教子成立。張玉卿妻徐氏，夫卒，撫二子，守節二十年，貞節如一日。後死於賊。

趙節妻魏氏。梓潼人。崇禎十年，李賊破城，爲所執，魏紿賊曰：「家有積金，藏之江邊，願取以行。」賊喜，同至圍子潭，魏奮身投水死。同縣蒲先春妻趙氏，獻賊至，被驅，罵賊投江死。又魏元良妻趙氏，亦被執，以甘言紿賊，乘間投繯死。庠生尚聘妻雒氏，聘早逝，苦節四十餘年，經旌表。諸生王子儁妻某氏，夫殁，氏勤紡績，奉姑教子。

本朝

夏之華妻嚴氏。綿竹人。吴三桂兵至，被執，持刃脅污之，不從，沈淵以死。

王之翰妻裴氏。梓潼人。吴逆之變，爲賊所逼，投潼水死。

吴肖辰妻何氏。綿州人。與同縣徐成際妻董氏，均以夫亡守節，俱雍正年間旌。

倪攀桂妻馬氏。德陽人。夫亡守節，養姑訓子以終。雍正年間旌。

胡繼鳳妻王氏。綿竹人。夫亡守節，歷年八十有餘。疾革，子大振割股肉以進。及卒，廬墓盡哀。時人稱其一門節孝。同縣節婦王允迪妻梁氏，夫亡守節，教子一正成名。均雍正年間旌。

陳儒先妻李氏。安縣人。夜半山水暴漲，鄰居男婦呼氏同升屋，氏衣爲水漂去，守死不出，曰：「露體求生勿爲也。」翌日尸深埋沙土中，惟首露外。邑人神之，祀節孝祠。

白良玉繼妻吴氏。梓潼人。通書史。隨良玉任高平令，嘗刲股以療夫病。良玉卒，扶櫬歸葬。教子嵋成名，苦節四十五年。

何紳妻王氏。綿州人。夫亡守節。同州節婦鄭之産妻張氏、邱嵩妻楊氏、張含妻周氏、魏禮麟妻蕭氏、余益友妻黄氏、仇秉嶲妻何氏，烈婦陳國遠妻青氏，均乾隆年間旌。

何金錯妻李氏。德陽人。夫亡守節。同縣節婦王添文妻蘇氏、黎茂檜妻侯氏、唐維翰妻邵氏、曾國幹妻黄氏、劉洪理妻王氏、馬懋修妻酆氏、鄧陽珊妻劉氏、胡永達妻張氏、王雲崑妻曾氏，烈婦余上仁妻宋氏、申瑞妻馮氏，貞女曹良美未婚妻蕭喬姑，均乾隆年間旌。

曾應玳妻馬氏。羅江人。夫亡守節，訓子昌曙、孫世愷皆登鄉科，歷八十歲終。

李梅妻郭氏。安縣人。夫亡守節。同縣節婦吴道逵妻鄧氏、劉紳妻龐氏，均乾隆年間旌。

文旭妻袁氏。綿竹人。夫亡守節。同縣節婦詹聯桂妻張氏、馬騂妻王氏、張鳳翼妻勾氏、趙麟妻李氏、袁康妻楊氏、楊其英妻胡氏、張文佩妻羅氏、徐永溢妻黄氏、何元珠妻王氏、楊新彩妻歐陽氏、殷倖富妻傅氏、周夢熊妻徐氏、李思朝妻曾氏、李彦鳳妻鄒氏、李思忠妻潘氏，烈女歐良純女歐氏，均乾隆年間旌。

張廷才妻冉氏。梓潼人。守正捐軀。同縣烈女吴專女吴氏、吴興女吴氏，均乾隆年間旌。

賈玉祥妻陳氏。綿州人。夫亡守節。嘉慶初，教匪犯境，被執不從，遇害。同邑劉先禦妻汪氏，避賊公子山，賊破寨，全家遇害。嫂遺幼子，氏抱於懷，賊挾氏上馬，兒哭，賊攫兒撲殺之，氏墮地哭曰：「我不死者，爲劉氏此子耳。今何望？」遂觸石死。袁安榮女二英，許字樊氏，聞賊過楊家灘，攜利翦自隨，避麥隴中，爲賊搜出，以翦刺賊臂，賊碎其首而去。安然女二姑，然攜子橋娃與二姑，避賊白家壩，賊漸近，姑謂父急逃生，女不能隨，當先投溪水以免辱，言畢躍下，橋娃偕死。羅光庭妻梁氏，朱朝相妻梁氏，安啓基妻李氏、妾姜氏，安全妻裴氏，安且豫妻常氏，梁秀元妻王氏，余順健妻魏氏，敬泰妻安氏，梁岳妻某氏、子婦羅氏，梁繪典妻陳氏，安啓元妻高氏，安祐妻楊氏，王仕倫妻張氏，張耀妻楊氏，王文新妻董氏，王正儒妻常氏，胡天柱妻王氏，楊有良妻黄氏，劉國清妻熊氏，徐鳳宣妻崔氏，任國清妻蔡氏，徐相元妻周氏，王敬典女金蓮，王世達女秀姑，唐酉姑，蒲朝隆女巖姑，林中瓚女寅姑，均遇賊不屈，死節。

葉大魁女。綿州人，名滿姑，許字陳氏。年十六，陳子卒，父母爲擇配，一痛而絶。同州鄒國公女卯姑，許字雷映悌，未嫁夫卒，女悲泣投井死。

何人表妻劉氏。綿州人。夫亡守節。同州貞女陳氏，均嘉慶九年旌。

申思敏妻車氏。德陽人。夫亡守節。同縣節婦鐸文星妻李氏、李遇陽妻張氏、廖琮妻彭氏、張永禄妻舒氏、胡應善妻吴氏、李培儒妻向氏、李培宗妻鄧氏、楊滔妻帖氏、方應農妻曾氏、尹順佩妻曾氏、李蓉妻曾氏，均嘉慶年間旌。

徐光遠妻呂氏。安縣人。夫歿守節。同縣節婦魏光輝妻韓氏、黄郁妻張氏、唐朝俊妻張氏、魏光廷妻牟氏、魏光輔妻陳氏、周之聘妻黄氏，均嘉慶年間旌。

詹廷誾妻張氏。綿竹人。夫亡守節。同縣節婦陳大志妻阮氏、蔣良萬妻王氏、李興妻蕭氏，烈女劉楊氏，均嘉慶年間旌。

張鑑妻章氏。梓潼人。夫亡守節。同縣節婦白橋妻陳氏、金鼎妻陳氏，均嘉慶年間旌。

仙釋

宋

黄鹿真人。州人馬氏女，名道興。七歲時遇異人，授以鉛汞要術。及笄，將受聘，攜囊杖策而去，卜地修煉。久之，前異人復至，授以黄白之術。後道成，乘黄鹿騰空而去，異香終日不散。

明

妙虚。綿竹人。自幼出家，投禮鰲山和尚。後游江西，謁海禪師，得其心印，叢林争歸之。洪武初，將辭世，説偈畢，端坐瞑目。衆悲泣良久，妙虚開目曰：「爲汝輩再住三年。」後如期而化。

江老軍。名添富，州人。嘗從軍寧夏，遇異人授以修養之術，髮白反黑，齒落復生，能一食斗米。鄉人每請禱雨必驗，風雨中屢日不動，冬寒剖冰而浴。年至九十九，尸解去。

土産

金。唐書地理志：綿州貢麩金。

銀。唐書地理志：巴西有銀。

鐵。唐書地理志：巴西、魏城、西昌有鐵。

鹽。隋書地理志：巴西有鹽井。唐書地理志：巴西、魏城、羅江、鹽泉、神泉有鹽。

漆。寰宇記：綿州產。

錦。唐書地理志：綿州土貢。

綾。唐書地理志：綿州貢。

紗。唐書地理志：綿州貢輕容。寰宇記：綿州產交梭紗。

雙紃。唐書地理志：綿州貢。

絹。元和志：綿州貢白絹，又貢雙紃二十疋。

綿。寰宇記：綿州產。

藥。寰宇記：綿州產紫參、柏桔。安縣產附子。明統志：綿州出川芎、烏頭。

橘。唐書地理志：綿州有橘官。

蔗。唐書地理志：綿州貢。

白藕。唐書地理志：綿州貢。

鏤金銀器。唐書地理志：綿州貢。

緋紅。寰宇記：綿州土産。游蜀記：左綿緋紅，三川所尚。

校勘記

〔一〕爲三川之襟帶　「川」，原作「州」，據乾隆志卷三一三綿州形勢（下同卷簡稱乾隆志）、方輿勝覽卷五四引張演廉泉堂記改。

〔二〕在州北二十餘步　此條元和志引文實來自武英殿本元和郡縣志，但光緒六年金陵書局刊本、光緒十三年畿輔叢書本文字不同，「二十餘步」作「一十餘里」，似較可信。

〔三〕天台山　「台」原作「臺」，據乾隆志及太平寰宇記卷八三劍南東道綿州改。下文「天臺」亦同改。

〔四〕其水導源　乾隆志同。按，戴震校水經注，於「源」下補「山中」二字。

〔五〕元中統五年省入安州　「入」，原脱，據乾隆志補。

〔六〕舊置晉熙郡及長楊南武都二縣　「舊」下原有「志」字，據乾隆志及隋書卷二九地理志蜀郡删。「南」字脱，乾隆志同，據隋書卷二九地理志蜀郡補。

〔七〕江樓在州城東隅　「州」，原作「川」，據乾隆志改。

〔八〕有碑磨滅　「滅」，原作「减」，據乾隆志改。
〔九〕有黄膠柳梢石板龍泉等二十三堰　「龍泉」，乾隆志作「龍泉水」。
〔一〇〕其下又有海香江家白鶴祖師麥草官堰土黄等堰　「香」，原作「秀」，據乾隆志及雍正四川通志卷一三水利改。
〔一一〕匿此則慚　「此」，原作「比」，據乾隆志及雍正四川通志卷七上名宦改。
〔一二〕少與李仁俱受學司馬徽宋忠等　「宋忠」，原作「宋宗」，據乾隆志、三國志蜀書尹默傳（文作「宋仲子」，仲子，宋忠字也）改。
〔一三〕詔繪分析　「析」，原作「折」，據乾隆志、宋史卷三二二楊繪傳改。
〔一四〕升儀部郎　「儀」，原作「議」，據雍正四川通志卷九上人物改。
〔一五〕姜瓌賊將劉登樓陷城　「樓」，原作「棲」，據乾隆志及雍正四川通志卷一二一忠義改。

茂州直隸州圖

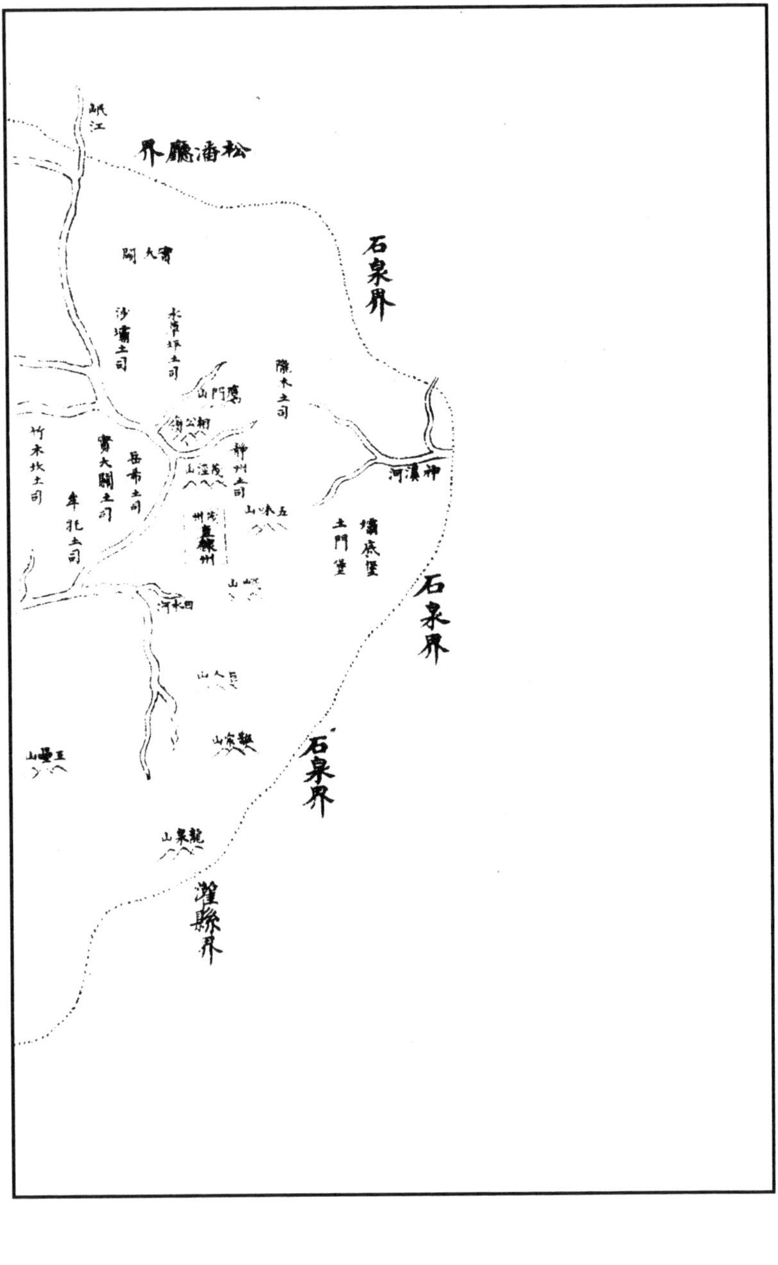

岷江
松潘廳界
石泉界
沙壩土司
鷹門山
神溪河
靜州土司
岳希土司
竹木坎土司
牟托土司
茂州
壩底堡
土門堡
石泉界
龍泉山
石泉界
灌縣界

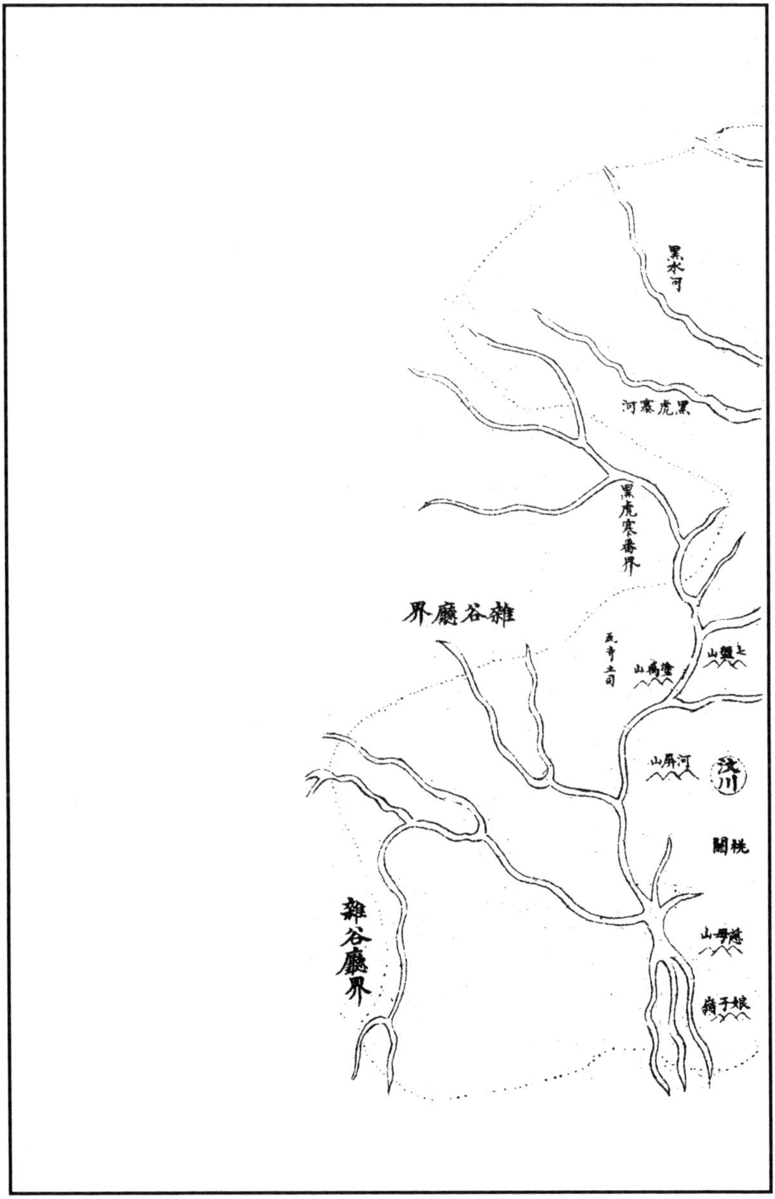
黑水河
黑虎寨河
黑虎寨番界
雜谷廳界
瓦寺土司
塗禹山
七盤山
河屏山
汶川
桃關
慈母山
娘子嶺
雜谷廳界

茂州直隸州表

	茂州直隸州	汶川縣
秦		
兩漢	元鼎六年置汶山郡。地節三年省，屬蜀郡，爲北部都尉。	汶江縣初爲郡治，後屬蜀郡。
三國	汶山郡蜀漢復置。	汶江縣郡治。
晉	徙治汶山縣。	廣陽縣改名，屬汶山郡。東晉後省。
南北朝	汶州北部郡梁置繩州北部郡，周改州名。	廣陽縣梁復置，爲州郡治。
隋	汶山郡開皇初郡廢，改蜀州，尋改會州。大業初復改州爲郡。	汶山縣仁壽元年改名，郡治。
唐	茂州武德元年復置會州，尋改南會州。貞觀八年又改。天寶元年改通化郡。乾元元年復故，屬劒南道。	汶山縣州治。 羈縻真州乾元元年改置，領真符、昭德、昭遠、雞川四縣。
五代	茂州屬蜀。	汶山縣
宋	茂州通化郡。屬成都府路。	汶山縣 政和六年改置建安軍，八年廢。
元	茂州屬吐蕃宣慰司。	汶山縣
明	茂州屬成都府。	洪武初省入。

續表

羈縻乾州　大曆三年置，領招武、寧遠二縣，屬茂州都督府。

羈縻塗州　武德元年置，領端源、婆覽二縣。貞觀元年省，二年復置，領端源、臨塗、悉隣三縣，屬茂州都督府。

羈縻炎州　貞觀五年置西封州。八年改名，領大封、慕仙、義川三縣，屬茂州都督府。

續表

羈縻徹州 貞觀五年置，領文徹、俄耳、文進三縣，屬茂州都督府。

羈縻向州 貞觀五年置，領貝左、向貳二縣，屬茂州都督府。

羈縻冉州 貞觀五年置西冉州。九年去「西」字，領冉山、磨山、玉溪、金水四縣，屬茂州都督府。

汶山縣 移來治。東晉徙。
汶山縣 周復直。
開皇初廢。
羈縻穹州 貞觀八年改置，領小川、徹當、壁川、當博、恭耳五縣，屬茂州都督府。 羈縻笮州 貞觀八年改置，領遂都、亭勸、比思三縣，屬茂州都督府。
熙寧九年置威戎軍，政和三年改名延安，宣和三年廢。

續表

續表

綿虒縣 置屬蜀郡。後漢改綿虒道。 廣柔縣 置屬蜀郡。
綿虒道 屬汶川郡。 廣柔縣
汶山縣 改名，郡治。東晉省。 廣柔縣 屬汶山郡，後省。
汶川縣 周復置，改名。
汶川縣 初屬會州，大業初屬汶山郡。
汶川縣 屬茂州。
汶川縣
汶川縣 初屬威戎軍，後屬茂州。
汶川縣 至元十九年省，後復置。
汶川縣 宣德中移今治。

大清一統志卷四百十五

茂州直隸州

在四川省治北少西四百一十里。東西距一百八十里，南北距四百三十里。東至龍安府石泉縣界一百里，西至黑虎寨番界八十里，南至成都府灌縣界二百七十里，北至松潘廳界一百六十里。東南至石泉縣界一百里，西南至雜谷廳界一百六十里，東北至石泉縣界一百里，西北臨大江。本州境東西距一百七十里，南北距一百五十里。東至石泉縣界九十里，西至黑虎寨番界八十里，南至汶川縣界七十里，北至松潘廳疊溪營界八十里。東南至綿州安縣界一百二十里，西南至汶川縣界七十里，東北至石泉縣及疊溪營界一百里，西北至疊溪營界九十里。自州治至京師四千九百里。

分野

天文井、鬼分野，鶉首之次。

建置沿革

禹貢梁州之域。漢初爲冉、駹國地。按：史記大宛傳「天子發間使出駹，出冉」，是冉、駹本二種也。武帝元鼎六年，以其地置汶山郡，見漢書武帝紀。華陽國志作元封四年置，誤。治汶江縣。宣帝地節三年省，屬蜀郡，爲北部都尉。後漢因之。建安中先主定蜀，復以北部爲汶山郡。華陽國志作安帝延光三年復立，後漢西南夷傳又作靈帝時，今據蜀志陳震傳爲正。晉時徙郡治汶山縣，改汶江爲廣陽，屬之。東晉後廢。蕭齊復置北部都尉。梁普通三年，置繩州北部郡，仍置廣陽縣爲治。按隋志，汶山縣舊曰廣陽，梁改爲北部都尉。今考齊志有北部都尉，而無廣陽縣，蓋北部置於齊，州、郡、縣皆置於梁時也。周保定四年，改繩州曰汶州。隋開皇初，郡廢，改汶州曰蜀州，尋又改會州，置總管府。仁壽元年，改縣曰汶山。大業初，府罷，復改州爲汶山郡。唐武德元年，復曰會州。三年，置總管府。四年，改曰南會州。七年，改置都督府。督南會、翼、維及羈縻塗、炎、徹、向、冉、穹、笮等十州〔二〕。永徽後，又增領三十二州，皆生羌部落。貞觀八年，改曰茂州。天寶元年，改通化郡。乾元元年，復曰茂州，屬劍南道。五代屬蜀。宋亦曰茂州通化郡，領羈縻十州。屬成都府路。元屬吐蕃宣慰司。明洪武初，以州治汶山縣省入，屬成都府。本朝初因之。雍正六年，升直隸州，屬四川省，以成都府屬之汶川縣來隸，省威州爲保縣屬之。嘉慶六年，裁保縣，以其地併入雜谷廳。領縣一、土司九。

汶川縣。在州西南一百二十里。東西距一百六十里，南北距一百七十里。東至本州界一百四十里，西至瓦寺土司界二十里，南至成都府灌縣界一百二十里，北至本州界五十里。東南至灌縣界一百里，西南至瓦寺土司界三十里，東北至本州界五十里，西北至雜谷廳界十里。漢置緜虒縣，屬蜀郡。後漢曰緜虒道。晉移汶山郡來治，改縣曰汶山。東晉後郡徙縣廢。周復置汶川縣，仍於縣置汶山郡。隋開皇初郡廢，屬會州。大業初，屬汶山郡。唐屬茂州。宋熙寧九年，於縣置威戎軍。政和六年，改名延寧〔二〕。宣和三年，廢軍爲砦，縣仍屬茂州。元至元十九年，廢縣設巡檢司，後復置。明宣德中移治此，仍屬茂州。本朝初屬成都府，雍正五年復屬茂州。

瓦寺宣慰司。在汶川縣西北二十里。東至保子關番界四十里，西至鄂克什土司界五百里，南至穆坪土司界六百里，北至雜谷廳界一百二十里。其先於明時世襲安撫司。本朝順治九年歸附，仍授原職，所轄番民一千二百户。康熙五十九年征西藏，土司桑朗温愷隨征有功，加宣慰司銜。乾隆二年加指揮使職銜。後征雜谷土司蒼旺並金川等處，土司桑朗雍中隨征，賞戴花翎，更名索諾木榮宗。嘉慶元年，隨征達州教匪，升宣慰司，换給印信。

静州長官司。在州東二里。東至隴木土司界三十里，西至岳希土司界十里，南至牟托土司界六十里，北至竹木坎土司界五十里。宋時蠻董姓者據其地，號静州蠻。明洪武七年，置長官司世襲。本朝康熙五年，首領董應詔歸附，仍授原職，所轄十寨番民，長官董氏世襲。

岳希長官司。在州西五里。東至州界鎮西橋，西至章圭砦二十里，南至牟托土司界二十里，北至竹木坎土司界五十里。明洪武七年置長官司。本朝康熙五年首領坤道齡歸附，仍授原職，所轄黑族七番民一千十户，長官坤氏世襲。

隴木長官司。在州東北四十里。東至龍安府石泉縣界三十里，西至静州土司界三十里，南至州界馬桑灣二十里，北至松潘廳疊溪營界三十里。明洪武七年置長官司。本朝康熙五年，首領何延禧歸附，仍授原職，所轄番民百十七户，長官何氏世襲。

水草坪巡檢土司。在州北三十里。東至長平堡十里，西至鎮戎堡四十里，南至魏磨關四十里，北至沙壩土司界十五里。本朝順治九年歸附，頒給印信，轄番民一百二十户，土司蘇氏世襲。

牟托巡檢土司。在州西南四十里。東至州界三十里，西至生番界十五里，南至保子關二十里，北至岳希土司界二十五里。本朝順治九年歸附，頒給印信，轄番民五十四户，土司温氏世襲。

竹木坎副巡檢土司。在州西北五十里。東至生番界十五里，西至黑龍砦三十里，南至長平堡三十里，北至水草坪土司界五里。本朝順治九年歸附，頒給印信，轄番民一百户，土司孫氏世襲。

沙壩安撫司。在州北三十里。東至實大關土司界四十里，西至岳希土司界五十里，南至竹木坎土司界三十里，北至水草坪土司界二十里。其先於明時世襲安撫司。本朝順治九年歸附，頒給印信，所轄番民三百二十四户，土司蘇氏世襲。

實大關副長官司。在州西三十里。東至州屬小牛村五里，西至大河界二里，南至蕭堡塘十里，北至大定堡十里。其先於明時授職。本朝康熙十年歸附，頒給印信，所轄番民七十一户，長官氏世襲。

形勢

控制吐蕃，捍蔽内郡。圖經序。逼近羌戎，環帶山險，成都肩背之地。舊圖經。威、茂兩州，實灌口之障蔽，其勢特與沿邊諸州不同。堡寨參錯於中，州城孤立於外，而屬部藩落周分環據，一二三百里之間，官路惟留一線。宋胡元質奏議。

風俗

其山有六夷七羌九氏，各有部落。土氣多寒，盛夏冰猶不釋。後漢書冉駹夷傳。好弓馬，以勇悍相高，詩書之訓闕如。自古及今，並無兩稅。寰宇記。俗耐飢寒，圖經。壘石爲礫以居，如浮圖，高二三丈者謂之籠雞，十餘丈者謂之碉，亦有板屋、土屋者。同上。

城池

茂州城。有内、外二城。内城周三里七分，門四，明洪武初建。外城周五里，門二，成化中建。本朝康熙六年修，五十六年重修。

汶川縣城。周不及一里，門二。明正德七年建。本朝乾隆二十九年修。

學校

茂州學。在州治南。明宣德八年建。本朝順治十六年重建，康熙六年修，乾隆十年、四十年重修。入學額數六名。舊額八名，乾隆六十年減二名。

汶川縣學。在縣治南。明嘉靖二年建。本朝乾隆六十年修，嘉慶五年重修。入學額數六名。舊額八名，乾隆六十年減二名。

石紐書院。在汶川縣治南學宫右邊。本朝乾隆二十八年建。

户口

原額户四千七十一，今滋生男婦共三十九萬六千九百九十九名口，計五萬八千九百三户。

田賦

田地三十五頃一十九畝九分有奇，額徵地丁正、雜並徭銀七百一十五兩三錢二分四釐，又各寨番民雜糧折徵米九十石五斗九合一勺二抄三撮。

山川

五味山。在州東十八里。寰宇記：山出五味子，因名。

馬蹄山。在州東三十里。

岷山。在州東南二十里。益州記：岷山去成都五百里。元和志：汶山縣有汶山，即岷山也。南去青城石山百里，天色晴明，望見成都。山嶺停雪，常深百丈，夏月融泮，江川爲之洪溢。即隴山之南首也。舊志：山有九峯，四時積雪不消。一名雪山，俗呼九嶺山。按：此非古岷山也。漢志岷山在湔氐道徼外，在今松潘衛北生番界。又山海經注：岷山在廣陽縣西。張栻西岳碑云：在茂州列鵞村，其跗曰羊膊。輿地廣記：在汶山縣西北，俗謂之鐵豹嶺。此又在州西番界，今無可考。

巨人山。在州南三十里。寰宇記：山頭有石如人面南。明皇幸蜀時，以石人背立，敕令鞭之一百。下有池，俗傳是九龍池。方輿勝覽：山有黑龍湫，四山環繞百二十里。舊志：與雪山相連，前有龍洞，有水噴出，山後有徑，可達天池、大壩、彭縣三郎廟等處。

龍泉山。在州南。隋志：汶山郡北川縣有龍泉山。寰宇記：在汶山縣南四十八里。山下有湫號青池，一曰龍池，旱禱必應。放牧馬於其側，多生駿駒。

雞宗山。在州南四十里。方輿勝覽：宋熙寧九年，楊文緒猖獗，聲援俱絶，至書木牌投於江以告急。朝廷遣王中立將兵旁出雞宗山討平之，置關及鎮羌寨於此。

茂濕山。在州北十里。舊唐志：茂州以郡界茂濕山爲名〔三〕。明統志：樹木茂密，常有嵐氣，因名。

鷹門山。在州北二十里。寰宇記：山多鷹棲，故名。按：隋志北川縣有雁門山，即鷹門山之訛也。

隴東山。在州東北十八里。按：宋史州北有隴東道通緜州，即此。

玉壘山。在汶川縣東。漢書地理志：緜虒縣玉壘山，湔水所出。郭璞江賦：玉壘作東別之標〔四〕。元和志：山在汶川縣東北四里。寰宇記：在汶川縣北三里。又有玉壘坂。

慈母山。在汶川縣南六十里。元統志：山中有池曰滋茂池，亦曰慈母池。名勝志：慈母山在青城山東，滋茂龍池在汶之尤溪，萬山叢立中有方池，周四十里。

河屏山。在汶川縣西二里。山腰有大坪。

塗禹山。在汶川縣西北二十里。峯巒秀麗。今爲瓦寺安撫司住牧之處。

七盤山。在汶川縣北三十里。寰宇記：在汶川縣北九里。有七盤坡路。唐大曆中，吐番入寇，官軍追敗之七盤，即此。

相公嶺。在州東北茂濕山北三里。方輿勝覽：相公嶺，州之主山。舊志：宋王中立駐師於此，因名。

娘子嶺。在汶川縣南一百里。高峻透迤，爲縣門户。

龍洞。在汶川縣南一百二十里。兩山石壁高懸，疑若無路。至冬則水不入江，皆注洞中，不知歸於何處。

木瓜坪。在汶川縣東一里。又馬念坪，在縣西北五里，接瓦寺土司界。

大邑坪。在汶川縣南。懸崖臨江，地勢險阻，爲金川要路。現設塘汛。又興文坪，在縣南七十里。

濕阪。在汶川縣南。元和志：嶺上樹木森沈，常有水滴，未嘗暫燥，故曰濕阪。按：元統志作濕凍嶺。

大江。自松潘鎮疊溪營流入，南流經州城西，又西南經廢保、汶川二縣之西，又南入成都府灌縣界。水經注：江水自龍涸、蠶陵南下至石鏡，又六十餘里而至北部，始百步許，又西百二十餘里至汶山故郡，乃廣二百餘步。又西南百八十里至濕阪，江稍大矣。元和志：汶江北自翼州南流，經汶山縣西二里。舊志：岷江自疊溪營入茂州境，南流五十里合黑水，又東南三十里至州城西，又折而西南六十里過汶川縣地，十餘里入威州界，西流一里經州城北合花水，又西南十里仍過汶川縣界，又三十里至縣城西，又南曲流一百三十里入灌縣界。其在威州界者，亦名湔水，每斤較沱水輕二兩〔五〕。

神溪河。在州東。又東入龍安府石泉縣界，即古石密溪也。元和志：石密溪在汶山東十九里。舊志：今名馬蹄溪，源出州東馬蹄山，東入石泉縣界。又有都流溪，源出都流口寨，合馬蹄溪。按：輿圖作神溪，下流即石泉河。詳見「石泉縣」。

白水河。在州南。源出龍泉山，西流入江。居民引以灌溉甚利。

黑水河。在州西北六十里。源出生番界，東南流經疊溪營西界，至長平堡西入大江。即古翼水也。

黑虎寨河。在州西北。源出黑虎寨，東流至長平堡南入江。舊志謂之北松溪。

草坡河。在汶川縣南。源出瓦寺土司界，有二派，南曰龍潭溝，北曰沙派溝，東南流會爲一，入大江。

桃川。在汶川縣南四十里，山溪也。有桃千餘樹，故名。

南龍溪。在州南。方輿勝覽：茂州有龍溪水，引入城内，至光孝寺，以兩池瀦之，居民常汲飲。州志：源出巨人山龍湫，今改流城外，西入江。

三溪。在州北五里。明統志：五福泉在州治。圖經云，自三溪口引水入城，至州治，貯以兩井，號五福泉，民汲飲。州志：源出茂濕山，南流入城，民取汲之，西入江。

磨刀溪。在汶川縣北二十里。西流入江。

温涼泉。在汶川縣西南一里。山下涌出，冬温夏凉。

新井。在州城中。州舊無井，仰汲於江，遇蠻警，輒斷汲路。明正德中，巡撫馬吴鑿地數十丈，方得泉，號曰新井。

古蹟

汶江故城。在州北。漢置縣，爲蜀郡北部都尉治。晉改置廣陽縣。隋改汶山。唐、宋皆爲茂州治。明初始省入州。元和志：汶山縣，本漢汶江縣地，汶江城在縣北三里。宋白續通典：晉置廣陽縣於汶江縣西北五十里，周移置於石鏡山南六十里，即今治也。

廣柔故城。在汶川縣西北。漢置縣，屬蜀郡。後漢因之。晉初屬汶山郡，後廢。括地志：在汶川縣西七十二里。

廢乾州。在州西。唐書地理志：大曆三年，開西山置，領縣二，招武、寧遠。又舊唐書地理志：茂州羈縻州有塗州〔六〕，武德元年，臨塗羌歸附置，領端源、婆覽二縣。貞觀二年，州縣俱省。五年又置，領端源、臨塗、悉憐三縣。又炎州，貞觀五年生羌歸附，置西封州，八年改炎州，領縣三，大封、慕仙、義川。又徹州，貞觀五年，西羌首領董嗣貞歸化置〔七〕，領縣三，文徹、俄耳、文進。又向州，貞觀五年生羌歸化置，領縣二，貝左、向貳。又冉州，本徼外斂才羌地，貞觀五年置西冉州，九年去「西」字，領縣四，冉山、磨山、玉溪、金水。又穹州，貞觀五年生羌歸附，置西博州，八年改穹州，領縣五，小川、徹當、壁川〔八〕、當博、恭耳。又笮州，貞觀七年，白苟羌降附，置西恭州，八年改笮州，領縣三，遂都、亭勸、比思〔九〕。右七州皆屬茂州都督。永徽後，又析爲三十一州，今不録。宋史地理志：茂州領羈縻當、真、時、途、遠、飛、乾、可、向、居十州〔一〇〕。舊志：今皆在番界。

廢真州。在州西北。元和志：真州在合江鎮西一百四十二里。東至翼州界四十里，南至茂州通化縣一百里，西至維州界一百里，北至悉州界四十里。其地本名真符。天寶三年，節度使章仇兼瓊以其地險阻，又當西山要路，奏置真符營，控押一川。五年，節度使郭虛己仍奏置昭德郡。乾元元年，改爲真州，管縣四，真符縣郭下，又昭德、昭遠、雞川三縣，並在州側近，以熟羌酋領爲其令長，居無常所。舊唐書地理志：真州治真符縣。天寶五載，分雞川、昭德二縣置。又雞川縣，先天元年割翼州翼水縣置，屬翼州。天寶五載，改屬真州。昭德縣，舊志：縣舊屬悉州，天寶五載改屬翼州，仍改名昭德。五年，改屬真州。宋史地理志：茂州領壽寧砦〔一一〕，本羈縻真州。政和六年，建壽寧軍〔一二〕，在大皂江外，距茂州五十里。八年，廢爲砦。宣和三年，廢砦爲堡。舊志：廢真州，在疊溪所西南百里，有棲雞川。明史志謂汶山西北有棲雞、老翁城，唐時吐蕃所築，當即此也。

安戎城。在州西蕃界。唐儀鳳二年，益州長史李孝逸築，以絶吐蕃通蠻之道。永隆元年，爲吐蕃所陷。開元二十八年，節度使章仇兼瓊克而守之。至德初改曰平戎城。杜佑通典：恭州西南到平戎城百十里。

舍堂城。在州北二里。明嘉靖三十一年，兵備胡鼇築，與州城犄角，今廢。又羅城，在州北三里。嘉靖中副使朱紈築，以捍小姓、五寨諸蠻，號爲金城，又名萬里城。

合江城。在州北。唐書地理志：翼州有合江、穀埴、三谷三守捉城。元統志：合江鎮在茂州北八十里。舊志：合水在疊溪所南五十里爲汶江水，北自松潘界來爲黑水，西自生番界來合流於此，如張兩翼，謂之翼水，故州以爲名。或謂之合水，亦謂之合江。唐置守捉城於此，今置穆肅堡。

威戎軍城。在汶川縣北。唐書地理志：茂州有威戎軍。宋史地理志：延寧砦，本威戎軍，熙寧間所建。政和六年，湯延俊納土，重築軍城，改名延寧〔一三〕。宣和三年，廢爲砦，隸茂州。四年，又廢砦，入汶川縣。

石紐邨。在汶川縣西北。譙周蜀本紀：禹本汶山郡廣柔縣人，生於石紐。華陽國志：番人營其地，方百里，不敢居牧。有過，逃其野中不敢追，云畏禹神。括地志：石紐山在汶川縣西。元和志：廣柔故縣有石紐邨，禹所生處，今其地名刳兒坪。寰宇記：石紐邨在汶川縣西一百四十里。按：石紐邨又見「石泉縣」。

列岫堂。在州治。明統志：因九頂列於南，屏風、盤臺列於西，巨人、橐駝列於東，故名。又有雪峯、妙算、遥雲三堂，皆在州治。

練光亭。在州城内。輿地紀勝：王咨記云，大江自徼外東繞郡城西北，極目可百里許。每日出未下，朝靄横空，夜色斂昏，素月流天，一望水光，杳靄無際。江流其間，若萬丈長虹，夭矯其上而吞吐之也。舊有亭曰觀瀾，據城之隅，不與景會，因取少陵賦岷江圖有「山虹飲練光」之句，以「練光」題其額。

關隘

積水關。在州東七十里。明置巡司，今裁。

桃坪關。在州東，西去土門堡二十里。亦名桃坪堡。舊屬隴水長官司戍守。

雞宗關。在州南四十二里。宋熙寧九年置。又州界有敷文關，宋宣和三年廢爲堡。

七星關。在州南四十五里。唐乾符二年，高駢鎮西川，復戍望星關，即此。關前山有小孔七、大孔一，穿山而成，如七星伴月然，故名。關南棧道臨江倚崖，古稱絶險。明嘉靖十九年，副使張問之鑿崖開修。旁有偏橋。

雁門關。在州南七十里。明正統十年，黑苦等羌倡亂，巡撫寇深置關，臨江據險，爲州南門户。旁有偏橋，關外以溪爲限。溪南即汶川縣界。

魏磨關。在州北三十里。明置巡司，今裁。

實大關。在州北八十里，東南去穆肅堡十里。明洪武初，平蠻將軍丁玉設。關外即疊溪營界。

桃關。在汶川縣南三十里。水經注：都安縣有桃關。元和志云：遠通西域，公私經過，惟此一路。關北當風穴，其一二里中，晝夜風起，飛沙揚石。

徹底關。在汶川縣南五十里，爲松茂第一要隘。

茶關。在汶川縣南一百四十里，一名蠶巖關。又寒水關，在縣西。明置巡司，今裁。

土門堡。在州東七十里。明正德中，州將何卿破叛蠻於此。舊志：州東十里有土地嶺堡，又東有鎮遠、關子、神溪、土門等堡，達於桃關。共七關堡，爲州東險要處〔一四〕。

壩底堡。在州東土門堡東四十里，與石泉縣接界，亦曰壩底城。

鎮戎堡。在州北十里。又椒園堡，在州北二十五里。

長安堡。在州北，去椒園堡十二里。明成化十五年置。初在山阪，水道艱險，嘉靖十五年改築於舊堡之南。

韓胡堡。在州北四十里，去長安堡十四里。亦曰臨江堡。

松溪堡。在州北五十里，去韓胡堡十四里。

長寧堡〔一五〕。在州北六十里。明初置安撫司，設同知於此，轄鼇溪、章貢等寨，後廢，改置長寧堡。今爲松潘、疊溪要路。

穆肅堡。在州北，去長寧堡十三里。

汶堡。在汶川縣西三里。石城周三十八丈，門二，西北通土司番寨。

馬原堡。在汶川縣西五里，爲番夷出入之所。

雁門堡。在汶川縣北五十里。石城周四十丈。

寒水驛。在汶川縣南門外。舊置於縣西北四十里蘇村寨，明隆慶中移於江東。上至茂州安遠驛七十二里〔一六〕，下至灌縣永康驛一百六十里。又太平驛，在縣東南八十里。

津梁

鎮西橋。在州西門外，爲羌人出入要路。

鈴繩橋。在汶川縣西一里，跨大江。長四十八丈，闊八尺，繩圍一尺五寸，左右各四闌以翼之。橋兩柱，高六丈。東西建層樓，樓下有立柱、轉柱，立柱以繫繩，轉柱以絞繩。

陵墓

唐

張道古墓。在汶川縣東玉壘山下。

明

懿簡王墓。在汶川縣靈溪山。天順四年，蜀王第五子友壇封汶川。成化間薨，謚懿簡，葬此。

祠廟

大禹神母祠。在汶川縣南十里石紐山。

武侯祠。在汶川縣北三十里七盤山。

江瀆廟。在州東二里。

寺觀

勝因院。在汶川縣。宋熙寧間修，文同有記。

名宦

三國　漢

何祗。郫縣人。爲汶山太守，民夷信服。遷廣漢。後夷反叛，云：「得前何府君乃能安我耳。」時難屈祗，拔祗族人爲汶山守，復安。

晉

蕭承之。蘭陵人。少有大志，才力過人。義熙中，蜀賊譙縱初平，遷汶山郡太守，善於撫綏。

唐

陳大慈。佚其籍。長安二年，贊普率衆萬餘人寇悉州，都督陳大慈與賊凡四戰，皆破之，斬首千餘級。於是吐蕃遣使論彌薩等入朝請和。

宋

趙瞻。盩厔人。知威州。瞻以威、茂雜羣獠，險而難守，不若舍之而建郡於汶川，條著甚詳，爲西山别録。後熙寧中，朝廷經理西南，就瞻取其書考焉。

趙全時。簡縣人。神宗時，知威州，治行異等。

史季儉。佚其籍。威州祺城主簿。成都之陷，子良震與埍楊城夫争相爲死。各特贈兩官，與一子下州文學。

明

劉堅。佚其籍。永樂時，知茂州。奏立學校，秉公有守，均徭平訟，流民復業。歲旱，祈雨立應。秩滿，州民籲留之。

陳敏。華亭人。宣德時，知茂州。州僻處邊徼，與松潘、疊溪諸番鄰，歲被其患。自敏莅任，内撫民庶，外馭羌戎，恩威互施，始獲安業。及遭喪去官，諸長官司及番民百八十人乞留，報可。正統中，九載報最，軍民復請留。進成都府同知，視茂州事。都司徐甫言敏在職公勤，羣番信服。命進敏右參議，仍視州事。景泰初，秩滿九載，進右參政，仍視州事。敏莅任二十餘年，威信大行，軍民胥悦。以監司秩莅州，前此未有也。

汪浩。佚其籍。茂州判官。英宗時，佐貳中最知名。

孫漢。江陰人。嘉靖中，知茂州。時五寨蠻亂，守禦有方，蠻不敢犯。

本朝

羅銘鼎。雲南人。順治初，知茂州。流賊趙榮貴陷城，死之。其母段氏方隨養，曰：「吾兒能爲國死難，吾復何憾。」投大石缸死。州人鐫其事於石缸以表之。

陳名蟠。福寧人。康熙中，知汶川縣。邑當蹂躪之後，名蟠綏輯有方，民獲免於流播。有中山邪匪，地隸汶川，而徭冒威州，年久逋賦。名蟠按籍得二百户，立請隨田徵派，乃定。

謝應龍。會稽人。乾隆十一年，官汶川縣典史。時金酋不靖，應龍奉檄駐沃日土司地，偵金川兵事。金酋率兵圍沃日，且誘降，應龍慟哭，諭番衆以大義，乃協力堅守，賊謀不得逞。總兵任某率兵深入踰昔嶺，餉道絶，應龍冒險出奇，以芻粟往，軍乃得濟。後以才幹升。

人物

明

高仲選。汶川人。官大足教諭。崇禎末，獻賊攻汶川，攜子女投江死。本朝乾隆四十一年，予入昭忠祠。

本朝

吴世美。汶川人。官威茂協千總。乾隆十三年，隨征金川，攻作固山，力戰陣亡。䘏廕如例。

高澤衍。汶川人。官川北鎮標千總。乾隆十三年，隨征金川陣亡。䘏廕如例。

安皆。汶川人。土千總，加守備銜。乾隆三十七年，隨征金川陣亡。䘏廕加等。

阿斯嘛。汶川人。土把總，加千總銜。乾隆三十七年，隨征金川陣亡。䘏廕加等。

安甲。汶川人。土兵，加把總銜。乾隆三十七年，隨征金川陣亡。䘏廕加等。

嘎山布。汶川人。土把總，加都司銜。乾隆三十七年，隨征金川陣亡。䘏廕加等。

董璠。茂州人。官松潘鎮右營千總。乾隆三十七年，隨征金川陣亡。䘏廕如例。

顧大佺。茂州人。官疊溪營外委。乾隆三十七年，隨征金川陣亡。賞䘏如例。

羅武。茂州人。官維州協外委。乾隆三十八年，隨征金川陣亡。䘏廕如例。

張國臣。茂州人。官茂州營外委。乾隆三十九年，隨征金川陣亡。䘏廕如例。

朱相國。茂州人。官疊溪營外委。乾隆四十年，隨征金川陣亡。䘏廕如例。

韓世貴。茂州人。官重慶鎮標守備。乾隆四十年，隨征金川陣亡。䘏廕如例。

王崑。茂州人。官外委。嘉慶元年，隨勦邪匪陣亡。䘏廕如例。

楊虎。茂州人〔一七〕，成都籍。乾隆四十六年，隨勦甘肅逆回，以功累官甘州守備。嘉慶二年，攻教匪於紫陽五作雲，以火克之，擢遊擊。五年，追賊至終南山之華陽，入老林，遇伏力戰死。賜祭葬，卹廕如例。

阿思太。汶川人。土外委。嘉慶元年，隨勦黔、楚苗匪陣亡。卹廕如例。

章滚。汶川人。土千總。嘉慶元年，隨征黔、楚苗匪陣亡。卹廕如例。

王相。汶川人。土把總。嘉慶元年，隨征黔、楚苗匪陣亡。卹廕如例。

金保。汶川人。土外委。嘉慶元年，隨征黔、楚苗匪陣亡。卹廕如例。

納他爾。汶川人。土外委。嘉慶元年，隨征黔、楚苗匪陣亡。卹廕如例。

賈格爾。汶川人。土外委。嘉慶元年，隨征黔、楚苗匪陣亡。卹廕如例。

阿皆。汶川人。土外委。嘉慶元年，隨征黔、楚苗匪陣亡。卹廕如例。

流寓

三國　漢

廖立。武陵人。諸葛亮廢立爲民，徙之汶山郡。立躬率妻子耕殖自守。及亮卒，立垂泣曰：「吾終爲左衽矣。」遂終於徙所。

明

王元正。盩厔人。嘉靖時，以議禮謫戍茂州衛。搆别業於城南，講學二十餘年，一時多所成就。

列女

明

呂仲廉母呂氏、妻王氏。茂州人。呂氏父秀文無子，以女贅壻，生子仲廉，遂承呂嗣。壻早卒，呂撫子成立。娶媳王氏。仲廉又卒，姑媳相依，事姑以孝。天順八年旌表。

文節妻鄧氏。茂州人。節赴秋試，姑李氏病劇，鄧封股以進。姑食之甚甘，越數日復思之。子嘉謨告於鄧，亦封股以進，祖母李病愈。撫按嘉其雙孝，疏聞旌表。

李端妻夏氏。茂州人。盜入室索其夫，夏請當刃，盜並殺之。同州李烈娥、李節娥皆拒强污自縊。

李友諒妻陳氏。茂州人。夫殁守節。同州苟友諒女苟氏、谷岳妻王氏、韋伯珣妻傅氏、譚繼妻胡氏、張綱妻晏氏、尚孜妻史氏，均夫殁守節。又陳氏年二十，夫死無子，氏立嗣守節。

承樵妻李氏。汶川人。夫殁守節，撫子事舅姑，歷六十五載。卒封恭人。

本朝

葉定國妻宋氏。茂州人。夫亡守節，養姑撫子。康熙中旌。

劉廷彦妻趙氏。茂州人。幼封股愈母疾。適廷彦三載，廷彦病甚，氏復封股以進。及卒，矢志守節，教子成立。歷八十歲終。

林承恩妻葉氏。茂州人。承恩性極孝，父寢疾，祈以身代。及瘳，承恩病卒。葉欲殉，翁姑泣止之。守節終身，恪盡婦職。

王璘妻劉氏。茂州人。適王二載，生子甫六月夫亡，氏哀號截指誓志。後姑病，封股以進。守節終身。同州節婦欒安妻馮氏、馮士奇妻馮氏、劉國琛妻李氏，均夫亡撫子成立。

梁廷栻妻韓氏。茂州人。夫亡守節。同州節婦劉國正妻李氏、何瑛妻坤氏、袁廷珍妻冉氏、羅寬妻蔣氏、唐景皐妻蔣氏、耿韜明妻胡氏、晏焕妻坤氏、蔣悌妻王氏，均乾隆年間旌。

周真妻劉氏。汶川人。姑楊氏久病不起，氏封股以進，立愈。同縣節婦高淳妻牟氏，事舅姑以孝聞。

羅大紳女。汶川人。年十五，守正捐軀。乾隆五十七年旌。

桑朗雍中妻李氏。桑朗雍中爲瓦寺土司，既卒，子尚幼，氏撫之成立襲職。乾隆年間旌。

耿觀光妻楊氏。茂州人。夫亡守節。嘉慶年間旌。

賈士瓊妻董氏。汶川人。夫亡守節。同縣節婦董芳業妻荆氏，均嘉慶年間旌。

土産

金。唐書地理志：茂州貢麩金。

丹砂。唐書地理志：茂州貢。

麝香。元和志：茂州貢。寰宇記：茂州産麝香、麝臍。

藥。唐書地理志：茂州貢羌活、當歸。元和志：茂州貢升麻、生馬牙硝。寰宇記：茂州産五味子。

麻布。元和志：茂州貢。

狐尾。唐書地理志：茂州貢。

乾酪蜜。寰宇記：茂州産。

芋。華陽國志：汶山郡出，大如蹲鴟。

五角牛。寰宇記：茂州土産。又旄牛無角，一曰童牛，肉重千斤。

校勘記

〔一〕督南會翼維及羈縻塗炎徹向冉穹笮等十州　「徹」，原作「徼」，乾隆志卷三一四茂州建置沿革（下同卷簡稱乾隆志）同，據舊唐書卷四一地理志改。

〔二〕政和六年改名延寧　「寧」，原作「安」，據乾隆志及宋史卷八九地理志改。按，本志蓋避清宣宗諱改字也。

〔三〕茂州以郡界茂濕山爲名　「山」，原脱，據乾隆志及舊唐書卷四一地理志補。

〔四〕玉壘作東別之標　「東」，原作「束」，據乾隆志及文選郭璞江賦改。按，李善注以「東別」爲江之別名，典出尚書禹貢「岷山導江，東別爲沱」。

〔五〕每斤較沱水輕二兩　乾隆志同。按，此語語義不通，然四川通志亦有類似説法。蓋其本意是，同一容器盛滿沱水爲一斤，盛滿湔水則僅爲八兩也。

〔六〕茂州羈縻州有塗州　「茂州」，原作「茂川」，據乾隆志、舊唐書卷四一地理志改。

〔七〕西羌首領董嗣貞歸化置　「董嗣貞」，乾隆志同，舊唐書地理志、太平寰宇記皆作「董凋貞」。

〔八〕壁川　「壁」，乾隆志同，太平寰宇記卷七八作「璧」。

〔九〕比思　「比」，乾隆志、新唐書地理志、宋版太平寰宇記同，舊唐書地理志、太平寰宇記（萬廷蘭本、四庫本及金陵書局本）皆作「北」。

〔一〇〕茂州領羈縻當真時途遠飛乾可向居十州　「當」、「真」、「途」，乾隆志同，宋史卷八九地理志分別作「瑠」、「直」、「塗」。

〔一一〕茂州領壽寧砦　「寧」，原作「安」，據乾隆志及宋史卷八九地理志改。按，本志蓋避清宣宗諱改，今改回。

〔一二〕建壽寧軍　「壽寧」，原作「縣安」，據乾隆志、宋史卷八九地理志改。

〔一三〕改名延寧　「寧」，原作「安」，據乾隆志、宋史卷八九地理志改。

〔一四〕共七關堡爲州東險要處　「共」，原作「其」，據乾隆志改。按，所謂「七關堡」指上文土門、土地嶺、鎮遠、關子、神溪、土門六堡及桃關一關也。

〔一五〕長寧堡　「寧」原作「平」，據乾隆志改。下文同。按，本志避清宣宗諱改，今改回。

〔一六〕上至茂州安遠驛七十二里　「遠」，原作「達」，據乾隆志及讀史方輿紀要卷六七四川茂州改。

〔一七〕楊虎茂州人　「州」，原作「川」。按，本州人物或是汶川人，或是茂州人，此「川」當是「州」字之誤，因改。

忠州直隸州圖

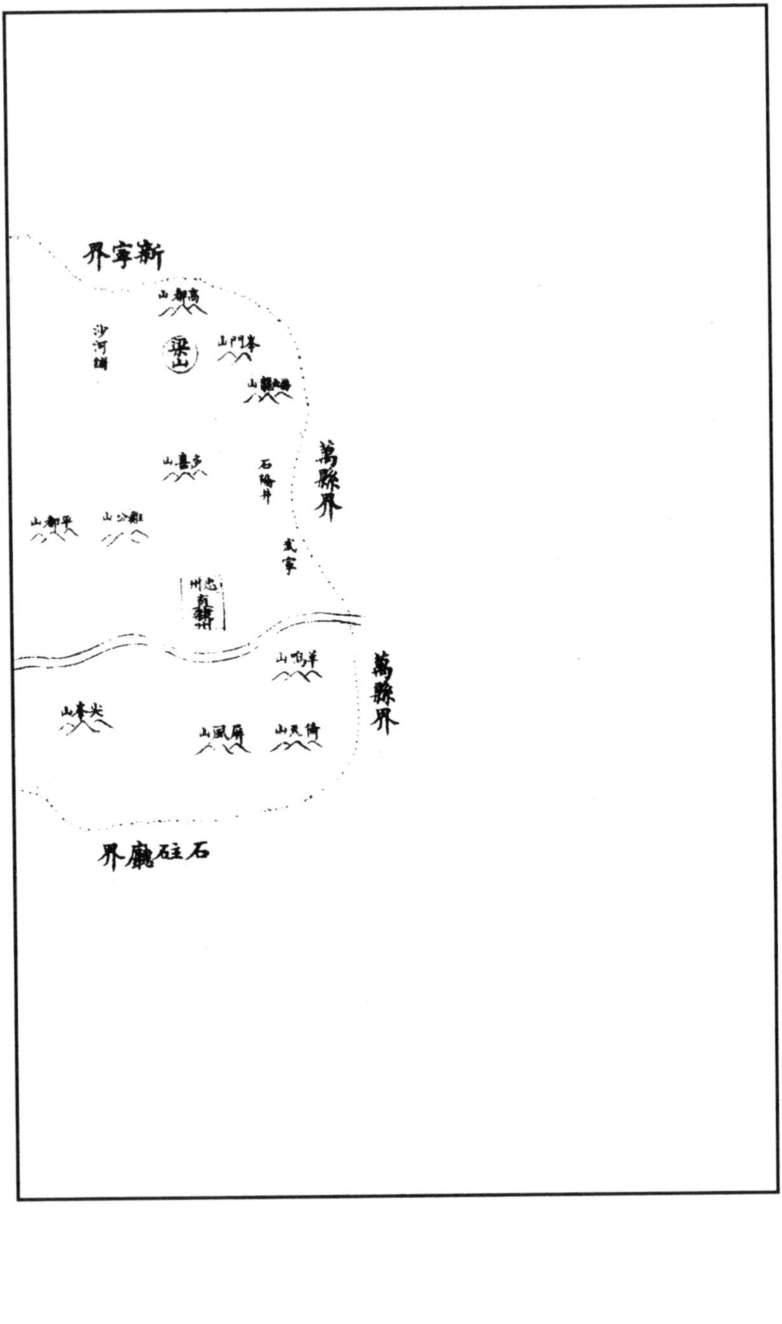
新寧界
高都山
沙河鋪
梁山
峯門山
多喜山
萬縣界
平都山
武寧
忠州
萬縣界
羊鳴山
尖峯山
屏風山
倚天山
石砫廳界

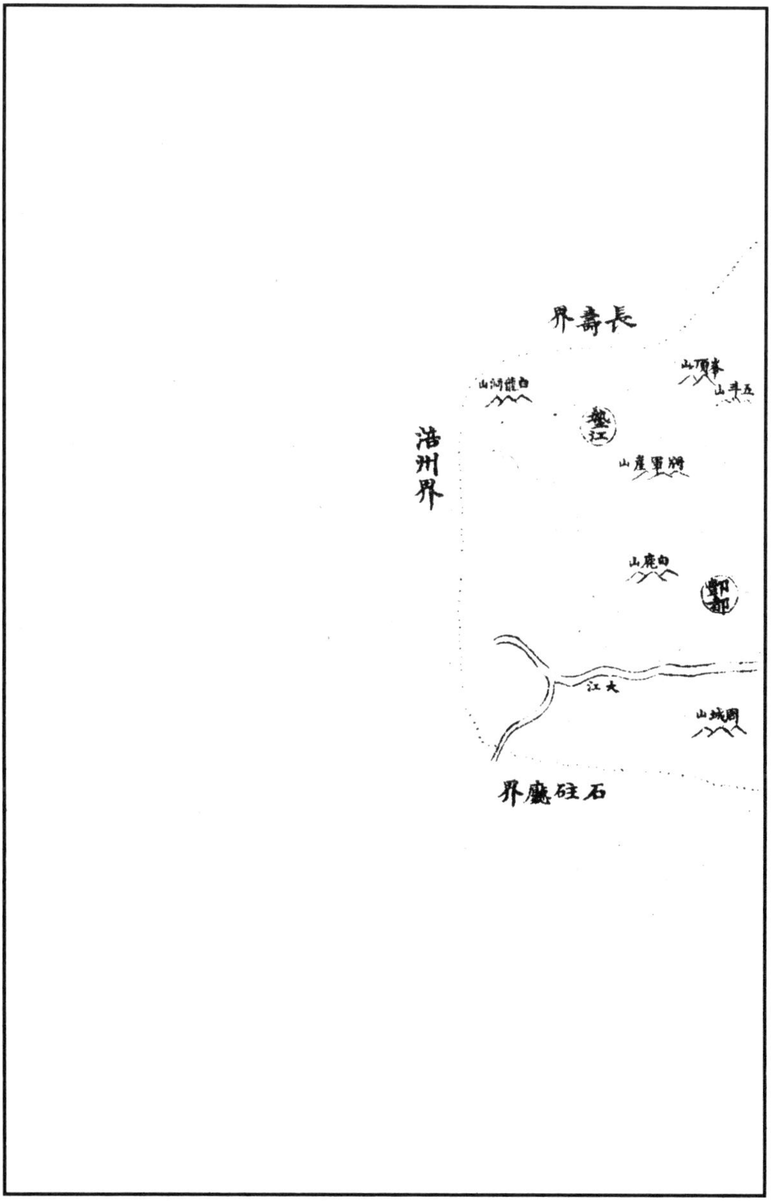
長壽界
白龍洞山
峯頂山
五斗山
墊江
涪州界
將軍崖山
白鹿山
酆都
大江
周城山
石砫廳界

忠州直隸州表

	忠州直隸州	酆都縣
秦		
兩漢	臨江縣置,屬巴郡。	平都縣後漢永元二年分置,屬巴郡。
三國	臨江縣	延熙十七年省入臨江。
晉	臨江縣	
南北朝	臨州臨江郡梁大同六年置郡,西魏置州。 臨江縣梁郡治,西魏州郡治。	
隋	臨州開皇初郡廢,大業初州廢。義寧二年復置州。 臨江縣屬巴東郡。義寧二年爲州治。	豐都縣義寧二年分置。
唐	忠州貞觀八年改名,天寶初改南賓郡。乾元初復故,屬山南東道。 臨江縣	豐都縣屬忠州。
五代	忠州屬蜀。 臨江縣	豐都縣
宋	咸淳府咸淳元年升府。 臨江縣府治。 龍渠縣南渡後置,屬忠州。	豐都縣
元	忠州復降州。至元二十一年改屬重慶路。 臨江縣州治。	豐都縣
明	忠州屬重慶府。 洪武初省入。	酆都縣洪武初改「豐」爲「酆」。

續表

	墊江縣	梁山縣
	臨江縣地。	巴郡朐忍縣地。
		巴東郡南浦縣地。
	墊江縣 西魏置，兼置容川郡。周改名魏安。	梁山縣 西魏置。
	墊江縣 開皇初郡廢，十八年復故名，屬宕渠郡。	梁山縣 屬巴東郡。
南賓縣 武德二年置，屬忠州。	墊江縣 武德初分屬潾州，八年改屬臨州，尋屬忠州。 桂溪縣 武德二年置清水縣，屬忠州。天寶元年改名。	梁山縣 屬萬州。
南賓縣	墊江縣 桂溪縣	梁山縣
南賓縣	墊江縣 熙寧五年省入。	梁山軍 開寶三年置，屬夔州路。元祐初仍屬萬州，尋復故。 梁山縣 軍治。
南賓縣	至元中省入豐都，至正中復置。	梁山州 至元二十年升州。 梁山縣 州治。
洪武初省。	墊江縣	洪武七年廢。 梁山縣 屬夔州府。

大清一統志卷四百十六

忠州直隸州

在四川省治東一千五百里。東西距二百六十里〔一〕，南北距一百八十里。東至夔州府萬縣界八十里，西至重慶府涪州界一百八十里，南至石砫廳界五十里，北至綏定府新寧縣界一百三十里。東南至萬縣界、石砫廳界各七十里，西南至石砫廳界六十里，東北至萬縣界八十里，西北至重慶府長壽縣界一百四十里。本州境東西距一百二十里，南北距一百十里。東至萬縣界五十里，西至酆都縣界七十里，南至石砫廳界六十里，北至梁山縣界五十里。東南至石砫廳界五十里，西南至酆都縣界、石砫廳界各八十里，東北至萬縣界六十里，西北至墊江縣界一百里。自州治至京師六千二百十里。

分野

天文井、鬼分野，鶉首之次。

建置沿革

禹貢梁州之域。周爲巴國地。漢置臨江縣，屬巴郡。後漢、晉、宋、齊俱因之。梁大同六年，於縣置臨江郡。西魏廢帝二年，又置臨州。隋開皇初郡廢，大業初州廢，縣屬巴東郡。義寧二年，復置臨州。唐貞觀八年，改曰忠州。寰宇記：以「地邊巴徼，意懷忠信」爲名。天寶初，改曰南賓郡。乾元初復曰忠州，屬山南東道。五代屬蜀。舊志：唐末王建置鎮江軍於此。梁乾化四年，移治夔州。宋亦曰忠州南賓郡，屬夔州路。咸淳元年，升爲咸淳府。以度宗潛邸故。元復曰忠州。至元二十一年，改屬重慶路。明洪武初，以州治臨江縣省入，屬重慶府。本朝初因之。雍正十二年，升直隸州，屬四川省，

領縣三。

酆都縣。在州西南一百十里。東西距七十里，南北距一百二十里。東至本州界四十里，西至重慶府涪州界三十里，南至酉陽州彭水縣界六十里，北至墊江縣界六十里。東南至石砫廳界六十里，西南至涪州界九十里，東北至本州界九十里，西北至重慶府長壽縣界五十里。古巴國別都〔二〕。漢爲巴郡枳縣地。後漢永元二年，分置平都縣，屬巴郡。三國漢延熙十七年，省入臨江。隋義寧二年，分臨江縣置豐都縣。唐屬忠州。宋初因之，後廢。紹興初復置，仍屬忠州。元因之。明洪武初，改「豐」曰「酆」。本朝初屬重慶府，雍正十二年改屬忠州。

墊江縣。在州西一百三十里。東西距八十里，南北距九十里。東至梁山縣界四十里，西至順慶府鄰水縣界四十里，南至酆都縣界五十里，北至綏定府大竹縣界四十里〔三〕。東南至本州界八十里，西南至重慶府長壽縣界四十里，東北至梁山縣界五十里，西北至鄰水縣及綏定府大竹縣界各五十里。漢臨江縣地。西魏置墊江縣，兼置容川郡。周改縣曰魏安。隋開皇初郡廢。十八年，又改縣曰墊江，屬宕渠郡。唐武德初分屬潾州，八年改屬臨州，尋屬忠州。宋因之。元至元中省入豐都。至正中明玉珍復置，仍屬忠州。明因之。本朝初屬重慶府，雍正十二年改屬忠州。

梁山縣。在州西北一百里。東西距一百六十里，南北距八十里。東至夔州府萬縣界九十里，西至墊江縣界七十里，南至

本州界五十里，北至綏定府新寧縣界三十里。東南至萬縣界一百里，西南至墊江縣界七十里，東北至新寧縣界三十里，西北至綏定府大竹縣界六十里。漢巴郡朐忍縣地。三國後爲巴東郡南浦縣地。西魏置梁山縣。隋屬巴東郡。唐屬萬州。宋開寶三年，置梁山軍，屬夔州路。元祐初，仍屬萬州，尋復故。元至元二十年，升軍爲梁山州，仍以梁山縣爲治。明洪武七年州廢，縣屬夔州府。本朝初因之。雍正十二年，改屬忠州。

形勢

地在恭、涪、夔、萬之間。南賓志。東通巴峽，西達渝、涪，山險水深，介乎往來之衝。舊州志。

風俗

氣候差熱。宋清化志。士頗尚氣倜儻。宋忠州進士題名記。

城池

忠州城。周五里三分，門五。明洪武中因舊址建。

酆都縣城。周三里三分，門五。明天順中建。本朝嘉慶四年修。

墊江縣城。周五里五分，門四，外環以池。明成化初建。本朝嘉慶四年修。

梁山縣城。周五里二分，門四。明成化中建。本朝乾隆三十三年修，嘉慶三年重修。

學校

忠州學。在州治東。舊在東門外，元建，明萬曆中遷於城北隅。本朝順治中復建城外舊址，嘉慶十一年改建今所。入學額數十二名。

酆都縣學。在縣治西。明洪武十四年建。本朝康熙四十二年修。入學額數八名。

墊江縣學。在縣治西。明成化中建。本朝康熙四十八年修。入學額數八名。

梁山縣學。在縣治南。宋寶慶中建。本朝康熙五年重建，二十五年修，六十年、嘉慶九年重修。入學額數八名。

臨江書院。在州治明倫堂側。本朝乾隆十一年建，以白居易曾爲州刺史，名曰仰白。嘉慶十五年修，改今名。

鹿鳴書院。在酆都縣治西。本朝乾隆四十三年建。

淩雲書院。在墊江縣北。本朝乾隆二十一年建，五十八年修。

桂香書院。在梁山縣南門内。本朝康熙二十三年建，乾隆二十年修，嘉慶十二年重修。按：舊志載平山書院，在酆都縣北三里，明建，王守仁有記。淩雲書院，在酆都縣北，明建。今並廢，謹附記。

户口

原額户二萬四千九百八十八，今滋生男婦共四十九萬六千六百四十八名口，計一十七萬二千七百二十八户。

田賦

田地一萬五千八百二十六頃三十九畝四分有奇，額徵地丁正、雜銀一萬六千一百四十六兩七錢一分七釐。

山川

羊鳴山。在州東隔江三十里。

氈毛山。在州東南十里。其地産草如氈。

倚天山。在州東南六十里。其山高聳，勢若倚天。

涂山。在州東南八十里。亦曰方斗山，以形似名。

屏風山。在州南。九域志：臨江縣有屏風山。方輿勝覽：即夏祠山。明統志：一名翠屏山，上有禹廟及陸宣公祠。舊志：山有朝真洞。

引藤山。在州南。方輿勝覽：在龍渠縣東十五里。山出藤枝長十餘尺，其大如指，中空可吸，謂之引藤，屈其端置醅中注之如晷漏。本夷俗所尚，土人效之。白居易春至詩「悶取藤枝引酒嘗」即此。

白石山。在州西北七十里。山多白石。

雞公山。在州西北一百里，接墊江縣界。

尖峯山。在酆都縣東隔江五十里。山峯矗起，如卓劍然。亦曰大峯山。

大峯門山。在酆都縣東六十里。峯頂二石並峙，如門之闢。

周城山。在酆都縣南七十里。石壁四周，儼如城壁。

白鹿山。在酆都縣西北一里，與平都山峯巒相接。一名鹿鳴山。

金盤山。在酆都縣北三十里。巖石迴環，狀如金盤。

平都山。在酆都縣東北。隋書地理志：臨江縣有平都山。寰宇記：在酆都縣北二里，縣以此爲名。後漢時陰長生於此昇天。亦張道陵二十四化之一也。方輿勝覽：自縣東行一里許始登山，石徑縈迴可二三里，平瑩如掃。林木邃茂，夾徑皆翠柏，殆數萬株。麂、鹿時出没林間，與人狎甚。有景德宮，舊名仙都觀，乃漢王方平得道之所。明統志：在縣東北三里。道書七十二福地之一。舊志：今亦名酆都山，頂有五雲洞。

鳳凰山。在墊江縣東四十里。上有會仙洞。

將軍崖山。在墊江縣東南十五里。山形陡峻，有石柱，狀若人立，故名。

曲尾山。在墊江縣東南六十里。岡隴延袤，如獸環尾。

望月山。在墊江縣南五十里。

白龍洞山。在墊江縣西十里。又西十里有石人山。

峯頂山。在墊江縣東北二十里。舊志：去山二十里有古洞，飛湍奔瀉如雷，聲聞十餘里。久晴聞之則雨，久雨聞之則晴。

壁斗山。在墊江縣東北三十里。峯巒環列如北斗然。路通梁山縣。

峯門山。在梁山縣東十五里。方輿勝覽：其山高大，頂有寒泉，兩崖對峙如門，故名。

蟠龍山。在梁山縣東二十里。方輿勝覽：孤峙秀杰，突出衆山之上。下有二洞，洞中有二石，龍狀，首尾相蟠，故名。傍有噴霧崖，洞中之泉下注垂崖約二百餘丈，噴薄如霧。宋張商英嘗遊此，題云「水味甘腴，偏宜煮茗，非陸羽莫能辨」。范成大以爲天下瀑布第一。

柏枝山。在梁山縣東南十五里。尋江源記云景穴有嘉魚出柏枝山，即此。按：水經注柏枝山在陽口縣東南，當在今夔州府西界，與此不合。

石馬山。在梁山縣南五里。

多喜山。在梁山縣南五十里。方輿勝覽：山或神光夜現，則是境之人必多喜事。陳希夷嘗修煉於此，丹井、石枕猶存。

五斗山。在梁山縣西南三十里。其形如斗。下有御史潭，桂溪出焉。

銅印山。在梁山縣西南六十里。

七城山。在梁山縣西二十里。山有七峯，壁立如城。

金鳳山。在梁山縣西五十里。山南半崖有罅邃然，内皆洞明。其石上有若圖仙女狀，面貌宛然，時若摇動，迫視之則不見。

白雲山。在梁山縣西一百里。奇峯突出如筆，亦名筆山。

石瓦山。在梁山縣西一百十三里。寰宇記：山巔有古人礪刀劍亂石，如積瓦焉。明統志：瓦城亦名石瓦山。山頂坦平，耕者往往得古銅片。

福利山。在梁山縣西北五十里，俗名狐狸山。明正德中，撫臣林俊以其豐腴改今名。

高都山。在梁山縣北十五里。峯巒迤邐百餘里。舊有高都驛，唐天寶中進荔枝之路。山壤腴而黄，民種薑爲業。

高梁山。在梁山縣東北，與萬縣接界。隋書地理志：梁山縣有高梁山。寰宇記：尋江源記云：「高梁山東尾跨江，西首劍閣，東西數千里，山嶺長峻，其峯崔嵬，於蜀市望之，若長雲垂天。一日行之，方極其頂。俯視衆山，泯若平原。劍閣銘所謂『巖巖梁山，積石峩峩』，即此。」方輿勝覽：去城四十餘里。

書院峽。在梁山縣東五十里。方輿勝覽：在峽石市之北。每風雨晦冥，如聞讀書聲。其中有夫子崖、子貢墉。

白鹿洞。在州南。明統志：相傳昔有二獵人逐白鹿入洞，失鹿所在，但見二碧瓜，食之得仙。

木蓮洞。在州西北五里，鳴玉溪濱。地産木蓮樹，巴人呼爲黄心木。白居易有詩。

寒泉洞。在梁山縣西十里。勝槩不減盤龍。又龍清洞，在縣西一百里。舊志：寒泉洞，在縣西三十里。

大江。在州南。自重慶涪州流入，經酆都縣南，又東北經州南，又東北入夔州府萬縣界。水經注：江水又逕東望峽，東歷平都，又逕虎鬚灘。灘水廣大，夏斷行旅。又東逕臨江縣南，又東得黄華水口，左逕石城南，又東至平洲。洲上多居民。又東逕壤塗而歷和灘，又東逕界壇。是地巴東之西界，益州之東境，故得是名也。舊志：州西二里有石梁，亘三十餘丈，横截江中，俗呼倒鬚灘。即水經注所謂虎鬚灘也。又有折魚灘，在州東三十里石鯌入江，水勢衝激，魚不能上，往往折回。舟行至此，水漲則平，水落則凶。又云：大江自涪州入酆都縣境三十里至縣南門外，又東三十里入州界，又東百里至州南門外，又一百二十里入萬縣界。

三河。在墊江縣東南二十里。有三源，一出石人山，一出白龍洞，一出將軍崖，至此匯流，曰三河口，亦曰羅干河。東合梁山水，出高灘。

黄華水。在州東。水經注：江水東得黄華水口，江浦也。庾仲雍曰，臨江至石城黄華口一百里。舊志：黄華洲在州東五十里，江浦周迴可二十里。

涂溪。在州東。華陽國志：臨江縣有鹽官，在鹽、涂二溪，一郡所仰。水經注：縣北入鹽井谿，有鹽井營户，谿水沿注江。舊志：涂溪源出梁山縣蟠龍山，亦曰蟠龍溪。東南流入州界，徑涂井至石寶寨入江。涂井在州東八十里。按：輿圖作涂井河。其西又有潹溪河，自州北境發源，東南流徑潹井西，又南入江。潹井在州東北二十里許。此即華陽國志之鹽溪、水經注之鹽井溪也，舊志失載。

東溪。在州東南三里。寰宇記：源自南賓縣，北流注江。

鳴玉溪。在州西。寰宇記：在州西十里。上有懸巖瀑布，高五十餘丈。潭洞幽邃，古木蒼然。唐刺史房式嘉其幽絶，特置蘭若，凡置五橋以渡溪水，今廢。舊志：一名西溪。源出白石山，流七十里入江。按：輿圖州西有漕溪，東南流入江，疑即此。其西又有臭水溪、灘子沱、挫溪〔四〕、丁溪、赤溪，皆南流入江。又西則酆都之龍停溪也。

根溪〔五〕。在酆都縣。東南流入江。又輿圖縣西五十里許有渠溪〔六〕，自州西界發源，西南二百里許至北涪鎮西入江，諸志不載。

葫蘆溪。在酆都縣南。上流曰三江溪，自石硅廳界會諸水西流入境，至縣南入江。按：寰宇記有望塗溪，在南賓縣北二百步，西流至酆都縣南注蜀江，即此。

龍停溪。在酆都縣東北二十里。源出金盤山，東南流十五里入江。

高灘溪。自梁山縣發源，曰桂溪，西南流逕墊江縣東曰高灘溪，又西南入重慶府長壽縣界爲龍溪，即古逢溪、容溪也。寰宇記：逢溪水在梁山縣南八十步，西南流入忠州桂溪縣界。又龍溪水在桂溪縣南三里，西流入墊江縣界，在縣南十里。本朝乾隆元年，移墊江縣縣丞分防於此。明統志：桂溪在梁山縣西南三十里。兩岸多桂，唐桂溪縣以此名。舊志：桂溪源出梁山縣五斗山，北流二十里至縣西，會縣城之水，轉西南流七十里入墊江縣界，穿壁斗山湍流四十里，爲高灘溪，在縣東南五十里。又西南流四十里入長壽縣界，即龍溪之上源也。

紵溪。在梁山縣。東南流至萬縣入江。詳見「萬縣」。

御史灘。在梁山縣西百里。方輿勝覽：張商英爲御史，與親朋燕飲於此，故名。

姜維泉。在州南翠屏山下。相傳姜維所鑿。

雌雄泉。在梁山縣南多喜山。一名浴丹井。春夏左盈右竭，秋冬右盈左竭。

鹽井。通志：忠州鹽井，上井三眼，中井八眼，下井二十四眼。酆都縣鹽井一眼。

古蹟

臨江故城。今州治。漢置。華陽國志：縣在枳東四百里，東接朐忍。寰宇記：本以臨江川爲名。

平都故城。今酆都縣治。後漢書郡國志「巴郡平都」注：巴記曰，和帝分枳置。華陽國志：巴子治江州，或治平都。又平都縣，蜀延熙時省。水經注：江水東歷平都，舊巴子别都也。有平都縣，爲巴郡隸邑。舊唐書地理志：忠州豐都縣即漢平都縣，義寧二年分臨江置。寰宇記：縣在忠州西九十二里。按：宋志豐都縣南渡後增置，舊志遂謂宋初廢，今考九域志有此縣，則知廢在元豐後也。

墊江故城。即今墊江縣治。漢墊江縣在今合州，西魏移置於此。寰宇記：縣在忠州西一百七十里。本漢臨江縣地。後魏恭帝三年，於此置墊江縣。周天和二年，改爲魏安縣。隋開皇十八年，復爲墊江縣。九域志：在州西一百二十七里。

梁山故城。在今梁山縣西。隋書地理志：西魏置。舊唐書地理志：縣治後魏萬川郡故城。寰宇記：後周天和三年，分魚泉置梁山縣，以縣界内高梁山爲名。九域志：開寶三年，以萬州石氏屯田務，置梁山軍，割梁山縣隸焉。熙寧五年，又析忠州桂溪地益軍。舊志：今縣西有萬川城，西魏萬川郡初置於此，後徙南浦，以此爲梁山治也。

龍渠廢縣。在州東南。九域志：乾德六年，以夔州龍渠鎮隸忠州。開寶二年，置南賓尉司，在州東南一百八十里。宋史地理志：咸淳府，南渡後增置龍渠縣。舊志：元初省。

南賓廢縣。在酆都縣東南。舊唐書地理志：武德二年，分武寧縣置。寰宇記：縣在忠州西南一百里。本漢臨江縣地。舊志：明洪武初，始省入酆都，在縣東南七十里。

桂溪廢縣。在墊江縣東北。寰宇記：縣在忠州西一百三十九里〔七〕。唐武德二年，分臨江地於此置清水縣。天寶元年，以隴右有清水縣，改此爲桂溪，以縣界桂溪爲名。九域志：熙寧五年省入墊江。舊志：在今縣東北三十餘里。

故石城。在州東一百里。寰宇記：當岷江之北岸。李雄之亂，巴西郡寄理此城。其城四面懸絶。

石氏屯田務。在梁山縣西。方輿勝覽：五代僞蜀在今梁山軍治置務，平蜀後遂廢，因移縣於此。

東坡。在州治。唐白居易於此種桃李，有詩。又有西坡，亦居易故跡。

呂保藏家。在梁山縣東北。輿地紀勝：梁山絶崖半腹有一穴，人跡所不到。漢末赤眉之亂，有呂保藏家貲巨萬，齎金寶緣木而上，鑿崖以居，盡伐崖下木，寇不能近。後舉家終焉。紹興中有樵夫得一券於崖側，非銅非鐵，其聲鏘然。上有古篆云：「西漢之末，赤眉邂逅。黄金千兩，坑埋而走。羔豚十祭，其財自阜。」今藏所猶存。

荔枝樓。在州城西南隅。唐白居易建。又城東有東樓，西有西樓，居易皆有詩。

五雲樓。在酆都縣景德觀。唐段文昌建。樓下壁間有唐書「瑶池樂部」，甚妙。

翔雲樓。在梁山縣鼓角樓之左。横跨通衢，四山環合，頗得其勝。

垂雲樓。在梁山縣子城之北。輿地紀勝：左瞰萬石，右倚東山，景物奇麗，峽中所未有。

四賢閣。在州學。宋知州王闢之建。四賢謂唐劉晏、陸贄、李吉甫、白居易，皆謫官於此，故以名閣。宋黄庭堅記。

淩雲閣。在酆都縣平都山。頂有碑刻「淩雲」二字。

端敏堂。在梁山縣治東。輿地紀勝：在梁山軍郡圃東。又有仰高堂在設廳之東，舊曰清浄堂，後改名。又有瑞光亭，在仰高堂側。

鳴玉亭。在州治西。宋建，史襄有詩。

瑞豐亭。在梁山縣治。宋陸游有詩。

飛練亭。在梁山縣東二十里蟠龍山。輿地紀勝：山有水自洞中流出，注於崖下，約高二百餘丈。舊有亭在半山，名曰飛練，取徐凝詩句，今改曰飛雪，取歐陽公「六月飛雪灑石虹」之語。

巴子臺。在州東。唐白居易登城東古臺詩：「迢迢東郊上，有土青崔嵬。不知何代物，疑是巴王臺。」

望夫臺。在州南十里。宋蘇軾有詩。

屈原塔。在州東。蘇軾詩：「楚人悲屈原，千載意未歇。」南賓舊屬楚，山下有遺塔。方輿勝覽：在臨江縣東。

關隘

敦里八甲巡司。在州西一百六十里。本朝乾隆元年置。

塗井鎮。在州東八十里。九域志：臨江縣有塗井、鹽井二鎮。宋史元祐三年，臨江塗井鎮雨黑黍，即此。

臨江鎮。在州西二里。明置巡司，今裁。

北涪鎮。在酆都縣西五十里，江北岸，接涪州界，爲往來要津。

虎溪鎮。在梁山縣西北四十里。舊設巡司，遺址尚存。

牛頭寨。在梁山縣西十五里，赤牛山上。亦名赤牛城。宋淳祐三年置。周三百六十步，敵樓四百二十座，四隅有門。

峽石市。在梁山縣東五十里。其北有書院峽，故名。

石橋井。在州北二十里。本朝乾隆元年，移州判駐此。

沙河鋪。在梁山縣西三十里。縣丞駐此。

花林驛。在州西八十里。又漕溪驛，在州東九十里。舊皆爲水驛，久裁。

酆陵驛。在酆都縣東北二里。舊爲水驛，今裁。

白渡驛。在墊江縣東。舊爲馬驛，今裁驛，設馬站。

太平驛。在梁山縣西。明嘉靖中，置水驛於此，路通大竹。今裁驛，設馬站。

津梁

天生橋。在州東城外。有石梁長三丈，似橋。

折桂橋。在州南。

天仙橋。在酆都縣東。其水出白鹿山，東流三里入江。

碧潭橋。在梁山縣西九十五里。

陵墓

周

巴蔓子墓。在州西北一里。

三國 漢

嚴顔墓。在州西南二十里。

唐

陸贄墓。在州南。方輿勝覽：在屏風山玉虚觀南三十步。宣公嘗藁葬於此。後已歸葬，此特虚冢耳。然杜子美歸葬偃師，而耒陽之墓自若，李太白稱殯青山，而采石之冢猶存，則宣公此墓宜封殖之。

明

來知德墓。在梁山縣西十里。

李孝子墓。在梁山縣西七十里鹽井口。

祠廟

陸宣公祠。在州治南。一名懷忠堂。

嚴將軍祠。在州治北。祀蜀嚴顔。

四賢祠。在州南。宋紹聖間建，祀劉晏、陸贄、李吉甫、白居易。又有白公祠，在巴臺之左。

胡公祠。在酆都縣平山之麓。祀明州判胡平表。

昭忠祠。在梁山縣城隍廟左。本朝嘉慶九年建。

來瞿塘祠。在梁山縣南。祀明來知德。

忠節祠。在梁山縣西。祀明主簿時植、生員何應宿。

禹廟。在州南過江三里。唐杜甫有詩。

漢武帝廟。在梁山縣治。祭祀往往有羣蝶降祠，饌徹始去。

寺觀

治平寺。在州東一里。唐建，名龍昌，宋改今名。本朝康熙五年重修，四十二年，賜御書「振宗禪寺」及「妙光」二額。

寶和寺。在墊江縣東一里。

大通寺。在墊江縣北二十五里。唐貞觀三年建。

萬年寺。在梁山縣東。蟠龍山石壁有「天子萬年」字，因名。

萬壽寺。在梁山縣西。

酆都觀。在酆都縣平都山。唐建。本名仙都，宋改名景德，又名白鶴觀。相傳漢王方平、陰長生得道處，有陰長生石本金丹訣、吕洞賓平都訪仙詩及唐碑十。

名宦

唐

李吉甫。趙郡人。忠州刺史。初爲陸贄所出，及贄貶忠州别駕，吉甫置怨交歡，人重其雅量。

劉晏。南華人。與元載有隙，貶忠州刺史。爲國理財，民不加賦而國用饒。

李蕈。臨江令。有中官挈妓而行，所在肆横，毆吏取賄。蕈徑入舟，取妓縛岸上，草奏將劾之，其人惶懼遜謝，士大夫壯之。

陸贄。嘉興人。貞元中，以論裴延齡奸佞，出爲忠州别駕。在忠十年，避謗不著書，地苦瘴癘，祇爲古今集驗方五十篇示鄉人云。

白居易。下邽人。元和中，貶忠州刺史。輕徭賦，育賢才，不廢吟咏，而庶政畢舉。

宋

崔遵度。淄川人。太平興國進士，知忠州。李順之亂，賊遣其黨來攻，遵度領甲士百餘背城而戰。賊踰堞以入，遵度投江中，賴州兵援之得免。

趙尚寬。河南人。仁宗時，知忠州。俗畜蠱殺人，尚寬揭方書市中，教人服藥，索爲蠱者窮治置於理，大變其俗。轉運使持鹽數十萬斤，課民易白金，期會促。尚寬發官帑副其須，徐與民爲市，不擾而集。

歐陽珣。廬陵人。崇寧進士，調忠州學教授。以薦上京師。時朝議割河北三鎮地講和，珣率其友上書極言不可。時宰怒欲殺之，乃遣奉使割深州。珣至深州城下，慟哭，金人怒，執送燕焚之。

屈堅。忠州防禦使。建炎初，金人圍陜州，堅引兵救之，圍解。後爲金人所執，堅曰：「吾來爲解圍也。城苟全，吾死何憾焉？」叱金人使速殺之。

馬堃。宕昌人。守咸淳府，元兵破城，堃與軍使包申巷戰死。

常慶福。雲中人。淳祐初，知咸淳府。視民猶子，蠲死籍，減租糴，開貢院，會梁、萬二州之士，試其才賢者貢之於朝。有瑞麥嘉禾、雙犢金鯉之應。

韓璩。知忠州。平寇保民，民立生祠。

明

趙登。祥符人。永樂時，禮科給事中。以言事謫忠州判官，在職十年，公廉有惠愛。

周清。德化人。天順間，守忠州。政平訟理，民愛之，留十載始遷。

陳秉彝。成化中，守忠州。時歲荒，勸賑驗口給糧，民蒙實惠。俗祀巴蔓子，一燭至費百金。秉彝以淫祀耗財，嚴禁絶之。

金鎧。昆明人。弘治中，知墊江縣。鄢藍之亂，有保障功。

時植。通許人。正德中，爲梁山主簿，攝縣事。鄢藍之亂，力戰死之，妻賈氏自縊，一女赴火死。

胡平表。雲南臨安人。歷忠州判官。天啓元年，樊龍陷重慶，平表縋城下，詣石砫土官秦良玉乞師，號泣不飲食者五日，良玉爲發兵，巡撫朱燮元檄平表監良玉軍。

荆偉。丹陽人。知墊江縣。崇禎末，獻賊陷城，不屈死。本朝乾隆四十一年，賜謚節愍。

歐陽東昌。貴州龍泉人。知墊江縣。獻賊陷城，不屈死。本朝乾隆四十一年，賜謚節愍。

本朝

李如滂。高陽人。順治十八年，知酆都縣，有惠政。吴逆時，抗節解組歸。

楊夢槎。金匱舉人。乾隆初，知酆都縣。西川軍興，管礮局。木果木之變，降番圍刼礮局，被縛不屈死之。事聞，贈道銜，祭葬賚廕如例。

王垂重。山東人。嘉慶初，權忠州事。教匪之亂，垂重招集義勇，奮力追勦，力屈遇害。事聞，廕卹如例。

人物

三國 漢

嚴顔。臨江人。爲劉璋巴郡太守。初，先主入蜀至巴郡，顔拊心歎曰：「此所謂獨坐窮山，放虎自衛也。」及先主攻璋，張飛等泝流而上，分定郡縣，至江州破璋，將生獲顔，飛呵曰：「大軍至，何不降而敢拒戰？」顔曰：「卿等無狀，侵奪我州，我州但有斷頭將軍，無有降將軍也。」飛怒令斬之，顔容色不變，飛壯而釋之。

吴

甘興霸。臨江人。先依劉表，後歸吴，陳計於孫權，謂宜先取黄祖，鼓行而西，據楚關即可漸窺巴蜀。權深納之。遣興霸擒祖，盡獲其士衆。興霸屯兵當口，從周瑜破曹操，攻曹仁。拜西陵太守。曹操出濡須，興霸爲前部督，銜枚出破敵，敵驚退。爲時名將。權曰：「孟德有張遼，孤有興霸，足相敵也。」

晉

文立。臨江人。游太學，傳毛詩、三禮，師事譙周。蜀平，舉秀才，拜濟陰太守。政事修明。入爲太子中庶子。表請諸葛亮、蔣琬、費禕等子孫録用，以慰巴蜀之心。詔從之。

楊宗。臨江人。與同郡毛楚皆有美德。宗爲安蠻護軍。吳人寇南浦，宗討之，退走。巴東都督表宗爲武陵太守。朝議以唐彬及宗爲巴東監軍，武帝以問文立，立曰：「彬、宗俱立事績，在西不可失者。然宗才誠佳，有酒嗜；彬亦其人，性在財欲。」帝曰：「財欲可足，酒嗜難改。」遂用彬。

明

鄒成。墊江人。洪武間，以太學生拜御史，巡按八閩，振揚綱紀，吏民畏服。

楊大榮。酆都人。天順丁丑進士，任江西僉事。會寧縣盗羅萬珪等殺將吏，將陷城邑，督甲士募鄉勇，擒萬珪等七十一人。後南昌有盗入權貴家，弗得，誣平民數十人在獄，悉出之。子孟瑛，成化丁未進士，官刑部員外郎。清强之聲，溢於朝宁。會杭政久敝，冀得賢守，冢宰疏薦之。至郡值歲祲，上疏蠲賦，又濬西湖復民田四千畝。入丞京府。民歌之曰：「楊君來，西湖開。西湖清，楊君升。」

陳瑞。忠州人。弘治初，拜給事中。劾中官郭鏞，并乞罷内侍官，不得參機務。終光禄寺卿。

趙趣。梁山人。爲諸生。正德中，藍鄢賊衆攻城，同友人黄甲、李鳳、何景、蕭鋭、徐宣、楊茂寬、趙采誓死拒守，城陷皆死。御史林俊嘉其義，立祠祀之。同縣徐敬之，流賊起，衆推爲部長，陷陣死。林俊爲文祭之，題其墓曰「忠勇義士」。

來知德。梁山人。幼有至行，有司舉爲孝童。嘉靖時，舉於鄉，歸養不出。其學以致知爲本，以盡倫爲要。有司以疏薦授翰林待詔，不赴。所著有易注、省覺録、省事録、理學辨疑等書行於世。

秦民屏。忠州人。良玉弟也。萬曆末，授爲守備，調援瀋陽，與兄邦屏力戰渾河，邦屏死焉。民屏後與安邦彦力戰於大方而死。其姊良玉上其功，贈都督同知，官其二子。又邦屏子翼明，歷官湖廣總兵。時賊多聚鄖、襄，翼明屢破之。弟拱明屢遷副總兵，與雲南土酋普明聲戰死。秦氏父子兄弟多死王事。

胡帛。墊江人。嘉靖丙辰進士，任福州知府。時倭賊破興化，窺福州，帛與三司畫城而守，賊不得逞。賊據海州，帛發艘督戰，斬獲甚衆。幕府上功第一。後擢江西按察司副使。

李資孝。梁山人。天啓中，旌表孝行。

高倬。忠州人。天啓進士。崇禎初，授御史，遇事敢言。以巡視草場失火，罷歸。逾年起官，擢右都御史，提督操江。帝欲召倬別用，未赴而京師陷。福王立於南京，用爲刑部尚書。大兵入南京，倬投繯死。本朝乾隆四十一年，賜謚忠節。

陳鼎祚。酆都人。由貢生任内江教諭。流賊入境，官服坐明倫堂罵賊，全家死難。同縣楊淩雲，以明經任蓬溪教諭，流賊入境，亦不屈死。

李默。墊江人。崇禎舉人。流寇猖獗，默召募土人守城。太守王行儉聞其才，請襄戰守。默慨然率妻子至渝，與行儉及巴令王錫日夜披堅執鋭，身冒矢石。後城破，被執不屈，賊怒磔之，舉家殉難。

高宗舟。梁山人。崇禎甲申，賊攻城，率鄉勇守北門。城陷，疾歸家，令妻孥皆自盡，作書間達父所，身統家奴十餘人巷戰死。

李如星。酆都人。有膽略。當流賊猖獗時，欲羅致之，如星堅不赴，賊遣將張啓殺之。次子嗣靖請代不許，抱父屍同死。

林明儁。酆都人。該洽經史。初，獻寇陷蜀，從閣部王應熊討賊，策多奇中。後以病歸，屢徵不出，隱居著述。有澹遠堂、巴子園、梧桐居諸集。

本朝

熊應鳳。酆都人。任浙江温州守備。順治三年，山寇襲城，應鳳率兵殲之。又西港、桐山諸寇疊次攻城，俱奮力擊退。磐石海寇攻城，應鳳急下巷戰，力屈被執。賊縛其幼子脅降，應鳳聲色愈厲，闔門死者三十二人。事聞，贈副將，賜祭葬，廕子天琳。後耿逆之變，大兵南下，遣天琳諭降，爲僞將所殺。事聞，贈遊擊。

黄瑶。忠州人。順治四年，知陝西安塞縣，有能名。六年，王永强作亂，瑶守城力盡死之。事聞，贈按察司僉事。

葉宗藩。梁山人。乾隆七年，以孝子旌。

岳仲仁。忠州人。官外委。乾隆十二年，從征金川陣亡，卹廕如例。

侯兆祥。忠州人。官外委。乾隆三十年，從征金川陣亡，卹廕如例。

岳虎。忠州人。官把總。乾隆四十年，從征金川陣亡，卹廕如例。

陣華。忠州人。官外委。嘉慶三年，隨勦教匪陣亡，卹廕如例。

王世得。忠州人。隨勦教匪有功，賞戴藍翎。嘉慶七年，擊賊陣亡，卹廕如例。

廖三華。忠州人。嘉慶三年，教匪犯境，率鄉勇禦賊陣亡。同州杜華南、柳敬承、范元祥、秦繼宗、劉正色、毛鳴山、劉棟、熊天聽、謝在學、謝寶樹、陶天碧、胡星、張大堯、蕭成禄、周受永、易連山、雷成電、周道明、王天智，義勇盛世福、謝國恩、謝天秩、謝天成、姚文書、姚三、姚四、姚石寶、姚應林、張登秀、張登泉、張賢臣、張國華、張學品、張登明、劉桂一、謝大發、田登平、謝文明、謝朝棟、謝得富、楊國珍、楊正坤、杜孔雙、田茂士、陳大貴、張統智、馮應明、王金甲、楊睿士、向萬益、向應華、周泳長、陳三元、向應富、袁學益、袁學陞、鄭中貴、鄭中信、周安吉、周安殿、譚廣大、黎高文、黎正國、譚乾瑞、譚得梁、江萬清、石成芳、田登仁、匡世奇、唐學禮、劉世榮、胡泰亨、楊學賢、蕭學恕、張合仁、許正福、王俸、王邦坤、張松、梁有虞、李廣盈、梁琴、何天第、張天錫、張天榮、張一潤、葉國祐、張應年、譚谷高、張益簡、張益、奇軍功、蕭魁元、顧大年、陳國才、王近猷、熊正秩、陳文泰、劉盛元、方占魁、張正榮、潘貴、楊仕珍、張治明、邱永國、朱啓貴、李善福、孫惠、楊朝謨、劉君周、劉先明、周世榮、侯應雄、胡仕清、蕭仲舉、秦明、王朝福、邱永壽、楊邦顯、張松、佘丁友、張陞、田榮、廖德華、陳元、黎大德、莫文魁、趙貴、黎文佐、易祥、郭大文、胡學詩、樊祥、鄧成喜、李貴、陳貴、徐紹奇、蕭光榮、宋泰、佘思金、李富德、廖三喜、熊文盛、彭長富，欽奉沈文達、江有學、楊芳梅、楊芳俊、楊登朝、楊正紀、戴學泗、袁芝芳、袁光開、顔大坤、陳天龍、潘應崇、葉明陽、姜大玥、丁二、郭子厚、饒永佐、郭文榮、王邦星、郭文禮、郭文榜、王邦道、郭永福、郭永岱、冉裕山、張仕濟、袁光弼、鄒成龍、王誠、顔仕福、蕭文聰、王子惠、王世珩、羅榮貴、蕭貴、葉貴、譚正文、張文耀、藍三魁、李仕龍、黄志華、龔貴、鄧富、寇丙祥、皮國堯、劉光萬、陳宗益、劉宗富，書吏盛世隆，差役張正儒、李長青、李貴、劉迎香、謝貴、戴進明、陳瑞，俱禦賊被害。嘉慶年間，均入祀昭忠祠。

蘇明斗。酆都人。嘉慶三年，率鄉勇禦教匪陣亡。同邑熊宇安、隆後周、袁安、閔正川、張甫、王嘉瑞、藍世遠、藍成玉、藍玉安、王大仕、王述、王成、文正相、何可道、熊朝碧、陶全富、黎文朝、李國相、李時可、李天元、李天玥、李天富、邱正祥、古正容、吴廷魁、彭作謨、姚永安、李乾睿、霍文元、黄國龍、羅仕崑、鄒世傳、冉仕元、彭自成、徐正常、曾貴、譚光清、楊純儒、陳紹虞、張志元、陳紹唐、朱山、張正禄、李見遠、鞠志仁、李芳、彭紹獻、楊光泰、彭世魁、譚廷見、譚光星、張順、黄俸化、黄德遠、戴進友、白國彦、李汝瓊、戴俸音、向應爵、熊起、何國文、劉長義、蔣文槐、熊紹華、陳朝起、戴灼然、陶思才、黄一貴、彭龍、熊貴、鄧林、熊文，俱禦賊被害。嘉慶年間，均入祀昭忠祠。

周文明。墊江人。嘉慶三年，率團勇禦教匪陣亡。同邑譚子仕、邱正谷、熊芳恒、谷豐、劉文、辛文龍、張俸、江紹南、盛添文、楊仕富、汪明剛、王仕有、佘載來、胡世榮、皮正芳、王天忠、劉世進、謝炳鈐、皮榮祥、王世貴、劉朝聰、劉世虞、向文貴、沈極、石正邦、李陞、佘思道、陳大望、胡緯、郭文斗、王世奇、李稅、江繼常、陳紹堯、李錫、孔萬清、王登宇、皮鳳祥、鄭貴、黄澤萬、陳文達、劉開榜、黃有文、劉貴、曹廷瑞、王世奇、鄒榮、夏東正、王騰霄、徐榮、周正圻、范登甲、呂學孔、鄒莫年、黃文才、李貴、劉宗富、鄒洪、蔡仕英、楊朝官、曹大珍、熊仕倫、宋世貴、張全壽、祝學號、李碧貴、李秀、馮彪、雷天一、沈運新、滕成俸、陳天柱、陳槐、項宗榮、洪潤清、江貴、胥正江、謝天元、雷梁、吳貴、冷伯夷、江貴、左富禮、陳順、楊正學、劉尚富、羅禹太、劉尚榮、李應高、皮登俸、徐順夏、洪陞、黃瑜、陳化進、潘文德、譚仕松、袁朝、劉榮海、雷惠、張陞、向有、劉成宗、孔繼曾、李興龍、陳維綱、陳大勝、莊正貴、莊正連、周仁勳、徐亮有、余正奎、況朝貴、陳大榮、吳大志、胡宗福、盧可久、盧維藩、楊茂盛、吳仕閏、胡洪、胡奎、劉以慶、謝四、黃本逵、陳林、蕭如珠、徐德勝、王奎、徐大喜、高學顯、吳仕珠、吳仕亮、鄧二本、唐志伸、姜德、唐國相、李敬武、皮有連，俱禦賊被害。嘉慶年間，均入祀昭忠祠。

熊均衡。梁山人。嘉慶二年，率鄉勇禦教匪陣亡，卹廕加等。同邑王日富、王學禹、唐永魁、唐永紹、唐容、唐一智、蔣一禮、萬俸山、張國寶、毛有滔、陳大陞、文仲、劉心才、張家亨、周振萬、余文龍、唐亮寬、彭宗太、王萬祥、田多能、鄧祖貴、聶成明、廖思順、胡肇登、陳才福、李佳祥、張崇舉、袁德盛、李光熹、楊正貴、袁貴、張其書、李古相、夏金安、廖洪思、李承佑、孫明貴、張相、王洪恩、林光才、曾貴、林正坤、王鶴山、王國安、龔登榜、王陞、彭學宗、余世貴、賴華顯、扈之純、佘廷遠、袁俸、扈之寵、洪太、劉元、周國才、姚貴、劉洪、張貴、黃端仁、張大貴、唐子達、郭泳貴、譚德陞、楊陞、陳正浩、彭興、王成清、余正槐、龔之茂、魯春、游陞、冉光相、楊正紀、譚資、楊大、謝忠、盧先、趙貴、黃鼎鉉、賀廷華、淩轅、祝成梁、程世逵、王開學、淩心達、廖百爾、周大文、蔡顯伯、張長兒、陳林詳、羅文林、黃杞連、王文虎、唐良欽、徐文久、劉日永、曹心友、唐正祥、王思良、祝天佑、彭朝士、文天玉、文天奇、龍朝富、宋起貴、唐良龍、陳景宗、唐永廷、唐良華、蔣洪治、唐如秀、英維宗、黎其富、黎其倫、英維開、葉文邦、葉文思、黎長兒、呂瑗魁、唐永致、劉學書、鄭世祥、張世林、李大逵、王順德、陳貴、楊太、江文吉、吳坤、王文柏、林秀、聶仁貴、黃德貴、游林、胡九連、李陞、江文光、祝正明、鄧貴、劉文章、陳宣、劉祥、張明、馮貴、陳有昭、王正祿、扈有順、劉大學、李恒、蒲貴、支貴、鄒興、龍卜華、劉相成、雷陞、周學榮、孫烈、李文才、陳天祥、鄭國秀、徐家相、曹世連、向英善、譚紹武、孫廷海、藍正富、何端文、曹祥和、曹世安、蕭在廷、劉朝海、謝倫、黄世德、黄代科、黄老么、黄天熹、王同普、扈忠、雷廷、彭仕友、唐大倫、任正發、蔣明遠、羅本忠、吴必海、吴仕河、方有珍、楊榮、劉思榮、謝倖、余貴、張陞、陳啓富、鄭彪、張發遠、李元魁、鄭繼賢、楊維朝、吕廣才、盛龍高、過文學、劉貴、余代一、李元祖、謝宗富、何永禄、唐正乾、袁學祥、李一位、杜正仲、蔣有文、田長發、鄧正邦、王永福、李貴、李德才、朱世清、王文章、李學祖、馬大學、周廷珍、張興才、劉龍、熊飛、涂端、譚文榮、曾會禮、唐仕秀、劉地選、吴正位、蕭三保、向英鳴、莫萬思、莫長兒、莫國均、曹祥瑞、卜學成、石文成、余成倖、鄧富祖、李文科、陳作周、魯星昭、張一名、毛清、譚老大、熊濦、王老五、鍾二保、王代榜、梁仁德、梁仁化、周榮華、周昌秀、劉忠仁、趙乾、林學海、范占鰲、劉忠義、楊化玉、戴忠志、高蘭、劉忠禮、楊國權、戴老大、張文祥、劉正乾、鄧佳明、談正魁、談國蘭、劉朝珍、談景獻、曾三熊、吴泰、李文魁、邱光前、李朝棟，義勇王文貴、謝永軍，俱禦賊被害。嘉慶年間均入祀昭忠祠。

牟世彦。忠州人。嘉慶六年以孝子旌。

董文慧、文懋。梁山人。嘉慶十三年以孝子旌。

列女

明

吴大有女。墊江人。年十八。正德中，流賊至，欲犯之，吴投於水。賊怒，即水中刺殺之。

趙趣女。梁山人。年十五，遇賊陷城被執，罵賊，賊怒械其首幾死。事聞，賜貞烈坊。

周裕妻雷氏。忠州人。夫亡，青年守節，苦志不渝。同州周士吉妻趙氏，崇禎壬午以節旌。

戴應昌祖母熊氏。酆都人。建坊旌節。同縣黄珣妻楊氏、黄世修妻朱氏，兩世苦節。庠生徐懋卿繼妻蔣氏，夫亡守節，撫遺腹子成立。姑病篤，氏割股以愈。楊同春妻古氏，同春死，僅遺一女。長適庠生余子化，未一載，子化殁，母女同勵苦節。光禄寺丞楊節妻羅氏，萬曆間建貞節坊。庠生郎書妻馬氏，夫亡，撫子本立，娶媳毛女。年十七，本立又故，姑媳苦節相倚。楊漢堯妻余氏、古三登妻林氏，均以節終。

黄襄妻田氏。忠州人。賊至，義不受辱，投江死。同邑黄貔妻陸氏，亦遇賊死。庠生孫國益妻黄氏，賊至投井死。羅良士妻徐氏，夫亡自縊。崇禎間建坊。

許成誥妻范氏。酆都人。年二十，成誥溺死，氏投繯死。孫培祖女，幼許聘劉元，未笄元卒，孫自縊以殉。

許繼文妻彭氏。梁山人。繼文卒，彭年二十，撫孤守節。同縣李氏、戴氏，均夫亡，苦節旌表。古元直妻譚氏，流賊陷城被執，駡賊觸階而死。安宅女，事親孝，及笄，父爲擇壻，女曰：「父老矣，鮮兄弟，女去父將何依？願終身不字。」父如其志，孝養不衰。

本朝

趙維舒妻熊氏。忠州人。維舒卒，熊自縊以殉。

文贊妻高氏。忠州人。歸贊甫六月，贊溺於江，高哭三日，亦赴江死。

徐正林女三姑。酆都人。早喪母。出汲，爲鄰人逼污不從投井，救出之，復縊死。

謝昌永妻李氏。梁山人。年十二，許字未嫁，母黨周姓强娶之，女紿言負薪，門外自經。

范國瑤妻吕氏。忠州人。夫死，吕自縊以殉。康熙年間旌。

杜鶴年妻李氏。忠州人。夫亡守節。同州節婦潘起麟妻周氏、毛兆鳳妻羅氏、黄孚妻李氏、周思兼妻朱氏、王瑞妻周氏、劉僡妻譚氏、陶開虞妻鄧氏、周詳妻何氏、陳旭林妻王氏，烈婦周澤妻江氏，均乾隆年間旌。

曾上珍妻李氏。豐都人。夫亡守節。同縣節婦馮輪妻李氏、隆子麟妻易氏、侯之紳妻王氏、曾德裕妻王氏、秦人珊妻楊氏、余廷遷妻李氏、李乾健妻陳氏，烈婦蘇巨清妻龐氏、范金文妻張氏，均乾隆年間旌。

陳璋妻瞿氏。墊江人。夫亡守節。同縣節婦瞿宏聲妻劉氏、姜文舉妻殷氏、李嘉桂妻程氏、李嘉木妻陳氏、李枝蕃妻袁氏、蕭錫吉妻牆氏、蔣志仁妻高氏、李汝璧繼妻盧氏、程世璽妻萬氏、傅文妻李氏、張盛富妻羅氏、盧燦妻董氏、蕭塏妻程氏，均乾隆年間旌。

吴良柱妻秦氏。梁山人。夫亡守節。同縣節婦古柬妻野氏、秦洪道妻謝氏、刁文開妻游氏、涂暹妻張氏、曾述聖妻蔣氏、魏國柱妻王氏、秦孫氏、扈詩妻周氏、李澤妻楊氏、秦錫爵妻游氏、涂永才妻劉氏、李德濬妻曾氏、姚志學妻陳氏、歐陽德明妻郭氏，烈婦曾三賢妻賴氏，貞女劉氏，均乾隆年間旌。

杜鶴翱繼妻唐氏。忠州人。年二十四于歸，合巹之夕，鶴翱即卒。氏守節歷四十六年。同州節婦范一書妻孫氏、朱兆文妻王氏、范崑山妻袁氏、羅毓華妻劉氏、劉邦用妻王氏、王應昌妻李氏、戈禹妻蕭氏，均嘉慶年間旌。

劉登舉母周氏。忠州人。嘉慶初，教匪犯境，逼脅不從死節。同州姚朝遠妻陳氏、冉天從母劉氏、劉志道妻毛氏、陳戴氏、駱冉氏、余文仲妻張氏、伯汝善母唐氏、楊芳順母杜氏、謝魁妻黄氏、劉思惠妻伯氏、譚劉氏、杜文科妻唐氏、姚張氏、郭文思妻陳氏、郭文進妻王氏、譚仕禄母饒氏、鄧全母毛氏、陳連母鄧氏、彭文蔚母戴氏、葉樂氏、朱大母雷氏、張秀母嚴氏、楊忠母駱氏、李昌貴妻傅氏、丁仕魁妻王氏、楊貴棟妻彭氏、李林妻蔣氏、范起皓母張氏、陳陞母羅氏、蔣春母吴氏、胡榮成母毛氏、張芳玉母趙氏、鄧文玉母張氏、譚乾瑞妻吴氏、姚仕朝妻唐氏、胡宗瑶妻譚氏、唐宋氏、李明妻辛氏、張國斌母冉氏、蕭文亨妻王氏、冉羅氏、張國富妻楊氏、晏廷興母張氏、龔仕學妻葉氏、龔許氏、錢國榮妻瞿氏、潘文遠妻姚氏、姚永漢妻田氏、汪玉美母劉氏、蔣忠妻劉氏、盛貴母陶氏、聶仁澤母梁氏、劉雲母徐氏、黄梅妻古氏、謝在學妻杜氏、譚乾祐母傅氏、龔仕瑶妻田氏、萬學彦母王氏、莫物春母丁氏、楊學詩母胡氏、黄泌母藍氏、韓文韜妻潘氏、陶綱母曾氏、葉宗母梁氏、向遠正妻袁氏、郭文貴妻李氏，俱遇賊死節，均嘉慶十四年旌。

湛大合妻湯氏。酆都人。夫亡守節。同縣節婦余廷遷妻李氏、傅文瑞妻秦氏、曾學文妻李氏、郎文勳妻李氏、林昂妻劉氏、余廷揚妻熊氏，列婦余秦氏、朱文氏，均嘉慶年間旌。

張文妻杜氏。酆都人。嘉慶初，教匪犯境，脅降不從，死節。同縣張杜氏、孫玉英妻張氏、賈秀章妻李氏、梁興華妻周氏、向天喜妻李氏、張學金妻向氏、向國臣妻孫氏、柯天女柯姑、李福女李姑、李世倫女幺姑、李洪常女小妹、石明祥女石姑、戴奉瓊妻向氏、張鳳岐妻熊氏、戴進達妻周氏、戴進田妻向氏、戴俸文妻王氏、戴俸武妻向氏、范左林女范姑、江魯端女江姑、隆德述女隆姑、傅明珠妻高氏、陳玉書妻張氏、蔣懷順妻陳氏、李文遂妻蔡氏、陳堅玉妻蔡氏、萬吕仁妻何氏、李文貴妻一氏、李文才女大姑、黄道遠妻王氏、黄之禮妻何氏、魯文遠妻余氏、張懷祥女張姑、蔣學志女蔣姑、隆在富女隆姑、熊天明妻余氏、徐自任妻王氏、杜奇明女長姑、二姑、古時開女古姑、劉文光妻李氏、熊文才妻秦氏、陳思道妻余氏、陳棟妻劉氏、孫啓明妻蔣氏、李耀祖女李姑、李時芳女三妹、許文龍妻蔡氏、舒連妻陶氏、熊成先妻孫氏、柯元俸女柯姑、李法祖女李姑、秦世傑妻羅氏、陳廷魁妻李氏、黄開位妻董氏、易世久女易姑、隆德芳妻王氏、古國俊妻伯氏、李建妻徐氏、杜奇嫂向氏、向善祥妻周氏、隆思堯妻朱氏、楊文妻張氏、王應祖妻秦氏、古國相妻杜氏、王紹唐女大姑、余志岐妻李氏、劉仕茂妻蔣氏、熊朝貴女熊姑、傅昂女三妹，俱遇賊死節，均嘉慶八年旌。又徐世福妻陳氏，遇賊欲犯之，罵賊死，入祀節孝祠。

蕭錫圖妻程氏。墊江人。夫亡守節。同縣節婦程世璽妻蕭氏、盧燦妻董氏、孔傳古繼妻黄氏、傅人旺妻彭氏、張立德妻李氏、李汝璧妻盧氏、張盛富妻羅氏、譚仕達妻傅氏、蕭譚妻陳氏、冷于秀妻陳氏、蔣志仁妻高氏、章以義妻康氏、周錫祚妻駱氏、蕭東陽妻董氏、盧維學妻李氏，均嘉慶年間旌。

卓書選妻周氏。墊江人。教匪犯境，偪降不從死節。同縣卓書紳妻羅氏、冷榮聰妻劉氏、許大川妻黄氏、張添成妻周氏、張添貴妻徐氏、石中流妻鄢氏、余正邦妻陳氏、黄正全妻段氏、趙懷才妻石氏、汪清源妻譚氏、何其旭妻王氏、張添富妻尹氏、何倫妻寇氏、余正華妻姚氏、余邦連妻程氏、何世才妻黄氏、黄正發妻劉氏、錢林妻汪氏、錢三元妻李氏，俱遇賊死節，均嘉慶八年旌。

張大受妻蔣氏。梁山人。夫亡守節。同縣節婦蔣綿朝妻鄺氏、劉萬年妻王氏、譚地連妻彭氏、吴承禮妻邱氏、舒華明妻何氏、楊鎬妻譚氏、秦潢妻楊氏、曾鮑本妻唐氏、張洪志妻魏氏、吴升階妻曾氏、黄世舉妻楊氏、曹芳桂妻王氏、周英賢妻顔氏、李煌妻彭氏、温紹先妻李氏、杜瀚妻葉氏、温紹先妻李氏、鍾勝聰妻羅氏、李爲俊妻章氏、孟孫盛妻宋氏、舒華瑄妻羅氏、陳傑位妻董氏、江通泉妻曾氏、王啓儒妻袁氏、康衍慶妻李氏、周學明妻李氏、常一上妻聶氏，均嘉慶年間旌。

周國華女。梁山人。幼時許字張文榜，未婚而壻夭，女年十七，矢志靡他，守貞養親。嘉慶年間旌。

鄭文氏。梁山人。嘉慶三年，教匪犯境，偪脅不從死節。同縣羅張氏、冉朱氏、冉師氏、施劉氏、楊尹氏、姚田氏、鍾蔣氏、鍾黄氏、譚熊氏、譚貴妹、龍劉氏、龍吴氏、龍楊氏、鄒何氏、向譚氏、楊鍾氏、劉李氏、楊李氏、楊馬氏、秦何氏、劉周氏、袁唐氏、蔡梁氏、蔡屈氏、蔡李氏、王張氏、王伍氏、王唐氏、李李氏、劉黄氏、羅陳氏、羅鄭氏、羅張氏、胡李氏、葉賀氏、張譚氏、賀長妹、許唐氏、許藍氏、許吴氏、田徐氏、田冉氏、田汪氏、田徐氏、田李氏、田劉氏、劉盧氏、胡李氏、姚葉氏、唐廖氏、宋鍾氏、唐顔氏、蔣周氏、蔣大妹、秦游氏、秦長妹、王張氏、唐李氏、唐孫氏、黄李氏、伍仲妹、唐李氏、廖何氏、夏曾氏、易向氏、王張氏、畢陳氏、龔顔氏、劉賀氏、賀廖氏、徐陳氏、吴謝氏、吴王氏、吴易氏、吴楊氏、田徐氏、田二妹、田徐氏、田張氏、田三妹、李田氏、劉姚氏、劉王氏、劉朱氏、秦王氏、王劉氏、陳沈氏、王高氏、谷范氏、谷向氏、周陳氏、何劉氏、劉李氏、劉萬氏、劉佩氏、劉姜氏、孫楊氏、王申氏、吴徐氏、賀何氏、王羅氏、傅譚氏、傅熊氏、傅歐氏、張汪氏、張秦氏、葉四妹、劉董氏、楊謝氏、陳畢氏、曾王氏、唐廖氏、張李氏、唐余氏、唐李氏、唐石氏、唐劉氏、鄒張氏、蔣唐氏、譚李氏、譚錢氏、譚王氏、徐陳氏、陳賀氏、雷黄氏、蔡李氏、王三妹、王吴氏、王馮氏、王冉氏、王柳氏、曹王氏、朱譚氏、章畢氏、章姜氏、楊李氏、章大妹、全歐氏、全大妹、彭丁妹、黄王氏、劉李氏、蔣唐氏、王劉氏、王陳氏、龍鄭氏、劉蕭氏、劉王氏、彭蕭氏、彭周氏、文蔡氏、劉楊氏、鄭李氏、趙蔣氏、金楊氏、冉張氏、冉李氏、段陶氏、段袁氏、段譚氏、王羅氏、盧熊氏、唐陳氏、周張氏、龍周氏、谷歐氏、劉吴氏、鄧劉氏、鄧帶妹、鄺大妹、張大妹、張鄧氏、張楊氏、張羅氏、張鄧氏、李黄氏、陳李氏、陳二妹、鄧葉氏、陳石氏、湛楊氏、石曹氏、雷劉氏、冉郝氏、鄧高氏、楊鄧氏、郭胡氏、蔡李氏、湯黎氏、張易氏、梁王氏、劉譚氏、劉湯氏、丁徐氏、何楊氏、藍張氏、向童氏、石黄氏、石陳氏、譚張氏、譚楊氏、張彭氏、向丁氏、胡石氏、黄劉氏、羅張氏、劉胡氏、杜唐氏、黄陳氏、趙許氏、陳向氏、陳宋氏、羅向氏、趙許氏、謝秦氏、唐長妹、陳長妹、姚鄢氏、鄧宋氏、孫李氏、孫羅氏、何闕氏、謝唐氏、石周氏、彭李氏、彭雷氏、郭熊氏、楊傅氏、劉二妹、劉長妹、王長妹、羅蘇氏、羅林氏、李賴氏、黄江氏、羅易氏、鄧王氏、周大妹、譚唐氏、譚余氏、李卓氏、李唐氏、劉姚氏、王周氏、王長妹、盧華氏、盧嬌妹、梅鄒氏、李江氏、鄧周氏、周劉氏、李劉氏、葉李氏、葉小妹、伍鄧氏、伍二妹、伍文氏、伍三妹、伍長妹、唐李氏、許陶氏、柴洪氏、羅李氏、莫周氏、周祝氏、陳羅氏、鄧陳氏、陳高氏、高劉氏、張雷氏、唐陳氏、蔣廖氏、蔣邵氏、胡曹氏、鄔戴氏、楊李氏、楊湯氏、胡黄氏、袁龍氏、袁蔣氏、袁阮氏、曹劉氏、曹曾氏、王鍾氏、楊秦氏、蔣龍氏、蕭王氏、石王氏、黄王氏、龍李氏、胡何氏、劉賀氏、賓劉氏、潘胡氏、潘何氏、潘孟氏、古唐氏、蕭引妹、曹王氏、劉伍氏、鄧楊氏、龐王氏、劉長妹、曹廖氏、唐劉氏、張何氏、張二妹、黄唐氏、謝李氏、謝楊氏、吴王氏、姚譚氏、田陳氏、姚袁氏、姚周氏、楊廖氏、黄陳氏、劉徐氏、陳冉氏、陳趙氏、張楊氏、蔡唐氏，俱遇賊死節，均嘉慶年間旌。

土産

金。唐書地理志：忠州貢生金。

鐵。唐書地理志：南賓有鐵。

鹽。華陽國志：臨江縣有鹽官。

綿。九域志：梁山軍貢綿。

紬。唐書地理志：忠州貢綿紬。

藥。寰宇記：忠州産巴戟、黄連、天門冬、麥門冬。又苦藥子，梁山軍亦出，性寒去熱，解一切毒。

甘橘。方輿勝覽：咸淳府産。

蜜蠟。府志：梁山出。

文鐵刀。唐書地理志：忠州貢文刀。

蘇薰席。唐書地理志：忠州貢。段氏遊蜀記：墊江縣以蘇薰爲席，絲爲經，其色深碧。

紙。府志：梁山出紙。

校勘記

〔一〕東西距二百六十里　「二」，原作「一」，據乾隆志卷三一六忠州（下同卷簡稱乾隆志）改。按，下文言東至萬縣界八十里，西至涪州界一百八十里，則東西距二百六十里是也。

〔二〕古巴國別都　「都」，原作「郡」，據乾隆志及雍正四川通志卷二建置沿革改。

〔三〕北至綏定府大竹縣界四十里　「綏定府」，原作「順慶府」，乾隆志同，皆誤。清大竹縣屬綏定府，下文亦云「綏定府大竹縣」，是也。乾隆志蓋涉上文順慶府而誤，本志未察，相沿未改。今改正。

〔四〕挫溪　乾隆志作「桂溪」，未知孰是。

〔五〕桹溪　「桹」，乾隆志作「稂」，未知孰是。

〔六〕又輿圖縣西五十里許有渠溪　「渠溪」，乾隆志作「梁溪」，疑是。

〔七〕縣在忠州西一百三十九里　「西」，原脱，乾隆志同，據太平寰宇記卷一四九山南東道八忠州補。

酉陽直隸州圖

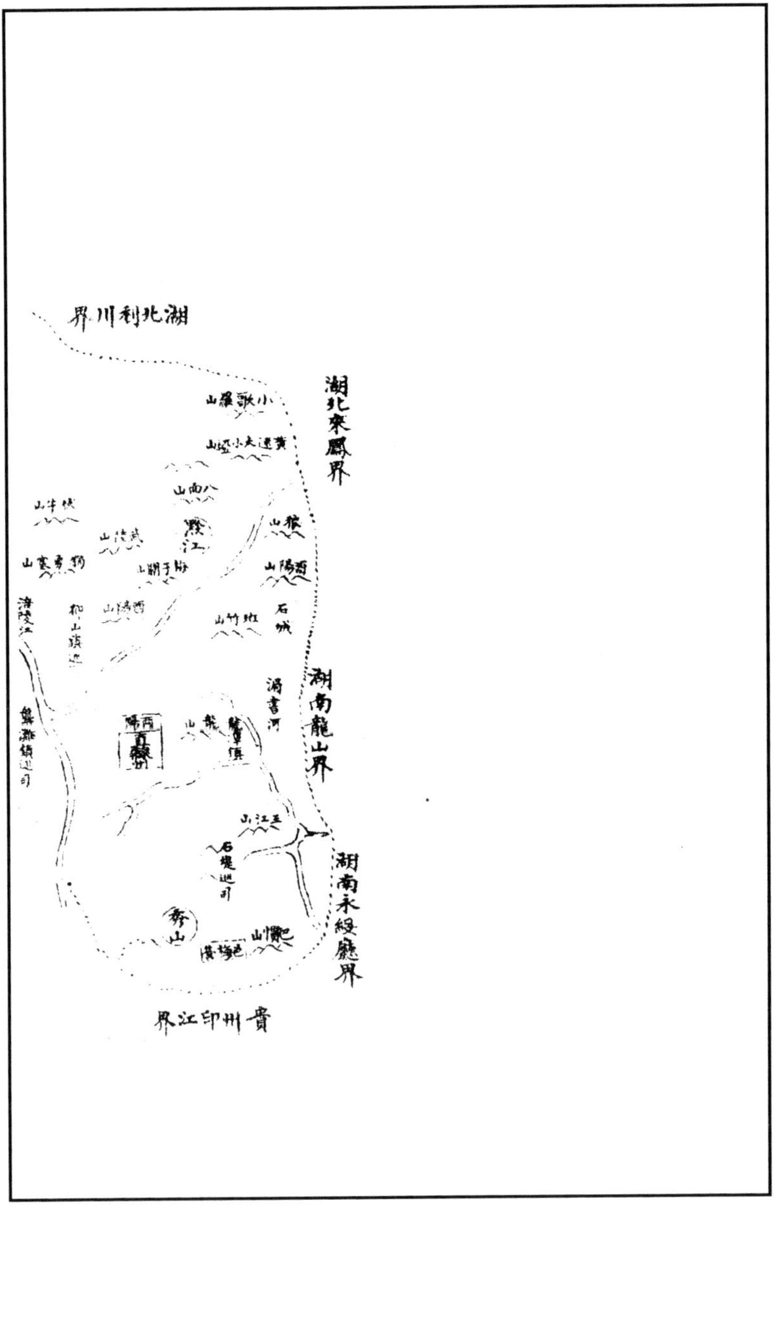
湖北利川界
湖北來鳳界
小歌羅山
八面山
猴山
酉陽山
黔江
石城
班竹山
武陵山
涪陵江
湖南龍山界
洞書河
龍潭鎮
龔灘鎮巡司
五江山
石堤巡司
秀山
湖南永綏廳界
貴州印江界

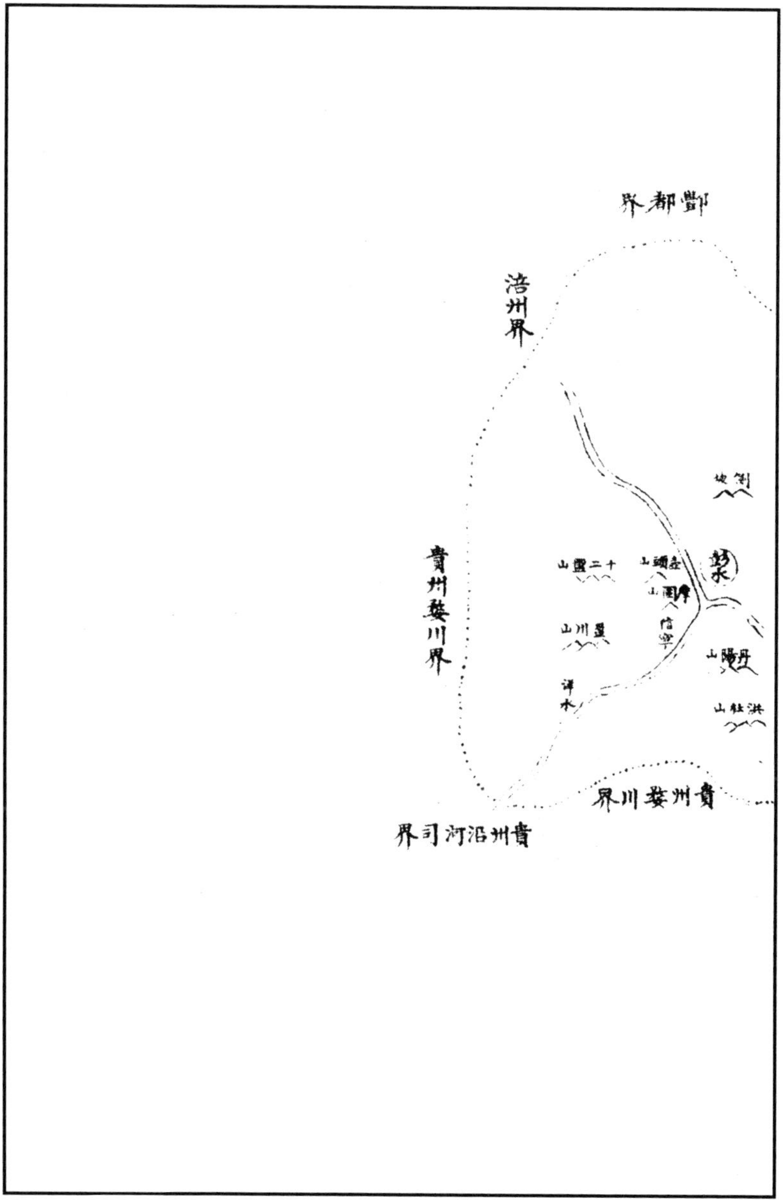
酆都界
涪州界
貴州婺川界
十二盤山
金頂山
彭水
丹陽山
洪杜山
貴州婺川界
貴州沿河司界

酉陽直隸州表

	酉陽直隸州	秀山縣	黔江縣
秦			
兩漢	涪陵、遷陵二縣地。	涪陵、遷陵二縣地。	涪陵縣地。
三國	蜀漢僑置酉陽縣，尋省。	酉陽縣地。	
晉	永嘉後没於蠻。	永嘉後没於蠻。	
南北朝	周爲黔州地。		
隋	開皇末置務川縣，屬巴東郡。		
唐	武德初置思州，尋改務州。貞觀四年復故。開元四年置思(卬)〔邛〕縣，屬思州。		黔江縣 武德元年改屬黔州，貞觀四年移治，天寶元年改名。
五代	復没於蠻。		黔江縣
宋	政和七年復置思州，宣和四年廢。紹興元年復置。		黔江縣 屬紹慶府。
元	酉陽州 改名，屬懷德府。	酉陽縣地。	黔江縣
明	初仍爲州，尋改宣撫司，屬四川都司。永樂十六年改屬重慶府。天啓初又改宣慰司。	酉陽宣慰司地。	黔江縣 洪武初改屬重慶府。

續表

	彭水縣
丹興縣 後漢建安六年分置，屬屬國都尉。	涪陵縣 置屬巴郡。
丹興縣 蜀漢屬涪陵郡，後省。	涪陵縣 蜀漢置。 涪陵縣 郡治。 漢葭縣 後漢建安六年分置。
	涪陵縣 永嘉後徙廢。 涪陵縣 屬涪陵郡，後省。 漢葭縣
	黔州 周保定四年置奉州，建德三年改名。 周州治，不置縣。 漢葭縣 後省。
石城縣 開皇五年置，兼置庸州。大業初州廢，屬巴東郡。	黔安郡 大業三年改州爲郡。 彭水縣 開皇十三年置，大業三年郡治。
	黔州 復置。 彭水縣 州治。 洪杜縣 武德二年析置，屬黔州。
	黔州 彭水縣 洪杜縣
	紹慶府 紹定元年升府。 彭水縣 府治。 嘉祐八年省。
	紹慶府 屬四川行省。 彭水縣
	洪武初廢。 彭水縣 屬涪州。

	漢復縣 蜀漢置。		
	漢復縣 後省。		
			信安縣 大業十一年置。
洋水縣 武德二年置盈隆縣，屬黔州。先天元年改名盈川，天寶元年又改。		都濡縣 貞觀二十年析置，屬黔州。	信寧縣 武德二年改名，屬義州。貞觀十一年改屬黔州。
洋水縣		都濡縣	信寧縣
嘉祐八年省。		嘉祐八年省。	嘉祐八年省。

大清一統志卷四百十七

酉陽直隸州

在四川省治東少南一千七百四十里。東西距四百六十里，南北距五百六十里。東至湖南永順府龍山縣界二百八十里，西至貴州思南府婺川縣界一百八十里，南至貴州思南府印江縣界一百八十里，北至湖北施南府利川縣界三百八十里。東南至湖南永綏廳界二百九十里，東北至湖北施南府來鳳縣界二百三十里，西南至貴州沿河司界一百二十里，西北至重慶府涪州界二百八十里。本州境東西距三百八十里，南北距二百九十里。東至湖南龍山縣界二百里，西至貴州婺川縣界一百八十里，南至貴州印江縣界一百八十里，北至黔江縣界一百一十里。東南至秀山縣界一百三十里，東北至湖北來鳳縣界二百三十里，西南至貴州沿河司界一百二十里，西北至彭水縣界二百里。自州治至京師七千四百五十里。

分野

天文翼、軫分野，鶉尾之次。

建置沿革

禹貢梁州之域。漢爲巴郡涪陵、武陵郡遷陵二縣地。三國漢嘗僑置酉陽縣，尋廢。晉永嘉後没於蠻獠。周爲黔州地。隋開皇末，置務川縣，屬巴東郡。唐武德初，於縣置思州，尋改務州。貞觀四年，仍改思州，領務川、思王、寧夷三縣。開元四年，置思邛縣〔二〕，亦屬思州。五代後没於蠻。宋政和七年，復置思州。宣和四年，廢州爲城。紹興元年，復爲州。元置酉陽州，屬懷德府。明玉珍又改爲沿邊谿洞軍民宣慰司。洪武五年歸附，仍爲酉陽州。八年，升爲宣撫司，冉氏世守其地，屬四川都司。永樂十六年，改屬重慶府。天啓初，又改爲宣慰司。本朝順治十五年歸附，仍屬重慶府。雍正十二年，改隸黔彭廳。乾隆元年，升直隸州，屬四川省。領縣三。

秀山縣。在州東南二百二十里。東西距三百里，南北距二百二十里。東至湖南永順府保靖縣界二百里，西至貴州麻兔司界一百里，南至貴州松桃廳界一百三十里，北至本州界九十里。東南至湖南永綏廳界一百六十里，東北至本州界九十里，西南至貴州銅仁府界一百二十里，西北至本州界一百四十里。漢爲涪陵、遷陵二縣地。三國漢爲酉陽縣。晉永嘉後没於蠻。周及隋並屬黔州地。唐及宋並屬思州地。元爲酉陽州地。明屬酉陽宣慰司地。本朝雍正十三年置縣，隸黔彭廳。乾隆元年，廳廢屬州。

黔江縣。在州北二百八十里。東西距二百五十里，南北距一百七十里。東至湖北施南府恩施縣界七十里，西至彭水縣界一百八十里，南至本州界一百一十里，北至湖北施南府利川縣界六十里。東南至本州界一百三十里，東北至湖北施南府咸豐縣界三十里，西南至彭水縣界一百二十里，西北至石砫廳界二百四十里。漢涪陵縣地。後漢建安六年，劉璋分置丹興縣，隸屬國都尉。三國漢屬涪陵郡，後廢。隋開皇五年，置石城縣，兼置庸州。大業初州廢，縣屬巴東郡。唐武德元年，改屬黔州。天寶元年，改曰黔江。宋因之，南渡後屬紹慶府。元因之。明洪武初，改屬重慶府。本朝初因之。雍正十二年，改屬黔彭廳，爲廳治。乾隆元年，廳廢屬州。

彭水縣。在州西北二百里。東西距二百里，南北距二百九十二里。東至黔江縣界一百里，西至重慶府南川縣界一百里，南至貴州思南府婺川縣界一百里，北至忠州酆都縣界一百九十二里。東南至本州界二百三十里，東北至石砫廳界七十里，西南至貴州婺川縣界一百里，西北至重慶府涪州界六十里。漢置涪陵縣，屬巴郡。後漢建安六年，劉璋置屬國都尉。三國漢爲涪陵郡治。晉初因之，永嘉後廢。周置黔州於此。隋開皇十三年，置彭水縣爲州治。大業初爲黔安郡治。唐復爲黔州治。宋南渡後爲紹慶府治。元因之。明洪武初府廢，以縣屬涪州。本朝初屬重慶府。雍正十二年，改隸黔彭廳。乾隆元年，廳廢屬州。

形勢

古蠻蜑聚落，爲楚西南徼道。方輿勝覽。外鎮諸洞，内靖涪、彭。舊志。

風俗

雜居溪洞，多是蠻獠。其性獷悍，其風淫祀。寰宇記。陰雨多晦，草木少雕。少有蠶絲，人多衣布。舊黔州圖經。

城池

酉陽州城。未建。

秀山縣城。周三里，門四。本朝乾隆二年築，嘉慶元年甃石。

黔江縣城。周三里五分，門四，外環以池。明洪武中建。本朝康熙二十四年修，嘉慶三年重修。

彭水縣城。周二里四分，門五。明嘉靖中建。

學校

酉陽州學。在州治西。舊在城西半里。明永樂中建。本朝乾隆五十一年，遷建今所。入學額數八名。

秀山縣學。在縣治東。本朝乾隆二十八年建，附酉陽州學。五十九年始設專學。入學額數八名。

黔江縣學。在縣治東北。舊在縣治東。宋建。本朝康熙三年遷建治西，乾隆五十八年改建今所。入學額數八名。

彭水縣學。在縣治東。明洪武初建，後屢遷。本朝康熙三年復還今所，二十二年修，五十年、嘉慶十六年重修。入學額數八名。

鍾靈書院。在州治北。本朝乾隆二十二年建，嘉慶十四年修。

秀山書院。在秀山縣城内。

三台書院。在黔江縣治西。本朝乾隆十九年建，三十九年修。

摩雲書院。在彭水縣治南。本朝乾隆四十四年建，嘉慶十七年修。

户口

原額户一萬九千三百九十七，今滋生男婦共四十六萬一千五百七十九名口，計一十五萬九千四百九十户。

田賦

田地四千九百六十二頃二十畝有奇，額徵地丁正、雜銀四千五百二十四兩九錢九分二釐，並秋糧折徵共銀五千二百七兩七錢二分。

山川

龍山。在州東一里。旁有龍家寨。

火山。在州東三十里。山甚高聳，日射返照，其色如火，因名。

荷敷山。在州東五十里。輿地紀勝：山周二百五十里，高十五里。

三江山。在州東南九十里。

唐店山。在州東南一百二十里。又何家山，在州南一百里。皆以山旁居民之姓爲名。

酉陽山。在州北一百五十里，接黔江縣界。州以此得名。

巴慣山。在秀山縣東一百五十里。山崖多板石，土人呼板石爲「巴慣」。又南有石崖，土人呼爲密那崖，崖石陡峻，中間空洞，長有流泉。

隘山。在秀山縣東一百五十二里。舊志：前代於此把隘。

擎團山。在秀山縣南九十五里。四面峭壁，攀摩霄漢。又鼎柱山，在縣南九十六里。三山齊聳，屹如鼎立。

黄牛山。在秀山縣南一百里。山土地膏腴，宜於耕稼。相傳昔時土官楊四舟、高殿自貴州烏羅遷此，喜而椎牛相慶，因名。

韭山。在秀山縣南一百八里。昔有人遺韭種於山頂，長丈餘，四時茂盛，民皆取以供食。

壽山。在秀山縣南一百十里。屹立層漢，四時林木鬱然。

白歳山。在秀山縣西南一百二十里。高聳插天。土人每以山有積雪則有年，故名。

岑仰山。在秀山縣西南一百二十里。巍然秀拔，仰望可愛。

高秀山。在秀山縣西南一百八十里。高立千丈，丹崖翠壁，秀色如畫，縣以此名。

狼山。在黔江縣東二里。輿地紀勝：黔州狼山出野狼，眼生背上，能食諸獸。

仙掌山。在黔江縣東二里。崖面指掌如畫。

羽人山。在黔江縣東，接湖北恩施縣界。寰宇記：一名神仙山。山頂與澧州分界。明統志：有無極水源發此。

斑竹山。在黔江縣南七十里。產斑竹。

梅子關山。在黔江縣西南四十里。七十八溪出此。

栅山。在黔江縣西三十五里。兩山壁立若門，中寬衍，有平陸數頃，可以耕屯。又西五里，有金雞箐山。

武陵山。在黔江縣西九十八里。元統志：山周四百三十五里，高一百十五里。本名髑髏山，唐天寶元年改名。有可通水出此。

八面山。在黔江縣北二里。山分八面，上有池，周百頃，四時不竭。大木溪出此。

羊頭山。在黔江縣北三里。以形似名。

黄連大埡山。在黔江縣東北四十二里。又有小埡山，在縣東北四十九里。

小歌羅山。在黔江縣東北五十二里。又有大歌羅山，在縣東北一百九十二里，接施南府界，舊置歌羅驛於此。

老鷹寨山。在彭水縣東二里。山形若鷹。宋元豐中，嘗屯兵於此，以禦蠻寇。

甘山。在彭水縣東。有奇峯秀嶺，清泉茂樹，環鬱可觀。按：元統志以摩圍山即甘山，與此不合。

獨勇寨山〔二〕。在彭水縣東二十里。山勢險峻。昔人避寇居此，蠻獠不敢攻。

洪杜山。在彭水縣南。元和志：洪杜縣，因縣東一里洪杜山爲名。

丹陽山。在彭水縣南。寰宇記：在都濡縣南二十五里。有丹陽水出焉。

盈川山。在彭水縣西南。元和志：洋水縣南有盈川山。

壺頭山。在彭水縣西二里。寰宇記：山形似壺。漢馬援會戰於此。按：援戰所在辰州府，酈氏云廣三百里，此殆支麓也。

摩圍山。在彭水縣西隔江四里。輿地紀勝：獠人呼天曰「圍」，言此山摩天，故名。明統志：道家以爲洞天福地。山下有五龍臺。

十二盤山。在彭水縣西二十里。山甚高險，盤折十二，始至其巔。

伏牛山。在彭水縣東北。隋書地理志：彭水有伏牛山。寰宇記：在黔州東一百里。按：元和志謂在縣北一百里，明統志謂在縣南三百四十里〔三〕，皆誤。

青巖。在黔江縣治東北。舊志：縣境有二十五巖，皆藏蜂產蜜，居人取以爲利。

卧佛巖。在彭水縣南一里。巖石欹懸，有一竅甚圓，仰窺之又有一竅，其中虛明，有横石如卧佛狀。

月巖。在彭水縣西壺頭山，巨石也。宋冉永震月巖銘：「中竇一穴，透明而圓。皎如秋月，翳絶雲煙。旁輔三隙，如星之聯。」

胡子崖。在州北一百里。崖下有小路通州治。有水自崖懸流，行者過此，可以濟渴。

櫃子崖。在黔江縣西五十里。峭壁中有水櫃，人迹不到。

惡崖。在彭水縣西八里。高峻險惡，有小路出思州。

西籌洞。在州東二十里。相近有打襖家洞。又息平洞，在州東三十里〔四〕。宋農洞，在州東四十里。皆蠻民所居。又魯碧潭洞，在州東四十里，接湖南保靖縣界。南容洞，在州南二十里，爲南容所居。又宣王洞，在州南十里。晚森洞，在州南三十里。

皆獠老所居。又雲羅洞，在州南二十里。九江洞，在州南三十里。皆苗民所居。又巴息洞、容坪洞、感坪洞、地隆阡洞，皆在州南二十里。地寅洞，在州南三十里。沿西洞，在州西三十里〔五〕。上際洞，在州北三十里。九靈洞，在州北一百五十里。皆漢民所居。是謂十八洞。

諸葛洞。在秀山縣西南。石崖屹立，旁有石洞數丈。相傳武侯征九溪蠻時嘗留宿於此。

梅子坡。在彭水縣東一百七十里。路通貴州思南府，爲襟要處。

側坡。在彭水縣北五十里。崎嶇險側，有小路可通夔州。

黔江。在州西。自貴州思南府北流入境，經州西界，又北經彭水縣城西，又西北入涪州界，即烏江下流，亦名涪陵江，又名延江水。水經：延江水至巴郡涪陵縣，注更始水。酈道元注：更始水即延江枝分之始也。延江水北入涪陵水，涪陵水出縣東。張堪爲縣，會公孫述擊堪，同心義士選習水者筏渡堪於小別江，即此水也。其水北至枳縣入江。元和志：黔州西有巴江水，一名涪陵江，自牂牁北歷播、費、思、黔等州，北注岷江。寰宇記：涪陵江在洪杜縣西一百步，北流入彭水縣界。一名内江，在州西五十步。又西北經信寧縣東二里，北流入武龍縣界。九域志：巴江又名白沙水。輿地紀勝：涪江自思州之上費溪發源，流經五十八節名灘方至黔州。既與施州江合流，又九十里經彭水縣，凡五百餘里與蜀江會。水常湛然徹底。以其會於黔州，呼爲黔江。舊志：黔江自思南府沿河司流入酉陽司界，北流經司治西八十里，凡一百五十里入彭水縣界，又西流一百里至縣城西，又二十里至木梭灘，三十里至上新灘，十里至鹿角灘，十里至石蛇灘，水勢最險，舟行經此，必盡出所載，然後可行。又十五里，有曲尺、下巖、下新、替蛇、土腦五灘，水勢略平，過此至江口鎮，入武隆境，始爲安流。按：水經注，延江枝分爲更始水，東入巴東之南浦縣，又謂之西鄉水。間關二百許里，方得出山，又二百餘里，東南入遷陵縣，至酉陽入酉水。今施州江自湖北流入，合黔江，東流至辰州合酉水者〔六〕，爲酉陽境內之疊溪，然非黔江枝流。豈古今水道不同，或傳聞有譌？舊志謂黔江自黔州分流入黔江界，亦名施州江，徑縣南又東北入湖廣施州衛界，以來入之水爲分出之水，誤。

涓書河。在州東九十里。今名龍潭河。其源有三，一出分水嶺，一自夾州，一自水碧河，俱在龍潭七十里之內，下流至隄，與後漢河合。

阿蓬水。在黔江縣東南。自湖北恩施縣界流入，又西南徑州西北界入黔江。寰宇記：阿蓬水，一名太平水，東北自施州清江縣界來，西南流徑黔江縣北一里，又南入洪杜縣界。元統志：蓬江去黔江縣一百八十里，源出穿禁山，林箐溪洞，極險不可行舟，南流合思州江。舊志：今曰東小溪，在黔江縣東五里。源出施州衛大唐崖司峽口，西南流七十里至酉陽魚灘，與七十八溪合流。又六十里徑酉陽司北，爲南溪，去司六十里。又六十里至龔灘達彭水縣界，入黔江。按：輿圖，此水源出湖北恩施縣西南金峒、龍潭諸土司界，曰麻地壩河。南徑唐崖土司界，曰唐崖河，自黔江縣東北入境。西南流至州北界，有北河，自湖北漫水司界匯諸水西流合焉。此下又謂之南溪河，西南至龔灘入黔江，即舊志所謂施州江也。

七十八溪水。在黔江縣西南。源出梅子關山，東北流四十里，至縣西南沙子壩，合大木溪，又東流八里至魚灘，入東小溪。其大木溪源出八面山，東南流三里，入七十八溪。

四十八渡水。在黔江縣西二十里。源出柵山，曲折流四十八灣，灘磧鱗比，舟楫不通。

可通水。在黔江縣西。西南流入彭水縣界。寰宇記：彭水縣有可通水，源出黔江縣界武陵山，西流百餘里，經州理北，注内江水。舊志：今有西小溪，源出黔江縣西金雞箐山，西南流二十里入彭水縣界，經亭子關，又五十里經郁山，又西十里至鹿渡，又三十里入江。按：輿圖，黔江之西，彭水之東北，共數派合流。其正派出自湖北中路土司界，南流經沙溪司西，曰龍觜河。自黔江縣白巖關西入境，曰中清河。又西南經都山鎮北，其東有小水流入之，即所謂西小溪也。其西有後江河自北流入之。又西南有木洞河，亦自北來入之。又西南東會一小水，至彭水縣城北入黔江。舊志略其正派，目爲西小溪，非是。

都濡水。在彭水縣南。元和志：在都濡縣西北六十里。按：輿圖有長溪，自真安州舊城發源，東北流至彭水縣南，入黔江。即都濡水也。寰宇記：都東水，在洋水縣南七十里。亦即此。

洋水。在彭水縣西南，亦名南洋水。元和志：在洋水縣西三十里。寰宇記：北流入信寧縣界。舊志：南洋水在彭水縣西南二里，自真安州東北流一百里至縣西南入江。按：洋水上流即芙蓉江，自真安州會諸水流入，東北經彭水縣西界，至江口鎮入黔江，距縣八十餘里。舊志謂在縣西南二里，誤。

温湯水。在彭水縣東北二里。又有安樂江，在縣北八十里。七往溪，在縣西北四十里。大花溪，在縣西北一百八十里。小花溪，在縣西北九十里。按：輿圖今縣東北有合溪，北流入江。疑即温湯水。又縣北有木椋河，上流曰麝香溪，自石砫廳接界處發源，西流百餘里入黔江。疑即安樂江也。大花溪則在縣西南界，東北流入洋水。

疊溪。在州東南九十里。上流曰凱歌河，自貴州銅仁府平頭、著可司界三洋溪發源，北流徑廢邑梅司西北十里，又北九十里，徑廢石耶司東入州界，名買賽河。又東北十里至三江山下，會秀山縣之哨溪，始名疊溪。轉東流六十里，入湖南保靖縣界，東注辰州大江，亦名酉水。下流統名北河。

容溪。在州南。源出何家山，東南流至三江山入疊溪。又後溪，在州東四十里。源出湖南漫水司界，南流五十里入境，又南流轉東一百十里，至張家壩入疊溪。

清溪。在州北八十里。源出州境大崖，西南流七十里入黔江。又祐溪，在州西北八十里。源出銀杏樹山，流七十里至三層崖溝伏入石洞。又土溪，在州北七十里。源出白浪山，流八十里至顏家山伏入石洞。又廟溪，在州北九十里。源出殺狗埡，流六十里至土鹿壩伏入水洞。

地澄溪。在秀山縣南一百十五里。其水清徹，可鑒毛髮。源出縣境山谷中，東流九里合遵岫溪。遵岫溪在廢邑梅司西十五里。源出壽山。二水合流，又東北十里入凱歌河。

哨溪。在秀山縣西南一百二十里。源出白歲山，東北流五里合滿溪。滿溪亦出白歲山，以水常溢不竭，故名。東流五里與哨溪合，又東北流一百二十里，至州東南會買賽河爲疊溪。

龍潭。在秀山縣西南。兩旁山崖陡峻，潭中水深莫測。又有龍泉，在縣北石洞中，四時不涸。

濟渴井。在秀山縣西南。其水清甘，夏月行者多汲飲之。

鹽井。在彭水縣東。元和志：伏牛山左右有鹽泉，本道官收其課。寰宇記：今見置竈，煮以充軍用。縣志：伏牛山左右有鹽井，左曰鵓鳩、雞鳴，右曰郁井、飛井。通志：今彭水縣鹽井，有上井一眼，中井二眼，下井二眼。

古蹟

涪陵故城。今彭水縣治。漢置。華陽國志：涪陵，巴之南郡。從枳縣南入，泝舟涪水。秦司馬錯由之以取黔中。漢後恒有都尉守之。山險水灘，人多戇勇。多獽蜑之民。建安六年，涪陵謝本白劉璋，求以丹興、漢葭二縣爲郡，初以爲巴東屬國，後遂爲涪陵郡。元和志：黔州西北至涪州三百三十里，東南至思州二百八十里，北渡江至忠州四百里。本漢涪陵縣理，後漢獻帝時分爲四縣，置屬國都尉，理涪陵。蜀先主又增一縣，改黔安郡。晉永嘉後，地沒蠻獠，經二百五十六年，至宇文周保定四年，涪陵蠻帥田思鶴以地内附，因置奉州。建德三年，改黔州。隋大業三年，改爲黔安郡。唐因周、隋州郡之名，遂與秦、漢黔中郡犬牙難辨。貞觀四年，自今州東九十里故州城移於涪陵江東，彭水之南。天寶六年，都督蕭克濟以舊城傾欹，移築城於江畔。舊志：有故縣在今縣西壺頭山之麓。按：元和志「彭水縣」下又曰本漢酉陽縣之地，自吴至梁、陳，並爲黔陽縣地。寰宇記云漢酉陽縣在今溪州大鄉界，與黔州相去約千餘里。今之三亭縣西北百九十餘里別有酉陽城，乃劉蜀所置，非漢之酉陽。隋圖經及貞觀地志並言劉蜀所置爲漢酉陽，蓋誤認漢涪陵之地也。元和志黔州總序既以爲即漢涪陵，且力辨州郡稱黔之非，至「彭水縣」下，仍據舊文，自相矛盾矣。

酉陽廢縣。在州北。輿地紀勝：谿州三亭縣西北一百九十餘里别有酉陽城，乃劉蜀所置。即此。唐末黄巢之亂，酉陽蠻叛，駙馬冉人才征之，留守其地，其後遂世有之。舊志：宋置酉陽縣，元置州。明洪武五年，冉如彪納土歸附，升爲宣撫司，仍令世守其地。所屬有九溪十八洞。其民分爲三種，曰冉家，曰南容，曰犵獠。

丹興廢縣。在黔江縣。華陽國志：建安六年，劉璋置。蜀時省。山出名丹。寰宇記：丹興故縣蓋在今黔州東二百里黔江縣是。

石城廢縣。在黔江縣東南二十里。隋書地理志：巴東郡石城縣，開皇初置庸州，大業初州廢。元和志：黔江縣西至黔州二百里。隋開皇五年置石城縣，屬庸州。大業二年廢。唐武德元年又置，天寶元年改名黔江。寰宇記：武德元年，移就無慈城。貞觀四年，又移今所。九域志：縣在州東一百八十三里。元統志：縣昔爲蠻洞侵擾，移治老鷹寨，南至酉陽溪界一百二十里，東北至清江縣二百三十里，西北至龍渠縣二百九十里。

漢葭廢縣。在彭水縣東。後漢建安六年，劉璋分涪陵置。晉時省。寰宇記：晉太康地記言漢葭在涪陵郡東百里，蓋今州東九十里故黔州城是。

漢復廢縣。在彭水縣南。寰宇記：蜀先主增置漢復縣。晉太康地記：涪陵郡移理漢復。胡三省通鑑注：漢復北至涪陵九十里，在故洪杜縣。

洪杜廢縣。在彭水縣南。元和志：縣北至黔州一百三十里。武德二年，析彭水縣於今縣北十八里置，因洪杜山爲名。麟德二年，移於今理。寰宇記：貞觀三年，北移於洪杜溪。麟德二年，移理龔湍，即今縣理。九域志：嘉祐八年，省爲寨，入彭水。

都濡廢縣。在彭水縣南。元和志：縣北至黔州二百里。貞觀二十年，析洋水縣置。九域志：嘉祐八年省爲鎮，入彭水。

洋水廢縣。在彭水縣西南。元和志：縣在黔州西南一百里。武德二年，於今縣東一百六十里置盈隆縣。貞觀十年，移於今理。先天元年，改爲盈川〔七〕。天寶元年，改爲洋水。九域志：嘉祐八年省爲寨，入彭水。熙寧二年，又改爲鎮。

信寧舊縣。在彭水縣西北。寰宇記：縣在黔州西北一百三十里。隋大業十一年〔八〕，於今縣西南七里置信安縣，以地踞信安山爲名。唐武德二年，改爲信寧，屬義州。貞觀四年，自故城移於今理。十一年，改屬黔州。九域志：嘉祐八年省爲鎮，入彭水。

石耶洞廢司。在秀山縣東一百五十里。本酉陽州地。宋時有楊業之裔世居於此。元置石耶軍民府。明洪武八年，改置長官司，屬酉陽司。本朝初因之。雍正十二年，改隸黔彭廳。乾隆元年裁。今置塘汛。

邑梅洞廢司。在秀山縣南一百里。宋末亦楊氏據其地。元置佛鄉洞長官司。明玉珍據蜀，改爲沿邊溪洞軍民府。明洪武八年，改爲邑梅洞長官司，屬酉陽司。永樂初，改屬重慶衛。本朝初屬酉陽司。雍正十二年，改隸黔彭廳。乾隆元年裁。今置塘汛。

地壩廢司。在秀山縣西南一百里。土官楊氏於本朝順治十六年歸附，授副長官司，屬酉陽司。雍正十二年，改隸黔彭廳。乾隆元年裁。今置塘汛。

平茶洞廢司。在秀山縣西南二百里。宋政和中置平茶洞，羈縻屬思州，亦楊氏世守其地。元初改溶江、芝子、平茶等處長官司，屬思州安撫司。明洪武八年，改平茶洞長官司，屬酉陽司。永樂初，改屬重慶衛。本朝初屬酉陽司。雍正十二年，改隸黔彭廳。乾隆元年裁。今置塘汛。

采芹城。在彭水縣東山半。相傳明洪武中，藍玉征施南叛酋，築此以屯兵士。

萬卷堂。在彭水縣治東。宋黄庭堅聚書於此，因名。

關隘

石勝關。在黔江縣東五十里。又石牙關，在縣東七十里。老鷹關，在縣東南七十里。皆明嘉靖十年置，以控扼諸蠻。

梅子關。在黔江縣西南四十里。

白巖關。在黔江縣西六十里，彭水縣東北八十里，接中路沙溪司界。

亭子關。在彭水縣東北一百里，接黔江縣界。

龔灘鎮巡司。在州西一百八十里，川鹽入黔要隘。本朝雍正十三年置。

石隄巡司。在秀山縣東北一百十里。各土司河道總滙。本朝雍正十三年置。

郁山鎮巡司。在彭水縣東六十里，即今煮鹽之所。本朝初置鹽課司，乾隆十二年改置。

龍潭鎮。在州東一百里，界連江、楚。本朝雍正十三年置縣丞，乾隆元年改置州同。

鹽井鎮。在彭水縣東。九域志：縣有鹽井、玉山、洋水、信寧〔九〕、都濡五鎮。輿地紀勝：鹽井去縣八十里。按：玉山即今都山也。

邑梅營。在秀山縣邑梅場。本朝嘉慶二年，設守備駐防。

通達寨。在州東南一百五十里。元置通達等處五路蠻夷洞長官司，明洪武初廢爲寨。又有黄斑苗寨，在廢平茶司東南二百三十里苗地，生寨在司南二百九十里。

津梁

通蜀橋。在秀山縣西南，跨哨溪上，以路通蜀境爲名。又相近有迎恩橋，亦跨哨溪。

龍橋。在黔江縣南五十里。又阮公橋，在縣西一里。

福慶橋。在彭水縣南一里。水出東山谷，流經橋下入江。又懷遠橋，在縣南二里。

陵墓

唐

長孫無忌墓。在彭水縣西北，舊信寧縣黔江西岸，岐山之麓。

明

田祐恭祖墓。在彭水縣東鹽井鎮。

李烈女墓。在彭水縣江口鎮山麓。

祠廟

昭忠祠。在州東。本朝嘉慶六年建。

伏波祠。在彭水縣西壺頭山之麓。通志：今有三賢祠，在縣西琴山，祀馬援及長孫無忌、黄庭堅。

飛山廟。在秀山縣西。祀唐誠州刺史楊再思，四洞長官之祖也。屢著靈異。

川主廟。在黔江縣城内。

名宦

唐

郗士美。金鄉人。由坊州刺史任黔州刺史、持節黔中經略觀察使。時溪州賊向子琪以衆八千阻山剽掠，士美討平之。

宋

張君平。磁州滏陽人。黔州指揮使。獠兵入寇，君平引兵擊破之。

勾濤。新繁人。建炎初通判黔州。田祐恭兵道境上，濤白守燕勞之，祐恭感恩厲下〔一〇〕，郡得以無犯。湖湘賊王闢破秭歸，桑仲、郭守忠攻茶務箐寨寨，將犯夔門。門素單弱，宣司檄祐恭捍禦，濤率黔兵佐之，賊潰去。

明

聶元濟。豐城人。知彭水縣。興學校，勸農桑，以德化人。民建祠祀之。

本朝

何一獻。臨湘人。康熙元年，知黔江縣。土寇初平，人民星散，鋭意撫綏，招徠甚衆。

郭良相。臨桂人。乾隆初，任秀山石隄巡檢，從征金川，管占固糧站。碉寨被圍，良相率兵役堅守，接雨爲炊。賊攻十餘日，積薪焚碉下，碉破，良相自殺，兵民俱從死。事聞，廕祀如例。

周國衡。寧河人。乾隆初，署秀山縣尉，委赴金川西路炭廠。夜半移營，遇賊死之。賞賚廕祀如例。

李光墺。安谿人。乾隆十五年，知酉陽州。教民闢荒箐，興水利。政餘，與諸生講論經史，文風爲之一變。

翁若梅。閩縣人。乾隆三十五年，知酉陽州。興學造士，修築隄堰，水利以興。

人物

晉

范長生。丹興人。李流之亂，長生率千餘家依青城山。李雄尅成都，以長生巖居穴處，求道養志，欲迎立爲君，長生固辭。雄僭號，拜丞相，尊曰范賢。注周易十卷，自稱蜀才。顔之推曰：易有蜀才注，江南學士遂不知何人，漢之書云：「范長生也。」

唐

趙國珍。牂柯苗裔。天寶中，以軍功遷黔府都督兼本管經略等使。時南蠻閣羅鳳叛，中書舍人張漸薦國珍有武略，習知南方地形，楊國忠遂奏用之。在五溪凡十餘年，中原興師，唯黔中封境無虞。代宗嘉之，召拜工部尚書。

宋

秦世章。黔人。魁梧，喜攻伐。官左藏庫使。以里中人不善書，嗣將兵長沙也，買石摹刻長沙僧寶月古法帖十卷，舟載歸黔中，壁之黔江紹聖院。黄庭堅稱爲黔中奇士。

本朝

湯學尹。黔江人。年十二能詩賦。康熙癸卯舉人。黔江兵燹之後，經學失傳，學尹闡明易理，教授生徒，寒暑不倦，以勉菴名其居。

陳我堯。彭水人。家極貧，妻子忍寒餓，竭力營甘脆奉親。親病，我堯晝夜侍疾，略無倦容。

李方升。黔江人。親亡，貧不能治喪，夫婦質身營葬，俛首服役。人或勸之去，方升曰：「吾以父母故質身，豈忍負之？」素有膽略。土蠻擾境，方升率衆捍禦，鄉人恃以安堵。

田如恒。黔江人。官千總。乾隆十三年，隨征金川陣亡，卹廕如例。

吴開宗。秀山人。乾隆六十年，投效黔楚軍營，隨官兵進攻烏草河，擊賊陣亡，卹廕如例。

王大勇。秀山人。官把總。嘉慶二年，隨勦教匪，洊升成都營守備。後戰死於忠州，卹廕如例。

鄧璉。黔江人。官黔彭營把總。嘉慶初，隨勦教匪，力戰陣亡，卹廕如例。

鄧玉升。彭水人。嘉慶初，以鄉勇隨勦教匪有功。後於陝西陣亡，卹廕加等。

列女

明

向大志妻容氏。黔江人。賊至恐污，擕女自焚。同縣馬如龍妻朱氏，聞夫卒於外，即自縊死。

朱家鳳妻楊氏。黔江人。夫歿，矢志守節，事翁姑，撫二子成立。

戴比辰妻周氏。彭水人。事孀姑許氏至孝。夫亡，土苗劫掠，氏避居巖洞中死。同縣庠生唐道泰妻李氏，爲賊所執，欲犯之，大駡不屈投江死。監生欒鳳徵妻戴氏，與夫同被賊執，將殺鳳徵，氏大呼曰：「乞殺我，勿殺我夫。」遂自刎。賊義之，鳳徵獲全。李貞女，貢生李天成女，許聘未嫁，被賊執，駡賊死。

董興棫妻冉氏。彭水人。年十七守節，歷年七十二卒。同縣王新甲妻周氏，年二十守節，至七十五卒。劉尚文妻李氏，守節撫子成立。子亡，撫孫以苦節終。葛德純妻方氏，夫亡斷髮自誓，撫妾子成立。陳尚選妻王氏，苦節歷年七十六卒。李天敘妻截髮守節，卒年七十。吴從心妻何氏，年二十夫卒，姑欲奪其志，不從，終身苦節。許拔妻謝氏，年十八守節，經兵燹，備歷艱苦，年八十二。林昌祐妻馮氏，守節歷四十餘年。葛維樛妻陳氏，撫孤守節。龔子進妻王氏，夫卒無嗣，矢志守節，奉翁姑誠敬不衰。戴宗明妻許氏，夫卒，遺孤比辰甫三歲，辛勤教育，苦節四十餘年。崇禎間旌表。王彝妻羅氏，夫卒，茹蘗自甘五十餘年。秦之益妻梁氏，年十八，苦志守節。

李友松女。彭水人。未嫁夫卒，矢節自縊。

本朝

汪仲學妻周氏。彭水人。吴逆之變，賊將譚天敘寇郁山鎮，氏被俘，奪刀刃賊，不克而死。同縣毛明傑妻劉氏，爲譚天敘所執，不屈死節。龐德惠妻董氏，夫婦皆爲賊執，以綆連繫赴水死。葛朝英妻陳氏，亦遇賊抗節死。

田升妻冉氏。酉陽人。夫亡守節。同州節婦謝再維妻任氏、龍再滔妻馮氏、陳如蟠妻楊氏、冉玉柱妻劉氏、張之傑妻李氏、朱宣妻張氏、張運舉妻廖氏，烈婦左京榮妻喻氏，烈女尹子盛未婚妻夏氏，均乾隆年間旌。

洪運士妻吴氏。秀山人。夫亡守節。同縣節婦楊昌富妻田氏，烈婦譚龍友妻羅氏、楊正棟妻陳氏，均乾隆年間旌。

張永祥妻羅氏。黔江人。夫亡守節。同縣節婦朱瑄妻張氏、朱璧妻謝氏，均乾隆年間旌。

龔氏女。黔江人。許字孫氏未婚，孫子卒，訃聞，女自經死。

冉子相妻張氏。彭水人。年十九，夫病卒，氏慟哭自盡。

江之鱗女。彭水人。許字田文，未嫁文卒，姑鄭氏與之鱗夫婦均欲其改適，女矢志不從，過夫家成服。事姑以孝聞。姑疾，侍奉湯藥，衣不解帶。及卒，營葬畢，投崖死。

李偉妻王氏。彭水人。夫亡守節。同縣節婦曾子明妻彭氏、黄在職妻張氏、冉正茂妻張氏、龔沛妻劉氏、黄士英妻馮氏、龔張妻謝氏，均乾隆年間旌。

石永言妻劉氏。酉陽人。夫亡守節。同州節婦秦紹堯妻何氏、烈婦左喻氏、烈女冉滿姑，均嘉慶年間旌。

熊尚義妻吴氏。秀山人。夫亡守節。同縣節婦劉廷和妻熊氏、楊勝祥妻劉氏、楊光惇妻陳氏、黄廣元妻佘氏、洪玉枚妻由氏、田秀淳妻何氏、賈興潮妻譚氏、楊正鳳妻李氏、廖仕珍妻王氏，均嘉慶年間旌。

黄師召妻傅氏。彭水人。夫亡守節。同縣節婦淳明珊妻趙氏，烈婦辛李氏、陳許氏，均嘉慶年間旌。

土産

麩金。寰宇記：黔州産麩金。

水銀。寰宇記：黔州産。

丹砂。華陽國志：涪陵丹興縣出。唐書地理志：黔州貢光明丹砂。寰宇記：黔州産朱砂。

布。元和志：黔州貢竹布、苧蔴布。

蠟。元和志：黔州貢黄蠟。

犀角。唐書地理志：黔州貢。

校勘記

〔一〕開元四年置思邛縣 「邛」，原作「印」，乾隆志卷三一七酉陽州建置沿革(下同卷簡稱乾隆志)同，據舊唐書卷一一〇地理志、新唐書卷三一地理志改。按，縣蓋以思邛水爲名。

〔二〕獨勇寨山 「寨」，原作「塞」，據乾隆志、讀史方輿紀要卷六九四川忠州及雍正四川通志卷二三山川改。

〔三〕明統志謂在縣南三百四十里 「南」，乾隆志同。按，明一統志卷六九重慶府山川實作「東」字。

〔四〕又息平洞在州東三十里 「平」，乾隆志作「寧」。按，本志蓋避清宣宗諱改字。

〔五〕沿西洞在州西三十里 此句原脱，據乾隆志補。

〔六〕東流至辰州合酉水者 「辰州」，原作「長州」，據乾隆志及水經注卷三六延江水改。

〔七〕先天元年改爲盈川 「盈川」，原作「盈州」，據本志酉陽直隸州表、乾隆志及舊唐書卷四〇地理志改。

〔八〕隋大業十一年 「十一年」，乾隆志同，太平寰宇記卷一二〇江南西道黔州作「十二年」。按，元和郡縣志卷三〇江南道黔州於信寧縣下云：「隋大業十年於今縣西南置信安縣。」作「十年」，又不同。

〔九〕信寧　「寧」，原作「安」，據乾隆志及元豐九域志卷八夔州路黔州改。按，此志蓋避清宣宗諱改字，今改回。

〔一〇〕祐恭感恩厲下　「厲」，原作「厚」，乾隆志同，據宋史卷三八二勾濤傳改。

敘永直隸廳圖

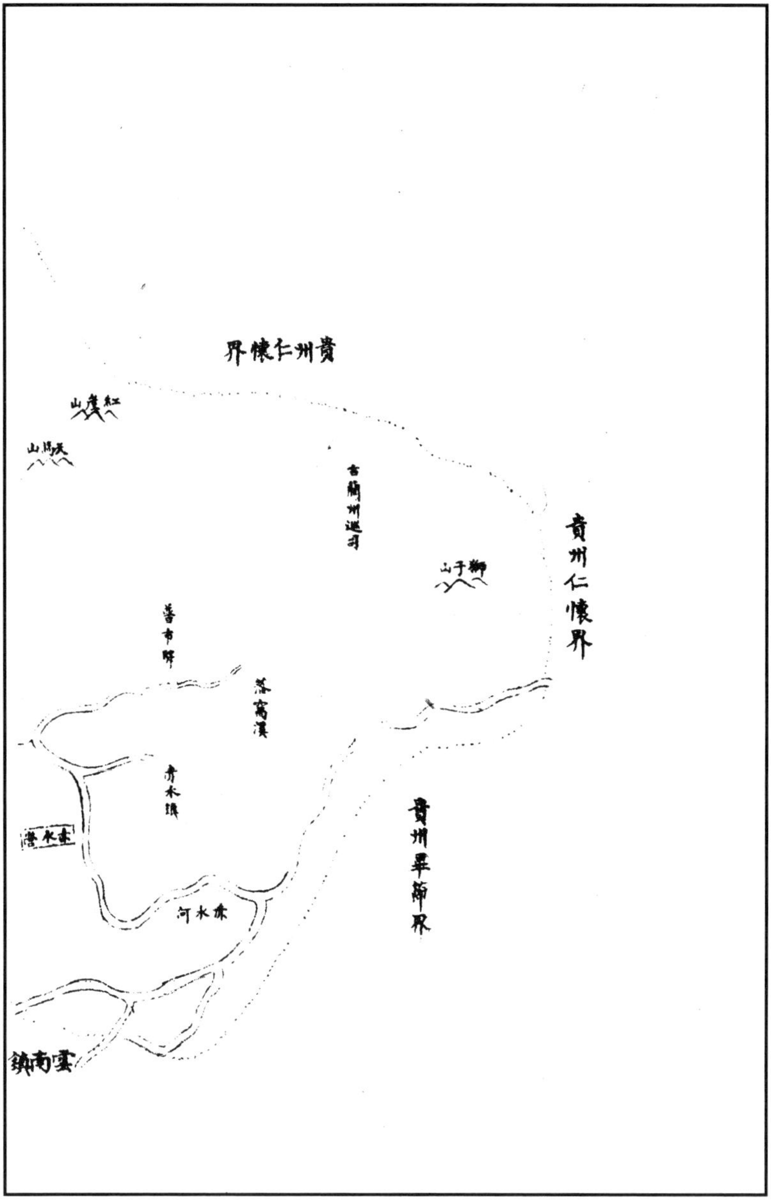
貴州仁懷界
紅崖山
古藺州巡司
獅子山
貴州仁懷界
普市驛
落窩溪
赤水鎮
赤水營
赤水河
貴州畢節界
雲南鎮

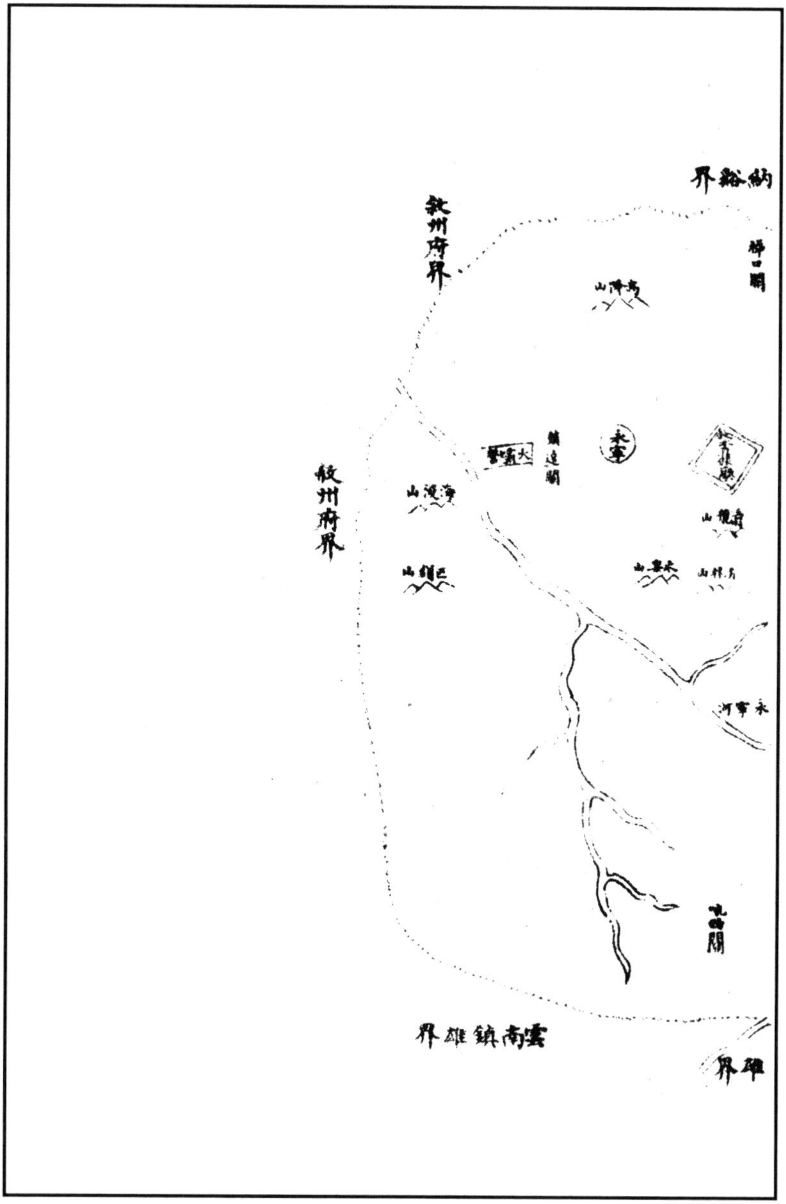
納谿界
敘州府界
永寧
敘州府界
永寧河
雲南鎮雄界
雄界

敘永直隸廳表

	敘永直隸廳	永寧縣
秦		
兩漢	犍爲郡地。	
三國		
晉	蠻獠地。	
南北朝		
隋		
唐		
五代		
宋	瀘州江安、合江二縣地。	
元	初置西南番總管府，至元二十五年改永寧路，隸四川行省。至正中改永寧宣撫司。	
明	洪武四年改永寧安撫司。八年復故，隸四川布政使司。天啓三年置同知轄之，屬敘州府。	洪武四年分置永寧衛，隸貴州都司。

大清一統志卷四百十八

敘永直隸廳

在四川省治東南九百九十里。東西距二百五十里，南北距三百里。東至貴州遵義府仁懷縣界二百里，西至敘州府界五十里，南至雲南昭通府鎮雄州界二百二十里，北至瀘州納谿縣界八十里。東南至貴州大定府畢節縣界一百五十里，西南至鎮雄州界七十里，東北至仁懷、納谿二縣界一百二十里，西北至敘州府界八十里。自廳治至京師八千七百八十里。

分野

天文井、鬼分野，鶉首之次。

建置沿革

禹貢梁州南境。漢爲犍爲郡地。晉、宋及唐俱爲蠻獠地。按：明統志「唐元和中置藺州」，而唐志不載。宋爲瀘州江安、合江二縣地。元初置西南番總管府。至元二十五年，改爲永寧路，按：元史本紀是年改，後又見二十七年。郭子章黔記作「中統元年改爲路」，而元志皆不詳。隸四川行省。至正中改永寧宣撫司。見天順統志。黔記作「元統元年，改爲永寧鎮邊都元帥軍民宣撫司」。明洪武四年，改爲永寧安撫司，又增置永寧衛，分屬貴州都司。八年，復升安撫司爲宣撫司，隸四川布政使司。天啓三年，置同知轄之，隸敘州府。時宣撫司已廢。本朝因之。康熙初，以永寧衛隸貴州威寧府。二十六年，改衛爲縣，仍隸威寧府。雍正五年，併爲永寧縣，改屬四川敘州府。八年，復設同知。乾隆元年，升爲敘永直隸廳，屬四川省，領縣一。

永寧縣。在廳治西。東西距七十里，南北距一百八十里。東至本廳界十里，西至雲南昭通府鎮雄州界六十里，南至廳界三十里，北至瀘州納谿縣界一百五十里。東南至貴州大定府畢節縣界一百里，西南至廳界四十里，東北至廳界十里，西北至敘州府興文縣界百二十里。建置與廳同。

形勢

環城皆山，疊翠如屏。馬口崖鎮其北，漁漕溪横其南。明統志。東連貴播，西接敘瀘，南距芒部，北抵合江。水陸交通，黔、蜀分界。黔記。

風俗

習俗鄙陋，性格野樸。不事商賈，惟務農桑。明統志。

城池

敍永廳城。有東、西二城。東城在永寧河東，舊爲永寧縣治，周二里四分有奇，水門一。西城在河西，舊爲永寧衛治，周三里七分有奇，門五，水門二。皆明洪武五年建。本朝康熙四年修。乾隆三十三年、三十六年重修，以東城爲廳治，西城爲縣治。

學校

敍永廳學。在廳治西。舊在治東。明爲宣撫司學。本朝康熙七年設廳學，建於西城外。二十二年，遷建今所。三十六年修，乾隆四十一年重修。入學額數十二名。

永寧縣學。在縣治東，即舊衛學。明正統八年建。本朝順治十七年修，康熙二十五年修。雍正年間，改隸敍永廳，始設縣學。入學額數十二名。

丹山書院。在廳治北門外。本朝乾隆三十年建，四十三年修。

蓬萊書院。在廳治南門。舊在學宫側。本朝乾隆七年建，嘉慶六年遷建今所。

户口

原額户一萬八百六十六，今滋生男婦共二十萬三千八十八名口，計七萬一百五十六户。

田賦

田地二千五百七十八頃四十四畝五分有奇，額徵地丁正、雜銀五千八百九兩六錢八釐。

山川

天馬山。在廳城東門外。又有文筆山，亦在城東。

獅子山。在廳東南。明天啓初，永寧逋賊奢崇明借兵水西，安邦彦遣兵過赤水河道獅子山，即此。

青龍山。在廳南二里。形如青龍。

寶真山。在廳西二里。

烏降山。在廳西北五十五里。林木蓊鬱。

紅崖山。在廳東北十里。山多赤石，如列錦屏。旁有紅崖砦。明天啓初川兵追奢崇明連克紅崖、天台二砦。三年，貴州總兵魯欽自遵義直入賊巢，進營紅崖砦山，即此。

土保山。在永寧縣城内。昔有夷人土保居此，因名。

西珠山。在永寧縣城内。山形圓瑩如珠。黔記：城内有寶珠山，又有鐘、鼓二山。

雪山。在永寧縣東一百里，赤水衛北二十里。明統志：高峻巉巖，幽隱莫測。方冬積雪，春盡始消。

秀林山。在永寧縣東南，廢普市所南二里。竹樹蔚然森秀。又所北有錦屏山。

木案山。在永寧縣東南十五里。上多林木，下平如案。縣志：在普市所東二里。

海漫山。在永寧縣西五十里。延袤八十餘里，如海之汗漫。

匹絹山。在永寧縣西七十里。山頂瀑布飛流，宛如匹絹。

馬口崖。在廳西南。又有南華崖，在廳西一百六十里。又西二十里爲梅子坎。

龍洞。在廳西一百里。禱雨有應。相近又有魚洞灘，高二丈許，春夏之交，魚多躍出。

關索石。在廳南二十里大道旁。舊志：相傳關索惡此石截路，以戈擊之，一留道旁，一飛墮道東，刀痕宛然。

羅付大河。在廳東，接貴州遵義府界。其下流東南入烏江。

永寧河。在廳西南。一名水東河，亦曰界首河。有二源，合流於城西，貫兩城而東北，又北至瀘州納谿縣入大江。舊志：永寧河一名定水。一自西南小井壩發源，六十里至永寧城，一自東鐵矢坎石穴流出，二十里至永寧城，合流八十里入納谿縣界。河流峻急，灘石險惡，自昔不通舟楫。明洪武二十四年，景川侯曹震鑿之，起納谿至永寧，皆爲坦流。

赤水河。在永寧縣東一百八十里。源出鎮雄州界水腦洞，流經赤水衛，又東北合永寧河。明初郭英等出永寧，敗賊於赤水河，即此。

甘溪。在廳南十里。又西北五十五里有銅鼓溪，下流皆入永寧河。

通江溪。在廳西南。源出貴州界，東北流經九姓長官司南，東北流入永寧縣界，又東北出會於江門峽，亦名落卜姑溪。

漕溪。在廳西南八十里。一名魚漕溪。自九姓長官司東五十里馬口崖下流逕此，與通江溪合，會江門峽。

落窩溪。在永寧縣東南普市所東七里。所東南六里有龍泉澗，源出山谷，流至所南潛入洞，復出爲落窩溪。遇旱禱雨有應。

天生池。在廳西北六十里。四面山繞，水積於中，不假穿鑿。

金鵞池。在廳西北九姓司西南五十里。舊志：相傳昔有天鵞，羽如黄金，游池内，至暮飛去，因名。明成化三年，都掌蠻爲亂，議者欲分兵三路，南路從金鵞池進攻大壩，既而督臣程信分遣别將羅秉忠由金鵞池進搗都掌蠻。

陶公灘。在廳東南。即羅付大河所經也。

靈湫泉。在廳西五十里。有山洞深二丈許，泉出其中，四時不竭。

雙井。在廳南四十五里。又有古井，在普市所城内。

古蹟

永寧舊城。在今縣西。黔記：永寧舊治在城西八十里馬口崖、漁漕溪之間，即元永寧舊址。明洪武五年，李文忠遷於今治。

廢藺州。在廳東九十里。唐元和初置。有碑在唐朝壩，今剥落。宋乾德二年廢。

赤水廢衛。在永寧縣東一百八十里。明洪武中置，屬四川都司。本朝康熙間裁。

太平廢司。在廳西，地名大壩，廣二百餘里。元置大壩軍民府，明初廢。成化四年，改大壩爲太平川，設太平長官司。後廢。今爲大壩營。

界首茶課廢司。在廳西北二里。明洪武六年建，後廢。

普市廢所。在永寧縣東南五十里。舊志：明洪武二十二年，普定侯設普市守禦所於木案山下，因土民曾爲市貿易於此，故以爲名。本朝康熙二十六年，省入永寧縣。

米利城。在廳北八十里。有大田，常無水旱憂，米穀成熟，故名。

關隘

魚浮關。在廳東三里。明洪武四年建。又有箐口關，在廳東箐口嶺上。赤水河關，在廳東一百五十里。

雪山關。在廳東一百里。

吼西關。在廳南一百二十里，與鎮雄州接壤。

青岡關。在廳西三十里。亦曰青岡坪。明天啓初，巡撫朱燮元討奢崇明，敗賊於青岡坪，直抵城下，一鼓拔之。又有猫兒關，在廳西五十里，舊爲苗人出没處。

三塊石關。在廳西北六十里。
鄢家關。在廳西北八十里。
江門關。在廳西北一百里。即江門水驛也。道出瀘州納谿縣。
梯口關。在廳北九十里。又有大鬭坎口關，在廳北百里。舊皆爲戍守處。
鎮遠關。在永寧縣西。
古藺州巡司。在廳東一百九十里，古藺州地。本朝雍正七年置。
赤水鎮。在永寧縣東二百四十里。舊赤水衛。本朝雍正七年，移縣丞駐此。
大壩營。在廳西六十里。有城，周三里有奇。明置太平長官司。本朝設都司駐防。嘉慶二十四年，改設守備。
赤水營。在永寧縣東南。本朝設守備駐防。舊名龍場營，乾隆四十年移駐赤水河，改今名。
永安驛。在廳南。又普市驛在普市，赤水河驛在赤水鎮，俱設馬站。

津梁

上橋。在廳城東南隅。今名蓬萊橋。
下橋。在廳西南隅。今名永和橋。
通濟橋。在廳東南二里。

永福橋。在廳北十五里。

陵墓

元

梁王墓。在永寧縣東赤水城西三十里。

明

宋球諸人墓。在廳治。明末死流賊難，諸生宋球等數十人合葬於此，邑人謂之積骸墓。

祠廟

昭忠祠。在廳治北。本朝嘉慶八年建。

寺觀

崇福寺。在廳南半里水中山上。亦名定水寺。明洪武中建。

萬壽寺。在廳西一里。明永樂元年建。

名宦

明

周敦吉。佚其籍。天啓元年官遊擊。大兵戰於渾河，死之。本朝乾隆四十一年，賜謚烈愍。

本朝

周尚功。豐城人。康熙年間官永寧遊擊。賊將胡國柱陷城，被執不屈，罵賊而死，一家二十口俱罹害。

魯明芝。鍾祥人。康熙十一年，官永寧中營守備。以不從吴三桂，棄官家永寧。十九年，賊將胡國柱圍城，明芝奮勇，率士卒登陴守禦，城陷死之。

費雅達。滿洲正白旗人。官陝西漢羌鎮總兵。康熙十九年，調守永寧。賊將圍城，同提督王之鼎協力固守，孤軍乏援，城陷與賊戰，殺賊無算，力盡死之。

郝全善。佚其籍。康熙初，官固原提標遊擊。從將軍王進寶討吴逆，被執不屈，絶食六日而死。

人物

明

侯良柱。永寧衛人。天啓初，累官四川副總兵。討奢崇明父子，復遵義城。崇禎二年，敗崇明等於鵞頂嶺，俘其黨數千人，積年巨寇平。後爲總兵官。流賊入寇，拒於綿州，陣亡。子天錫捐貲繕甲，請與賊血戰，授遊擊。本朝乾隆四十一年，賜謚忠烈。

張令。永寧衛人。初爲奢崇明土目。崇明叛，令斬崇明子寅首以獻，擢爲副總兵官。崇禎末調守夔關，守川北毛浴隘，統領通巴五路，賊不敢近川境者數年。一日流賊擁衆猝至，令徒步戰於下關城，力盡死之。本朝乾隆四十一年，賜謚忠烈。

劉佐聖。永寧衛人。奢崇明叛，佐聖曉以大義，賊刃之。

楊興旺。永寧衛人。崇禎末，爲獻賊將孫可旺所獲，駡賊死。妻徐氏及三子俱被害。

李忠臣。永寧衛人。官松潘參政，家居。奢崇明之亂，募死士，約總兵官楊愈懋令大兵薄賊，己爲内應，事洩，闔門遇害。

胡縝。永寧衛人。預策奢崇明必反，上書當事，當事不爲意。後賊起被執，嚴刑錮獄中。弟緯傾家救免之，乃糾義徒潛結張令等，執僞相何若海，部勒行陣，自當一面，數有斬馘，賊甚畏之。既而爲火藥焚死。

宋球。永寧衛人。明末諸生。流賊犯境，球與同庠費國柱、桑毓日、唐一夔、何天寵等密約總兵王應熊外援，事露被害。應熊收骸合葬焉。

本朝

閻有貴。永寧人。康熙十九年，吴三桂犯境，城陷，被執不屈死。

陳琳。敘永人。官永寧協把總。乾隆間，從征金川陣亡，卹廕如例。

劉俸。永寧人。乾隆間，由行伍從征金川，累功擢松潘營守備。攻克美諾，賞戴花翎。金川平，以戰功擢松潘鎮總兵，並駐懋功，治屯田。四十九年，以金創乞病歸，卒，賜祭葬，廕祀如例。同縣外委鍾鄰、孫洪緒、孟倫、戴之禮，把總陳起龍、孟以仁、黄世貴、游耀鯤，守備張芸，俱於金川陣亡，均卹廕如例。

姜敏功。敘永人，寄籍綿州。官貴州參將。嘉慶二年，隨勦教匪於合州楊家崖陣亡。又外委羅永春亦是年於巴州陣亡。卹廕均如例。

羅尚仁。永寧人。官把總。嘉慶四年，隨勦教匪陣亡，卹廕如例。同縣遊擊張明，外委李進、王儆，俱勦教匪陣亡，卹廕均如例。

列女

明

聞克明妻樊氏。永寧宣撫司人。少寡苦節，教子道立領鄉薦。

周登順妻張氏。永寧宣撫司人。夫亡守節，教子于用成名出仕。

楊興旺妻徐氏。永寧衛人。崇禎末，興旺罵賊死，氏及三子俱被害。

本朝

江姑。永寧人。普市所官江之鴻女。年十六未字，亂離失散，守正捐軀。康熙三年旌。又張問達妻李氏，吴逆掠境，氏恐被辱赴水死。

劉勷妻吴氏。永寧人。夫亡守節，雍正年間旌。

劉澤遠妻解氏。敘永人。夫亡守節。同廳節婦李茂莊妻孟氏、魯長發妻張氏、王縉妻魯氏，均乾隆年間旌。

李其進妻彭氏。永寧人。夫亡守節。同縣節婦台相臣妻路氏、烈婦張其信妻羅氏，均乾隆年間旌。

蒲文衡妻李氏。敘永人。夫亡守節。同廳節婦龍鼎璠妻胡氏、胡峻妻何氏、王有萬妻曾氏、胡居恒妻姚氏、陳調妻彭氏、陳�妻袁氏、賈維珍妻朱氏，烈婦吴光祖妻廖氏，均嘉慶年間旌。又胡氏女，許字未婚，夫卒，誓死守貞以終，入祀節孝祠。

官懋績妻周氏。永寧人。夫亡守節，嘉慶年間旌。

土産

黄精。

節竹。

欆竹。

冬笋。

月竹。高徑尺餘，每月出一笋。

苦練子。以上俱見舊志。

松潘直隸廳圖

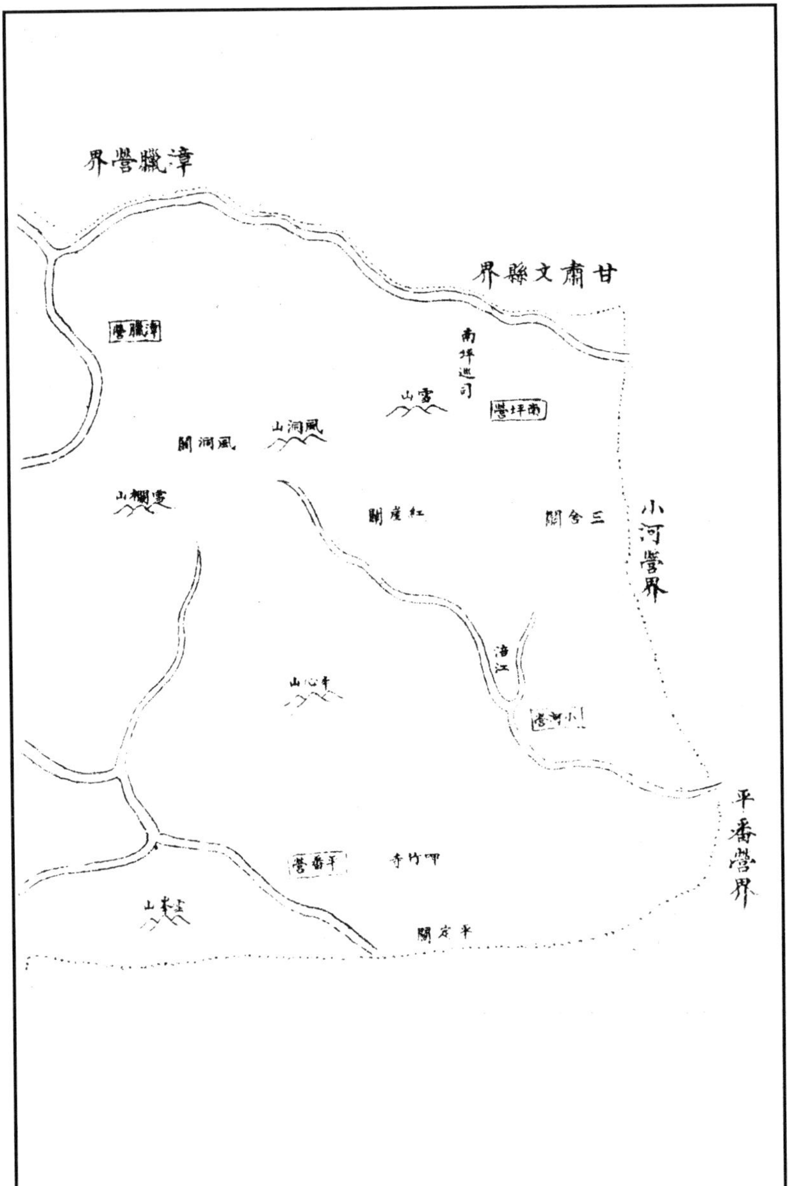
漳臘營界
甘肅文縣界
漳臘營
南坪巡司
雪山
南坪營
風洞山
風洞關
雪欄山
紅崖關
三舍關
小河營界
涪江
小河營
平番營界
平番營
平定關

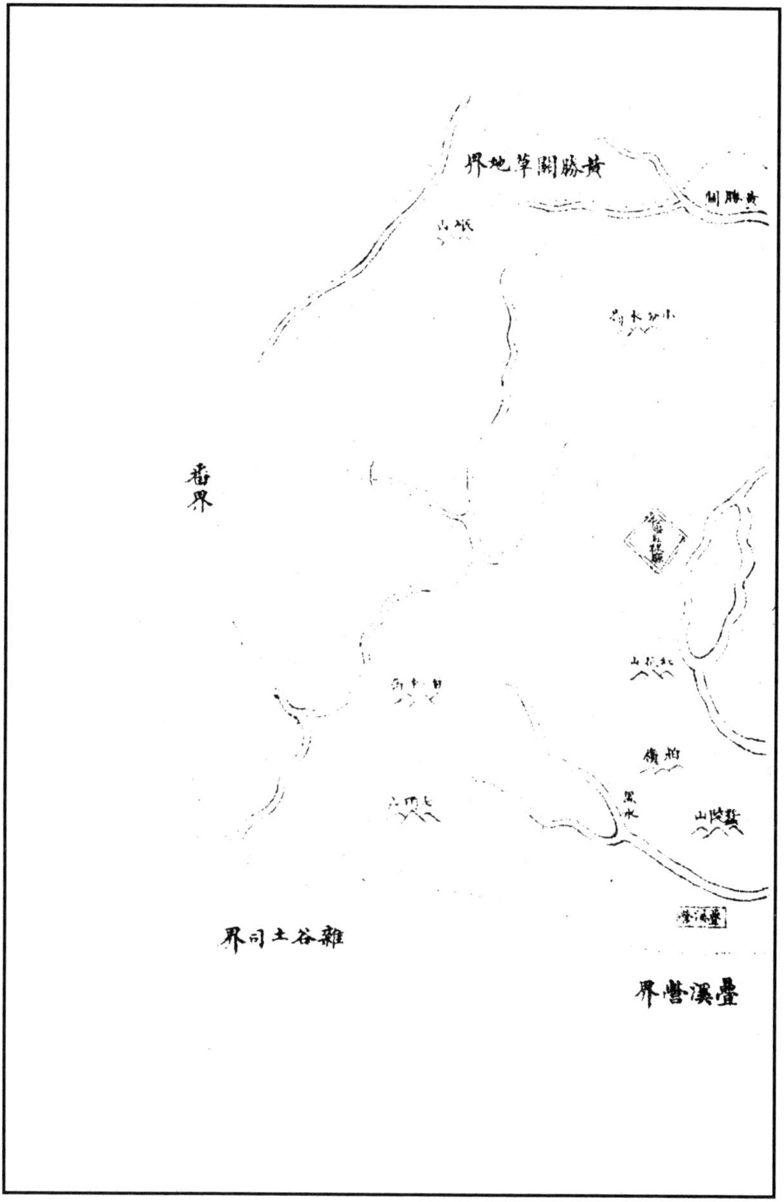
黃勝關草地界
黃勝關
番界
雜谷土司界
疊溪營
疊溪營界

松潘直隸廳表

	松潘直隸廳
秦	湔氏道置。
兩漢	湔氏道屬蜀郡。
三國	湔氏道
晉	升遷縣改置，屬汶山郡。
南北朝	扶州龍涸郡周天(合)〔和〕元年置。 宋省。
隋	開皇三年郡廢，七年州廢。
唐	松州武德元年置。天寶初改交州郡，乾元初復故，屬劍南道。廣德初入吐蕃。
五代	
宋	吐蕃地。
元	屬吐蕃等處宣慰司。
明	洪武十一年置松州、潘州二衛，尋併爲松潘衛。二十年改松潘等處軍民指揮使司，隸四川都司。嘉靖四十二年復改松潘衛。

續表

	平康縣 蜀漢置，屬汶山郡。				
	平康縣		興樂縣 置屬汶山郡。		
嘉誠縣 周置，州郡治。	平康縣 宋省，周復置。		宋省。		江源縣 周置，屬汶山郡。
嘉誠縣 屬同昌郡。	平康縣 仍屬汶山郡。			交川縣 開皇初置，屬汶山郡。	江源縣
嘉誠縣 州治。廣德初入吐蕃。	平康縣 屬松州。			交川縣 後省。	省。
	省。	潘州 崇寧三年置，又分上、中、下三州。			
		潘州 屬吐蕃等處宣慰司。			
		初設潘州衛，後省。			

蠶陵縣置屬蜀郡。
蠶陵縣
蠶陵縣分屬汶山郡，東晉省。
翼針郡周置，兼置翼州。
開皇初廢，大業初州廢。
羈縻軌州貞觀三年置，屬松州都督府。後入吐蕃。 羈縻闊州貞觀五年置，屬松州都督府。後入吐蕃。 翼州武德元年復置，咸亨三年徙治，上元二年復移舊治。天寶初改臨翼郡，乾元初復故，屬劍南道。後入吐蕃。

續表

翼針縣 郡治。	龍求縣 周置，兼置清化郡。		覃州 周置，兼置覃川、榮鄉二郡。
翼針縣 屬汶山郡。	翼水縣 開皇初郡廢，改名清江。十八年又改屬汶山郡。		開皇初郡廢，四年州廢。
衛山縣 州治。天寶元年改名。後入吐蕃。	翼水縣 屬翼州。後省。	峨和縣 天寶十一年置，屬翼州。後省。	當州 貞觀二十一年置。天寶元年改江源郡，乾元元年復故。
			當州
			羈縻當州 屬茂州。
			省。

通軌縣 州郡治。	廣平縣 周置，兼置廣平、左封二郡。
通軌縣 屬汶川郡。	左封縣 開皇初郡廢，仁壽初改名，屬汶山郡。
通軌縣 州治。 利和縣 顯慶三年置，屬當州。廣德後入吐蕃。 悉州 顯慶元年分置，治悉唐。咸亨元年移來治。天寶初改歸誠郡，乾元初復故。廣德後入吐蕃。	左封縣 初屬會州，後爲翼州治。貞觀二十一年屬當州。廣德後入吐蕃。
通軌縣	
省。	

							靜州 儀鳳二年置南和州。天授二年改名，屬隴右道，後屬劒南道。廣德後入吐蕃。悉唐縣 州治。柘州 永徽初置。天寶元年改蓬山郡，乾元元年復故。廣德後入吐蕃。恭州 開元二十四年置。天寶元年改恭化郡，乾元元年復故。廣德後入吐蕃。				

續表

大清一統志卷四百十九

松潘直隸廳

在四川省治北九百五十里。東西距二百七十七里，南北距二百二十里。東至小河營八十七里，西至生番界一百九十里，南至疊溪營界一百九十里，北至漳臘營界三十里。東南至平番營界七十六里，西南至雜谷土司界二百里，東北至南坪營界三百里，西北至黄勝關草地界八十里。自廳治至京師六千十里。

分野

天文井、鬼分野，鶉首之次。

建置沿革

禹貢梁州之域。周氐、羌地。秦置湔氐道。漢屬蜀郡，後漢因之。晉改置升遷縣，屬汶山郡。宋廢。後魏爲吐谷渾地。周天和元年，置扶州總管府及龍涸郡、嘉誠縣。隋開皇初，府廢。

三年，郡廢。七年，州廢，以縣屬同昌郡。唐武德元年，復于嘉誠縣置松州。貞觀二年，置都督府，督羈縻二十五州，後多至一百有四州，皆生羌部落，屬隴右道。永徽後，改屬劍南道。天寶初，改交川郡。乾元初，復曰松州。廣德初，陷於吐蕃。宋仍爲吐蕃地。元屬吐蕃等處宣慰司。明洪武十一年，置松州、潘州二衛，尋併爲松潘衛。二十年，改松潘等處軍民指揮使司，隸四川都司。嘉靖四十二年，復改松潘衛。本朝因之，屬龍安府。雍正九年，改設撫民同知。乾隆二十五年，改爲松潘直隸廳，屬四川省。

形勢

東南雪嶺，西北洮河。雨雪多寒，山川險峻。松潘志。

風俗

刻木契以成交易，炙羊膊以斷吉凶。番多漢少。松潘志。

城池

松潘廳城。周九里七分，門五。東、南面平，西、北枕山，大江貫其中。城南有外城，周二里，門三。明洪武十七年建，本朝乾隆三十六年修。

學校

松潘廳學。在廳治東。明景泰三年建，本朝康熙中修。入學額數六名。

户口

原額人丁一萬二十四，今滋生男婦共七萬九千二百五十八名口，計一萬六千八十三户。

田賦

地糧二百石三斗一合二勺，額徵屯租銀一百二十四兩七錢八分八釐；下地六十一頃十八畝有奇，額徵地丁正、雜銀六十七兩三錢六釐八毫。又番民雜糧青稞及估種折徵銀一百一十七兩五錢四分一釐，米一百八十四石九斗五合。

山川

崇山。在廳城内西北隅。城垣跨其上，盤旋而上十有九折，通紅土坡、黑水等寨。

金蓬山。在廳東五里。

雪欄山。在廳東三十里。山勢蟠延，積雪不消。俗呼寶鼎山，亦名雪嶺。上有關。

風洞山。在廳東五十里。高險，盤旋數里，始達其巔。東北有洞，深不可測，多惡風，每午輒作，作則灰沙蔽天，人馬俱辟易，寒氣襲人，觸之即死。否則喘息旬日而後止。

雪山。在廳東八十里。隋志：嘉誠縣有雪山。元和郡縣志：春夏常有積雪，故名。寰宇記：山在交川縣西南百里。出朴硝，其色如銀。外有蠶崖，路險，人罕得到。

牛心山。在廳東南五十里。峯巒圓秀，若牛心然。又東四十里爲火燄山，山無草木，色如赭。

石鏡山。在廳東南。水經注：蠶陵南下六十里至石鏡。隋志：翼針縣有石鏡山。元和郡縣志：在翼水縣東南九里。山側有石，圓徑二尺，明徹如鏡，因名「石鏡」。

排棚山。在廳南五里。明統志：洪武十一年，大軍至此屯駐，立棚爲營，故名。舊志：在疊溪營南十五里。

雲峯山。在廳南疊谿營東六里。高聳淩雲。

紅花山。在廳南十五里。岷江所逕。下有屯田，名紅花屯。

犛牛山。在廳南疊溪營東三十里。明正統中，官軍追番賊，遇伏於犛牛山敗績，即此。明統志作「在所東五里」，誤。

七頃山。在廳南疊溪營西。元和志：衛山縣有七頃山，一名落石山。此路山巖峻阻，平地惟有七頃，因名。後周於山下置翼州。

大雪山。在廳南疊溪西。元和志：大雪山，一名蓬婆山，在柘縣西北一百里。

蠶陵山。在廳南疊溪營北。舊唐志：衛山縣有蠶陵山。舊志：在營北五里。

岷山。在廳西北。一作汶山。書禹貢：岷山導江。河圖括地象：岷山之精，上爲井絡，帝以會昌，神以建福。史記封禪書：自華以西名山曰瀆山，蜀之汶山也。漢書地理志：湔氐道，禹貢岷山，在西徼外，江水所出。蜀志：秦宓曰，蜀有汶阜之山，江出其腹。華陽國志：岷山一名沃焦山，其跗曰羊膊，江水所出。隋志：汶山郡左封縣有汶山。括地志：岷山在溢樂縣南，連綿至蜀幾二千里，皆名岷山。太平寰宇記：羊膊山在平康縣。輿地廣記：岷山在歸山縣西北，俗名鐵豹嶺。張敬夫西岳碑記：在茂州列鵝村，其跗曰羊膊。書經地理今釋：岷山跨雍、梁二州，自陝西鞏昌府岷州衛以西，大山重谷，谽谺起伏，西南走蠻箐中，直抵四川成都府之西境。凡茂州之雪嶺、灌縣之青城，皆其支㡛。而導江之處，則在今松潘衛北，西番界之浪架嶺。漢志所云在湔氐道西徼外是也。按：明楊慎丹鉛録云，蜀山之大者曰岷山，其川曰岷江。「岷」字，説文作「𡺎」，省作「㟭」，漢人隸書作「汶」。據史記引禹貢「岷嶓既藝」及「岷山之陽」、「岷山導江」，皆作「汶」，蓋古字通用也。今諸卷中「岷」、「汶」二字多互見，謹識於此。

柏嶺。在廳南疊溪營北。元和郡縣志：在柘縣北八十里。嶺北三十里至白崖驛，與吐蕃接界。

甘松嶺。在廳西南。隋志：通軌縣有甘松山。唐書：開元十九年，吐蕃請交馬於赤嶺，互市於甘松山，宰相裴光庭曰：「甘松中國之阻，不如許赤嶺。」元和志：嶺在嘉誠縣之西南十五里。寰宇記：按山海經云，甘松嶺亦謂之松葉嶺，江水發源於此，土人謂之松子嶺。明統志：在司城西北三百里。衛志：今入西夷。按：元和志嶺本近在衛西南境，明統志謂去司三百里，衛志遂謂入夷界，誤。

小分水嶺。在廳北九十里。其山平坦，有龍潭。又大分水嶺，在衛西北二百三十里。按：輿程記有大分水嶺，在衛西北二百二十里，有二派，一東南流爲江，一西南流爲大渡河。或曰即古羊膞嶺也。

大江。自徼外流入，南逕廳城，又南逕疊溪營西，又南入茂州界。一名汶江，亦曰岷江，俗名潘州河。書禹貢「岷山導江」，荀卿曰：「江出岷山，其源可以濫觴。」漢書地理志：岷山在西徼外，江水所出。東南至江都入海，過郡七，行三千六百六十里。水經注引益州記曰：大江泉源，即今所聞，始發羊膞嶺下，緣崖散漫，小大百數，殆未濫觴。東南下百餘里，至白馬嶺而歷天彭闕，自此以上至微弱，所謂發源濫觴者也。自白馬嶺回行二十餘里，至龍涸，又八十里至蠶陵縣，又南下六十里至石鏡，又六十餘里而至北部，始百許步。杜佑通典：甘松嶺，江水所發源。元和志：翼州西枕大江。又大江水，經翼水縣西二百步。寰宇記：江源記云，羊膞山下有二神湫，乃大江始發之所。范成大吳船録：江源自西戎中來，由岷山澗壑中出，而合於都江。今世所云，止自中國言耳。明統志：潘州河在松潘司城西北六十里。又汶江，在疊溪所城西三里，經所西南，與黑水合流，入茂州。舊志：潘州河源出西夷哈嗎鼻浪架嶺，分二派，一派西南合流出竈溝，一派東南流歷東砦，至尖橐合滴漏水。水出滴漏山嶺，亦分二派，一派西南爲出竈溝，入西番界，一派東流逕鵝落村，至尖橐與浪架水合流，入黄勝關下，又四十里至虹橋關北，合漳臘河。其河源出生番弓槓。其山巔水亦分二派，一派東流入上羊峒生番界，一派西南流至漳臘境，又南流四十里徑漳臘城西南，合波滴泉，又十里至虹橋關北，與潘州河合流，又曲流二十八里至松潘城東入城，出城西而南折，又東南流一百八十里，合衆山溪水，過平番營入疊溪營界。是爲岷江。又南五十里合黑水，經營城西，又東南曲流四十里入茂州界。按：輿圖，今江源在黄勝關外西北，有東南二派，在東者出岡出山，東南曲流百里許，在西者出那哥多母精山，東南流二百餘里合流，又百里許入黄勝關。岡出即舊志所名滴漏，那哥即浪架也。二山之北，又各有一派。出岡出山者，名多拉崑都崙，出那哥山者，名多母打秃崑都崙，皆西北流數百里合流，匯衆山溪水入黄河，即舊志之出竈溝。元史河源附録所名奇爾、瑪爾楚二水也。「奇爾」、「瑪爾楚」舊作「乞兒」、「馬出」，今俱改正。

涪江。在廳東。東南流入龍安府平武縣界。舊志：源出衛北小分水嶺，東南流入小河所北二里，又東南至龍安。其水淺隘，又名小河。一説，興隆泉在衛東南六十里，源出雪欄山風洞嶺黄龍寺後，歷紅巖、三舍堡，聚衆山溪水成河，東南流一百四十里，經小河營南門外，又東流三十里入平武界，是爲涪江之源。

翼水。在廳南疊溪營南。東南流入茂州界入江。亦曰黑水。元和郡縣志：翼水出翼水縣南下〔一〕。明統志：在疊溪所城南五十里。有二源，一出松潘衛地，一出黑水，合流如張兩翼，故名。

黑水。在廳南疊溪營西北。舊志：源出黑水生番界，東流至營城北五里入江。按：輿圖，黑水源出番界九里古拉嶺，名楚那哥河，其南有一水東北流合焉。又東南流數百里，至疊溪營南長寧堡西入江。舊志謂在營北五里入江，誤。

七里溪。在廳南疊溪營西七里。源出松坪砦，流入岷江。又飲馬溝在營城東，源出雲峯山頂，懸崖而下，入岷江。

天涌池。在廳南疊溪營前。明正統間開鑿，以便民取汲。

玉津泉。在廳南疊溪營城南。砌以鐵瓦石甗，緣坡接引，直抵城下，居民取汲甚利。

濟衆泉。在廳西門。蟠遶崇山，上下陡坎，約及十里，汲水甚艱。故引深山之水，由西門溝以入岷江，居人利之。

波漓泉。在廳東北四十五里。平地涌出一百八竇，冬温夏涼，繞漳臘城入江。

古蹟

古湔氐道。在廳西北。秦置。晉改昇遷縣。宋省。水經注：江水東逕氐道縣北，縣本秦始皇置，後爲昇遷縣。

廢靜州。在廳南壘溪營西南。元和志：州東至悉州八十里，東北至當州六十里，西北至柘州三十里。漢蠶陵縣地。天授元年置，其城據山甚險固。治悉唐縣，領靜居縣，西至州二十四里，又領清道縣，並顯慶元年與悉州同置，天授元年割屬。舊唐書地理志：靜州本當州之悉唐縣。顯慶元年，於縣置悉州。咸亨元年，於悉州置翼州都督府，移悉州理左封。儀鳳二年，翼州還治翼針，於悉唐縣置南和州。天授二年，改爲靜州，屬隴右道，隸松州都督府，後割屬劍南。縣治在悉唐川也。寰宇記：州西南至恭州界六十里，西北至柘州三十五里。宋史：茂州諸部落有靜州蠻。

廢恭州。在廳南壘溪營西南。元和志：州西南至維州二百五十里，東北至柘州一百里。開元二十四年，分靜州部落於柘州西置，治和集縣。舊曰廣平縣，屬靜州。天寶元年改名。領博恭縣，西至州二十五里。又領烈山縣，西至州五十里。舊唐書地理志：天寶元年，改恭化郡。乾元元年，復曰恭州。按：以上諸州，唐廣德後皆陷吐蕃。

廢翼州。在廳南壘溪營西。隋書地理志：汶山郡翼針縣，後周置，及翼針郡。開皇初郡廢。元和志：翼州北至松州一百八十里，西至悉州二百二十里，治翼針縣。周武帝置。本漢蠶陵縣地。周天和元年，討蠶陵羌於七頃山下，置翼州，以翼計水爲名。隋大業二年，省州，改置利山鎮。唐武德元年復置。其城西枕大江，南面臨溪。舊唐書地理志：翼州，隋汶山郡之翼針縣。武德元年，分置翼州。六年，自左封移州治於翼針。咸亨三年，徙就悉州城内。上元二年，移還舊治。天寶初，改爲臨翼郡。乾元初，復爲翼州，治衛山縣。本隋翼針縣治七頃城，貞觀十七年移治七里溪，天寶元年改爲衛山。寰宇記：翼州南至茂州一百二十里，西南至悉州一百五十里。明統志：翼州城在疊溪所城南，衛山廢縣在所西五里。按：隋、唐志皆作「翼針」，元和志作「翼計」，舊唐志、寰宇記作「翼斜」，今從隋、唐志。

廢悉州。在廳南疊溪營西。隋書地理志：汶山郡左封縣，周置曰廣平，及廣平郡、左封郡，開皇初郡並廢，仁壽初縣改名。又周置翼州，大業初廢。元和志：悉州東至翼州二百二十里，西南至靜州六十里。顯慶元年分當州置，在悉唐川，因以爲名。其首領任刺史。識臼縣，郭下，與州同置，地名識臼，因以爲名。領左封縣，東南至州二十里。周天和元年，於此置廣平縣。開皇十八年，改爲左封。又領歸誠縣，西南至州八里。本生羌地。垂拱二年從化，三年，置縣以處之。按：新、舊唐書地理志：左封本隸會州。武德元年，於左封置翼州。六年，移州治翼針，而縣廢。貞觀四年，復置縣。二十一年，屬當州。顯慶元年，置悉州於悉唐，以縣屬之。咸亨元年，移州來治。載初元年，移理東南五十里匪平州〔二〕。天寶初改歸誠郡，乾元初復曰悉州。蓋顯慶初治悉唐，非識臼，與元和志不同。

廢柘州。在廳南疊溪營西。元和志：儀鳳元年置，以山多柘木爲名。其城四面險阻，易於固守。治柘縣。前上元二年置。又領喬珠縣，東至州五十里，與州同置。舊唐書地理志：永徽後置。天寶元年，改蓬山郡。乾元元年，復爲柘州。寰宇記：州南至維州三百里。

廢當州。在廳南疊溪營西北。隋書地理志：汶山郡通軌，後周置縣及覃州，並覃川、榮鄉二郡。開皇初郡廢，四年州廢。元和志：當州東北至松州二百十里，東南至翼州二百七十里。漢蠶陵縣地。貞觀三年，置通軌縣，屬松州。二十一年，於縣置當州，仍以羌首領爲刺史。舊唐書地理志：州初治利川鎮。儀鳳二年，移治逢臼橋。天寶元年，改江源郡。乾元元年，復爲當州。寰宇記：大曆五年，移州入山險要害之地，以備吐蕃。宋史地理志：茂州領羈縻當州。

廢軌州。在廳西北。漢党項羌地。唐書西域傳：党項，漢西羌別種，魏、晉後微甚。周滅宕昌鄧至，而党項始强。其地古析支也。東距松州，西葉護，南春桑、迷桑等羌，北吐谷渾，山谷崎嶇，大抵三千里，姓別爲部。貞觀三年，其酋細封步賴舉部降，以其地爲軌州。其後諸酋長悉内屬，以其地爲崌、奉、巖、遠四州。後拓拔赤辭亦内屬，以其地爲懿、嵯、麟，可三十二州，以松州爲都督府。後内徙，地屬吐蕃。

廢閣州。在廳西北。相近又有廢諾州，俱唐貞觀五年置，以處党項等降羌，屬松州都督府。十五年，吐蕃破党項、白蘭諸羌，屯松州西境，尋進攻松州，敗州兵，閣州、諾州遂叛歸吐蕃。尋復内屬，後仍入吐蕃。

舊潘州。在廳北四百八十餘里。舊志：相傳漢武逐諸羌渡河湟居塞外，築此城，置護羌校尉。唐廣德初，松州以北皆陷於吐蕃。宋崇寧三年，秦鳳招納司言，階州生蕃納土，得邦、潘、疊三州。潘州蓋屬吐蕃首領潘羅支，故名。又分潘州爲上、中、下三州。元屬吐蕃宣慰司。明初併設松州、潘州二衛，後併爲松潘衛。今阿尖砦，即上潘州。班班簇，即下潘州，舊漳臘堡設于此。二州之間，即中潘州也，去衛二百五十餘里。

嘉誠廢縣。今廳治，即古龍涸地，亦曰龍鶴、龍鵠。華陽國志：蜀時以汶山險要，自汶江、龍鶴皆置屯守。魏書：太和九年，仇池鎮將穆亮帥騎次於龍鵠，擊走吐谷渾，立梁彌承爲宕昌王而還。益州記：自龍涸八十里至蠶陵縣。周書武帝紀：天和元年，吐谷渾龍涸王莫昌率部落内附，以其地爲扶州。隋志：嘉誠縣，周置，並龍涸郡及扶州總管府。開皇初府廢，三年郡廢，七年州廢。元和志：松州南至翼州一百八十里。古西羌地〔三〕。後魏鄧至王象舒治者，白水羌也，世爲羌豪，因地名自號爲鄧至王。其後子孫舒彭者遣使内附，拜益州刺史、甘松縣開國子。後魏末平鄧至，統有其地。周保定五年，於此置龍涸防。天和元年，改置扶州，領龍涸郡。開皇三年，廢龍涸郡，置嘉誠縣，與扶州同理。大業三年，改扶州爲同昌郡。隋末陷賊。武德元年，改置松州。其龍涸故城俗名防渾城，在翼州衛山縣北八十一里。城之北境，舊是吐谷渾所居，故曰防渾。通典：松州東南到通化郡三百里，西北到吐蕃界五十里。唐書地理志：松州，廣德元年没吐蕃。其後松、當、悉、静、柘、恭、保、真、乾、維、翼等爲行州，以部落首領爲刺史。明統志：嘉誠廢縣，在松潘司城内。按：隋志同昌郡，西魏逐吐谷渾，置鄧州。開皇七年，改曰扶州。舊唐志同昌縣，西魏逐吐谷渾，于此置鄧州及鄧寧郡，蓋以平定鄧至羌爲名。隋初改置扶州。是隋之同昌郡，魏之鄧州也。周之扶州，于隋、唐爲嘉誠縣。而元和志謂隋改周扶州爲同昌，誤矣。

交川廢縣。在廳南。隋書地理志：汶山郡交川縣，開皇初置，有關官。元和志：縣北至松州三十四里。本周天和中置，屬龍涸郡。舊唐書地理志：後周置龍涸郡，隋廢爲交川縣。寰宇記：以其地通胡越，道路東西相交，故名。衛志：在衛南五里，即今紅花屯。

翼水廢縣。在廳南疊溪營南。隋書地理志：汶山郡翼水縣，後周置龍求，又置清江郡。開皇初郡廢，改縣曰清江。十八年，又改名焉。元和志：縣北至翼州六十里，本漢蠶陵縣地。

蠶陵廢縣。在廳南疊溪營西。漢置，屬蜀郡。晉分屬汶山郡。東晉後廢。元和志：漢元鼎中開。梁太清中蕭紀於舊縣置鐵州，尋廢。舊唐書地理志：蠶陵故城在衛山縣西。明統志：在疊溪所城北三里。周改爲翼針。

利和廢縣。在廳南疊溪營西。唐置，屬當州。元和志：縣西南至當州三十里。周天和元年，於此置廣平縣，尋廢。顯慶三年，於廣平舊城置。又有谷和縣，東至州六十里，文明元年開生羌置。

峩和廢縣。在廳南疊溪營北。元和志：縣南至翼州六十里。本漢蠶陵縣地。天寶十一年置，以縣有峩和山爲名。明統志：在疊溪所北六十里永鎮橋。

平康廢縣。在廳西南。三國漢置，屬汶山郡。晉因之。宋省，周復置。隋仍屬汶山郡。唐屬松州。宋省。蜀志：延熙十年，汶山平康夷反，姜維討平之。元和志：平康縣西至當州六十里。顯慶中，因古平康城置，在平康水西，屬翼州。尋廢。垂拱元年，復置，屬當州。唐書地理志：平康本隸當州。垂拱元年，析交川及通軌、翼針置。天寶元年隸松州。

江源廢縣。在廳西。周置，屬汶山郡。隋因之。唐廢。按：元和志江源鎮在交川縣西北三十里，蓋即故縣爲名。

興樂廢縣。在廳西北。晉置，屬汶山郡。按：宋書州郡志南晉壽郡興樂縣下引晉太康地記云，元年更名，本曰白馬，屬汶山。蓋因白馬嶺爲名。華陽國志，元康八年，汶山興樂縣黄石等與廣柔、平康羌有仇，遂叛，是也。宋時僑置，非故地矣。

疊溪廢司。在廳南疊溪營北一里，領渴卓等五砦。又鬱即長官司，在營西十五里，領松坪等五砦。皆明永樂四年置，本朝順治初裁。

白岸城。在廳南疊溪營西。唐書地理志：翼州有白岸城。按：唐貞元中，韋臯破吐蕃論莽熱兵，進屯白岸，西山諸羌皆降。即此。

雞棲城。在廳南疊溪營西南。唐貞元十九年，韋皋討吐蕃，遣將邢玭出黄崖，略雞棲、老翁城。寰宇記：雞棲川在悉州東南一百里。　按：元統志又有雞棲村，在茂州東北一百七十里，有三路，一通茂州，一通龍州，一通綿州，皆吐蕃險要之地。今在石泉界，非此地也。

石臼故戍。在廳南疊溪營西。元和志：在衛山縣北六十里，大江之西，嶲和縣界。

關隘

望山關。在廳東七里。又東勝堡，在廳東金蓬山後十里，東路關堡之首也。

雪欄關。在廳東二十二里雪欄山下〔四〕。

風洞關。在廳東三十七里。

黑松林關。在廳東五十七里。地多松林，因名。一名松林堡。

紅崖關。在廳東七十二里。一名紅巖堡。又伏羌堡，在廳東九十七里。

三舍關。在廳東一百十七里。一名三舍堡。又鎮遠堡，在廳東南一百二十七里。小關堡，在廳東南一百四十二里。松埡堡，在廳東南一百五十七里。三路堡，在廳東南一百六十七里。師家堡，在廳東南一百七十七里。四望堡，在廳東南一百八十七里，又東二十里，即小河營也。又峯崖堡，在小河東南十五里。木瓜堡，在小河東南三十里。葉堂堡，在小河東南四十里，又東四里接平武縣界馬營堡。舊志：三舍關爲自衛至小河適中之地，舊有偏將駐守，所轄上至望山，下至四望，共十三堡。四巖絶壑，一線僅通，羊腸鳥道，峭磴危巇，艱險萬狀。

西平關〔五〕。在廳南二十五里。又紅花堡，在廳南五里，南路關堡之首也。又雄溪堡，一名熊楨屯，在廳南十五里。雲屯堡，在廳南三十五里。

安化關。在廳南四十五里。又百勝堡，在廳南五十五里。

新鎮關。在廳南七十里，亦名新塘關。又浄江堡，在廳南八十里，一名龍韜堡。

歸化關。在廳南九十里。自廳南至疊溪之永鎮堡，此爲適中之地。又北定關，在廳南一百五里。

鎮江關。在廳南一百二十里，舊名蒲江關。又南六里，即平番營也。

平夷關。在廳南平番營南十里，亦名平夷堡。又金缾堡，在平番南二十里。鎮平堡，在平番南三十里。鎮番堡，在平番南四十五里。靖夷堡，在平番南五十五里。平定堡，在平番南六十五里，設關，又南八里接疊溪界永鎮堡邊界。松潘至茂州三百里，山嘴險惡，一孌擲石，百人不能過。其路隨河曲折，孌下山搶掠爲易，宜有以制禦。

南橋關。在廳南疊溪營南五里。又中橋關，在營南十五里。徹底關，在營南三十里。小關，在營東五里。疊溪橋關，在營西五里。永鎮關，在營北四十里。鎮平關，在營北六十里。俱明洪武十二年置。是爲七關。

流沙關。在廳西十里，外通毛兒革生番地。又有浄沙堡，在廳北五里。

黄勝關。在廳西北漳臘營西北四十里。關外即西夷地，大江由此流入。今有官兵戍守。

虹橋關。在廳北二十八里。其地有落虹橋，長二十丈，爲餉道必經之地。

南坪巡司。在廳東北。本朝雍正十年置。

小河營。在廳東一百九十里，東南去龍安府一百八十里，地名涪陽。明宣德四年，調成都前衛、後所於此，改名小河守禦千户所，築城周二里。本朝曰小河營，設守備駐防。

疊溪營。在廳南二百三十里。本漢蜀郡蠶陵縣。唐置翼州。宋、元皆爲羌地。明洪武十一年，平西羌，改置疊溪右千户所，屬茂州衛。二十五年，改疊溪守禦軍民千户所，直隸四川都司。本朝改爲疊溪營，設遊擊駐防，轄土千、百户六寨，曰大姓，曰小姓，曰大定沙壩，曰大黑水，曰小黑水，曰松坪，管番民一千五百餘户，屬松潘鎮。城周七里有奇，門三，明景泰初築。

平番營。在廳南一百二十六里，地名黄沙壩。其地寬平，可容千騎，爲四十八砦番夷出入之地。明萬曆十四年，建城堡，周一里有奇。本朝設都司駐防。嘉慶十二年，改設守備，管轄丢骨寨、呷竹寺、雲昌寺等三土千户。

漳臘營。在廳北四十里。明初置於下潘州，後徙而南。嘉靖二十年，於此築城堡，置官軍。本朝改爲漳臘營，設遊擊駐防。嘉慶十五年，改設參將。今轄土千户三，曰寒盼，曰商巴，曰祈命。土目十三，曰羊峝踏藏，曰阿按，曰挖藥，曰押頓，曰中岔，曰郎寨，曰竹自，曰臧咱，曰東拜王亞，曰達弄惡壩，曰香咱，曰咨駡，曰八頓。共十六寨。又轄土千、百户二十六寨，曰上包坐余灣，曰下包坐竹當，曰川栢，曰谷爾壩那浪，曰雙則紅凹，曰上撒路木路惡，曰中撒路殺按楨，曰下撒路竹弄，曰崇路谷謨，曰作路生納，曰貢按，曰卜頓，曰班佑，曰巴細蛇住壩，曰阿細栢弄，曰上作爾革，曰合壩奪雜，曰轄漫，曰下作革，曰物藏，曰熱當，曰磨下，曰甲凹，曰阿革，曰鵲個，曰郎惰，及新撫之上、中、下阿壩，上、中、下郭羅克，上、中、下阿樹，土千、百户十寨，餘分屬松潘中、左、右三營土千百户十寨。城周一里有奇。雍正七年重修。

潘州營。在廳北四百八十餘里，即潘州故址。東北通甘肅洮、河二州，有竹利、鐵布、鹿哨、甘家等番。西通歸德、西寧，有合壩、上下作革、播下等番及插漢丹津部落。西南有阿壩、郎墮、郭羅克、毛兒革等夷雜處其間，爲松潘之屏障。本朝雍正八年，設官兵駐防，統轄附近番夷。其南一百八十餘里，地名達建寺，距黄勝關一百二十里，爲潘州、黄勝適中之地，亦設官兵戍守。

南坪營。在廳東北。其地爲番夷出没之所，最爲險要。本朝雍正七年，築城周一里半，設守備駐防。乾隆十六年，改設都司，管轄羊峝、芝麻、隆康等各番民。附近又有會龍、隆康二關，雍正七年築城，各周一百四十丈，皆有官兵戍守。

馬路堡。在廳南疊溪營南。又南爲小關堡，與實大關相接。

新橋堡。在廳南疊溪營北十里。

太平堡。在廳南疊溪營北三十里。又北爲永鎮堡。

鎮鹵堡。在廳西北漳臘營北十八里。

津梁

古松橋。在廳城内。

通遠橋。在廳城東。

積雪橋。在廳東七十五里。

松風橋。在廳東一百三十里。

合江橋。在廳東一百七十里。

迎恩橋。在廳城南門外。

歸化橋。在廳南一百里。

浦江橋。在廳南一百三十里。

笮橋。在廳南疊溪營北。元和志：在衛山縣北三十七里。以竹篾爲索，架北江水。

永鎮橋。在廳南疊溪營北四十里。

靖安橋。在廳北十一里。

祠廟

水靈祠。在廳城内。

寺觀

大悲寺。在廳城内西南隅。唐建。

赤松觀。在廳治内。明建。

名宦

唐

梁建方。貞觀二十二年四月，以右武候將軍擊松州蠻〔六〕，下其部落七十二所。

明

寇深。唐縣人。正統間，以僉都御史鎮守松潘。有威名，將士事之如神，番人款服，邊境安謐。疊溪無井，於數里外濬暗竇，引水入城。又添永鎮等堡，蜀之門户始固。

羅綺。磁州人。景泰中以刑部左侍郎鎮守松潘。賊首卓勞糾他呰阿兒結等頻爲寇，綺擒斬之。番酋王永與土官高茂林、董敏讐殺，守將不能制，綺搗其巢，誅永。又敗黑虎、三姐諸番，斬馘三百五十。在鎮七年，威名甚震。

何卿。成都衛人。正德末，以左參將協守松潘。嘉靖初，芒部土舍隴政、土婦支禄等叛，卿討之，斬首二百餘級，降其衆數百人。擢副總兵，仍鎮松潘。隴氏已絶，改芒部爲鎮雄府，設流官。平政餘黨及黑虎五呰，烏都、鵓鴿諸番，就進都督僉事。威茂番十餘呰連兵刼軍餉，且攻茂州及長平諸堡，卿與副使朱紈築茂州外城以困之。旋以計殘其衆，戰屢捷，諸番窘迫，争獻首惡，歃血斷耳，誓不復叛。卿乃與刻木爲約，分處其曹，畫疆守，松潘路復通。巡撫潘鑑上其功，進署都督同知，鎮如故。久之，以疾致仕。後白草番爲亂，起卿再涖松潘，將士咸喜。乃會巡撫張時徹討擒渠惡數人，俘斬九百七十有奇，克營呰四十七，毁碉房四千八百，獲牛馬器械儲積各萬計。進署都督同知。卿素有威望，爲番人所憚。自威茂迄松潘、龍安夾道築牆數百里，行旅往來，無剽敚患。先後歷鎮二十四年，軍民戴之若慈母焉。

張倫。河南鞏縣人。本衛前所副千户。正德十年，亦不剌寇松潘，番人磨讓六少等乘亂爲之鄉導。倫夜率熟番攻破賊，獲磨讓六少，亦不剌遁去。

本朝

宋元俊。懷遠人。乾隆三十六年，官松潘鎮總兵。從征金川，多戰功。革布什咱地綿亘二百餘里，元俊畫進勦之策，分兵平之，撫其衆二千餘户。外絶金川助逆之勢，内絶索諾木冀倖之心。元俊熟知邊情，番夷信服。後以乘勝攻格魯克古，卒於軍。時論惜之。

人物

明

高照。松潘衛諸生。正德六年，雪欄番僧叛，照同諸指揮逐番，被殺。

豐爵。疊溪千户。習韜略，遇敵果敢。歷升遊擊將軍。

本朝

張偉奇。松潘人。長於韜略。康熙十一年拔貢，因母疾不就選。嘗陳撫綏蠻部策於當事，悉用其言。以子元佐貴，誥封一品。

徐維新。松潘人。雍正九年，以千總隨大兵駐巴里坤。賊兵夜至，力戰死之。

周瑛。松潘人。康熙間，以武舉效力，歷官漳臘營遊擊。值西陲用兵，上撫軍糧運三策，事皆濟。郭羅克賊番恃險肆掠，瑛率雜谷蠻攻虎頭、獵務等十三寨，克之，擒其魁。雍正元年，青海羅卜藏丹津叛，授瑛松潘鎮總兵。將軍岳鍾琪破青海，餘孽竄窺西藏。瑛兼程至噶爾藏胡叉，擒斬逆黨，邊境悉平。師旋，順道招撫納克樹、餘樹、霍耳鎖戎等寨，户口一萬三千有奇，授提督。

五年，至察木多，指授達賴喇嘛地界，蒙召見。旋晉散秩大臣。六年，西藏亂，以瑛熟悉夷情，統川、陝、雲南三省兵進勦。兵至藏，藏衆畏服解散，獻其罪人，不戰而還。年七十二卒。子鴻鼎，賜藍翎侍衛。

劉應標。松潘人。由行伍出征果羅克、熱當十二部落，及西海、棋子山等，以功擢藍翎侍衛。雍正八年，隨征瞻對，分勦擦馬所、擦牙所，直搗賊巢。升游擊。乾隆六年，歷官湖南鎮筸鎮總兵，卒。爲人和雅，愛恤士卒，尤善撫夷。所歷苗疆，無不感戴。鎮筸人像祀於南華山。

張丕德。松潘人。乾隆間，以把總從征金川，攻丹噶陣亡。又把總蕭成，外委李德明、方連、馮維秀，把總張澍、何士榮、陳啓龍，外委黄凱，把總許之茂，外委張斌，把總徐剛，千總陳明德，把總孟懷玉，千總富成，外委余芝連、唐天祥，把總周之德，外委王朝貴、韓登甲、杜之貴、羅騰龍，守備羅國賢，把總楊連通，千總馬漢鳳，守備劉魁，外委王振國、周紹文，俱從征金川陣亡。外委江廷栻，從征緬甸陣亡。又外委路公舉，隨勦甘肅逆回陣亡。把總柳成錦，從征廓爾喀陣亡。守備官啓文、把總陳啓林、外委馬天輔從征黔楚逆苗陣亡。卹廕均如例。

劉永清。松潘人。由把總從征廓爾喀，有戰功，擢千總。乾隆六十年，隨勦黔楚逆苗，進攻黄瓜寨，克賊巢，賞花翎。嘉慶元年，攻撲蓮峯坳，力戰陣亡，卹廕如例。又外委邱世貴、趙耀武，外委吴玉，遊擊王相龍、馬明德，把總馬定元、駱維文，都司郭明宗，把總何聯陞，外委鐵忠才，千總袁啓，外委陳寬，把總董其福，外委袁龍、張秀，守備毋之慕，把總徐德玉，把總陳啓珠，外委席福榮、張聯城，俱隨勦賊匪陣亡，卹廕均如例。

馬濟。松潘人。官守備。嘉慶二年，勦川楚邪匪，累著功，擢參將。六年，在太平五雷山生擒僞總兵等六十餘人。旋追賊至汝溪山，殲斃賊目。七年，在巴東擊賊，冒石受傷陣亡。諭賜祭葬，卹廕如例。

徐尚青。松潘人。嘉慶五年，教匪犯境，與邑人張元俱被執不屈死。同時死難者十餘人。嘉慶年間，均入祀昭忠祠。

列女

明

謝郁妻吳氏。松潘衛吳偉女。夫爲衛鎮撫。正統癸亥秋，郁以疾卒，閱三日，吳氏自縊。事聞旌表。

馮政妻徐氏。松潘衛人。夫爲衛千户。年二十守節，撫六月子昶成立。

徐琮妻蔡氏。松潘衛人。琮陣亡，子甫一歲，蔡氏守節，育子啓成立。卒年六十。

謝世源妻堯氏。松潘衛人。夫爲指揮，陣亡，堯氏拔刀自刎，以救得不死。守節三十餘年。事聞旌表。

陳其策妻常氏。松潘衛人。夫爲諸生，夫亡守節，教子成立。女適夏之良，良亦早卒，母女同室孀居。有司旌其門曰「雙節」。

馬既佶妻劉氏。松潘衛人。夫爲諸生，早逝。劉守節，課子成立。歷四十年，年七十卒。

李恩妻白氏。松潘衛人。夫爲指揮，戰亡。白年二十守節，壽至九十五卒。萬曆中旌表。

黄尚義妻王氏。松潘衛人。適尚義甫期年，尚義卒。王與姑同居一室，及三載，終喪，自縊死。事聞旌表。

韓鍾英妻徐氏。松潘衛指揮之女。崇禎丁丑，鍾英授茂州衛千户指揮，死。時徐年二十，割耳自誓，奉翁姑盡孝，育孤子成立。又張勳妻黄氏、徐承業妻路氏、徐江妻何氏、楊忠妻朱氏、嚴某妻張氏、吳永捷妻馮氏，俱以節旌。

本朝

余英妻徐氏。松潘人。夫亡守節，乾隆年間旌。

郭周翰妻陳氏。福建人，寄籍松潘。翁署陝西三原令，陳隨夫往省，夫病，割股以進，不起。氏誓不欲生，僕婢伺察之，不得間，期年遂扃户自縊於寢室。乾隆年間旌。

馬魏氏。松潘人。嘉慶五年，賊匪逼境，不從死節。同廳龔萬氏、張蒲氏、徐許氏、王陳氏俱不從死節。均嘉慶年間旌。又趙之正妻方氏，年二十三夫亡，苦節自勵，入祀節孝祠。

土産

青稞。春種秋收，似麥而瘠長，日用所食。明統志：衛産。

蠟。甘松。明統志：俱衛産。

狐尾。元和志：松州貢。

校勘記

〔一〕翼水出翼水縣南下　乾隆志卷三一九松潘廳山川（下同卷簡稱乾隆志）同。考元和郡縣志卷三二劍南道翼水縣下云：「翼水，出縣南。」並無「下」字，疑二統志衍。

〔二〕移理東南五十里匪平川　「川」原作「州」，據乾隆志及舊唐書卷二一地理志改。

〔三〕古西羌地　「羌」原作「荒」，據乾隆志及元和郡縣圖志卷三二劍南道中松州改。

〔四〕在廳東二十二里雪欄山下　「下」，乾隆志作「上」。

〔五〕西平關　乾隆志作「西寧關」。本志蓋避清宣宗諱改。

〔六〕以右武候將軍擊松州蠻　「候」，原作「侯」，據舊唐書卷三太宗本紀貞觀二十二年四月丁巳條改。「松州蠻」，唐太宗本紀作「松外蠻」。

石硅直隸廳圖

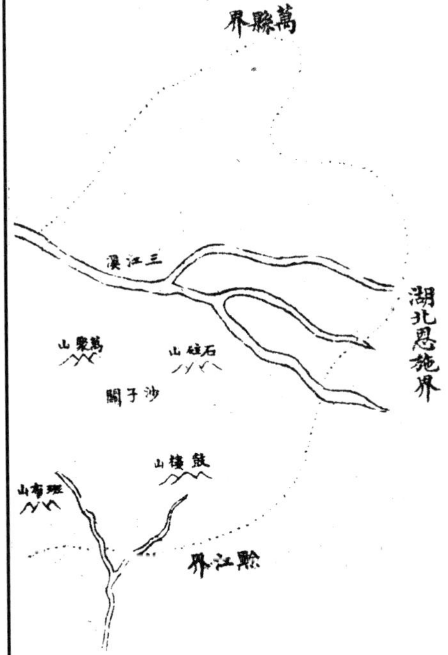
萬縣界
三江溪
湖北恩施界
萬聚山
石碇山
沙子關
鼓樓山
班布山
黔江界

忠州界
酆都界
酆都界
西界沱
鳳凰山
石砫土司
石砫直隸廳
龍潭
支羅寨
大寨門山
彭水界
黔江界

石砫直隸廳表

	石砫直隸廳
秦	
兩漢	巴郡臨江縣南境。
三國	
晉	巴東郡南浦縣地。
南北朝	周以後施州西境。
隋	
唐	後没於蠻。
五代	
宋	景定中置石砫安撫司。
元	初改石砫軍民府，尋升軍民安撫司。
明	洪武八年改石砫宣撫司，屬重慶府。嘉靖四十二年改屬夔州府。

大清一統志卷四百二十

石砫直隸廳

在四川省治東一千二百里。東西距二百二十里，南北距二百四十里。東至湖北施南府恩施縣界一百二十里，西至忠州酆都縣界一百里，南至酉陽州黔江縣界一百六十里，北至忠州界八十里。東南至黔江縣界二百四十里，西南至酉陽州彭水縣界三百里，東北至夔州府萬縣界二百五十里，西北至酆都縣界三十里。自廳治至京師五千里。

分野

天文翼、軫分野，鶉尾之次。

建置沿革

禹貢梁州之域。漢爲巴郡臨江縣南境。三國屬漢。晉爲巴東郡南浦縣地。南北朝周爲施州西境。唐後没於蠻。宋景定中置石砫安撫司。元初爲石砫軍民府，尋升爲軍民安撫司。明洪武八年，改爲石砫宣撫司，隸重慶府。嘉靖四十二年，改隸夔州府。本朝順治十六年歸附，授石砫宣慰使司，仍屬夔州府。乾隆二十六年，升直隸廳，屬四川省。領土司一。

石砫通判土司。在廳治西。宋景定中以土官馬定虎征五溪蠻有功，授安撫司。明洪武初，授宣撫司。崇禎時，授宣慰司。本朝順治十六年，仍授宣慰司。乾隆間，緣事參革，尋改爲土通判，土官馬氏世襲。

形勢

石砫以石潼關、砫蒲關而名。明史土司列傳。

風俗

士民儉樸，無驕侈奢詐之習。改流以來，生齒日繁。若儉而濟之以禮，樸而輔之以文，庶彬彬足風，同歸大雅。廳志。

城池

石砫廳城。未建。

學校

石硂廳學。在廳治東。本朝乾隆四十四年設。入學額數六名。

南濱書院。在廳東。以南濱河故名。本朝乾隆三十八年建，四十年修。

石硂義學。在廳城内。本朝嘉慶八年建。

户口

原額户一萬六百三十四，今滋生男婦共九萬三千五百六十九名口，計二萬七千二十九户。

田賦

田地十八頃八十畝，額徵地丁正、雜銀十五兩一分五釐，草籽、秋糧、馬折銀共五百三十八兩二錢四分五釐。

山川

石砫山。在廳東一百二十里，與湖北中路司接界。

斑布山。在廳東南一里。色斑如布。

鼓樓山。在廳東南一百里。山甚高聳，其巔舊有鼓樓。

大峯門山。在廳南六十五里。兩崖壁立，中通行人，有故壘存焉。

馬頭山。在廳西五里。

鳳凰山。在廳西北二里。

石涼繖山。在廳西北六十里。形如張蓋，或謂之石幢山。

萬聚山。在廳東北五十里。衆山環聚迴合，故名。

三江溪。在廳東北八十里。有三源，一出桂子洞，一出冷箐溪，一出龍嘴山，皆由湖北中路司界西流七十里至沙子關，三溪合流，又八十里繞廳治北，又西北流七十里，經忠州酆都縣界漩孔山龍洞，出酆都縣南曰葫蘆溪，又西入江。

龍潭。在廳西六十里。即三江溪所經。

清水潭。在廳西北二十里。源出石涼繖山，南流與三江溪合。

古蹟

舊支羅寨。在廳西南。明嘉靖中石砫人黄俊據之，尋以叛誅。子中復據寨叛，詔川、湖會兵夾攻。川兵進攻牛欄坪，湖兵自施州衛進，中復由思南遁去，爲湖兵所獲。川兵搗其巢平之。

玉音樓。在廳治西舊土司署。七楹，高六十餘丈。明崇禎時秦良玉以功召對平臺，賜詩四章，歸作斯樓，以供奉宸翰。

帥忠堂。在廳治西，即舊土司前堂。明秦良玉征播賊有功，天啓二年賜扁額。

關隘

沙子關。在廳東六十里，接湖北恩施縣界。明置土副巡司，今裁。

大風關。在廳南六十里。

石潼關。在廳西北六十里石涼繖山。舊置關，今廢。

西界沱巡司。在廳北。本朝乾隆二十七年置。

津梁

觀音橋。在廳西南。

洋渡橋。在廳西一百里洋渡溪。舊無橋，本朝乾隆間同知王縈緒建。

陵墓

明

秦良玉墓。在廳東十五里回龍山。

祠廟

大禹廟。在廳治南。邑人於春祭先農之次日祼享，歲以爲常。

寺觀

石峯寺。在廳東南六十里。以近石硅，故名。又有銀杏、南城二寺，在廳東二百里。

永壽寺。在廳西萬安山。又名古樓山。明正德間土同知陳寬建。有唐李白遺蹟，今無存。本朝乾隆間土司馬宗大重修，鐫「太白崖」三字於石。

觀音閣。在廳東。明末建。

名宦

本朝

黄克顯。上高人。乾隆二十二年，官石硅廳同知。清户口，正糧額，剔弊除奸，爲民生計者至悉。

王縈緒。諸城人。乾隆三十八年，官石硅廳同知。剛正廉明，涖政寬猛相濟。建書院以課士。教民務穡，偶逢荒歉，民不知災。

人物

明

馬克用。石砫宣撫使。元末土司不靖，洪武初命平之。克用善撫夷落，子孫世襲。

秦良玉。石砫土司馬千乘妻。千乘卒，良玉代領其衆，以討奢崇明功封夫人。崇禎時，入援京師。流賊入川，良玉屢破之。及張獻忠陷全蜀，良玉悉召所部約曰：「有從賊者殺無赦。」乃分兵守四境，賊徧招土司，獨無敢至石砫境者。

馬鳳儀。石砫土司。崇禎六年，率兵從討闖賊，以孤軍戰歿侯家莊。本朝乾隆四十一年，賜謚節愍。按：明史左良玉傳及勝朝殉節諸臣録均作馬鳳儀戰殁侯家莊，惟通志載：明天啓二年，都督秦良玉充總兵官，以其子指揮使馬祥麟襲宣慰司，即石砫土司也。祥麟妻張氏名鳳儀，山西沁水人，御史張銓女。崇禎二年，詔良玉勤王入都，後遣歸。良玉留其子與媳駐兵近畿，隨征流寇。侯家莊之敗，鳳儀臨陣捐軀。奏報，即以爲石砫土司。明史因之。據此似當作張鳳儀，備録之以俟參考。

本朝

馬彪。石砫人。嘉慶六年，以鄉勇隨勦教匪，生擒賊首羅其清於黑魚洞。後於陝西三台崖陣亡，卹廕加等。

列女

本朝

秦某妻彭氏。石砫人。夫亡，父母憐其少欲嫁之，彭曰：「有子可撫，有田可耕，奈何奪吾志？」父母不從，竟許於他族。彭即號泣墓前自經死。

馬光裕妻陳氏。石砫人。光裕爲石砫土司，早卒，氏苦節四十餘年。乾隆年間旌。

譚人望妻羅氏。石砫人。夫亡守節。同廳節婦馬昭欽妻譚氏、王華鳳妻彭氏、烈婦譚冉氏、李秦氏，均嘉慶年間旌。

土產

鉛。

黃連。舊志。

雜谷直隸廳圖

茂州界
九子寨
下孟董寨
沱江
定廉水
鎮安關
熊耳山
高碉山
的博嶺
乾保寨
茂州界
維關
汶川界
瓦寺土司界

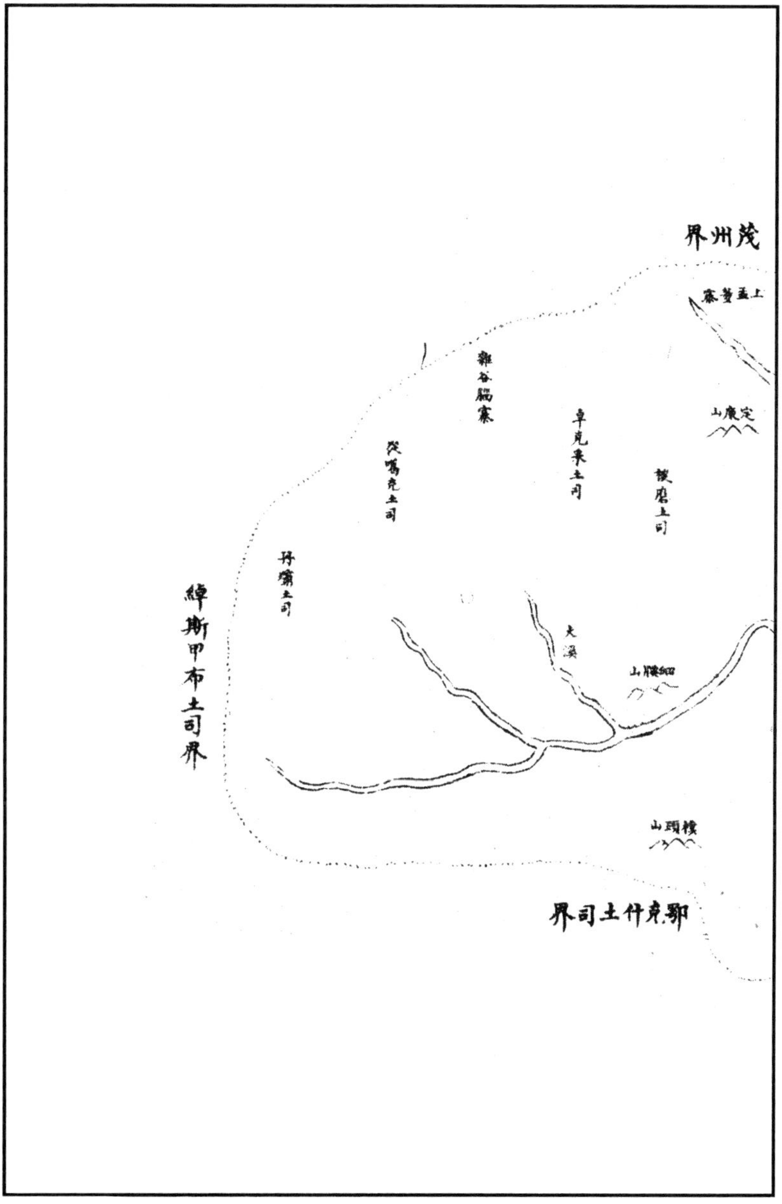
茂州界
上孟董寨
雜谷腦寨
卓克采土司
定廣山
梭磨土司
綽斯甲布土司界
大溪
細腰山
橫頭山
鄂克什土司界

雜谷直隸廳表

	雜谷直隸廳			
秦				
兩漢	汶山郡地。			
三國				
晉				
南北朝				
隋		開皇中置薛城戍，屬會州。	通化縣 開皇六年置金川縣，十八年改名。	
唐	維州 武德七年置。廣德後入吐蕃，太和五年收復。	薛城縣 武德七年置。	通化縣 屬茂州，後省。	小封縣 初置金川縣，屬維州，尋省。咸亨二年改名，後徙。
五代	蜀內徙。	薛城縣	通化縣 移小封來治，仍復故名，屬威州。	
宋	威州保寧縣地。	保寧縣地。	通化縣	
元	威州地。		通化縣	
明	永樂五年置雜谷安撫司。	保縣 洪武六年析置，屬威州。	省。	

續表

		綿虒縣地。	
開皇初置定廉戍，屬會州。			
定廉縣 武德七年置，屬維州。天寶八年屬保州。後入吐蕃。	羈縻保州 開元二十八年置。廣德後入吐蕃，乾元元年收復。		
		維州 蜀移治。	保寧縣 永平二年改置州治。
	政和四年改置祺州，宣和三年廢。	威州 景德三年改名，屬成都府路。	保寧縣
		威州 屬成都路。	至元中省入州。
		威州 屬成都府。宣德中徙治。	

羈縻霸州 天寶元年置静戎郡。乾元元年改州，領安信、牙利、保寧、歸化四縣。

霸州

政和四年改置亨州，宣和三年廢。

大清一統志卷四百二十一

雜谷直隸廳

在四川省治北少西三百八十里。東西距九百六十里，南北距一百七十里。東至茂州界八十里，西至懋功屯綽斯甲布土司界八百八十里，南至茂州瓦寺土司界八十里，北至茂州界九十里。東南至茂州汶川縣界一百四十里，東北至茂州界一百二十里，西南至懋功屯鄂克什土司界二百一十里，西北至梭磨土司界二百二十里。自廳治至京師六千八十里。

分野

天文井、鬼分野，鶉首之次。

建置沿革

禹貢梁州之域。漢冉、駹國地。武帝時開，屬汶山郡。三國漢時，姜維、馬忠討汶山叛羌，此其地也。自晉以後，或降或叛。隋以其地置薛城戍，屬會州。唐武德七年，白苟羌鄧賢佐内附，乃於姜維故城置維州，領薛城、金川、定廉三縣。貞觀初，州縣俱廢。二年，復立爲羈縻州。麟德二年，升爲正州。尋叛，又降爲羈縻州。垂拱二年，又爲正州。廣德以後陷入吐蕃，太和五年收復。五代孟蜀有其地，州内徙入。宋景德初，改曰威州。元因之，屬成都路。明洪武六年，於州西北境析置保縣。永樂五年，置雜谷安撫司。本朝康熙十九年，土舍板第兒吉歸誠，仍授爲安撫司。乾隆十七年，土司蒼旺不法伏誅，改土歸流，設理番同知，因以保縣舊城爲廳治所。俗曰老保縣。二十五年，升爲直隸廳。嘉慶六年，裁茂州屬之保縣俗曰新保縣。入之，屬四川省。領土司四。

從噶克長官司。在廳治西北六百里。東至卓克采土司界五十里，西至綽斯甲布土司界一百九十里，南至丹壩土司界一百三十里，北至下郭洛克草地界九百三十里〔一〕。本朝乾隆十八年，既誅土司蒼旺，授其族弟根濯斯甲爲從噶克長官司，頒給印信。

卓克采長官司。在廳治西五百四十里。東至梭磨土司界六十里，西至從噶克土司界五十里，南至小金川土司界二百一十里，北至郭洛克草地界二百六十里。本朝乾隆十四年，進勦金川，授三格爾甲爲卓克采長官司，頒給印信。

梭磨宣慰司。在廳治西北四百五十里。東至本廳界四百五十里，西至卓克采土司界六十里，南至小金川土司界二百一十里，北至茂州疊溪營界三百六十里。本朝康熙六十年，授雜谷土司桑吉朋之子囊索沙甲姜綽爲梭磨長官司〔二〕。乾隆十四年，升爲安撫司。四十年，又升爲宣慰司，換給印信。

丹壩長官司。在廳治西七百五十里。東至卓克采土司界一百三十里，西至懋功屯綽斯甲布土司界三十里，南至小金川土司界三十里，北至從噶克土司界一百三十里。本朝乾隆二十四年，授土舍側旺爲丹壩長官司，頒給印信。

形勢

南界江陽岷山，連嶺而西，不知其極。北望隴山，積雪如玉。東望成都，若在井底。一面孤峯，三面臨江，是西蜀控吐蕃之要也。舊唐書李德裕傳。外聯蕃部，内控蜀都。方輿勝覽。

風俗

地本氐羌，人尤勁悍。性多質直，工習射獵。隋志。

城池

雜谷廳城。周三里有奇，門四。即舊保縣城。本朝乾隆四年建。

學校

雜谷廳學。在廳治南。即保縣學，舊在治西，明洪武中建。本朝雍正元年，遷建今所。嘉慶六年，裁保縣併雜谷廳。入學額數六名。

户口

原額人丁五千九百七十四，今滋生男婦共二十六萬一千四百三十七，計五萬八百五十六户。

田賦

雜谷瑙、九子等寨並官田收租共雜糧六百五十三石八斗，折徵米四百三十五石四斗三升八合。又保縣歸併估種二百三十七石八斗九升有奇，額徵地丁正、雜銀九十兩三錢二分一釐。各寨番民雜糧折徵米二百三十二石一斗九合一勺。

山川

高碉山。在廳東。方輿勝覽：今威州及保寧縣治並據此山，三面懸崖，大江經其南。

望隴山。在廳南五里。

細腰山。在廳西南五十里。

樸頭山。在廳西南維關外。一綫鳥道，下臨絶壑，盤旋二十餘里，勢甚險峻。

熊耳山。在廳西三里。

筆架山。在廳西四里隔江。一名九子龍窩，或謂之玉山。夜静恒有霞光横山前，東北半壁天皆丹色，照林木如畫，至日方滅。

姜維山。在廳西北。元和志：在薛城縣西十里。寰宇記：昔姜維屯兵於此。

定廉山。在廳西北。元和志：在鹽溪縣東十里。

花崖山。在廳西北。方輿勝覽：花崖山在保寧縣，水合大江。即此。

馬鞍山。在廳北二里。

箭嶺。在廳東一里。有岡陡直如箭，曰箭上里。唐書地理志：維州西山南路有箭上守捉城。蓋置於此。

風流嶺。在廳東南。舊有風流部蠻居其下。元統志：威州北至後番對如界大風流五十里，西北至後番界小風流一百里。

的博嶺。在廳東南。唐韋臯分兵出西山，踰的博嶺，圍維州，即此。一作「滴博」。

沱江。源出廳界花崖山東南，流經廳北，又東南至廢保縣北入江。漢書地理志：汶江縣沱江在西南，東入江。水經注：江水逕汶江道，汶水出徼外岷山西玉輪阪下而南行，又東徑其縣而東注於大江。又曰：江水又東别爲沱，開明之所鑿也。渡江有笮橋。九域志：保寧縣有沱江。元統志：沱水自廢悉川流經威州界，至汶川合大江。按：輿圖，水有二源，在北者曰孟董溝，在南者曰雜谷河，並流百餘里，至廳城西北會爲一，經城北折而南，東會赤水、桃溪，至廢保縣西北合於大江。

大溪。在廳治城西。源發梭磨土司東界大雪山，西南流經直固山，會直岡水南流，過瑪喏、別思滿二寨，會日爾拉山水，至楸抵東北流，經二道橋，會商角山、別蚌山二水，歷樸頭、雜谷腦、維關、木堆，又會上孟董溝水過廳治，復東北經定廉山之里古城，至廢保縣城下注於岷江。

定廉水。在廳西北定廉山之陽。寰宇記：定廉山，定廉水出其陽。

洞口瀑泉。在廳西南五里。其源極遠，直下噴流數千尺，居民資以灌溉。

古蹟

汶川故城。在廳南。漢置綿虒縣，屬蜀郡。晉改曰汶山。梁、周時改置汶川縣。水經注：湔水出綿道，亦曰綿虒。縣即汶山郡治，劉先主之所置也。元和志：汶川縣北至茂州一百里，本漢綿虒縣地，梁於此置汶川縣，因縣西汶水爲名，仍於縣置汶川郡。隋開皇三年罷郡，以縣屬汶川舊治。明宣德中，威州數罹番害，遂遷州治於汶川縣，而移汶川縣治於寒水驛北，即今治也。故城在威州城南，山腰平處曰古城坪，基址尚存。

維州故城。在廳西十里。唐置，領金川、定廉等縣。上元時，吐蕃贊普欲圖蜀川，累攻維州不下。乃以婦人嫁維州門者，二十年中生二子，及蕃兵攻城，二子内應，城遂陷。吐蕃得之，號無憂城，累寇西川。韋皋在蜀二十年，收復不遂。至大中時，杜悰鎮蜀，維州首領内附，方復隸西川。寰宇記：維州舊界東至茂州二百二十里，理薛城縣。僞蜀永平二年，改爲保寧縣。元統志：姜維故城，在高碉山上。維州故城，在姜維城東十里，壘石爲之。又有子城在高碉山下，東西六十五步，南北一百二十步。唐大中三年，刺史高宰築。按：維州，五代孟蜀徙治中州城，宋時先建在河西霸州境内，後遷至鳳坪坡底〔三〕，明宣德中又遷河東，即汶川縣爲州治。其故城屢經遷徙，幾莫知所在。考邊略云，由保寧縣堡過漢索橋至古維州城，在董卜韓胡宣慰司與雜谷安撫司交界，三面臨江，殊陡險。又舊志云，雜谷安撫司西十里有故城，相傳即無憂城。蓋此真唐維州故址也。

威州故城。舊志：古冉、駹國。漢爲綿虒縣地，晉屬汶山郡。隋開皇初討叛羌，以其地置薛城戍，屬會州。唐武德七年内附，置維州。貞觀元年，羌叛，州廢。二年，復置，並置薛城縣爲治。天寶元年，改維川郡。乾元元年，復曰維州，屬劍南道。廣德元年〔四〕，吐蕃爲害，號曰無憂城。大和元年收復，尋又棄之。大中二年復内附。五代蜀永平二年，州内徙，改縣保寧。宋景德三年，改曰威州。元因之。明宣德中，徙威州治汶川縣。本朝雍正五年，省威州入保縣，仍移縣來治。乾隆十七年，裁縣置廳。

保縣舊城。即今廳治。唐薛城縣地。宋爲保寧縣地。明洪武六年，置保縣，屬威州。本朝雍正五年，省威州入保縣，移縣治故威州城，此城遂廢。乾隆十七年置廳，乃即舊地爲廳治。

廢保州。在廳西北。唐書地理志：保州天保郡，本奉州雲山郡，開元二十八年，以維州之定廉置。天寶八年，徙治天保軍，更郡名。廣德元年，没吐蕃。乾元元年，嗣歸誠王董嘉俊以郡來歸〔五〕，更州名。後又更名古州，尋復爲保州，領縣四：定廉、歸順、雲山、安居。寰宇記：天保軍在定廉縣西一百三十五里。宋史地理志：茂州領春祺城，本羈縻保州。政和四年建爲祺州，縣曰春祺。宣和三年廢爲城，隸茂州。

廢霸州。在廳西北。舊唐書地理志：天寶元年，招附生羌置静戎郡。乾元元年，改霸州，置安信縣，與州同置。寰宇記：乾德三年，霸州内附，領安信縣，去州二十里；牙利縣，去州五里；保寧縣，去州三十里；歸化縣，去州西北百里。並與郡同置。西北有大聾山、小聾山，號苻堅城。宋史地理志：威州領嘉會砦，本羈縻霸州。政和四年，建爲亨州，縣曰嘉會。宣和三年廢州，以縣爲砦，隸威州。元統志：通化縣有嘉會鄉。舊志：威州西北二十里有霸州堡，設倉置戍。

通化廢縣。在廳東。今名通化里。隋置。唐屬茂州，後廢。五代時移小封縣於此，仍改曰通化，屬威州。明初省。元和志：縣東北至茂州一百五十里。本漢廣柔縣地。周武帝於此置石門鎮。隋開皇六年，以近白苟生羌，於金川鎮置金川縣。十八年，改爲通化縣。累石爲城，内實外險，東北二面並累石，南面、西面臨岸，去地百餘丈。宋初廢。

薛城廢縣。在廳西，維州故城西南二百步。隋開皇中置薛城戍，屬會州。唐武德七年置維州，並置縣，因隋薛城戍爲名。

定廉廢縣。在廳西北。隋開皇四年，置定廉戍，屬會州。唐武德七年，改爲縣，屬維州。開元二十八年，置奉州治焉。天寶初曰雲山郡，八年徙治天保軍，改保州，而定廉仍屬之。寰宇記：定廉縣東至維州風流鎮四十五里。又唐書地理志：貞觀二年，析薛城置鹽溪縣，永徽元年省入定廉。

小封舊縣。在廳西。唐初置金川縣，屬維州，尋廢。咸亨二年，改置小封縣，後徙廢。寰宇記：縣在西番通鶴軍。垂拱二年，爲吐蕃所没。今置在威戎軍西，去州一百三十里，改名通化。按：宋史地理志威州有通化軍，熙寧間所建，在保、霸二州之境。政和三年，董舜咨納土，因舊重築軍城。宣和三年省，隸威州。又元統志謂小封廢城在威州南六十里，蓋誤指宋時改置之通化縣爲唐故縣也。

雜谷廢司。在廳西北。明永樂五年置安撫司，本朝乾隆十七年裁。

乾溪城。在廳東二十里。唐書地理志：維州有乾溪、白望、暗桶、赤鼓溪、石梯、達節、鷃口、質臺、駱駝九守捉城。西山南路有通耳、瓜平、乾溪、侏儒、箭上、谷口六守捉城。今爲乾溪堡。

龍溪城。在廳西北十里。唐貞元初，韋皋城龍溪，築西山堡以待降羌。今爲龍溪番寨，與卜南、木上諸寨相接，與北部番族黑苦、彡姐相通。

籠山城。在廳北。唐置戍於此，今爲籠山番寨。

籌邊樓。在廳治西城上。相傳唐西川節度使李德裕曾於此籌邊，樓因以名。本朝雍正年間修。

關隘

維關。在廳治西南五十里。形勢險要，接壤生番。

鎮遠關。在廳西南一百二十里，爲廳治、瓦寺往來之路。

保子關。在廳西北一里湔、沱二水之中，爲漢、羌出入要衝。

鎮安關。在廳西北五十里。關外即生番界。舊志：保縣北熟番二路，一路爲水田等寨，一路爲近縣、玉山等十二寨。正北野番有梁黄等五十餘寨，直連松州黑水番。

雜谷腦五寨。在廳西北。蒼旺滅後，既分其地爲梭磨、卓克基、松岡三土司，又以其近於雜谷廳者爲雜谷腦、上下孟董、九子、乾堡五寨，各置屯守備、千總等官，皆管理番民，歸雜谷廳轄。

坡底堡。在廳西南七十里。又乾溪堡在廳北五十里，新安堡在廳北舊城東十里。

津梁

繩橋。在廳西北。元和志：汶川縣有繩橋，在縣西北三里，架大江，篾笮四條，以葛藤緯絡，布板其上，雖從風摇動，而牢固有餘，番人驅牛馬去來無懼。今按其橋以竹爲索，濶六尺，長十步。舊志：鈴繩索橋跨湔水〔六〕，永鎮索橋跨沱水，皆在威州城外。乾隆三十六年，進討小金川，以蹋汶川縣繩橋，前抵瓦寺，必經硐頭、草坡之險，因於桃關改建索橋，路近而徑稍平，行者便之。

陵墓

宋

謝方叔墓。在廳西十里。

本朝

札克塔爾墓。在廳西。嘉慶十八年，賜祭葬。

祠廟

報功祠。在廳治西。元建，祀蜀姜維、唐李德裕。後改名靈祐，增祀秦李冰。

武侯祠。在廳西十里七盤山。

大禹廟。在廳西四十里通化里。

名宦

唐

王重華。維州刺史。深究韜略。從擊匈奴，著勞盟府。

李德裕。趙郡人。太和四年，爲劒南西川節度使。外揚國威，内輯邊備。悉怛謀等帥城兵並州印、甲仗，塞途相繼，空壘來歸。蓋未嘗用兵攻，而異族無不感化。

杜悰。杜陵人。大中初，出鎮西川。收復維州，不因兵刃。

人物

宋

謝方叔。威州人。嘉定進士。官御史，奏疏多直言。遷殿中侍御史，進對言：「操存本於方寸，治亂係於天下。防微杜漸，實以是心主之。」累官至左丞相，兼樞密使，進封惠國公。勸帝以愛身育德。後爲御史所劾，罷去。

明

吴碘。威州歲貢。歷河南運副，鹽政肅清。歸里，止圖書數篋，鄉人重之。

謝之藩。威州選貢。萬曆間知安仁縣，寬嚴並濟，民仰戴之。祀名宦。

王允德。保縣人。多智略。時番夷屢破關堡，允德募鄉勇戰卻之。又每勸和番衆，使不争殺，民獲安堵。

王達。保縣人。幼業儒。遇番寇，士民畏不敢鬬，達卧城門待旦，力戰死之。

本朝

袁國璜。雜谷人，後家成都。少負奇氣，習騎射，嫺韜略。每讀古名將傳，輒慷慨擊節。乾隆十七年隨征雜谷土司，奮威將軍岳鍾琪見而奇之，任使輒當意。三十六年，從軍金川。積功至守備，累遷副將。五十二年，擢江南狼山鎮總兵，隨陝甘總督福康安征臺灣，解諸羅之圍。明年破賊小半天山，追至麻著社，生縛逆首林爽文，又擒莊大田於柴城。五十六年，授重慶鎮總兵。廓爾喀反，國璜率士兵赴藏，連奪賊卡，乘勝進攻，至甲爾古拉，逆酋投誠。再得與紫光閣畫像。六十年，赴勦黔楚逆苗。嘉慶元年，獲賊首石三保，又生擒賊目石代噶、石老大。九月，檄勦達州王三槐等，屢有斬獲。十二月，追至横子山，立營未定，逆黨蜂至，國璜轉戰三日，倍增勇氣。適總兵何元卿軍陷，賊來益衆，國璜曰：「此吾効節之日也。」遂戰死。賜祭葬，以提督例議卹。

札克塔爾。雜谷人。大軍平金川，隨入京師。能通國語，工騎射。乾隆中用爲藍翎侍衛。旋隨經略大臣等出師至川，轉戰秦楚。嘉慶八年，三省底定，以功擢副都統，給恩騎尉世職，晉封三等男。十一年，授護軍統領，並武備院卿。卒，賜祭葬如例。

列女

阿咱納。雜谷人。襲土把總。隨征金川，累功擢土都司。乾隆三十九年，攻遜克爾宗陣亡，卹廕加等。土千總坤明、屯守備崑蓬俱金川陣亡。屯把總福星，四十六年甘肅陣亡。屯守備色丹巴、屯把總庫素吉，五十六年廓爾喀陣亡。屯千總雍忠伊沙斯、屯把總阿邦、婁太壬占，屯外委桑卡、桑吉撤爾吉、木耳結、阿噶兒姜參、則六耳扣大、我仰生格耳吉、八納阿甲、六窟阿忠，俱六十年黔楚陣亡，卹廕均如例。

斑第。雜谷人。襲屯外委。嘉慶元年，隨勦黔楚苗匪陣亡。屯守備納平結，屯外委湯奈何、卡唯壬占、瓊六沙加明、收豆阿太、生格、撤必沙甲、楊忠澤郎、戎不阿札、江木參、王林保、郎卡阿那，俱黔楚陣亡，卹廕均如例。

明

馬昱妻薛氏。保縣人。昱客死，奔喪營葬。後有謀娶者，薛閉户自縊。同縣張仁妻王氏，夫早喪，堅自守。徐思妻王氏，幼許字未歸而徐故，姑遣媒令别適，氏泣歸徐養姑。王元女王氏，既聘，其夫家旋悔婚，氏投江死。董浮妻童氏，隨夫於留都，夫卒，遺二子皆幼，氏年二十，攜子扶櫬歸。孀操嚴肅，歷年九十終。

本朝

王四連妻焦氏。保縣人。嫠居四十餘年，事舅姑盡禮，撫遺孤成立。康熙年間旌。

羅成章妻牟氏。保縣人。夫亡守節。同縣節婦袁經妻李氏、郭世榮妻馮氏、袁建侯妻張氏、王文傑妻唐氏、賈士貴妻吴氏、林承恩妻葉氏，烈婦郭氏，均乾隆年間旌。

土産

麝香。元和志：維州貢。

細鱗魚。大溪所出。

魚虎。寰宇記：有舌如棘，能食魚。

鹿。九州要記：汶山郡有鹿，又有五角牛及無角旄牛。一曰童牛。

校勘記

〔一〕北至下郭洛克草地界九百三十里　「克」，原脱，據乾隆志卷三三一雜谷廳建置沿革（下同卷簡稱乾隆志）及下文「卓克采長官司」條補。「洛」，乾隆志作「羅」。「草地」，乾隆志作「土司」。

〔二〕授雜谷土司桑吉朋之子囊索沙甲姜綽爲梭磨長官司　「朋」，原作「明」，據乾隆志及雍正四川通志卷四七邊防改。

〔三〕後遷至鳳坪坡底　「鳳」，原作「風」，據乾隆志及雍正四川通志卷二七古蹟改。按，明英宗實録卷六宣德十年六月條載：「松潘總兵官、都督同知蔣貴奏威州舊治鳳坪里，去威州千户所十五里。」威州，即維州，宋仁宗時以與濰州文移相亂而改。

〔四〕廣德元年　「德」，原作「臨」，據雍正四川通志卷二七古蹟改。

〔五〕嗣歸誠王董嘉俊以郡來歸　「歸誠」，原作「誠歸」，乾隆志同，據舊唐書卷四一地理志、太平寰宇記卷八〇劍南西道保州乙。

〔六〕鈴繩索橋跨湔水　「鈴」，原作「鈐」。按，此條乾隆志置於茂州津梁，作「鈴繩索橋」，蓋以鈴掛繩，因以名之。今據改。

太平直隸廳圖

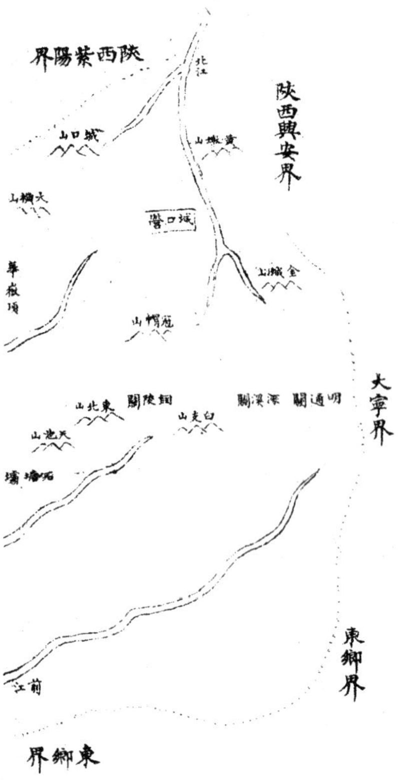
陝西紫陽界
北江
陝西興安界
城口山
城口廳
明通關
大寧界
東北山
天池山
東鄉界
前江
東鄉界

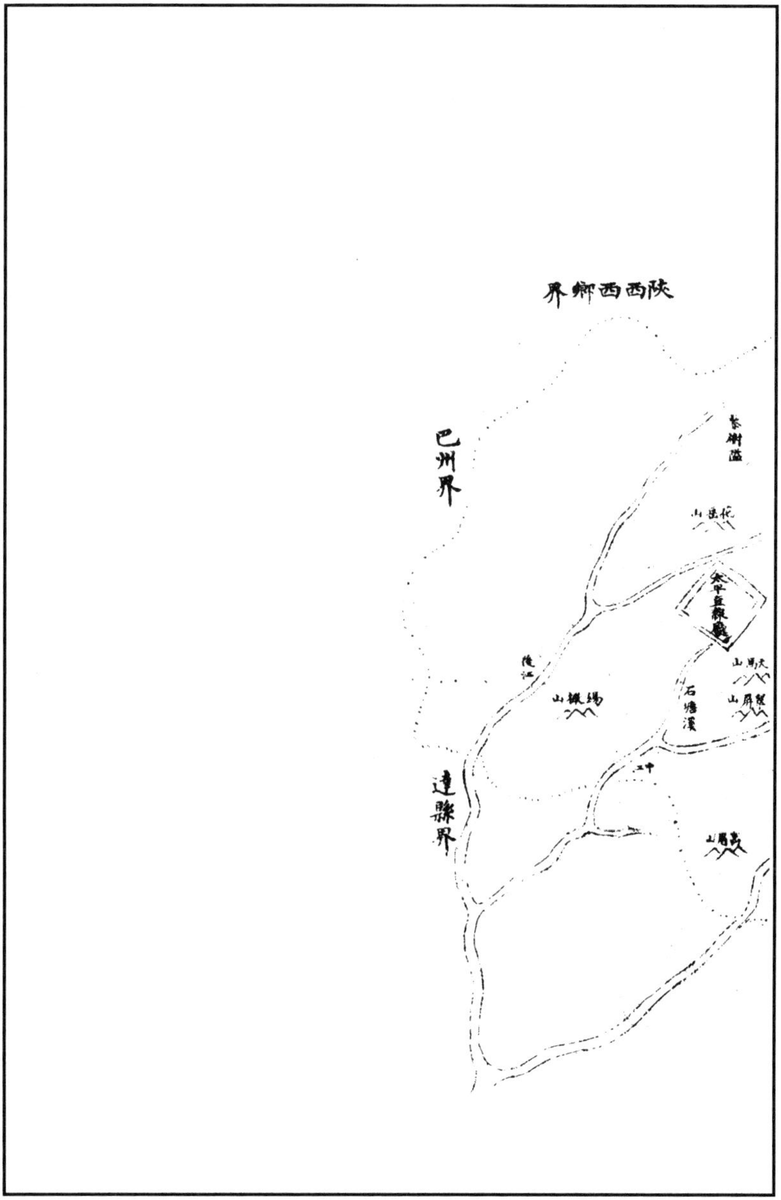
陝西西鄉界
巴州界
達縣界
太平直隸廳
石塘溪
中江

太平直隸廳表

	太平直隸廳	
秦		
兩漢	巴郡宕渠縣地，後漢宣漢縣地。	
三國		
晉		
南北朝	東關縣 宋置，屬巴渠郡。梁置南晉郡。西魏置并州，領南晉郡。周改名永昌郡。	宣漢縣 西魏移置，後省。
隋	宣漢縣 開皇初州郡俱廢，改名，屬通川郡。	
唐	宣漢縣 武德元年復置南并州，貞觀初廢，屬通州。	
五代	宣漢縣	
宋	乾德五年省入東鄉。	明通縣 崇寧六年置，屬達州。
元		至元中省。
明	太平縣 正德十年置，屬達州。	

大清一統志卷四百二十二

太平直隸廳

在四川省治東一千五百六十里。東西距三百一十里，南北距三百四十里。東至夔州府大寧縣界三百里，西至保寧府巴州界十里，南至綏定府東鄉縣界九十里，北至陝西興安府紫陽縣界二百五十里。東南至東鄉縣界一百六十里，西南至綏定府達縣界一百四十里，東北至陝西興安府界二百三十里，西北至陝西漢中府西鄉縣界六十里。自廳治至京師六千九百四十里。

分野

天文翼、軫分野，鶉首之次。

建置沿革

禹貢梁州之域。漢宕渠縣地。後漢宣漢縣地。劉宋分置東關縣，屬巴渠郡。齊因之。梁置南晉郡。西魏兼置并州，領南晉郡。周改名永昌郡。隋開皇初郡廢。五年，州廢，改縣曰宣漢，屬通川郡。唐武德元年，復置南并州。貞觀元年，州廢，縣屬通州。宋乾德五年，省入東鄉。崇寧六年，置明通縣，屬達州。元至元中廢。明正德十年，復割東鄉置太平縣，名勝記：割東鄉之太平里，因以爲名。屬達州。本朝初屬夔州府，雍正六年復屬達州。嘉慶七年升爲直隸廳，屬四川省。

形勢

山環水繞，地美田腴。省志。

風俗

民重農桑，俗少争訟。廳志。

城池

太平廳城。周一里有奇，門四。明正德十年築。本朝嘉慶十年修。

學校

太平廳學。在廳治東。明正德十年建。本朝康熙二十四年重建，二十六年修，五十九年、雍正六年重修。入學額數八名。

户口

原編無。今滋生男婦共八萬二千一百九十六名口，計一萬六千三百六十八户。

田賦

田地五百二十八頃五畝三分有奇，額徵地丁正、雜銀一千一百六十七兩八錢三分七釐。

山川

天池山。在廳東二十里。面列九十九峯，下瞰天池。

東壯山。在廳東二十五里。崔巍險峻，出萬山之上。

冠帽山。在廳東三十里。山半有石塘，甃出天巧，其深莫測。

八臺山。在廳東五十里，一名八疊山。四面各四層，望之若臺。下有九龍池。

白支山。在廳東一百五十里。中江發源於此。

峽口山。在廳東二百三十里。林箐險峻，懸峯相夾，中通鳥道。

金城山。在廳東二百四十里。前江發源於此。

天馬山。在廳東南一里。狀如天馬。其南有翠屏山，横亘如屏，與天馬相對。

高眉山。在廳南一百五十里。山高而長，兩峯相對，狀若列眉。

錫椒山。在廳西南二百里。山極高峻，行者兩日方越。

花岳山。在廳北十里。舊志：世傳漢花岳大隱之地。上有燒丹臺，樵者無心而入，則有藥物，少失聲則雷雨交至。宅山麓者，嘗於清夜聞鈸鐃聲。

大横山。在廳北五十里。羣山夾護，形勢横亘。後江發源於此。

城口山。在廳北一百里。有諸葛城遺蹟。

黄墩山。在廳東北，距廳極遠。北連秦地，南接大寧。北江發源於此。

荆條嶺。在廳東一里，俗呼長嶺。又三條嶺，在廳北二里。火巖嶺，在廳北十里。

大石嶺。在廳北十五里，即金鳳山。道傍有大石，上平下細如蓮座，界連陝西西鄉縣。

桃花洞。在廳東一百五十里。水自崖半下滴如桃花，上多松、楠。

銀洞。在廳北九十里，俗名羅漢洞。洞門開自半空，緣崖而入，可容百人。

二州埡〔一〕。在廳北一百五十里，地界川、陝。旋迴三十六盤始窮其巔，懸崖峭壁，深箐茂林。

丙穴。在廳東北。方輿勝覽：在明通縣井峽中，其穴凡十，中產嘉魚，春社出穴，秋社歸穴。其出也止于巴渠龍脊灘，首有黑點，謂感星象而成。長身細鱗，肉白味鹹，蓋食鹽泉也。

北江。在廳東北一百里。自篁墩山發源，西北流經城口山大竹渡，轉北入陝西紫陽縣界爲任河，入漢江。

白沙河。在廳東十里。源出板塞山〔二〕，西南流二百里與後江合。又有石塘溪，源出廳東南石塘壩，西南流入中江。

萬頃池。在廳東，一名千頃池。王應麟通鑑地理通釋：萬頃池灑流有四，三入於夔，一入於渠。元統志：相傳楚春申君故居在池旁。通志：池在縣東三百里峽口山之南，接大寧縣界。幽谷深箐，水瀦爲池，鄰境之水多源於此。

龍潭。在廳東七十里。羣峯環拱，有七十二浦、四十八渚，匯而爲潭，廣踰百畝，其深叵測。

明通井。在廳東。舊名宣漢井。寰宇記：宣漢井場，地名長腰鹹。源在大江龍骨石窟中湧出，灘名羊門，兩面山巖峻峭〔三〕，鹹源出於山下，遂煎成鹽。通志：明通井峽在太平縣東二百里，大山相夾，壁立萬仞，數十里天如一綫。中有溪，即前江也。其地井凡十六。

古蹟

東關故城。在廳東。劉宋於宣漢東北境置東關縣。梁於縣置南晉郡及并州。隋改置宣漢縣。唐貞觀初徙廢。寰宇記：「廢宣漢縣在東鄉縣北一百七十里。後魏廢帝二年，於廢縣東一百五十里梁所置南晉郡西百步置并州，仍自今達州移宣漢於南晉郡北二百里。今無遺址。按并州領南晉郡，郡領東關、宣漢二縣，理東關。周改南晉郡爲和昌郡，又省東關入宣漢縣。隋開皇二年罷郡，以縣屬并州。五年，自并州北二百里移宣漢縣理於東關故城，尋廢并州，以縣屬通川郡。唐武德元年，又置南并州及東關縣。三年，移并州理新安廢鎮城。貞觀元年，省南并州及東關縣，仍自南晉故城移宣漢於新安廢鎮城，即今縣是。宋乾德五年，併入東鄉。」又按：新安鎮，寰宇記未詳，疑即梁時所置新安縣在東鄉西界者，其城蓋在今太平廳西。隋志、寰宇記皆云西魏置并州，而周書李遷哲傳梁時已有此州，知爲梁末所置。又隋志西魏置永昌郡，寰宇記作後周改和昌，舊唐志亦作和昌，不同。

明通廢縣。在廳東。明通院及宣漢井場地，宋崇寧中升爲縣。寰宇記：宣漢井場在州東一千二百里。九域志：明通院，五代獨置，爲催科賦税之地，在州東一千一百里。有宣漢、鹽井、緼欄三場。舊志：宋崇寧六年，升明通院置縣，屬達州。元至元二十二年廢。在太平縣東北二百里。按：宋志作通明，又云南渡後增置，與此不同。

諸葛城。在太平城北城口山下。舊志：有前、中、後三城，左抵紫陽，右通平利。相傳蜀漢諸葛武侯屯兵於此。其地有三岡八坪，形勢雄峻。

關隘

藍津關。在廳東三十里，舊名灘津關。四山環阻，中通鳥道，爲要害地。相近又有弔纍、鐵鑪二關。

銅陵關。在廳東五十里。

深溪關。在廳東一百八十里。路出陝西興安，俗呼賀關。明洪武五年建。

明通關。在廳東二百里。明置巡司，今裁。
黎樹隘。在廳北四十里。
城口營。在廳東城口。本朝嘉慶十四年，設都司駐防。

津梁

大竹渡。在廳北八十里。

陵墓

本朝

張正化墓。在廳北一里張家灣。

祠廟

三義廟。在廳治南。

寺觀

太平寺。在廳治南百步。
寶坪寺。在廳南九十里。
東山觀。在廳東。
迴龍觀。在廳南八十里。
青龍觀。在廳西南七十里。

名宦

明

梁德遠。邵陽人。洪武進士，知太平縣。民感其惠，肖像祀之。
王明德。徐州人。太平訓導。兵入城，偕其妻赴泮水死。本朝乾隆四十一年，予入忠義祠。

本朝

王舟。江南人。康熙七年，知太平縣。散給牛種，勸墾荒田。躬親訓講，民乃知學。

程溥。江南人。康熙二十二年，知太平縣。值歲歉，流亡載道，悉心撫輯，民賴以生。

喬雲名。山西人。康熙四十二年，知太平縣。廉明莅政，節儉愛民，以卓異升。

劉嘉本。江南人。康熙五十二年，知太平縣。廉謹自持，多惠政，民爲勒頌。

人物

明

覃樸。太平諸生。崇禎末，流賊圍縣城，樸與邑人鄧天禄同禦之三閲月，城陷，被執不屈，賊怒磔之。本朝乾隆四十一年，予入忠義祠。

袁繼登。太平人。由選貢任陜西安化令。崇禎末，李自成陷城，索印不與，死之。

覃天明。太平人。由興安州同致仕歸，聞闖賊陷都城，不食而死。本朝乾隆四十一年，予入忠義祠。

陳勗。太平人。崇禎末，獻賊入境，勗與邑人冉學邃團鄉勇堵禦，力戰死。本朝乾隆四十一年，予入忠義祠。

鄧明才。太平人。崇禎末，流賊圍城，明才出戰死。本朝乾隆四十一年，予入忠義祠。

本朝

張正化。太平諸生。明崇禎末，流賊楊秉蔭陷城，正化偕鄉人避居山中，分以糧糗，全活數十百人。率驍勇保銅城寨。順治六年，首以寨歸，總督李國英授參將銜，署爲城守。康熙元年，從平茅麓山賊。正化曰：「吾保鄉里耳，安事功名，幸昇平可高吾枕矣。」堅辭職，以布衣終。

張文璧。太平人。官把總。乾隆十三年，隨征金川陣亡。同縣把總張吉，三十八年金川陣亡。卹廕均如例。

陳朝聘。太平諸生。嘉慶元年，教匪屯聚南津關，朝聘與同縣陳書友集團練攻擊賊巢，被執不屈死。同縣黄中理、袁天倫、張健俱禦賊死難。嘉慶年間，均入祀昭忠祠。

列女

明

王秉忠妻項氏。太平人。年二十一，秉忠卒，項自縊以殉。萬曆中旌。

冉潛妻袁氏。太平人。賊殺其夫，袁駡賊死。

冉裴妻龐氏。太平人。賊欲殺其夫，龐力翼護，賊並殺之。

冉學顔妻龐氏。太平人。夫亡守節，歷七十卒。

本朝

楊二妻王氏。太平人。歸楊甫彌月，吴逆僭據，有賊牛惠强以勢奪之，氏自經死。楊大慟，越數日亦死。縣令爲合其冢，并樹表以志。

惠維祥妻趙氏。太平人。夫亡，矢志撫孤。同縣張文貴妻舒氏，亦以苦節著。

江蕭氏。太平人。姑以貧逼令改節，氏矢志不從，自經死。同廳烈女張氏，均嘉慶年間旌。

賈陳氏。太平人。嘉慶五年，爲教匪所擄，不從死節。同廳胡張氏、張周氏、陳張氏、張胡氏、田鄒氏、杜龐氏、王杜氏、王魏氏、王曹氏、王江氏、陳劉氏、趙楊氏、趙邵氏、趙秀妹、劉三妹均遇賊死節，俱嘉慶年間旌。

土産

茶。唐書地理志：通州貢。

蜜蠟。九域志：明通縣貢。

鹿皮。唐書地理志：通州貢。

熊、羆、嘉魚。方輿勝覽：明通縣産。

校勘記

〔一〕二州埡　乾隆志卷三一五達州山川（下同卷簡稱乾隆志）作「三州埡」。

〔二〕源出板塞山　「塞」，乾隆直隸達州志卷一太平縣山同，乾隆志及雍正四川通志卷二五山川作「寨」，未知孰是。

〔三〕兩面山巖峻峭　「兩」原作「四」，據太平寰宇記卷一三七山南西道達州改。

懋功屯務廳圖

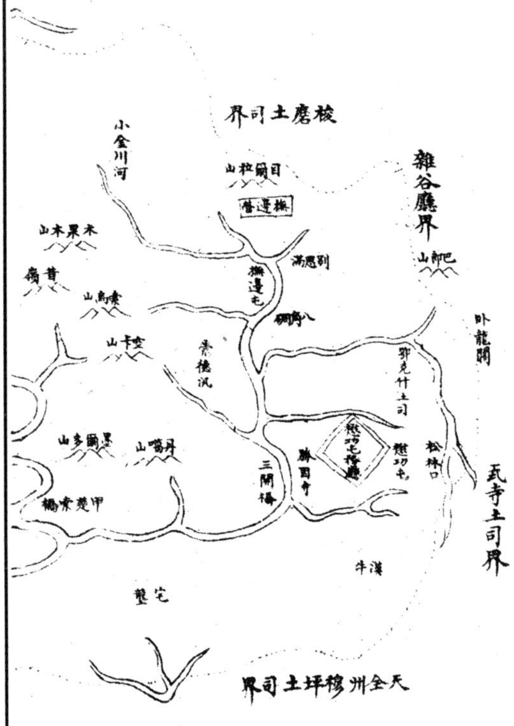

梭磨土司界
小金川河
日爾拉山
撫邊營
雜谷廳界
木果木山
別思滿
巴郎山
普嶺
索烏山
撫邊屯
八角碉
空卡山
崇德汛
鄂克什土司
卧龍關
懋功屯務廳
懋功屯
松林口
墨爾多山
丹噶山
勝因寺
三關橋
甲楚索橋
瓦寺土司界
漢牛
宅壟
天全州穆坪土司界

雜谷廳卓克采土司界
大金川河
宜喜山
慶寧營
勒烏圍
綏靖屯
東河
西河
綏靖營
崇化營
廣法寺
崇化屯
獨松汛
馬邦
打箭鑪瓦述色他土司界
綽斯甲布土司
章谷屯
大渡河
打箭鑪明正土司界

懋功屯務廳表

懋功屯務廳	
秦	
兩漢	西南蠻地。
三國	
晉	
南北朝	
隋	
唐	吐蕃地。
五代	
宋	
元	
明	金川寺演化禪師世有其地。

大清一統志卷四百二十三

懋功屯務廳

在四川省治西八百九十里。東西距一千四百五里，南北距五百七十里。東至茂州瓦寺土司界二百一十五里，西至雅州府打箭鑪廳屬瓦述色他土司界一千一百九十里，南至雅州府天全州屬木坪土司界一百八十里，北至雜谷廳屬梭磨土司界三百九十里。東南至瓦寺土司界二百二十里，東北至雜谷廳界三百里，西南至打箭鑪廳屬明正土司界二百一十里，西北至雜谷廳屬卓克采土司界四百二十里。自廳治至京師六千六百里。

分野

天文井、鬼分野，鶉首之次。

建置沿革

禹貢梁州之域。本氐、羌部落。漢爲西南諸蠻。唐時吐蕃有其地。明代曰金川。新唐書南蠻傳：雅州西五百餘里外，有諸祚、三恭、曜川、金川等十三部落，皆羈縻州也。寰宇記：隋開皇六年，以汶江縣石門鎮地近白狗生羌，於金川鎮置金川縣。十八年，改爲通化縣，屬汶川郡。唐初屬茂州。又案：寰宇記，武德元年置維州，領金川縣，後州縣俱罷，咸亨三年復置，改曰小封，垂拱初，没於吐蕃。據此則明之金川寺疑在唐小封縣境。有哈伊拉木者，「哈伊拉木」舊作「哈衣麻衣」，今改正。封演化禪師，數傳後，分爲大、小金川。番人稱大金川曰促浸，小金川曰攢拉。「促浸」者，大河濱之謂。「攢拉」者，小河濱之謂。蓋謂同一種人，一居於大河濱，一居於小河濱也。小金川卜兒吉細於本朝順治七年歸誠，授職。大金川土舍莎羅奔於康熙六十一年歸誠，雍正元年授安撫司。乾隆七年，其子郎卡承襲，陵轢種類。小金川土舍良爾吉陰附之，侵迫土司澤旺。十三年，經略傅恒往勦，良爾吉伏誅，郎卡勢蹙乞降。其子索諾木性尤凶暴，侵殺革布什咱各土司。而澤旺之子僧格桑轉與索諾木黨惡，屢圍鄂克什，且侵明正土司。於是天威震怒，命將行師，掃其巢穴。三十九年，小金川平，有御製勒銘美諾之碑。四十一年春，索諾木兄弟四人及其母阿倉、姑阿青均獻俘授首，大金川平，有御製勒銘勒烏圍及噶喇依二碑。大金川設阿爾古州，小金川設美諾廳。四十四年，裁阿爾古州。併入美諾。四十八年，改美諾廳爲懋功屯務廳。領屯務五、土司二。

懋功屯。東西距九十五里，南北距二百五十里。東至鄂克什土司界三十五里，西至章谷屯界六十里，南至雅州府屬穆坪土司界一百八十里，西南與打箭鑪廳屬明正土司荒山交界二百二十里，北至撫邊屯界三十里(一)，西北至崇化屯界一百三十里。

撫邊屯。在懋功屯務廳治北一百三十五里。東西距二百八十里，南北距三百四十里。東至鄂克什土司界一百六十里，西至綏靖屯界一百二十里，南至懋功屯界一百二十里，北至雜谷廳屬卓克基土司界二百二十里。

章谷屯。在懋功屯務廳治西一百八十里。東西距三百一十里，南北距二百四十里。東至懋功屯界一百三十里，西至雅州府屬明正土司界一百八十里，南至懋功屯界一百五十里，北至崇化屯界九十里。

崇化屯。在懋功屯務廳治西二百五十里。東西距一百五十里，南北距二百四十里。東至懋功屯界一百二十里，西至綏靖屯界三十里，南至章谷屯界一百八十里，北至綏靖屯界六十里。

綏靖屯。在懋功屯務廳治西二百七十里。東西距一百八十里〔二〕，南北距一百三十里。東至撫邊屯界九十五里，西至綽斯甲布土司界九十里，南至崇化屯界六十里，北至雜谷廳屬丹壩土司界七十里。

鄂克什安撫司。在懋功屯務廳治東一百里。東西距二百五十里，南北距一百四十五里。東至茂州瓦寺土司界一百六十里，西至懋功屯界四十五里，南至雅州府木坪土司界一百一十里，北至撫邊屯界三十五里。本朝順治十五年，喇嘛巴碧太歸附，頒給沃日貫頂浄慈妙智國師印信。乾隆十五年，改爲鄂克什安撫司。

綽斯甲布宣撫司。在懋功屯務廳治西三百九里。東西距九百餘里，南北距八百餘里。東至雜谷廳屬丹壩土司界一百餘里，西至雅州府屬色爾塔土司界八百餘里，南至雅州府屬革什咱土司界一百餘里，北至松潘廳漳臘營屬阿革寨土百户界七百餘里。本朝康熙四十年，土酋資立亦歸附，乾隆四十一年頒給宣撫司印信。原隸阜和協，五十一年改屬懋功廳。

形勢

金川巢穴有二，一在勒烏圍，一在噶喇依，俗稱刮耳崖。相距約一百二十里。瀘河自西北來，從噶克土司境流入，穿徑其中。沿河崇山峭聳，鳥道紆迴。碉樓石卡，夾峙其間。自噶喇依至喀爾薩爾約四十餘里，中有功噶爾拉、木果木、昔嶺、色爾力諸山，俱崱屴巑岏，峯如刀槊。三時飛雪，迄夏不銷。雲霧晦冥，氣候惡劣。至昔嶺向西盡處，即噶喇依巢穴，碉高寨厚，環以平房。背負崇山，左右皆係石崖，前臨大河。近巢穴十餘里，道尤險仄。其自勒烏圍至丹壩，約五十餘里，中有穆爾津岡、革什戎岡、日旁諸山。近巢數里，皆土崖夾石，臨河陡立。其巢穴堅固寬厚，與噶喇依等，亦環以民居。中有美卧溝，直逼小金川之底木達、布朗郭宗，爲番衆出没之所。金川圖說。千山削立，萬壑奔流。高樹翳天，巉巖積雪。東連維、茂，西拒生番，北倚丹壩之雄，南控魚通之阨。攢拉、促浸二川，絡貫於中。斑爛、日旁兩山，翼張於外。幅幀僅四百里，而鳥道盤屈，行輒經旬，雹霰瞬生，飇風晝鼓，誠要荒之天塹，西北之奥區也。通志。

風俗

大都種青稞、蕎麥，孳畜牛羊，砌屋建碉，不加藩栅。食則糌粑，飲則乳酪、山茶。富者衣氆氇、綾綺，餘皆毛毯、羊皮。供養番僧，不知醫藥。愼重誓盟，刻木爲信。灼羊膀，扯索卦，以卜吉凶。葬則或水或火，惟喇嘛之言是聽。婚姻論財，以牛羊馬匹爲聘。男女相悦，則攜手共唱番歌，飲酒爲樂，名曰跳鍋莊。其性嗜利好鬬，輕生易死。女子耳帶大環，男亦垂餌。自十二歲以上，皆腰插短刀，習鎗矛弩箭，不善弓矢。重山疊嶂，霧重風高。山嵐瘴氣，多寒少暑。春夏雨雪，經旬累月，罕有晴時。每雨則霹靂大作，電光中皆有聲。至八九月間，始得晴霽。隆冬積雪丈餘，山谷瀰漫，堅冰凝結，道路不通。金川圖說。

城池

懋功屯務廳城。舊無城垣，四山壁立，數水箭流，西南以三關橋爲津，西北以石門卡爲隘。本朝嘉慶十三年，於石門卡外沿河偏崖甃石垣五里許。

户口

安插及分户加墾番屯兵民共七千二百八十二户。

田賦

墾地一十八萬四千二百七十三畝，共納糧一千二百九十五石一斗三升一合六勺四抄。

山川

巴郎山。在懋功屯務廳東二百一十五里。其山袤延三百餘里，與茂州瓦寺土司接界。

别蚌山。在懋功屯務廳東二百四十里。

漢牛雪山。在懋功屯務廳西南三百八十里。綿亘二百餘里，直達明正土司界内。

喇嘛寺山。在懋功屯務廳西南。其山突起，週迴四里餘。上有喇嘛寺。

日爾拉山。在懋功屯務廳北三百九十里，與雜谷廳梭磨土司接界。

空卡雪山。在撫邊屯西一百八十里，與崇化屯接界。

孟拜山。在撫邊屯北二百二十里，一名夢筆山。

墨爾多山。在章谷屯東六十里。舊有喇嘛寺。本朝乾隆四十一年，平定大、小兩金川，奉旨致祭，列入春秋祀典。

丹噶山。在章谷屯東一百五十里，與懋功屯接界。

空卡山。在崇化屯東一百二十里。高拔羣山，路徑陡險，冬春積雪丈餘。土人於路傍列木杆，行者望杆而走。其雪至五月始消。爲兩金川往來極險之山。

木果木山。在崇化屯東北二百五十里。山勢峻陡，路險箐密。

索烏山。在綏靖屯東一百五十里。本朝乾隆四十一年，平定金川，大功告成，奉旨與甲索山、金川河並致祭，列入春秋祀典。

功噶山。在綏靖屯東南二百四十里，與小金川牛廠接界。峯巒盤亘，四時雨雪。

當噶山。在綏靖屯東南二百六十里。横亘二十餘里，常有雲霧蒙之。

日旁山。在綏靖屯西北七十里。

宜喜山。在綏靖屯西北一百里，與綽斯甲布土司接界。

昔嶺。在綏靖屯東一百九十里。

猴子崖。在章谷屯北。東達崇化屯大路，西通打箭鑪。

刮耳崖。在崇化屯東十三里。懸崖峭壁，形勢險阻。

金川河。源發松潘廳西北氂牛徼外，北由綽斯甲布土司及雜谷廳從噶克、丹壩各土司境南流入金川土司境，過綏靖屯而西，至崇化屯收功噶山水，歷馬爾邦、巴底、巴旺，西南流至章谷，會小金川、孟拜山水，又西南流入雅州府明正土司境，經打箭鑪收各小溪水，南流過瀘定橋入清溪縣界。乾隆四十一年，秩於祀典，春秋致祭。

小金川河。源出孟拜山，東南流過大板昭，至撒拉收日爾拉山水，南流底木達馬爾邦，至木波收索烏山諸水，復南流至猛固寨收巴郎山諸水，西南流至懋功屯北收功噶山水，復西南流收南北兩山諸小溪水，至雅州府明正土司邊谷地方注於大渡河。

小溪河。自崇化屯空卡山發源，東流二百餘里，至屯屬之石門卡入小金川河。

古蹟

阿爾古州舊治。在屯務廳西。東西距二百六十里，南北距三百里。東至小金川土司界一百一十里，西至綽斯甲布土司界一百五十里，南至小金川土司界二百一十里，北至雜谷廳丹壩土司界九十里。東北至雜谷廳卓克采土司界一百八十里，西南至雅州府革什咱土司界一百五十里。本朝乾隆四十一年，設屯安營，壘石垣爲衛，東、南、西門各一。今爲綏靖屯。

美諾廳舊治。在屯務廳西北懋功屯治前。

噶喇依廢寨。在屯務廳西二百四十里，崇化屯署南。

底木達廢寨。在崇化屯。

萬里城。在屯務廳北一百七十里，爲撫邊屯通崇化屯之間道。連山如城，故名。

茹寨。在屯務廳西，綏靖屯西北。

八稜碉。在屯務廳東北四十里。今名八角碉。

轉經堂。在崇化屯廣法寺左。

關隘

綏靖營。在懋功屯務廳西。本朝乾隆四十五年，設遊擊駐防。

崇化營。在懋功屯務廳西噶喇依。本朝乾隆四十五年，設遊擊駐防。嘉慶二十四年，改設都司。

慶寧營。在懋功屯務廳西北茹寨。本朝乾隆四十五年，設守備駐防。

撫邊營。在懋功屯務廳北底木達。本朝乾隆四十五年，設守備駐防。

資哩寨。在懋功屯務廳東九十里。現設塘汛。

木耳寨。在懋功屯務廳東一百二十里。現設塘汛。

澤爾腳寨。在懋功屯務廳北三十里。現設塘汛。

崇德汛。在懋功屯務廳北六十里。現設塘汛。

獨松汛。在綏靖屯西。有大松樹生大金川河中，左右距岸各里許，大約十圍，枯而不朽。又北有甲咱，今俱設塘汛。

八角碉六屯。在懋功屯務廳界内。曰八角碉，曰漢牛，曰别思滿，曰宅壟，曰河東，曰河西，共六屯。本朝乾隆四十一年，各置屯守備、千總等官，分駐撫邊、懋功、章谷、崇化、綏靖等處，歸懋功廳轄。

松林口。在懋功屯務廳東一百八十里，地接大邑坪，爲美諾咽喉。現設塘汛。

小牛廠。在懋功屯務廳北七十八里。又十五里有大牛廠，並設塘汛。

喀爾撒爾。在綏靖屯南。又西有朗拉，並有碉卡。現設塘汛。

噶喇依。在懋功屯務廳西綏靖屯對河。稍東爲金川巢穴，形勢險要。本朝乾隆間，平定金川，有御製平定金川勒銘噶喇依之碑。現設糧務分防於此。

勒烏圍。在懋功屯務廳西綏靖屯對河。稍西亦係金川巢穴。本朝乾隆間，平定金川，有御製平定金川勒銘勒烏圍之碑。現設重兵駐防於此。

馬邦。在懋功屯務廳西綏靖屯河西。

津梁

明郭宗橋。在懋功屯務廳東三十里。
三關橋。在懋功屯務廳西南五里許。
美利橋。在懋功屯務廳北。
登達橋。在撫邊屯。
叨烏橋。在撫邊屯北十五里。
雙碉橋。在撫邊屯北二十里。
甲楚索橋。在章谷屯東五里。
得勝索橋。在章谷屯東六十里。
康達橋。在章谷屯南二十五里。
西河橋。在章谷屯西十里。
勺藏橋。在章谷屯北二十里。
沈角溝索橋。在崇化屯。又有馬奈山根頭道橋、二道橋，皆以索爲之。
翁古爾壟渡。在章谷屯東七十里。

定金渡。在章谷屯東八十里。
太平渡。在章谷屯東一百二十里。
噶喇依渡。在崇化屯。
臘角溝渡。在崇化屯南十五里。
馬爾邦渡。在崇化屯南四十里。
廣法寺渡。在崇化屯西十里。
卡拉渡。在綏靖屯南六十里。
獨松渡。在綏靖屯西七十里。
勒烏圍渡。在綏靖屯北五里。
茹寨渡。在綏靖屯東北二十里。

祠廟

慰忠祠。在懋功屯務廳東。本朝嘉慶十二年建。
昭忠祠。在懋功屯務廳北。本朝嘉慶十三年建。

寺觀

勝因寺。在懋功屯務廳治南山坡上。本朝乾隆四十一年建，名美篤喇嘛寺，四十五年賜今名。

廣法寺。在懋功屯務廳西噶喇依。舊爲雍市喇嘛寺。本朝乾隆四十一年修，賜名，並御書「正教恒宣」扁額。

名宦

本朝

趙文哲。上海人。官主事。乾隆三十六年，從軍金川。三十八年，木果木之變，死之。賜祭葬，贈光禄寺少卿。

王日杏。無錫舉人。官主事。三十六年，從西軍入川，與趙文哲同在幕府。軍潰，死之。賜祭葬，贈光禄寺少卿。

特音布。滿洲鑲藍旗人。官刑部主事。性沈毅，讀書熟史鑑。乾隆三十六年，欽差督餉，乘傳來川，後制府留駐登春督糧。次年西師潰，隨諸軍退，中途遇害。卹廕雲騎尉。

王如玉。靈石人。由貢生捐道員。乾隆三十七年，從軍金川。西師潰，如玉秣馬礪劍，移營不數里，賊蜂擁遮道，如玉揮劍迎擊傷數人，中鎗而殪。賜祭葬，贈太僕寺少卿。

鍾邦任。舒城人。乾隆三十七年，權龍安府。赴金川管八角糧站。木果木軍潰登春，橋斷路梗，降番四煽，遂遇害。賜祭葬，贈道銜。

吴璜。會稽進士。乾隆三十七年，以州牧署重慶通判，委解金川軍餉之登春，制府留佐軍務。西軍潰，撤站宵行，遂被害。

彭元瑋。南昌舉人。乾隆三十七年，以知州赴登春營佐理軍務。木果木之變，投崖死。事聞議卹，贈道銜。

張世永。渭南舉人。乾隆三十七年，以知縣委赴西路登春辦事。及戒嚴，同守木城，激勸兵役，日夜不交睫，隨軍殁於站。事聞議卹，贈道銜。

孫維龍。宛平進士。乾隆三十七年，以知縣從軍金川，轉餉登春。木果木軍潰，維龍以登春單弱，勸移兵固守，不果。欲自盡以見志，其僕見而救之。維龍怒曰：「若忍我污賊刃耶？」亟揮去之。懷其所著春雨山莊詩集絶吭死。事聞議卹，贈道銜。

吴景。浦城人。乾隆中，由州同推升越巂通判。因公被議，發軍營效力。有一劍，卷則曲，舒則直，常以示人曰：「殺賊恃此。」西軍潰，自山梁出遇賊，揮劍斫殺數人被戕。事聞議卹，贈復原官。

人物

本朝

楊滿泰。懋功屯人。鄂克什司土守備。乾隆十三年，從征金川陣亡，卹廕如例。

色朗。懋功屯外委。乾隆五十六年，從征廓爾喀陣亡，卹廕如例。

壬占爾吉。懋功屯外委。乾隆六十年，隨勦黔楚逆苗陣亡。又屯外委可凱，行營把總那爾甲，屯外委絨爾甲、肯蚌、郎木爾吉、桑結、八格、只木耳甲、生根爾吉、斯達爾吉、阿忠、阿甲、可納郎、甲洛，屯都司俄結、札各左，屯把總澤朗、赤直朗卡朋、奪日他，阿庫，俱黔楚陣亡，卹廕均如例。

尼瑪。懋功屯外委。嘉慶元年，從征黔楚逆陣亡。又屯外委生根、色木色囊、姜安木楚、格角雍忠明，屯把總革宗多吉，土都司温布，土把總舍拉，俱黔楚陣亡。又屯千總甲木參，屯外委雍忠大、郎卡結，行營守備思達太，俱隨勦教匪陣亡，卹廕均如例。

土產

氂牛。

松雞。

苦菜。

貝母。

校勘記

〔一〕北至撫邊屯界三十里　按，據本志文例，此句當在「南至雅州府屬穆坪土司界一百八十里」之下，且南北相距計二百一十里，與上文「南北相距二百五十里」不合，當有訛誤。

〔二〕東西距一百八十里　按，據下文「東至撫邊屯界九十五里，西至綽斯甲布土司界九十里」，則南北相距一百八十五里，與此稍不合，疑脱「五」字。